廖辅叔全集

第二卷·音乐译作卷

（下册）

中央音乐学院《廖辅叔全集》编委会◎编

中央音乐学院出版社

17世纪以前中国管弦乐队的历史的研究

萧友梅著

版本：《萧友梅音乐文集》，上海音乐出版社，1990年12月，上海

引　言

有关中国音乐的德文著作还没有出版过独立的一章；即在杂志上、出版物上零碎发表的文式发表的少数作品也是相互零碎的，无足轻重的。在其他语言，例如在英译和法译的著作上也不能使人从中得到对中国音乐以至中国管弦乐队这特殊方面的明确的印象。就其卓越的著作本身而论，例如莫理斯·库朗辑的著作（《中国古典音乐历史论文集》，巴黎，1912年）大部偏重音乐一般的及其历史的研究。而我试图用作为音乐进行专门研究的则是对于中国管弦乐队它的结构和为它谱写的曲目的搜集。我一直认为，在人们能够进行理论的或美学的探讨之前，这一种工作首先是必不可少的。因为绝大多数古典的和古典以后的时代的乐曲都已失去或者散人卷帙，可是纵然一篇有目的的搜集，要在中国找到这些作品也可能仍旧是存在的。也因之要该有在中国文献的基础上去系统化的分类，要把这些仍供藏曲目。就此一定是非常幸难

Einleitung

Über chinesische Musik ist in deutscher Sprache noch kein selbständiges Werk erschienen; das Wenige, das sich vorfindet, ist in Aufsatzform in Zeitschriften, Veröffentlichungen ziemlich belangloser Art zerstreut. Auch aus Arbeiten in anderen Sprachen, z.B. in Englischen, und Französischen lässt sich kein genaues Bild der chinesischen Musik, und im Speziellen des chinesischen Orchesters gewinnen. An sich ausgezeichnete Arbeiten, wie die von Maurice Courant (Essai historique sur la Musique classique des Chinois, Paris, 1912), bilden mehr Untersuchungen über die Musik im allgemeinen und ihre Geschichte, während ich nun erstem Male versuchen möchte, als Wichtigsten im Besonderen das chinesische Orchester, dessen Zusammensetzungen und die Namen der für sie komponierten Musikstücke zu sammeln. Ich hielt diese Aufgabe, bevor man eine theoretische oder ästhetische Behandlung zu unternehmen vermag, für zunächst erforderlich, da die meisten Musikstücke der klassischen und nachklassischen Zeit verloren oder in Vergessenheit geraten sind, dabei jedoch die Möglichkeit besteht, solche in China bei einer dahin gerichteten Nachsuche wieder aufzufinden. Solange aber noch keine systematische Klassifizierung auf Grund der chinesischen Literatur besteht, wird es unmöglich bleiben, die noch vorhandenen, aber sicher noch zahlreich vorhandenen Schätze an alten Kompositionen ihrer Zeit und Art nach zu bestimmen, in den Zusammenhang der Musikgeschichte einzureihen und für weitere von ihnen ausgehenden Untersuchungen nutzbar zu machen.

So wertvoll als sonnte daher manche europäische Versuche, über chinesische Musik wissenschaftliche Resultate zu erzielen, gelten mögen, es habe ich doch bei vorliegender Arbeit keinen Gebrauch davon gemacht, sondern, um eine erste Grundlage zu schaffen, von der aus man später alt späteren

17 世纪以前中国管弦乐队的历史的研究[*]

（向德国莱比锡大学哲学系提出的博士论文）

引　言

有关中国音乐的德文著作还没有出版过独立的一本。那在杂志上，出版物上采取论文形式发表的少数作品是相当零碎的，无足轻重的。在其他语言，例如在英语和法语著作上也不能使人从中得到中国音乐以至中国管弦乐队这特殊方面的明确的印象。就其卓越的著作本身而论，例如莫理斯·库朗特（Maurice Courant）的著作（《中国古典音乐历史论文集》，巴黎，1912 年 [*Essai historique sur la musique classique des Chinois*，Paris，1912]），大都偏重音乐一般的及其历史的研究。而我试图作为重点进行专门研究的则是对于中国管弦乐队，它的结构和为它创作的曲目的搜集。我一直认为，在人们能够进行理论的或美学的探讨之前，这一种工作首先是必不可少的。因为绝大多数古典的和古典以后的时代的乐曲都已经失传或者被人忘却，可是经过一番有目的的搜集，要在中国找到这些作品的可能性还是存在的。然而只要没有在中国文献的基础上的系统的分类，要把这些仍然隐藏着，然而一定是非常丰富的古代乐曲的宝库按照它的时代和风格进行鉴定，联系音乐的历史进行编排，

---

　　[*] 本篇为作者于 1916 年向德国莱比锡大学哲学系提出的博士论文，原用德文写作，题为 "*Eine Geschichtliche Untersuchung über das Chinesische Orchester bis zum 17. Jahrhundert*"，作者同时拟中文题名为《中国古代乐器考》。1988 年 9 月，廖辅叔教授应贺绿汀名誉院长之请，将此文译出，于 1989 年在上海音乐学院学报《音乐艺术》第 2 至 4 期连载。关于本书写作与通过论文答辩情况以及中译过程，见文后所附"译后记"介绍。本篇注释均为作者原注及译者注，已分别在各条注释后标明。

而且使之有利于从它出发的更进一步的探索就是决不可能的。

因此有些欧洲人对于中国音乐企图获得科学的答案的尝试，虽然作为论文是应该认为满有价值的。可是在我当前的论述上我却并没有加以利用，而是，为了给人们今后继续进行探索打下一个初步的基础，我完全引用中国文献的原始资料。

在中国，音乐从来都是促成多种多样的范围广泛的工作的根由，而且这种工作的范围随着时势的推移变得越来越扩大。然而对于我国古人积累起来的资料，我还要重新加以整理，因为这些中文原始资料相当一部分是非常零碎的，差不多一切都是不统一的，非系统性的。此外我还要排除掉那些保守的伦理学家在他们关于音乐和管弦乐队的报道中所包含的成见；他们从根本上轻视世俗音乐而且想方设法防止这方面的论述。然而正是世俗音乐凭它数目繁多的乐队在中国占有代表的地位，因此我要努力通过个别的、偶然出现的记录的收集，提供有关它们的名称、产生时代和构造的比较完备的汇纂。

如上所述，我当前的作品不可能算是关于中国音乐及其历史的完善的了结的著作，而只不过是一种系统性的纂集，在这一基础上可以进行更进一步的研究的准备工作。

中国的管弦乐队有别于欧洲的一点是，它具有更为深刻的意义，它不仅仅是产生音乐以及伴随而来的享受，而是同时甚至是具有政治的重要性的一种国家的设施。中国音乐的历史也同国家的一般历史取得最密切的联系，因为它是国家机构的一个重要的组成部分。每一个新兴的王朝都要制作一套新的乐章，建立新的音乐机关和管弦乐队，下令谱作其他各种乐曲而且通过迄今为止的音乐关系及过去的教学方法的深入的重新安排，给予音乐机构一种与王朝的本身精神相适应的因而也是一个政治的标志。音乐在政治的、维护统治方面的重要性的见解竟然发展到这种地步，使得唐朝的玄宗在皇宫里面亲自为世俗音乐上课，另一方面那些保守的伦理学家却认为世俗音乐的爱护与正宗音乐的忽视必然导致了王朝的覆灭。

因此中国音乐的爱护和促进不是像西方那样依赖个别杰出的人才，而是（除了某些独奏曲子之外）依赖政府的音乐爱好。而且由于每一个政权都在想方设法断绝与过去的音乐的联系，无论如何要创建新的管弦乐队和乐章。因此也就不难了解，频繁的改变与干扰的结果造成了音乐发展的非常缓慢。另一个与千百年的历史并不相称的发展的原因也在于整套的孔夫子的原则，它是为中庸之道谆谆告诫而又被那些保守的伦理学家大大发展了的，使得那连孔夫子自己喜爱的音乐也被当作奢侈品而且受到轻蔑。

乐队（Orchester）这个字在中国也具有与西方不同的比较狭窄的意义。希腊人对乐队原先的理解是"舞池"，后来也指舞台和观众座位之间的地方，希腊人用作合唱团和乐师的位置，罗马人却定为元老院的荣誉席；就空间而论，人们今天理解为剧场里面一个在幕景前面与观众隔开的高出的地方，而在音乐厅和歌剧院里面则是舞台和观众厅之间一片稍微高出的地方，乐师就是聚集在它上面。然而16世纪以来，乐队这个字也应用到那些在音乐会或剧场里面为了音乐作品的演出结合起来的音乐家的会社上面来了；而且人们也理解为一切在音乐会、礼拜堂和歌剧音乐上使用的乐器的综合。

然而在中国，"乐队"这个词却始终只有一个涵义，那就是乐器演奏者的整体。即使这个词在使用上对一个乐队的名称有时改变一下，那也同样仅仅是关于乐师方面的。一般而论，在中国乐队这个字与"乐"这个名词相对应；另一个在广东省今天还在使用的，据说是从舜帝的时代（公元前2255年）传下来的名称是"八音"，可是这个名称同音响本身的关系并不大，更多的是产生这些音响的八类乐器。在周朝（公元前1122—前220年）出现了"大乐"这个名词。原先这个词是指音乐一般的抽象的意义，可是后来就单独用作乐队的名称，正如自辽代（公元937—1122年）以来经常提到的那样。在同各种不同乐队的其他专有名称结合起来的时候，"乐"也取得同一意义的名称。其他名称可作如下的分类：

"伎"，在隋朝和唐朝是人们对那从异域引进的乐队的称呼。

"雅乐"，指那古老的、古典的郊祀音乐（一种古乐），在这一名词之下又组织为两个乐队，那就是：

"宫悬"（大乐队），宋朝以前的名称（宋朝以后称为"宫架"）及"登歌"（小乐队）：这只是根据它队员的人数来决定的，人们也管这两者并称为"乐悬"。可是这个名字到了宋朝以后才使用，在周朝，人们是理解为四个乐队的。

军乐队是称为"鼓吹"，或称为"铙歌"，或简称为"吹"。

假如有人想对乐曲本身的技术构造做一番研究，那也许只能是肤浅的一点点，因为在你获得明晰的概貌之前，须要有多年的辛勤的劳动。无论如何有一点是确定的，那就是中世纪以前演奏的中国音乐都是单音的。复音音乐说不定可以追溯到唐朝，因为王国维从这个朝代已经要认识到歌剧的曲谱，这些曲谱的歌唱是不同于那伴奏的乐队音乐的。宋朝和元朝，一段唱腔由乐队乐器用另一支旋律，然而合乎和声原理地来伴奏是很普通的，就是乐队音乐本身从那时起在纯粹器乐的前奏、插曲和尾声里面也往往是复音的。可是无论如何在二部或多部的唱音或相同的乐器上找不到平行的多声部。因此中国音乐也就没有达到经文歌、卡农或赋格等体裁的发展。

那首先依照声音的一定的顺序排列起来的音阶是还在周朝以前产生的而且只是五声的。从周朝到隋朝，使用的是吕底亚式的音阶，它包括从 c̄ 到 c̄，带有一个升 f̄ 的音。公元 6 世纪有一种新音阶，"基本音阶"，由一个穆斯林名为苏祇婆的引进到中国来。还有可以确定的大调音阶在 13 世纪中叶的引进，通过管风琴，当时称为兴隆笙，由蒙古人从突厥接受过来的。还有多立克式的音阶也可以指证是从 15 世纪以来就在中国使用的。至于蔡元定在 12 世纪下半叶发明的半音音阶虽然在实践上没有加以应用，可是在理论上却是认识到了的。

在中国没有得到欧洲音乐一样向多样化更进一步的发展。然而中国人民是非常富于音乐性的。中国乐器如果依照欧洲技术加以完善，也是具备继续发展的可能性的。因此我希望将来有一天会给中国引进统一的记谱法与和声，那在旋律上那么丰富的中国音乐将会迎来一个发展的新时代，在保留中国情思的前提之下获得古乐的新生。这种音乐在中国人民中间已经成为一笔财产而且要永远成为一笔财产。

为了这些图片的完善，我非常感谢柏林王家图书馆的领导及莱比锡东亚研究会会长奥古斯特·康拉第（August Conrady）博士教授先生，特别是柏林的专业教授赫尔曼·许莱（Hermann Hülle）先生，他以极端友好的方式给我以帮助。

第一部分　中国乐队概述

第一编　上古时代（约公元前3000—公元588年）

第一章　太古时代合奏的开始
（约公元前3000—公元前1122年）

在太古时代音乐的叙述里面许多历史家都说，那个神话式的帝王伏羲约莫在公元前3000年创制了瑟——一种二十五弦的拨弦乐器（参看《史记》）。据说他曾经谱过一首乐曲，题为《立基》或《扶来》（参看《通志》），或者亦称为《立本》（参看《通典》）。那同属于神话式的女帝女娲氏据说曾经委托她的从官随去制作笙——一种用许多装有簧片的竹管编扎起来插入匏斗里面的木管乐器——她又使娥陵制造一种都良管，以便把一国的音律统一起来（参看《路史》）。另一个神话式的帝王神农氏据说曾经制作了一种用五根弦的琴（参看《吕氏春秋》），他的乐曲则称为《扶持》或《下谋》（参看《通典》）。这两首乐曲肯定是独奏曲。因为除了这两种弦乐器之外再没有提到过别的乐器。关于黄帝（公元前2697年）有这样的报道，他曾经命他的乐官伶伦按照12个音制作12支乐管（参看《汉书》），他的从官则奉命创作了一首舞曲题为《云门大卷》或者《咸池》（参看《庄子》及《白虎通》）。这首乐曲直到周朝还是用为最重要的舞蹈教材之一。此外古帝少昊（公元前2597年）写有乐曲《大渊》，古帝颛顼（公元前2513年）写有《五茎承云》；对于后者，前人也把原始的钟和磬算在他的名下（参看《乐纬》及《竹书纪年》）。帝喾（公元前2435年）曾命他的从官咸黑写了乐曲《六英》并委任有倕作鼙、鼓、钟、磬、笙、管、埙等等（参看《吕氏春秋》）。帝尧（公元前2257年）时作有《大章》或称《大咸》（参看《路史》）。这些乐曲到了周朝还经常用作舞蹈的教学。很明显，乐器制造得越多，就越来越容易产生合奏。关于帝舜（公元前2255年）有过这样的报道，当他任命夔为大臣之后，他对他说："夔，我任命你去主管音乐，教育贵族子弟：正直但是温和，宽弘但是庄重，勇敢但是不残酷，简易但是不傲慢。诗应该具有特定的旨意，歌唱应该发挥言词的内涵，曲调应该与歌词适应，乐器应该使曲调得到和谐，八种乐器的音响（这是说乐器的八种分类：匏、土、木、石、金、丝、竹、革）互相协调，不让这一种压倒另一种，从而达到神人接近的境界。"（参看《书经·舜典》原文："夔，命汝典乐，教胄子：直而温，宽而栗，刚而无虐，简而无傲。诗言志，歌永言，声依永，律和声。八音克谐，无相夺伦，神人以和。"）乐正夔曾经受命制作一套乐曲，到了这套乐曲结束的时候，一共有过九次的反复，因此被称为《九韶》（参看《竹书纪年》）。关于这套乐曲演奏的效果，《书经》也有记载："夔说：当我（在堂上）打击鸣球，别人弹琴鼓瑟，伴着歌唱的时候，祖先（的灵魂）都来聆听，舜帝的客人（尧帝的儿子，作为助祭的参加者）来就他的席位，诸侯互相谦让。中庭人们吹箫击鼓，起奏柷（木制乐器），结奏敔（也是木制乐器）。笙和钟交替吹和打，飞鸟和走兽都高兴得又跳又舞，到了《韶乐》反复奏上九章的时候，凤凰也来回献舞了"（《书经·益稷》。原文："夔曰'戛击鸣球，搏拊琴瑟以咏，祖考来仪，虞宾在位，群后德让。下管鼗鼓，合止柷敔，笙镛以间，鸟兽跄跄，《箫韶》九成，凤凰来仪'。"）孔夫子在大约1800年之后（约公元前517年）在齐国还听到了这套《韶乐》，他觉得它是那么美，竟然三个月没有对肉的食欲，他说："不图为乐之至于斯也"（参看《论语》）。无论如何这段描述证明了，《九韶》是合奏的第一部作品。帝舜为了表彰禹的功绩禅位给禹为天子，从而建立了夏朝（公元前2205—前1782年）。禹王委托他的大臣皋陶也制作一套合奏乐曲，并命名这套乐曲为《大夏》（参看《吕氏春秋》）。由于这套乐曲又有九次的反复，因此人们也称之为《九夏》。他命他的臣下扶登铸造栈钟，人们由此可以追溯到编钟（参看第二部分第36号）的历史（参看《路史》）。他的儿子启（公元前2197年）又制作一套名为《九辨》的乐曲（参看《山海经》）。到了商朝（一名殷，公元前1783—前1121年）它的开国天子汤命他的臣下谱写了乐曲《大濩》（参看《吕氏春秋》）。这个王朝的末代天子纣（公元前1154年）排斥了所有旧日的音乐，让他的乐官师涓谱写新的淫声，北里之舞和放荡的音乐，借以玩弄妇女。结果就使得那些有不同意见的乐官和乐工抱着他们的乐器逃走了（参看《史记》和《汉书》）。人们认为，这也是商朝覆灭的原因。至于这些乐曲是好还是坏，那是另一个问题。无论如何可以看得清楚，每一次王朝的更迭，新的政权都要制作合奏的新乐。你越是追溯到远古的时代，就越少详细的叙述；比较切实而是真正可信的中国历史是到了周朝才开始。我们将在下一章继续论述这个问题。

第二章 周朝的乐队的历史
（公元前 1122—公元前 220 年）

A. 乐官

孔夫子曾经说过："周监于二代（夏与商），郁郁乎文哉！吾从周"（参看《论语・八佾》）。的确，周朝的国家制度的创立不仅在当时认为是优秀的典范，而且在许多方面对今天来说也还是值得效法的。卡尔・兰普雷希特（Carl Lamprecht）教授为此称之为"世界文化史上第一个黄金时代"。周朝的首脑政府由六部组成，那就是：天官（宫廷及财政部）、地官（内务、农业及普通教育部）、春官（典礼、音乐及高等教育部）、夏官（军政部）、秋官（司法部）及冬官（管工业）。

从《周礼》（关于周朝典章及国家体制的著作）这部书人们可以看到隶属于春官之下的乐官，如下表：

表 1　周朝的乐官

官名	官　　　　阶								
	中大夫	下大夫	上士	中士	下士	府	史	胥	徒
1. 大司乐	大司成 2								
2. 乐师		大乐正 4	乐正 8		小乐正 16	4	8	8	80
3. 大胥				4					
4. 小胥					8	2	4		40
5. 大师		2							
6. 小师			4						
6a. 瞽矇			（上瞽 40）	（中瞽 100）	（下瞽 160）				
6b. 眡瞭						（300）			
7. 典同				2		1	1	2	20
8. 磬师				4	8	4	2	4	40
9. 钟师				4	8	2	2	6	60

（续表）

官名	官 阶								
	中大夫	下大夫	上士	中士	下士	府	史	胥	徒
10. 笙师				2	4	2	2	1	10
11. 镈师				2	4	2	2	2	20
12. 籥师				4		2	2	2	20
13. 籥章	籥师丞			2	4	1	1	2	20
14. 鞮师					2	1	1	(舞人16)	40
15. 旄人					4	2	2	2	20
16. 韎韐氏					4	1	1	2	20
17. 典庸器					4	4	2	8	80
18. 司干					2	2	2		20
合计	2	6	12 (40)	24 (100)	68 (160)	30 (300)	32	39	490

那些由天子任命的六部的官员分为三等（和六级）。

1. 卿，相当于部长或国务秘书；

2. 大夫，其中又分为两级：

　　a. 中大夫，大约相当于副部长或副国务秘书；

　　b. 下大夫，他有时也充当中大夫的代表。

3. 士，相当于其他部的司长或者部曹或者参事。可是在春官的音乐司里面士却占有"教授"一级的地位。他们又分为不同的三级：

　　a. 上士

　　b. 中士

　　c. 下士

对比之下这些士大约相当于一个学术机关的系主任，或者正教授与副教授。

此外还有府（文案）、史（书记）、胥（学监）及徒（勤杂工）都由部长任命。

关于乐官的职责，《周礼》说：

1. 大司乐，亦称大司成（管理大学成均的大官；参看《礼记·王制》），是国中最高的官长。他们行使掌管音乐的全部职权，依照不同乐器的八音指导六个王朝：黄帝、唐尧、虞舜、夏、商、周的六种大舞和大乐队的演出。每逢盛大的国殇追悼会、祭祖和比武的典礼，每逢王侯的宴会和祝捷大会都要奉命演奏。遇到日食和月食，或者国家发生重大的灾难或祸害，例如山崩、地震、瘟疫、饥馑、火灾、干旱、洪水或者国丧，他们就要下令停止举乐，"遏密八音"。遭到国丧，皇帝死亡的时候，他们就要用祭神牺牲的血涂在乐器上面并且陪同殉葬。在新的册封典礼上要禁止那些淫淫的、过火的、散漫的以及招引灾难的曲调（这就是说人们相信通过这样的旋律会导致国家的覆亡）。

他们同时又是国家大学的校长，也是音乐学院的院长。大专教育是由他们领导的，而人民的这种教育则是委托给地官主管的（参看《礼记·王制》）。他们负责把那六种乐德，六种乐语及六种大舞传授给贵族的子弟（年在 20 岁以上者）。

2. 乐师，亦名乐正，他们又分三等：

　　a. 大乐正

　　b. 乐正

　　c. 小乐正（参看《礼记·王制》）；他们在国家大学及各种节奏运动的管理方面协助大司乐。他们要把盾舞教给那些年龄比较大的贵族子弟，把小舞（独舞）及节奏动作教给那些年龄比较小的（15 至 20 岁的）贵族子弟。除此之外，他们还必须安排音乐演出的节目，为盛大的祝捷会练唱凯旋歌曲。一切音乐行政的法规都由他们公布，关于乐官的奖惩也应该由他们裁决。

3. 大胥　掌管大学的学员的名册，以便在一定时间内，需要进行音乐和舞蹈的总排练的时候，召集学员。此外每当（六个王朝的乐舞的）六个大规模的演出他们都要规定参加舞蹈的演员的任务。他们还要对那宫女乐队进行监督，考核那些乐官以至保管那些乐器。

4. 小胥　他们考核以至照料那些学员。同时也要规定乐队的序列以至各个乐器的音准。

5. 大师　这两者是那些盲眼乐官的领班。他们起一种音乐会领班及教师的作用。他们的职责还在于调节乐队的配器与和声以及照管整个领域的盲眼的乐手。他们教导那些盲眼乐手学习诗的六义，这就是说风、赋、比、兴、雅、颂。每当举行盛大的祝典、大宴和祭祖，他们都要把那些盲人领进礼堂。到了后来只有最末一批人唱歌的时候，大师就命令小师打那节奏乐器搏拊，到了庭中响起吹奏乐器的时候，就打节奏小鼓𣛱。在盛大的射箭赛会上他们就把那些盲人领上来，让他们唱出射箭的号令。遇到国丧的时候，大师走在前头，那些盲眼乐器演奏人就给他们的乐器涂上祭礼牺牲的血。

6. 小师　也像大师一样是盲眼的，而且具有类似的职权，略如音乐会领班和教师。他们有责任每逢盛大的郊祀、公宴和祭祖典礼都要在堂上击打搏拊，而当别人在庭院中吹奏乐器的同时，他们就滚打应鼓。遭到国丧的时候他们也纳入乐队的行列。在较小的祭祀或音乐演出或祭祖典礼上小师就打那小棟鼓。他们同样照管那六个乐队（见上）的节奏与和声。此外他们还要教那些盲人打鼓，而且是鼗，还有柷、敔、埙和箫的演奏。那些盲人还要跟他们学唱，以及吹管和弹弦乐器（琴和瑟）。

6 a. 瞽朦是乐队的盲目乐器演奏人。他们分为三个不同的等级：

1）上瞽，40 名；

2）中瞽，100 名；

3）下瞽，160 名。

这些人分别打鼗、柷、敔，吹埙、箫、管，弹琴和瑟，同时还要歌唱和吟诵；除此之外他们确定各个歌曲作品的产生的日期以及在大师的指导之下保存好这些古老的和新的音乐。

6 b. 眠瞭（半盲），人数为 300 名，他们的任务是在每场演出的时候扶助那些盲乐手。可是他们也独立打鼗和磬。每逢宴会、射箭比赛和祝捷、献俘和换防的时候，他们就要敲钟和击鼓。遇到国丧和特殊的祭祀天帝（大旅）的时候，他们就要负责安排乐器。这两类乐工，瞽朦和眠瞭，因此并不是正式的乐官，而是处于一种特别的地位，而且作为这样一种特别人员隶属于大师和小师；由于这一部门的人员盲人居多，因此没有必要为他们设置文案和书记，300 个眠瞭当作扶助乐手的人力已经尽够了，不需要再有更多的工役了。

7. 典同是主管乐器制造的官员，同时也是负责制成乐器的调音。

8. 磬师是磬和编钟的教师，又是练习曲（乐队及房中乐的练习曲）和节日音乐的教师。他们的学生是那三百个眠瞭和宫女乐队的成员。每逢祭天典礼的时候他们就指导缦乐（练习乐曲）。

9. 钟师的职责主要是在于担任金属打击乐器的演奏。在演出《九夏》的时候他们负责打鼓和敲钟。每一场郊祀、宴会和祭祖典礼他们都要奏节日音乐。凡是君王、诸侯、卿大夫和士组织的射箭比赛，他们就分别演出《驺虞》《狸首》《采苹》和《采繁》。如果说磬师是演奏练习乐曲的，那么钟师就是打击应鼙和朔鼙两种乐器（这是系在大鼓旁边的两种小鼓）。

10. 笙师的职责是给那盲乐手传授吹奏竽（比笙大，装有 24 管）、笙、埙、籥、篪、篴、箫和管的技术。他们还要教他们春牍（木制的打拍子乐器）、应和雅（两者都是蒙有鼓皮的打拍子乐器），这是演奏诫乐（告戒的音乐）用的乐器。凡是祭天、宴会、宴客、祭祖及射箭比赛以至节日音乐都要笙师安排"钟笙之乐"。逢到特别的祭祀天帝（大旅）的时候，他们就要安排好他们的乐器；逢到重大的国丧，他们就要给那些乐器涂上祭祀牺牲的血而且拿它们去殉葬。

11. 镈师也与钟师一道参与打鼓的演奏。祭天、宴会以及祭祖和射箭比赛都要他们参与活动"鼓其金奏之乐"，或者敲响大鼓。献俘的时候则用鼓演奏凯旋音乐，逢到重大的国丧，他们也像笙师一样承担任务。

12. 籥师是籥的教师，负责教授贵族子弟吹籥和羽舞。逢到祭天、宴会、宴客和祭祖，需要"鼓羽籥之舞"，或者举行手执干（盾）戚（斧）的武舞的时候，他们就必须击鼓。逢到重大的国丧他们就承担笙师一样的工作。

13. 籥章亦名籥师丞（参看《礼记·文王世子》）。他们在贵族子弟及一般学员进行武舞的时候做萧师的助手。除此之外他们也要测定豳籥和土鼓的音准。临近换岁举行蜡祭的时候，他们要吹《豳颂》，击土鼓，为了娱乐老农。

14. 鞮师是中国东北边疆民族音乐的教师。在祭天和祭祖的时候他们就带领他们的基层属官和十六名舞人依照他们的音乐履行跳舞的任务。

15. 旄人"掌教舞散乐，舞夷乐"。夷乐即那已经在中国定居的外来民族的音乐。舞的时候手持旄牛尾，故称旄人。四方边境的舞人全都隶属这一部门。每逢祭天祭祖及宴客则依燕乐跳舞。

16. 鞮鞻氏"掌四夷之乐，与其声歌"。每当祭天、祭祖及宴客的时候，他们就吹起管籥唱起歌来，一会这种，一会那种乐曲。

17. 典庸器掌管乐器及其附属物件。逢到大典及节日，他们就要指点他们的下僚如何布置那些乐器的把柄和支架并把那些附属物件收藏好。逢到重大的国丧，他们就用祭祀牺牲的血涂抹乐器的支架。

18. 司干掌管舞蹈的道具；在祭天、宴客及祭祖的时候他分配舞蹈的道具，事毕再一一收回。逢到重大的国丧，他们就用祭祀牺牲的血涂抹这些舞蹈的道具，而且随同殉葬。

B. 音乐教育

周朝的大学分为五部，东序设小乐正、籥师和籥章。他们春季和夏季教干戚之舞，因此不妨给这一部称为大学的舞蹈部。西部称为瞽宗，盲乐师的亡灵供奉在这里。大师（盲眼的首席）春季教那些学员唱歌，夏季教授弦乐器（琴和瑟）。

秋季则由执礼者教授礼节的施行，冬季学员必须听适当的教师有关政治、历史的讲课。因此这一个部不妨称为音乐、礼法、政治学及历史的学部，或者称为"文学院"。北部称为上庠，讲授六书，至于南部称为成均，"均"字义为音阶或曲调，"成"则或为和声或为完善；那些贵族子弟就在这一部听大司成讲授伦理学和合奏音乐。由此可见，这一个部就是哲学音乐学院。中央部称为辟雍，它是天子的学堂和议事的地方，此外它又是大型音乐演出之后天子宴集大臣（年龄超过80的三公）和五官（司徒、宗伯、司马、司寇、司空）的会堂。由于辟雍旁边还有灵台——观象台、明堂（天子接见诸侯及外国使节以便宣告政策的礼堂）以及太庙（帝王的祖庙），所以整个建筑群命名为"宫"。大学的学制属于诸侯的正如属于王的只有一半，所以又名为"判宫"（参看《礼记·明堂位及礼器》）。由于辟雍位于大学的中央，周人也（依局部暗示全体的原则）称整个大学为辟雍。此外由于在大学里面主要是学习音乐的，音乐这一部名为"成均"，所以有时也称整个大学为"成均"（参看《周礼·春官宗伯第三》）。上大学学习的有：王位继承人、王子、诸侯的世子、卿大夫的儿子以及通国的选士和俊士。大学的教学方案在前面各节已经说过了，它包括所谓的"六大乐舞"，名为：

1. 云门大卷（黄帝的乐舞），
2. 大咸（帝尧的乐舞），
3. 大磬（帝舜的乐舞），
4. 大夏（禹王的乐舞），
5. 大濩（汤王的乐舞），
6. 大武（武王的乐舞）。

这些乐舞全都由乐队伴奏。此外还有六套小舞：

1. 帗舞（手持五彩纱巾的独舞），
2. 羽舞（独舞，舞人左手执笛，右手执雉尾），
3. 皇舞（独舞，据朱载堉的考证，舞人手持凤翼形的排箫），
4. 旄舞（同样是一种独舞，舞人手操牦牛尾，参看乐器插图2），
5. 干舞（拿着盾牌和斧头的独舞），
6. 人舞（简单的独舞）。

除此之外还有"六德"（乐德），即：中（忠诚）、和（刚柔适中）、祇（敬）、庸（有常）、孝（爱父母）、友（爱兄弟）及"六语"，即：兴（以善物喻善事）、道（导，言古以剀今）、讽（背读）、诵（有节奏的朗读）、言（发端）、语（答

述）。此外还有三种节奏的动作：

1. 依照乐章《肆夏》的行步（缓慢地吟诵的诗歌的速度；参看《诗经》卷四之三）。

2. 依照诗篇《采荠》（佚诗，参看《周礼》及《礼记·文王世子》）的迈步及行车的节奏。

依照月令的规定（参看《礼记·月令第六》）天子命令乐正在孟春之月及仲春之月初，作为春季学期的开始（当时的历法大约比今天早一个月）。首先是学习舞蹈。在仲春之月的中旬他们就在大学里练习乐队。到了季春之月的月尾，他们就要"择吉日大合乐"。天子要在这一天和第二轮舞蹈练习的时候率领三公、九卿、诸侯、大夫亲自到大学观看演出。在第四个月，亦即孟夏之月，天子又要命令乐正"习合礼乐"；五月，亦即仲夏之月，他命令乐师修治他们的各种乐器；到了九月初，亦即季秋之月的开始，他命大学的乐正"入学习吹"，到了十二月则举行大型的管乐合奏（大合吹），然后假期开始。（六月、七月、八月这些学员主要是学礼，冬天十月及十一月则听讲政治及历史的课程，所以这段时间在《月令》里面没有提到音乐）。

音乐的中级教育及初级教育是在地官（相当于内务部）大司徒及大司徒属下的教官领导之下进行的。同样的机构也通行于中国的各诸侯国。

C. 乐队的种类

周朝的整个乐队总称为"乐悬"，这就是说依照特定的序列把乐队乐器（主要乐器是钟和磬）在框架上悬挂起来，它们各有固定的位置。小胥掌管全部规章（参看本章 A 项乐官的职责之 4）。同时凡是 16 枚编钟或 16 枚编磬悬在一虡者称为"堵"（半的意思），一堵的钟和一堵的磬称为"肆"（全的意思）。据《周礼》（《春官宗伯第三》）的记载乐悬分为四种，那就是：

1. 君王的宫悬，悬满四面，有如宫殿的墙壁，故名。

2. 诸侯的轩悬，只有三面，那就是北面、东面和西面，南面是空的。形式如马蹄形；亦名"曲悬"。

3. 判悬，属于卿、大夫的半悬，只有东面和西面。

4. 士的单面的特悬，只有北面一面。

关于歌手及吹奏乐器、弦乐器及节奏乐器的人数，朱载堉（在描述《仪礼》的基础上）曾经确定了乐器的数目，而且是属于轩悬（第 2）和特悬（第 4），详见表 2（其他两种乐队的乐器数目他没有能够指出来）。

至于这两个乐队的排列可参看图一和图二（图一是轩悬的排列，图二是特悬的排列）。

表2

乐官及乐器名称	乐队名称				乐官及乐器名称	乐队名称			
	轩悬		特悬			轩悬		特悬	
	乐工及乐器数目					乐工及乐器数目			
	奏乐人数	乐器数目	奏乐人数	乐器数目		奏乐人数	乐器数目	奏乐人数	乐器数目
1. 乐正	1		1		20. 大竽	1	1	1	1
2. 麾	1	1	1	1	21. 小竽	1	1	1	1
3. 柷	1	1	1	1	22. 大笙	1	1	1	1
4. 敔	1	1	1	1	23. 小笙	1	1	1	1
5. 搏拊	1×	1	1×	1	24. 大排箫	1	1		
6. 牍	1×	1	1×	1	25. 小排箫	1	1		
7. 大琴	1×	1			26. 大编管	1	1		
8. 中琴	1×	1			27. 小编管	1	1		
9. 大瑟	1×	1			28. 大埙	1	1		
10. 中瑟	1×	1			29. 小埙	1	1		
11. 小琴			1×	1	30. 大篪	1	1		
12. 小瑟			1×	1	31. 小篪	1	1		
13. 编磬	2 {	2	1 {	1	32. 大箫	1	1		
14. 鞉（鼗）		1		1	33. 小箫	1	1		
15. 编钟	2	2	1	1	34. 大篴	1	1		
16. 特钟	2	2			35. 小篴	1	1		
17. 建鼓	3 {	3	1 {	1	合计	35	41	15	17
18. 朔鼙		3		1					
19. 应鼙		3		1					

D. 音乐的应用

音乐应该如何应用，由大司乐做出决定。关于它的应用可以区别为五种情况（参看《周礼·春官宗伯第三》；《仪礼·乡饮酒礼第四至大射第七》；《礼记·王制第五、月令第六、文王世子第八》）。

Ⅰ. 用于祭祀目的乐队演奏，包括表3"名目"1至12号及33至42号（见表3）。

图一   图二

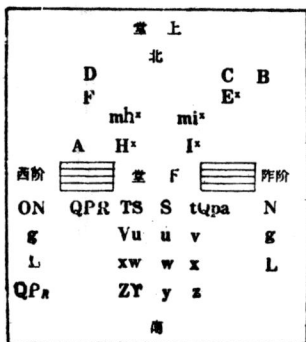
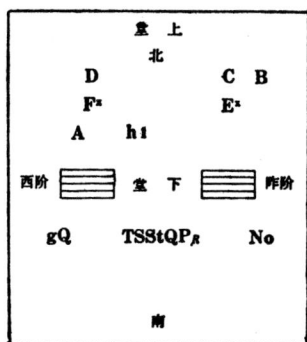

A…乐正   B…麾   C…柷   D…敔   E…搏拊   F…篪   H,h…大小琴

m,h…中琴   I,i…大小瑟   g…编钟   L…特钟   N…编磬   O…鞀(鼗)

P…建鼓   Q…朔鼙   R…应鼙   S,s…大小竽   T,t…大小笙   U,u…排箫   V,v…大小编管

W,w…大小埙   X,x…大小篪   Y,y…大小籥   Z,z…大小篴   x…表明奏乐人同时也是歌人

表3

号	名目	调性	歌唱调性	歌词	乐舞	用途	指挥
1		黄钟（c）	仲吕（f）		云门	I	大司乐
2		太簇（d）	林钟（g）		咸池	I	大司乐
3	六代乐舞	姑洗（e）	南吕（a）		大磬	I	大司乐
4		蕤宾（fis）	应钟（h）		大夏	I	大司乐
5		夷则（gis）	大吕（cis）		大濩	I	大司乐
6		无射（b）	夹钟（es）	诗经 IV, I, III, 8	大武	I	大司乐
7	王夏			III, I, 1	I	大司乐及乐司
8	肆夏			III, I, 3	I, II$_c$, III$_a$	大司乐及乐司
9	昭夏			III, I, 2	I	大司乐及乐司
10	纳夏	九夏		III, I, 5	I	钟师
11	章夏			III, I, 4	I	钟师
12	齐夏			III, II, 6	I	钟师
13	族夏			III, II, 2	II b	钟师
14	裓夏			III, II, 3	II b	钟师
15	骜夏			III, II, 8	III a	钟师

（续表）

号	名目	调性	歌唱调性	歌词	乐舞	用途	指挥
16	驺虞			Ⅰ，Ⅱ，14.		Ⅲa	大司乐及乐司
17	貍首			佚		Ⅲb	乐师
18	关雎			Ⅰ，Ⅰ，1.		Ⅱb, c，Ⅲb，Ⅳ	乐师
19	葛覃			Ⅰ，Ⅰ，2.		Ⅱb, c，Ⅲb，Ⅳ	乐师
20	卷耳			Ⅰ，Ⅰ，3.		Ⅱb, c，Ⅲb，Ⅳ	乐师
21	鹊巢			Ⅰ，Ⅱ，1.		Ⅱb, c，Ⅲb，Ⅳ	乐师
22	采苹			Ⅰ，Ⅱ，4.		Ⅱb, c，Ⅲb，Ⅳ	乐师
23	采蘩			Ⅰ，Ⅱ，2.		Ⅱb, c，Ⅲb，Ⅳ	乐师
24	南陔	限于吹笙		Ⅱ，Ⅰ，11. 佚		Ⅰc	乐师
25	白华			Ⅱ，Ⅰ，12. 佚		Ⅰc	乐师
26	华黍			Ⅱ，Ⅰ，13. 佚		Ⅰc	乐师
27	由庚			Ⅱ，Ⅰ，3. 佚		Ⅱb, c	乐师
28	崇丘			Ⅱ，Ⅱ，4. 佚		Ⅱb, c	乐师
29	由仪			Ⅱ，Ⅱ，5. 佚		Ⅱb, c	乐师
30	鱼丽	限于歌唱		Ⅰ，Ⅰ，10.		Ⅱb, c，Ⅲa	乐师
31	南有嘉鱼			Ⅱ，Ⅱ，1.		Ⅱb, c，Ⅲa	乐师
32	南山有台			Ⅱ，Ⅱ，2.		Ⅱb, c，Ⅲa	乐师
33	鹿鸣			Ⅱ，Ⅰ，1.		Ⅱc，Ⅲa	乐师
34	四牡			Ⅱ，Ⅰ，2.		Ⅱc，Ⅲa	乐师
35	皇皇者华			Ⅱ，Ⅰ，3.		Ⅱc，Ⅲa	乐师
36	新宫			佚		Ⅱc	乐师
37	勺			Ⅳ，Ⅰ，Ⅲ，8.		Ⅱc	乐师
38	缦乐					Ⅰ	磬师
39	燕乐					Ⅰ，Ⅱa	钟师
40	乐					Ⅰ，Ⅱa	鞮师
41	外国燕乐					Ⅰ	旄人
42	羽之舞					Ⅰ，Ⅱa	蕭师
43	恺乐					Ⅴ	乐师

Ⅱ. 宴会的乐队演奏，其中又分为：

a. 天子宴请诸侯的宴会；

b. 招待耆老的宴会，略为：

1）退休的老官员；

2）为国捐躯的烈士的祖父和父亲；

3）寿过七十的齐民。

这三种人是有权利接受天子、诸侯、公卿或地方长官的邀请的。

天子每年宴请老人三次，时为二月、三月及八月（见《礼记·月令》），诸侯也同样宴请三次。地方上的宴请老人称为"乡饮酒礼"，而且是最重要的典礼之一。这种宴会规定：

1）由卿大夫每三年举行一次（只有退休的高龄官员和优秀的士子才能得到邀请）；

2）由地方长官每年举行二次（在春季和秋季射礼之前）及

3）一乡之长每逢新年举行（参看《仪礼·乡饮酒》卷八至卷十）。

那些提供演奏的乐曲依照表 3"名目"所排列的第 13 号、第 14 号、第 18 号至 23 号、第 27 至 32 号。

c. 逢到较大规模的宴会，即当诸侯、卿大夫及外国使节受到天子或诸侯的邀请的时候，所奏的乐曲即为第 8 号、第 16 至 37 号。

Ⅲ. 大射礼的乐队演奏，即：

a. 每年天子亲临举行的，参看表 3"名目"的第 8 号、第 15 号、第 16 号；

b. 地方举行的奏第 17 至 23 号。

Ⅳ. 逢到王后或诸侯妃子的庆典的时候奏第 18 至 23 号。

Ⅴ. 庆祝凯旋奏第 43 号。

E. 若干谱例的说明与翻译

谱例一（参看译谱第一号:）[①]

这一例选自《旋宫合乐谱》，卷十九，作者朱载堉，全书名为《乐律全书》，1606 年刻版，第 2 至第 7 页。

这个虽然不是周朝的完全原始的总谱，却仍然是朱载堉的准确的复制，他为此使用了《关雎》这首诗的原来的曲调——《关雎》是在（陕西）西安府孔庙里面作为刻在所谓的石经的碑文立起来的——而且是为这套曲谱的真实性从全部中国文学里面提供证明的。他是当时利用这套曲谱作授课的练习的。"旋宫"是五度循环的一个旧名称。他认为，人们可以按照五度的循环转移一切的宫调，以便在这个谱例上做练习。

---

① 译谱已佚。原谱见朱载堉《乐律全书》（万有文库本第 20 册）。作者在下文中提到的"总谱例"亦已佚失，不再加注。——译者注

朱载堉曾经为这一谱例的正确的复制提供了充分的根据，只是对琴这种弦乐器的记谱法，他却并没有说明，这种记谱法是不是在周朝已经存在。我的意见，它当时是断然不可能存在的，因为当时人们所认识的只有"七声"谱（亦即宫、商、角、徵、羽、变徵及变羽）。还有乐器的伴奏，他也没有明确的论证，是不是在周朝已经实际应用。这里也许只有一行，翻译琴谱的最后一行是经过他加工的，其他各项我都承认他是有权利这样做的。

这套总谱共包含197小节，分为五章（开头和结尾各有一个小节，每一篇诗包含32小节，每诗之前有3小节，每一章之后有4小节）。虽然前面没有标明节拍记号，人们还是看得清楚，那是4/4的拍子，因为牍这个乐器是每一拍撞击一下，也就是每一条直线等于半拍，或者每两条直线等于一拍。因此整个谱例是用4/4的拍子写成的。中国的记谱法直到现在都是用符号或者其他减字来代替一个一个的单字。周朝以前只有五声，即宫=c，商=d，角=e，徵=g，羽=a。周朝开国的君主武王的父亲文王，增加了一个领音变宫=h，武王又增加了一个变徵=fis。因此人们称变宫为文音，变徵为武音（参看《通典》）。这两个音加上原来的五个音就称为"七律"，从此以后就构成了中国古代的七声音阶（参看《国语·周语》及附注）。淮南子（刘安，公元前179—122年）和朱载堉称变宫（h）为"和"（淮南子认为它是领音。朱载堉以为这个音是和声所绝对不可缺少的），可是变徵这个音却被淮南子称为"缪"，这就是说"歪音"，他认为这个fis是反常的，可能是因为这拗口的超四度的关系吧。朱载堉则称这同一个音为"中"，因为它位于音阶的中间。这十二律的名称最先见于《周礼·春官宗伯第三》，《礼记·月令第六》（参看表4）。除了这两个一直到8世纪中叶单独使用的记音字符之外，又有一个音乐家引用了一套新的唱名谱（或者称为新的唱名字）那就是：合，四，乙，上，勾，尺，工，凡，六，五（发明人的名字直到今天还是无从查考）[1]。

表4

I	II	III	IV	V	VI	VII	VIII	IX	X
应清	$\overset{=}{h}$		清徵				亿	仜	
无清	$\overset{=}{b}$		徵				乙	工	
南清	$\overset{=}{d}$		清变徵		仜		伍	伬	
夷清	$\overset{=}{gis}$		变徵		仃		五	尺	

---

① 根据乐官名张鹗者1535年向明世宗皇帝提出的建议，从《任氏乐律志》转录。——作者原注

（续表）

I	II	III	IV	V	VI	VII	VIII	IX	X
林清	$\overline{\overline{g}}$		清角		伬		六	仩	
蕤清	$\overline{\overline{fis}}$		角		伵		合	上	
仲清	$\overline{\overline{f}}$		清商		上		仇	亿	伬
姑清	$\overline{\overline{e}}$		商		亿		凡	乙	尺
夹清	$\overline{\overline{dis}}$		清宫		紧五		仜	五	仩
太清	$\overline{\overline{d}}$		宫	五	高五 上五		工	四	上
大清	$\overline{\overline{cis}}$	余类推	清变宫		下五		伬	六	亿
黄清	$\overline{c}$	宫	变宫	六	六	小六	尺	合	乙
应钟	$\overline{h}$	变宫	清羽	凡	高凡 上凡	小凡	仕	仇	伍
无射	$\overline{b}$		羽		下凡	哑凡	上	凡	五
南吕	$\overline{a}$	羽	清徵	工	高工 上工	小工	亿	仕	伏
夷则	$\overline{gis}$		徵		下工	哑工	乙	工	六
林钟	$\overline{g}$	徵	清变徵	尺	尺	小尺	五	伬	仇
蕤宾	$\overline{fis}$	变徵	变徵	勾	勾	勾	四	尺	凡
仲吕	$\overline{f}$		清角	上	上	上	六	仕	仜
姑洗	$\overline{e}$	角	角	乙	高乙 上乙	乙	合	上	工
夹钟	$\overline{dis}$		清商		下乙	背乙	仇	亿	伬
太簇	$\overline{d}$	商	商	四	高四 上四	四	凡	乙	尺
大吕	$\overline{cis}$		清宫		下四	背四	仜	五	仩
黄钟	$\overline{a}$	宫	宫	合	合	合	工	四	上
浊应	h	余类推	清变宫			大凡	伬		
浊无	b		变宫			哑凡	尺		
浊南	a		清羽			大工	仕		
浊夷	gis		羽			哑工	上		
浊林	g		清徵			大尺	亿		
浊蕤	fis		徵				乙		
浊仲	f		清变徵				五		
浊姑	e		变徵				四		
浊夹	dis		清角				六		

（续表）

I	II	III	IV	V	VI	VII	VIII	IX	X
浊太	d		角				合		
浊大	cis		清商				仜		
浊黄	c		商				凡		

表 4 附注：

Ⅰ. 十二律的名称。

Ⅱ. 与十二律相对应的西乐的音名。

Ⅲ. 依照《国语》所列的七声或七律的名称。

Ⅳ. 康熙（1662—1721）所定的十四律调谱。

Ⅴ. 唐朝（8 世纪中叶）的笛色字谱。

Ⅵ. 宋朝和元朝（11 至 14 世纪）的笛色字谱。

Ⅶ. 明朝（14 至 17 世纪）的笛色字谱。

Ⅷ. 清朝（从 18 世纪算起）的笛色字谱。

Ⅸ. 清朝的直箫字谱。

Ⅹ. 清朝的管子字谱。

　　关于这一些唱名谱的问题有许多理论家主张，其中的第二个字"四"和第四个字"上"在第 3 世纪已经有人使用，理由是"四"和"上"这两个符号在公元前 300—100 年间的《楚辞》里面已经存在。然而我却不同意这种看法，因为如果当时这两个唱名谱的确是大家认识的，那么至少那其他三个符号也应该存在，因为在这段时间里至少有五声是经常应用的。而且其他各个符号在公元 300 年至公元 700 年还完全不见记载。

　　另一方面阿尔斯特（J. A. Von Aalst）在他的著作《中国音乐》（Chinese Music）第 15 页里面却认为这一套唱名谱是 14 世纪才从蒙古人那里传到中国来的。这种假设是难于理解的，也许阿尔斯特还没有看到过宁王（朱）权的《唐乐笛色谱》。除此之外，这种唱名谱在朱熹（12 世纪后半叶）的《朱子全书》卷四十及蔡元定（12 世纪末叶）的《燕乐》里面也可以找到，这两部著作都是在 12 世纪刊行的。无论如何直到 8 世纪中叶为止只是使用一种记音字符。在 742—755 年这段时间或者更早，从 713 年开始唐朝的那个皇帝玄宗（亦称明皇）极力提倡音乐，这一套唱名谱说不定就在他统治下由一位佚名的音乐家设计出来，而且作为一种笛色谱加以运用。由于这一套记谱法相当简单而又易于掌握，很快取代了十二律的名称成为普遍应用的记谱法。后来到了 11 及 12 世纪又有人加上"高"字或"上"字表示升高，加上"低"字或"下"字表示降低一个半音。朱熹和姜白石（13 世纪上半叶）也各曾发明一套新谱，但都没有收到实效（参看表 4）。

　　明朝（1368—1643）人们用"亚"字作为降低的符号，"清"字表示升高八度，"正"字代表中部音，"浊"字则表示降低八度。所有这些记谱符号都在表 4 一一标明。

　　琴这个乐器的记谱法又是另一种发明，然而同样不能确定的是，它在什么时候开始应用。人们首先是用头七个数字来标记七根弦，此外还有一百以上的指法符号，关于这些指法符号我只就下面一些与谱例有关的加以说明。一 =1，二 =2，三 =3，四 =4，五 =5，六 =6，七 =7，八 =8，九 =9，十 =10。符号：

　　艹表示散的减笔，散 = 空弦；

　　乙表示挑的减笔，挑 = 表示右手的食指向外拨弦；

　　勹表示勾的减笔，勾 = 表示右手的中指向内拨弦；

　　中 = 左手的中指；

　　大 = 大拇指；

　　九 = 第九徽；

　　十 = 第十徽；

　　女是按的减笔，按 = 表示用左手的一支手指按一条弦。

　　早是拨动两条弦的记号，一方面用右手的大拇指向外拨一条弦，同时用中指向内拨另一条弦。随之而来的是复合符号：

　　芎（参看谱例1，第4页第5小节右起"m"行）用中指拨第三空弦；

　　钆表示左手大拇指按在第十徽上面并用右手中指拨动第七弦，如此类推。

　　曌表示用左手大拇指压住第一弦，同时用右手大拇指和中指拨动第三空弦和第一弦。

　　除了使用这一套唱名谱之外人们还有一些专给笛子和琵琶制作出各种各样的装饰音和指法的符号，在这个谱例里没有提到，我认为没有必要现在就此加以说明。

　　谱例二（参看译谱第2号）①

　　这个谱例取自朱载堉的《乐律全书》卷十四，题为《乡饮诗乐谱》，第31至33页。演出一首乐曲需用瑟二，笙四，编磬一，鼗二，敔一，搏拊一，柷一，建鼓一及应鼓一（没有柷、敔、钟、琴及其他各种吹奏乐器）。在歌唱上也有搏拊、敔及瑟的乐工参加。这是一首小型乐队演奏的乐曲，而且是应该在招待地方耆老的宴会上演奏的（参看本章 D 项 Ⅱ 之 b）。这一谱例较之前一个的差别是在于第一小节与末一小节都没有使用开头乐器柷和结束乐器敔。除此之外，歌词的每一个字都只有一拍的时间。也就是说这首乐曲歌唱的速度只相当于第一个谱例一半的时间。这一

---

　　① 译谱已佚，原谱见朱载堉《乐律全书》（万有文库本第21至24册）。——译者注

份总谱全部包含 115 小节，而且同样是分为五段。这里只译出了其中的第一段。在这个谱例可以随便看到那正确的节拍线和 4/4 的拍子，虽然并没有标出什么板眼，因为一个小节之内只把胈撞击四下。不独此也，如果你拿两个谱例加以比较，你就会发现，这里的一个比第一个实际得多；因为第一个谱例的每一段歌词整整写满了十一页，反之，这一个谱例里面却只有一页就够了，由此可见只要有十分之一的地方就够了。因此我们可以认为这一个谱例是古代的中国套曲的最好的写法（或者更多的作为模范总谱）。

第三章　从上古到中世纪的过渡时期的音乐
（公元前 221 年—公元 588 年）

A. 秦朝（公元前 221—207 年）

经过那著名的暴君始皇帝——秦朝的第一个皇帝——把周朝以及更早流传的典籍在公元前 213 年通通烧掉（家喻户晓的焚书）之后，他下令没收一切金属器物，为了对人民进行掠夺和威逼以至从他们手上收缴一切武器，结果就是周朝的典籍和乐谱，连同一切金属的乐器都消灭殆尽。以前的六代乐舞残存下来的乐曲只有舜帝的《韶》，武王的《武》（参看表 4）和《房中乐》（宫女乐队的作品，参看表 4 以及《宋书》有关音乐的章节）。

在这一段毁坏的时期，始皇帝改周朝的《武》为《五行》，改《房中乐》为《寿人》，只是改变了名字（参看《汉书·礼乐志》）。此外在这一时期的历史上再也没有一点有关音乐的记载了。

B. 汉朝（公元前 206—公元 219 年）

经过焚书之后，汉朝的政府认为当务之急是把那些古代的典籍重新搜集起来而且加以注解。全部的学者都在努力，为这同一的目标进行工作，因此他们自然没有多余的时间从事音乐的活动。因此在汉朝的这一历史时期关于乐队的组织也只能找到如下的一些记载：

丞相田蚡在他的厅堂里"罗钟鼓，立曲旃"；还有光武帝（公元 25—57 年在位）曾经给东海恭王"设钟虡之悬"。由此可见，汉朝的高官大吏仍然像周朝一样可以享用带有钟磬的乐队。除此之外，人们还可以从《汉书》一首古老的歌词《安世房中歌》的诗句得到证明：

高张四县，乐充宫廷……

神来宴娭，庶几是听。

直到这个时代还存在四面的宫悬（参看第二节 C 项）。可惜关于乐器的数目却没有只字提及。公元前 7 年哀帝将乐官人数从 829 人减少到 388 人（参看《汉书·礼乐志》），而且在《隋书·乐志》里面也记有汉朝的祭祀乐官及鼓吹乐官共有 380 人。这两种记载都只是标明全部乐官的人数，关于每一种乐队的配备却一点说明也没有。在武帝（公元前 141—87 年在位）的时候甚至于设立了一个独立的音乐机关，原名称为"乐府"，采集了一切流传至今的乐曲、讴谣、歌曲和诗篇。武帝委托文人司马相如及其他许多人大家一起制作新的歌词，又任命那个音乐上非常有名的李延年为协律都尉，领导制谱的工作。当时乐曲的目录据《通典》卷四十九所载有如下列：

1. 《大风歌》，附有 120 人的合唱队，汉高祖创作。

2. 《安世乐》（原名《房中乐》，楚调），高祖唐山夫人所作，夏侯宽改编，共由十七章组成。

3. 《宗庙乐》，5 首，叔孙通制作。

4. 《郊祀歌》，19 首，作者武帝，有一个由童男女 70 人组成的合唱队。

5. 关于东都的"五篇之诗"，班固作。

6. 鞞舞的歌词五篇。

1 至 5 项用于郊祀，6 项则用于宴会。虽然音乐已经散失，可是从歌词的字句的参差不齐可以看出，它是不像周朝的歌词那么呆板和单调，例如《诗经》，每一句几乎总是四个字，动机和节奏都已经到了非得改变不可的时候了。特别是 1 项和 4 项那些伴奏性的合唱的庞大的队伍对于周朝来说是不可想象的。除此之外，有些舞蹈的名称是改变了（正如以后的朝代也有过的那样），我在这里认为是没有叙述的必要，因为它并不是同乐队一道演出的。

C. 魏朝（公元 220—264 年）

武帝（曹操）时期音乐家杜夔被任命为修订音乐的领导，他会同歌咏乐师邓静、尹齐及舞蹈乐师尹胡、冯肃等人"教习讲肄，备作乐器，绍复先代古乐"。虽然轩悬因此恢复设置，可是它的组织规模却在历史上没有记载。到了文帝的时候，柴玉和左延年这两个音乐家因他们的新作品得到宠幸。他们改编了一小批新兴的曲调，改变了好些乐曲和舞蹈的名称。此外还有其他人写了一些新的歌词，可是并没有新的乐曲。

D. 晋朝（公元 265—419 年）

在这一朝代初期，人们只沿用魏的乐曲。公元 266 年傅元奉武帝的指令写了 18 首郊祀歌，公元 269 年成公绥、荀勖和张华又写了 3 首节庆歌。这两者统称为《四厢乐歌》。公元 273 年张华又写了 2 首新歌，一首配合《正德舞》，另一首配合《大豫舞》。晋朝还从过去朝代改编的舞曲选用了 5 首宫廷中流传的歌诗；又因为在舞蹈的时候需要使用拂做道具，所以称为拂舞歌。除此之外，又有《相和歌》30 首（原先只有 17 首，可是魏、晋时期琵琶演奏家朱生、打击乐手宋识及笛师列和等"复合之为十三曲"）。这些作品实际上并不是给乐队用的，而是对汉代民间歌曲做一番加工，由一些弦乐器及管乐器伴奏，歌词则由"执节者歌"。这些歌诗的名称详见表 5。

表 5

1. 江南曲
2. 度关山（魏调），一名度关曲
3. 长歌行
4. 薤露歌，一名薤露行，挽柩歌，又名天地丧歌
5. 蒿里传，亦名蒿里行，一名泰山吟行
6. 鸡鸣，一名鸡鸣高树巅
7. 对酒行（魏调）
8. 乌生八九子
9. 平陵东
10. 陌上桑，亦名采桑曲，艳歌罗敷行，日出东南隅行，日出行，后又称为望云曲
11. 短歌行（晋调），一名鰕䱇
12. 燕歌行（晋调）
13. 秋胡行，亦名陌上桑，采桑，一名在昔
14. 苦寒行，一名吁嗟（晋调）
15. 董逃行
16. 塘上行，一名塘上辛苦行（晋调）
17. 善哉行，亦名日苦短
18. 东门行
19. 西门行
20. 煌煌京洛行（晋调）

21. 艳歌何尝行，一名飞鹤行

22. 步出夏东门行，一名陇西行

23. 野田黄雀行（晋调）

24. 满歌行（大曲）

25. 棹歌行

26. 雁门太守行

27. 白头行

28. 气出唱，一名惟乾

29. 精列

30. 东光

公元 4 世纪（从公元 307 年开始）有五个异族羌、羯、氐、鲜卑、匈奴攻入中原，中国文化，特别是音乐和美术因而遭到了破坏。

虽然随着时间的推移，由于中华文化的力量，那些入侵的异族在许多方面都逐渐同化了，在政治方面他们却从公元 420 至 588 年处于中国北方的统治地位。

E. 南北朝

北朝（公元 386—580 年）与南朝（公元 420—588 年）的关系是敌视的。南朝的 168 年间改换了四姓的王朝，那就是宋（公元 420—478 年）、齐（公元 479—501 年）梁（公元 502—556 年）、陈（公元 557—588 年）。这些王朝的政府都在尽力所能及去收复北方的失地，当然没有可能从事音乐活动。话虽这样说，在宋和梁这两个王朝的历史上还是找到了一些有关钟磬的框架的排列的方式的记载，至于弦乐器和吹奏乐器却就毫无只字提及了。当时南朝刘宋统治之下有关合奏的乐曲大都沿袭晋朝的音乐，只是改写了歌词。历史上还有过一段描写，公元 477 年那些祀神的和世俗的乐队的人数是超过 1000 人的。然而每一种乐队的详细的人数却没有说明。

公元 486 年南朝齐曾委托作曲家谢超宗制作 19 首《郊祀歌》。南朝梁（公元 502—549 年）武帝写过 12 首著名的标明为雅的乐曲（沈约作词），作为郊祀用的朝廷音乐。又因为他本人是佛教徒，他制作了 10 首佛教内容的乐曲，称为"正乐"，专供举行佛教仪式的演出。虽然后来新朝陈沿用了梁朝的郊祀音乐及节庆音乐，但是那个末代皇帝陈后主却特别喜欢妇女乐队（关于这种乐队的组合同样是毫无记载）。他写了 4 首曲子，那就是：1.《玉树后庭花》、2.《黄鹂留》、3.《金钗两臂垂》、4.《堂堂》（我在这里把这些乐曲留给独奏，它也同样是无人提到）。在现有材料上丝毫没有关于乐队组合的记载。在这同一时期那与南朝敌对的北朝——由于他们的乡土关系——他们爱好"胡乐"过于华夏音乐是很自然的，虽然他们也使用它，而且由于那些统治者不是汉人，因此在历史著作里面他们的音乐也没有更多的报导。在这三个世纪（4世纪至6世纪）里面人们只能追踪到西凉（今天甘肃省）、龟兹、康国、高昌（这三个地区的古城在现在的新疆省），找到他们的曲调和乐器，也有从土耳其陆续引进中国来的。然而关于这方面的详细的描述却也是没有的。总之，从秦到南朝陈（公元前221至公元588年）这八个世纪，中国先是遭到专制君主始皇帝的文化大破坏，然后又是五个未开化的异族的连绵不断的战争给中国人带来深重的灾难，以致这一个时期只能看作是从古代到中世纪的过渡时期，人们很难为音乐和艺术的发展做出他们的贡献。

第二编　中世纪（公元 589—1700 年）

根据前章的叙述，各种乐器和曲调是从西域（新疆）及其他各地通过北朝的种种关系陆陆续续引进中国来的。它最先流行在中国北部，随后受到南朝的最后一个皇帝陈后主及隋朝的开国皇帝文帝——他重新统一了全中国——的喜爱。因而它的影响越来越大。与此相反的是中国一些保守的音乐家竭力维护并且提倡那古老的音乐。虽然那些古老的郊祀和宴会用的乐曲原先是划分的，实际上后者的体制也只不过是郊祀音乐的变种而已，因此我没有把它们截然划分。可是从中世纪开始，郊祀音乐和世俗音乐的区别越来越大。郊祀音乐只需要中国乐器，例外是隋朝和唐朝的宫悬以及隋朝的《登歌》（参看乐队人员分配总表一之Ⅰ、Ⅱ、Ⅲ项第49、50、59、60及61号。以下简称总表）。反之，世俗音乐乐队中的外来乐器却占据越来越多的地盘；不错，有人甚至于纯用外来乐器来组织这类的演出。除此之外还有军乐，它部分使用本土乐器，部分使用外来乐器，然而只限于吹奏乐器和打击乐器。

第一章　用于祭祀的乐队

A. 隋朝（公元 589—617 年）

隋朝的开始有人试图改造古老的音乐，开国皇帝文帝——虽然他厚爱外来音乐——曾委任名为牛弘的太常（《隋书·百官志》："太常，掌陵庙群祀，礼乐仪制，天文术数衣冠之属"）。集议有关的问题。讨论的结果是两种乐队的编制：宫悬和登歌（人数和乐器参看总表一之 I 与 II 项）。头一个是在皇宫的大规模的祭天和祭祖的时候听候检阅的，然而并不在于演奏，因为实在是无法演奏的。原来牛弘本人并不是音乐家，也许他只是根据古书的记载凭个人的臆测予以增加或减少。后一个乐队却主要是用于孔庙的春秋二祭。那些弦乐器 1. 筑，2. 筝，3. 挝筝，4. 卧箜篌，5. 小琵琶和吹奏乐器，6. 横笛 7. 笙篥（3 至 7 号都是外来乐器），是第一次（自从周朝以来）用在郊祀乐队里面。可是 3 至 7 号后来也没有再在郊祀乐队中使用。至于郊祀音乐的曲谱实际应用的计有 21 首，其中 12 首的作者是李元操和卢慈道，9 首的作者是柳顾。除此之外还有 104 首是由太常寺根据古曲调改编而成的，（计有 c 调 5 首，升 c 调 1 首，d 调 25 首，e 调 14 首，升 f 调 13 首，g 调 8 首，a 调 25 首，h 调 13 首）。但是这些作品根本没有演出过。这里可以说已经有充分的理由证明隋朝对于音乐的爱好是更多的倾向于世俗音乐的。

B. 唐朝（公元 618—906 年）

唐朝的统治者特别重视世俗音乐（详见下章）。因此这一时期郊祀乐队的编配与隋朝的音乐没有多大差别。不错，它是那样的不受重视，甚至于那些历史学家都忘记了点明吹奏乐器的数目。这一时期人们对郊祀音乐是如何的不予注意也就是不言而喻的了（关于唐朝两种祭祀的乐队的人员和乐队的数目可参看总表一的 III、IV 项）。

一种新乐器节鼓第一次在登歌乐队中使用。这可能是搏拊的一种改造（参看第二部分第 12 号）。作为有名的祭祀的歌曲只流传有 12 首，称为《十二和》，是祖孝孙制定的（公元 626 年）。除此之外还有 3 首乐曲亦称为《和》，作于 8 世纪的初叶，用于各种不同的郊祀仪式上。

C. 宋朝（公元 960—1276 年）

宋朝初期的郊祀乐队也与唐朝的一样毫无改变。公元 1113 年由政府规定乐队的编制，而且每一种都是两个宫架（大乐队）和登歌（小乐队）。（关于乐队队员和乐器的数目参看总表一之 V 和 VI 项，宫架 A 与 B；VII 与 VIII 项，登歌 A 与 B。）

公元 1143 年乐队又有一次改变（参看总表一之 IX 与 X 项）。改变之一是宫架只有在盛大的庆典上才会摆出来。其中真正能够演出的是只有登歌乐队。在乐曲方面除了《十二安》（从唐朝《十二和》传下来的曲调）之外，太宗（公元976—997年在位）写了4首，真宗（公元998—1022年在位）写了13首，还有窦俨、吕夷简、陶毂、王随及宋绶各写了若干首。至于宋朝郊祀乐队得到应用的新乐器计有7种，那就是：三种不同的匏（七星匏、九曜匏及闰余匏）和独弦的、三弦的、五弦的及九弦的琴。

D. 元朝（公元1277—1367年）

蒙古族的元朝为郊祀乐队的编制沿用了中国北部女真族的金王朝（公元1123—1234年）的音乐。然而这也不是道地的，而是承袭了宋朝的所谓大晟乐（公元1105年成立的新的作曲与乐队的机关）。因此在宫悬乐队与登歌乐队之间找不到与宋朝的编制有任何区别，只有乐队队员人数是不同的（参看总表一之 XI 及 XII 项）。在那个表上还可以看到两处标明"照烛"的地方（参看第二部分第3号），这是晚上乐队开演的时候使用的。它约略相当于军乐队的鼓杖。这一个王朝的音乐总的来说是一部分沿袭宋王朝，一部分沿袭金王朝。公元1281年大乐署制作了8首乐曲，1305年制作19首，除此之外，后来又加谱了2首，不过这一切都用于祭祀。

E. 明朝（公元1368—1643年）

根据前人作出的经验，本朝干脆废除了宫悬制度（因为实际上它是不能演出的）而扩大了登歌乐队（参看总表一之 XIII 项。）当时有相当多配乐的郊祀歌曲，那是由太常寺制作的。谱例三①是从《律学新说》引用的，原书46至47页（作者朱载堉，1584年刊行）。我只从中转录了旧制太庙《终献乐章》，而且只是开头的8小节。它演出时是由乐队伴奏的，是在明朝初期（15世纪中叶）通行的。它的记谱出自协律郎名为冷谦者之手（14世纪中叶前后），他用的是古调（吕第亚调式）；它是从属 G 开始的。虽然在记谱上只有吹奏乐器笙，可是也一定有别的管乐器一起吹奏的（参看第一部分，第二章，图二，E 及谱例一）。另外他又记下了两种弦乐器琴和瑟的曲谱。关于其他各种乐器只有下列的打击乐器还保留在乐队编制之内，那就是：编钟、编磬、柷、敔、建鼓和搏拊；可是它们在谱表上都没有特别标出来。除了琴和瑟的曲谱之外只是每半拍都有一点，说不定这是搏拊用的符号

---

① 译谱已佚，原谱见朱载堉《乐律全书》（万有文库本第2册92至98页）。——译者注

的新的写法。

F. 清朝（公元 1644—1911 年）

清朝开国初期用于祭祀的乐队沿用通行的名称中和韶乐（这个名称最初见于明朝）。根据每一种祭祀性质采用各种不同的编制，这种不同的编制又根据不同的人员数目分为三类，那就是：

1. 乐队人数 74 人，舞人 128 人（参看总表一之XIV），用于大规模的祭祀；

2. 乐队人数 50 人，舞人 36 人，用于孔庙的祭礼（参看总表一之XV）；

3. 乐队人数 34 人，舞人无，用于小规模的祭祀（参看总表一之XVI）。

乐队一般是分为两部分排列起来（或分在东面与西面，或分在南面与北面）。正如图三所显示，中和韶乐的排列是服务于宫廷的典礼的（依照《大清会典图》卷二十六，图八）。

图三

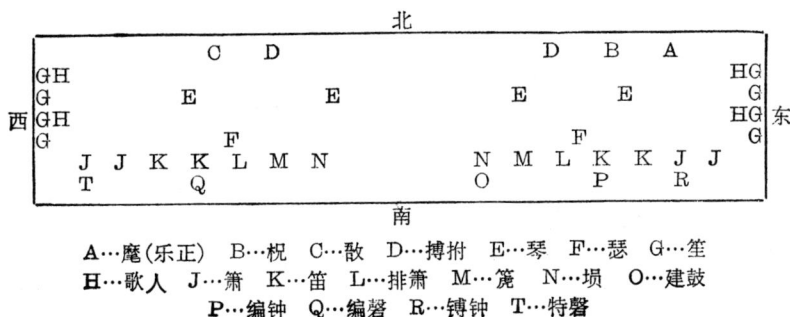

A···麾（乐正） B···柷 C···敔 D···搏拊 E···琴 F···瑟 G···笙
H···歌人 J···箫 K···笛 L···排箫 M···篪 N···埙 O···建鼓
P···编钟 Q···编磬 R···镈钟 T···特磬

乐队人数相当于 c 号的乐队，只是增加了四个笙师和四个歌人，因此整体算起来是 42 人。关于乐曲方面，凡是公元 1677 年由乐部的御用乐官制作的，今天还保存有 77 首（其中 c 调的 18 首，g 调的 8 首，d 调的 19 首，es 调或 a 调的 19 首，a 调 6 首，e 调 7 首）。后来制作的我就不再提它了。这一朝代的乐谱大多数是手写本，而且直到（辛亥）革命为止一直保存在皇家音乐机关——原先称为乐部，后来改称礼部——里面，因此遗憾的是很不容易得见。但是就内容而论也不过是带乐队伴奏的赞美歌。中国作曲的发展却不是寄托在郊祀音乐而是寄托在世俗音乐之上。对于这方面的问题我们还要继续加以论述。

第二章　世俗音乐的乐队

自从 4 世纪开始，亦即在五个外来民族接二连三地把晋朝摧毁之后，中国在文化方面无疑是遭受了重大的损失。到了帝国分裂为南北朝之后（公元 420 年以后），北朝的统治者特别偏爱外来音乐。因此外来乐器（特别是从西域来的）一天天以继续增加的数字引进来，特别是在 5 世纪和 6 世纪；而且正如这些乐器增长的规模一样，它的音域也不断扩大。从前只需要两个八度，可是现在音域却大了一倍。到了隋朝重新统一了全中国之后，它的开国皇帝文帝觉得外来音乐特别富于吸引力，他不仅在盛大的宴会上演奏外来音乐，而且也在祭祀乐队中引进外来乐器，例如弦乐器挡筝、卧箜篌和小琵琶以及吹奏乐器笙篥和横笛（参看本编第一章 A 项）。从此以后祭祀音乐的"雅乐"与世俗音乐的"俗乐"的划分就完全清楚了（参看本编的开端）。雅乐的乐队只用于祭祀，反之俗乐的乐队则用于各种不同的场合。由于这个缘故，雅乐的发展是很小很小的，而音乐朋友却越来越多地从事俗乐的活动。由于当时的倾向越来越转向世俗音乐，我们也就只能提出一些世俗音乐的重要的乐队加以论述。

A. 隋朝的九部伎和唐朝的十部伎

6 世纪的末期亦即隋朝的开始，隋朝是由太常来掌管郊祀音乐的，后来他们又新设一个专门机关"清商"，负责世俗音乐的工作。最先的乐队数目只有七个，那就是：

1. 国伎（后来改称"西凉"，参看总表二之Ⅲa），
2. 清商伎（后来改称"清乐"，参看总表二之Ⅱa），
3. 高丽伎（参看总表二之Ⅷa），
4. 天竺伎（参看总表二之Ⅸa），
5. 安国伎（参看总表二之Ⅶa），
6. 龟兹伎（参看总表二之Ⅳa），
7. 文康伎（亦名"礼毕"，参看总表二之Ⅹa）。

公元 610 年朝廷又加上第八和第九，那就是：

8. 康国伎（参看总表二之Ⅴa），
9. 疏勒伎（参看总表二之Ⅵa）。

公元 626 年唐朝沿用这九部伎，但改清商伎为清乐（参看总表二之Ⅱb）。它取消了文康伎，却新建新的燕乐伎（参看总表二之Ⅰ）。公元 640 年玄宗接受了高昌的乐器，又新建了一个乐队高昌伎（参看总表二之Ⅹb）。这样一来世俗音乐就总共有了十部伎（参看总表二之Ⅰ至Ⅹb）。现在我们就转过来讲述每一部伎的简短的事实。

Ⅰ. 燕乐伎

这个乐队是 7 世纪初叶建立的，它的乐器有一部分是中国固有的，一部分是外来的。它主要演奏乐曲《景云河清歌》，张文收作曲（公元 640 年）。演奏的时候还有二十人的舞队，其中八人跳的是《景云舞》，四人跳《庆善舞》，四人跳《破阵乐舞》，四人跳《承天乐舞》。燕乐伎一般是在新年典礼的时候在宫中演奏头一个节目，在《七德舞》《九功舞》及《上元舞》演出的时候，它也担任伴奏音乐的演奏。这三套舞蹈略如下述：

①《七德舞》原名《秦王破阵乐》，是太宗（公元 633 年）为 120 名舞人制作的。

②《九功舞》原名《功成庆善乐》或者简称为《庆善乐》，同样是太宗制作的。

③《上元舞》，亦名《上元乐》，是高宗（公元 674 年）为 80 名舞人制作的。

Ⅱ. 清乐伎，1 名清商伎

这一个乐队是由汉朝的一个舞蹈伴奏乐队改编来的。乐器有一部分是本土的，有一部分则是外来的。在《隋书》里面没有提到这个乐队的乐器数目。可是书中却举出了总人数。这个乐队的乐曲原先是周朝《房中乐》的曲调。它应用的时间约当汉和魏这两朝直到晋朝的初叶。经过各个外来民族（4 世纪初叶）的破坏，这些乐曲由逃避战乱的人带到各处直到扬子江盆地。到了隋朝开始（6 世纪末叶）朝廷设立了一个机关名为清商府，以便重新收集那些古代流传下来的曲调。到武后（公元690—705 年在位）时这些曲调还保存有 63 首。据《通志》卷一百四十九的记载，12 世纪的时候还保存有 40 首（参看表 6）。

表 6

1.《白雪》（楚曲）

2.《公莫舞》（汉舞）

3.《巴渝》（汉鞞舞）

4.《明君》，又名《王昭君》《王嫱》《王明君》（作于公元前 48—31 年）

5.《明之君》（汉鞞舞）

6. 《铎舞》（汉曲）

7. 《白鸠》（吴拂舞曲）

8. 《白纻》（吴舞）

9. 《子夜》（晋曲）

10. 《吴声四时歌》，又名《子夜吴歌》（作者梁武帝，公元502—549）

11. 《前溪》（晋朝沈玩作）

12. 《阿子歌》一名《欢闻歌》

13. 《团扇郎》（晋朝王珉作）

14. 《懊侬》（公元4世纪末叶的民歌）

15. 《长史变》（晋朝王廞作）

16. 《丁都护》一名《督护歌》（公元5世纪初期的曲调）

17. 《读曲》

18. 《乌夜啼》（王义庆作，约公元5世纪上半叶）

19. 《估客乐》（作者齐武帝，公元483—493）

20. 《石城乐》（臧质作于南朝刘宋时代）

21. 《莫愁》一名《莫愁乐》

22. 《襄阳》（《襄阳乐》，隋王诞作）

23. 《乌夜飞》（沈攸之作于南朝刘宋时代）

24. 《杨叛儿》一名《杨叛》（北齐的歌曲）

25. 《雅歌》

26. 《骁壶》一名《投壶乐》（作者隋炀帝，公元605—616年）

27. 《常林欢》（公元5世纪的曲调）

28. 《三洲》一名《商人歌》

29. 《采桑度》一名《采桑》

30. 《玉树后庭花》（陈后主作）

31. 《堂堂》

32. 《泛龙舟》（作者隋炀帝，公元605—616年）

33. 《春江花月夜》，（作者隋炀帝，公元605—616年）

＊34. 《平调》

＊35. 《清调》

＊36. 《瑟调》

37. 《上林》

38. 《凤雏》

39. 《平折》

40. 《命啸》

（＊这三首作品没有歌词）

374

Ⅲa. 隋朝的西凉乐队

这个乐队在唐朝称为西凉伎（参看总表二之Ⅲb），实际上它是迁徙到西凉（今甘肃省凉州）的汉人建立的乐队，但是他们除了从故乡带去的乐器之外，也引用了龟兹（库车）的乐器，他们给这个乐队起了一个名字叫做"秦汉伎"。后来它在北朝（公元386—588年）直到隋朝初期都称为国伎。在马端临的《文献通考》卷一百四十六这样写着："周隋管弦杂曲数百皆西凉乐也。鼓舞曲皆龟兹乐也。"可惜的是我们今天在《通志》卷一百四十九里面只能找到其中五套曲谱的名字，它们是：《杨铎新声》《神白马》《永世乐》《万世丰解》及《于阗佛舞》。

这些乐曲在唐朝称为《凉州》或《新凉州》。在演出《清商乐舞》的时候这个乐队是用来伴奏的。

Ⅳ. 龟兹伎

自从吕光（氏族）公元389年攻破龟兹等国自立为后凉皇帝之后，他也把龟兹的音乐接收过来。他一下台（公元396年）音乐也跟着衰落了。可是到了北朝的齐文宣帝（公元551—559年在位），它又受到了高度的重视。后来北齐的武帝同西域的一个少女结婚（公元561年），整个乐队，特别是龟兹，然后是疏勒、安国和康国的音乐都集中到首都长安来了。隋朝的皇帝炀帝（公元605—618年在位）也同样非常喜欢这类音乐，于是他指派他的乐正白明达为龟兹伎创作了12首乐曲。这些乐曲的曲名是：《百岁乐》《藏钩乐》《七夕相逢乐》《玉女行觞》《神仙留客》《掷砖续命》《投壶乐》《舞席同心髻》《泛龙舟》《斗鸡子》《斗百草》《还回宫》《长乐花》及《十二时》。

公元714年唐朝的皇帝玄宗将世俗音乐的所有乐队分为两部，即：

a. 立部伎

b. 坐部伎

供a部演奏的乐曲有八首：①《安乐》，北朝后周武帝（公元561年）作；②《太平乐》；③《破阵乐》，唐太宗（公元633年）作；④《庆善乐》，亦太宗作；⑤《大定乐》；⑥《上元乐》；⑦《光圣乐》（5至7三首均唐高宗作）；⑧《圣寿乐》，武后作。其中只有第4首《庆善乐》是用于西凉伎的（参看总表二之Ⅲb）。这些乐曲全部是由龟兹伎演奏的，而且都是使用大鼓，第5号甚至于还用金钲。这一部的演奏是全体站立的。供b部演奏的乐曲有六首：①《燕乐》，张文收作曲；②《长寿乐》；③《天授乐》；④《鸟歌万岁乐》（2至4出自武后之手）；⑤《龙池乐》；⑥《破阵乐》，这末后两首传自玄宗，而且全部（只有第1首是例外）是由龟兹伎担任演奏。

Ⅴ. 康国伎

这个乐队是在北周皇帝闵帝娶了一个亚洲北部民族的女子为妻之后（公元 6 世纪末叶）才得到的。它的乐器只有少数几种，演奏的人数只有 7 人。到了唐朝又增了 3 人。演奏的乐曲计有四首：①《戢殿农和正歌》；②《木奚波地舞》；③《前拔地舞》；④《惠地舞》（据《通志》）。

另据《文献通考》，除此之外还有两首：⑤《贺兰钵鼻始》及⑥《农慧钵鼻始》。

Ⅵ. 疏勒伎

Ⅶ. 安国伎

这两部乐队是公元 6 世纪中叶传入中国的。疏勒伎只设有 12 至 13 人，安国伎人数更少。供这两部乐队演奏的乐曲各有一部乐队伴奏的歌唱和两首舞曲：疏勒伎的是①《兀利死让歌》；②《远服解》；③《盐曲解》。安国伎的是：①《附萨单时歌》；②《末奚舞》；③《居和祇舞》。

Ⅷ. 高丽伎

虽然朝鲜自公元前 23 世纪以来就已经同中国交往，但是他们的乐曲却直到唐朝的武后时期（公元 690—705 年在位）还没有超过 25 这个数字。后来只剩下唯一的一首。据《通志》所载则还有一首《芝栖歌》和一首《芝栖舞》。他们的乐队什么时候开始传入中国根本就无可稽考。

Ⅸ. 天竺伎

公元前 2 世纪初叶印度已经开始同中国有了交往，可是它的音乐的传入中国却是比较晚的（公元 4 世纪前后？）。这一个乐队演奏的乐曲有一首《沙石疆歌》和一首舞曲《朝天曲》。

Ⅹ a. 礼毕

这个乐队当初叫做文康伎。它原来是属于庾亮（晋朝的一个大官）的家族的。庾亮死后，后人为了纪念这位名臣，便重新组建这个乐队而且用他的谥号"文康"作为这个乐队的名字。隋朝在九部伎演奏的时候定例是由这个乐队担任演奏最后一个节目，所以称为"礼毕"。这一个乐队演奏的作品是一首称为《单交路行》的歌曲及一首舞曲《散花舞》。

Ⅹ b. 高昌伎

公元 640 年唐朝将军侯君集平定高昌（西域古国，约当今新疆吐鲁番盆地），把高昌的乐队也接收了过来，并献给了唐太宗。这个乐队也就成为唐朝十部伎的最后一部。供他演奏的有六首乐曲。这些乐曲的名字是：①《圣明乐》，②《善善》，③《摩尼解》，④《婆伽儿舞》，⑤《小天舞》，⑥《疏勒盐》。

这九部伎或十部伎除了在新年、夏至，即皇帝接受朝贺的日子之外，凡是遇到盛大的节日，特别是皇帝接受外国使臣的觐见的时候，他们都有演奏的任务。从 7 世纪开始，唐朝政府每当接待土耳其斯坦的使节，这种音乐是不可缺少的，因为这十部伎的一半以上（Ⅲ、Ⅳ、Ⅴ、Ⅵ、Ⅶ及Ⅹb项）都是从土耳其斯坦传进来的。

唐朝是怎样从事音乐活动及其管理，我还得做一番简短的概述。从公元 618 年起有两个音乐机关：教坊和太常负责领导郊祀音乐和世俗音乐。郊祀（古代）音乐用于祭祀及盟会。在季节的祝典上，在宴会上及在接见外国使节上一般都由这十部乐队演奏。首先这两个音乐机关的任务规定是并不十分清楚的，例如燕乐和清乐这两部其实是应该属于世俗音乐的，而散乐（"俳优歌舞杂奏"的总名，隋朝亦称为"百戏"）也隶属太常。公元 713 年以后音乐学员的数目不断扩大，朝廷于是在首都设立两个机关（称为左右教坊），任命相当高级的官员担任主管，好让他们完全独立办理世俗音乐、戏曲及其他各种各样的杂耍。自此以后世俗音乐再也不属于太常，而是隶属于教坊，而且教坊不仅领导世俗音乐的演出，它还要教授生徒，因此左右教坊简直可以看作"音乐学院"（照字面看教坊的含义也是"教育机关"）。根据当时的统计教坊管辖下的人数计有散乐乐工 332 人，仗内散乐的成员 1000 人，男女歌手 10027 人。除了这两个教坊之外，玄宗皇帝（公元 713—755 年在位）又在蓬莱宫附近设立一个内教坊，以便在戏曲的新音乐及其他各种艺术方面培养人才。负责教授的官员授予"音声博士"的头衔（参看《新唐书·百官志、礼乐志》及《资治通鉴》）。经过玄宗皇帝将所有乐队划分两部（立部伎和坐部伎）之后（坐部伎学习没有进步的人必须改入立部伎，如果在立部伎仍然学不好，那就只好学习郊祀音乐，即"雅乐"。由此可见，当时的雅乐是多么简单），他亲自从坐部伎选出三百人，亲自在皇宫的梨园里面教他们合奏（用弦乐器和管乐器）。他管这些参加这一部的乐手称为"皇帝弟子"，亦称"梨园弟子"。玄宗皇帝本人无疑是音乐天赋非常高的，因此他平时总是亲自指挥，只要是合奏中间错了一个音，他都能立刻察觉出来（参看《旧唐书·音乐志》）。除此之外，还有一个由数百宫女组成的妇女部。这些人也同样被称为"梨园弟子"，住在御花园"宜春院"的北面，又称为"内人"。每当勤政楼举行盛大的庆典的时候，她们就在露台下面结成各种不同的团队舞起来。如果认为舞女的人数还不够多，那么皇帝就从云韶院再调一批宫人来补充（详后）。

B. 唐朝的云韶乐

云韶院亦称云韶内府，是唐朝初期由皇帝下诏设立的。他们的乐队称为云韶乐，实际上只是为宫廷服务的，可是到了公元 724 年却由于玄宗皇帝的一道命令也使这部乐队成为与民同乐的乐队。这个乐队（人数和乐器参看总表三之Ⅰ项）。演出的时候总是分为两部分（堂上与堂下）。另外还要加上舞女 300 人（均在 15 岁以下），由 5 个童男领头（他们都是容貌俊美，身穿绣花衣服，手持金莲花）。这一类演出只有在皇帝的宴会上才有的。演奏的曲目主要是《云韶法曲》（后又改名为《仙韶曲》）及《霓裳羽衣舞》。两者都是太常卿冯定作曲。云韶院公元 838 年改称仙韶院。直到宣宗时期（公元 847—859 年在位）郊祀音乐的人数尚在 5000 人以上，世俗音乐的人数则在 1500 人以上。唐朝的乐队曲，如上所述，还有 40 首（见表 7）。虽然玄宗皇帝本人还曾添写了 40 首以上的曲子，那些曲名在历史上却并没有记载。

表 7

1. 《倾杯曲》长孙无忌作

2. 《乐社乐曲》魏徵作

3. 《英雄乐》

4. 《黄骢叠曲》

5. 《庆善乐》作于公元 7 世纪后半叶前后

6. 《破阵乐》作于公元 7 世纪后半叶前后

7. 《承天乐》作于公元 7 世纪后半叶前后

8. 《一戎大定乐》作于公元 7 世纪后半叶前后

9. 《八纮同轨乐》作于公元 7 世纪后半叶前后

10. 《夷美宾曲》李勣作

11. 《定难曲》马大遂作

12. 《中和乐》德宗皇帝（公元 781—804 年）作

13. 《继天诞圣乐》王虔休作

14. 《孙武顺圣乐》于頔作

15. 《夜半乐》玄宗皇帝（公元 713—755 年）作

16. 《还京乐》玄宗皇帝作

17. 《文成乐》玄宗皇帝作

18. 《荔枝香》玄宗皇帝作

19. 《霓裳羽衣曲》杨敬忠作

20. 《元真道曲》司马承祯作

21. 《大罗天曲》李会元作

22. 《紫清上圣道曲》贺知章作

23. 《景云》韦绍作

24. 《九真》韦绍作

25. 《紫极》韦绍作

26. 《小长寿》韦绍作

27. 《承天乐》韦绍作

28. 《顺天乐》韦绍作

29. 《君臣相遇乐》韦绍作

30. 《千秋节》

31. 《凉州》

32. 《伊州》

33. 《甘州》

34. 《梨园法曲》

35. 《宝应长宁乐》刘日进作

36. 《广平太一乐》作于公元 766 年

37. 《云韶法曲》

38. 《霓裳羽衣曲》

39. 《万斯年曲》，作于公元 841—846 年

40. 《播皇猷曲》，作于公元 847—859 年

C. 唐朝的世俗音乐

Ⅰ. 教坊乐队的四部

这个乐队的乐手是从各个不同的省份集中起来的，公元 977 年人数是 360 人，到了 1144 年增加到 460 人，全体分为四部。每逢皇帝的诞辰及春秋两季的盛大的庆典这个乐队就要演出。此外还有两个舞队，那就是：

①72 名舞人的童男舞队；

②153 名舞女的宫人舞队。

他们在教坊乐队的演出（他们演出的节目有 19 号，其中也有赞美歌及其他各种节目）的时候各自分成十组。在这个乐队的曲目上第一部有 40 首"大曲"；法曲部（第二部）有两首曲子（《望瀛》及《献仙音》）；龟兹曲部（第三部），也有两首曲子（《宇宙清》及《感皇恩》）；第四部鼓笛部的乐曲名称以及这四部的乐工人数在历史上并没有记载（乐器的名称参看总表三之Ⅱ、Ⅲ、Ⅳ、Ⅴ项）。此外还有一批小曲提供给这个乐队。关于"大曲"这种乐曲，王国维曾写过一篇著作《宋大曲考》，可是还没

有出版。他在他的著作《宋元戏曲史》（上海《东方杂志》第九卷第十号至第十卷第九号连载）里面解释道，这种乐曲包含十至二十乐章，演出的时候还有歌唱和舞蹈。舞蹈的曲子称为"曲破"，演奏的速度是快的。宋朝的皇帝太宗（公元976—997年）的曲谱有如下列：

①大曲18首，为乐队的第一部演奏用；

②24首为第二、第三及第四部演奏的乐曲；

③曲破（舞曲）29首；

④小曲270首。

除此之外还有经他改编的88曲（曲名详见《宋史·乐志》）。

Ⅱ. 云韶部

云韶部相当于黄门乐，从前称为箫韶部。在它那80名成员中（他们在公元971年由广州来人组成）有35名歌手和各类乐工。真正的乐队成员只有45人（乐器数目参看总表三之Ⅵ项）。每逢各种季节庆祝，例如元旦、元宵、上巳（三月三日）、端午（五月五日）等等，春秋二祭，以及地方的"大射礼"。演奏曲目有大曲13首及瑞曲30首（纪念祥瑞的乐曲）。

Ⅲ. 钧容直

这个乐队原先是一个军乐队，后来却变成专门用于别的世俗音乐的乐队。公元978年朝廷从军乐队里把那最杰出的音乐家挑选出来，组成一个新乐队，每当皇帝出巡或者视察地方的时候，这个乐队就演奏他的曲子。公元989年这个乐队又从捧日天武拱圣军里面挑选出一批拔尖的音乐家补充上去。如果边远地方的高级长官有乐手送上来，后者也就编入这个乐队。公元993年这个乐队正式命名为"钧容直"。乐队人数原先是同云韶部一样多（参看前一节），可是从1012年人数就增加了。全部人数共计268人（据《文献通考》）。但是根据准确的计算，公元1005年共有265人（其中纯粹乐器演奏者只有172人）。而且他们有一部分是歌人或说话人，有一部分是魔术师或傀儡戏艺人（参看总表三之Ⅶ项）。除此之外还有一个乐正称为指挥使和10个办事人员。到了公元1056年这个乐队的人数增加到383人，1071年又增加到434人。这里我还要指出，这一队人马并不是每一次乐队演出都全部参加的，而是大体上归属于这个乐队的活动。也许他们是轮班演出，或者其中还加上候选人以至学徒。由于乐队的编制在历史上根本不曾提供过准确的数字，因此也就不可能有把握说得更准确。曲目方面有大曲36首，21首是只供管乐器及鼓还有其他一些乐器的。从公元1057年起这批乐队队员必须入教坊学会17首大曲，朝廷于是在

1160 年废置了所有其他乐曲，这些乐曲因而融入所谓的教坊音乐，从此以后再也没有成为一种独立的音乐。

D. 辽王朝（公元 916—1125 年）的大乐

契丹族辽王朝（一个在中国北方统治了 100 多年的王朝）的乐器和乐曲统统是从中国流传过去的，只有世俗音乐的乐队的编制在成员人数上显示出一种差别。政府管世俗音乐的乐队称为"大乐"（队员人数和乐器数目参看总表三之Ⅷ项）。它在新年庆典上演奏的主要是大曲，然后是曲破（舞曲），节目的结束则用散乐和角抵。契丹人也使用中国的唱名法来记谱，可是在辽王朝的历史上找不到世俗乐曲的名称，因此人们有理由推测，也许契丹人根本就没有自己制作的独创的曲谱而只是演奏中国的音乐。在《辽史》里面还有如下的记载："大同元年，太宗自汴将还，得晋太常乐谱、宫悬、乐架，委所司先赴中京。"[①]

除此之外，如果你拿辽王朝的大乐的乐队编制同唐王朝的燕乐的乐队比较一下，你就会察觉到，契丹王朝必然是抄袭了唐王朝的全部音乐组织。话虽这样说，阿尔斯特在他的著作《中国音乐》里面却仍然认为，唱名记谱法是从蒙古传到中国来的。据我看来，这种见解是完全站不住脚的。

E. 元朝（公元 1277—1367 年）世俗音乐的乐队

Ⅰ. 元朝的四个乐队

"队"这个字用作乐队的称呼首先是在元朝的历史里面出现的。蒙古人的统治遍及整个亚洲，几乎是完全通过他绝对的黩武主义，因此他们对音乐整体领域的组织也同样遵循军事化的原则。他们把下列四队各自分为十组，这些组并不全是乐手，而是只有第一组和第七组。其他八组或为戴上各种面具的舞人或为女说话人。每一个队都设有两个官员，头衔是"引队礼官"。曲目有：

①第一队名为乐音王队，演奏的乐曲名为《吉利牙》，新年庆典上演奏（参看总表三之Ⅷ项）；

②第二队名为寿星队，乐曲 1 首：《山荆子带袄神急》（皇帝诞辰演奏，参看总表三之Ⅸ项）；

---

① 原文"大同元年"相当于公元 947 年，"汴"为五代后晋的首都，辽太宗耶律德光是年入汴宣慰石敬塘，"御崇元殿受百官贺"。"中京"是辽王朝的首都。（作者对所引《辽史》的德文译文附有略注，译者除抄录《辽史》原文外，再将作者原有附注稍加整理如上，以助理解。——译者注）

③第三队名为礼乐队，乐曲 2 首：a.《新水令》b.《水仙子》（宫廷宴会时演奏，参看总表三之 X 项）；

④第四队名为说法队，乐曲 1 首：《金字西番经》（也许只有这一首是自创的作品，其他各首是蒙古族在宋朝之后才应用的，参看总表之三 XI 项）。这一首曲子是讲道的时候演奏的。

除此之外，还有一首曲子名为《长春柳》，每一队都在节目的前头先演奏这一首曲子作为开场曲。

Ⅱ. 元朝宴飨音乐的乐器

正如标题所示，在元朝的历史里面只可以找到宴飨音乐的乐器的名字（乐器的数目也没有交代清楚）。是不是当时已经有了用于宴会的乐队，也还是大成问题的，因为既没有这一类的乐曲也没有其他的例证可供参考。也许是当时的蒙古族掌握的中国文献过于稀少，因而也就缺乏它的详细的历史。话虽这样说，在他们的乐器中间（参看总表三之 XII 项）却有两样特别引人注目的乐器，那就是：胡琴和兴隆笙（近似希腊的管风琴），这是这一时期第一次传入中国的乐器（这些乐器的解释参看第二部分第 107 号及 139 号）。

F. 金（一个女真族的王朝，公元 1123—1234 年）、元歌剧音乐的结构

王国维的《宋元戏曲史》这部著作是关于这个问题的唯一的著作。王国维主要是阐述了戏曲的结构和曲辞的体裁，可惜的是他对它伴奏的乐队没有更进一步的接触。至于王国维所列举的文献例子大多数是无从查证的，因为例证所从出的作品也是散失了的。虽然这样，对这课题的探索还是值得尽些力量的。据他的阐述，在中国戏曲发展的历史的顺序有如下述：

巫风（《尚书·商书·伊训第四》："恒舞于宫，酣歌于室，时谓巫风。"）东周时期的倡优，汉朝初期的角牴，公元 3 世纪中叶的百戏，公元 5 世纪及 6 世纪从西域传入的倡优杂技，唐朝的滑稽戏及独幕小戏，至于真正的歌剧则兴起于宋与金两个王朝。宋朝歌剧的总名是《宫本杂剧》；在周密的《武林旧事》卷十列出来的戏曲名共有 280 号，其中 103 部用的是大曲的体裁，4 部用的是法曲的体裁，2 部用的诸宫调的体裁，35 部则是用了普通词调。至于这一类作品的性质则或者是小歌剧，或者是滑稽戏。金王朝的戏曲的总名称为院本。据陶宗仪《辍耕录》卷二十五所载，院本名目共有 690 种，但是其中符合歌剧体裁者不足十分之一（那就是 16 部用大曲的体裁，7 部用法曲的体裁，一部用诸宫调的体裁，37 部用普通词调的体裁），

其他各种有曰冲撞引首者，有曰打略拴搐者，有曰诸杂砌者，种种名称，滑稽戏之流居多。

由于蒙古族的破坏，宫本杂剧和院本两者都荡然无存。我们今天能够作为研究的基础的就是元代的杂剧。杂剧的总数究竟有多少，我们可再也提不出一个确切的数目。这些作品都载在《太和正音谱》，单本的名称共有 535，其中实际应用的只有 235 部（周德清的《中原音韵》所记亦同此数）。然而就是这些作品也有许多是散失了的。目前我们在《元曲选》这部总集里面还可以找到 94 部，此外尚有黄丕烈所藏《元刊杂剧三十种》，考其题字称为"乙编"，可知尚有甲编。甲编存佚不可知，乙编所收不见于《元曲选》者计 17 种，两者合计再加上著名的《西厢》五剧，那么元杂剧就有 116 种（剧名详见王国维著作）。

就作曲技术而论这一类歌剧音乐的半数以上采用的是宋金时代的大曲体。这种体裁可是非常严格的，因此它一折的一宫调的联套是不能更改的，虽然这样由几个单独的折子组成这样一部作品，整个合起来却仍然是一部统一的乐曲。然而由于它是由各种不同的成分组织起来的，因此在那采用诸宫调写成的乐曲在一曲之内常常运用两个或三个不同的调性（有时甚至于用到十个以上）。这样一来当然就有许多的转调，因此人们可以拿它与今天的变奏曲做比较。至于元杂剧的结构是由四折合为一部的（或者必要时再加一段楔子）。每一折用它自己的宫调，每一个宫调也总有约莫十首以上的歌曲。当然还有独立的宾白（两人相说曰宾，一人自说曰白）。

王国维的阐述到此为止，因为他主要是单从诗歌上着眼的，所以他没有举出乐谱来做例子。如果有人对这一种伴奏音乐的结构进行一次比较认真的探究，那无论如何一定会是一篇极有意思的论文，我本人将来也颇有志于这样的工作。

G. 明朝（公元 1368—1644 年）世俗音乐的乐队

明朝初期（公元 1368—1424 年）洪武和永乐两位皇帝组织了好几个乐队。就其性质分类如下：

1a. 大乐，亦名丹陛大乐（成于 1368 年）。这个乐队为一切盛大的节日，季节的庆典及盛大的宴会担任演奏（参看总表三之 XIV 项）。

1b. 同样称为大乐，建立的时间晚得多，而且乐队人数也特别少（参看总表三之 XV 项）。

2. 殿内侑食乐，公元 1382 年建立（参看总表三之 XVI 项）。它的性质和组织与郊祀音乐的乐队非常相似。

3. 另外一个乐队，它是为皇太子服务的。它的队员人数比较少，略如1a（参看总表三之XVc项）。

说到乐曲有如下表（参看表8）。

表8

A
1. 起临濠
2. 开太平
3. 安建业
4. 削群雄
5. 平幽都 〉作于1370年
6. 抚四夷
7. 定封赏
8. 大一统
9. 守承平
10. 天香凤韶（作于1393年）

B
1. 本太初
2. 仰大明
3. 民初生
4. 品物亨
5. 御六龙
6. 泰阶平
7. 君德成
8. 圣道行
9. 乐清宁（作于1371年）

C
1. 上万寿
2. 仰天恩
3. 感地德
4. 民乐生
5. 感皇恩
6. 庆丰年
7. 集祯祥
8. 永皇图
9. 乐太平（作于1420年）

D
1. 炎精开运
2. 皇风
3. 眷皇明
4. 天道传
5. 振皇纲
6. 金陵
7. 长杨
8. 芳醴
9. 驾六龙（作于1382年）

E
1. 喜千春
2. 永南山
3. 桂枝香
4. 春初晓
5. 乾坤泰
6. 昌运颂
7. 泰道开（作于15世纪初期）

A 1—5及10，C1 由乐队1a演奏

B 1—9 由乐队1b演奏

D 1—9 由乐队2演奏

E　1—7 由乐队 3 演奏

除此之外还有其他乐曲 12 首（其中有舞曲两首），作于明朝初期，到了 15 世纪初叶又增加了 13 首（其中有一首舞曲）。这 25 首乐曲主要是为宫廷庆典服务的。

H. 女乐

经过秦始皇帝把周朝乐队的名称房中乐改名为寿人之后（参看第一部分第一编第三章），直到汉朝开国之初才又有了房中祠乐，这是汉高祖姬唐山夫人所作的。后汉时代（公元 25—219 年）那位著名的学者马融（公元 79—166 年）"常坐高堂，施绛纱帐，前授生徒，后列女乐"，由此可见，在汉朝已经有了培养女乐人才的组织了。据《晋书·志第十一礼下》的记载，公元 275—280 年曾经有一个由 30 个女子组成的女乐为皇帝演出。公元 488 年南朝齐甚至于规定，黄门郎（五品）以下的官吏不许设置女乐。南朝陈后主（公元 583—588 年在位）则以他对女乐的偏嗜显得特别出名（参看第一部分第一编第三章 E）。直到亡国之后，那些保守的伦理学家仍然继续谴责他沉湎于女乐卒致亡国。隋朝的皇帝文帝（公元 589—600 年在位）作过两首乐曲题名为《天高》和《地厚》，还让他的妇女乐队学习这两首曲子。可是在历史上却找不到关于它的编制的记载。推测起来也许那些历史学家同样认为这种玩艺是有失体统的。基于这样的理由他们也就不屑加以记述了，因为总的看来他们都属于保守的伦理学家之列。公元 610 年炀帝下令组织一个大型的妇女乐队名为内宫悬；它的格式完全与男用的郊祀音乐的宫悬一样（参看第一部分第二编第一章 A），所不同者是由 12 个特磬（参看总表一之 I 项第 25 号）来代替 12 个镈钟，而且建鼓四面也不参与敲打。因此它的人数总共只有 87 人而不是 91 人（参看总表一之 I，合计人数 87）。这是用于宫廷的庆典上的。到了唐朝则有宜春院所属的内人和云韶院所属的宫人（参看第一部分第二编第二章），还有玄宗皇帝亲自培养的梨园弟子（数百人）。然而这些乐队的编制在历史上始终找不到。公元 1157 年宋朝的首都转移到了中国南方之后有 200 以上的女乐成员被遣散出宫廷。从这一事实可以推测，在公元 960 年到 1157 年这 200 年间也曾经存在过妇女乐队。可是当时的历史学家（因为他们在这一时代大多数都是保守的伦理学家）对妇女音乐始终是抱着极端嫌恶的态度的，因而我们在历史上根本就无从找到有关这一类乐队的比较详细的记述。当蒙古王朝的太宗接见宋朝的使节的时候（公元 1234 年），也曾有一个妇女乐队和一台戏担任招待，可是既没有人数，也没有乐器数目的交代。公元 1393 年重新出现了皇宫的女乐的组织（关于人数和乐器数目参看总表三之XVII项）。当时甚至于还设置了女司乐司——尚仪局（6个妇女司局之一）的一个处，而且女司乐司之下还设有4个女司乐、4个典乐和2个女史（参看《明史·职官志》）。在皇后诞辰及其他宫廷庆祝会上这个乐队规定演奏《天香凤韶之曲》（作于1393年），乐队的人数定为115人。

Ⅰ. 军乐队

军乐的创始，论者说是脱胎于《短箫铙歌》（作者传为歧伯，黄帝时代，约公元前2700年，一个官员的名字）。周朝称这类乐曲为凯乐（参看《周礼·天官冢宰第一》）。到了汉朝，称为黄门鼓吹，演奏人数计145人。据《西京杂记》所载，黄门前部鼓吹分为两部（左部和右部），每部各13人。虽然军乐队的详确的编制史无明文，人们还是可以推测，汉朝一定已经存在这样的乐队。除此之外，在汉朝的历史里面可以找到鼓吹曲这个名字，还有13首称为食举曲。后来又在魏朝（公元220—264年）写了12首称为短箫铙歌的乐曲，晋朝的武帝（公元265—289年在位）又命傅元再制作了22首这一类的曲子。至于北朝齐的20首和后周太祖（公元951—953年在位）的15首却不是创作而只是改换了名字和歌词。从公元前200年前后到公元300年这一段时间还有15首称鼓角横吹曲的。在这15首作品里面还使用了胡角和横笛。① 据《鼓吹格》的说法，晋朝的将军都有自己的军乐队。公元574年蔡景曾向南朝陈宣帝建议，设立16人的军乐队，它的主要乐器是箫（参看总表四之Ⅰ项）。

那为皇太子服务的军乐队要减少两支箫和一支箛（参看第二部分第100号）；至于为其他亲王服务的军乐队则只留一支箫，因此它的名额只有12人。隋朝的军乐队规模相当大，他们又再分为三个不同的门类，那就是：

①铙吹部，掌握的曲目21首；

②大横吹部，掌握的曲目45首；

③小横吹部，掌握的曲目12首。

（乐器数目参看总表四之Ⅱ至Ⅳ项）。

可惜的是历史上既无从知悉队员的人数，也无从知悉乐器的数目，而是只能找

---

① "胡角"及其吹奏方法是公元前122年张骞通西域的时候才带回汉朝来的。当时只有唯一的一首乐曲名为《摩诃兜勒》。协律都尉李延年（公元前2世纪末叶）多作了28首；这些曲子作为军乐在皇帝御前演奏。后汉（公元25—219年）的政府把这些曲子赐给守边的将军。后来，第3世纪以后，这些曲子已经残缺不全，当时实际应用的只有9首。——作者原注

到乐器的名称。公元 829 年由于太常礼院的建议设立了两个凯乐的新乐队（参看总表四之 V 项）。

具有特色的是这些乐队的队员都带着乐器骑在马上来演奏。提供应用的乐曲是四首，那就是：1.《晋阳武》，2.《兽之穷》，3.《贺朝欢》，4.《君臣同庆乐》。除此之外，柳宗元还写过 12 首，可是始终没有演出过。

自唐朝起（从 7 世纪开始）每一朝的政府都设置一种所谓的"马后乐"；编制人数一般是数百人。在"御驾"出行时他们组成平排的队列贴近御驾前后，因此不称为军乐队而是称为马后乐。

公元 1117 年仪礼局调整了一个军乐队的组织，可是这样一个乐队的队员人数还是不固定的，固定的只是它的乐器的数目（参看总表四之 VI 项）。就所知的来说，参加到那里去的人数总共有 1275 人。乐曲的数目有姜夔为铙歌部所作的 14 首，还有鼓吹部的 10 首。

契丹族的辽王朝和女真族的金王朝只知道有马后乐。金王朝给他们的都城卤簿音乐加上一个头衔称为马上乐。

蒙古族的元王朝开国之初（公元 1271 年）有三个为马后乐组织起来的机关：云和署、安和署和天乐署。第一个机关云和署所属的马后乐又分为前部及后部（参看总表四之 VII 及 VIII 项）。这样一来，和其他两署安和和天乐（参看总表四之 IX 及 X 项）合在一起总共就有四部了。然而在这些组织里面现在又可以找到弦乐器（这在军乐队里面原来是不使用的）。除此之外他们每逢骑射典礼的时候还要在马上演奏。总之蒙古族这种模仿汉族的组织是极为奇怪的，因为这样一种各不相同的乐器的混合根本不可能由他们加以演奏的。在曲名上也根本无法从历史上找出什么来。以理推之，也许这四个军乐队只是用于检阅的悦目的仪仗，并不是用于实际的演奏的。

明朝（公元 1368—1643 年）的军乐有大驾卤簿（参看总表四之 XI 项）和两部鼓吹（参看总表四之 XII 及 XIII 项）。至于乐曲能够指出来的只有唯一的一首名为《武成》。

清朝开国之初，政府设有五个属于卤簿音乐的不同的组织。可是其中只有那铙歌清乐具有军乐队的性质（参看总表四之 XIV）。它的乐曲主要是公元 1743 年制作或者也可能只是改编的。

临近本章结束的时候我非常遗憾地指出，我无从举出世俗音乐的谱例。然而要找到这类谱例是极不容易的。因为那些乐器演奏家一般是用口传心授的方法来学习的（没有书写的乐谱），特别是那些世俗音乐是这样传授的。其所以这样的原因可以追溯到遥远的周朝，当时的乐工都是盲眼的。可是当时曾经有过一种舞谱（参看

第一编第二章 E）。可惜的是经过那一次焚书再没有什么留存下来，再加上 4 世纪以后的所谓"五胡乱华"，不仅艺术与文学因此遭到了破坏，音乐也不能幸免。到了 8 世纪初叶，情况有了好转，开始了一次音乐复兴，可惜的是一场天宝的变乱，复兴又因此夭折了（公元 755 年）。那些所谓的保守的伦理学家于是利用这一次叛乱当作唯一的借口，声称这种世俗音乐是诱惑人的、淫荡的，谁对它入了迷，就要丧失他的天下（因为当时的皇帝玄宗是一个音乐迷）。自此以后那些高尚的人物再也不同世俗音乐打交道，至于那些不管怎样仍然搞世俗音乐的人一般只是老百姓中间属于比较下层的小人物。同时还必须注意到，那些保守的伦理学家的理论在中国曾经占有那样巨大的势力，正好比是对全体中国人民的间接的统治者。它的势力到了宋朝越发强大，因此虽然唐初直到南宋（公元 618—1161 年）都设置了相当于音乐学院的教坊，列名学习的都只是业余水平。他们既没有理论的，也没有科学的知识。还有一点就是当时使用的字谱是不统一的，教坊撤销之后更加深了混乱（同一种乐器却用不同的记谱法，例如对琴的记谱）。而且因为那些乐曲主要是靠口传心授的，这样一来后来的抄本自然出现许许多多的差错。话虽这样说，宋朝和元朝的戏曲音乐的曲子还是相当有价值的，为了能够系统地加以阐明，可还需要多年的研究。

乐队人员分配总表一

官名及乐器名		I	II	III	IV	V	VI	VII	VIII	IX	X	XI	XII	XIII	XIV	XV	XVI
1. 协律郎	官员			(1)								2	2	(1)			
2. 乐师						4						1	1				
3. 乐正								2	2			2					
4. 副乐正						2	2					2					
5. 舞师												2					
6. 运谱						2						1					
7. 庵	节奏乐器			(1)		1	1	1	1	1	1	1	1	×××(1)	1	1	1
8. 旌							2									2	2
9. 节					1											2	
10. 照烛												2					
11. 纛												2					
12. 柷		1		1		1	1	1	1	1	1	1	1	1	1	1	1
13. 敔		1		1		1	1	1	1	1	1	1	1	1	1	1	1
14. 搏拊								2	2	1		2	2		2	2	2
15. 相						2						2					

（续表）

官名及乐器名		I	II	III	IV	V	VI	VII	VIII	IX	X	XI	XII	XIII	XIV	XV	XVI
16. 雅							2					2					
17. 节鼓					1												
18. 雷鼗 ○						2	2					2					
19. 建鼓（应鼓）		(4)		4		4	4			4	1			1	1	1	1
20. 朔鼙（棘鼓）	节					4	4										
21. 应鼙	奏					4	4										
22. 树鼓	乐											4					
23. 晋鼓	器					1	1			1		1					
24. 雷鼓 ×		1		1		2	2					2					
25. 镈钟（金钟）		12		12		12	12	1				12			1	1	1
26. 特磬（玉磬）				(12)		12	12	1							1	1	1
27. 钲							2					2					
28. 镯							××2					××2					
29. 铙							2	2				2					
30. 单铎							2	2				2					
31. 双铎							2	2				2					
32. 编钟	打击	4	1	5	1	12	4		1	12	1	12	1	1	1	1	1
33. 编磬	乐器	4	1	5	1	12	4		1	12	1	12	1	1	1	1	1
34. 笙		4	1	?										8	10	2	4
35. 巢笙（大笙）					1	28	8	4	2	7	4	10	4				
36. 和笙（小笙）					1			4	2			4	4				
37. 匏笙						3											
38. 凤笙														4			
39. 竽（笙）		4	1	?		20	8			10		10					
40. 七星匏	吹							1		1	1	1	1				
41. 九曜匏	乐							1		1	1	1	1				
42. 闰馀匏	器							1		1	1	1	1				
43. 排箫		4	1	?	1	28		2	2	7	4	10	2		2	2	2
44. 箫														8	2	6	4
45. 埙		4	1	?	1	18	8	2	2	12	4	8	2	6	2	2	2
46. 篪		4	1	?	1	28	8	2	2	18	2	10	2	4	6	4	2
47a. 笛				?		28	8	4	2	20	4		2	4	6	6	4
47b. 篴												10	2	4			
48. 长笛		4										10					
49. 横笛		4	1	?													
50. 觱篥		4		?											4		

389

（续表）

官名及乐器名		I	II	III	IV	V	VI	VII	VIII	IX	X	XI	XII	XIII	XIV	XV	XVI
51. 瑟	弦乐器	4	1	1	1	52	4	8	1	26	4	12	4	4	4	4	2
52. 七弦琴		4	1	1	1	23	2	2	2	10	2	6	2	10	10	6	4
53. 一弦琴						7	2	2	2	10	2	3	2				
54. 三弦琴						18	2	2	2	10	2	6	2				
55. 五弦琴						18	2	2	2	10	2	6	2				
56. 九弦琴						23	2	2	2	10	2	6	2				
57. 筑		4		1	1												
58. 筝		4		1	1												
59. 搊筝		4															
60. 卧箜篌		4															
61. 小琵琶		4															
62. 歌工		4	4		4	32	8	4	4			32	6	12	10	6	
63. 舞生						128						128			128	36	
合　计		91 (87)	14	?	17	402	260	52	36	185	46	350	51	72	202	86	34

I，III，XI……隋、唐及元朝的宫悬　　　　　　　0 灵鼗或鹭鼗

V，VI，IX……宋朝的宫架　　　　　　　　　　× 灵鼓或路鼓

II，IV（VII、VIII、X）XII 隋、唐、宋及元朝的登歌　×× 镈是由六人扛着的

XIII，XIV，XV，XVI 明及清朝的中和韶乐　　　　××× 麾由协律郎分担

乐队人员分配总表二

乐器名		I	II a	II b	III a	III b	IV a	IV b	V a	V b	VI a	VI b	VII a	VII b	VIII a	VIII b	IX a	IX b	X a	X b
1. 笙	管乐器		?	2	?	1	?	1							?	1			?	
2. 竽笙		1																		
3. 小笙		1																		
4. 葫芦笙																1				
5. 箫		2	?	2	?	1	?	1			?	1	?	1	?	1			?	2
6. 篪			?	2												?				
7. 笛			?	2		1	?		?	2	?		?		?				?	
8a. 长笛		1			?															
8b. 短笛		1																		
9. 横笛					?	1		1				1		1				1		2
10. 尺八		1																		
11. 义觜笛																1				
12. 跋膝				2																
13.（竖）觱篥						1	?	1			?	1	?						1	2
14. 小觱篥		1			?	1									?	1				

（续表）

乐器名		I	II a	II b	III a	III b	IV a	IV b	V a	V b	VI a	VI b	VII a	VII b	VIII a	VIII b	IX a	IX b	X a	X b
15. 大觱篥	管乐器	1			?											1				
16. 双觱篥													?	1						
17. 桃皮觱篥															?	1				
18. 铜角																				1
19. 埙			?					1												
20. 贝					?	1	?	1								?	1	?	1	
21. （吹）叶		1	1	1																
22. 编钟	打击乐器		?	1	?	1														
23. 编磬（玉磬）		(1)	?	1	?	1														
24. 方响		1		2																
25. 铃																	?			
26. 铜钹		2			?	2	?	2	?	2			?	2			2	2		
27. 铁板																1				
28. 拍板																				2
29. 节鼓			?	1																
29b. 鞉鼓		2																		
30. 㮆鞞																	?			
31. 担鼓					?	1	1								?	1				
32. 齐鼓					?	1	1								?	1				
33. 腰鼓					?·	1	?	1			?	1			?	1			?	2
34. 羯鼓							?				?	1						1		2
35. 都昙鼓							?	1									?	1		
36. 毛员鼓		1					?	1			?	1								2
37. 答腊鼓（楷鼓）							?	1									?	1		
38. 鸡娄鼓							?	1			?	1								2
39. 铜鼓																	?	1		
40. 正鼓									?	1			?	1						
41. 和鼓									?	1			?							
42. 桴鼓		2																		
43. 连鞉鼓		1																		
44. 龟头鼓																1				
45. 侯提鼓						1														
46. 小鼓									1	1										

391

（续表）

乐器名		I	IIa	IIb	IIIa	IIIb	IVa	IVb	Va	Vb	VIa	VIb	VIIa	VIIb	VIIIa	VIIIb	IXa	IXb	Xa	Xb
47. 琴	弦乐器		?																	
48. 击琴			?	1																
49. 独弦琴				1																
50. 瑟			?	1																
51. 筝			?	1																
52. 挡筝		1			?	1									1					
53. 弹筝					?	1	1										?	1		
54. 筑		1	?	1																
55. 竖箜篌			?	1	?	1	?	1			?	1	?	1	?	1				1
56. 小箜篌		1																		
57. 大箜篌		1																		
58. 卧箜篌		1			1	?	1										?	1		
59. 凤首箜篌															1		?	1		
60. 琵琶			?	1	?	1	?	1			?	1	?	1	?	1	?	1		2
61. 大琵琶		1																		
62. 小琵琶		1																		
63. 秦琵琶				1																
64. 五弦					?	1	?	1			?	1	?	1	?	1	?	1		2
65. 大五弦		1																		
66. 小五弦		1																		
67. 歌工		2		2																
68. 舞人		20		4		5		4		2		2		2		1		2		
合 计		51	25	29	27	25	20	24	7	9	12	13	12	11	18	21	12	13	22	22

I　唐朝的燕乐

II a　隋朝的清乐

II b　唐朝的清商伎

III a　隋朝的西凉乐

III b　唐朝的西凉伎

IV a,b　隋朝及唐朝的龟兹伎

V a,b　隋朝及唐朝的康国伎

VI a,b　隋朝及唐朝的疏勒伎

VII a,b　隋朝及唐朝的安国伎

VIII a,b　隋朝及唐朝的高丽伎

IX a,b　隋朝及唐朝的天竺伎

X a　隋朝的礼毕又名文康伎

X b　唐朝的高昌伎

乐队人员分配总表三

官名及乐器名		I	II	III	IV	V	VI	VII	VIII	IX	X	XI	XII	XIII	XIV	XV	XVI	XVII
1. 指挥使	官员							1										
1b. 引队礼官									2	2	2	2						
2. 都知								2										
3. 副都知								2										
4. 押班								3									2++	
5. 应奉文字								1										
6. 监领内侍								2										
7. 掌撰词								1										
8. 拍板	节奏乐器		?	?	?	?	4	10	1	2	1	1	?		2	1 (2)		8
9. 戏竹									2	2	2	2	?		2	(2)	1+	2
10. 枧																	1	
11. 敔																	1	
12. 搏拊																	1	
13. 应鼓																	1	
14. 玉磬	打击乐器	4												1			1	
14b. 编钟																	1	
15. 方响			?	?			3	11					?	1	4	(1)		6
16. 云璈													?					
17. 水盏													?					
18. 铜钹														1				
19. 大鼓			?				2	5					?		2	1(1)		5
20. 羯鼓			?		?		2	3										
21. 杖鼓			?			?	7	34	5	6	5	7	?		24	8(6)		12
22. 腰鼓						?												
23. 鞨(楷)鼓						?												
24. 札鼓										3			?					
25. 和鼓										3			?					
26. 鼗鼓						?												
27. 连鞉鼓															2			
28. 鸡娄鼓						?												
29. 毛员鼓															2			
30. 金錞小鼓									1	1	1	1						

393

（续表）

官名及乐器名		I	II	III	IV	V	VI	VII	VIII	IX	X	XI	XII	XIII	XIV	XV	XVI	XVII
31. 兴隆笙	管乐器												?					
32. 笙		1	?	?			4	9						1	4	2(4)	4	14
32b. 小笙													?	1				
33. 竽		1																
34. 排箫																	1	
35. 箫		1											?	1	4	(4)	4	14
36. 笛（龙笛）			?	?	?		7	35	(6)	(6)	(6)	(9)	?		4	2(4)	4	14
37. 三色笛						?												
38. 长笛														1				
39. 短笛														1				
40. 尺八笛														1				
41. 羌笛													?					
42. 篪		1														2		
43. 籥		1																
44. 跋膝		1																
45. 觱篥			?	?	?		8	45	3	3	3	9		1				
46. 头管													?		4	2(4)		14
47. 埙																2		
48. 贝																		
49. 吹叶														1				
50. 琴	弦乐器	1														4		
51. 瑟		1														2		
52. 筑		1												1				
53. 筝			?				4	9						?				
54. 挡筝														1				
55. 纂														?	4	2(2)		10
56. 琵琶			?	?			4	7						?	1	6	(2)	8
56b. 小琵琶														1				
57. 箜篌			?	?										?	1	(4)※	(2)※	(8)※
57b. 小箜篌														1				
58. 卧箜篌														1				
59. 五弦			?	?										1				
59b. 小五弦														1				
60. 火不思														?				
61. 胡琴														?				

（续表）

官名及乐器名	I	II	III	IV	V	VI	VII	VIII	IX	X	XI	XII	XIII	XIV	XV	XVI	XVII
62. 小乐器?							1										
63. 歌工	4					3	2										
64. 排歌							40										
65. 唱诞							10										
66. 舞者	305×												20			32	
67. 杂剧						24	40										
68. 傀儡						8											
合 计	322	?	?	?	?	80	267	20	28	20	31	?	46	64	18	64	115

（c）

（34）

＋ 不称戏竹而称麾	VII 宋朝的钩容直
＋＋ 不称押班而称舞师	VIII-XI 元朝的四个乐队
× 其中舞女 300 人，童男五人作为领舞	XII 元朝宴飨音乐的乐器
×× 明朝"箜篌"亦名"二十弦"	XIII 契丹王朝辽的大乐
I 唐朝的云韶乐	XIV-XV 明朝的丹陛大乐
II-V 宋朝的教坊四部	XVI 明朝的殿内侑食乐
VI 宋朝的云韶部	XVII 明朝的女乐

乐队人员分配总表四

官名及乐器名	I	II	III	IV	V	VI	VII	VIII	IX	X	XI	XII	XIII	XIV	XV
1. 署令					×		2		2	2					
2. 署丞								2							
3. 押职							2		2						
4. 戏竹							2	2							
5. 拍板							10		2	2	4	2	1		4
6. 节鼓			?												
7. 角			?	?											
8. 大角							?								
9. （金龙）画角											(24)	12	10		24
10. 蒙古角														2	
11. 大铜角												2	2	8	8
12. 小铜角												2	2	8	8
13. 金口角														8	
14. 笛	2	?	?	?	2	?									
15. 箫（管）	13	?	?	?	2	?	(2)	(2)							
16. 排箫							4	2							
17. 觱篥			?	?	2	?									
18. 桃皮觱篥			?	?											
19. （头）管							(28)	(6)	(2)	2	2			2	

（续表）

官名及乐器名	I	II	III	IV	V	VI	VII	VIII	IX	X	XI	XII	XIII	XIV	XV
20. 大横吹						?									
21. 小横吹						?									
22. 羌笛									2						
23. （平）笛			?	?	2	?					4	2	2	(2)	(12)
24. 龙笛							30	6	4	1				2	
25. 笙									2	2				2	
26. 大鼓	1	?		2		?	2				48				
27. 楜鼓												2	1		
28. 杖鼓							30	10			4	2			4
29. 花匡鼓											24	20			
30. 行鼓														2	
31. 龙鼓															48
32. 和鼓									1						
33. 札鼓									8						
34. 铙					2										
35. （金）钲						?					(4)	(2)	(1)		4
36. 金											4	2		2	2
37. 锣													2		
38. 点														2	
39. 钹														2	
40. 铜鼓														4	
41. 云锣									1					2	
42. 方响							8	2							
43. 响铁										1					
44. 琵琶							16	4		2					
45. 火不思										2					
46. 纂							16	4	2						
47. 筝							16	4		2					
48. 箜篌							16	4		2					
49. 胡琴										2					
50. 歌工		?		24			4	2							
合　计	16	?	?	?	37	?	186	50	28	22	96	52	37	48	114

I　　南朝陈的军乐队鼓吹　　　　　　　　　IX　　元朝的军乐队安和乐

II　　隋朝的军乐队铙歌部　　　　　　　　　X　　元朝的军乐队天乐

III　　隋朝的军乐队大横吹部　　　　　　　XI　　明朝的卤簿音乐大驾卤簿

IV　　隋朝的军乐队小横吹部　　　　　　　XII　　明朝的卤簿音乐东宫仪仗

V　　唐朝的军乐队凯歌铙吹　　　　　　　XIII　　明朝的卤簿音乐郡王仪仗

VI　　宋朝的军乐队鼓吹　　　　　　　　　XIV　　清朝的军乐队铙歌清乐

VII　　元朝的军乐队云和乐前部　　　　　　XV　　清朝的卤簿音乐铙歌大乐

VIII　　元朝的军乐队云和乐后部　　　　　　×　　唐朝这个官职称为"鼓吹令"

第二部分 乐队乐器概貌

第一编 节奏乐器、舞蹈道具及打击乐器

我在这一部分将要讨论的乐器，只限于 17 世纪以前在乐队里实际应用的乐器。那些 17 世纪以后从西藏、缅甸和朝鲜传来的乐器在这里也许就不予叙述了。那些古老乐器的基音或者定弦，如果文献上没有明确的解说，我也就存而不论。每一种乐器的音域，像在历史上所描写的那样，是不可能据此视为定论的，因为古代的古老音乐都只有非常有限的音域。除此之外，它又取决于个别人的技巧的完善，看他能够从他们的乐器上引发出多少个音，而这种掌握乐器的本领又是各个时代因人而异的。因此我在这里也就不予提出决定性的判断。这样的探究还是必得寄希望于未来的。插图及乐器的度数大多数是采自《大清会典图》（公元 1899 年编成的附有装饰画的辉煌的手绘图本。插图 6、7、9、10、17 至 19、37、42、47、48 号不在此例）。我之所以率先采用这些优美的插图，也正因为古书中所载的插图都比较不那么准确和可靠。

第一章 节奏乐器及舞蹈道具

A. 乐曲开场的乐器

（1）麾

麾（如插图 1 所示），是用黄绸制成的一面旗，旗上绣有龙、太阳、星和云之类。长 2.6 米（带旗杆），宽 0.35 米。周朝的第一面麾是用白色的旄牛尾制成的（参看《书经·牧誓第四》），唐朝以后不用它而用绸。音乐开始的时候乐正向上一麾，到他又放下来的时候，所有乐器就不发声了。

（2）节

节是舞蹈的时候作指挥之用。古代由两个舞人（从舞队全体选出来的）手中执节，可是在宋以前是不是通行这样，史无明文。清初的节是由十把白色的牦牛尾制成，除了最后一把之外它们全由一条绿色的皮带扎起来（插图2）。杆长2.33米。清朝初期还有一种节，由跳舞的男子拿在手里。它同前面所说的非常相似，但是只用七把扎成。

 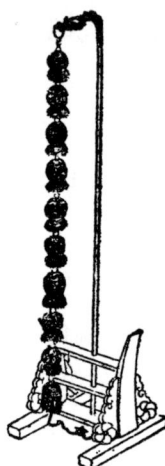

〔插图1〕 麾　　　　　〔插图2〕 节

（3）照烛

照烛只有元朝在宫悬里面（用于郊祀音乐）才使用。一个红灯龙挂在长杆上，灯龙里面点着一支蜡烛。在夜间奏乐的时候乐正把它举起来，起麾的作用（参见插图1）。

（4）戏竹

将一节竹筒的一头破出50条竹条，又把另一头扎在一支长杆上（全长3.24米）。两个人手上各拿一支，当他们两个并肩站在丹陛（皇宫的台阶）上面，音乐于是开始；到了两人分开的时候，音乐就又停止。这种用具是从元朝开始在节日乐队里使用的（插图3）。

（5）柷和（6）敔

这两种用于音乐开始的乐器在帝舜时期（约公元前2255年）已经使用。因此也没有人知道是谁首先使用的。虽然它的形式和尺码随着时间的推移当然多少有所改变，可是直到清朝初期它仍保持它那相当古典的模样。这

〔插图3〕 戏竹

两者都是木制的，柷形状略似一个四角的方斛，它的口（70 方厘米）向下趋小（54 方厘米），深度 0.4656 米。在三面内壁的中部各有一个小凸面（是槌子打在上面的地方），另一面则是一个小孔，合计起来，如插图 4 所示，计 15.5 厘米（据朱载堉的说明，明朝的柷要稍为大一点，槌子则是松动地系在底板上，乐工从里面敲打这件乐器）。在郊祀音乐开始的时候通常是敲打三下（参看总谱例 I）。敔的样子很像一只小木虎（插图 5）。在它背上有 27 道锯齿。演奏的时候是用一支籈（一支在它的一头破成 24 细条的竹筒，长 77 厘米）逆刮这背上的锯齿，用作音乐终结的记号。

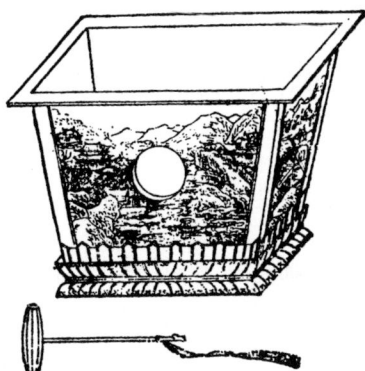

〔插图 4〕 柷

〔插图 5〕 敔

〔插图 6〕 鼗

（7）鼗、鞞、韶①

据朱载堉的解释鞞这个字的含义是"兆鼓"，即在音乐开始的时候发出记号。它由一个木框制成，两头蒙上牛皮。大鼗的木框长 32 厘米，小的 22.4 厘米。两种鼗的直径都与它的长度相适应。鼓（自上而下）穿在木柄上，柄长为 1.44 米（大鼗）及 1.024 米。框的右边和左边系着两条绳子，绳子的末端结着钮子一样的圆形物。手摇棍子，两边钮状物即前后鼓皮（参看插图 6）。大鼗要在一首乐曲的开始跟着柷摇起来，相反小鼗则在一首乐曲的每一段之前都要摇动（比较谱例 I 及 II）。这种乐器直到元朝（公元 1277—1367 年）都在郊祀音乐中使

---

① 日本人称之为振鼓。——作者原注

用。它的位置规定是在编磬的旁边（比较图一及图二）。除此之外，从周朝到隋朝还有另外三种鼗，那就是：

（8）雷鼗

在鼓皮上画一个雷神像，这是祭天的时候用的。

（9）鹭鼗

在鼓皮上画一个白鹭，这是祭祀祖先的时候用的。

（10）灵鼗

在鼓皮上面画四种灵兽：麟、凤、龟、龙，祀地祇的时候用的。它的形状与一般鼗的开头完全相同，只是根据鼓皮上的画像才起了不同的名字（参看总表一第18号。依照朱载堉的说明）。有些古书注释者主张，雷鼗有八面鼓皮，鹭鼗有四面鼓皮，灵鼗有六面鼓皮，然而这都不外乎是想当然的解释，或者对实际运用毫无所知的幻想。

B. 节奏乐器

（11）舂牍

舂牍这个乐器最早是在《周礼·春官宗伯第三》笙师一节下面第一次提到。据旧日的注解说，它是用长1至2米的粗大的竹管（不带节）制成的，在竹管的一头有两孔，便于扣住手指，演奏时以舂牍撞击地面，打出每一小节的拍子（参看总谱例Ⅰ及Ⅱ，又插图7a）。照朱载堉的意见，这条注解不适用于周朝使用的乐器，而是指的汉朝的舂牍。周朝的舂牍应该是用12支竹条（长38.5厘米，宽3.2厘米）制成的。在顶端有一个6厘米长的小孔，这12支竹条穿过这个小孔再用一条皮带捆起来（参看插图7b）。演奏时右手握着顶端，打在左手的掌心上，用以指示节奏。他甚至于还认为，舂牍就是后来的拍板的先导（参看第18号）。总之这个乐器汉朝以后就没有继续使用了，虽然这两种解释都有必要指出来。

〔插图7a〕舂牍

〔插图7b〕舂牍

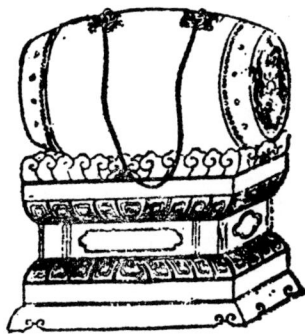

〔插图8〕 搏拊

（12）搏拊

搏拊这个名字是在《书经》里面同柷和敔（参看插图4及5）这两种乐器一同提到的，那是与舜帝有关系的。在《周礼》里面只是称为"拊"，在五代的后周（公元951—959年）则称为"抚拍"。可是12世纪之后这个旧名又完全恢复了原来的地位。搏拊的形式像一只小的长鼓。两面蒙着牛皮，直径为0.233米。木框的长度正好是它两边直径的一倍。据说12世纪以前鼓框也是皮制的，里面用谷壳填满它（参看插图8）。这是演出郊祀音乐最重要的节奏乐器之一。演奏时它挂在颈项上，用手轮番拍打两面，以便指示每半拍的节奏（参看总谱例Ⅰ及Ⅱ）。

（13）相或相鼓

这是一种与搏拊非常近似的乐器，在（女真族）金人表演舞蹈时使用的，可是到了元朝郊祀音乐的宫悬里面却又用作节奏乐器了。也许只是改变了名称（据《续文献通考》卷一百零九）。虽然朱载堉认为这种乐器只是朔鞞的变种，我对这一意见却不敢苟同。

（14）雅

雅亦名雅鼓。它用一支长的、油漆的木管制成，两头狭窄，蒙上羊皮。演奏时握住系在上面的绳子，撞击地面，以便指示舞蹈节奏（参看插图9）。这个乐器在周朝确实起过很大的作用，可是在中世纪却被冷落了将近1000年，到了10世纪才重新得到使用。朱载堉主张，这是一种与搏拊近似的乐器，我却认为他的论据是不能令人信服的。

（15）朔鞞

朔鞞（义为开始小鼓）亦名棘鼓（义为导引小鼓）或亦简称为棘。如《周礼》（《春官宗伯第三》）所载，它是一种节奏小鼓，它的木框64厘米长，从上（直径44.8厘米）到

〔插图9〕 雅

下（直径22.4厘米）一路小下去，只有上面蒙上牛皮。它悬在建鼓（参看第17号）的右边（参看插图10），在演出祀神音乐的时候才得到应用。每唱完一段，它就打出记号，表示管乐器和弦乐器应该停止（依照朱载堉的解释）。

（16a）应鞞

应鞞或称应鼓（义为应对小鼓），亦简称应或鞞。它的形式完全与朔鞞相同，只是稍为小一点。它的木框长度是44.8厘米，上部直径只有32厘米（底下直径则为上头的一半）。它悬在建鼓（参看第17号）的左边，跟在朔鞞后面打起来，指示打出第二个重拍（例如乐曲是4/4拍子，它就在第三拍打出来。参看总谱例Ⅰ及Ⅱ）。因为它和朔鞞两者的位置都在建鼓的旁边，所以周朝合称它们为悬鼓。

（16b）悬鼓（参看《诗经·周颂·有瞽》）

（17a）建鼓

建鼓是两面的大鼓。直到明朝它总有一个2.11米长的木框，直径1.28米（依照明制，参看插图10）。清朝使用的建鼓差不多只有一半大（也就是1.1米长的木框，直径73.7厘米）。这个乐器有一木柱直贯鼓身以为支柱。那两个小的"悬鼓"在明朝已经废除了，代替它的是一个拱形的木制的顶盖加上一张绣花的罩子（参看插图11）。

〔插图10〕 朔鞞

〔插图11〕 建鼓

在乐队演奏的时候，它在歌词之前和之后发出每一小节的开始。关于建鼓和悬鼓的定音，虽然历史上根本不提，我们倒还可以根据它的直径做出大概的推测，那就是应鞞比建鼓高八度，朔鞞则高五度。明朝人还误称建鼓为应鼓（参看总表一之Ⅷ项第19号）。至于元朝的宫悬里面则建鼓、朔鞞和应鞞这三种鼓统称为树鼓。

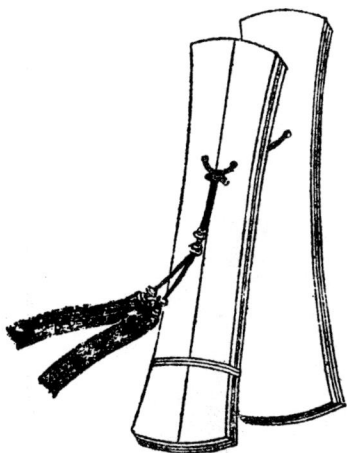

〔插图12〕 拍板

（17b）树鼓（参看总表一之Ⅶ项第 22 号）

（18）拍板①

拍板是自公元 3 世纪以来就已经存在的，到了元朝它成为只限于世俗音乐上使用，从明朝起可也用于郊祀音乐。它是用六片（或四片）乌檀木（37 厘米长、6—8 厘米宽、1.6 厘米厚）组成，而且是每三片捆缚在一起，穿过上头的小孔再结上一个松动的扣环，用来套在手上，取其便于互相拍打（插画 12）。它通常是在一小节的开始打上一拍，同样也用于词句的末尾。看起来说不定只是周朝的牍（参照第 11 号）的改制。

（19）铁拍板或铁板

这种乐器出现在唐朝的高丽伎（参看总表二之Ⅷ项第 27 号）。它的片数可是没有谁知道。在五代后周（公元 951—959 年）使用的据说是九片，在宋朝"教坊音乐"里面则是六片。从称为铁这个名字看起来它该是铁制的。虽然关于它的应用是史无明文，以理推之，大概也是一种节奏乐器。

（20）节鼓

顾名思义，节鼓必然是一种节奏的鼓。从隋朝到宋朝（公元 589—1176 年）它一直是用于世俗音乐和军乐（参看总表一第 17 号，总表二第 29 号，总表四第 6 号），但是自此以后它永远消声匿迹了。我们因此也无从知道它的构造样式，以理推之，它也可能是搏拊或相鼓一种改制。

（21）桨鞞

关于桨鞞的形式和用处在历史上根本没有人提起过。也许它也是隋朝末一部文康伎的一种节奏的小鼓（参看总表二之 Xa 项第 30 号）。

（22）镈钟

镈钟又名金钟，周朝以前它称为镛（大钟，参看《书经·益稷第五》），中世纪它又称为辰钟。由于人们把它同十二个时辰（在中国每两个钟头称为一个时辰）配

---

① 日本人亦称之为拍板，但音读不同。——作者原注（作者原文注明日语读音，乃供德国人参考，此处不予转录，以下仿此。——译者注）

合起来，所以它的定音就包括从 $\bar{c}$ 到 $\bar{h}$ 的 12 个音。因为它各自在单独的座架上悬着，所以又称为特钟（参看插图 13）。

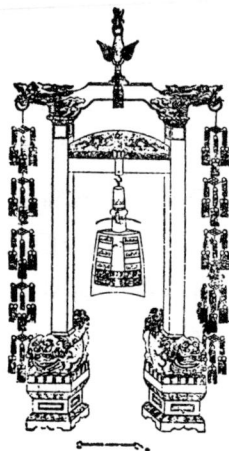

〔插图 13a〕 镈钟

〔插图 13b〕 镈钟（细部）

在郊祀乐演奏的时候它随同每一小节的开始打起拍子（参看总谱例Ⅰ）。第一个镈钟定音为 $\bar{c}$ 称为黄钟而且被认为是标准音。古代的镈钟的大小极不一律，我这里列举的是公元 1762 年铸造的镈钟的数值（它的肩围和腰围并不是十分圆的而是椭圆的）如下表：

镈钟的名称	底部	肩围 b－b	c－c	腰围 d－d	e－e	定音
1. 黄钟	51.8 厘米	41.4 厘米	33.1 厘米	48.5 厘米	36.4 厘米	$\bar{c}$
2. 大吕	48.5 厘米	38.8 厘米	31.0 厘米	45.5 厘米	34.1 厘米	$\overline{cis}$
3. 太簇	46.0 厘米	36.8 厘米	29.1 厘米	43.2 厘米	32.3 厘米	$\bar{d}$
4. 夹钟	43.1 厘米	34.4 厘米	27.6 厘米	40.4 厘米	30.3 厘米	$\overline{dis}$
5. 姑洗	40.9 厘米	32.7 厘米	26.2 厘米	38.4 厘米	28.8 厘米	$\bar{e}$
6. 仲吕	38.3 厘米	30.6 厘米	24.5 厘米	35.9 厘米	26.9 厘米	$\bar{f}$
7. 蕤宾	36.3 厘米	29.1 厘米	23.2 厘米	34.1 厘米	25.5 厘米	$\overline{fis}$
8. 林钟	34.5 厘米	27.6 厘米	22.0 厘米	32.3 厘米	24.2 厘米	$\bar{g}$
9. 夷则	32.3 厘米	25.9 厘米	20.7 厘米	30.3 厘米	22.7 厘米	$\overline{gis}$
10. 南吕	30.7 厘米	24.5 厘米	19.6 厘米	28.8 厘米	22.2 厘米	$\bar{a}$
11. 无射	28.7 厘米	23.0 厘米	18.4 厘米	26.9 厘米	19.9 厘米	$\overline{ais}$
12. 应钟	27.2 厘米	21.8 厘米	17.4 厘米	25.5 厘米	19.1 厘米	$\bar{h}$

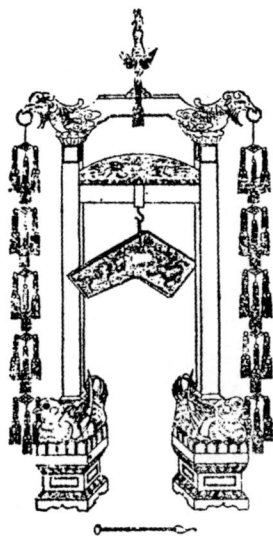

〔插图14〕 特磬

（23）特磬①

特磬又名颂磬或辰磬。上古时代（周朝以前）它名为鸣球（参看《书经·益稷第五》），由于它是用泗州的一种玉石制成的，因此又称为玉磬。这一套也是独立的12块（定音从 $\overline{c}$—$\overline{h}$），它也完全像镈钟一样每一块都是单独悬在特别的架子上（参看插图14）。这12块特磬同那12口镈钟一样用于郊祀音乐的演奏。它的作用还不仅作为节奏乐器，而且也像西洋音乐的持续音（后来到了中世纪这两种中间只有一种与乐曲的调性相适应地加以应用，仅限于小乐队，参看谱例Ⅰ及Ⅱ），例外的是与隋朝的"内宫悬"（女乐）相适应的大乐队（参看第一部分第二编第二章H项）。我在这里举出公元1762年制成的特磬的数值，约如下表（参看注释9附图一）：

特磬的名称	A – B	A – C	B – D	C – E	特磬的厚度	定音
1. 黄钟	69.9 厘米	46.6 厘米	23.3 厘米	34.9 厘米	34.9 厘米	$\overline{c}$
2. 大吕	65.5 厘米	43.6 厘米	22.8 厘米	32.7 厘米	24.5 厘米	$\overline{cis}$
3. 太簇	62.2 厘米	41.4 厘米	20.7 厘米	31.1 厘米	25.8 厘米	$\overline{d}$
4. 夹钟	58.2 厘米	38.8 厘米	19.3 厘米	29.1 厘米	27.6 厘米	$\overline{dis}$
5. 姑洗	55.2 厘米	36.8 厘米	18.4 厘米	27.6 厘米	29.1 厘米	$\overline{e}$
6. 仲吕	51.7 厘米	34.4 厘米	17.2 厘米	25.8 厘米	31.1 厘米	$\overline{f}$
7. 蕤宾	49.1 厘米	32.7 厘米	16.3 厘米	24.5 厘米	32.7 厘米	$\overline{fis}$
8. 林钟	46.3 厘米	31.1 厘米	15.5 厘米	23.3 厘米	34.0 厘米	$\overline{g}$
9. 夷则	43.6 厘米	29.1 厘米	14.5 厘米	22.8 厘米	34.4 厘米	$\overline{gis}$
10. 南吕	41.4 厘米	27.6 厘米	13.8 厘米	20.7 厘米	36.8 厘米	$\overline{a}$
11. 无射	38.8 厘米	25.8 厘米	12.9 厘米	19.3 厘米	38.8 厘米	$\overline{ais}$
12. 应钟	36.8 厘米	24.5 厘米	12.3 厘米	18.4 厘米	41.4 厘米	$\overline{h}$

---

① 日本人把这乐器引进日本之后，把支架做得很矮：

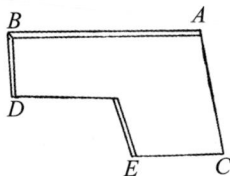

〔附图一〕

——作者原注

（24）铜鼓

在铜鼓这一名字之下人们可以理解为三种不同的乐器，那就是：1）一种用紫铜制鼓身装起来的鼓（参看本编第二章 C 第 68 号）；2）一种近似的鼓，像一种大鼓（直径 0.5—4 米），但是整体是用黄铜或是某种合金制成，由中国西南地区的边疆民族使用的；3）也是黄铜制成的乐器，形式则近于锣，但是深些（4.1 厘米），在它的中心小小的凸起一圈（2.6 厘米），直径 8.5 厘米，全直径 31.3 厘米。

（25）铜点

铜点看样子简直像铜鼓，可是只有一半大的直径（15.5 厘米）。因此它的声音高八度。它和铜鼓一起算是最年轻的节奏乐器，清朝初年才开始用于军乐队，而且这些乐器是轮流敲打的。首先是让铜点打起来，接着是一般的鼓，最后是铜鼓。它们这样对节奏所起的作用，差不多同棘鼓和建鼓在郊祀音乐方面所起的作用一样（参看第 15 及 17 号）。

C. 舞蹈道具

（26）羽

羽在上古时代亦称为翟（《书经·禹贡第一》）。它是一支 93.3 厘米长的雉羽毛，缚在 77.7 厘米长的杆上。它是约在公元前 2205 年为夏禹所用的。它是在祭礼进行过程中由人右手执着来跳舞（参看插图 15）。

（27）籥

籥实际上是一支三个音孔的管子，它的长度为 64 厘米。当舞人左手拿着它舞蹈的同时，他是边舞边吹的（根据朱载堉的说明）。后来它又增添了三个音孔，可是却只有 56 厘米长（比照第 73 号，参看插图 15）。照古老的说法，人们能够通过这两种道具表现他的品德，即当他持着它们舞蹈的时候。羽和籥属于文舞的道具。

〔插图 15〕　羽籥

〔插图 16〕 干戚

（28）干

正如插图 16 所显示的那样，干是一种狭（上 23.3 厘米，下 20.7 厘米宽）而长（1.66 米）的木制的盾牌，然而从夏朝（公元前 2205—1782）开始就已经用于武舞（当祭祀山川的时候）。舞时左手持干而戚。

（29）戚

一种带有 51 厘米长的把柄的木斧，握在右手上，当举行祭祖的时候，就在宗庙里举着进行舞蹈。依照古代的见解，斧是表示决心的。

（30）纛及（31）旌

这两者都是大旗，长 2.24 米，底边是用红绸镶起来的。纛杆头上刻着一个牛头，旌杆上则刻着一只凤凰。在宋朝和元朝的大乐队宫悬里面，文舞用纛而武舞用旌（参看总表之一 Ⅱ，Ⅵ项第 8 号）。

（32）錞

周朝錞亦称金錞或錞于。古錞的形式近于钟，可是由上而下趋于狭窄。把手则采用种种不同的动物的形象。它的敲槌也是用青铜制成的。演奏军乐的时候，一会是击鼓，一会是打錞，因此它实际上是一种打击乐器或节奏乐器，可是到了宋朝它是仅仅用于舞蹈的。宋朝的錞比前朝的（周錞）大得多也重得多，它由两人抬改为摆在支架上，以便撞击作响。元朝以后这种乐器不再使用。插图 17 所显示的只是一个周朝的虎龙錞，它深 37.4 厘米，上部直径 23 厘米，底部直径 19.5 厘米。

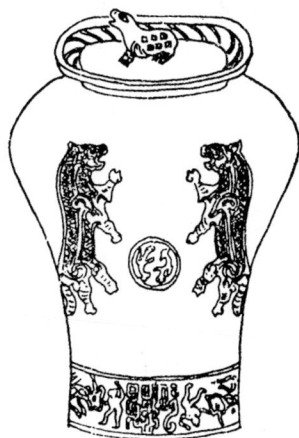

〔插图 17〕 周虎龙錞

（33）钲

钲或者金钲（亦名丁宁或金镯）与小的金钟的样式大略相同，只是比较大一点，像铙（参看 34 号）一样，而且有一把柄而没有槌子。敲打它的时候即作为向鼓发出停止的记号。因此它实际上也是一种打击乐器，可是宋朝和元朝所用的钲（参看总表一的Ⅵ与Ⅺ项第27号）与锣并没有很大的差别（它原来是军乐的一种乐器，参看总表四的Ⅵ、Ⅺ—ⅩⅢ项第35号），而且也仅仅用于舞蹈（参看本编第二章第42号）。

（34）铙

铙或金铙约莫相当于古代的钲，只是稍微小一点，因此又称为小钲。它同样是打击发声，它的用场也完全同古代的钲一样，但是在汉朝、宋朝和元朝，它都不过是用作退舞（接在进舞之后）的记号（参看总表四第34号）。汉朝舞铙（插图18a及b）直径12.8厘米，摇动发声，但是宋朝和元朝的铙又完全与钲相似，没有槌子却有悬纽在里面，必须振动发声（参看插图19）。

〔插图18a〕 汉舞铙　　〔插图18b〕 汉舞铙（侧面）　　〔插图19〕 周雷柄铎

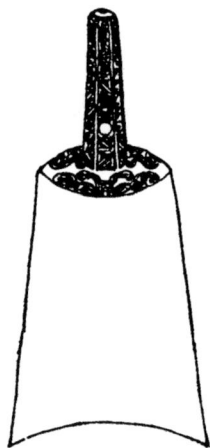

（35）铎

铎或称金铎，完全像小钟一模一样，把柄却有21.1厘米长，手执把柄振而鸣之，伴着舞蹈使之保持准确的节拍。插图19显示一种周朝的雷柄铎。它的肩围宽10.5厘米，底围13.1厘米。

（35a）单铎（如插图19所示）。

（35b）双铎。

两个铎用一个把柄连在一起。

第二章　打击乐器

A. 金属打击乐器

（36）编钟

编钟的发明人为扶登，约当公元前2200年（夏朝禹王的官员，参看第一部分第一编第一章），可是他的栈钟是多少枚组成的，那就从流传的记载上找不到确凿的数目了。周朝（公元前1122—220年）所用的编钟是由十六枚组成的（称为中簴虡①），稍后的年代还有大簴虡（24枚）和小簴虡（14枚）。从宋朝起中簴虡又重新编入乐队。那些钟一般是分为两行依次悬挂在框架上的（插图20）。公元1716年铸成的编钟的各别小钟从23.4厘米深（第一枚）到22.9厘米深（末一枚），厚度为4.2毫米到9毫米，直径从肩围到底围为15.2厘米到13.4厘米。它的定音如下：

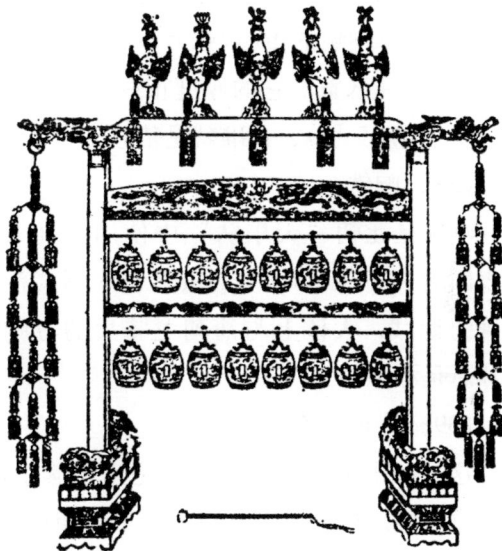

〔插图20〕 编钟

15	13	11	9	7	5	3	1
$\bar{b}$	$\overline{gis}$	$\overline{fis}$	$\bar{e}$	$\bar{d}$	$\bar{c}$	b	gis
16	14	12	10	8	6	4	2
$\bar{h}$	$\bar{a}$	g	$\bar{f}$	$\overline{dis}$	$\overline{cis}$	h	a

（明朝的编钟定音包含 $\bar{c}$ – $\overline{es}$）

---

① 9世纪的欧洲编钟（Carillon）据说只用九枚组成［见 J. 斯泰纳与巴雷特：《音乐术语词典》（J. Stainer and W. A. Barrett：*Dictionary of Musical Terms*）第76页，1898年版］。——作者原注

（37）方响

方响也是编钟的一种，可是不用制钟金属而是硬铁。最早的方响一般认为开始用于 6 世纪的初期。它用 16 块方形铁片组成，完全像编钟一样悬挂在一支框架上（插图 21），作为编磬的替代（参看第 45 号）编入世俗音乐的乐队。（方响的音域一直用到明朝也是从 $\overline{c}$ 到 $\overline{\overline{es}}$）。清朝方响的 16 块铁片一律是 23.3 厘米长，5.8 厘米宽。它的厚度正好是编钟的一半（参看第 45 号），音准就是依它来定的。

（38）响铁

响铁是元朝"天乐队"中使用的（参看总表四的 X 项第 43 号）。虽然它的形式没有明确的记载，大体上与清朝龙骑兵的方响的铁片总是相似的。

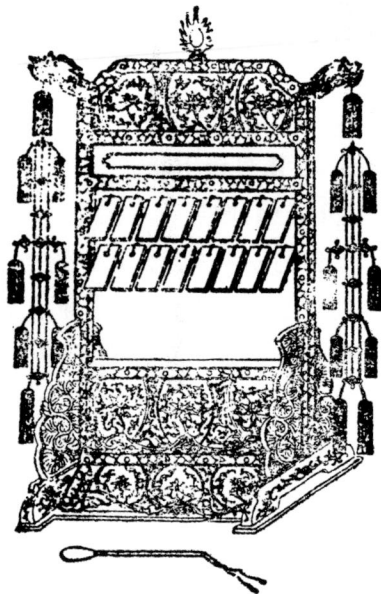

〔插图 21〕 方响

（39）云璈，亦称云锣

这一种击钟式的乐器最初是用于燕乐及军乐的乐器（参看总表三之 XII 项第 16 号及总表四之 IX 项第 41 号），到了清朝初叶则在丹陛乐队中使用。它是由 10 面小锣组成，分别悬空系在篱笆形的木架上（插图 22）。这种乐器的各个小锣都有相同的直径 11.2 厘米，周围有一圈卷边，宽 17 毫米。根据锣身的厚度定出音高如下：

〔插图 22〕 云锣

1	2	3	4	5
$\overline{e}$	$\overline{fis}$	$\overline{gis}$	$\overline{h}$	$\overline{\overline{c}}$
6	7	8	9	10
$\overline{\overline{d}}$	$\overline{\overline{e}}$	$\overline{\overline{fis}}$	$\overline{\overline{gis}}$	$\overline{\overline{h}}$

	10	
4	9	8
5	6	7
3	2	1

（40）水盏

水盏的发明人是宋朝的李琬；他当初是只用 9 个杯子，杯子里面斟上水。根据每一杯水的高度定出不同的音响，其中有 5 个是属于中音部的，其他 4 个则每一个高八度。到了元朝它就被采用为燕乐的乐器（参看总表三之 XII 项第 17 号），可是它不用瓷器而用黄铜，除此之外，再加 3 个（也就是 12 个），用一支铁槌子去敲打。

（41）金与锣

这是今天用于西洋乐队的所谓 tam-tam（也许是从中国输入的），可是原先它却不是中国乐器，而是 5 世纪从土耳其斯坦传到中国来的，最初用于军乐（后来也用于剧场）。它的旧名字是铜锣，而且大小只有一种。到了清朝初叶，它在军乐队中分为金（直径 46.6 厘米）与锣（直径 41.6 厘米，插图 23）两种，此外还有比锣更小的一种，它的名称是锡锣。

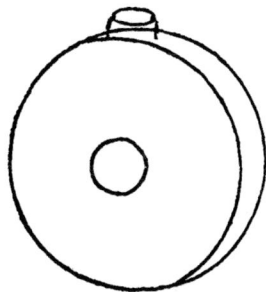

（41a）锡锣

这一种乐器今天是在剧场使用的。外文名字 tam-tam 应该就是从这个名词译过去的。

〔插图 23〕 锣

（42）金钲

金钲在清朝也称为"钲"，可是在别的朝代这个名字却完全指的是另一种乐器。古代的钲，作为军乐队使用的乐器，完全是另外一种样式（像一口钟而内部却没有舌头）；至于宋朝及元朝所用的钲则形如铜锣，然而只用于舞蹈（参照第 33 号）。那个与宋朝和元朝作为军乐乐器血缘相近的金钲（参看总表四之 VI、XI—XIII 项第 35 号）在清朝也简称为钲，这样一来，两者之间极易混淆。分述如下：

①金钲相当于清朝的钲；

②宋朝和元朝的钲则形如铜锣，但只是用于舞蹈；

③古代（宋朝以前）的钲则像是一口钟。清朝的钲的直径只有 27.6 厘米（几乎只有第 41 号金的一半那么小，有一圈 41 毫米宽的边，周围是绕上一个木环，如插图 24 所示。

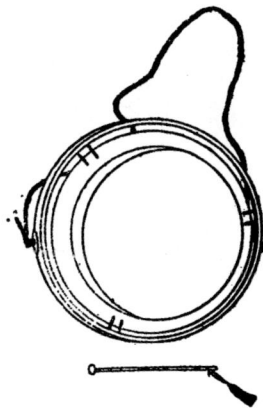

〔插图 24〕 钲

（43）钹①

钹在古代称为铜钹，亦称铜盘。钹有各不相同的两种。直径一米多长的一种是从中国西南部边疆民族传过来的。那种小钹则是 5 世纪末叶由穆士素发明而且用于乐队（参看总表二之 I 项第 26 号，总表三之 XIII 项第 18 号及总表四之 XIV 项第 39 号）。清朝军乐的钹直径为 20.6 厘米，只由双方互相碰击或者摩擦发声，却不是悬空摆幌，用槌敲打。

（44）铃

铃只在隋朝的文康伎（参看总表二之 Xa 项第 25 号）里面出现过一次，它是小钟还是铃铛，它有几枚，在历史上根本无从查考。也许它在乐队里的应用并没有持续多少时间。

（44a）镎（参看第 32 号）；

（44b）铙（参看第 34 号）。

B. 石制打击乐器

（45）编磬

编磬除了唐朝的燕乐算是例外之外，一般称为玉磬（参看总表二之 I 项第 23 号）。它也属编钟一类，但是不用金属而是用灵璧石或绿宝石制成。它的枚数从前是 14、16 或是 24，宋朝以后只限定为 16 枚，而且完全像编钟一样悬挂在架上。明朝的定音仍然是 $\bar{c}-\bar{\bar{es}}$，但是到了清朝初叶（公元 1716 年）它就又变为编钟一样的音域（$gis-\bar{h}$）。这 16 枚宝石只有一种大小，那就是：A－C ＝23.3 厘米，A－B ＝35 厘米，B－D ＝11.6 厘米，E－C ＝17.4 厘米（参看注释 9 附图一），每一枚磬的音高决定于它的厚度（与大小无关），有如下列（插图25）：

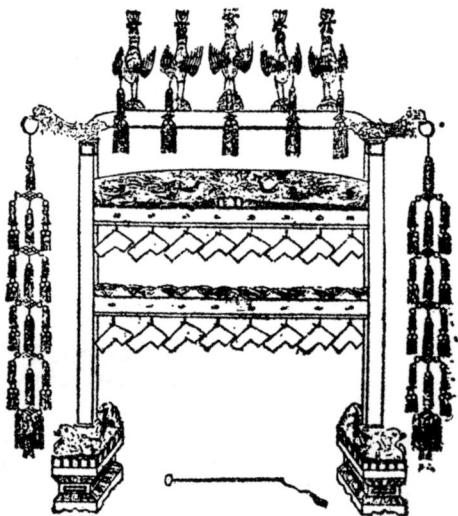

〔插图 25〕 编磬

---

① 日本人称之为铜拍子。——作者原注

磬号（第一行）	15	13	11	9	7	5	3	1
定音	$\bar{b}$	$\overline{gis}$	$\overline{fis}$	$\bar{e}$	$\bar{d}$	$\bar{c}$	b	gis
厚度（毫米）①	38.8	34.5	32.7	29.1	25.8	23.3	21.8	19.4
磬号（第二行）	16	14	12	10	8	6	4	2
定音	$\bar{\bar{h}}$	$\bar{\bar{a}}$	$\bar{\bar{g}}$	$\bar{\bar{f}}$	$\overline{dis}$	$\overline{cis}$	$\bar{h}$	a
厚度（毫米）	41.4	36.8	34.0	31.1	27.6	24.5	23.0	20.7

C. 蒙鼓皮的打击乐器

各个朝代的制鼓方式是非常有差异的。虽然最重要的用于祭祀的鼓种建鼓（参看第 17 号）的样式变化比较小，它的大小尺寸却是大有差别的。每一个朝代都喜欢有它自己的体制，在历史上很难找到准确的大小的度数。我这里把鼓划分为中国的与非中国的两部分如下：

一、中国鼓

（46a）雷鼓（相当于雷鼗，第 8 号）

鼓皮上画一位雷公。它用于祭天的典礼上；

（46b）灵鼓（相当于灵鼗，第 10 号）

鼓皮上画着四种灵兽：麟、凤、龟、龙，用于祀地神的典礼上；

（46c）路鼓（相当于鹭鼗，第 9 号）

鼓皮上画的是一只白鹭，用于祭祀祖先的典礼上。样式上全部三种都是相同的，只是根据鼓皮上的画面定出各不相同的名字（参看总表一第 24 号。依照朱载堉的解释）。旧时有许多学者曾经主张过，雷鼓有八面鼓皮，灵鼓有六面鼓皮，路鼓有四面鼓皮，不过这大概只是凭空推测的过甚其词，缺乏对实际应用的考虑。

（47）晋鼓

这种晋鼓与建鼓（参看第 17 号）非常相似，可是大得多。它直径 1.2 米，鼓身的木框长约 2 米，又盛在一个座上，全部高达 3 米左右。在汉、魏两朝都用于军旅，可是在宋朝和元朝却用于郊祀音乐的乐队（参看总表一第 23 号）。它后来的构造方式再没有详细的记载。

（48）大鼓

大鼓旧名鼖鼓，它比晋鼓还要大（它的木框长 2.5 米），悬挂在一个架子上。

---

① 方响的每一块铁片的厚度正好是这一种的一半（参看第 37 号）。——作者原注

中世纪通用的大鼓只有一面蒙上鼓皮，而且是盛在一个座上。在演奏燕乐及军乐的时候它就在加强的地方发挥作用，以便加强节奏的力度。清朝的大鼓框长 1.036 米，直径 84.6 厘米，样式近似花腔鼓（参看第 51 号），鼓槌是木制的。

（49）小鼓

在《唐乐图》上，小鼓是固定在大鼓上面的，它与唐朝康国伎和疏勒伎（参看总表二之Vb、Ⅵb 项）所使用的小鼓是否相同，也是史无明文。在元朝及明朝这种小鼓是在小型乐队中使用的，可是自此以后就再没有使用了。因此它的构造方式根本没有交代。

（50）抃鼓

隋朝（公元 589—617 年）抃鼓用于天子的卤簿仪仗和燕乐（它的木框长约 1 米）。据《唐开元礼义》所记，它与小鼓约略相同，它与大鼓一道为节奏出力，像朔鞞和建鼓一样（参看第 15 号及第 17 号）。据《律书乐图》记载，它是用于军乐的。明朝用于马后乐的抃鼓直径为 32 厘米。

（51）花匡鼓

这种鼓宋朝称为腰鼓（参看总表三第 22 号）。清朝初叶称为花腔鼓。它的构造方式与大鼓的完全相同，只是它稍为小点。它在最后的两个王朝用于军乐及马后乐。这种鼓的木框是 51.2 厘米高，在明朝直径为 54.4 厘米，在清朝则为 48.6 厘米（插图 26）。

（52）铙鼓

铙鼓的样式和构造方式已经无从辨认了。根据《乐图》所示，它是横着悬挂在架子上的，上面还有覆盖。根据陈旸所著《乐书》中解释，隋朝军乐里面所用的大鼓（参看总表四之 Ⅱ 项第 26 号），就是这一种铙鼓，可是他的这一主张究竟缺乏足够的论据。

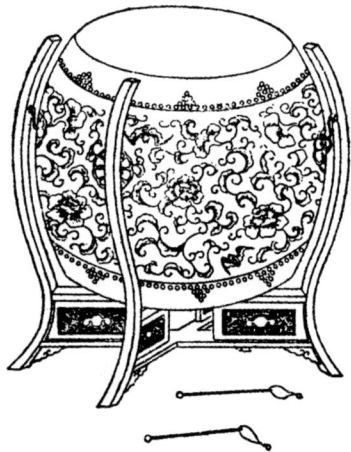

〔插图 26〕 花匡鼓

（53）龙鼓

我在这里要举出一个扁平的龙鼓的例子作为特别的鼓来描述一番，它是清朝初叶用于马后乐的。它用一个短木框（20.7 厘米）制成，两面（直径 49.1 厘米）都蒙上牛皮。在木框的右边和左边装上两个小环，缚在一条绳子的两头，行进的时候就把绳子绕着颈项挂起来（插图 27）。

（54）行鼓

行鼓是唐朝三面鼓的一种仿制，亦名陁罗鼓。它是清朝初叶用于军乐队的（总表四第 30 号）。它的形式与西方的定音鼓颇为相似，只是锅口的周围没有螺旋，木框（48.3 厘米高）的底面不是浑圆，而是向下倾斜的（直径 16.5 厘米）。鼓皮直径 34.5 厘米。人在演奏的时候带着它骑在马上；不用的时候就把它悬挂在架子上（插图 28）。

〔插图 27〕 龙鼓　　　　　　　　　　　　　〔插图 28〕 行鼓

（55）桴鼓

桴鼓的构造方式近于大鼓，但是不是挂起来，而是安放在一个座上。它用于唐朝的燕乐（总表二第 42 号）。宋朝它也用于马后乐，但是改称为枹鼓。

（55a）枹鼓

除此之外，还有一种类似的（用于燕乐）连鼓。

（56）连鼓（总表二第 43 号）

关于这种乐器根本不见有任何记载。顾名思义，"连"必然是两个单独的鼓合起来的，因此连鼓就等于双鼓。

二、非中国鼓

从外国输入中国来的各种鼓大多数是来自土耳其斯坦，时间为 4 世纪至 6 世纪，当然其中也有从印度和朝鲜输入的。中古时代（公元 420—906 年）用于乐队的洋鼓计有十四种，如下：

（57）羯鼓

从西域传入的最著名的鼓是羯鼓，它的形状很像一个漆桶，木框用山桑木制成，但是用来绷紧鼓皮的小环却是用铁或铜做原料的。打的时候用两支木槌（用黄檀木制成），因此又名为两杖鼓。它的声音非常尖锐，而且能够打出从 $\bar{d}$ 到 $\bar{\bar{d}}$ 的各个音。它在燕乐中使用非常频繁（参看总表二第 34 号及总表三第 20 号），特别受到唐明皇（公元 713—755 年在位）的喜爱。可是宋朝以后它就不再应用，因此它当时准确的尺寸也就失传了。①

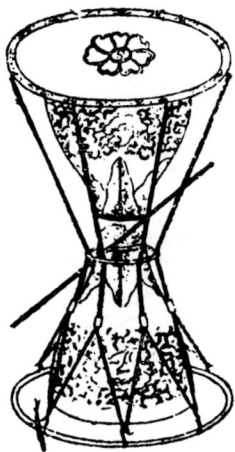

〔插图 29〕 杖鼓

（58）杖鼓，亦称细腰鼓②

这种鼓也同样两边都蒙上鼓皮，它是由两个铁环箍紧在细小的菩提木框上面，因此它又名细腰鼓。打它时右手用一支小槌子，左手顶住它，所以又称为杖鼓③。清朝初叶有一种大杖鼓和一种小杖鼓，大的鼓框长 62.2 厘米，两边铁圈的直径 41.4 厘米，可是它腰围的直径只有 9.2 厘米。小杖鼓或如大杖鼓的一半那么大，或者只有大杖鼓的三分之二那么大（插图 29）。隋朝和唐朝根据鼓各自的大小称为正鼓和和鼓。

（58a）正鼓（大的，参看总表二第 20 号）。

（58b）和鼓（小的，元朝也是这样。参看总表二第 41 号，总表三第 25 号，总表四第 32 号）。

（59）扎鼓

元朝扎鼓用于世俗音乐（参看总表三第 24 号，总表四第 33 号），形式与杖鼓非常相似，所差的只是小一点。

（60）答腊鼓

这种鼓与羯鼓有相似之处（见第 57 号），只是直径小，鼓身也比较短。它仅仅在隋朝的九部伎使用，从而也取了另一个名称：

（60a）鞘（楷鼓）（参看总表三第 23 号）。

---

① 日本人在 8 世纪把这种鼓引进日本，汉字仍为羯鼓，只是读音不同。——作者原注
② 这种鼓也同样输入日本，日语称为小鼓。——作者原注
③ 它用于中古时代的燕乐和军乐（参看总表三第 21 号及总表四第 28 号）。——作者原注

（61）鸡娄鼓

这种鼓三面都蒙上鼓皮，可是它的直径只有约莫 15 厘米。除了在九部伎之外（参看总表二第 38 号），到了宋朝还在使用（参看总表三第 28 号）。

（62）齐鼓

这种鼓的样式很像一个木桶，只是有一头比另一头大一点。

（63）檐鼓（它的构造方式毫无明文可考）

与齐鼓一道用于"西凉伎"、"龟兹伎"及"高丽伎"（参看总表二第 31 及 32 号）。

（64）侯提鼓

源出龟兹，它的描写再也无从寻觅（参看总表二第 45 号）。从（57）到（64）这几种乐器都是从土耳其斯坦传到中国来的。

（65）龟头鼓

这种鼓只有在高丽伎中出现过一次（参看总表一第 44 号），也许就是从朝鲜传来的，可是在历史上也找不到详细的描述。

（66）都昙鼓

它来自印度，也是一种与杖鼓（见第 58 号）相似的乐器，可是比较小。它是用槌子敲打而不是用小棒（参看总表二第 35 号）。

（67）毛员鼓

它也来自印度，也类似都昙鼓，可是比较大（参看总表二第 36 号，总表三第 29 号）。

（68）铜鼓

这也是一种印度鼓，它有与杖鼓近似的样式，然而是用紫铜圆柱体制成的，在一边蒙上鼓皮（直径约 60 厘米）。它的声音非常嘹亮。它只限于在天竺伎使用（参看总表二之Ⅸa、Ⅸb 项第 39 号）。除此之外还有两种铜鼓，它的构造却是截然不同的（参照第 24 号）。

（69）连鞉鼓

在契丹族（辽王朝）的大乐队里面人们可以找到这种鼓（参看总表三第 27 号），但是找不到关于它的应用和构造方式的记载。顾名思义，它可能是由两个或两个以上的鞉鼓合组成的（参看第 7 号）。

（70）金鞚小鼓

这种鼓是在元朝的四个乐队里面使用的（参看总表三第 30 号）。更进一步的描述也是无可稽考，可是从它的名称可以知道它是用金黄色的圆框制成的小鼓。这末后两种鼓都是源自中国北部的边疆民族的。

第二编　吹奏乐器

第一章　箫　管

A. 箫

属于这一短小的段落的箫是向前拿着，对着它的一头吹出声来的，我在这里称之为直箫，使它与横笛区别开来。

（71）排箫①

排箫是由好几支用蜡粘起来的管子组成的，人就向管子顶上吹。它的历史非常古老，正如我在第一部分开头所提到的，这种乐器的第一支单管当初是称为都良管（约公元前 3000 年由娥陵创制的），后来由乐师伶伦（约公元前 2697 年）加以扩充，管子增加到 12 支，以便再加上一个八度的音组，这就为排箫的创制奠定了基础。舜帝（公元前 2255 年）最先用蜡把其中的 10 支编为一个乐器，它的样式看起来很像凤翼（参看《风俗通》）。因为他要把它放入《韶乐》去演奏，所以名为韶箫。也许这就是最早的排箫。后来又有：

（71a）二十六管箫；

（71b）二十四管箫（参看《三礼图》）；

（71c）二十三管箎（大箫，参看《尔雅》）；

（71d）二十一管燕乐箫，用于唐朝的燕乐（参看总表二之Ⅰ项第 5 号）；

（71e）十八管箫，用于西凉伎（参看总表二之Ⅲ项第 5 号）；

（71f）十七管箫，11 世纪亦名教坊箫（参看《景祐乐记》）；

（71g）十六管箫，亦称为筊（参看《尔雅》）；

（71h）十三管箫，即鼓吹箫（参看《景祐乐记》）。

从隋朝直到清朝初叶，凡是用于乐队的排箫（参看总表一第 43 号、总表三第 34 号、总表四第 15 号）都是用 16 支管编成的，这些管子结扎在一个扁平的木架上面。插图 30 显示吹者可对着上端的空口。每一支管子都有一个小音孔。清朝排箫长

---

①　日本人把这种排箫引进日本，日语称为 Sho-no-fu-e，意为笙之笛。——作者原注

度的排列约略如下（各管的直径为 8.7 毫米）：

管子序列（左半边）	2	4	6	8	10	12	14	16
定音	a	h	$\overline{cis}$	$\overline{dis}$	$\overline{f}$	$\overline{g}$	$\overline{a}$	$\overline{h}$
长度（厘米）	27.6	24.5	21.8	19.3	17.2	15.5	13.8	12.2
管子序行（右半边）	15	13	11	9	7	5	3	1
定音	$\overline{b}$	$\overline{as}$	$\overline{fis}$	$\overline{e}$	$\overline{d}$	$\overline{c}$	b	as
长度（厘米）	12.9	14.5	16.3	18.4	20.7	23.3	25.8	29.1

〔插图 30〕 排箫

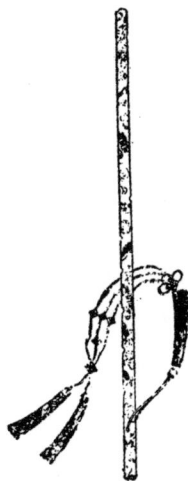

〔插图 31〕 箫

看得清楚，这里的定音完全是全音阶的，古代的理论家称右半边的从 C 到 B 的六个音为阳六律，左半边的从 cis 到 h 为阴六吕。

（72）箫

箫的发明人不知是谁，但是这一种乐器的产生却应该是比排箫的产生晚得多。虽然从隋朝到宋朝的世俗音乐所使用的这种乐器（参看总表二之Ⅱ、Ⅳ—Ⅹ项第 5 号，总表三之Ⅰ项第 35 号，总表四之Ⅰ—Ⅵ项第 14 号）都称为箫，可是仍然不能彻底弄清楚，它是直箫还是排箫，因为在这一段时期（公元 6 至 12 世纪）直箫和排箫都只用一个名字："箫"。从元朝起直箫给起名做箫管，使之有别于排箫。根据清朝初期直箫的构造方式，它是一支竹管带六个音孔（五个在前，一个在后），在一头的左边和右边还各有一个小孔——也管它叫音孔，那是给人穿上绳子以便悬挂的。在另一头开了一个 7 毫米的圆口，是给人吹奏用的（插图 31）。根据长度和定音的差异，有两种箫取名为姑洗箫、仲吕箫。

（72a）姑洗箫，长度为 62.6 厘米（直径 19.9 毫米）；

（72b）仲吕箫，长度为 54.1 厘米（直径 13.3 毫米）。

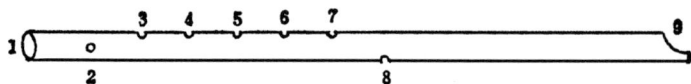

〔附图二〕

音孔数	1	2	3	4	5	6	7	8
定音								
姑洗箫	as	b	$\bar{c}$	$\bar{d}$	$\bar{e}$	$\overline{ges}$	$\overline{as}$	$\bar{\bar{c}}$
仲吕箫	a	h	$\overline{cis}$	$\overline{dis}$	$\bar{f}$	$\bar{g}$	$\bar{a}$	$\overline{\overline{cis}}$

附图二表示：1. 竹管的末端，2. 边孔，也应该发音，虽然它并没有用于吹奏，3—8 是正式的音孔，9. 则是吹口。这两种直箫的基音分别为 as 和 a，但是实际上它应该称姑洗箫为 As 箫（中文称为夷则箫），仲吕箫为 A 箫（中文称为南吕箫）。可是当然人们是从中间音算起的，而姑洗（$\bar{e}$）和仲吕（$\bar{f}$）正好是在两种箫的中间，因此就这样定名了。同时还得注意，姑洗箫的定音是所谓的阳六律，仲吕箫的定音则是所谓的阴六吕。

（73）篪

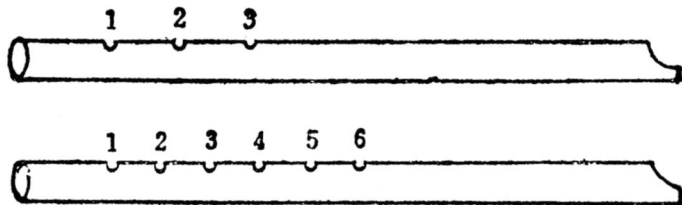

〔附图三〕

根据朱载堉的解释，古代的篪——如字形所示——是只有三个音孔和 64 厘米的长度。执持的姿势也同吹箫一样，但是根据吹时的慢或快它可以产生五度的差异。后来的篪除了原有的三个音孔之外又各自增加了一个。这两种篪的定音有如下列：

古箎	音孔全闭	音孔有开有闭					
		1	1与2		2与3		
慢与快吹出的音	c̄与ḡ	d̄与ā	e与h		f̄is		
六孔箎 慢与快吹出的音	c̄与ḡ	1 c̄is与ḡis	1与2 d̄与ā	1—3 ēs与b̄	1—4 ē与h̄	1—5 f̄与c̄	1—6 f̄is与c̄is

后一种箎（六孔者）除了在周朝以外，在唐朝、元朝及明朝都在继续应用（参看总表三第 43 号及总表一第 47b 号）。自此以后它就只是作为舞蹈道具被使用了。

（74）尺八管[①]

这种管子也称为"竖邃"或"中管"，就长度而言，它又简称为尺八（依中国的度数一尺等于 32 厘米，那么全长就是 57.6 厘米）。在一支竹管上共有七孔，其中有一孔（在吹口的附近）是用竹心的薄膜封住的，以便声音更为清脆一些，而且使之颤动。定音应为 c̄。它用于唐朝的燕乐（参看总表二第 10 号）。

（75）拱宸管

这种乐器原先称为裁手笛或叉手笛，它是 10 世纪中叶乐师和岘制作的。它长度只有 28.8 厘米，六个音孔（左四右二），用竹管制成。虽然有些学者主张，这种箫已经是芦笛的前身，可是什么地方也找不到有关的记载，证明它是有簧片的。如果它直着拿的，那么我就不如把它归入这一类。这种拱宸管只是 10 世纪末叶曾经用于郊祀乐及军乐。自此以后可就完全弃置不用了。

（76）义嘴笛

这种笛子只在唐朝的高丽伎里用过唯一的一次（总表二第 11 号）。它的构造方式与横笛差不多，可是有一个嘴子。依照《文庙乐书》所提示，嘴子的横截面是这样的：⬭。更进一步的详细的描述就没有了，推想起来它的吹奏姿势完全像牧笛的吹法一样。

B. 横笛

一、中国笛

（77）邃（笛）

邃这个名称最先见于《周礼》。《广雅》书中有这样一句话："箫之有七孔者称

---

① 日本人将这种乐器引进日本之后，仍沿用中国名称，汉字写作尺八，但照日语读音 Sha-ku-ha-chi。——作者原注

为邃。"根据朱载堉的解释，籥（参照第 73 号）是根据它的产地分为北邃与南邃。北邃仍然简单叫做籥，直着拿的。南邃（它的名字也见于《左传》）一般是横着拿的，亦称为邃或篴。汉武帝时（公元前 200 年前后）邱仲曾制作一支 44.8 厘米长的笛子，上有七孔（见《风俗通》）。因此这种乐器在周朝已经存在；最先它也许只有三个音孔，其他四个到了邱仲才加上去的。总之这两种笛子的详细的构造知识是早就丧失了。宋朝应用的笛子的定音仅仅是 c̄ 和 h，它的长度的差别是很大的，因为人们只根据钟声的 c 和 h 来定音。简单一句话：道地的中国笛子是没有栓塞的，而且不属于移调乐器，特别是用于郊祀音乐的那种（总表一第 47 号及总表四之 XI—XIII 项第 23 号）。至于那些用于其他乐队的笛子（总表二第 7 号，总表三第 36 号及总表四之 III—VI，XIV 项第 23、24 号），则是经过改制的土耳其斯坦的产物，而且是称为平笛或龙笛的（参照第 84 号），同时它又是属于移调的乐器。

（78）长笛

关于长笛的最早的描写出自音乐教育家兼长笛演奏家马融（公元 79—166 年，参看第一部分第二编第二章 H 项及《文选》卷十八）。他的长笛有六个音孔（上五下一），可是没有栓塞。这支笛有多长，赋中没有交代。以理推之，它与邱仲所制的是近似的。定音是 C。除此之外 3 世纪还有三种长短不同的笛子，那就是：长度 4.2 尺、3.2 尺及 2.9 尺（依照晋尺）。它们全都有六个音孔，同马融的那种一样。唐朝以后乐队使用的长笛（总表一第 48 号，总表二第 8 号及总表三第 38 号）据说是比那种要短些，可是它的准确的描述却是无可稽考了。

（79）短笛

唐朝所用的短笛（总表二第 8a 号）的尺寸是不清楚的。宋朝的大概比 32 厘米稍微长一点（与今天的短笛相比）。这一种是在契丹族辽王朝的乐队中使用的（参看总表三第 39 号）。

（80）尺八笛[①]，亦称尺八

这种笛子只用于辽王朝的乐队（总表三第 40 号）而且是横着拿的，与尺八管正相反。可是它有相同的长度（一尺八）与那种乐器一样多的音孔（参照第 74 号）。

（81）跋膝管，亦称跋膝

跋膝也是一种横笛，但是很短；它有七个音孔，它的基音是 C。它用于唐朝的

_____

① 日本人称这种乐器为横笛，或者又曰华式的称为篴。——作者原注

燕乐及云韶乐（参看总表二第 12 号及总表二第 44 号）。

（82）簌①

簌是最古老的乐器之一，据说它在舜帝的时候已经存在（据《世本》所说，它的发明人是苏成公）。音孔的数目随着朝代的变更有七至十的改变，然而它的长度却始终保持为 44.8 厘米。依据朱载堉的解释，古代的簌（称为黄钟簌）两头都有栓塞。竹管直径 22.4 毫米，它的吹口（直径 9.6 毫米）开在管的中部，在它的左边和右边各有三个音孔。据《尔雅》载，大簌称为沂，44.8 厘米长，可是小簌只有 13.4 厘米。清朝初叶有两种簌，那就是：

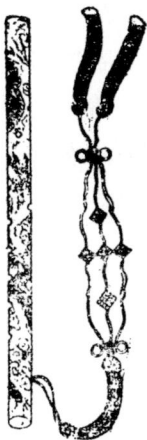

（82a）姑洗簌

实际上就是 C 簌（管直径 2.7 毫米）。

（82b）仲吕簌

实际上就是 cis 簌（管直径 3.6 毫米）。管的长度是 44.8 厘米，但是它的吹口却不是开在中部而是开在旁边（插图 32）。它也不属于移调的乐器。它的定音有如下列：

〔插图 32〕 簌

音孔	基音	1	2	3	4	5	6	7
姑洗簌定音	c	$\bar{e}$	$\overline{fis}$	$\overline{gis}$	$\overline{ais}$	$\bar{\bar{c}}$	$\bar{\bar{d}}$	$\overline{\overline{fis}}$
仲吕簌定音	$\overline{cis}$	$\bar{f}$	$\bar{g}$	$\bar{a}$	$\bar{h}$	$\overline{\overline{cis}}$	$\overline{\overline{dis}}$	$\bar{\bar{g}}$

在一边的两个小孔（1）是只为穿绳子悬挂用的，可不是音孔。在管的末端有一个栓塞，可是在它的中部却有一个小孔，这并不是完全封闭的。另一头通过管本身的一个天然的竹节（在吹口的附近）封闭起来（参看附图四）。

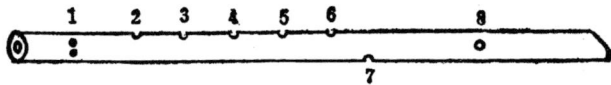

〔附图四〕

二、非中国笛

我给下列一类笛子取名为非中国笛，因为道地的中国笛是不移调的，而那些传

---

① 日本人把这种乐器引进日本，即沿用中国名字簌。——作者原注

入中国来的则大多数是移调的，而且总有一个栓塞。它们源出土耳其斯坦或者至少是依照那仅仅适应中国曲调的类型加以改制的。

（83）横吹

当张骞将军远征西域的时候（公元前 122 年），他除了胡角（参看第一部分第一编第二、三章）之外还带回了横吹，后来（在隋朝与唐朝）称为横笛而且应用于乐队（参看总表一第 49 号及总表二第 9 号）。但是它的构造方式究竟如何，今天再也无从确定了。在隋朝（公元 589—617 年）的军乐队里有两种横笛，那就是：

（83a）大横吹

（83b）小横吹（参看总表四第 20 及第 21 号）

虽然这两种笛子的构造史无明文，人们还是可以认为，它的名字与它的长度相适应的。这种笛子从元朝（公元 1277—1367）开始称为龙笛或龙头笛。

（84）龙笛或龙头笛

因为在它的两头通常安上一个木制的龙头和龙尾（总表三之Ⅷ—Ⅺ及 ⅩⅤ 项第 36 号和总表四第 24 号），到了清朝初年这同一种乐器可是没有龙头装饰的被称为平笛（参看总表四之ⅩⅣ，ⅩⅤ 项第 23 号）。至于那在世俗音乐的乐队里使用的别的笛子（当然那在 77 项下提到的除外），例如总表二第 7 号、总表二第 36 号及总表四之Ⅲ—Ⅵ项第 23 号，都同样属于这一类。虽然它的古老的构造方式不甚了了，可是从清朝的笛子还是可以略知一二。根据定音计有两种笛子（长度为 58.5 厘米），那就是：

〔插图33〕 龙笛

（84a）姑洗笛（E 笛，直径 13.9 毫米），它的基音是 $\overline{d}$，因此它实际上应称为 D 笛。

（84b）仲吕笛（F 笛，直径 13.3 毫米），它的基音是 $\overline{es}$，因此它实际上应称为 $\overline{es}$ 笛。

这两种笛子的孔数是十二（插图 33）。

附图五指出，1 与 3 至 8 是音孔，理论上说两边的 2 也应该是音孔，虽然它根本就没有用于演奏。9 是用一片竹膜封闭住的，10 则是吹口。这两种笛子自唐朝以来属于移调的一类，而且是低一个减五度记下来的。笛色字谱可转译如下：

音孔		基音	1	2	3	4	5	6	7	8
姑洗笛	音	d	ē	ḡes	ās	b̄	c̿	d̿	e̿	g̅̅̅es
	写法	gis	ais	c̄	d̄	ē	f̿is	g̿is	āis	c̅̅̅
仲吕笛	音	ēs	f̄	ḡ	ā	h̄	d̿es	ēs	f̄	ḡ
	写法	ā	h	c̄is	d̄is	ēis	ḡ	ā	h̄	c̄is

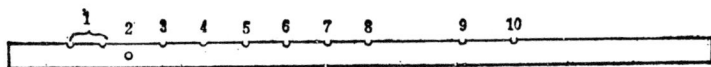

〔附图五〕

（85）羌笛

羌笛源出蒙古，因此也仅仅用于蒙古乐队（参看总表二第 41 号及总表四第 22 号）。一般认为它比其他笛子都要长，可是它只有三个音孔。它的定音不清楚。以理推之可能是一种十分原始的笛子。

（86）三色笛

这个名字只在宋朝的教坊乐第四部出现过唯一的一次（参看总表三第 37 号）。关于它的应用我们找不到什么记载，然而顾名思义它必然是只有三个音孔，因为"色"的含义是音符。

第二章 簧片乐器

A. 单簧乐器

（87）觱篥，一名竖筚篥

觱篥也写作筚篥或悲篥。它是 6 世纪从龟兹（即今新疆库车县一带）传进来的单簧乐器，从 7 世纪起它就在世俗音乐的乐队中使用（参看总表二第 13 号，总表三第 45 号及总表四第 17 号），有一次它也被收入郊祀音乐的乐队（参看总表一第 50 号）。它是由两部分合成的，它在管子的上端不是装上一支固定的为此目的破开的嘴子而是装上一片薄簧，以便借它造成声音的颤动（插图 34）。在它上半部（长 17.1 厘米，直径 7.9 毫米）有三个音孔，可是在下半部（那是用一支 7.4 厘米长的铜管制成的，从上而下逐步缩小到底面直径 55.6 毫米）只有一个小孔，可是它根本不是用来发音。这种觱篥应该说是今天单簧管的前身，然而与 as 单簧管相比却要短三分之一，因之它的

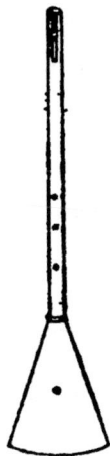

〔插图 34〕 觱篥

425

定音也非常之高①。上面提到的觱篥②是在清朝使用的。中世纪还有大觱篥。

（88）大觱篥

它有九个音孔（参看总表二第 15 号）。

（89）小觱篥

这种小觱篥亦名风管，有六个音孔（参看总表二第 14 号）。虽然它没有明确的定音的记录，可也不妨推测，它们与今天的大单簧管与小单簧管约略相应的。

（90）双觱篥

属于安国伎（参看总表二第 16 号）。

（91）桃皮觱篥

属于高丽伎，以及隋朝的军乐（参看总表二第 17 号及总表四第 18 号）。关于这两种也无可稽考。

B. 双簧乐器③

在历史上（元朝以前）提到管的时候只是作为排箫的一支单管，并没有簧片的，虽然宋朝也有过拱宸管这个名字（参看第 75 号）。头管最先出现在元朝的乐队（参看总表三第 46 号及总表四第 19 号）。明朝的头管有九个音孔（前七后二），隋朝的则只有八个（前七后一），两者都是借助一个双簧管的嘴子来发声。管子是用硬木或者兽角制成，依其长短分为两种（插图 35）：

（92a）大管

19.3 厘米长，直径 8.7 毫米。

（92b）小管

18.8 厘米长，直径 6.9 毫米。这两者的定音有如下的差别，记谱用唱名的笛谱，也就是低一个减五度。见下表，该表最后三个括弧内的定音只是为大管用的。

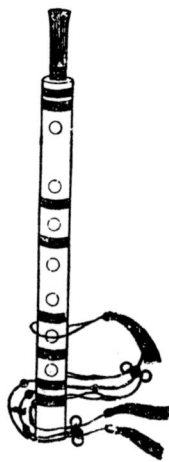

〔插图 35〕 管

---

①记谱时低了个小六度：

音孔	3 孔全开	1 开	1 与 2 开	1—3 开
音	$\bar{e}$	$\overline{fis}$	$\overline{gis}$	$\bar{c}$
写法	gis	ais	his	$\bar{\bar{e}}$

——作者原注

②《钦定续文献通考》将觱篥归入相当于芦笛的头管一类。这可是不对的，因为后者是双簧乐器。——作者原注

③日本人把头管传入日本，可是由于与觱篥相混淆，他们把头管也译为觱篥。——作者原注

	基音	音孔的定音（从下面起）							
		1	2	3	4	5	6	7	8
音	b	c̄	d̄	ē	f̄is	ḡis	āis (c̄is)	h̄is (ēs)	d̿ (f̄)
写法	e	fis	gis	ais	his	c̄isis	d̄isis (f̄isis)	ēis (ḡ)	ḡis (h̄)

（93）金口角，一名唢呐

金口角也是一种与双簧管相当的双簧乐器；它用于清朝的军乐队（总表四第 13 号）。它是由三部分合并制成而且是从上向下的（插图 36）。上面那部分（身上有两小片）和下面那部分是铜制的，可是当中那一段却用木制。总长计 54.1 厘米。金口角属于移调乐器，记谱的音比它实际的音低一个大三度。

虽然这种乐器并不是中国的，日本人还是管它叫"唐人笛"，因为它是经由中国传过去的。后来日本人又依照蒙古或者鞑靼的名字称为双簧乐器。

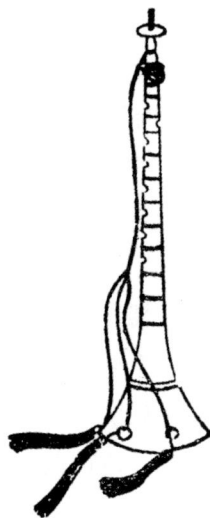

〔插图 36〕 金口角

	基音	音孔的定音（从下面起）							
		1	2	3	4	5	6	7	8
音	c̄	d̄	ē	f̄is	ḡis	āis	c̿	d̿is	f̄̄
写法	as	b	c̄	d̄	ē	f̄is	ās	h̄	d̄es

第三章 木制及铜制喇叭

（94）角

据传说所述，黄帝（约公元前 2697 年）与争夺统治权力的首领蚩尤进行战斗的时候在军队里曾经使用角。这种角断然不会是铜制的，可能就是天然的牛角。至于后来在隋朝军乐使用的角（总表四第 7 号）是不是金属的，也一样不清楚。但是唐朝马后乐及军乐所使用的则称为"革角"，因为那是用皮革制成的（当然也有用木或竹制成的）。它的样式大概近于那延长的号角。它从上向下延伸，长度为 1.5 米。那种由北朝齐（公元 550—577 年）分发给边疆军官的角也是用皮革、木或竹制成的。依据军官的等级，它分为赤角、青角及黑角三等。这种角和那用于宋朝的

427

军乐的大角，都应该属于画角这一类。

（95）画角（明朝称为"金龙画角"）

清朝的画角用木管（1.747 米长）制成，两头都趋向窄小（上端直径 2.4 厘米，下端 2.7 厘米），中部则比较粗大（直径 13.8 厘米）。这种乐器借助一个木嘴子（23.2 厘米长）吹起来。它主要用于军乐（总表四第 98 号。插图 39），那由铜制成的角首次的出现是在"高昌伎"（参看总表二第 39 号），而且称为铜角。

（96）铜角

它的形式虽然与牛角相似，制造的材料则是黄铜（它的长度为 64 厘米）。因此可以推想，这种铜制吹乐器最初是从西域传入来的。

（97）大铜角①

这种乐器在唐朝称为"长鸣"。原先是用木制成的，可是到了元朝就用铜制造，所以得了这个名字。清朝又名为"号筒"或"大号"。明朝这种喇叭有三种不同的长度。清朝乐队使用的一般是 1.175 米长。这种乐器是由相同的两部分接合成的，而且上头那一段可以插进下头那一段，如果你不使用的时候（它之所以这样装配，目的只是为了便于携带，并不是什么伸缩喇叭）。嘴子好像是一个半圆球（直径 13.8 毫米）。底层的直径是 20.7 厘米（插图 37a）。

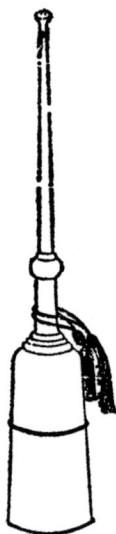

〔插图 37a〕 大铜角　　〔插图 37b〕 小铜角

---

① 日语称为铜角。——作者原注

（98）小铜角

这一种乐器差不多像是一支军号，形式是直的，没有活塞，而且同样最初是木制的（唐朝名为中鸣）。可是到了元朝已经改为铜制，同时获得新的名称。清朝开始又有人称为"二号"。它同样是由两部分接合成的，而且上头那一段比下头那一段长，总长1.312米，如果不使用的时候，上头那一段又可以插进另一段。上头的吹口宽6.9毫米，下端的开口则为13.8厘米。这两种喇叭当然依据它的长度各有不同的调音。至于这里提到的却只用于军乐（参看总表四之XI—XV项第12号）。插图37b显示的是小铜角，插图37c①则是另一变种，采用了弯曲的形式。

（99）蒙古角

有一种从蒙古传来的木制喇叭称为蒙古角，亦称蒙古号。它是木制的，用于清朝的军乐（参看总表四第10号）。它由三段接合而成（上段长1.513米，中段1.129米，下段铜制长53.5厘米），总长共3.178米。吹时用一个角质的嘴子（插图40）。蒙古角还分为"雌雄二制"，依它上段直径的大小而定（雄角11毫米，雌角9.1毫米），可是它的长度却是相同的。雄角声音比较浊，雌角声音比较清。

〔插图38〕 胡笳

〔插图39〕 画角

〔插图40〕 蒙古角

---

① 插图37c之原图照片已损。——编者注

（100）胡笳，或简称笳

胡笳这个名称最早见于李陵[1]《答苏武书》（公元前1世纪初叶），可见它是源出蒙古的。中世纪以来它一直用于马后乐及军乐（总表四第14号）。话虽这样说，它的历史仍然是模糊的。这种乐器在清朝是由三段接合而成。上段和下段用兽角制成，中段是木制的，带有三个音孔（插图38）。总长计1.152米。这种乐器借助一个极浅的锅形的嘴子（直径11.6毫米）吹出声音。记谱用唱名的笛谱，也就是比实际音响高一个减五度。

	三个音孔全闭	音孔放开		
		1	1与2	3
写法	as　.	b	$\bar{c}$	$\bar{f}$
音	d	e	fis	h

第四章　带振动簧舌及斗子的吹奏乐器

吹奏乐器笙据说是神话式的帝后女娲氏（约公元前3000年前后）发明的。它由一系列（7—24支）竹管组成，直插入一个（大都由一个挖空匏瓜制成的）风斗上面；借助一个天鹅颈形的弯管吹出声音。它是今天风琴的前身〔参看《科隆威廉·海耶尔音乐历史博物馆目录》（*Katalog des musikhistorischeu Museumo Von Wilhelm Heyer in Cöln*），第336页以下〕，主要用于郊祀音乐（也用于世俗音乐）。根据管数的多少定出不同的名称。

（101）大笙[2]，亦名巢笙（插图41）

由十七支管组成，一般用于乐队（总表一第34、35号，总表二第1号，总表三第32号，总表四第25号）。清朝每一支管的直径是5.2毫米。长度及每一支管的音孔与簧舌之间的距离悉如下列（小笙的附在后面）：

---

① 他作为俘虏留居匈奴。——作者原注
② 日本人将其传入日本之后，亦沿用中文名称笙。——作者原注

管号	大笙		小笙	
	管的长度	每管距离	管的长度	每管距离
	附图六 A – F	C – E	A – F	C – E
1	14 厘米	13.6 厘米	12.6 厘米	—
2	19.2 厘米	13.6 厘米	17.2 厘米	14.1 厘米
3	25.6 厘米	15.2 厘米	21.8 厘米	15.9 厘米
4	34.2 厘米	17.1 厘米	26.7 厘米	17.8 厘米
5	44.4 厘米	21.5 厘米	34.9 厘米	22.5 厘米
6	34.2 厘米	24.1 厘米	26.7 厘米	14.1 厘米
7	25.6 厘米	24.1 厘米	21.8 厘米	25.2 厘米
8	19.2 厘米	7.6 厘米	17.2 厘米	7.9 厘米
9	14.0 厘米	12.8 厘米	12.6 厘米	—
10	14.0 厘米	9.6 厘米	12.6 厘米	10.0 厘米
11	19.2 厘米	10.8 厘米	17.2 厘米	11.2 厘米
12	25.6 厘米	12.0 厘米	21.8 厘米	12.6 厘米
13	34.2 厘米	8.5 厘米	26.7 厘米	8.9 厘米
14	44.44 厘米	19.2 厘米	34.9 厘米	18.0 厘米
15	34.2 厘米	27.2 厘米	26.7 厘米	28.3 厘米
16	25.6 厘米	15.2 厘米	21.8 厘米	—
17	19.2 厘米	9.6 厘米	17.2 厘米	—

（102）小笙

亦称为"和"。在宋朝又称为"匏笙"或"闰余匏"（总表一第37及42号，总表二第3号，总表三第32b号），到了明朝又称为"凤笙"（总表一第38号）。小笙在清朝虽然也有17管，但是其中的第1、第9、第16及第17管只有一种外观的用场，因为它们没有簧舌的设备。它的直径比大笙的小（4.3毫米），至于两种笙的每一管的音孔与簧舌的距离如上表所列。

附图六

〔附图六〕

A – E 铜簧片；D 第3、第4及第17管上的气孔位置向内，其他向外；C 音孔向内；A – E，C 及 D 均不见于小笙第1、第9、第16及第17管。

附图七

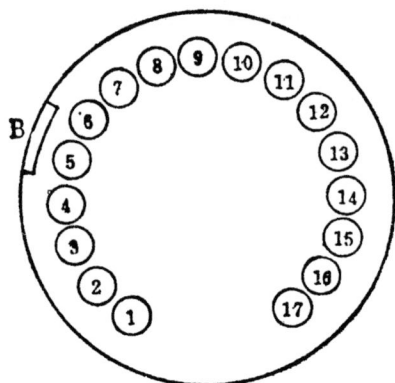

〔附图七〕
1—17 表示管的顺序，B 是嘴子固定的位置。

这两种笙的管的定音包括$\overline{ges}$到$\overline{es}$。记谱用唱名的笛谱。如果要用现代的体系来翻译，那就必须写作低一个减五度，也就是以$\overline{e}$代替$\overline{ges}$，如此类推（插图 41）。据朱载堉的解释，小笙的定音应该是从$\overline{c}$到$\overline{\overline{c}}$，因此笙不属于移调的乐器，也许古代的笙的构造方式是大得多的（参照插图 42）。

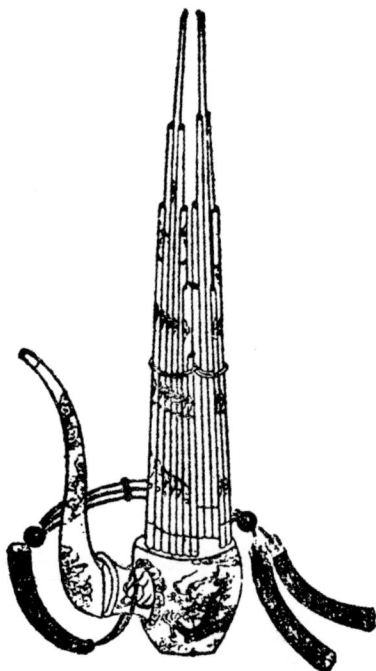

〔插图 41〕 笙

〔插图 42〕 笙

（103）竽，或称竽笙

这种笙由 19 管组成而且只是到元朝为止用于乐队（参看总表一第 39，总表二第 2，总表三第 33）。依照朱载堉的解释这一种才是正式的大笙，另一种大笙（十七管即第 102 号）只不过是一种"票友"（Dilettant）乐器。可是实际上后一种直到明朝照样用于郊祀音乐的乐队。它各自根据十九管的笙分为：

（103a）十九簧竽，定音为 c—fis。

（103b）十九簧笙，定音为 fis—c。

（104）七星匏，由七管组成。

（105）九曜匏，由九管组成（参看总表一第 40 及 41 号）。

这两者的使用只限于宋朝及元朝的郊祀音乐。

（106）葫芦笙，只有六管。

一度出现在隋朝及唐朝的高丽伎。以理推之可能是源出朝鲜。

（107）兴隆笙

兴隆笙是一种在 13 世纪中叶（公元 1260—1263 年）从回回国传入的管风琴。它的构造方式经过乐官郑秀的若干改造，然后成为用于元朝庆典音乐的乐器。关于它的构造方式在当时的历史《元史·礼乐志》里面有一些简短的记述如下：

"兴隆笙，制以楠木，形如夹屏，上锐而面平，缕金雕镂枇杷、宝相、孔雀、竹、木、云气，两旁侧立花板，居背三之一。中为虚柜，如笙之匏。上竖紫竹管九十，管端实以木莲苞。柜外出小橛（疑即键？）十五，上竖小管，管端实以铜杏叶。下有座，狮象绕之，座上柜前立花板一，雕镂如背。板间出二皮风口，用则设朱漆小架于座前，系风囊于风口。（原书风囊不言数目，然据《辍耕录》则明言两个）。囊面如枇杷，朱漆杂花，有柄，一人按小管，一人鼓风囊，则簧自随调而鸣。中统间（公元 1260—1263 年）回回国所进。以竹为簧，有声而无律。玉宸乐院判官郑秀乃考音律，分定清浊，增改如今制。其在殿上者，盾头两旁立刻木孔雀二，饰以真孔雀羽，中设机。每奏，工三人，一人鼓风囊，一人按律，一人运动其机，则孔雀飞舞应节。殿廷笙十，延祐间（公元 1314—1320 年）增制，不用孔雀。"

现存第二种描述见于陶宗仪（14 世纪初叶）的《辍耕录》。它的描述虽然更短，可是它点明风囊有两个，而且更进一步地说明："凡宴会之日，此笙一鸣，众乐皆作。笙止为止。"

第三种描写见于王祎（14 世纪末叶）的《兴隆笙颂》，收入《青岩丛录》。

颂前有序曰："惟世祖皇帝（忽必烈）统一函夏，功成治定，乃肇制大乐以用诸朝廷。其器有曰兴隆笙者，实上所自作，或曰西域之所献而天子加损益焉者也。其制为管九十，列为十五行，每行纵列六管。其管下植于柜中，而柜后鼓之以韝。自柜足至管端约高五尺，仍镂版凤形，绘以金，彩以围，管以三面约广三尺，加文饰焉。凡大朝会则列诸轩陛之间，与众乐并奏。每用乐工二人，一以按管，一以鼓韝。……"

根据第一种记述，这一具管风琴肯定是经过郑秀改制的，而且簧片改为铜制。根据第二种描述，它是有两个风囊的。按照第三种描述则这种乐器装有六个音栓，可是风囊不是装在柜前而是装在柜后。柜前柜后不是过于重要的问题，就音键数目而论，它可是属于 12 世纪类型的管风琴，由于这一世纪的管风琴历史还处在十分朦胧的情况之下，我倒愿意拿这些描述做一番比较。自从这种管风琴传入中国之后，除了玉宸乐院判官郑秀之外，既没有教师也没有徒弟参与过有关的活动。理由也许还在于，蒙古人根本就没有维护他们的艺术成果的风气，因此元朝末年以来再也没有与此有关的消息，而这一值得重视的乐器竟然悄然消失了。

第五章　其他各种吹奏乐器

（108）壎（埙）

埙的发明人是周朝的暴辛公。最早的埙只有三个孔，宋朝的大埙八个孔（前二后五顶上一），可是在清朝乐队中使用的却有七孔（前四后二顶上一）。它是用粘土制成的，看起来很像是一个平底的鹅蛋（插图 43）。它主要用于郊祀音乐（参看总表一第 45 号，总表二第 19 号及总表三第 47 号）。依照不同的定音分为：

（108a）黄钟埙

（108b）大吕埙

音孔的定音如下表所示：

放开音孔	1	1 与 2	1—3	1—4	1—5	1—6
黄钟埙	$\overline{d}$	$\overline{e}$	$\overline{fis}$	$\overline{gis}$	$\overline{ais}$	$\overline{c}$
大吕埙	$\overline{es}$	$\overline{f}$	$\overline{g}$	$\overline{a}$	$\overline{h}$	$\overline{des}$

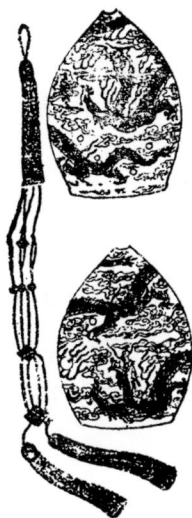

〔插图43〕 埙

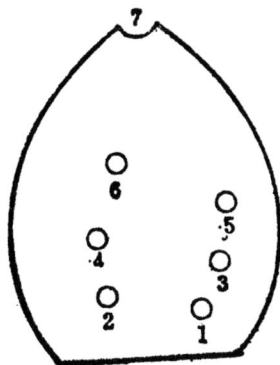

（1）至（4）前音孔；（5）（6）后音孔；（7）吹口。

〔附图八〕

（109）贝，或称梵贝

这种贝亦称玉螺。这是一种大的海贝壳，它本来是印度乐队天竺伎中替代喇叭的吹奏乐器，可是后来在隋朝和唐朝的其他乐队里面也被吸收了过来（参看总表二第 20 号）。它也像喇叭一样具有天然音。可是自宋朝以后它就不再使用了。

（110）吹叶，或简称为叶

这种乐器是用一片卷起来的芦叶制成的，它的形状与胡笳差不多（参看第 100号），它的音响也与阿尔卑斯山号角相似。它源出土耳其斯坦，用于唐朝的燕乐和清乐及辽王朝的大乐（参看总表二第 20 号及总表三第 49 号）。

第三编 弦 乐 器

第一章 拨弦乐器

A. 齐特尔型弦乐器

（111）七弦琴[①]，或称琴

明朝宫悬所用的琴称为"缦琴"。这种琴在周朝还被称为"大琴"及"中琴"

---

① 日本人也将这种琴引进日本，沿用中文名称七弦琴，但演奏的人并不多。——作者原注

（参看《礼记·明堂位第十四》），这也许是依琴身的长度分为三级（大、中、小）。陈旸主张，琴之所以分为小琴、中琴和大琴，是决定于琴弦的多少（小琴五弦，中琴十弦，大琴二十弦，见他的《乐书》）。不过这只是一种可疑的假定，因为根本就没有发现过张着十弦或二十弦的琴。就这一乐器的构造方式而论，在各个不同的时代只有很小的差异。它的制作材料是桐木，长形，面板稍圆，底部则是方形的，前宽后窄。指板上张着七弦，弦的下面是十三个琴徽（插图44）。琴的长度清朝定为1.01米。七条琴弦各依它编捻丝线的多少排成顺序，那么第一弦若含108条丝线，第二弦96，第三弦81，第四弦72，第五弦64，第六弦54，第七弦48。下表a是依《律吕正义》这一张琴的定弦。朱载堉则就音阶的性质分为两部，那就是：

①依照五声音阶（下表b）

②依照七声音阶（吕底亚式），参看下表c1—3。

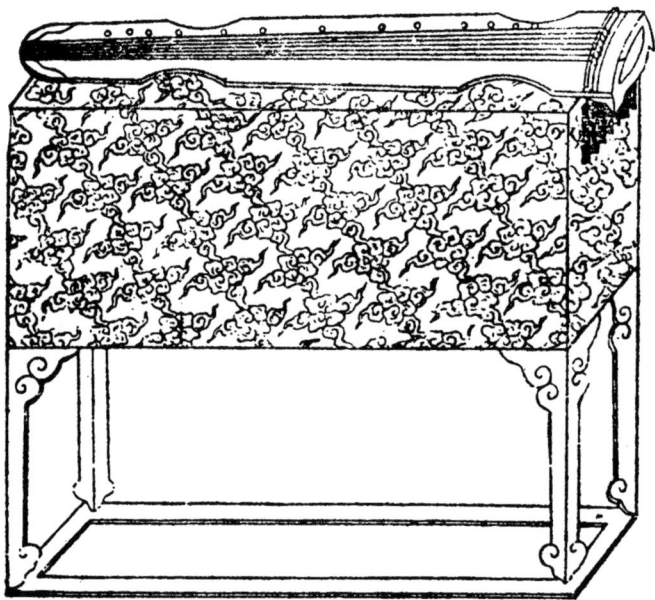

〔插图44〕 琴

〔附图九〕

　　他依据长度把琴分为大、中、小三种，他也依照同样的方式来定音，如表 c 所示（c1 是大琴的定音，c2 是中琴的，c3 是小琴的）。由此可见，朱载堉的定音是更合乎理论的。这一种琴是最古老的也是最出名的乐器，它不仅用于乐队（参看总表一第 52 号，总表二第 47 号及总表三第 50 号），而且也用为独奏乐器。这一种乐器的记谱法还是非常之不统一的，如我在第一部分第一编第二章 E 项所述，只有其中的若干点才真正是重要的。

表 a

调性	c	cis	d	dis	e	f	fis	g	gis	a	ais	h
琴弦 I	as	a	b	h	b	h	as	a	b	h	b	h
II	$\bar{c}$	$\bar{cis}$	$\bar{d}$	$\bar{dis}$	$\bar{c}$	$\bar{cis}$	$\bar{c}$	$\bar{cis}$	$\bar{d}$	$\bar{dis}$	$\bar{c}$	$\bar{cis}$
III	$\bar{d}$	$\bar{dis}$	$\bar{e}$	$\bar{f}$	$\bar{e}$	$\bar{f}$	$\bar{d}$	$\bar{dis}$	$\bar{e}$	$\bar{eis}$	$\bar{e}$	$\bar{f}$
IV	$\bar{e}$	$\bar{eis}$	$\bar{ges}$	$\bar{g}$	$\bar{ges}$	$\bar{g}$	$\bar{ges}$	$\bar{g}$	$\bar{as}$	$\bar{a}$	$\bar{ges}$	$\bar{g}$
V	$\bar{as}$	$\bar{a}$	$\bar{b}$	$\bar{h}$	$\bar{as}$	$\bar{a}$	$\bar{as}$	$\bar{a}$	$\bar{b}$	$\bar{h}$	$\bar{b}$	$\bar{h}$
VI	$\bar{\bar{b}}$	$\bar{\bar{h}}$	$\bar{\bar{c}}$	$\bar{\bar{cis}}$	$\bar{\bar{b}}$	$\bar{\bar{cis}}$	$\bar{\bar{b}}$	$\bar{\bar{h}}$	$\bar{\bar{c}}$	$\bar{\bar{cis}}$	$\bar{\bar{b}}$	$\bar{\bar{cis}}$
VII	$\bar{\bar{c}}$	$\bar{\bar{cis}}$	$\bar{\bar{d}}$	$\bar{\bar{dis}}$	$\bar{\bar{c}}$	$\bar{\bar{dis}}$	$\bar{\bar{c}}$	$\bar{\bar{cis}}$	$\bar{\bar{d}}$	$\bar{\bar{dis}}$	$\bar{\bar{d}}$	$\bar{\bar{dis}}$

表 b

调性	c	cis	d	dis	e	f	fis	g	gis	a	as	h
琴弦 I	g	gis	fis	g	fis	g	gis	g	gis	fis	g	gis
II	a	ais	a	b	gis	a	ais	a	ais	a	b	h
III	$\bar{c}$	$\bar{cis}$	h	$\bar{c}$	h	$\bar{c}$	$\bar{cis}$	h	$\bar{c}$	h	$\bar{c}$	$\bar{cis}$
IV	$\bar{d}$	$\bar{dis}$	$\bar{\bar{d}}$	$\bar{es}$	$\bar{cis}$	$\bar{d}$	$\bar{dis}$	$\bar{d}$	$\bar{dis}$	$\bar{cis}$	$\bar{d}$	$\bar{dis}$
V	$\bar{e}$	$\bar{eis}$	$\bar{e}$	$\bar{f}$	$\bar{e}$	$\bar{f}$	$\bar{fis}$	$\bar{e}$	$\bar{eis}$	$\bar{e}$	$\bar{f}$	$\bar{fis}$
VI	$\bar{g}$	$\bar{gis}$	$\bar{fis}$	$\bar{g}$	$\bar{fis}$	$\bar{g}$	$\bar{gis}$	$\bar{g}$	$\bar{gis}$	$\bar{fis}$	$\bar{g}$	$\bar{gis}$
VII	$\bar{a}$	$\bar{ais}$	$\bar{a}$	$\bar{b}$	$\bar{gis}$	$\bar{a}$	$\bar{ais}$	$\bar{a}$	$\bar{ais}$	$\bar{a}$	$\bar{b}$	$\bar{h}$

表 c1

调性	c	cis	d	dis	e	f	fis	g	gis	a	ais	h
琴弦 I	g	g	gis	g	gis	g	gis	g	g	gis	g	gis
II	a	gis	a	a	ais	a	ais	a	as	a	a	ais
III	h	ais	h	b	h	h	his	h	b	h	b	h
IV	$\bar{c}$	$\bar{c}$	$\bar{cis}$	$\bar{c}$	$\bar{cis}$	$\bar{c}$	$\bar{cis}$	$\bar{cis}$	$\bar{c}$	$\bar{cis}$	$\bar{c}$	$\bar{cis}$
V	$\bar{d}$	cis	$\bar{d}$	$\bar{d}$	$\bar{dis}$	$\bar{d}$	$\bar{dis}$	$\bar{d}$	$\bar{d}$	$\bar{dis}$	$\bar{d}$	dis
VI	$\bar{e}$	$\bar{dis}$	$\bar{e}$	$\bar{es}$	$\bar{e}$	$\bar{e}$	$\bar{f}$	$\bar{e}$	$\bar{es}$	$\bar{e}$	$\bar{e}$	$\bar{f}$
VII	$\bar{fis}$	$\bar{f}$	$\bar{fis}$	$\bar{f}$	$\bar{fis}$	$\bar{f}$	$\bar{fis}$	$\bar{fis}$	$\bar{f}$	$\bar{fis}$	$\bar{f}$	$\bar{fis}$

表 c2

调性	c	cis	d	dis	e	f	fis	g	gis	a	as	h
琴弦 I	a	gis	a	a	ais	a	ais	a	gis	a	a	ais
II	h	ais	h	b	h	h	his	h	ais	h	b	h
III	$\bar{c}$	$\bar{c}$	$\overline{cis}$	$\bar{c}$	$\overline{cis}$	$\bar{c}$	$\overline{cis}$	$\overline{cis}$	$\bar{c}$	$\overline{cis}$	$\bar{c}$	$\overline{cis}$
IV	$\bar{d}$	$\overline{cis}$	$\bar{d}$	$\bar{d}$	$\overline{dis}$	$\bar{d}$	$\overline{dis}$	$\bar{d}$	$\bar{d}$	$\overline{dis}$	$\bar{d}$	$\overline{dis}$
V	$\bar{e}$	$\overline{dis}$	$\bar{e}$	$\overline{es}$	$\bar{e}$	$\bar{e}$	$\overline{eis}$	$\bar{e}$	$\overline{dis}$	$\bar{e}$	$\bar{e}$	$\bar{f}$
VI	$\overline{fis}$	$\bar{f}$	$\overline{fis}$	$\bar{f}$	$\overline{fis}$	$\bar{f}$	$\overline{fis}$	$\overline{fis}$	$\bar{f}$	$\overline{fis}$	$\bar{f}$	$\overline{fis}$
VII	$\bar{g}$	$\bar{g}$	$\overline{gis}$	$\bar{g}$	$\overline{gis}$	$\bar{g}$	$\overline{gis}$	$\bar{g}$	$\bar{g}$	$\overline{gis}$	$\bar{g}$	$\overline{gis}$

表 c3

调性	c	cis	d	dis	e	f	fis	g	gis	a	as	h
琴弦 I	h	ais	h	b	h	h	$\bar{c}$	h	b	h	b	h
II	$\bar{c}$	$\bar{c}$	ais	$\bar{c}$	$\overline{cis}$	$\bar{c}$	$\overline{cis}$	$\overline{cis}$	$\bar{c}$	$\overline{cis}$	$\bar{c}$	$\overline{cis}$
III	$\bar{d}$	$\overline{cis}$	$\bar{d}$	$\bar{d}$	$\overline{dis}$	$\bar{d}$	$\overline{eis}$	$\bar{d}$	$\bar{d}$	$\overline{dis}$	$\bar{d}$	$\overline{dis}$
IV	$\bar{e}$	$\overline{dis}$	$\bar{e}$	$\overline{es}$	$\bar{e}$	$\bar{e}$	$\bar{f}$	$\bar{e}$	$\overline{es}$	$\bar{e}$	$\bar{e}$	$\bar{f}$
V	$\overline{fis}$	$\bar{f}$	$\overline{fis}$	$\bar{f}$	$\overline{fis}$	$\bar{f}$	$\overline{fis}$	$\overline{fis}$	$\bar{f}$	$\overline{fis}$	$\bar{f}$	$\overline{fis}$
VI	$\bar{g}$	$\bar{g}$	$\overline{gis}$	$\bar{g}$	$\overline{gis}$	$\bar{g}$	$\overline{gis}$	$\bar{g}$	$\bar{g}$	$\overline{gis}$	$\bar{g}$	$\overline{gis}$
VII	$\bar{a}$	$\overline{gis}$	$\bar{a}$	$\bar{a}$	$\overline{ais}$	$\bar{a}$	$\overline{ais}$	$\bar{a}$	$\overline{gis}$	$\bar{a}$	$\bar{a}$	$\overline{ais}$

（112）五弦琴

　　根据朱载堉的解释，琴只有七弦，它的发明人也不是帝舜，而是神农氏。帝舜只是用这件乐器做他的《南风歌》的伴奏，又因为古代只用五声音阶，所以人们也就只说那主要的五弦。总之，可以确定的是，古代的音阶是只有五声的。至于周朝之前是否的确有过五弦琴，那是无法断言的。即使真是有过，那也已经有二十二个世纪以上（从公元前 1122 年周朝到公元 1113 年的宋朝）再没有人用过了。从公元 1113 年起它又在乐队中出现，可是也只能维持到元朝（参看总表一第 55 号）。这一番短促的存在使人得到了证明，这一种乐器是不合实用的。至于这一时期（公元 1113 年）新造的则有一弦琴和三弦琴、九弦琴等。

　　（113）一弦琴[①]或独弦琴（参看总表一第 53 号及总表二第 49 号）。

　　（114）三弦琴（参看总表一第 54 号），只不过是宋代学者的幻想。宋朝的皇帝太宗（公元 976—997 年在位）给七弦琴再加了两弦，从而造成了一具新的九弦琴。

---

　　① 这种乐器也被日本人引进日本，而且沿用中国的名称一弦琴。——作者原注

（115）九弦琴

这一种乐器的定音是第一弦 c̄，第二弦 c̄is，第三弦 d̄，第四弦 d̄is，第五弦 ē，第六弦 f̄，第七弦 f̄is，第八弦 ḡ，第九弦 ā。太宗命令这种乐器参加乐队的演奏，而且这种乐器居于那么重要的位置，有如今天管弦乐队中的小提琴。至于为这一乐器所作的乐曲，有一首用于大乐的《乾安》，除此之外还有三首：《大定乐》《日重轮》及《月重明》都是以九弦琴为主要乐器的（这四首乐曲均出太宗的手笔，见《文献通考》卷一三七）。然而这种九弦琴从明朝起也不再应用了（参看总表一第 56 号）。与七弦琴同样著名的是：

（116）瑟

一种 25 弦的乐器，是按它的发明人伏羲氏取名的（参照第一部分第一编第一章）。据《世本》所载，最初的瑟是伏羲氏用五十弦装成的，后来黄帝改造为 25 弦，50 弦的瑟从此完全废弃（参看《史记·封禅书》）。据古代文献的传述，瑟还有大瑟、中瑟和小瑟的名称，那也不过是决定于它的长度，弦数却始终是 25。瑟和琴是最古老也最有名的中国乐器，郊祀音乐是绝对不能缺少的（参看总表一第 51 号，总表二第 50 号及总表三第 51 号）。它的构造方式当然也随时代的改变而改变，这里只举清朝的为例（插图 45）。每根弦都是同样粗的（由 243 条丝线编捻成的）弦下面是 25 个活动的马①，如附图十一所示。某一根弦的定音完全取决于马的位置，指板上没有徽（如琴上所有）。定音或如 I 的全音阶的或 II 的半音阶的。依照第一种定音，第 13 弦（中弦——黄色弦，其他全是红色）作为定音弦始终定为小 fis 弦而且根本不用于演奏。

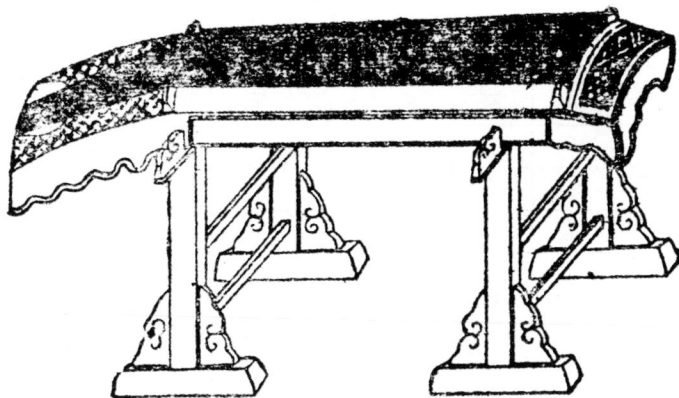

〔插图 45〕 瑟

① 插图 45 看不见有马，那是在演奏的时候才给安上。——作者原注

〔附图十 a〕

MN = 2.099 米　　BD = 0.466 米　　AC = 0.396　　FN = 0.233 米

EM = BD　　hD = 0.093 米

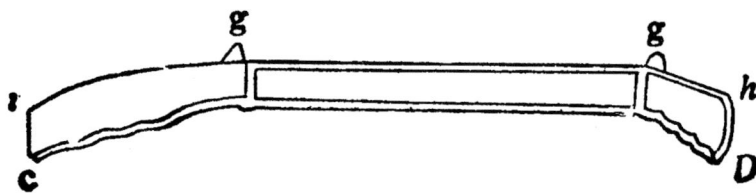

〔附图十 b〕

ic = 0.69　　g = 0.023

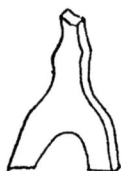

〔附图十一〕

1－12　14－25　如此类推

调性	c	cis	d	dis	e	f	fis	g	gis	a	ais	h
弦 1/14	fis	g	gis	a	ais	h	$\overline{c}$	$\overline{des}$	$\overline{d}$	$\overline{es}$	$\overline{e}$	$\overline{f}$
2/15	gis	a	ais	h	$\overline{c}$	$\overline{cis}$	$\overline{d}$	$\overline{es}$	$\overline{e}$	$\overline{f}$	fis	$\overline{g}$
3/16	$\overline{c}$	$\overline{cis}$	$\overline{d}$	$\overline{es}$	$\overline{e}$	$\overline{f}$	$\overline{fis}$	$\overline{g}$	$\overline{gis}$	$\overline{a}$	$\overline{ais}$	$\overline{h}$
4/17	$\overline{d}$	$\overline{dis}$	$\overline{e}$	$\overline{f}$	$\overline{fis}$	$\overline{g}$	$\overline{gis}$	$\overline{a}$	$\overline{h}$	$\overline{his}$	$\overline{\overline{cis}}$	$\overline{\overline{cis}}$
5/18	$\overline{e}$	$\overline{eis}$	$\overline{fis}$	$\overline{g}$	$\overline{gis}$	$\overline{a}$	$\overline{ais}$	$\overline{h}$	$\overline{his}$	$\overline{\overline{des}}$	$\overline{\overline{d}}$	$\overline{\overline{dis}}$
6/19	$\overline{gis}$	$\overline{a}$	$\overline{ais}$	$\overline{h}$	$\overline{ais}$	$\overline{h}$	$\overline{\overline{c}}$	$\overline{\overline{des}}$	$\overline{\overline{d}}$	$\overline{\overline{es}}$	$\overline{\overline{e}}$	$\overline{\overline{f}}$
7/20	$\overline{ais}$	$\overline{h}$	$\overline{\overline{c}}$	$\overline{\overline{des}}$	$\overline{\overline{e}}$	$\overline{\overline{cis}}$	$\overline{\overline{d}}$	$\overline{\overline{es}}$	$\overline{\overline{e}}$	$\overline{\overline{f}}$	$\overline{\overline{fis}}$	$\overline{\overline{g}}$
8/21	$\overline{\overline{c}}$	$\overline{\overline{eis}}$	$\overline{\overline{d}}$	$\overline{\overline{es}}$	$\overline{\overline{e}}$	$\overline{\overline{f}}$	$\overline{\overline{fis}}$	$\overline{\overline{g}}$	$\overline{\overline{gis}}$	$\overline{\overline{a}}$	$\overline{\overline{ais}}$	$\overline{\overline{h}}$
9/22	$\overline{\overline{d}}$	$\overline{\overline{dis}}$	$\overline{\overline{e}}$	$\overline{\overline{f}}$	$\overline{\overline{fis}}$	$\overline{\overline{g}}$	$\overline{\overline{gis}}$	$\overline{\overline{a}}$	$\overline{\overline{ais}}$	$\overline{\overline{h}}$	$\overline{\overline{his}}$	$\overline{\overline{cis}}$
10/23	$\overline{\overline{e}}$	$\overline{\overline{eis}}$	$\overline{\overline{fis}}$	$\overline{\overline{g}}$	$\overline{\overline{gis}}$	$\overline{\overline{a}}$	$\overline{\overline{ais}}$	$\overline{\overline{h}}$	$\overline{\overline{his}}$	$\overline{\overline{\overline{des}}}$	$\overline{\overline{\overline{d}}}$	$\overline{\overline{\overline{dis}}}$
11/24	$\overline{\overline{gis}}$	$\overline{\overline{a}}$	$\overline{\overline{ais}}$	$\overline{\overline{h}}$	$\overline{\overline{ais}}$	$\overline{\overline{h}}$	$\overline{\overline{\overline{c}}}$	$\overline{\overline{\overline{des}}}$	$\overline{\overline{\overline{d}}}$	$\overline{\overline{\overline{es}}}$	$\overline{\overline{\overline{e}}}$	$\overline{\overline{\overline{f}}}$
12/25	$\overline{\overline{ais}}$	$\overline{\overline{h}}$	$\overline{\overline{\overline{c}}}$	$\overline{\overline{\overline{des}}}$	$\overline{\overline{\overline{c}}}$	$\overline{\overline{\overline{cis}}}$	$\overline{\overline{\overline{d}}}$	$\overline{\overline{\overline{es}}}$	$\overline{\overline{\overline{e}}}$	$\overline{\overline{\overline{f}}}$	$\overline{\overline{\overline{fis}}}$	$\overline{\overline{\overline{g}}}$

这种定弦法并不是很古老的（也许是明朝的音乐家才想出来的），而且是很特别的，因为如果乐器照这个办法来定音，那就会丧失掉 25 弦的价值。但是旧的（第二种）定弦法（用到宋朝）是半音阶的，演奏时 25 弦全部都要用上，也就是从第一弦到第 25 弦的定音是从 c̄ 到 c̿，因而第 13 弦就正好为 c̿。如果拿它和第一种方法加以比较，你就会觉得它是更合乎实用的（朱载堉认为第二种方法也是很好的，他在他的音乐著作里面说，中弦在演奏的时候是必不可少的）。瑟的记谱法与琴的又有所不同，可是相同之处还是够多的。据朱载堉的解释，瑟的记谱符号到了明朝已经不再准确了。除了这一种瑟之外还有下面几种：

（116a）二十九弦瑟

（116b）二十三弦瑟

（116c）二十七弦瑟，一名为"洒"，但是全都不在乐队使用（参看《文献通考》卷一三七）。

（117）筝

依据古筝的种类可分为三，那就是：

（117a）五弦筝

（117b）十二弦筝

它们分别用于隋朝的清乐伎及唐朝的清商伎（参看总表二第 51 号），还有十三弦筝。

（117c）十三弦筝

这一种普遍用于各种不同的乐队（参看总表一第 58 号，总表三第 53 号及总表四第 47 号）。据《风俗通》所载，这种乐器是京房（汉朝的音乐理论家，约当公元前 100 年）创制的。他当初是用这件乐器作为标准乐器（用它作为其他乐器的定音标准），后来他又加上了马，用鹿骨制的拨子去拨打弦线。可是《隋书·音乐志》则说这种乐器是毛笔发明人蒙恬（公元前 3 世纪末叶）创制的。它有与瑟相似的样式，在宋朝乐队中使用的那种（参看总表三第 53 号及总表四第 47 号）的定音是从 c̄ 到 c̿（参看《文献通考》）。直到公元 1441 年这一类乐器还可以在皇宫中见到，可是从那时起它就不再在乐队中使用了。那种今天在日本广泛流行的所谓古琴或如日—华文字沿用的筝是同样的东西，那可是 7 世纪从中国输入的。那种清朝初期的庆隆舞（18 世纪初叶的乐队）所用的——

（117d）十四弦筝

同从前的老样子是不同的，它的 14 弦不那么粗（每一根弦只用 54 条单丝线），但是演奏的时候必须在弦上安上 14 个马。它还能定出各种不同的调子，然而不是半音阶的，而是那有关的调子可以一个接一个地列出两个八度（插图 46）。

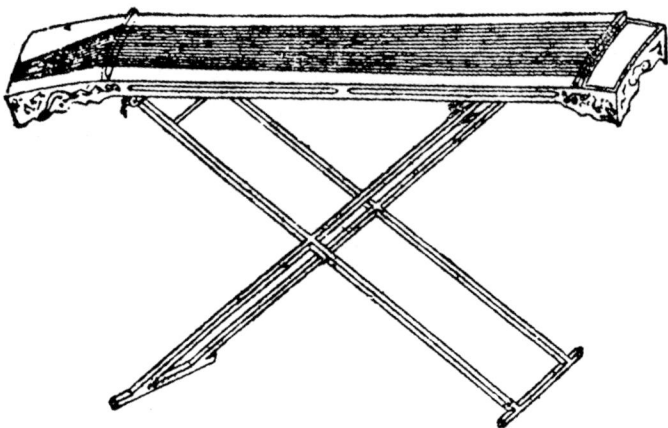

〔插图 46〕 筝

它的大小如前面附图十 a 及 b 所示：

MN＝1.516 米　　AC＝0.207 米

BD＝0.233 米　　hD＝0.025 米

ic＝0.032 米

除此之外，中世纪还有另一种十三弦的颂琴。

（117e）颂琴

它与十三弦筝的样式完全相同，然而不是乐队乐器。那用于乐队的（关于这些乐器的说明却是无可稽考）则是：

（118）挡筝（参看总表一第 59 号、总表二第 52 号及总表第三第 54 号）。

（119）弹筝（参看总表三第 53 号）。

其中的挡筝在 8 世纪的宜春院皇家女乐里面是极受欢迎的。

（120）大箜篌

（121）小箜篌

就字面而论这两者是称为大箜篌和小箜篌，依照旧日的解释（例如陈旸）它却只不过是一种形式（如琴）。唐朝的大箜篌和小箜篌只有七根弦而且是用一片木拨来弹奏的（参看总表二第 56、57 号）。其所以名为箜篌，那只是定错了名字。后来在辽王朝的大乐里面也有一个小箜篌（参看总表三第 57b 号），究竟它是唐朝一样的东西呢还是真的是道地的箜篌，那也无从核实了。

（122）卧箜篌

关于这一种乐器的叙述根本是什么也没有。顾名思义，它准是与瑟和琴差不多的一种乐器。它应用于各种不同的乐队（参看总表一第 60 号，总表二及三第 58 号）。

B. 箜篌型弦乐器

（123）箜篌

箜篌的发明人（据刘熙的《释名》）据说是乐官师延（商朝末年，公元前 1200 年），可是这种意见并没有什么根据（为什么周朝没有只字提及？）。据《风俗通》所载，这种乐器则是汉武帝（公元前 140—87 年在位）时由音乐家侯调制作的。因为它的声音"坎坎应节"，制作者姓侯，所以最初名为"坎侯"。此外《史记·封禅书》及《汉书·郊祀志》都有相同的记载：汉武帝元鼎六年（公元前 111 年）"始用乐舞，益召歌儿，作二十五弦及箜篌琴瑟自此起。"由此可以肯定，箜篌这种乐器是这个时代造起来的，它的弦数是二十三。有如《通典》所载，那所谓的竖箜篌：

（123a）竖箜篌

是灵帝（公元 168—189 年在位）所最喜爱的。它具有稍微带长的弓形，张着二十三根弦。演奏的时候贴近胸前用双手弹拨。唐朝这同一种乐器又称为劈或劈箜篌。

（123b）劈或劈箜篌

（123c）二十五弦

在《史记》和《汉书》都曾提到，肯定也是箜篌的一种。南宋孟元老撰《东京梦华录》上载："箜篌高三尺许，形如半边木梳。黑漆，镂花，金装画。下有台座，张二十五弦，一人跪而交手擘之。"许多学者认为这种二十五弦就是瑟，可是这其实是一种误解。大家知道，这一种瑟自从上古时代直到现在始终是张二十五弦的，用不着给它特别起个二十五弦的名字。汉武帝当时根本就有不少创新的东西，并不限于新乐器。依我的看法，他甚至于是故意给箜篌起这一个特别的名字，以便明确地同瑟区别开来。至于那从汉朝到宋朝一直在乐队使用的箜篌（参看总表二第 55 号及总表三之Ⅱ、Ⅲ、ⅩⅢ项下第 57 号）并没有更进一步的叙述，所以它的弦数也无从稽考。

（123d）那在元朝的宴乐及军乐上得到应用的箜篌（参看总表三之ⅩⅢ项第 57 号及总表四之Ⅷ—Ⅹ项第 48 号）是 24 弦的。插图 47 的乐器好像只有 12 弦，可是这是由于缩减的弦面。至于明朝乐队所有的箜篌（参看总表三之ⅩⅣ—ⅩⅤ项第 57

号）是 20 弦的，因此也称为二十弦。

（123e）二十弦

它高 1.536 米。它的弧形主体宽 16 厘米，厚 19.2 厘米。它的头部雕有一个龙头。这种乐器只在明朝初期应用于乐队，自此以后就完全弃置不用了。在《三才图会》里面绘制的二十弦看起来和筝差不多，只是它的两头不是向下而是向上翘起。其实这幅插图只是那位有关的作者（王圻）个人的推测，因为这幅插图同《明会典》的说明是毫无共同之处的。此外《释名》还有一条评语，认为箜篌"盖空国之侯所好"应该被看作不祥的乐器，因此最好是不许弹奏等等。这个当然是后代顽固思想方式的产物。

〔插图 47〕　箜篌

（124）凤首箜篌

据《旧唐书》（《南蛮骠国传》）所载，公元 785—804 年间骠国（缅甸）"又献其国乐凡十曲，与乐工三十五人俱"。在这一批乐器中间也有凤首箜篌。《新唐书》有相当具体的描述："……长二尺，腹广七寸，凤首及项长二尺五寸，面饰虺皮，弦一十有四，项有轸，凤首外向。"（插图 48）这种乐器用于高丽伎和天竺伎（参看总表二第 59 号）。事实上也许是从印度，中间又通过缅甸传入中国的。

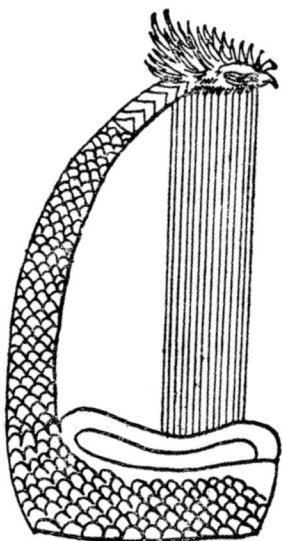

〔插图 48〕　凤首箜篌

C. 琉特型乐器

（125）琵琶[1]

照语源学的解释，"推手前曰琵，引手却曰琶。"因为这种乐器是必须这样一推一却弹奏的，所以起了这样的名称（见《释名》）。《旧唐书》上说："初，秦长城之役（公元前 3 世纪末叶），有弦鼗而鼓之者。及汉武帝嫁宗女于乌孙，乃裁筝、筑为马上乐，以慰其乡国之思。"也许这就是最早的真正的琵琶。最早的琵琶长度

---

[1]　日本人把这种琵琶引入日本，沿用中国的名称琵琶，只是依照日语的读音——作者原注

444

为 1.12 米，腹部圆，正面是平的，张有四根弦。那在清乐中使用的（参看总表二之Ⅱb 项第 63 号）名为秦琵琶。

（125a）秦琵琶，或称秦汉琵琶，一般人管它叫秦汉子。

这种乐器也有圆的腹部和长的颈项。这种秦琵琶说不定就是依照弦鼗体系的最先的仿制。其余各种（参看总表二之Ⅱ—X 项第 60 号）比较大一些，曲项，腹部从下向上趋于窄小。后一种应该是依照汉朝的第二体系制作的。这一种乐器直到现在还是非常普及的，特别是在唐朝。除此之外，当时用于乐队的还有各种不同的品种，但是唐朝以后却只有那种四弦的还在使用（参看总表三第 56 号及总表四第 44 号）。插图 49 表示清朝初期使用的琵琶，它是几乎完全依照所谓汉朝体系制作出来的。它有一个弯曲的头，一支长的颈项，一个宽阔的腹部，圆形的背和平的指板。从颈项的顶端到腹部的脚底计长 77.4 厘米，项上装有四个木制或象牙的横

〔插图 49〕 琵琶

轴（专名为象）。指板上有 13 个竹制品。四根弦的长度为 69.1 厘米。它的定音有相当的差别（一般是第一弦 c̄，第二弦 f̄，第三弦 ḡ，第四弦是 c̄），可是还是很简单的就能够弹出半音进行的声音。

（126）大琵琶

这种大琵琶只是在唐朝的燕乐中使用（参看总表二第 41 号）。它张有六弦，它的音域比四弦的还要大。那种张着五弦的是比较小一些，名为小琵琶。

（127）小琵琶

这两者都是中国式的。另外有一种从北方传过来的，也是五弦的，则是直截了当地称为五弦。

（127a）五弦

据《新唐书·礼乐志》所载，这种乐器与琵琶很相似，可是与小琵琶一加比较，却是截然不同的两种乐器。五弦是自宋至辽王朝用于世俗音乐的乐队乐器（参看总表二第 64 号及总表三第 59 号）。关于这一种五弦又各依其大小起个不同的名字：

（127b）大五弦（参看总表二第 65 号）

（127c）小五弦（参看总表二第 66 号及总表三 59b 号）

它是只用于世俗音乐的。从前弹奏琵琶是用一支约莫 20 厘米长的木拨子（日本人直到今天还在使用），直到 7 世纪初叶只能够用指甲弹拨，这样的弹奏称为挡琵琶。

445

（128）火不思

关于这一件乐器的传述是非常有趣的。故事是这样：当琵琶名手王昭君（时当公元前 1 世纪末叶）有一天摔破了她的琵琶的时候，她让人给她新做一具。可是新琵琶比原来的小得多。当别人把它送过来给她的时候，这位琵琶名手笑着说："浑不似！"意思是"简直不像！"可是别人却听错了，以为这具新乐器应该叫做"浑不似"。于是乎这具偶然做出来的乐器就给顶上了这个名字。后来这个名字不断地以讹传讹，例如在陕南称为"琥珀词"，在蒙古人那里称为"火不思"和"和必斯"。至于那公元 1439 年明英宗付与瓦刺（卫拉特）可汗的"虎拨思"也完全是同一种乐器。它的样式如插图 50 所示。总长 87.3 厘米；四根弦长 56.7 厘米；腹长 25.2 厘米，宽 8.1 厘米。腹下部的三分之二是蒙上蛇皮的，在它的中部装有一个马，四根弦都绷在它上面。这一种乐器只是在元朝的乐队中得到应用（参看总表三第 60 号及总表四第 45 号）。

〔插图 50〕 火不思

此外还有某些乐器也属于这一类型，例如：

（129）二弦琵琶

（130）三弦① （插图 51）

〔插图 51〕 三弦

（131）六弦，史盛作（时当 8 世纪中叶）

---

① 三弦是今天还有许多人演奏的乐器。——作者原注

（132）七弦，郑喜子作（时当 8 世纪初叶）

（133）八弦琵琶，李搔及李德忱作（时当 6 世纪中叶）。但是这些都不是乐队乐器。

第二章　打击弦乐器

（134）筑

这种乐器也应该与筝（第 117 号）近似，只是它的指板不是木制而是竹制。它的颈项是小的，头顶是圆形的。古代的筑总长 1.344 米，唐朝和宋朝的则是 1.44 米。它的头部是 24 厘米长，20.8 厘米宽。指板上有 13 根弦（据《风俗通》，若依《说文》则只有五弦）。定弦的方法是移动那个马（也就是指板上并没有品），用一支小竹棒打在弦上使之发声。定音是从 c 到 c̄。它应用于各种不同的乐队（参看总表一第 57 号，总表二第 54 号及总表三第 52 号）。

（135）击琴

这种乐器只有在唐朝的清乐（参看总表二第 48 号）得到应用。在一片宽阔的竹管上张上五根弦，用一把缠起来的小竹条在上面打。声音应该是相当清脆的。

（136）箏

这种乐器与唐朝有轧筝应该是相同的。古老的构造方式已经无可稽考，至于元朝和明朝的样式（参看总表三第 55 号及总表四第 46 号）则与筝的样式有相似之处。元朝的弦数计有七根，明朝则增为九。弦长 1.25 米，每一根都张在一个马上（像瑟一样）。使它发声的手段是用一支小竹棒的尖端在弦上轻轻地碰撞它。

（137）轧筝

这种轧筝的出现是在 18 世纪开头清朝的乐队里。它也同一般的筝很相似，就是小一点。指板上面张着 10 根弦，用一支小木棒敲击它。总长 71.9 厘米，头宽 14.1 厘米，脚长 11 厘米。

第三章　摩擦弦乐器

（138）奚琴（11 世纪前后）

它源出少数民族"奚"，他们生活于中国的西北（即新疆）。这一种乐器与后来从蒙古传入的胡琴有极大的相似之处，只是两根弦稍为短小点（65.5 厘米）。琴身（92.1 厘米长）的盖由一片薄木片制成，它的底部是由斜到平。与此相反则是胡琴。

（139a） 胡琴

比较长（96.7 厘米），它的脚底是圆形的，琴身用皮包裹，身上只张两根弦
（71.3 厘米长）。这两种乐器都不是用弓，却用一支小杆（83.8 厘米）扎上八十一
支马尾毛来回穿拉（插图 52）。胡琴是作为乐队乐器在元朝得到应用（参看总表三
第 61 号及总表四第 49 号）。它的琴筒 40.1 厘米长，23.3 厘米宽，11.1 厘米深，边
框深 1.6 厘米。除此之外还有另外一种摩擦弦乐器同样称为胡琴。

（139b） 胡琴①

它用于公元 1744 年创办的蒙古乐队。它虽然有相同的名称，却有截然不同的性
质，那就是：这一种乐器是由一支竹竿同一个椰子壳琴身制成。总长 98.3 厘米。琴
身直径 12.2 厘米，深 6.9 厘米，盖子由一片杜英木木片制成，木片上同样是两根
弦，长 65.1 厘米。演奏时用一支 27.6 厘米长的弓（插图 53）。胡琴的空弦是 $\bar{c}$，$\bar{g}$
或 $\bar{d}$，$\bar{a}$。在同一乐队中还可以找到一种提琴。

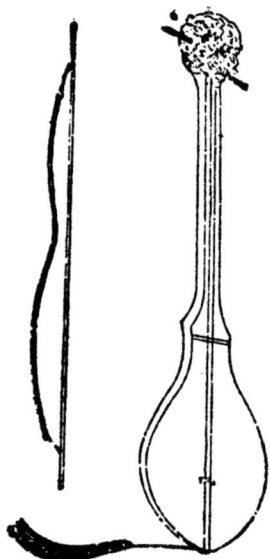  

〔插图 52〕　胡琴　　　　　〔插图 53〕　胡琴　　　　　〔插图 54〕　提琴

（140） 提琴

如插图 54 所示，这种提琴也由一支竹竿造成，但是琴身却是木制的，蒙上了一
层蛇皮。这种乐器总长 85.4 厘米。琴身直径 7.3 厘米，深 10.3 厘米。四根弦就是

① 　日本人把胡琴和提琴都引进日本，同样沿用中国名称，只是依照日语的读音。——作者原注

张在上面的，而且是由一只小金属圈把它们在中部套住。虽然现有四弦，却只定出两音，那就是 c̄ 和 ḡ。演奏时把弓穿在它们中间来回摩擦。

在这一编的结束我还要提到一种乐器，虽然这件乐器直到现在还不曾算是乐队乐器，那就是：公元 1600 年意大利人利玛窦献给明神宗的七十二弦琴。

（141）七十二弦琴

这是一种平台型的钢琴，1.6 米宽，96 厘米深。依照琴弦的数目来计算，这应当是具有六个八度音域的钢琴。可惜的是，当时只传入了这件乐器，却没有附上演奏法或教科书，除此之外，它只是在宫廷中做摆设，一般老百姓当然没有机会去认识。因此它虽然在中国出现了，却仍然是等于无人知道。

结束语

写到现在为止，我首先是在第一部分叙述了六十六种乐队的组合，在第二部分讲论了上百种各不相同的历史性的乐队乐器。这两者的数量肯定是不小的，然而在第一部分涉及的终究不过是乐器演奏者的组织，可没有说明乐队音乐作品的结构。其中的理由一方面是在于那保守的伦理学家的排拒，他们只愿意承认郊祀音乐的地位，另一方面也在于乐曲的无系统的发展（例如从圣咏合唱到多声部赋格的过渡在中国就全然没有）。虽然中国人占有作为最古老又最出名的吹奏乐器，带有贯通的金属簧舌，也就是掌握复杂的构造方式的笙，可是在其他吹奏乐器方面却还没有按键，铜管乐器又缺乏活塞和拉管。在弦乐器方面不认识弱音器，特别是键盘乐器，对于音乐教育来说是于关重要的，中国人却是非常可惜的不能自行制造，这种乐器上的机械的弱点的根源也取决于人们对作品的内容提出的要求和科学的、特别是音响学的缓慢的发展。17 世纪之前西方的音响学的知识与东方同样的幼稚，我们当然不能提出太多的要求。但是 17 世纪以来这两大洲之间的交往是越来越多了，许多的机会都使得西方新兴的音乐体系可以传进来，可是中国的音乐制作却没有更进一步的发展。我们不能不把过失算在最后一个满洲王朝的账上，它根本没有促进音乐的学院教育的发展。可是如果想一想那首民歌（约公元前 600 年前后）："凤兮凤兮，何德之衰？[①] 往事不可谏，来者犹可追。"与此相同的还有一句古老的谚语："亡羊而补牢，未为迟也。"这样我们始终可以寄希望于未来。特别是那些各种各色的古

---

① 从前人们相信，如果凤凰来了，老百姓将会得到一个贤德的君主。——作者原注

老的乐器，只要我们科学地而又机械化地对他们加以改造，那还是大有可为的。即使那些古老的乐曲一般来说是限于单音的，那也可以按照新的方法加以改编。因此我个人的愿望是，除了推广一般的科学与技术之外，还应该更多地注意音乐的，特别是系统的理论和作曲学在中国的人才的培养。

参考书目

钦定续通志（武英殿本，1767 年）

钦定续通典（武英殿本，1767 年）

钦定续文献通考（武英殿本，1747 年）

大清会典图（1899 年版）

京音字汇（作者王璞，1913 年版）

辍耕录（作者陶九成，14 世纪末叶）

周礼

庄子

中原音韵（作者周德清，1324 年版）

竹书纪年

尔雅

二十四史

风俗通（作者应劭，2 世纪末叶）

皇朝通志（武英殿本，1767 年）

皇朝通典（武英殿本，1767 年）

皇朝文献通考（武英殿本，1747 年）

淮南子

西京杂记（作者吴均，6 世纪）

宣和博古图录（作者王黼，12 世纪初叶）

古今图书集成（武英殿本，1726 年）

国语

礼记

路史（作者罗泌，1170 年版）

律吕正义（康熙、乾隆敕撰，1713 年及 1746 年）

吕氏春秋

明会典（作者徐溥，1509 年版）

白虎通（作者班固，1 世纪）

三礼图（作者聂崇义，10 世纪下半叶）

三才图会（作者王圻，16 世纪）

山海经

诗经

书经

四书

唐六典（作者唐玄宗，8 世纪上半叶）

通鉴外纪（作者刘恕，11 世纪下半叶）

通志（作者郑樵，12 世纪中叶）

通典（作者杜佑，8 世纪中叶）

资治通鉴（作者司马光，1084 年版）

文献通考（作者马端临，13 世纪初叶）

仪礼

乐律全书（作者朱载堉，1595—1606 年版）

乐书（作者陈旸，12 世纪初叶）

（文字译音以现代北京话为标准，以王璞所著的字典《京音字汇》为根据，该书 1913 年在北京出版）

译后记

　　《17 世纪以前中国管弦乐队的历史的研究》是萧友梅先生 1916 年向德国莱比锡大学哲学系提出的博士论文，由音乐理论权威里曼主持答辩会，通过授予博士学位。这是中国留学生第一次以音乐学为主题的博士论文获得了博士学位。当时第一次世界大战正在激烈进行，先生处在参考资料异常缺乏，中国音乐史学的研究还几乎是一片空白的条件之下，写出这样结构严谨的、具有系统性、科学性的论文，即使是难免于疏漏吧，也应该承认这是一种开拓性的工作。假如我们今天能够做出高出前人的成绩，那也是站在前人肩膀上的结果。

　　抗战以前我翻译了王光祈先生的博士论文《论中国的古典歌剧》——虽然结果是犹如石沉大海，现在过了 50 多年，我又翻译了萧友梅先生的博士论文；也就是说，中国近代有关音乐的两篇博士论文，都使我有为前辈学人效劳的机会，这是值得高兴的。因为这是中国近代音乐的先驱留给后来人的一份精神遗产，我们都有维护的责任。

1988 年 9 月 15 日

廖辅叔记于北京

瓦格纳论音乐

版本：上海音乐出版社，2002年5月，上海

Grundlegende theoretische Schriften.

Einleitung des Herausgebers. — Die großen Hoffnungen, die Wagner noch in Dresden auf die Revolution gesetzt hatte, erwiesen sich als trügerisch. Doch der temperamentvolle Künstler ließ nicht von seinen phantastischen Träumen ab. Noch immer glaubte er an eine nah bevorstehende Umwälzung der sozialen Verhältnisse und an eine damit Hand in Hand gehende Besserung des Kunstzustände. Eines allerdings war ihm inzwischen klar geworden: hier konnte keine Reform mehr helfen, nur noch völlige Revolution. Es galt nun nicht mehr die Oper durch einen neuen Stil zu reformieren, sondern etwas ganz Neues zu schaffen und an ihre Stelle zu setzen, das Gesamtkunstwerk der Zukunft. „Meine Sache ist: Revolution zu machen, wohin ich komme. Doch das Kunstwerk kann jetzt nicht geschaffen, sondern nur vorbereitet werden und zwar durch Revolutionieren, durch Zerstören und Zerschlagen alles dessen, was zerstörens- und zerschlagenswert ist." In einem flammenden Aufsatz „Die Kunst und die Revolution", der aber nur der Auftakt zu größeren Taten bildete, erhob er zunächst öffentlichen Protest gegen die augenblicklichen Besieger der revolutionären Bewegung, der er Wege und Mittel zu weilen sich bestrebt. Wagner arbeitet jetzt nur noch für die Zukunft und sein fester Glaube an sie gibt ihm die Kraft, den Kampf mit der Gegenwart aufzunehmen. Hiermit steht er ganz auf dem Boden und unter dem Einfluß Ludwig Feuerbachs und der Junghegelianer. Das ist natürlich nicht so zu verstehen, als ob Wagner den Inhalt seiner Schriften aus den Werken dieses Philosophen geschöpft hätte, aber dessen Darlegungen, die er gerade zu jener Zeit innerer Gärung kennen lernte, ließen Gedanken, die in ihm nach Gestaltung rangen, feste Formen gewinnen, liehen ihnen das äußere Gewand und beeinflußten ihre Entwicklung nach bestimmten Richtlinien. Zwei Grundelemente sind in Feuerbachs wie Wagners Anschauungen gleich vorherrschend: das anthropozentrische und das evolutionistische. Das „Rein-menschliche" steht im Vordergrund aller Betrachtungen, und der feste Glaube an eine stetig fortschreitende Entwicklung

译者的话

瓦格纳是一位欧洲音乐史上影响相当大，而在对他应该如何评价的问题上又是争论特别多的作曲家。他传世的作品主要是他所谓的"乐剧"。他不仅有写诗和作曲的实践，而且有指导创作实践的理论。他的文学著作，是以百万字计算的。本书选译的是其中有关音乐的重要论著，亦即原书编者所说的"奠基性的著作"。

瓦格纳是参加了德国1849年的德累斯顿五月起义的，起义失败之后流亡瑞士。由于革命的风暴在他思想里还留有影响，加上他当时处境的贫困，他对当时的一些艺术现象是采取批判态度的。他对艺术的商品化，对宗教的欺骗性，对艺术与人民的关系——认为一切伟大的发明创造都是人民的功劳、艺术只能从生活得到材料和形式、艺术的变革服从于社会的变革，还有对于各种艺术的特点及其分合的得失以及对未来的综合艺术的设想，都提出了有一定深度的意见。但是不容忽视，他是在巴枯宁的影响之下参加革命起义的，巴枯宁并不是一个真正的革命家，所以瓦格纳之参加革命，并没有正确的认识和坚定的信仰。虽然《共产党宣言》1848年已经发表了，他也似乎并没有受到什么教益。他诅咒艺术的商品化，财神墨丘利变成了骗子之神和小偷之神；而且寄希望于"革命"，却不能指出当时社会的病根是资本主义的剥削，只是空洞地归罪于工业。他高喊我们必须爱一切人、向自由的艺术的人类及其光芒四射的世界灵魂飞跃，由此可见从本质上说，他心目中的所谓革命仍然跳不出法国资产阶级革命的范围。他的思想方法虽然受到费尔巴哈的影响，归根结蒂还是有不少唯心主义和形而上学的东西。

古典音乐家中间很少有像瓦格纳那样遭到马克思和恩格斯的批评的。例如在《反杜林论》一书中恩格斯曾经不止一次地提到瓦格纳，说杜林完全有资格和《尼伯龙根指环》的作者并肩而立。马克思则认为那些"未来的音乐"是"可怕的"，"只能引起对于'未来'及其诗歌的恐怖"。瓦格纳的拜罗伊特节日会演在马克思的笔下也成为"万愚节"。但是值得注意的是，当杜林要为将来的数千年做出规范的时候，恩格斯说那等于是"哲学上的理查·瓦格纳"，然而立即注明："（但是没有瓦格纳那样的才能）"，可见瓦格纳在音乐上的才能还是受到恩格斯的肯定的。他的有些意见，用我们的一句老话说就是"不以人废言"，其中有许多值得我们思考和借鉴的东西。我们必须用批判的眼光去严肃地看待他的著作。

译文根据的底本是朱理乌斯·卡普编纂的《瓦格纳文集》，德国莱比锡出版。为了读者的方便，译者还于原注之外加上一些必要的注解。书中的"题解"是原有的。

艺术与革命

题解——"我一到达苏黎世",瓦格纳在自传里这样说,"我就着手把我在艺术生活经验的迫促和时代政治刺激的影响之下对一些事物的性质的见解记录下来。由于我当时除了著述的笔杆子之外根本一无所能,因此就力所能及去挣一点钱,想到给一家法国大杂志《民族》写些文章,根据我的革命认识发表我对现代艺术及其与社会的关系的看法……结果是给退了回来,上面批注了不久就证明是非常正确的意见,说我的见解从巴黎群众当时当地的情况看来都是既不能得到了解也不能受到重视的。于是我给这些稿子加上《艺术与革命》的标题寄给莱比锡的奥图·维干德书店(1849年8月4日),这家书店居然接受了,作为小册子出版,而且寄来了五个金路易作为稿费。"后来重印文集的时候,除了少数一般不大重要的字句的改动之外,基本上与原版没有什么出入。那些极重要的改动将在文后注明。

在瓦格纳原稿的封面已经写着这篇文章续编的草案。文曰:

一、艺术与革命

二、未来的艺术家行当

三、未来的艺术作品

* * *

一、过去富人是依照"给予比获得幸福"的原则生活,——他享受一种幸福,遗憾的是他把这种幸福对穷人扣压起来。现代的富人却说道:"获得比给予幸福。"

二、人类对动物。(屠夫——猎人。)对待动物的非艺术的无情行为,在这些动物身上我们只看见工业的商品。骑马=对马爱护。——乘车=蒸汽。

三、音乐的历史:=基督教的表现:"语言不能继续前进的地方,音乐就从那里开始"；＝贝多芬，第九交响乐则从反面证明："音乐不能继续前进的地方，于是出现语言。"——语言站得比音响高。

封面的背后有两段给王侯们的致语，其一是用散文，其二是用韵文：

当僧侣和教士教训我们，说什么从生活和生气勃勃的艺术寻求快乐就是祸害的时候，你们却在那里培养它，保护它，你们的瓦特堡①就是证据；既然这样，那么，为了忠于你们的荣誉，你们就帮助我们，把它从最不名誉的行帮那里彻底解放出来吧。使它现在受苦受难因而要求从那个行帮解放出来的就是：工业的奴役。

致王侯们

从前祭司和僧侣教导说：

生活是虚无的烟雾；

他们剥夺我们的快乐，

不许享受生机活泼的艺术，

于是你们，王侯们，保护了它，

又是爱护又是喜悦地培育了它。

使得它昂然地永不低头；

证据就是瓦特堡！

无端来了一个瘟神，

财神，小贩世界的首脑，

他给艺术套上了锁链，

把它当作听话的丫头：

如果你们还怀念你们的荣光，

那就让高尚的艺术得到解放，

让它自由地孕育高尚的新苗，

对任何势力也决不低头！

过去艺术沉默的时候，开始了政治学和哲学。现在
政治学和哲学到了尽头，于是艺术又重新开始。

（初版书扉页上的题词）②

---

① 瓦特堡，德国 12 世纪的古堡，恋诗歌手在这里举行赛诗会。——译者
② 后来重版书上给删掉了。

今天几乎到处听见艺术家对革命给他们造成的损害的诉苦。他们的诉苦并不是指那伟大的巷战,不是那突然而又猛烈的国家机关的震撼,不是政府的迅速的变换。这些重大的事变本身所遗留下来的印象比较起来大都是一时的,它们的干扰也只是短期的。可是最近的震动的特别持久的性质却使得当前的艺术活动遭受到致命的打击。过去的营业、交通、财富的基础现在都受到了威胁。至于经过恢复的表面的平静,经过社会生活的面貌的完全回复之后,在这种生活的心脏内部却深刻地潜伏着一种焦灼的忧愁,一种折磨人的恐惧:对于企业的沮丧情绪使得信贷陷于瘫痪;人们要保持安定,却又无法保证一定的赢利;工业停滞了。于是乎——艺术再没有活路。

要是对这成千成万受到这种灾难袭击的人们拒绝表示一点人类的同情,那该可以说是残忍的吧。不久之前,一个受欢迎的艺术家还是习惯于为他可喜的业绩从我们富裕的社会称心满意、无忧无虑的那一部分获得黄金的报酬和同样称心满意、无忧无虑的生活的权利。现在呢,日子变得难过了,偶有请求总会遭到别人战战兢兢的自顾不暇的拒绝,干瞪眼地陷入谋生的苦恼:他完全分担着手艺工人的命运。凭着他灵巧的双手,本来他可以替富翁制造千百件舒适的生活用品;现在呢,却是饿着肚子,无所事事。因此他是有权利诉苦的。谁有痛苦,谁就哭泣,这是天性允许的啊!可是他是不是有权利把他自己和艺术本身混同起来,把他的灾难作为艺术的灾难来申诉,因为革命毁掉了他的舒适生活而认定革命就是艺术最大的敌人,这样提问题就值得考虑了。在解决这个问题之前,我们起码先要问清楚:这一类艺术家,他们是不是从言论到行动都是主张纯粹为艺术而艺术的?他们爱的是这个,玩的也是这个?如果确实如此,那么,在其他人高兴的时候,他们当时也是在受苦的。

这个问题也适用于艺术和它的本质。可是我们不应该玩弄抽象的定义。问题当然只在于阐明艺术作为政治生活的成果的意义,认识到艺术是作为社会产物而存在的。对于欧洲艺术史上各个主要时期的大略的全面的考察会给我们提供可喜的帮助,帮助我们解答摆在我们面前的确非并不重要的问题。

* * *

如果我们在我们的艺术问题上不是结合**希腊的艺术**来进行考虑,我们就不能前进一步。事实上我们现在的艺术只是整个欧洲艺术发展链条的一个环节,而这一发展却是从希腊出发的。

希腊精神,正如我们对它国家和艺术的繁荣时代所认识到的那样,当它克服了亚细亚老家的粗野的自然宗教之后,当它把那**优美的、强壮的自由人**安置在它那宗教意识的尖端上面之后，它就在**阿波罗**——希腊种族的真正的主神和民族之神——身上得到它相应的表现。

阿波罗，他打死了混沌世界的毒龙派松，用他致命的利箭消灭了浮夸的尼俄柏所有的轻狂的儿子，通过他的特尔斐神殿的女祭司向求问者宣示希腊精神和风度的根本法则，并且因此给那在热烈的礼拜中领会要旨的人面前摆出那面照出他最内在的、永不变样的希腊本性的平静而又永不模糊的镜子，——阿波罗是希腊土地上宙斯意志的执行者，他就是希腊人民。

存在于我们对希腊精神的繁荣时代的想象中的阿波罗，并不是像那些雕刻家后来的放荡艺术中所流传的那样软绵绵的艺术舞蹈家；而是具有明朗严肃的风貌，优美然而壮健。伟大的悲剧家**埃斯库罗斯**所认识的就是这个样子。斯巴达青年是这样认识他的：当他们使苗条的躯体通过舞蹈和格斗发展成为文雅和壮健的时候；当那个男孩子被他所爱的人拉上骏马并被带着向辽阔的土地进行大胆的冒险的时候；当一个年轻小伙子走进他伙伴的行列，他所要求得到承认的，仅仅是他的优美和亲切，这就是他唯一的威力和财富。雅典人是这样看他的：当他美丽的躯体、他无休无歇的精神的一切冲动驱使他通过艺术的理想表现去达到他固有的本性的复活的时候；当歌声，饱满而又悠扬地加入合唱，以便发出信号使人歌唱上帝的业绩同时又给舞人开始舞蹈的活跃的节拍，而舞蹈本身就以它优雅和果断的动作去体现那种业绩的时候；当他在那和谐地树立起来的圆柱上面覆盖名贵的屋顶，一层一层地排列圆形剧场的阔大的半圆座位，设计舞台的意味深长的装置的时候；就是这样，那位受到酒神的鼓舞的悲剧诗人就是这样看他，看这位荣耀的上帝的。他并没有接受任何命令，只是出自本能地给那从万花撩乱的最美丽的人类生活和从内在的自然必然的趋势发芽的艺术的种种因素赋予勇敢的带约束性的语言，赋予庄严的诗味的旨意，而这一切就像集合到一个焦点上一样，以便创造出最崇高的惨淡经营的艺术品——**戏剧**。

上帝和人类的业绩，他们的痛苦，他们的喜悦，他们怎样严肃而又快活地作为永恒的节奏，作为一切动作的永恒的和谐，一切的存在都在阿波罗的崇高的气质上宣示出来，于是乎他们就是实的，真实的。因为，一切，不论是活在他们身上还是动在他们身上，也不管怎样活在群众身上还是动在群众身上，都得到他最完善的表现。不论是眼睛和耳朵，也不管是精神和心灵，都能够活灵活现地、实实在在地抓住一切，听到一切，不管是实体上还是精神上都是千真万确地看到了一切，用不着依靠想象力去虚拟一切。这样的一个悲剧日就是一个神的节日。因为上帝正是在清楚到人人都可以听见地说：诗人是崇高的牧师，他实在地、活生生地置身于他的艺术品中间，他指导着舞人的转动，他引领声音进入合唱，而且通过悠扬的语言宣示神学的格言。

这就是希腊的艺术品，这就是那成为真正活生生的艺术的阿波罗，——这就是存在于他那最高的真和美的艺术中的希腊人民。

这一族人民，在每一部分，在每一个人物身上，都洋溢着个性和特色；无休无歇地活动着，在一项事业的目标中一个心眼地盯着一项新事业的攻击点，在本身持续的摩擦中每天都在变换新的同盟，每天都在变换新的形式的斗争，今天成功，明天又失败，今天遭受极度的威胁，明天又把敌人逼到毁灭的绝境，既是内向又是外向地处在永不停息的最最自由的发展状态中，——这一族人民从国家集会，从审判广场，从乡村，从船舶，从营房，从最辽远的地区涌到一处，3万人一起塞满了圆形剧场，为了观看那一切悲剧之中最为意义深长的悲剧《普罗米修斯》的演出，为了在这最巨大的艺术品面前集中精神，认识自己，领会他自己的活动的意义，使他的气质、他的伙伴、他的上帝融合成为最密切的统一体，于是乎就在最高贵、最深刻的宁静状态中又回到几小时以前在最难停息的紧张和区别最大的个性中曾经同样存在的那种状态。

一直怀着对他极大的个人的独立性的妒忌，从各个方面追踪着那个"暴君"，尽管他是那样的英明和高贵，却总能努力克制他那勇敢的自由的意志；对那软绵绵的信赖表示轻蔑，它会在别人的照料的诌媚的阴影之下躺下去图那懒惰的自私的平静；始终提防着，永不疲倦地抗拒外来的影响，不管是多么威严显赫的权力他都不会让它支配他自由的当前的生活、事业和思想，——面对合唱的召唤，希腊人就默不作声，对场景安排上意义深长的协调，他就欣然就范，对悲剧家通过他舞台上的神明和英雄之口宣告出来的名言所包含的伟大的律令，他就心甘情愿地服从。因为在那悲剧里面他重新找到他自己，而且是他本性的最高贵的部分，把它同整个民族的总体的最高贵的部分融合起来；从他自己，从他最内在的、成为他自觉的天性出发，通过悲剧的艺术品宣讲皮提阿①的神谕，是上帝同时又是祭司，神采奕奕的天神一般的人物，他在众人之中，众人又在他身上，有如那千千万万的纤维的一支，有如从土地里长出来植物的生命一样，先以细长的形态伸向空中，然后开放出美丽的花朵，散发它那永恒的沁人心脾的芳香。这种花朵就是那种艺术品，它的芳香就

---

① 皮提阿，特尔斐神殿上宣讲阿波罗神谕的女祭司。——译者

是希腊精神，这种精神直到今天还能使我们陶醉，使我们神魂飞越地公开供认，宁可做半天面对这种悲剧艺术的希腊人，也不愿永远做——非希腊的上帝！

* * *

随同雅典国家的解体，也开始了悲剧的没落。正如公德心分别朝着千百个自私自利的方向被弄得支离破碎一样，悲剧的伟大的综合艺术品也同样被拆散为单独的各成一体的艺术部件：在悲剧的废墟上面是那个喜剧诗人阿里斯多芬带着狂笑的哭泣。一切艺术冲动都在哲学的严肃的思考面前停顿了，而哲学却是考虑人类的美好和壮健的无常性的原因的。

从希腊悲剧的没落到我们今天，这过去的 2000 年是属于哲学而不是属于艺术的。不错，艺术也偶尔给不得满足的思考的黑夜——人类苦思冥想的狂乱的黑夜——送来它的闪光；可是这不过是个别人从普遍的污秽中救出自己的时候发出的哀号和欢呼。某一个人从辽远的异乡迷失道路而又幸运地走到寂寞地流着的卡斯塔利亚①的清泉的旁边，他用泉水滋润他干渴的嘴唇，却不许向世界奉送沁心解渴的饮料；或者是那样一种艺术，它服务于那些概念，是的，那些想象的任何一种，它一会儿轻一点、一会儿重一点地压榨受苦的人类，而且不管对于什么个人还是公众的自由都一概加以束缚；可是它从来不是自由的公众本身的自由的表现：因为真正的艺术就是最高的自由，而只有最高的自由才能够使它发出由衷的表白。没有命令，没有指派，简而言之，没有任何外来的人为的目的能够使它产生。

罗马人——他们的民族艺术老早就是屈服于自成家数的希腊艺术的脚下的——让希腊的建筑师、雕刻家、画家听他们使唤。他们的文人学士在希腊修辞学和诗学上下功夫。可是那些庞大的人民舞台却不是对希腊神话的神明和英雄开放，不是对神圣歌舞队的自由舞人和歌手开放，而是要那些野兽、狮子、豹和象在圆形剧场里面血肉相搏，以饱罗马人的眼福，要那些剑士，练出一身气力和绝技的奴隶，用他们拼死的急喘来娱乐罗马人的耳朵。

这种暴虐的世界征服者只能从明摆着的实物得到娱乐，他们的想象力只能从最实利的事业成就中得到满足。他们把那畏怯地逃避公共生活的哲学家心安理得地交付给抽象的思想；至于在自己的公共生活中，他们却喜欢纵情赏玩最具体的残杀，让人类的苦难以绝对的生理上的真实性展现在自己的眼前。

这些剑士和斗兽士就是一切欧洲民族的儿子。至于这些民族的国王、贵族与非

---

① 卡斯塔利亚，希腊水神的名称，因帕尔纳索斯山下溪水的名称而得名。——译者

贵族，都毫无例外地是罗马大帝的奴隶。他也就借此向他们完全切实地证明，一切人都是一样的。反过来，这位大帝自己也由他那驯服的禁卫军经常明白地而且确切无误地向他指出，即使是他，也只不过是一个奴隶。

这种相互之间而且全面地、那么清楚而又无可否认地证实的奴隶制，正如世界上的一切公共事物一样，要求有一个标明特色的术语。一切明目张胆的屈辱和无耻，一切人类尊严的丧失殆尽的自觉，从这种丧失又使他们对那唯一给他们剩下来的最实利的享受终于不免产生的厌恶，对自己一切作为和活动的深刻的轻蔑，而这种活动又使一切精神和艺术冲动早就连同自由一起溜掉了。从这种没有真正的、充满事业的生活的凄惨的存在中，只可能找到一个术语，这个术语，即使说不上是一般性的、符合事物本身的，可是它总不能不是艺术的最直截了当的对立物。艺术本来是自在的快乐，依附于生存的快乐，依附于共通性的快乐；反之，在罗马世界统治末期的那段时间的状况却是自我轻蔑、对生存的厌恶和对共通性的恐惧。于是乎这种状况的专用术语就不可能是**艺术**而是**基督教**。

基督教反复阐明，人类在尘世上这种没有荣誉、没有用处而且凄惨的存在是出自上帝的神奇的眷爱。上帝之所以创造人，并不是——如高尚的希腊人错误地臆断的那样——为了在尘世上创造一种快乐的自觉的生活，而且为了把他因禁在一所讨厌的牢房里面让他在那里面吸取自我轻蔑，作为奖赏，是为他死后提供一种无上舒服的、最最清闲的、无穷无尽的庄严境界。因此一个人可以而且应该在最低下的非人的衰微状态中停留着，他不应该进行生活的活动，因为这一种可恨的生活实实在在是魔鬼的世界，也就是感官的世界。而通过这方面的任何一种创造都只能陷入魔鬼的圈套。也正因为这样，那个不幸的用尽平生喜悦的力量主宰自己的人，死后就不得不忍受永恒的地狱的苦刑。人是什么都不能要求的，除了信仰。这就是说，承认他的厄运，放弃摆脱这种厄运的一切自我活动。只有上帝的**非分的仁慈**才能使他得到解救。

历史家并不能确切地知道，这种见解是否同样是那个穷苦的加利利木匠的儿子①的见解。当他瞥见他的同胞的苦相的时候就放声叫嚷，他的到来并不是给世界带来和平而是带来刀兵。他充满深情的愤怒斥责那些伪善的法利赛人，说他们怯懦地谄媚罗马政权，以便更加无情地向下奴役和束缚人民，然后他才终于进行广泛的人类爱的说教。可是他对那种人是不可能提出这样的期望的，因为他们已经轻蔑自

---

① 指耶稣基督。——译者

己的一切了。

　　研究者只能特别清楚地区别那个奇迹般地改宗的法利赛人保罗的无比的热心，这种热心表现在他改宗异教过程中令人惊异地幸福地遵奉的指示："要像蛇一般聪明"等等；他也有能力判断文明人类的最深又最普遍的衰微的极易识别的历史的土壤，那最终完成的基督教教条的植物正是从这种土壤接受它的胚胎的。可是一个笃实的**艺术家**一眼就可以认识到，基督教已不是艺术，也无论如何不可能从那里产生真正生气勃勃的力量。

　　自由的希腊人把自己放到自然的尖端，能够从自在的人类的快乐创造艺术；基督教徒呢，他对自然和自己都同样加以诅咒，他在出世的祭坛上能够献给上帝的牺牲是什么呢？他的事业、他的作用是不敢送上去的，只有通过弃绝一切独立大胆的创造，他才相信有必要对上帝承担责任。艺术是感官上取得美好的发展的人类和自然的和谐一致的最高的活动；一个人如果要从感官世界构造他的艺术道具，他就必须在感官世界中取得最高的快乐；因为他只能从感官世界掌握他对艺术的意志。基督教徒呢，如果他真的想要创造与他的信仰相适应的艺术品，他就正好反过来，必须从抽象的精神、上帝的仁慈那里去掌握意志，并从中找到道具。——可是这样一来，他的意图还能够是什么样子呢？那可不是感性的美丽吧。对他来说，那可是魔鬼的显现啊！这种精神又究竟能够制造出什么样的感官上可以感知的东西呢？

　　任何冥思苦想在这里都是没有结果的：历史现象已经把这两个相反方向的成绩说得一清二楚。当希腊人在那里为了进行教化在圆形剧场里面集合，度过充满最深刻的内容的几个小时的时候，基督教徒却是一辈子禁锢在一个寺院里。那边是举行人民集会，这边是进行宗教裁判；那边是国家发展成为一种真心实意的民主，这边是发展成为伪善的专制主义。

　　伪善根本就是全部基督教从过去的各个世纪直到我们今天的最突出的特征，也是它的本来面目。而且，正当人类不顾基督教的干扰，从他内在的永不枯竭的源泉汲取新鲜的滋润，而且向他真正的课题的解决走向成熟的时候，这种邪恶就越发顽固不化，越发显得刺眼和无耻。自然是那么强大，那么永不灭绝地孕育新生，以致没有任何想象得到的势力能够减弱它的生殖力。新鲜的日耳曼诸民族的健康的血液输入了罗马世界的衰老的血管；他们即使是接受了基督教，也仍然保留着强大的动力、从事大胆的事业的兴趣和不受拘束的自信这样一种世界新主人的因素。可是，正如在中世纪的全部历史中，我们自始至终是以立足于世俗暴力对抗罗马教会的暴力专制主义的斗争作为最突出的特征一样，只要是这种斗争要求取得发言权的地方，这种新世界的艺术表现也总是自始至终作为对立面在向基督教精神进攻的过程中贯彻自己的主张的：作为一种完全和谐的世界的统一的表现，像希腊世界的艺术那样，基督教欧洲的艺术是无能为力的，因为在它最深的内心，在良心和生活本能之间，在想象和现实之间，它是陷入了无可挽救和无可调和的分裂状态的。中世纪的骑士诗歌，正如骑士制度本身一样，本来是要调和这种分裂的。由于它那最独特的组织，它所能给予这种调和的只能是谎言。它提得越高、越大胆，那现实的生活和虚伪的存在之间、骑士肉体生活上那种粗野的热烈的举动和他们表演上那种过分温柔的把情人奉若神明的做作之间的裂缝就越发可怕。正是因为这样，本来算是高尚的、断然不是粗率的民风产生的现实生活，就变成了一种猥亵的、邪僻的生活，因为它不许从它自己、从自在的快乐和它感官的行为去滋养艺术本能，而是依照基督教的规条去处理一切精神活动，而这种教规却是劈头排斥一切生活的快乐而且认为那是该受诅咒的。——骑士诗歌是热狂的诚实的伪善，是英雄主义的恶作剧；它为天性颁发例规。

直到教会的信仰的火焰熄灭过后，直到教会只能作为感官上可以感知的世俗的暴力专制主义，并结合那由它加以神圣化而且不比它差的感官上可以感知的世俗的暴君专制主义公开露面的时候，所谓艺术的复活才可以开始进行。人们长期以来伤尽脑筋的事情，像那现世的辉煌的教堂本身那样，现在就要实地看它个仔细。可是要做到这一步，就只有睁开眼睛，给感官恢复权利才行。至于人们现在沐浴着感性的美而且抱着对这种美的艺术的快感把那信仰的对象、幻想的净化的产物摆到眼前加以端详的时候，这就是对基督教本身的彻底的否定；至于指导这种艺术创造的门径，必须向希腊的异教艺术那边去求教，那就是基督教的最不体面的屈辱。可是事情还不是到此为止。教会把这种新觉醒起来的艺术活动占为己有，用异教的陌生的羽毛去装扮自己也不以为耻，于是乎自己供认为明目张胆的说谎者和伪善者。

可是世俗的贵族也对艺术的复活取得他的份额。经过向下的巩固权力的长期斗争之后，无忧无虑的财富唤醒了王侯对这份财富的比较优雅的享受的兴趣：他们把那从希腊人学过来的艺术纳入他们的雇佣关系："自由"的艺术为高雅的主人服务。经过精密的考察，你就会觉得说不清楚，谁是更大的伪善者，是路易十四还是高乃依和拉辛？路易十四让人在他的宫廷舞台上朗诵希腊人仇恨暴君的巧妙的韵文，高乃依和拉辛则为了报答主子的恩赐，让他们的剧场主角嘴上挂满古代希腊和罗马的自由的热情和政治的德行。

可是艺术究竟能不能算是实在的真正的存在呢？如果它不是作为从生活中产生的自由而又自觉的共通性的表现，而是听从掌权者的使唤，偏偏那些掌权者又是妨碍这种共通性的自由发展的，那么它就只能从陌生地带进行移植。那当然不能算数。可是我们还要看到，艺术不仅没有从那总还可以算是可尊敬的主人——有如那性灵的教会和风趣的王侯——手上得到解放，反而连皮带毛被出卖给了更加糟糕得多的主人：工业。

＊　＊　＊

当众神在世间漫游的时候，希腊的宙斯——生命之父从奥林匹克山给他们派出一个使者——年轻貌美的神赫耳墨斯；他是宙斯的忙碌思想：长上翅膀从高处飞向低处，去宣告最高之神的无往不在；即使是对人的亡灵他也不请自到，他导引逝者的阴影进入黑夜的静寂的国度，不管什么地方，只要自然秩序必须明白地发出通告，赫耳墨斯就开始行动而且使人认得出来，像是宙斯的付诸实施的思想。

罗马人也有一个与希腊的赫耳墨斯相当的神**墨丘利**。他那长上翅膀的忙碌活动在他们心目中却带有实际的意义：它对他们来说是关系到小本经营和高利盘剥的商人的敏捷的经营手段。他们从各个角落汇聚到罗马世界的中心，以便给那些骄奢淫逸的老爷们一本万利地提供一切感官的享受，这些享受又是附近周围无法供应的。在罗马人心目中，任何交易，就它的性质和行为来说都干脆是一种欺骗。这个商贩世界在罗马人不断升级的穷奢极欲过程中使他产生一种不可避免的烦腻的感觉，因而对他们的活动怀抱着一种深深的轻蔑。这位财神墨丘利也就同时变为骗子之神和小偷之神。

可是这位受人轻蔑的上帝却对那傲慢的罗马人报复了。他不是作为他们的主人而是自封为世界的主人了：他的头圈上了基督教伪善的圣光，胸前佩上了腐朽的封建骑士团的死样怪气的勋章。这就是他们得到的现代世界的上帝，五厘利率的神圣高贵的上帝，我们今天的——艺术的主人和庆典筹备人。人们在顽固的英国银行家身上可以看到他的化身，他的女儿嫁了一个领有最高爵士勋章的破落骑士，如果他邀请意大利歌剧的第一流歌手来演唱，那么，最好是在他的沙龙里面而不要在戏院（如果真在戏院那就不惜任何代价安排在神圣的安息日），因为他有体面，可以在这里而不是在那里，付出更高的报酬。这就是墨丘利和他的百依百顺的奴仆，现代的艺术。

这就是艺术。今天它是怎样充塞着整个文明世界啊！它的真正的特质是工业，它的道德的目的是发财，它的美学的借口是闷得发慌的消遣。我们的艺术从我们现代社会的心脏，从它那圆周运动即大规模的投机买卖的中心汲取它生命的液汁，从中世纪骑士的习俗的老死的残骸那边借得一种全无心肝的风度，于是乎放下架子——带着虚伪的基督精神，连穷人的一点木屑也不放过，下到无产阶级的底层。凡是它生命的毒汁流注的地方，无有不是摧残神经、败坏道德、灭绝人性的。

它在**戏院**里摆开它心爱的座位，正如希腊艺术处在繁荣时代那样；而且它享有对戏院的权利，因为它是我们当代合法的公共生活的表现。我们现代的剧场艺术体现了我们公共生活的主导精神，再没有其他艺术能够像它那样通过每日每时的推广把这种精神表现出来，因为它在欧洲的每一城市都几乎是一晚接一晚地举行各种盛会。表面上看起来，作为非常流行的戏剧艺术，它标志着我们文化的花朵，正如希腊悲剧标志着希腊精神的高峰一样；可是它却是人类事物和关系在一种空虚的、没有灵魂而又违反天性的秩序中的腐败的花朵。

我们这里用不着自己更进一步去规定这些东西的秩序的特点，我们只要老实地考察一下我们的艺术，尤其是剧场艺术的内容和社会效果，就会在它上面像在忠实的映像上面一样认识到那种公共生活的主导精神：因为这样的一种映像常常就是那种公众的艺术。

由此可见，我们所认识的我们公共剧场的艺术无论如何不是什么真正的戏剧，不是这样一种人类精神的不可分割的最伟大的艺术品；我们的剧场里只有那个别的，几乎谈不上是表面互相联结的经过艺术加工的，或者不如说：到家的技巧的吸引人的表演。要了解我们的剧场对于促使真正的戏剧产生一切艺术部门的内在的统一，从而达到最高的、最完善的表现的效果是多么无能，只要看它如何划分**话剧**和**歌剧**这两者的特点就够了。经过这番划分就从话剧中抽掉了音乐的理想化的表现①，歌剧呢，更是从头勾消了真正戏剧的核心和最高的意图。总而言之，话剧因此永远无从达到理想的诗意的高扬，而是——姑且不提常被忽略的伤风败俗的社会影响——由于表现手段的贫乏已经够使它从高处向低处下降，从热情的暖人心房的因素堕落到阴谋诡计的使人寒心的地步。至于歌剧，那也早就变成嬉皮笑脸的感官因素肆无忌惮搅做一团的大杂烩。每一个人都可以把最适合于他逗乐本领的东西随他喜欢地拣出来。这边是舞人的纤巧的跳跃，② 那边是歌手的奔放的经过句；这边是装饰画片的光辉灿烂的效果，那边是乐队火山的惊心动魄③的爆炸。或者说，今天不是可

---

① 初版作"无穷无尽地高涨的表现"。
② 初版作"纤巧的扭摆"。
③ 初版作"猛烈的"。

以看到这样的文章吗？这部或是那部新歌剧算是一部杰作，因为它有许多美丽的咏叹调和二重唱，而且管弦乐的配器也是非常之辉煌的呢！它的目的只是那么多样的手段的无谓的消耗，它的伟大的戏剧性的目的——却再也没有人去想它了。

这样的意见是浅薄的，可是老实；它的态度很简单，问题是如何应付听众。有一大批受欢迎的艺术家，他们并不否认，除了满足浅薄的听众的要求之外，他们再也没有什么奢望。他们的判断很正确：当王子经过紧张的中午宴会，银行家做完了一场筋疲力尽的投机买卖，工人经过疲乏的一天劳动，来到戏院的时候，他要的是休息，是消遣，是娱乐，他不愿意多费力气，也不想再来受刺激。这个理由是那么颠扑不破，使我们能够回答的只有唯一的一点：依照所申述的目的，可以使用一切可能的东西，就是不要使用艺术的材料和借口。这应是适当的吧。可是我们马上可以得到如下的答复：如果不想给艺术这样派用场，那么，艺术就要停止活动，对公众生活也就无可奉送了，这就是说，艺术家根本无以为生了。

从这一方面看，一切都是凄惨的，然而是诚心的、真实的、老实的：开化过后的衰落，现代基督教的呆钝！

面对这样无可否认的处境，我们应该向我们某些享有盛名的艺术英雄的伪善的做作说些什么呢？当他给真正艺术的感兴加上忧郁的外表，当他在思想上下功夫，运用深刻的关系对震撼人心的效果加以考虑，叫天堂和地狱翻动起来，总之，当他像老实的当今的艺术家所主张的那样，不要走入迷途，那他想不想使他的商品脱手？如果那些英雄们不限于供人娱乐，而是自己甘冒危险去使人厌倦，借以表明思想的深刻，如果他自己连带放弃了大笔收入，是的——除非他生下来就是富翁才能够这样做！——甚至为了他们创作的缘故自己拿出钱来，因此带来了最高的现代的自我牺牲，我们能够对他说些什么呢？这一笔巨大的费用是干什么的？啊，除了拿钱之外还有一样好东西：原来在其他各种享受中间今天还有一样东西可以通过金钱弄到手：**名誉**！——可是在我们公众的艺术里面可以捞到哪一种名誉呢？那是同一公众生活的名誉，这种艺术就是为他打算的，好名的人要想和他亲近，除了迎合它那平庸的要求之外别无他法。这样一来，在他给群众端出五花八门的艺术品的同时，他欺骗自己和群众，群众在向他喝采的同时，又欺骗了他和自己；可是这种彼此欺骗对现代名誉的大骗局来说也许已经算是值得的了。我们难道不懂吗，我们自私自利到无以复加的嗜欲正是用那漂亮的头等谎言如"爱国主义""光荣""守法精神"等等掩饰起来的。

事情是怎样发生的呢？为什么我们公然互相欺骗，却又认为这是必要的呢？——因为那些概念和德性在我们掌权人物的本心上是存在的，虽然不是在他们的良心上而是在他们的亏心上。因为千真万确的是，又高尚又真实的东西是存在的，同样千真万确的是，真正的艺术也是存在的。最伟大又最高尚的天才——天才啊，埃斯库罗斯和索福克勒斯看到他们也会高兴地称兄道弟的——多少个世纪以来已经从沙漠上发出他们的声音了；我们听到了他们，他们的呼唤也还在我们耳边回响，可是我们却从我们空虚的、卑俗的心房把他们呼唤的生动的余音抹掉了；我们对着他们的名声发抖，可是对着他们的艺术发笑，我们让他们做卓越的艺术家，可是却去妨害他们的艺术作品。因为伟大的、真正的、独特的艺术作品光靠他们是不能单独完成的，必须我们通力合作才行。埃斯库罗斯和索福克勒斯的悲剧是雅典的作品。

这种高尚人物的名誉究竟有什么用处？**莎士比亚**作为第二造物主向我们展示真正的人类本性的无边的丰富对我们有什么用处？**贝多芬**赋予音乐以雄伟的、独立的诗人力量对我们有什么用处？问一问你们戏院那些寒伧的漫画，问一问你们那些歌剧穿街走巷的陈腔滥调，你们就会得到回答了！可是，你们还用得着去问吗？唉，不用了！你们清楚得很；你们根本就不想别的，你们只是装蒜，好像你们不知道罢了！

你们的艺术究竟是什么东西，你们的戏剧又是什么东西？

二月革命在巴黎取消了戏院参加公共活动的权利，许多戏院受到了倒闭的威胁。经过六月的那些日子①之后，卡芬雅克承担了维持现存秩序的任务，于是给戏院帮了一个忙，要求给予他们补助，以便使他们继续生存下去。为什么？因为戏院一关门，失业、无产阶级又要扩大队伍。原来国家之所以关心戏院，只是为了这个！它在戏院身上看到了企业机构；同时也是为了对付那高亢的人类理智的带危险的活跃，不妨用作削弱精神力量、瓦解运动的有效的手段。这种人类理智正在孕育着极深的不平，越过一般轨道而受尽屈辱的人类的本性正在要回复它的本来面目，即使是牺牲我们的——非常合乎目的的剧场机关也在所不惜！

这样，话是说出来了，完全站在这种无所隐讳的论述一边的却是我们现代艺术界的诉苦和他们对革命的憎恨。可是**艺术**同这种忧愁、这种申诉又有什么共同之处呢？

*　　*　　*

我们不妨指出现代欧洲公众艺术相对于希腊公众艺术所具有的主要特征，以便

---

① 1848 年二月革命之后，巴黎无产阶级为了反对资产阶级的压迫，于 6 月 23 日举行起义，经过四天的浴血战斗，最后归于失败。当时血腥镇压工人起义的陆军部长就是卡芬雅克（1802—1857）。——译者

把它那本质的区别清楚地摆到眼前来。

希腊人的公众艺术，如它在悲剧上所达到的那个高度，是最深刻又最高尚的国民意识的表现：我们人类意识最深刻又最高尚的东西，是我们公众艺术的干净利落的对立面，是它的否定。对希腊人来说，一场悲剧的演出是一次宗教的祝典，在舞台上是众神的活动，给人类布施智慧。我们的亏心却把我们的戏院的地位在公众心目中降得那么低，以致于公安机关的事务居然可以弄到禁止戏院牵涉到宗教题材的一切演出。这既是对我们的宗教也是对我们的艺术的典型事例。在希腊圆形剧场的广大空间里面是全体人民观看演出；在我们的体面戏院里面却只有人民中间富有资产的那一部分去消磨懒散的时间。希腊人从最高的公共成果提取他们的艺术工具；我们则从最低下的社会的野蛮行为的成果去提取。希腊教育使人从最早的青年时代起就不论是在肉体上还是精神上都把自己培养成为艺术处理和艺术享受的主体；我们那种死板的、多数是为将来企业上的赢利安排的教育则指点我们从我们艺术的拙劣上得到愚蠢然而高傲的娱乐，同时又让我们在我们范围之外去寻找任何一种艺术娱乐的对象，差不多像荡子去光顾卖淫妇的短暂的寻欢作乐一样。由此可见，希腊人本身就是演员、歌手和舞人，他之参与一部悲剧的演出对他来说正是依附于艺术作品本身的最高的享受，他之得到表彰是受之无愧的，他是有权利通过美感和教育得到这种享受的。我们勾引我们社会的无产阶级的某一部分——所谓无产阶级是每一部门都有的——让他们从属于我们的娱乐习惯；不干不净的虚荣心，卖弄风情，还有，在一定条件之下，又快又多的发财希望充塞着我们戏院看客的行列。希腊艺术家除了在艺术作品上面得到自己的享受之外，他还从成绩和公众的赞赏得到报酬。现代的艺术家却是受人控制的——而且**论钱雇用**。这样，我们就到达了这一步，可以扎实地、准确地指出它们之间的本质的差别来了，原来如此：希腊的公众艺术就是**艺术**，我们的艺术——艺术化的**手艺**。

艺术家，除了他创作的目的方面之外，在创作方面、题材的处理及其结构方面，其本身，对他来说就是一种享受；他的生产根本就是一种令人称心满意的活动，而不是劳动。就手艺工人来说，他的劳苦的目的则是利益，他的劳动带给他利益；他所进行的劳动并不使他快乐，他心目中的劳动只是负担，只是无可奈何的非做不可的事情，最好是把它推给一台机器去担任；他的劳动之所以能够管束住他，只是出于强迫；因此他总是心不在焉，他的思想开小差，开到他的目的那边去，盘算着如何才能够达到目的。既然手艺工人的直接目的只限于自己欲望的满足，例如购置他自己的住宅，他自己的工具、衣服之类，随着对给他留下来的有用的物品产生的乐趣，也就逐渐产生对那一类材料的配制的爱好，看它怎样才能适应他个人的趣味；在他置备了最必要的东西之后，他就会将那些比较不那么迫切需要的制作自然而然地提高到艺术创作的水平；可是如果他劳动的产品只要交出去，剩下来的只是那抽象的货币价值，那么，他的活动就决不可能超过机器的忙碌的角色；在他的心目中，所谓活动只不过是辛苦，只不过是悲哀的、酸心的劳动。这后一种情况就是工业奴隶的命运；我们今天的工厂向我们提供了人类最卑下的屈辱的凄惨的图画：没有兴趣和感情，甚至于没有目的的连续不断的、杀害精神和肉体的劳苦。

基督教的可悲的影响也不让人在这里面辨认出来。原来基督教是把人类的目的完全放在人类的尘世生活之外的。如果人所看重的只是这个目的，绝对的超乎人类之外的上帝，那么，所谓生活只不过是关系到他那最无可避免的不能缺少的需要即人类关切的事物。因为，既然人们接受了生命，他也就有义务活下去，直到上帝什么时候高兴了，把我们从生活的罪孽中解放出来为止；可是无论如何不容许生活的欲望教我们对那些为了满足欲望可以使用的材料发生热心处理的兴趣；只有那维持生命非有不可的抽象的目的能够证明我们感官活动的权利。正是这样，我们在今天的纱厂里心惊肉跳地看到基督教精神的十分真实的体现：为了富翁的利益上帝变成了工业，工业只让那可怜的基督教工人活那么长久，恰巧活到天上的财帛星君带来大慈大悲的必要条件，把他送到一个更好的世界。

希腊人一点都不了解真正的手艺。所谓必需的生活资料的张罗，严格地说，关系到我们私人生活以至公共生活的一切顾虑，在希腊人心目中，从不认为是应受到特殊的、持续的注意的。他的精神只是倾注在公众生活上，人民的伙伴关系上：公众生活的欲望才是他关心的；满足这些欲望的却是爱国者、政治家、艺术家而不是手艺工人。希腊人总是从一所简陋的、朴素的家庭走向公众的娱乐：躲在一座私人宫殿的豪华的高墙里面来寻求穷奢极欲、荒淫无耻的享受，而像今天交易所英雄那样成为他生活的唯一的内容，在希腊人看来则是可耻的，卑劣的；正是在这上面，希腊人把自己同自私自利的东方化的野蛮世界区别开来。体格的培养是在公共社团的浴场和体育学校进行的；简单高尚的衣服多数是妇女的精心操作的对象；碰到有必要接触到手艺的地方，他总是自然而然地把握住它艺术性的一面，把它提高到艺术的水平。至于那些最粗重的家务操作，他却交付给——奴隶。

这种**奴隶**于是变成了一切世界命运的不幸的枢轴。奴隶，通过他作为奴隶的一无所有的、被认为必须如此的生存状况，发现了希腊特种人类的一切健和美的虚无和倏忽，而且永远证明了，**所谓健和美，作为公共生活的特征，只有属于一切人的**

时候，才能具有造福于人的永恒性。

可惜的是，直到现在，还只是停留在这种证实上面。事实上人类千百年来的革命几乎只是在反动的精神上显示出它的功效：它把美好的自由的人拉到它一边，拉到奴隶的地位；奴隶并不自由，而自由的人却变成了奴隶。

在希腊人心目中只有又美又健的人是自由的，而且只有他才是这种人：对于希腊人、阿波罗的祭司来说，他之外的一切人都是**野蛮人**，是为他服役的——**奴隶**。事实上，那些非希腊人也的确是蛮种和奴隶；然而他是人，他的野蛮，他的奴隶地位并不是他的本性，而是他的遭遇。他本性上的历史的罪恶，正如今天社会和文明的罪恶一样，使最健康的人在最健康的气候里面变得衰弱，成为残废。可是这种历史的罪恶也同样不久就轮到自由的希腊人头上：到了**绝对的人类爱**的良心不在各个民族中间活着的时候，只要那些蛮种把希腊人征服了，随着自由的丧失，他的壮健和他的优美也就同归于尽；在深沉的悔恨之中，那两万万在罗马帝国被搅得昏头转向、乱做一团的人们很快就感觉到——只要**一切人**不是**同样自由和幸福**，一切人就**必然同是奴隶**而且**同样悲惨**。

这样一来，我们直到今天还是奴隶。可以聊以自慰的是，我们知道，我们全体都是奴隶：奴隶，从前基督教的使徒和康士坦丁大帝劝告他们忍受悲惨的现世以便修得比较美好的来世；奴隶，今天从银行家和工厂老板得到教导，在为了每天的面包的手工劳动中去寻求生活的目的。当时不受这种奴役的束缚的只有康士坦丁大帝，他可以作为耽于逸乐的异教的君主支配他虔敬的臣下那种无足轻重的尘世的生命；今天觉得自由，至少是在不受公开的奴役的束缚的意义上觉得自由的，只有那种有钱的人，因为他能够随意过这样那样的生活而不限于只求活命。由此可见，在罗马和中世纪的世界，追求摆脱一般奴役的解放，表现为要求绝对的统治，到了今天就以金钱的欲望登场了；既然艺术也在追求金钱，我们也就不必大惊小怪了。因为一切都向着自由，向着上帝努力；可是我们的上帝却是金钱，我们的宗教是发财。

可是艺术之为艺术却是始终存在的——我们必须说明的是，在现代公众生活中它并不是就在手边的，可是它活着，而且始终是在个人的意识中作为一种不可分割的美的艺术而活过来了。因此差别只是在于：在希腊人那边它是存在于公众意识中的，今天则仅仅存在于个别人的意识中，作为公众的无意识的对立面。在它的繁荣时代，艺术在希腊人手上是**保守的**，因为对公众意识来说它是作为有效的、互相适应的表现而存在的，但在我们这里真正的艺术则是**革命的**，因为它只是在有效的共同性的对立面才存在的。

在希腊人那里，完善的艺术作品就是戏剧的艺术作品，是一切出自希腊气质的可供表演的东西的综合；它同它的历史有内在的联系，也就是民族本身，它与艺术作品的演出是彼此相通的，彼此了解的，在那几小时的过程中由于那独有的最高尚的享受而回肠荡气。这每一番享受的任何割裂，这集中到一点上的力量的任何分散，这些因素朝着不同方向的任何离散——对于辉煌的这**一部**艺术作品，正如对于那以类似的方式建立起来的国家一样，都必然是不利的，因此它就只能继续发展，而不容许改变。因此艺术是保守的，正如同时的希腊国家最高尚的人物是保守的一样，**埃斯库罗斯**就是这种保守主义的最有特色的表现：他最出色的保守主义的艺术作品是《**俄瑞斯忒斯记**》。凭这部作品，他作为诗人同那年轻的**索福克勒斯**比肩而立，正如作为政治家同那革命的**伯里克利**①平行一样。索福克勒斯的胜利，正如伯里克利的胜利一样，是代表了人类进步发展的精神的；可是，埃斯库罗斯的失败却是希腊悲剧从高峰走向下坡路的第一步，雅典国家解体的先兆。

随着悲剧的后来的衰落，艺术越来越无法表现公众意识：戏剧分解为它的各个组成部分：修辞学、雕刻、绘画、音乐等等离开了它们原先统一行动的队伍，以便各自走它自己的路，独立地然而孤独地、自私地继续深造。看一看艺术复活的情况：首先我们碰到的是各种分立的希腊艺术，看它们是怎样从悲剧解体中发展起来的：伟大的希腊的综合艺术无法使出浑身解数向我们粗野的、根本是迷惘而又支离破碎的精神扑过来：这教我们如何去领会？可是我们也许能够接受那些零碎的艺术手艺，因为这些高尚的手艺是从罗马——希腊的世界降下来的，它距离我们的精神和气质并不那么远：新兴市民阶级的行会精神和手艺精神在城市里是活跃的；王侯和绅士们喜欢那一套，把他们的宫殿建筑得堂皇一些，装饰得雅致一些，他们的厅堂用迷人的绘画点缀起来，就像中世纪的粗糙的艺术曾经承当过的那样。牧师为讲坛而掌握修辞学，为教堂合唱团而掌握音乐；只要他们认为是可以了解的，合乎目的的，新兴的手艺界就要不遗余力地深入钻研那些分化出来的各门艺术。

这些各自独立出来的艺术，为了富翁的享受和娱乐，都得到丰盛的哺育和培植，于是乎世界上就到处充斥着它的产品；伟大的人物在各个方面都取得引人入胜的成就——可是真正的道地的艺术虽然经过文艺复兴，却从此以后还是没有复活；完善的艺术作品，一种自由而又优美的公共生活的伟大而又统一的表现，**戏剧**，**悲剧**，

① 伯里克利（约公元前500—429），古雅典民主派政治家。反对贵族派首领西门，历任首席将军，制订了奴隶主民主宪法，执行发展工商业和奖励文化的政策，使雅典成为古希腊文化的中心。——译者

像那些伟大的悲剧家当时当地曾经歌咏过的那样，还是没有复活，正因为没有复活，因而不得不重新生出来。

只有伟大的**人类革命**——虽然它的开始曾经摧毁了希腊悲剧——才能够使我们赢得这种艺术作品，因为只有革命能够从它最深的根底重新产生艺术，而且更优美、更高尚、更有普遍性。它是从一个优美然而有局限性的教育的前代的保守精神中抢过来，吞下去的。

＊　　＊　　＊

然而，正是**革命**，并不是**复辟**，能够再给我们提供那种最高级的艺术作品。我们面临的问题，较之从前已经解决过的课题是更加无比地伟大。如果说希腊的艺术品包含着一个优美的民族的精神，那么，未来的艺术作品就将包含超越各个民族的一切局限的自由人类的精神；它所包含的民族特质只容许它作为个性的多样化的一种点缀，一种魅力，而不是成为挡路的栅栏。因此我们要创造的完全是另外一套，而不是仅仅把那种希腊风格重新端出来；当然，艺术上希腊假古董的愚蠢的复辟是有人搞过的，——时至今日，艺术家根据订货什么没有搞过？——可是除了空洞无聊的把戏之外根本就什么东西也弄不出来：这一切总不过是同一伪善的热望的宣告。翻开我们全部官方文明史，我们经常看到的就是逃避唯一正确的愿望即自然的愿望的宣告。

不，我们不愿意再做希腊人；因为希腊人所不知道的事情，以至他们为什么不得不陷于毁灭的原因，我们都知道了。正是他们的衰落——我们是经过长期的不幸，从最深重的共通的苦难中才认识到他们衰落的原因的——给我们指明了我们的前途：它指出，我们必须爱一切人，为了我们能够再爱我们自己，能够重新获得我们自身的欢乐。我们要摆脱一般手艺匠人屈辱的奴隶桎梏及其苍白的金钱灵魂，向自由的艺术的人类及其光芒四射的世界灵魂飞跃；我们大家都要从受尽艰难辛苦的计日短工变为又健又美的人，世界是作为最高的艺术享受的永不枯竭的源泉而属于他们的。

我们需要极度强大的革命力量以奔赴这个目标；因为只有这种革命力量是我们的，它能使我们达到这个目标。促成这个目标的达到，是惟有它才能胜任的，它初试锋芒就是在希腊悲剧的割裂上面，在雅典国家的解体上面。

可是处在最深刻的疲敝的情况之下，我们应该向何处去汲取这种力量呢？向何处汲取人道的实力去反抗一种文明的麻痹一切的压力呢？这种文明是彻头彻尾否定人类的。怎样去反抗一种文化的放肆呢？这种文化是只把人类的精神当作机器的蒸汽动力来使用的。向何处取得光明去照射那种支配性的残酷的迷信呢？所谓迷信就是认为那种文明、那种文化是比那真正活生生的人类还要有价值，认为人只有作为那些主宰的抽象的势力的工具才有价值和地位，他本身作为人是不足道的。

到了博学的医师再也无法可想的时候，我们终于豁出去，重新诉诸——**本性**。本性，而且只有本性才能够收拾伟大的世界命运的纷乱局面。如果说，文化从基督教的信仰出发，走向对于人类本性的排斥，否定了人，那么，它恰好亲手制造了一个敌人，这敌人有朝一日会不可避免地走到那一步，除了人类不在文化范围之内，所有的一切都要被毁灭得一干二净；因为这个敌人正是那永远而又唯一活生生的本性。本性，人类的本性将要向那姊妹俩，文化与文明，宣告那条法则："我一天被包含在你们中间，你们就可以生活和繁荣；我一天不在你们中间，你们可就要死亡和枯萎！"

在文化敌视人类的行进中我们终究看到了迎面而来的幸福的成绩。文化的负担和本性的局限增长得那么巨大，以致它终于给那被压榨的不朽的本性赋予必要的弹力，只要一甩手就把全部负担和束缚都甩得老远老远的；因而全部的文化积累只是教导本性去认识它那非凡的力量：可是这种力量的运动却是——**革命**。

革命的力量怎样在社会运动的当代立场上表现它自己呢？它之表现它自己，不是首先就在作为手艺工人勤勉的道德意识上，对富翁放僻邪侈的游手好闲和寡廉鲜耻的唯利是图的反抗吗？他不是——好像是出于报复——要把劳动的原则提高成为唯一合法的社会宗教吗？不是要强迫富翁像他一样劳动，让他满脸大汗去挣他每天的面包吗？我们不是担心，如果实行这种强迫，承认那条原则，就恰好要把丧失人类尊严的手艺工人阶级提高到绝对的世界强权的地位吗？因而，为了停留在我们的主要话题上，艺术不是也就永远搞不成了吗？

实际上这是某些正直的艺术朋友甚至于某些诚实的博爱人士的担心，他们的确只是一心放在保护我们文明的更为贵重的核心上的。可是他们误解了伟大的社会运动的固有的实质：我们那些空谈的社会主义者拿来装门面的理论把他们弄糊涂了，那些社会主义者是愿意同我们社会的当代的持续订立不可能的契约的；我们社会中受苦最深的那部分人的愤怒的直接表达使他们迷惑了，不知道那部分人实际上潜藏着更为深刻、更为高尚的天然热望，追求生活的尊严①的享受的热望。所谓享受，并不是指一个人使出他所有的生命力却仅仅为了卖力多挣一点物质赡养，而是在于作为人所应该得到的欢乐。因此，严格看来，从手艺工人发出的是倾向艺术的人性

---

① 初版作"真正"。

和倾向自由的人类的热望。

这样一来，艺术的当务之急是让人在这种社会的热望上面认识它最高尚的意义，给它指明真正的方向。真正的艺术只有在我们伟大的社会运动的肩膀上才能够摆脱它那文明的野蛮状态，把自己提高到尊严的地位。艺术与社会运动有共同的目标，只有两者共同认识这个目标，它们才能达到这个目标。这个目标就是**又壮健又优美的人类：革命赋予他以壮健，艺术赋予他以优美！**

要进一步去描绘社会发展在历史上走过的行程，那既不是我们的任务，也根本不容许在这方面给人类社会本性的独立于一切前提条件之外的历史性的风貌制造一份空洞的概算。历史中没有什么东西是被动做出来的，一切都是根据他自己内在的必然趋势发生的。然而不可能有这种情况，即当运动将要到达它的目标的时候，出现另一种与当前情况直接对立的情况。否则全部历史就会是一种循环的不安定的混乱，决不能是一股潮流的必然运动。它不妨经历一切曲折、偏离和泛滥，却始终沿着主要方向流下去。

现在我们可以从这种未来的状态里面认识人类，看他们怎样从一种最后的迷信中解放了自己。这是一种本性的认识。也正是那种迷信，使人类直到今天只是把自己看作属于一种目的的工具，所谓目的是独立于他本人之外的。如果人类终于知道他本人才是他生存的独一无二的自我目的，而且懂得了，要最圆满地达到这个自我目的，只有全体人类通力协作才有可能，那么，他的信条就只有在对于耶稣教义的一种积极的认可之后才能成立。耶稣的教义警告道："不要担心我们将要吃些什么，我们将要喝些什么，还有，我们穿的将是什么，因为这一切都由你们的天父自己赐给你们！"这个天父不是别人，就是人类的社会理性，它使本性连同它那丰富的内容成为全人类共有的福利。正是直到今天为止，人们担心的对象始终是生命的纯粹物质的维持，而且一定是真正的、多半是麻痹一切精神活动的、戕害肉体和灵魂的担心。我们群居制度的罪恶和祸害就是在这里面扎根的！这种担心使人类变得软弱、奴化、迟钝和颓丧，把人类造成一种既不能爱又不能恨的生物，造成一种市民，他随时准备放弃他自由意志的最后一点残余，只要你能够减轻他一点担心。①

只要博爱的人类一下子永远把这种担心甩掉，像希腊人对待奴隶一样把这种担心交给机器——自由的创造的人类的人造奴隶，也就是人类像偶像崇拜者伏侍他亲

---

① 初版接下去还有："噢，荣耀的耶稣！多可悲啊，偏偏是那些贫穷的加利利人不了解你，而只有世界上的富翁，他们彻头彻尾遵从你的教义而且用尽全力去保护基督教！"

手炮制的偶像一样直到今天都在给他服役的奴隶，那么，他全部解放出来的活动本能就更会作为艺术本能发挥出来。我们就将会在更高的程度上重新赢得希腊的生命的元素：对希腊人来说是自然发展的成绩，对我们来说则是历史性的搏斗的结果；对他们来说是半属无意中的赠品，对我们来说则将是保存为奋斗得来的学识。因为凡是人类在他们伟大的总体中真正**懂得**的东西，是不可能失掉的。

只有**壮健**的人**懂**得**爱**，只有爱领会**美**，只有美造成**艺术**。软弱者之间的爱不过表现为快感的刺激；软弱者对壮健者的爱是谦卑和恐惧；壮健者对软弱者的爱是怜悯和宽容；只有壮健者对壮健者的爱才是爱，因为这是自由的献身，谁也不可能加以强迫。在每一地带，在每一种族，人类都是通过真正的自由达到同样的壮健，通过壮健达到真心的爱，通过真心的爱达到美：美的活动则是艺术。

我们心目中认为是生活的目的的事物，我们用它来教育我们和我们的子女。日耳曼人受的教育是战争和狩猎，对于老实的基督教徒是禁欲和谦卑，对于现代国家的臣民是产业和经营，这种教育甚至通过艺术和科学来进行。如果对我们未来的自由的人类来说，获取生活资料不再是生活的目的，而是通过一种付诸行动的新信仰——或者不如说：学识——知道生活资料的获得必须根据与他自然活动相适应的条件，这已经到了无可置疑的程度，简言之——工业不再是我们的主人而是我们的仆役，那么，我们就将把生活的目的放在生活的欢乐上面，而且努力通过教育使我们的子女既有能力又有本领去享受这种最真实的欢乐。教育，从力量的锻炼、从体格的美的培养出发，从而从对儿童的不受干扰的爱、又从对他们的美的发育的乐趣出发，就会成为一种纯粹艺术的教育，因而每一个人都会在某一方面成为事实上的艺术家。天然倾向的各不相同造成多种多样的艺术，艺术上的多种多样的流派更会造成预料不到的丰富多彩；到了一切人的学识终于要在自由、统一的人类的这一种活动的学识里面寻找它虔敬的术语，那么，这一切充分发展的艺术将会在戏剧、在辉煌的人类悲剧里面找到它最富于理解的集合点。这些悲剧将成为人类的节日：在这些悲剧里面，摆脱了一切的例规和格式，自由的、壮健的、优美的人类将要庆祝他爱的欢畅和痛苦，尊严而又崇高地完成他死亡的伟大的殉情。

这种艺术又将是保守的；可是实际上由于它真正的持久力与旺盛力将使它能够保持自己的地位，不会由于外在的目的而只在那里呼喊保持自己的地位。看吧：这种**艺术**并不是面向**金钱**的！

* * *

"乌托邦！乌托邦！"我听见他们叫嚷。我们现代国家和艺术的野蛮行为的哲人和粉饰专家，那些所谓讲求实际的人们，他们在处理他们的事务的时候，每天都只求助于说谎和蛮干，或者——如果他们还算诚实的话——充其量是无知。

"美好的理想，正如每一种理想一样，只是在我们眼前浮现。可惜的是，它不可能由那注定是有缺陷的人来实现。"好心肠的梦想家为这个天国这样叹气。说起这个天国，上帝将会把这种尘世的生灵的不能理解的错误，至少为他个人，把这种错误加以补救。

他们的确是在最讨厌的状态中生活、受苦、说谎和毁谤。那种状态实际上是虚构的因而是不能实现的乌托邦的污秽的沉滓。他们在伪善的每一门艺术上都为维持对这种乌托邦的谎言卖尽气力而且互相争胜。他们每天都作为最卑劣又最轻薄的狂热的缺肢断腿的残废人，从那里落到最清醒的真理的赤裸裸的平地上，而且从他们的蛊惑出发，把那唯一自然的拯救看作是空想，是乌托邦，正好比疯人院的病人把他们颠三倒四的妄想当作真理，而把真理当作癫狂。

如果说历史上有过真正的乌托邦，实际上无从实现的理想，那就是基督教；因为历史曾经明明白白地指示出来，而且每天都在指示着，它的原则都是无从实现的。这些原则怎么能够真有生气，能够转为真正的生命呢？它根本就是反对生活，否定而且诅咒生气勃勃的事物的。基督教具有纯粹精神的、超精神的性质；它宣扬谦卑、放弃、对于一切尘世事物的轻蔑，而在这种轻蔑中却是——博爱：在现代这个自称为基督教的而且基督教被当作不可触犯的基础的世界上，这种博爱究竟是怎样表露出来的呢？它表现为伪善的傲慢、高利盘剥、对自然财富的掠夺以及对受难的同类的自私的轻蔑。可是这种实行反对思想的严重的对立又从何而来呢？就是因为这种思想是在人类本性霎时萎缩和削弱的情况之下带病发芽的，而且是对人类真正的健康的本性犯了罪的。可是这种本性又是多么坚强，它那不断新生的充沛的力量又是多么不易枯竭，这恰好在那种思想受到全面压力之下得到了证明。当它达到了最内在的一致之后，本来它是不得不完全任由尘世把人类斫丧的，但它却还是认为，人类的本性，包含性爱，是最高的德行。你们这就看到了吧，不管那教会是多么威风凛凛，人类还是保持着思想的充实，使得你们那套基督教一经济学的国家智慧根本不知道应该如何对付这种思想的充实。为了消灭它，你们甚至于寻找社会的谋杀手段。真的，如果人类竟然被基督教谋害了，你们的确是会高兴的，因为从此以后就只有你们可爱的自我的唯一的抽象的上帝在这个世界上独占地盘了。

这就是那一些人，当健康的人类常识面对他们疯狂的实验向真正的、唯一可以眼见手摸的本性发出呼吁的时候，当健康的人类常识所要求于人类的神圣理性者只不过是给我们在无忧无虑地、即使不是轻而易举地寻求维持生活的手段的过程中恢复生物的本能的时候，他们发出了关于"乌托邦"的叫喊！的确，我们没有为人类社会要求更高的结果，以便在这一个基础上建立真正的优美的未来艺术的最辉煌、最豪华的大厦！①

一个现在已经站稳正确立场的艺术家，由于这种立场是永远真正存在的，因此现在就可以着手做未来艺术的工作。每一种姊妹艺术实际上早就已经——因而现在也就这样——凭它丰富的创造表明它自己高度的自觉。可是为什么自古以来，特别是在我们今天的处境之下，那些名贵的作品的热忱的作者都在受苦受难呢？不正是由于他同外部世界——也就是他们的作品应该从属于它的那个世界——接触吗？建筑师不要冒火吗？如果他的创造力必须服从兵营和租赁住宅的订货因而被弄得支离破碎；如果一个画家不得不画一个百万富翁的讨厌的丑相，他能不感到受辱吗？音乐家呢？如果他不得不谱写进餐音乐；诗人呢？如果他不得不写作租书图书馆小说；他的痛苦将会是怎么样？他的创造力不得不浪费在挣钱上面，他的艺术不得不变成手艺！——可是最后，戏剧家将会承受怎样的苦难，如果他想要把一切艺术结合成为最高的艺术作品，成为戏剧？其余的艺术家的全部苦难的汇合！

艺术家创作的东西通过公之于众才能够真正成为艺术作品，至于一部戏剧艺术作品却只有通过戏院才能宣告诞生。可是今天这些处理一切艺术的助力的演剧机关是怎样的呢？工业的企业，甚至于由国家或王侯特别捐款的也是这样：大多数的领导是交托给同一类人，他们昨天指挥一场谷物的投机买卖，今天把他学到了家的知识献给一次食糖的经营，如果②他们不是在侍从官职掌的神剧或类似的官职中为戏院尊严的领会去造就他们的学识的话。

就戏院机关那公众的支配性质来说，以及在公共生活中赋予戏院院长的义务来说，只要你不过是作为干练的投机商人在戏院机关里同群众打交道，不外乎是作为金钱周转的一种手段去为资本生发利息，那么，把指导权，也就是说剥削权，授予

---

① 初版接着还有下面一段："这个经常受到称赞或者驳斥的理想实际上什么也没有。如果在我们用达到的愿望设想的事物中间包含人类本性及其冲动、能力和倾向作为推动的、自愿的力量，那么，所谓理想不外乎是实在的目的，我们意志的决不失误的对象：如果这个所谓理想包含某一意图，而这一意图的满足又不是人类本性的力量和倾向可以做到的，那么这种理想就是病态心情的疯狂的表白，它可不是属于健康的人类常识的。直到现在，在我们的艺术上是有过类似的疯狂的事态的；实际上基督教的艺术理想只能够宣布为固定观念，发高烧时的幻象，因为目标和目的都越出了人类本性的范围，从而必然从人类本性得到它的否定，它的末路。未来人类的艺术在本性的永远新鲜而又茁壮地发荣滋长的土地中扎根，从这里出发提高到前所未有的高度，因为它的成长是自下而上的，正好比大树是从地上长到高空一样，它从人类本性长入人类博大的精神。"

② 初版中没有这一句的后半部分。

在这方面善于经营的行家也就自然是完全合情合理的了：因为一个真正艺术性的指导，也就是与戏院的根本目的相适应的指导，要去服从戏院的时髦目的，当然是不能胜任的。——正是因为这个缘故，每一个有见识的人都必须心里明白，如果戏院无论如何都应该面对它天然的崇高的使命，那它就一定要从工业投机的必然性中彻底解放出来。

要做到这一步怎样才有可能呢？这唯一的机关应该从那一切人及人的任何社会事业都在受其支配的屈从地位摆脱出来吗？不错，正是戏院应该在这番解放事业中走在其他一切的前头；因为戏院是范围最广泛的、影响最大的艺术机关；在一个人还不能够进行他最高尚的活动——艺术的活动之前，他怎么可以希望朝着比较低下的方向成为自由而又独立的呢？到了公职、兵役起码已经不再是工业职业之后，让我们开始解放公共艺术吧。因为正如我前面所指出的，**艺术**在我们的社会运动中分担一份说不出多么高的任务，一项不比寻常的重要的工作。永远年轻的艺术，能够从它自己和最高尚的时代精神经常汲取新鲜的养料，它比那衰老的、受到公众精神的否定的宗教做得更多，做得更好，比那无能的、长期迷失方向的国家智慧更有效率，更有力量。热情的社会运动的潮流容易偏向险恶的礁石和低浅的平野，它能够给它指出美好的崇高的目标，崇高的人道的目标。

要是你们，艺术的朋友们，的确关心怎样在威胁性的狂风暴雨面前保住艺术，那就应该懂得，不仅要保住它，而且要真地使它开始得到它独特的、真正的、饱满的生命！

如果你们，**正直**的政治家，真的要为它出点力，而你们之所以反对你们预料的社会的崩溃，也许只是由于你们在对人类本性的纯洁性的惊心动魄的信念上缺乏理解，担心这一场崩溃会使一种缺陷的状态陷入更加恶劣的地步，——如果你们，我说，真要出点力，要给这场转化注入未来最美好的风俗教化的生气勃勃的保证，那就竭尽全力来帮助我们把艺术还给艺术及其崇高的使命吧！

你们，人类社会每一部分受苦受难的同胞兄弟，你们满怀炽热的愤恨在深思熟虑，怎样从金钱的奴隶变为自由人，你们理解我们的任务，也会帮助我们把艺术提高到它尊严的地位，以便我们能向你们表示，你们是怎样把手艺提高到艺术的地位，把工业的奴仆提高到优美的自觉的人的地位，他对大自然，对太阳，对星辰，对死亡和永恒带着会心的微笑打招呼：**你们也是我的，而我又是你们的主人**！

我向你们的呼吁，你们要是和我们一致的话，对你们的意志来说该是多么容易采取实际步骤啊，那就是使一切艺术机构中最重要的那一种——戏院——必然结出不可避免的丰盛的硕果。国家方面以及公共社团方面首先就要衡量它对此目的所采取的手段，以便把戏院扶植起来，使之能够专心致志遵奉它那更崇高的真理的使命。这一个目的是将会达到的，只要那些戏院得到足够的支持，使得戏院的管理纯粹成为艺术的管理，而且除了艺术家自己之外，再也没有别人能领导得更好了，他们联合起来奔赴艺术作品的目标而且通过合乎目的的规章制度保证他们相互之间发挥有益的效果：最充分的自由能够促使他们结合，全力以赴，适应他们的意图，他们本来就是为了这个意图才从工业投机的命运底下解放出来的；这个意图就是艺术，只有自由的人才能够理解的、孳孳为利的奴隶所不能理解的艺术。

考核他们的成绩的法官将是自由的公众。可是为了使公众对于艺术的关系能够完全自由和独立，还必须在已经走过的路上再向前迈进一步：观看戏院演出必须**免费**入场。只要金钱对一切生活必需品是不可缺少的，只要一个人没有钱就只能得到空气和勉强得到一点水的时候，这条准备采取的措施只可能是为了一个目的：凡是群众集合起来要去观看的真正的戏院演出不容表现为**计较报酬的成绩**，——其中有一种见解，如所周知，是对艺术表演的性质导致最最可耻的误解的：——国家的义务，或者更多地是公共社团的义务，就在于：必须用集合起来的力量为他们全部的而不是个别的成绩给艺术家以补偿。

如果那种力量做不到这一步，那么有一种现在以至永远都会是更好的办法，即凡是作为工业企业才能继续维持的戏院就让它停止活动，至少是那么一段时间，直到公共社团的需要证明它自己缺乏力量去为他们的满足做出必要的公共牺牲。

人类社会有朝一日将发展到那么合乎人性的优美和高尚。当然，光是通过我们艺术的作用是达不到的。可是结合当前不可避免的伟大的社会革命，我们却可以希望而且必须努力争取，因此戏院演出也就会成为第一批公共企业，在那里，完全消灭掉金钱和发财的观念。这样一来，教育也会在上述前提之下越来越发达，直到成为一种艺术教育。因而我们将来也会达到那一步，即大家都是艺术家，于是我们正好是作为艺术家首先能够只是为了事业，为了艺术事业本身，而不是为了顺便搭上去的图利的目的而把我们联合起来从事共同的自由的活动。

艺术及其机关，它们值得祝愿的组织，在这里只能非常简略地提一下，因此将成为将来一切公共社团建设的先驱和榜样。那种联结一个艺术团体以求达到它真正目的的精神，将会在每一个其他社会组织中重新得到体现，每一个组织都给自己定下明确的人类尊严的目的；如果我们达到了正确的地步的话，我们将来的一切社会行为，都应该而且能够继续保存纯粹艺术的本性，正如它独一无二地配合人类高尚的才能一样。

也许**耶稣**给我们这样指点过的吧，我们人类大家都是一样的兄弟；可是**阿波罗**将给这一伟大的兄弟会打上健和美的印记，他将引领人类从对自己价值的怀疑到对他最高的神力的认识走过来。那么就让我们在生活中和生气勃勃的艺术中为这两位人类最庄严的导师建立未来的祭坛吧：**耶稣，他为人类受难；阿波罗，他把人类提高到充满欢乐的尊严的地位！**

未来的艺术作品

题解——《艺术与革命》出版几个星期之后，就需要再版，这次成绩鼓舞了瓦格纳，使他继续进行他的文字工作。同时，这种外界的推动也迎合了他内在的冲动。于是，在1849年10月、11月这段时间里，就产生了这部重要的艺术论著《未来的艺术作品》；1850年初，它在莱比锡奥图，维干德出版社以小册子的形式出版。这一版的前面有一篇给**路德维希，费尔巴哈**的献词（关于他对瓦格纳著作的影响可参看全集第一卷的序言），这篇献词在瓦格纳后来编印全集的时候被删掉了。对那后期转变为热烈的叔本华崇拜者的瓦格纳来说，这样对费尔巴哈的乐观主义的公开表白当然再也不会是合意的了。可是要想由于这个缘故否认1849至1851这些年间费尔巴哈对于这些艺术著作的任何影响，像某些过分热心人士反复尝试的那样，那当然是不能容许的。——与初版比较的某些文字的变动，凡是关系重大的，都在文后注明。

献给路德维希·费尔巴哈以表示我感激的崇拜
——献　词①

除了您再没有别人，敬爱的先生，我能够给他奉献这本著作。因为，借助这本著作我把您的财产奉还给您。只有在某种程度上它不再算是您的财产，而是成为**艺术家**的财产，我不得不犹豫起来，我究竟应该对您采取什么态度：您可不可以同意从一个艺术人的手上收回您作为哲学人布施给他的东西。无论如何，为了表示从您得到而后变为属于我的鼓舞的感激，迫切的愿望和深入心坎的义务终于战胜了我的疑虑。

不是虚荣心，而是一种不可抗拒的需要使我——短期内——成为文人。在最早

---

① 只见于初版，后来删掉了。

的青年时代我写诗和剧本；其中的一部剧本要求我谱写音乐：为了把这门艺术学上手，我成了音乐家。后来我写了歌剧，就把我自己的戏剧诗作谱上音乐。专门的音乐家——根据我表面的地位我属于那一行——承认我有诗人的才能；专门的诗人承认我音乐的本领。我常常能够激发群众热烈的反应；专门的批评家一直在把我踩下去。因此，我从我自己和我的对立面身上得到许多思考的材料：当我想得深远的时候，就会惹得庸夫俗子大生其气，那种人只能愚昧地、从来不愿意头脑清醒地认识一个艺术家。从朋友方面，我常常受到催促，要我把我对于艺术及我所要求于艺术的见解用文字发表出来；但我更倾向于那种努力：只是通过艺术的工作来证明我的意愿。由于事实从来不容许我取得圆满的成功，使我不得不认识到，不是**个别的人**，而是只有**联合一致**，才有可能不容置疑地完成彰明较著的、真正艺术的事业。认识这一点就等于说，只要是在一般情况之下**希望**不被放弃，那就要对我们的艺术和生活处境进行彻底的**反抗**。自从我鼓起了这种反抗的必要的勇气之后，我决定也做文人。除此之外，外在的生活的穷困也促使我这样做。专门的文学家，在最近的风暴停息之后，现在又呼吸着幸福的空气了。他们看到一个写作歌剧的音乐家居然也要从事他们的那门职业，认为实在是岂有此理。但愿他们容许我，作为艺术人，无论如何不会向他们，而是向那些与他们毫无共通之处的**深思熟虑的艺术家**试图陈述我的心事。

可是但愿也有您，敬爱的先生，不会因此责怪我，通过这篇献词给一部作品加上您的大名。虽然这部作品的存在主要是得力于您的著作给我的感印，可是究竟应该如何运用这种感印，也许根本就不符合您的见解呢。不仅这样，正如我所揣测的，对您来说也一定不会漠不关心，通过一份明显的引证去了解一下，您的思想是怎样影响一个**艺术家**的，而这个人——作为**艺术家**——又是怎样抱着诚恳的为了事业的热心，向艺术家，而且决不会向其他人，试图传达这种思想。但愿对于这种热心，当您承认它还不应受非难的时候，不仅在它的表现使您高兴的时候，而且在它使您扫兴的地方，都把它算在它的账上！

理查·瓦格纳

一、泛论人与艺术

1. 自然、人与艺术

人怎样对待自然，艺术就怎样对待人。

当自然界发展到包含了人类生存的各种条件的能力的时候，人类也就完全自发地产生了：一旦人类生活自身创造出为艺术作品的表现所需要的各种条件，艺术作品也就自发地显示出它的生命。

自然界根据需要漫无目的而且无所用心地创造着，塑造着，因而是出于不得不然：同样的不得不然就是人类生活的创造力和塑造力；只有漫无目的而又无所用心的，从真正需要发源的东西，只有在需要里面，才有生活的基础。

自然界的不得不然，只有在它各种现象的互相联系中才能被认识到：人类如果掌握不到这种联系，就会认为它是随心所欲的。

从人类感觉到他与自然界的区别的那一瞬间起，根本上便是他作为人的发展的开始，他从而摆脱了动物的自然生活的无意识状态，以便过渡到有意识的生活，——他自此以后处于与自然界分庭抗礼的地位，并且跟着产生了他对自然的依存性的感觉，在他身上于是发展了思维，——从这一瞬间起开始了作为意识的最初表白的误解。可是误解却是认识之父，认识生于误解的历史就是人类从原始时代直到今天的神话的历史。

人犯错误是从他把自然效果的原因放在自然本体之外，给感官的现象安下一个非感官的、也就是作为人为地随心所欲地想象出来的基础，把自然界既无意识又无目的的活动的无穷的互相联系当作毫无联系的有限的意志表白的故意的行为。在解决这种错误的过程中产生了认识，这种认识就是对各种现象的必然性的理解，这种必然性的基础在我们心目中被认为是随心所欲的。

通过这种认识，自然将会意识到自己的存在，而且是在人的身上，人是通过他与自然界的自我区别达到对自然界的认识的。同时，自然界因此成为人的对立面。可是，这种区别一到人把自然的本体同样当作他固有的本体，那么，各方面就都是真正存在的而且是有生命的。也就是说，人类的存在并不比自然的存在要差一些，它们同样是必然的，于是，不仅各种自然现象本身之间的互相联系，连人类本身与自然界的联系也都被认识到了。

这样，自然界通过它与人的联系，在人的身上达到它的意识。如果说这种意识的实证应该就是人类生活本身，——同时作为呈现，自然的表象——那么，人类生活本身也就通过科学达到他的理解；科学又反过来使得理解成为经验的主题；可是，通过科学获得的意识的实证，通过实证认识到的生活的呈现，生活的必然性和真理的映象，则是——**艺术**①。

---

① 指一般意义上的艺术，或者特指未来的艺术。（瓦格纳）

人类在他的生活没有成为自然的忠实的镜子，没有自觉地遵循唯一真正的必然性，**即内在的自然必然性**之前，是不能成为他能够是这样而且也应该是这样的人的。因为这不是从属于一种外在的、虚构的而且仅仅根据幻想摹制出来，因而不是必然的而是**随心所欲的势力**。可是也只是经过了这一步，人才真正成为人。因为，直到如今，他还只不过是按照从宗教、从民族或者从国家取得的称呼而存在的。——同样，艺术在它成为或者应该成为真正人类以及人类真实的、自然必然性的生活的忠实的、宣示意识的映像之前，也就是说，在它再用不着向我们现代生活的谬误、颠倒和不自然的曲解借用它生存的种种条件之前，是不能成为它能够是而且应该是这样的东西的。

由此可见，真正的人，在由真正的人类的本性，而不是由一意孤行的国家法律来组织和安排他的生活之前，是不可能存在的；真正的艺术，在它的模式只是遵奉自然的法则而不必遵奉时髦的独断专行的脾气之前，是不可能有生命的。因此，正如一个人只有当他愉快地意识到他与自然的联系的时候，他才是自由的；那么，艺术也只有当它无愧于它与生活的联系的时候，它才是自由的。只有对他与自然的联系充满愉快的自觉，人才能够克服他对自然的依存性；艺术呢，只有取得它与真正的、自由的人类生活的联系，艺术才能克服它对生活的依存性。

2. 生活、科学与艺术

如果人是不由自主地根据他对自然的随心所欲的见解产生的概念组织他的生活，如果他是在宗教上抓紧这些概念的不由自主的表现，那么，对他来说，这些概念就将成为科学上有意的、自觉的见解和探索的对象。

科学的道路是从误解到认知的道路，从想象到现实的道路，从宗教到自然的道路。因此，人在科学的开头是这样和生活对立着的，正如在那区别于自然的人类的生活的开头，他与自然的各种现象对立着一样。人的各种见解的故意性在它的总体上接纳了科学，除此之外，生活自己又在它的总体上遵循一种不由自主的、不得不然的发展。这样一来，科学就承担了生活的罪孽，又通过它的自我毁灭来赎罪：它在它的纯粹的对立面中，在对自然的认识中，在那无意识的、不由自主的、因而是不得不然的、真实的、感官的事物中结束。这样看来，科学的本质是有限的，生活的本质则是无限的，正如谬误是有限的，真理则是无限的一样。可是，所谓真和活只能是感官的而且是服从感觉世界的条件的。谬误的极度的高涨是科学对感觉世界的否认与侮蔑的傲慢；反之，它最高的胜利则是由它自己招来的，这种傲慢在它对感觉世界的承认中的没落。

科学的终点是辨别清楚的无意识，是自觉的生活，是作为被认识到的有思想的感觉世界，是随心所欲在必然性的意愿中的没落。因此，科学就是认识的手段，它的程序是间接的，它的目的是中介性的；与此相反，生活则是直接的，自决的。既然科学的解决是直接的、自行制约的，也就彻头彻尾是对真正的生活的承认，那么，这种承认正是在艺术中，或者更不如说是在**艺术作品**中得到它最诚实的直接的表现。

也许艺术家首先并不是直接处理他的对象的；他的创作当然是中介性的、有选择的、故意的——可是正当他进行中介和选择的时候，他活动的工程还不是艺术作品；他的处理更多地是属于科学的、探索的、研究的，因而是故意的和失误的。一直要到选择对了头，要到这种选择是非此不可而且又选定了那非此不可的东西，也就是说，要到了艺术家在主题中重新找到他自己，正如完全的人在自然中重新找到他自己一样，——要到这个时候，艺术作品才能进入生命，要到这个时候，才能有一点真正的、自决的、直接的东西。

因此，只有真正的艺术作品，这就是说，**直接诉诸感官的**。在它最赤裸裸地现**身的瞬间展示出来的艺术作品**，才算达到艺术家的解脱，创作的故意的最后痕迹的清除，直到如今只是想象的无可怀疑的确定性，感觉世界中的思想的解放，生命中的生活需要的满足。

在这一意义上的艺术作品，作为直接的生活纪录，因此成为科学与生活的最美满的和解，成为战败者从他们的挫败中拯救出来的、向他们心悦诚服的胜利者恭谨奉献的花环。

3. 人民与艺术

思想——亦即科学——进入艺术作品的拯救，将会是不可能的，如果生活本身弄到依附于科学的空论的话。如果自觉的、任意的思想实在是完全支配了生活，如果它能够占有生活冲动并使之从绝对需要的必然性转向另一种意图，那么，为了转化为科学，生活本身就将被否定；而且科学凭它那过度扩张的傲慢的确做过这一类的好梦。至于我们那个被统治的国家，我们现代的艺术正是这些好梦的无性别而又无生育的产儿。

人民重大的漫不经心的谬误——正如它一开头就在那些宗教见解中所宣示的那样，又在神学和哲学领域成为独断专行、空洞无物的思维和划分体系的出发点——就在各门科学方面，主要是凭借它的结拜姊妹——政治策略，登上了权力的宝座。有了权力就提出了不算小的要求，倚仗内心蕴藏的神圣的不可侵犯性，来安排以至支配世界和生活。循此以往，这种谬误将会在千秋万代得心应手的破坏中始终无法解决，如果这同一种生活的权力不倚仗内心蕴藏的天然的必然性回过头来把它切实消灭的话。因为这种谬误是它漫不经心地引出来的，现在要消灭它，就要用那样的决定性和明确性，使得那放肆地从生活脱离出来的才智终于认清，除了无条件承认这唯一具有决定性和明确性的东西之外，再也没有别的什么可以使它从真正的狂乱中得救的了。可是这种生活的权力却是——**人民**。——

谁是人民？当务之急首先就在于我们在明辨这个非常重要的问题时要取得一致的意见。

人民从来都是**众归于一**的总括概念，它造成一个**共同体**。开头是家庭和种族；然后是通过语言共同性结合起诸种族而成的民族。实际上由于罗马世界帝国，它把各民族吞噬；理论上由于基督教，它只容纳那类人，即所谓基督教徒，而不容纳民族人；弄得人民这个概念扩大（或者也可以说是发挥）到这个地步，以致我们可以把这个概念理解为一般的人，或者根据随心所欲的政治的假设理解为公民中特定的一部分，通常是指无产的那部分。可是这个名字除了轻佻的意义之外，还包含有不可磨灭的**道德**的意义，而且为了这后一种意义还会出现这样的事情，即逢到动乱的、人心惶惶的时代，就喜欢把一切都算在人民一边，每一个人张口闭口都在说，照顾人民的福利，没有一个人愿意听脱离人民的话。因此，就在我们最近的时代，也会经常在各种各样的意义上提出这个问题：究竟谁是人民呀？能不能够在所有国民的总体中分出特别的一部分，其中特定的一群，要求单独专用这个名字呢？难道不是我们全体都算"人民"吗，从乞丐到王侯？

这个问题一定要根据决定性的世界历史性的意义来求得解答，因为这种意义是给它打下了基础的：

人民是一切**感到共同需要的一类人**的总括概念。因此，凡是认识到他们自己的急难即是共同的急难，或者把它放在共同急难的基础上的人都属于这一总体；这样一来，所有要缓和他们急难的人只有在缓和共同急难的过程中才可以这样希望，然后为缓和他们那被承认为带有共同性的急难使出他们的全部生命力；因为只有推到极端的急难才是真正的急难，也只有这一种急难才是真正的需要的力量；只有共同的需要才是真正的需要；只有谁感觉到真正的需要才有要求得到满足的权利；只有真正的需要的满足才是必要性，而且只有**人民才是根据必要性行事的**，因而是不可抗拒的，常胜的，唯一正确的。

究竟谁不属于人民，谁是人民的敌人？

凡是**没有急难的感觉的人**，也就是说，他们的生活冲动不是由于需要，不是上升到急难的力量的需要，因而自以为是、虚假、自私，因此不仅不是包含在共同需要里面，而且作为纯粹保持过分的需要——作为一种缺乏急难的力量唯一能够加以考虑的需要——与共同的需要处于截然对立的地位。

没有急难的地方，就没有真正的需要；没有真正的需要的地方，就没有必要的活动；没有必要的活动的地方，就只有一意孤行；凡是一意孤行猖獗的地方，那可就是违反本性的每一种丑事、每一种罪行的蓬勃兴起。因为只有打退、拒绝以至阻挡这种真正的需要的满足才能够设法满足那自以为是的、虚假的需要。

可是自以为是的需要的满足却是**奢侈**。说到奢侈却是只有站在另一方面的对立地位而且牺牲那一方面的欠缺的需要才能产生和维持的。

奢侈之所以是那么全无心肝、毫无人性、从不餍足而且自私自利，同那唤起奢侈的需要一样，因为它本质上总是不断升级，要价太高，永远是无法如愿以偿的。因为这种需要本身就不是自然的，因而是不能满足的。而且还由于另一个原因，它是虚假的，因而也就没有真正的、实在的对象，也就是说可以从中得到解决，可以自行消除、自得满足的对象。真正的感性的饥饿有它的自然的对立面：饱食，它从这对立面——通过食品——得到解决。不必要的需要，追求奢侈的需要，本身就是一种奢侈，一种多余；其中的谬误因此永不可能向真理转化：它总是不得安宁地被拷打、受折磨，焦燥而且苦恼，使精神、心灵和思想无谓地憔悴下去，吞噬掉生活的一切兴趣、欢畅和快乐；为了那唯一的、实则无从实现的爽快的瞬间，浪费掉成千成万的受苦人的劳动和生命力；又从成千成万穷人的捱饥捱饿上面过生活，根本不让他自己的饥饿仅仅得到瞬间的餍足；他把整个世界用专制主义的铁链锁住，却不让暴君的金链有一瞬的断裂，原来这正是他自己。

这个魔鬼，疯狂的没有需要的需要，需要的这一种需要，——**奢侈的需要**，所谓需要**本身就是奢侈**——统治着世界；这个奢侈，就是工业的灵魂，为了把人当机器来使用，工业可以把人弄死；它就是我们国家的灵魂，国家宣布人是寡廉鲜耻的，为了开恩把人当作臣仆来使唤；它就是我们自然神论的科学①的灵魂，这种科学把人向一个非感性的上帝，亦即一切精神奢侈的出口，扔过去供他腐蚀；它还是——啊！——我们的——艺术的灵魂，艺术的先决的条件！——

究竟谁来完成摆脱这种不幸处境的拯救呢？——

急难，——使人感到**真正的需要**的世界的急难，**这是根据它的本性来说确实存在的然而也是可以满足的需要。**

急难将会结束奢侈的地狱；它将会向那些关在地狱里面的鬼魂传授纯粹合乎人性的感官的饥和渴的简单而又平易的需要；它将指点我们共同一致地走向养人的面包，走向天然的清甜的流水；我们将会共同地真正享受，共同地做真正的人。可是我们也将会共同地缔结神圣的必要的同盟，那个给这一同盟打上印记的兄弟之吻就将会是**未来的共同的艺术作品**。在这种艺术作品里面，我们伟大的恩人和救主，必然性的有血有肉的代表——**人民**，也不会是再有什么差别、什么特殊的了；因为在艺术作品里面我们将成为一体，——必然性的承当者和指示者，无意识的知晓者，不经心的愿望者，本性的见证，——**幸福的人们**。

4. 人民作为艺术作品的制约的力量

一切现存的东西都依赖于它所赖以存在的条件：不论是在自然界还是在生活中，没有一样东西是独立存在的；一切都有它在一种无穷的与一切互相联系中的依据，就是那故意的、不必要的、有害的东西也不例外。有害的东西在对必然的东西的阻碍中显示它的力量，不错，它的力量，它的存在唯一应该归功于这种阻碍，因而实际上它只不过是必然的东西的昏厥。如果这种昏厥是持续性的，那么，世界的自然秩序可要变成另一个样子；故意的东西将会变成必然的东西，必然的东西可要变成不必要的东西。可是那种弱态只是暂时的，因而是表面的；因为必然的力量归根结蒂也主要是作为存在和故意的唯一的条件而生存，而支配的。因此富人的奢侈唯有通过穷人的窘乏才能成立；而这恰好又是穷人的急难，无休无止地向富人的奢侈投掷新的消费资料，同时，穷人——由于对他生命力的营养的需要——只好把他自己的生命力为富人做出牺牲。

这样一来，生命力，具有地球性质的生活需要也曾经哺育了那些有害的力量，

① 初版作"抽象的科学"。

或者不如说那些原始结合和生产的现存的势力，这些力量本来就是妨碍那些真正适应它的生命力和性能的表现的。其所以是这样的原因在于那实际存在的丰富，现存的生产力和生活资料的充溢的积累，物质的永不枯竭的富饶：自然的需要因此就是高度的繁复性和多样性，从而使得这种需要的满足终于达到了，或者不如说把它弄到了这个地步，以致它——姑且这么说吧——面对那成批成批原先由它喂得饱饱的个体的独占再也无能为力，这就是说它溶解为多样性。——这种独占的，个体的自私的东西只是善于索取，可是不会给予：它只能让人养育它，自己却是无生殖力的；属于生殖的是那个所谓"忘情尔汝"，是自利主义化入共产主义。因此最充沛的生殖力是存在于最广大的多样性之中，而当大地山河在它对千变万化的多样性的施与过程中得到满足的时候，它就借此进入饱和、自我满足、自我享受的境界，这种境界在它当前的和谐中显示出来；它现在不再在大量的总体的变革中发生影响，它的革命时期已经结束，它现在就是它能够做到的，因而也是根本能够做到而且一定是非此不可的；它再也不必把它的生命力浪费在无生殖力的事情上面，它通过它全部的、无限广大的领域，创立了多样性，男性的和女性的，永远自我更新和繁殖的，永远自我完成、自求满足的种种事物，——而且在这一种无限的互相联系中它于是成为持久的，无条件地成为它自己。

在自然界**在人类本身**的伟大的发展过程的陈述中，人类——从他自行区别于自然界以来——也就逐渐形成。这同一种必然性是伟大的人类革命中的推动力，这同一种满足将会结束这场革命。

那一种推动力，根本就是实实在在的生命力，看它如何在生活需要中发挥自己的功能，就它的本性而论却是无意识的、不经意的，正因为它是置身于——人民之中，也就成为唯一真正的、决定的力量。因此，当我们那些教师爷胡说什么人民在他有能力、有权利提出愿望之前，必须先**懂得**他要什么，也就是说依照他们的意见他应该想要什么的时候，他们就陷入了重大的错误。从这一种错误引起了最近各种运动的一切不幸的一知半解，一切的无能，一切可耻的弱点。

真正被了解的东西，只不过是通过思维成为手摸得到、眼看得见的对象的、实实在在而又诉诸感官的存在；只要思维不能够把那感性上当前的现实和那从知觉上游离开来的虚设或者过去的东西凭借对它的必然的联系的无条件的承认显示出来，这种思维就是随心所欲的；因为这一种显示正是理性的知识。可是，这种知识越是真实，它就必然越是能够正确地作为唯一通过它与那达到感性现象的、真正完工而且完善的事物的联系而有条件地被认识，因而就在现实的基础上承认它自己。可是，只要思维脱出于现实范围之外去构想未来的现实，那就不可能产生**知识**，而只能表现为**妄想**。这是和无意识大有区别的：只有能够交感地而且毫无顾虑地沉浸到感性里面去，沉浸到真正的感官需要里面去，才能够参与无意识的活动；而且只有那通过不经意的必然的**需要**所揭示出来的东西，真正感官的行为，才能够重新成为思维和知识的使人满足的对象。因为人类发展的行程是合乎理性的、自然的行程，从无意识到意识，从无知到知，从需要到满足，而不是从满足到需要——至少不是到这样一种需要，它的尽头是另一种满足。

因此，有创造力的并不是你们知识分子而是人民，因为需要推动着他们去创造：一切伟大的发明创造都是人民的功劳，反之，知识分子的发明创造只是剥削，引入邪道，是的，只是对于伟大的人民创造的窬割和毁坏。不是你们创造了**语言**，而是人民；你们只会把语言的感性的美点损害了，把它的力量破坏了，把它的内在的理解丢失了，你们只能够回过头来对那丧失掉的东西辛辛苦苦地进行研究。**宗教**的创造者不是你们，而是人民；你们只会把它内心的表现歪曲了，把宗教里面安排的天堂变成了地狱，把在宗教里面宣示的真理变成了谎言。**国家的**创造者不是你们，而是人民；你们只不过是把它从共同需要的天然的结合弄成了不平等需要的不自然的强迫捏合，从一个对一切人有益的保护契约弄成了特权人物的做坏事的保护手段，从人类乐意运动的身上一件柔软的、韧性的衣服弄成了一副硬邦邦的徒然塞得满满的铁甲，弄成了一个历史武库的装饰。不是你们给予人民以生活，而是人民给予你们；不是你们给予人民以思维，而是人民给予你们；因此不应该是由你们去教育人民，而是应该让人民来教育你们；而且我借此面向**你们，不是面向人民，**——因为对他们只要三言两语就够了，连"做你必须做的！"这声呼唤也是多余的，因为他们会自动地去做他必须做的一切。我是遵循人民的旨意——可是必然要采用你们的表现方式——面向你们，你们这些有知识而又聪明的人们，用人民的全部善意，在自然界的清泉旁边，在人民的充满爱顾的拥抱中，给你们同样奉送摆脱自私自利的魔法的拯救。——同是这个地方，我找到了它，它在我身上成为艺术家；同是这个地方，经过出自内心的希望和向着外界的绝望之间长期的战斗之后，我获得了对未来的最勇敢、最可靠的信念。

这样一来，**人民**就将完成拯救工作，他们自己得到满足，同时又拯救了他自己的敌人。他的处理方式将是自然的不经意的方式：凭借原始主宰的必然性，它将会摧毁那唯一造成非自然的统治的条件的**联系**。只要这些条件存在一天，只要这些条件一天在从人民的被浪费的力量抽吸它的生命液汁，只要这些条件——本身是无生殖力的——一天在它那自私自利的存在中无谓地消耗人民的生殖力，——在这种状态之下，一切示意、制作、改变、改良、改革①都将不过是一意孤行的、毫无目的而又毫无结果的。对于那些实际上什么都谈不上的事情——原来是不必要的、多余的、空洞无物的——人民只要通过实际行动就可以加以否定；同时，他只要知道他不要什么就可以，他的自然而然的生命本能教他知道这一点；只要通过他急需的力量，他就可以使这种**不愿意**的东西变为一种**不许有**的东西，把那活该消灭的东西加以消灭，这样一来，那解开哑谜的未来的**某一点**也就自行来临了。

如果那些容许多余的人吸食必要的人的骨髓的条件被排除掉了，那么，必不可少的、真正的、不灭的东西的催生条件就会应运而生：如果那些容许奢侈的需要继续存在的条件被排除掉了，那么，满足人类**必不可少**的需要的条件就会应运而生，通过自然界和自己的人类生殖力的充沛的积累，它是那么无限的丰富却又仍然保持着适当的程度。如果**时髦**的统治的条件被排除掉了，那么，**真正艺术**的条件也就会自行出现，正好比经过一下魔术的手法，它，这个人道最高贵的见证人，神圣的、光辉的艺术，就会像大自然一样开放出丰满的、完美的花朵，当它那现在向我们展示出来的和谐的构造的条件经历了原始的阵痛诞生出来之后：可是，它将同自然界这一种幸福的和谐一样继续存在，而且永远传宗接代地保持下去，作为完善的人类最高尚又最真实的需要的最纯洁、最完美的满足，这种人就他的本质上说就是**能够**造成，因而也是**应该**造成而且**将要**造成的。

5. 抽象和时髦统治之下当代生活违反艺术的构造

第一位的，一切现存的和可以想象的东西的起点和基础，是真正的感性的存在。它的生活需要——作为它所属**种类的共同的**生活需要的觉察，在与自然界及包含于自然界之内的、与人类有别的生物的种类的差别中——是人类思维的起点和基础。就这一点而言，思维是人的本能，它不仅根据那些真正的和感性的东西的表现去感觉，而且根据它的特点去区别它，最后是在互相联系中去掌握它而且将它显示出来。一种事物的概念就是它真正的本质在思维中显示出来的画面；一切可认识的特点的画面收入全景的显示，思维又在全景中根据它们的互相联系把一切现实在概念中的特点加以具体化，是人类灵魂和精神的最高活动的劳作。如果人在这幅全景里面有

---

① 谁能够比那正是最老实地从事工作的人对他改革的努力的成绩抱更少的希望呢？（瓦格纳）

了这个画面，这个概念，也包括他固有的特质，是的，——如果这一具体化了的固有的特质根本就是在整个思想艺术作品里面艺术地表现的力量，那么，这种力量以及由它表现出来的一切现实的总体，究竟不过是从现实的、感性的人产生出来的，归根结蒂也就是由于他生活的需要，最后是由于唤起这种生活需要的条件，由于自然界现实的、感性的存在产生出来的。可是，凡是在思想上听任这结合的链条自由放纵的地方，凡是经过加倍和三倍的自我具体化终于把自己理解为它的基础，凡是精神不被认为是最后的和受到制约的而是被认为是第一位的和最不受制约的地方，因而被理解为自然的基础和原因的地方，——那里必然性的纽带也就会被解除，于是乎独断专行就会放肆地横冲直撞，——漫无限制地，自由地，像我们的形而上学家那样胡说八道，——通过思想的作坊，作为疯狂的河流倾泻入现实的世界。

如果精神创造了自然界，如果思想制造出现实，如果哲学家产生在人类之前，那么，自然界、现实和人类也就不再是必然的了，那么它们的存在就是多余的，甚至是有害的；可是最多余的东西却是**完美的东西存在之后**的不完美的东西。根据这种说法，自然界、现实和人类只有一种意义，一种存在的资格，——当精神，——不受制约的，独一无二地自为基础和原因，因而也是自成法则的精神，——根据其绝对的至高无上的旨意对它加以运用的时候。如果**精神本身**是必然性，那么，生活就是故意造作的，一种幻想的假面戏，一种游手好闲的消磨时间，一种轻浮的任性，一种精神的"从吾所好"；那么，一切纯粹人性的需要就都是奢侈，然而奢侈却是实实在在的需要；那么，自然界的丰富就是不必要的，那些文化的歪种却是必要的；那么，人的幸福就是次要的，抽象的国家却是主要的；人民就是偶然的材料，王侯和贤人却是这一种材料的必然的消费者。

如果我们把结尾当作开头，把满足当作需要，把饱食当作饥饿，那么运动呀，前进呀，也就只有在矫揉造作的需要中，在刺激出来的饥饿中才是可以设想的了；实际上这正是我们今天全部文化的生命兴奋剂。它的术语则是——**时髦**。

时髦是人造的刺激剂，凡是自然的事物不在手边的地方，那里就会唤起一种不自然的需要：可是凡是不从真正需要出发的东西都是故意做作的、无制约的、专横的。因此时髦是闻所未闻的、最疯狂的专制，是从人类本性的绝无仅有的颠倒中产生出来的：它向自然要求绝对的服从；为了一种虚构的需要的利益，它对真正的需要发出完全自我否定的命令；它强迫人类的自然的美感拜倒在丑恶的脚下；它残害美感的健康，以便教给它对病态的爱好；它破坏它的刚强和力量，以便教它在衰弱方面感到舒畅。凡是最可笑的时髦统治的地方，自然就不得不被认为是最可笑的；

凡是罪恶性的不自然统治的地方，自然的表现就不得不被看作是极端的犯罪；凡是癫狂占据了真理的地位的地方，真理就不得不被当作狂人来加以禁闭。

时髦的本质是最绝对的单调性，就好比它的上帝是自私自利的、无性的、无生殖力的一样；因此它的动作就是随心所欲的改变，不必要的变换，对它的本质的对立面的不安定的、迷乱的追求，也正是那绝对的单调性的对立面的追求。它的势力是习惯的势力。**然而习惯**却是一切软弱、怯懦，实际上是无需要的不可克服的专制君主。习惯是利己主义的共产主义，共有的、无必要的利己的坚韧的纽带；它人为的生命兴奋剂正是时髦的兴奋剂。

由此可见，时髦并不是自发的艺术的产物，而只不过是从它的对立面，从自然界引出来的人为的歪道，根本上它却是唯一必须从自然界得到自己的哺养的，正如上流阶级的奢侈只能从下层的、劳动的阶级对满足自然需要的追求得到哺养一样。因此时髦的做作也只能从实在的自然界产生：所有它的种类、花哨、装饰，归根结蒂都不过是从自然界中得到它的样本；它，正如我们在最广远的迷惘中的抽象的思维一样，就它原始的特点而论，除了在自然界和人类身上诉诸感性、诉诸形式的东西之外，什么也想象不出来，什么也创造不出来。可是它的做法却是傲慢的做法，任意脱离自然的做法：它在它实际上只应该一切处于隶属地位而且听从指挥的地方，却在那里指手画脚，发号施令。因此在它的造型中它就只能歪曲而不能表现自然；它只能**引入邪道**，而不能**创造**，因为创造实际上也不过是**发现**，也就是对自然的发现和认识。

由此可见，时髦的创造即是机械性的创造。所谓机械性的创造之所以区别于艺术性的创造，即在于它是从邪道到邪道，从手段到手段，最后总归只能够产生一种手段，**机械**；反之，艺术性的创造恰好走的是一条相反的道路，手段加手段扔到后面去，邪道到邪道一眼也不看，以便最后带着他需要的心领神会的满足来到那一切邪道、一切手段的源泉，即**自然界**。

这样看来，**机械**即是要求奢侈的人类的冷酷的全无心肝的慈善家。通过机械使得他连人类的理智也终于弄成卑贱的了；由于脱离了艺术性的倾向，脱离了艺术性的发现，它终于在机械性的狡猾中，在与机械合为一体而不是在艺术作品中与自然合为一体的过程中否定了自己，污辱了自己，消耗了自己。

这样看来，**时髦**的需要就是**艺术**的需要的笔直的对立面；因为艺术的需要是不可能在时髦等于生活的立法的权力的地方存在的。事实上，我们时代个别热情洋溢的艺术家的努力也只能够期望从艺术的立场和通过艺术的手段着手启发那种必不可少的需要：可是，这样的一切努力却只能无可奈何地看它毫无结果而且化为乌有了事。对于精神来说最不可能的是唤起需要；要适应那真正存在的需要，人是到处都可以而且能够迅速地找到那种手段的，可是在自然界无能为力而又缺乏相应的条件的地方，你就无从唤起了。然而，如果不存在对于艺术作品的需要，那么艺术作品也就同样是不可能出现的了；只有未来才有可能给我们为它催生，而且是从生活取得它诞生的条件。

只有从**生活**出发，也只有从它出发，才能够使那追求艺术的需要得到发育的机会，艺术才有可能获得**材料**和**形式**：凡是生活由时髦塑造形式的地方，艺术就不能从生活塑造形式。那个错误地脱离开自然界的必然性的精神一意孤行地——而在那所谓卑下的生活本身却是不经意地——采取某一种方式对生活的材料和形式施加它歪曲的影响，以致在它的脱离状态中终于陷入不幸的、向自然界追求真正的健康的营养、追求与它重新联合的精神，再也不知道如何才能在真正的现代的生活中找到使之满足的材料和形式。如果有什么促使它在追求拯救的努力中走向对自然界的毫无保留的承认，如果它能够在对自然界的最忠实的表现中，在艺术作品诉诸感性的历历在目的工作中与自然界取得和解，那么它就会看清楚，这种和解是不可能通过诉诸感性的历历在目的承认和表现，亦即通过对于被时髦歪曲了的生活的承认和表现取得的。因此它必须不经意地在他艺术性的追求拯救的努力中立定主意去处理；它必须了解，自然界在健康生活中将会完全自发地当面出现，因此它要探求它，就必须善于在较少歪曲，终于在最少歪曲的表象中去察觉它的存在。任何地方、任何时候，人都会给自然披上——即使不是时髦的——总归是合于**风俗**的衣服；当然，最自然、最简单、最高尚、最美丽的风俗就是自然界的最少歪曲的表象，还不如说它是最合乎自然的合乎人性的衣服：它是模仿，它是这种风俗的表现，——没有这种风俗，就没有任何地方的现代艺术家能够回过头来表现自然界的面貌，——可是，如果面对今天的生活还是照样再来一意孤行的、离不开故意统治的那一套，还有这样一本正经地努力依照自然的面貌创作出来、构造出来的东西出现，只要它一送到当今的公共生活面前去，它要么是不能被理解的，要么甚至于又是一宗新发明的时髦的玩艺。

实际上，我们在现代生活内部及其对立面应该归功于追求自然的努力的，只有**手法**及其频繁的不安定的变换。可是手法却是漫不经意地表现为对时髦的本质的违反；缺乏任何与生活的必然的联系，它正如时髦之于生活一样，装模作样地闯入艺术里面去发号施令，同时髦融合起来，用一种像它一样的**势力**去统治每一种艺术流派。除了它的一本正经之外，它也——带着几乎一点不差的不得已——显示出充分的滑稽；除了古希腊、文艺复兴和中世纪之外，洛可可、新发现的国家的野人种族的风俗和衣着，以至中国人和日本人的原始风尚，都在某一时期，而且或多或少地作为"手法"支配了我们所有的一切艺术门类；是的，对那宗教上无足轻重的高贵的戏剧界将会演出各个教派的狂热，对我们时髦界的奢侈的装模作样演出施瓦本的乡村农民的天真，对我们工业界那些喂得满身肥肉的天神演出饥饿的无产阶级的苦难，论效果那只是谈不上什么刺激的刺激，论手法那只是随便变换的时行的手法。

现在到了这一步，当精神在艺术作品中进行与自然的重新联合的艺术性的努力的时候，要么指向未来的唯一的希望，要么被推向隐退的可悲的体力练习。它懂得，它只能在诉诸感性的、历历在目的艺术作品中得到它的拯救，因此也就只能够在真正需要艺术亦即为艺术所制约的，从固有的自然之真和美产生艺术的当代才能得到，因此寄希望于未来，这就是说信赖必然的势力，未来的作品就是为这种势力保留的。它面对当代，放弃艺术作品在当代的浅薄、公众的浅薄上面的发表，更进一步是放弃公众本身，如果公众一天是从属于时髦的话。伟大的综合艺术作品，包含艺术的一切门类的综合艺术作品，为了有利于达到**一切**的，亦即完善的人类本性无条件的直接的表现的综合目的，它要把各门类中的每一个别门类都作为手段在一定程度上消耗掉、消灭掉，——这一种伟大的综合艺术作品，它不会当作个别人的随心所欲的可能的工作，而是被视为未来人类不得不然地想象得到的共同的作品。这种冲动，认识到只能在通力合作中才能得到满足的冲动，谢绝现代的通力合作这样一种故意做作的私心的互相联系，以便在自己和未来人类的孤独的通力合作中，尽孤独者力所能及，使自己得到满足。

6. 衡量未来艺术作品的标准

并不是孤独的、得救之后在自然界进行艺术性的努力的精神，就能够创造未来的艺术作品。只有那孤独的、通过生活得到满足的，才能够做到这一步。可是他能够想象，为了使想象不陷入一种妄想，他的努力，他追求**自然**的努力的特性给他以保证。渴望复返自然的，因而在现代的面前不能得到满足的精神，不仅在自然界的总体中，而且也特别在历史地显示在他面前的**人性**的自然界中找到种种画面，通过这些画面的观察，他善于与一般生活取得和解。他从这个自然界为一切未来的事物辨认出一幅在较狭窄的界限之内已经呈现出来的画面：如何预想这一界限向最广阔的范围的延伸，关键在于他渴想自然的冲动的想象能力。

人类发展的两个**主要动因**清楚地载于史册：**种族上民族的和非民族的世界性的**。如果我们现在是放眼未来去迎接第二种发展行程的完成，那么我们就可以从过去明白无误地看到第一种发展行程的完全的结束。人类能够达到怎样的高度，——就他根据种族的起源、语言的共同性、气候的类似和共同乡土的天然状态达到的程度看，都是无意识地听任自然的影响的，——在这样一种几乎直接成形的影响之下能够发展到怎样的高度，我们的确有充分的理由抱着欣喜的心情去承认。我们对一切人民的自然风习，只要他们是正常的人，甚至于显得最粗野的也是这样，只有根据他们丰盈的高贵，他们真正的美，才能认识到人类本性的真相。没有**一种**真正的德性被当作上帝的戒律吸收到任何一个宗教里面去的时候不是原本就包含在这种自然的风习之中的；没有一个被后来的文明国家——只是可惜遭到十足的歪曲！——发展了的真正合乎人性的正义概念不是在自然的风习之中已经有它准确的表现；没有**一种**被后来的文化——带着傲慢的忘恩负义！——占为己有的真正为公共造福的发明不是从那风俗的培育者天然理智的劳作中引伸出来的。

说到**艺术**，它可不是一件假造的产品，——艺术的需要并不是随心所欲地搬弄出来的，而是一种自然的、真正的而且未经歪曲的人类原始固有的需要，——谁能够比那各族人民证明得更为确凿无疑呢？是的，如果不从这一种艺术冲动的感知和从那自然发展的各族人民、**人民**中间的艺术冲动萌发出来的辉煌的果实去取得证明，我们还能够从什么地方去取得证明呢？除了面对**希腊**的艺术，我们还能够面对哪一种现象而为我们轻浮的文化的无能感到更深的屈辱呢？我们盯着它，盯着那大慈大悲的自然的宠儿，最美的人的艺术，这是孕育为怀的母亲直到今天时髦文化的苍白日子里都作为她所能造就的不可否认的着着胜利的证据为我们保留着的艺术，——盯着那辉煌的希腊艺术，以便从它那内在的理解去领会，未来的艺术作品必须是什么样子的！自然界能够做到的，一切都做了，——它养育了希腊人，在它怀中哺养他，通过它的母性的智慧教育他；它充满母性的自豪把他交给我们，并向我们人类全体从母爱中发出呼唤："这是我为你们做的，现在你们就凭对你们的爱做你们所能做的吧！"

现在我们的义务根本就是使**希腊**的艺术成为**人类**的艺术；把那些只是制约着**希腊**艺术而不是**全人类**的艺术的条件废除掉；**宗教的外衣**，穿上它，宗教是唯一的一种希腊人共有的艺术，脱掉之后，宗教作为自私自利的、个别的艺术种类，便再也不能适应普遍的需要，而是只能适应奢侈的——即使是一种美丽的！——需要，对于这一种特殊的**希腊宗教**的外衣我们理应用以使未来的宗教——**普遍的宗教**的纽带得以扩大，以便我们现在就能够做出关于未来的艺术作品的合理的设想。可是，恰巧是这一条纽带，**未来的宗教**，我们这些倒霉蛋却是无从编结的，因为我们，内心感到追求未来的艺术作品的冲动的人，即使有那么多，终究不过**是个别的，孤独的**。艺术作品是活灵活现的宗教；——可是各种宗教都不是艺术家发明的，它只是在**人民**中间产生的。

现在我们就姑且满足于这种情况吧，那就是从现在起——不带任何一点自私自利的虚荣心，不花心机去寻求任何一种利己的幻想的满足，老老实实地而且发挥充满热爱的献身精神寄希望于未来的艺术作品，——首先就是考察艺术**各个部门**的特质，今天陷入分崩离析的状态的各个部门正在构成当代一般的艺术性质；让我们加强我们的眼力去从事对希腊人的艺术的这种考察吧，然后就勇敢地、信心十足地做出对那**伟大的、共同一致的未来的艺术作品**的结论吧！

二、艺术性的人和由他直接引导出来的艺术

1. 人作为他固有的艺术性的主体和材料

人是**外在的**和**内在的**。他以艺术性的主体的身份加以支配的感官是**眼睛**和**耳朵**：对待眼睛是以外在的人的身份，对待耳朵是以内在的人的身份。

眼睛掌握人的**肉体的形象**，比较它和周围的人的异同并把它与周围的人区别开。肉体的人和他通过外在的接触接受到的印象不经意地表示出来的感性的痛苦或感性的快感直接诉诸眼睛；他也间接地把眼睛不能直接识别的内在的人的感觉通过神色和动作传达给眼睛；通过眼睛本身的表情，眼睛对静观的眼睛的直接的遭遇，他又不仅能够传达心灵的情感，而且能够传达理智的富有特性的活动，而且那外在的人越是善于准确地表现那内在的人，就越高地显示出他作为艺术性的人的资格。

可是内在的人对耳朵的传达却是直接的，而且是通过他**嗓音的音调**。音调是情感的直接的表现，正如它的生理的位置是在心脏，这个血液运行的出发点和回归处一样。音调从心灵的情感通过听觉的感官重新向心灵的情感穿过去；情感人的痛苦和欢乐通过嗓音的音调的多样表现又重新传达给情感人。而且，凡是外在的肉体的人在他为了表现和传达内在的心灵的情感的特点所需要的表现能力和传达能力诉诸

眼睛受到限制的地方，决定性的传达就通过嗓音的音调诉诸听觉，而且通过听觉进入心灵的情感。

如果嗓音的音调的直接表现向具有同感的关心的内在的人传达个别的心灵情感而又需要严格区别的准确性的情况之下还是受到限制的时候，那借助于嗓音的音调的**语言**的表现就要参加进来。**语言**是嗓音的浓缩的元素，单字则是音调的**固定的零块**。情感借助语言通过听觉传递给情感，然而同样是可供浓缩、可供固定的情感，它是要使之带到准确的、无误的理解上去的。由此可见，语言是理解的又是要求被理解的特别感觉的，即理智的器官。——对那比较不确定的一般的情感来说，音调的直接的特点就够用了；因此情感就停留在那作为本身已经作为使人满足和感性上称心的表现的音调上面；情感甚至于还可以在它延伸的数量上根据语言的普遍性富有特色地说出它固有的质量。那种在语言上寻求易于了解的**特定**的需要是更为坚决、更为迫切的；它不愿停留在感性的表现上面自以为得意，因为它要把它面对的情感从它与一般情感的差别中表现出来，从而把那音调作为一般情感的表现直接提供的东西加以叙述，加以描写。因此说话的人就得从那有关系的然而同样有差别的对象取出各种画面而且加以拼凑。在这一个经过中介的复杂的处理过程中他本身还得扩充；在要求理解的主要催促之下他却通过附着音调的尽可能短的停留，完全不顾他那一般的表现能力去加速这个处理程序。由于不得不拒绝以至放弃固有的表现在感性因素上的喜悦——至少是像肉体人和情感人在他们的表现方法上善于找到的喜悦的程度——理智人却也能够借助他语言的器官提供准确的表现，在这方面**那一些人**是会逐渐受到限制的。他的能力是不受限制的：他收集和区别那一般的东西，根据需要和判断，又是拆开又是联合那由全部感官从外界给他输送过来的各种画面；分别经过衡量，又是结合又是分解特殊的和一般的东西，以便满足他的情感、他的见解、他的意志对准确的、易懂的表现的要求。可是他还是不免要受到限制，那是当他情感活动的时候，快乐到了生龙活虎的程度或者痛苦剧烈的时候，——也就是说，当那特殊的、故意的东西面对支配他的情感的一般性和不经意性向后退的时候，当他置身于那伟大的、包括一切的感觉因而根本就是情感和感觉的绝对真理的共同体之中，从他那受制约的、个人的感觉的利己主义重新找到自己的时候，——也就是说，当他应该使他个人的成见从属于必然性，不管是痛苦的还是快乐的必然性的时候，从而不是主宰而是服从的时候，——要求找到他无限高涨的情感的唯一适应的直接的表现的时候。现在他又必须向一般的表现伸手，而且他应该退回去的梯级正是他原先到达他特殊的立场的梯级，在情感人身上借用情感的感性的音调，在肉体人身上借用肉体的感性的动作；因为凡是被认为最高、最真，对人来说根本就是可表现的最直接又最准确的表现的场合，就必须整个完全的人集中在那里，这就是肉体人和心灵人在最内在、最透彻的爱中合为一体的理智人，——然而不是各自为政的人。

外在的肉体人，通过情感人达到理智人的行进，是一种连续增加的中介的行进：理智人，正如他的表现器官语言一样，是最富于中介性和依存性的；因为一切在他手下的质量必须在**他**正常的质量的条件存在之前就是正常地发展了的。最受制约的能力同时又是最高涨的能力，而那在他更高的、不可超越的质量的认识基础上的快乐本身，又会把理智人引诱到傲慢的妄想方面去，胆敢把他的基础的质量当作他任意使唤的婢女来运用。可是，只要那感性的感觉和内心情感的无上权威，作为一切人类共有的无上权威，作为这一种类的感觉和情感，对理智人发出声明，那股傲慢就立刻一败涂地。个别的感觉，个别的情感，在他心中作为个体并通过这一单一的、特殊的和自身的与这一单一的、特殊的和自身的对象的接触显示自己的时候，他是能够为了一种由他掌握的、更丰富的多样的物体的综合的利益把它压制下去而且加以支配的；一切对他是可以认识的物体的最丰富的综合，终于把**人作为种类而且在他与整个自然界的联系中把人**提到他面前来。面对这一伟大的、无上权威的对象，他的傲慢粉碎了。他还能够想要的，只有共同的、真的、无条件的；他自己的转化不是在对这个或那个对象的爱里面，而是**根本**就在爱里面：这样一来，利己主义者就变成共产主义者，单一的变成全体的，人变成上帝，艺术的品种变成艺术。

2. 三个纯粹人间的艺术品种的原始的结合

全体人类的那三种艺术性的主要才能，直接地、自然地酝酿成为人类艺术的三位一体的表现，而且是在**抒情诗**的原始的、太初的艺术作品里面，接着是在它稍后的、更自觉的、最高的完成，在**戏剧**里面。

舞蹈艺术、**声音艺术**与**诗歌艺术**是最初诞生的三姊妹的名字。我们从她们的轮舞编成一圈就可以看出来，艺术出现的条件根本就是在那里产生的。就她们的本质而言是不可分的，艺术的轮舞的分解是不存在的；因为，在这一场轮舞里面，轮舞就是艺术本身的动作，这些条件通过最美妙的屈伸和爱好，感性上和精神上都是那么出神入化，又紧凑、又符合生活规则地彼此融合起来，以致每一个别部分，如果脱离开轮舞，就会是没有生命又没有动作的，只能继续过一种人工呼气的、假借的生活，不能像三结合那样，订立幸福的法则，而是接受机械动作的强迫性的规矩。

目击艺术性的人们最本色、最高尚的缪斯的这种使人狂喜的轮舞，我们就领会到这三者：其一与其他亲热地臂挽着臂，头靠着头；然后一会这个一会那个，怎样个别地从联系中脱出来，只不过还用手的尖端的极边接触别人的双手以便向别人显示充分独立的美丽的身段；现在其中之一由于瞥见她那紧抱的两姊妹的双身形象而心花怒放，于是对她们弯过去；然后其中两个由于那一个的魅力而神魂飞越，于是对她表示殷勤的问讯，——以便最后全体拥抱，胸贴胸，手挽手，经过热烈的爱吻结合成为唯一的、喜气洋洋而又生气勃勃的整体。——这就是艺术，这就是艺术中的爱情和生活、喜悦和自由，永远对自己又永远对别人或千变万化地各自分离或欢天喜地地互相结合。

这是自由的艺术。这种在诸姊妹的轮舞中甜蜜而又强烈地运动着的急进是**追求自由的急进**；拥抱的爱吻是**赢得的自由的喜悦**。

孤独者是不自由的，因为局限于又依存于不爱；**合群者是自由的**，因为通过爱而不受局限又能独立自主。——

世界一切事物之中，**生命的冲动**是最强有力的；它是各种条件互相联系的不可抗拒的力量。而这各种条件又是首先唤起各种存在的事物的，——所谓各种事物或各种生命力，它们在那由于它们而存在的事物之中正是**这一种**，即它们在这一集合点上能够成为而且愿意成为的东西，人从自然界的**获取**使他的生活需要得到满足：这并不是掠夺而是接受、受用、消费，凡是作为人的生活条件愿意供他受用和消费的东西都可以；因为这些生活条件，亦即生活需要，并不由于他的诞生而消除，——它们更多的是在他身上而且通过他维持自己的生存和滋养，他活多久，它们就维持多久，至于这种盟约的解除，那就是——死亡。可是，人的生活的生死攸关的需要却是**爱的需要**。正如自然的人类生活是在从属性自然力的爱的盟约中产生的一样，它们是要求通过了解、拯救，向更高级亦即向人的转化的。人也只有在更高的一级才会找到他的了解，他的拯救和满足；这更高的一级就是**人的种类，人的合群性**。因为对一个人来说，比他本人更高级的东西只有一种：**人群**。可是一个人只有通过**给予**，而且根本是在对**人群**的最高的升级中对别人的**自我给予**，才能获得他爱的需要的满足。绝对利己主义者最可怕的一点是，他在（别）人身上也只认识到他生存的自然条件，把他们——即使是用完全特殊的、野蛮地装作文明的方式——加以**消费**①，就好比消费自然界的果实和动物。也就是说他不想**给予**，而是只想**取用**。

可是正如人是不自由的，一切从他出发或从他派生的东西也是不自由的，除非通过爱。自由是得到满足的必不可少的需要，最高的自由就是得到满足的最高的需要：而**最高**的人类的需要则是**爱**。

凡是不能同样完全适应这种自然界的富有特性的本质的东西，就不能够从人的真正的不被歪曲的本性唤起或者引出任何一点活生生的东西：而这种本质的特色的标志则是爱的需要。

人的每一种个别的能力都是一种受到限制的能力；可是他那联合起来的、彼此了解的、彼此互助的，也就是他那**彼此相爱**的各种能力却是那知足的、不受限制的、一般人性的能力。因此人的每一种**艺术性的**能力也有它天然的局限：因为人不是只有**一种**感官而是根本就有**多种感官**；而每一种能力又只能由一种特定的感官导引出来；由于这一种感官的局限，这一种能力也因此有它的局限。而各种个别感官的界限，也就是它们互相之间的接触点在各点之间互相交流的时候，各点也可以彼此了解。正因为有这样的接触，各种从它导引出来的能力也就能同样彼此了解：它们的局限因此转化为了解；可是能够彼此真正了解的，只有相爱者才行。所谓爱就是：承认别人同时也要认识自己；通过爱的认识是自由，人的各种能力的自由则是——**全能**。

只有适应人的这种全能的艺术才够得上是**自由**的，它不是某一个艺术**品种**，那不过是从某一种个别的人类才智发生的。舞蹈艺术、声音艺术和诗歌艺术是各个分离、各有局限的；只要在其界限点上不向别的相适应的艺术品种抱着无条件承认的爱伸出手来，它们在它们局限的接触上就每一种都会感到不自由。只要一握手它就可以越过它的局限；完全的拥抱，向姊妹的完全的转化，这就是说向在树立的局限的对岸的它自己的完全转化，同样可使局限完全归于消失；如果一切局限都依照这样一种方式归于消失，那么不论是各个艺术品种，也不论是些什么局限，都统统不再存在，而是只有**艺术**，共有的、不受限制的艺术本身。

可是，还有一种倒霉地被误解了的自由，那就是在分离状态中、在孤独状态中想要成为自由的自由。那种要求摆脱共同体的冲动，愿意使自己完全特别自由独立

---

① 初版这里有如下的脚注："这种文明的人肉消费者与食人生番的区别只是在于更高级、更巧妙地讲究口味。他只单独受用他同类的美味的生命的浆液；反之，野人则把一切粗糙的附属物都一股脑儿吞下去。前者可以一次坐席品味比较大量的一批人，后者即使胃口最好的时候也几乎没有办法把单独一个人吃干净！"

的冲动，只能够引向这种一意孤行的努力的直接的对立面：引向最完全的不自主。——所谓自主，在自然界是根本没有的，除非它自主的各种条件不仅在它本身之内，而且也在本身之外：内在的各种条件正是借助于外在的条件才能存在。如果说某种东西应该与其他东西有所区别，它就必须具有区别于其他的什么。谁想要完全成为他自己，他就必须认识他是什么；可是他因此首先必须认识他与非他的区别：如果他想要把那与他有所区别的东西同自己隔离开，那么，他自己也就正好是无所区别的，因而再也不是可以认识的了。为了想要完全成为他自身，必须使个别的完完全全不必去成为非他的什么；完全非他的什么却正是那区别于他的，而且只有同那区别于他的东西取得最完全的一致，在那区别于他的一致中间实行最完全的转化，他才能够完全成为，而且应该成为从理性上说只想成为的什么。只有进入共产主义，利己主义才能完全得到满足。

利己主义，它把那样无从估计的悲惨送到世界上，又把那样可悲的缺陷和虚伪带到艺术里面来，这当然是属于另外一种不同于那自然的、合理的利己主义，后者是在共同一致中得到完全的满足的。它充满虔诚的愤怒排斥那利己主义的称号，自称为兄弟利己主义和基督教徒利己主义——艺术和艺术家之爱；为上帝和艺术筹建庙宇；开办医院，以便患病的老人恢复青春和健康（而学校，把健康的青年弄得衰老和患病）；创立各种学院、法院、宪法和国家以及其他形形色色的一切——只是为了证明它不是利己主义；可是这却正是最最不可救药的，因而对它自己、对大家，都是唯一有害的利己主义。这是各个个别的个别化，在这种个别化中间一切个别的无物都算是一点什么，可是整个的大家却成为乌有；每人都挺起胸膛自吹自擂，自以为是什么特殊的、独创的，至于全体却实际上毫无特殊可言，而且永远只是一些模仿的东西。这就是个人的自主性，凭这种自主性，每一个个别的人为了充分成为"神助自由"，靠牺牲别人过日子，佯言他是**这样**，别人也**都是**这样，简言之，就是遵循反过来的耶稣教义："取比予更幸福。"

这一种是**真正**的利己主义，凭这种利己主义，每一种**个别的艺术品种**都企图充当共同的艺术，实际上却因此只能更加丧失它真正的特色。让我们更进一步去考察一下，看在这样条件之下那三位温文尔雅的希腊姊妹变成了什么样子吧！——

3. 舞蹈艺术

一切艺术品种中最实在的品种是舞蹈艺术。它的艺术素材是真实的肉体的人，而且不是人体的一部分而是全部，从脚掌到头顶，正如他诉诸眼睛所表现的那样。因此它包含其他艺术品种为了表现所需的各种条件：歌唱的和说话的人一定不可或缺的是肉体的人；内在的、歌唱的和说话的人要求通过他外在的躯体、通过四肢的动作达到观照的目的；声音艺术和诗歌艺术借助舞蹈艺术（表情演技），对完全地接受艺术的人，即不仅要听而且要看的人来说，才是可以领会的。

艺术作品，只有当它直接诉诸相应的感官，当它诉诸艺术家的各种感官并使艺术家掌握了对于他所传达的东西的准确的理解的时候，这种艺术作品才是自由的。艺术的最高的、最值得传达的对象就是人；只有在人最后通过他肉体的形象诉诸与它相适应的感官即眼睛的时候他才达到完全自觉的自己的安息。没有诉诸眼睛的传达，一切艺术都始终是不得满足的，因而本身也是不满足的，不自由的，因为虽然凭它对耳朵或者干脆只是对那综合的、间接补偿的思维力的表现的极度完善，直到它那富于理解的传达也能诉诸眼睛，但它仍然不过是一种**愿欲**的，还不是充分**胜任**的艺术；可是艺术却是必须能够胜任，而**艺术从胜任**得到的也就是在我们语言中非常合适地得到的名字。——

感性的痛苦或舒适的感觉，是由肉体人直接表示出来的，而且是用他身上感到痛苦或愉快的关节来表明；他通过全部或者某些富于表现力的关节互有关系的、达到互为补充的结合的运动，来表现全身的痛苦或舒适的感觉；从彼此照应的关系本身，然后又从互为补充的暗示的动作的变换，最后是从这些动作的多样的变化——看这些动作怎样受到从柔和的平静到热烈的狂暴时而逐渐地时而猛烈地迅速进行的感觉的变换的制约，——产生了变化无穷的动作本身的法则，艺术性地表演的人就依照这些法则来宣示表演的内容。那由最生硬的热情支配着的野人，在他的舞蹈里面除了千篇一律的狂暴和千篇一律的呆板的平静之外，几乎不知有其他的变化。优秀的、有教养的人是从转变的丰富和多样性显示出来；这些转变越是丰富和多样，它那互有关系的变化的配置也就越平稳、越有保证：可是这种配置的法则却是**节奏**。

节奏决不是一种随心所欲的假想——艺术性的人**应该**①依照它来运动他的肢体的假想——而是不得不然的各种动作本身成为艺术性的人的自觉的灵魂，他通过这种灵魂自然而然地去表达他的感觉。如果说带姿势的运动本身是感觉的富有情感的**音调**，那么节奏就是它可以使人理解的**语言**。感觉的变换越快，受热情上的拘束就越大，人本身就越不清楚，因此他也就越来越无法易于理解地表达他的感觉；变换

---

① 初版作"愿意"而不是"应该"。

越平静呢，那就正相反，感觉越来越活现。平静即是停留；运动的停留却是运动的重复；凡是重复的东西都是可以计算的，而这种计算的**法则**即是**节奏**。

通过节奏，舞蹈才成为艺术。它是运动的**尺度**。通过运动，感觉才使自己成为显而易见的，——至于尺度，只有通过尺度，感觉才达到了使理解成为可能的观照。可是作为运动的自行授予的法则却是它的素材，通过素材，它就在表面上是可以认识的和定为标准的，它是不得不然地从有别于躯体运动的另一种素材借用的；只有通过有别于我的，我才能够认识我自己；至于有别于躯体运动的运动却是这样的东西，它是诉诸与躯体运动所传达的感官有别的感官的东西；而这种感官则是耳朵。节奏，正如它从追求了解的躯体运动的必然性产生出来一样，作为表面上表现出来的、定为标准的必然性，作为法则，首先是通过那只有耳朵能够感知的音响向舞蹈者传达的，——正如在音乐上，节奏的抽象的尺度，即拍子，又可以通过眼睛辨认的动作传达一样；那受到动作本身的必然性的制约的、均衡的重复，借助于音响的均衡重复向舞蹈者作为他运动的督促的、制约的指导提出来，正如它最简单地首先通过双手的拍打，然后通过木制的、金属的或其他发声的物体产生出来一样。

舞人通过表面可以感知的法则显示他各种运动的程序，然而光是由它支配的反复动作的时值的规定并不能完全使他满足；正如动作根据从时值到时值的迅速的变换持续下去，从而成为一种停留的表现一样，他也要那只是突然而且立刻消失的音响知道达到持续的停留、达到时间上的延伸的必要；最后他也要那赋予他的运动以灵魂的感觉同样在音响的停留中表现出来，因为只有这样，节奏的自行授予的尺度才能成为完全与舞蹈相适应的尺度，它不仅是其特质的一个条件，而且尽可能包括它的一切条件：因此这个**尺度**也就应该是在别一个亲属关系的艺术品种中体现出来的舞蹈本身的特质。

这别一个艺术品种，舞蹈艺术非要在它身上认识到它自己、重新找到它自己不可，非要向它转化不可的艺术品种，就是声音艺术，它节奏上的骨骼的精髓正是从舞蹈艺术接受过来的。

节奏是舞蹈艺术和声音艺术的天然的、不可撕裂的纽带；没有它就没有舞蹈艺术也没有声音艺术。如果说节奏作为结合动作的、提供统一的法则，是舞蹈艺术的**精神**——亦即肉体运动的抽象①——，那么，正好相反，作为运动的、迈进的力量，它是声音艺术的**全身骨架**。这一套骨架用声音的肌肉把自己包裹得越多，舞蹈艺术

---

① 初版作"肉体运动的抽象，运动的运动"。

的法则在声音艺术的特殊的性质上就越发消失到不可辨认；可是舞蹈艺术却也越发被提高到更深刻的心灵的充实的表现，凭这种表现，它成为唯一能够适应声音的特点的艺术形式。声音的最有生气的肌肉是**人类的嗓音**，可是**单字**却又同样是人类的嗓音的骨干性、肌肉性的节奏。促进运动的感觉——正如它当初从舞蹈艺术注入声音艺术一样——在单字的决定性和精确性里面终于找到了万无一失的、准确的术语，有了它，感觉就可以作为实体来理解，而且可以一清二楚地说出来。这样一来，它就通过那成为语言的声音，在那成为诗歌艺术的声音艺术里面得到它最高的满足，同时加上它最满足的提高，在它从舞蹈艺术到**表情演技**的同时，它实现了从一般肉体的感觉的最广阔的呈示到情感和意志力的特定的精神效果的最精密、最细致的表现的飞跃。——

通过各别的艺术这种出自本身和混成一团的最率直的互相渗透、孕育和补充——像也许只是涉及声音艺术和诗歌艺术所暗示的那样——就产生了统一**的抒情诗的艺术作品**：在这种艺术作品里面，每一种艺术都根据它的本性做自己所能做的；遇到什么地方它无能为力的时候，它不是自私地借助于其他艺术，而是其他艺术亲自为它效劳。在**戏剧**，即抒情诗的最完善的形态里面，每一种个别的艺术都发挥了它最高的能耐，当然也包括舞蹈艺术。在戏剧里面，就他最完备的尊严地位而论，人既是艺术素材又是主体：如果说舞蹈艺术需要在他身上直接呈示的是宣告有关个体的或总体的感觉的富于表现力的个体或总体运动，而那从它孕育出来的节奏法则根本就是一切在他身上呈示出来的导向理解的尺度，那么，它在戏剧里面同时也就更加琢磨成为它最富于精神的表现能力，即**表情演技**的表现能力。作为模拟艺术，它就成为内在的人直接的、激动一切的表现，再也不仅是以音响的粗糙感性的节奏而是以语言的精神感性的节奏作为法则——就其最原始的特点而言则仍然是自行授予的法则，向它提供出来。凡是语言要求得到了解的东西，一切感觉和情感、观点和思想，看它怎样从最温柔的和善到百折不挠的强毅的升级，终于宣告为直接的意志，——所有这一切都是通过表情演技成为无条件地可以理解的、可以相信的真理，是的，甚至语言作为感性的表现也只有通过表情演技的直接的协力才是真实的、令人信服的。从戏剧里面这种精美的顶点出发，舞蹈艺术又从侧面扩展到它最原始的特点：语言只能进行陈述和示意，声音艺术只能作为授予灵魂的节奏向它的姊妹表示效忠，舞蹈却通过躯体的美及其运动成为能够支配一切、逗乐一切的感觉的唯一必要的直接的表现。

就是这样，舞蹈艺术在戏剧里面达到它最高的高度和最丰满的丰富；它居主导地位的时候使人魂迷心醉，它处于从属地位的时候使人惊心动魄；它在任何时候、任何地方都是它自己，因为它始终是自然而然的，因而是不得不然的、不能缺少的：只有当一个艺术品种是不得不然的、不可缺少的时候，它就同时完全是本来这样、能够这样、应该这样的什么。——

正如建筑巴别塔①的时候，各族人民由于他们语言的混乱以致互相了解成为不可能，因而分头走散，各人走了各人自己特别的道路一样：那些艺术品种，看到一切民族共同的东西分裂为成千成百自私自利的特殊性的时候，它们也从那骄傲的、高耸入云的戏剧的建筑分头走散了，因为它们已经丧失掉对它们共同赋予的灵魂的了解。

现在我们注意一下，看舞蹈艺术经历过怎样的遭遇吧，它离开了它姊妹的行列，满怀幸福地希望闯世界，结果是孤零零地迷失了自己。

如果说那任性固执、欧里庇得斯式的教师爷脾气的诗歌艺术曾经乖张傲慢地摆起架子，只有舞蹈艺术卑下地听候**实利的差使**这才重新抓住它，以致舞蹈艺术不再向诗歌艺术伸出谅解之手；——如果说它离开了哲学的姊妹，因为它陷入沮丧的轻浮，对舞蹈艺术的青春的魅力只能够表示**妒忌**，再也不能钟爱了，——可是对它那最亲近的姊妹，声音艺术的帮助却还是不能完全舍弃的。它们是被不可分解的纽带连结在一起的，声音艺术把开启它灵魂的**钥匙**拿在它手里。可是正如父亲死后，那些继承人在他的爱抚之下本来是聚合在一起而且把他们的全部财产当作一份公有财产的，现在却偏私地盘算，什么东西应该属于他们各自特殊的所有，——舞蹈艺术也在那里盘算，那把钥匙本来是由它铸造的，于是要求，作为分家的条件，单独把它收回来。它乐意地舍弃了姊妹的嗓音的表情丰富的声韵；它本来是必须感觉到离不开这个骄傲的领班这一副嗓音的。嗓音的精髓正是**诗歌艺术**的字句！可是那一套**工具**，用木材和金属制造的，即**乐器**，它的姊妹——曾经抱着深切的热忱，也给这自然的死板的材料吸进它充满灵魂的气息——造成了它嗓音的支柱和高扬，——这一套工具，真是充分具备了那种能耐，给它提供拍子和节奏的必不可少的导引的尺度，甚至于还有姊妹的嗓音音色的魅力的模仿，——这套乐器它是随身带走了，却满不在乎地听任姊妹声音艺术带着对字句的信念穿过基督教的和声无边无际的长河游泳下去，至于它自己呢，它是带着轻率的自信投身到人世的需要奢侈的场所中

---

① 巴别塔：据《旧约·创世纪》的说法，是诺亚的儿子计划建造的高塔，塔顶通天。当时人民的语言是一样的，耶和华怕他们说着一样的语言，成为一样的人民，做起事来就是无有不成的了，于是变乱他们的口音，使他们彼此不能了解。他们的工程因此半途而废了。——译者

去的。

我们领教过这一种高高撩起裙子的人物：谁没有遇见过她？凡是笨拙的时髦的兴致引起消遣的要求的地方，她无不以最高的殷勤出头露面，只要是现钱交易，你要什么都可以。她最高的本领，她已经不懂得拿它做什么好了，这种本领，通过她的动作、她的表情，去把诗歌艺术的思想向真正的人类化身解放出来的本领，已经在昏头昏脑的无思想状态中——她不知道对谁吗？——丧失掉或者分送光了。她用她面部的一切姿态，用她肢体的一切动作，只不过是表现漫无限制的讨人欢心。她唯一的担心是，她可能做出好像要拒绝任何一点什么的样子，为了摆脱这种担心，她转入了那唯一的演戏的表情，这一点她是做得到家的，对一切人都是毫无条件地来者不拒，给予永远不变的微笑。在她面部姿态这样一种永远不变、坚定不移的表情上面，她还需去适应调剂和运动的要求的，就只有两条腿了；她的浑身解数就是从头顶下来，通过腰身，直到双脚。头、颈、腰、腿都不过是不经媒介、自行作主的招待，反之，双脚单独担任了它所能胜任的表演，至于双手和臂膀，则为了必要的平衡而提供姊妹般的支持。至于在私生活方面①，——当我们现代的公民团体，按照常规和一种社交上消磨时间的习惯，在所谓舞会上发起跳舞的时候，——人们允许用文明的木头一样毫无表情的态度羞怯地暗示，对那极善良的舞女来说，就是可以在舞台上公开用不必转弯抹角的老实态度畅所欲言；因为——她的动作实在不过是艺术，并不是真理，正如她有时宣称为超乎法律**之外**，现在却立于法律之上；我们可以让她去迷惑，却并不因此在循规蹈矩的生活上听从她的迷惑，——正好相反，宗教也把迷惑归到善良和德行一边去，我们在日常生活中倒是并不需要向那边献身的。艺术是**自由**的，——舞蹈艺术从这种自由捞到它的好处；这一点她可做对了，否则要自由干吗？——

这一种高尚的艺术怎么会自甘堕落到这个地步，弄到在我们公共的艺术生活中只能够作为一切集中起来的调情艺术的尖端来取得它的地位，苟延它的生命？弄到它陷入最卑贱的依附性的最不体面的桎梏而不能自拔？——因为一切从互相联系中分裂出来的、单独的利己主义的东西，实际上是**不自由**的，就是说，不得不成为依附于一种异类的东西。单一的肉体的感性人，单一的情感人，单一的理智人，作为真正的人来说，都是无从达到任何一种独立性的；他们这种特点的专有性一直会发展到越出常轨的无度，因为健全的节制只是存在于——而且是自然而然地——类似

---

① 初版作"在公开的私生活方面"。

的，同时却又是差别的共同体之中；可是无度却是一种特点的绝对的不自由，而这一种不自由又必然表现为外在的依存性。——

舞蹈艺术一旦从那真正的音乐而且也从诗歌艺术脱离出来，它就不仅放弃了它最高的能力，而且也丧失掉它的**特性**。所谓特性，只有从本身才能够孕育出来：舞蹈艺术是一种完全独特的艺术，只要它能够从它最内在的本质和需要去产生法则，那么，根据这些法则，它就可以构成使人理解的表象。时至今日，只有**民间舞蹈**、**民族舞蹈**还够得上是有特性的，因为它一出现，就以不可模仿的方式，从动作、节奏和拍子表示它特殊的气质。这些法则是它不经意地创造出来的。当这些法则从民间艺术作品里面，作为抽象化了的特点真正出现[①]了的时候，它才是可以认识、可以传授的。民间舞蹈如要向更丰富的、无所不能的艺术更进一步地发展，只有结合那不再[②]由它支配但却能自由产生的声音艺术以及诗歌艺术时才有可能。因为借助那亲戚关系的能力，并在这些艺术的启发之下，它才能够独自充分发挥它独特的本领。希腊的抒情艺术作品指示我们，那些特别属于舞蹈艺术的节奏的法则是如何在声音艺术而且主要是在诗歌艺术中，通过恰好是**这些**艺术的特性得到多样化及个性化的无限发展和丰富，同时又回过头来给舞蹈艺术以取之不尽的新的启发，使之再去发现新的只此一家的独特的动作，这样，借助于充满生命的欢乐的、极度丰富的交互影响，就能够把每一个艺术品种的特色都提高并充实到它最完善的程度。对现代的民间舞蹈来说，这种交互影响的果实是轮不到它来受用的：正如现代各民族的一切民间艺术都由于基督教及基督教的—国家的文明的影响退缩到萌芽状态中一样，民间舞蹈，作为孤独的植物品种，也永远不能发育到丰富的、多样的程度。可是，在我们当今世界所认识到的舞蹈领域中，唯一具有特色的依然只有民间的产品，看它怎样一会从这一民族，一会从那一民族的性格中长出了嫩芽并且还会自己成长下去。所有我们文明的固有的舞蹈艺术都不过是这一类民间舞蹈的编集：每一个民族的民间曲调都从它接受过来，加以使用，加以歪曲的，——可是并不继续发展。因为这种民间曲调——作为艺术——是始终光靠外来营养来维持的。它的处理因此始终限于一种故意的、人为的模仿，拼凑，一种乱成一团，决不是什么创作和出新；它的特点是时髦的特点，这种时髦纯粹出自对调剂的要求，今天说这个调子好，明天又说那一个调子好。因此它必须搞一些故意做作的体系，把它的主意定为规则，

---

① 初版"出现"作"出生"。
② 初版"不再"作"不是单独"。

借助不必要的前提和假定来做出表示，以便得到它的门徒的了解和实行。这些体系和规则使得它作为艺术完全陷于**孤立**，而且排除了它与其他艺术品种获得协同功效的任何健康的联系。这个通过法则和一意孤行的规范在人为的生活中保持着的不自然，是彻头彻尾利己主义的，正如它本身缺乏生殖能力一样，任何婚配都是不可能的。

这一种艺术因此没有爱的需要：它只能获取而不能给予；它把一切外来的生活资料都吸收到自己身上，把它分散，把它消耗，把它融化入它自己不能生育的体质之中，可是无力同它身外扎根的生命元素混合起来，因为它本身无可给予。

这样一来，我们现代的舞蹈艺术在**哑剧**方面似乎也倾向于戏剧的意图：它要求像每一种孤立的利己主义的艺术品种一样，本身就是一切，能做一切，单独支配一切；它要表演人、人的突发事件、境遇、纠葛、性格和动机，却不使用那种人有了它才成为完全的人的能力：**语言**；它要写诗，却不与诗歌艺术结成伙伴。凭它这种刚愎自用的毫不混杂和"一空倚傍"，它究竟产生出了什么来呢？最最百般依赖的残缺不全的畸形的生物：说是人吧，却又不能说话，并不是因为它遭遇不幸丧失了说话的天赋，而是因为执拗，偏偏不愿说话；表演者，每当他们使我们认为他们要从一场不幸的着魔解脱出来的瞬间，一到他们要克服内心的矛盾，打算用一个健康地说出来的字眼结束那动作的苦恼的颠顿的时候，却受到了哑剧的舞蹈艺术的各种清规戒律的禁止，不许用一个自然的字音去冒渎它那不受玷污的舞蹈独立性的灵感。

然而，这一种哑的绝对的**演剧**却又有那么悲惨的依赖性，在某一有利情况之下，它只敢同戏剧的素材打交道。什么素材呢？那是用不着与人类理性发生任何联系的才行，——可是，就在这一类最有利的情况之下，它也看到需要找到挽回面子的救急办法：通过一份**说明性节目单**给观众传达它固有的意图。

就在这个时候，还是无可否认地显示出舞蹈艺术的最高尚的努力；至少它毕竟还有些想法，它倾心于渴望向最高的艺术作品——戏剧——的飞跃；它试图摆脱那轻浮的淫猥到讨厌的眼光，同时伸手去抓艺术性的面纱，以便遮掩它那不光彩的原形。可是，正是这一番努力的表示，使它不得不陷入多么不体面的依赖性！它必须用多么可悲的歪曲去满足那对不自然的独立性的虚夸的要求啊！没有它姊妹行当的最高、最有特色的协同表演，那种最高级、最高尚的艺术作品就无从实现，现在它——从与它姊妹行当的结合中分离出来，就只好从卖淫逃到荒唐，从荒唐逃到卖淫！——

辉煌的舞蹈艺术啊！屈辱的舞蹈艺术啊！——

4. 声音艺术

大海分隔着又连结着陆地。声音艺术同样分隔着又连结着人类艺术两个极端的对立物：舞蹈艺术和诗歌艺术。

它是人类的**心脏**。血液，从心脏出发开始它的环流，给那外向的肉以温暖的、富有生命的颜色，——可是它用波浪式的振动力去喂养那内向的脑神经。没有心脏的活动，脑的活动只不过是一种机械的技艺；外在的肢体的活动也同样是一种机械的、没有感情的动作。通过心脏，理智感到与全身的亲属关系，单一的感性人就向理智活动的高处飞跃。

可是心的器官却是**声音**；它艺术上自觉的语言则是**声音艺术**。它是丰富的、荡漾的心灵之爱，它使得感官的快感变为高尚，使得非感官的思想合乎人性。通过声音艺术，舞蹈艺术和诗歌艺术得以互相了解：在它身上，各种法则带着爱慕的贯串彼此接触，两者各自根据它的本性表现自己；在它身上两者的愿望转为自然而然的愿望，诗歌艺术的音步，如同舞蹈艺术的拍子，转为心脏搏动的必然的节奏。

如果说它从它的姊妹们接受了它借以表现自己的各种条件，那么，它就作为它自身的表现把这些条件加以无限的美化还给它们；舞蹈艺术把它自己的运动法则送给声音艺术，声音艺术就把这种法则作为充满灵魂、诉诸感官的具体化的节奏转为经过提炼的、易于了解的运动的标准给它以指点；如果说它从诗歌艺术接受了那精心剪裁，通过含义和音步加以融会贯通的字句的意味深长的诗行，作为固定它无限流畅的声音元素的富于思想、诉诸感官的躯体，那么，它就把那间接呈示的——就画面而论——却是还未成为浓缩的、思想上充满渴望的语音的直接的真正非此不可的表现，转化作情感上直接的、万无一失而又救苦救难的**旋律**还给它。

舞蹈艺术和诗歌艺术从赋予音调以充满生气的**节奏**和**旋律**里面重新获得它固有的特质，感性上实体化了，也无限地美化了，更有作为了，并认识了自己而且更加爱惜自己。然而节奏和旋律却是声音艺术的**手臂**，它用这双手臂把它的姊妹们拥抱到了多情的发育程度；它们是**海岸**，通过海岸，它，**大海**，把两个大陆连结起来。海水一从海岸退落，深渊的荒野就在海水和海岸之间扩张起来，因而就再没有张帆得意的船只从一边大陆行驶到另一边大陆；两边永远分开，——直到有什么机械的发明，也许是铁路吧，使荒野能够行车；接着说不定又有人已经用汽船横渡大海；机器的浓烟取代了诞生一切的和风的吹嘘之力：风要顺着自然趋势向东吹吗？有什么关系？——机器照样轰隆轰隆向西开，随你要去哪里都可以。于是舞蹈制作者跨过音乐大海被蒸汽征服的脊背，从诗歌大陆拿来一份新哑剧的节目单，剧本炮制者从舞蹈大陆拿来那么多的甩腿材料，正好他在盘算着如何缓和一个僵持的局面。——现在我们就来看一看，自从博爱的父亲**戏剧**亡故以来，声音艺术这个姊妹变成了什么样子吧！——

我们现在还不可以放弃说明声音艺术的特质的**大海**的图画。如果说**节奏**和**旋律**是海岸，声音艺术就在海岸两边掌握和它同一祖宗的艺术的两个大陆而且保持富有成果的接触，那么，音响本身就是它流动的、本源的元素，可是这种流动性的无从测量的扩张却是**和声**的大海。眼睛只认识到这大海的表面：只有心的深度才能掌握它的深度。它从它黑夜般的海底出来，一直扩张到阳光灿烂的海面：节奏的环从一边的海岸在海面上越来越宽地伸展开；从另一边海岸的阴影的坑谷却吹起了思慕的微风，它把这一片平静的海面簸弄成优美地一升一降的旋律的波浪。

人一头扎入这大海里面去，以便清醒而又鲜明地回到阳光中来；他的心感到神奇的开阔，当他向这超越一切最难想象的可能性的深处望下去的时候，它的底层是他的眼睛根本无从测量的，它那不可探究的深远使他充满了惊奇以及无穷的预感。这是自然本身的深远和无限，它对探索的肉眼掩盖着它那永恒的萌芽、孕育和思慕的不可探测的根底，正是因为眼睛只能够捕捉那显现到眼前来的、萌发出来的、生育出来的和到了手的东西。然而这一个自然却又不是别的，它就是**人心本身的自然**，它把爱好和思慕追求它们无穷的特质的情感合为一体，它就是爱好和思慕本身，而且，——正如它在它那永不餍足的愿望上所要求的那样，——也只是捕捉和领会它自己。

如果说这一个大海从它自己的深处涌起来，它从它固有的元素的原始底层[①]产生它运动的根由，那么，它的运动也是没有尽头的、从不安定的、永不静止地向自己转回来的、永远反复要求重新激荡的。然而到了这一种无比丰富的思慕在它本身之外的一种物体中燃烧起来的时候；这一种权威性的物体从那确实的、自决的世界向它靠拢的时候；沐浴着阳光的、动作灵活而又坚实的人通过他光芒四射的眼睛的闪烁点燃起这一种思慕的火焰，——用他那扩大的呼吸激荡那海面水晶的弹性软块的时候，——任凭那火苗冒起来有多么高，任凭那风暴把海面吹卷得多么凶猛，——火焰在凶野的烈火化为蒸汽之后，终于还是发散出柔和的光辉，——海面，

---

① 初版"原始底层"作"无从探测的深处"。

在巨浪化为泡沫之后，终于还只是泛起玩乐的波浪；至于人呢，由于他全部生存的甜蜜的和谐而心旷神怡，于是坐上轻舟，听任那亲切的自然力，依照那熟悉的柔和的亮光安稳地行驶过去。——

希腊人，当他驾船出海的时候，从来不会从他眼里迷失沿海的陆地：对他来说那就是安稳的大水，它把他从海岸送到海岸，他在海面上，在那衷心信任的两岸之间，依照船桨的旋律的节拍行驶过去，这里眼睛望着森林仙女舞蹈，那里耳朵听着天帝的颂歌，那情思上旋律动听的歌舞由微风从山顶的庙宇送到他那边去。水面上由蔚蓝的天空的极边画出界线，给他忠实地映照出带有岩石、山谷、树木、花草和人类的陆地的沿岸；而这一幅迷人地波动的、借助微风的清凉的轻扇而翩翩摇荡的映像，则使他想到**和声**。——

基督教徒从生命的海岸离开。——他更加广阔更加无边无际地去探访大海，以便最后在大洋上面水天之间成为无涯的孤独。那个**字**，**信仰**的字就是他的罗盘，它一直指向青天不转动。天在他头顶上浮荡着，它向各个地平线作为大海的边沿落下去；可是帆船永远到不了边界：他一个世纪又一个世纪无望地向那始终浮现着、然而永远无从到达的新家乡游过去，直到对他罗盘的德行的怀疑抓住了他，直到他把它也当作最后的人类的骗局恨恨地扔到船外去。现在呢，一切束缚都完蛋了，漫无方向地把自己交付给海波的无穷无尽的任性。他陷入不可抑止的、狂暴的爱之愤怒，他翻起大海的深渊冲向可望而不可即的青天：爱好和思慕本身的欲望的不得满足，只是漫无目的地永远加永远地爱自己和思慕自己，——这种最无休止的利己主义的最深的、不可拯救的地狱，而利己主义又是没有尽头地大肆扩张、向往和要求，而且是永远加永远地只能够自己向往和要求，——他推向那抽象的，蔚蓝的天宇，那最缺乏对象的一般的要求——推向绝对的无对象本身。想要成为极乐的，无条件极乐的，在最广泛、最无限量的意义上**极乐的**，同时却又要永远成为**自己**，这就是基督教的心情的永不餍足的渴望。大海这样从它的深处涌向青天，又永远这样再从青天沉到它的深处；永远是它自己，因而也就永远不得满足，——正如心的肆无忌惮地支配一切的渴望，终因它永远得不到给予、不许转化为现实而只能成为**它自己**的诅咒。

可是，自然界一切无法度的东西还是在为求得法度而努力；一切无界限的东西都会自己划出界限来；各种元素最后总会凝聚为一定的现象，即使是那基督教的渴望的漫无限制的大海也会找到新的海岸——它的狂暴在那上面碰得头破血流的海岸。即使是我们在辽远的地平线上妄想努力达到、然而始终没有找到的驶向无边无际的天宇的入口的地方，也终于会有所有航海家之中最勇敢的航海家发现了大陆，人类居住的、真实的、极乐的大陆。由于他的发现，广阔的大洋不仅可以全程测量，而且也可以成为人类的内海，在它的周围，海岸不过是扩大到想不出有多么广阔的圆圈而已。如果说哥伦布教导我们去航行大海和连结地球的所有大洲，由于他的发现，世界历史性地使得眼光短浅的民族的人变为眼看八方的宇宙的人，——起根本变化的人；那么，那位横渡绝对音乐的广阔的、无边无际的大海直到大海的尽头，从而获得新的、意料不到的海岸的英雄，他使得大海不仅不再把海岸从那古老的原始人类的大洲分隔开，而且为未来新生的幸福的艺术性的人类把各个海岸**连接**起来。这位英雄不是别人，他就是——**贝多芬**。——

当声音艺术从姊妹们的轮舞脱离出来的时候，它，作为最不可少的最迫切的生活条件，——正如那轻率的姊妹舞蹈艺术从它取得节奏的尺度一样，——从那沉思的姊妹诗歌艺术带走了**字句**；然而那可不是什么人类创造的精神上吟咏的字，而仅仅是那躯体上必不可少的东西，浓缩的音。如果说它听任那离开的舞蹈艺术把节奏的拍子随意使用，那么，它现在就单独从基督教的信仰的字，这一种流动的、没有骨骼的含含糊糊的字，完全没有异议而且心甘情愿地听从它对自己行使权力的字得到启发。那个字越是发散成谦卑的吞吞吐吐，越是发散成无条件的婴儿式爱恋的纯粹的结结巴巴，声音艺术就越是觉得有必要从它固有的流动的特点的取之不尽的根底来自行构造。追求这样一种构造的努力就是**和声**的建立。

和声是以性质相近的声音素材的拼凑和重叠造成的笔直的柱子自下而上生发起来的。这样一直重新升高的、互相配合的柱子的不停的变换，规定了绝对的和声面向广度运动的唯一可能性。对那绝对和声的特质来说，担心这一种向广度发展的运动的美的必要的感觉是陌生的；它只知道它们的柱子色彩变换的美，可是不知道它时间上可以感知的配置的风度，——因为这是节奏的作业。反之，那种色彩变换的无穷无尽的多样性，却是永远富裕的源泉，有了这个源泉，它就可以带着毫无限制的自得心情不断重新表现它自己；至于生命的气息——一方面推动这种永不休止的变换而且赋予它以灵魂，同时又使这种变换随兴之所至自行制约的生命的气息——则是声音本身的特质，不可探究的、最强有力的内心渴望的呼吸。因此在和声的国度里并不是开始和结束，如同那没有对象的、自行消耗的内心的热情，对于它的源流茫然无知，只是它自己，要求、思慕、冲击、沮丧、——**萎死**，这就是说，死了，却没有在某一对象上得到满足，也就是说死却没有去死，因而翻来复去地复归本位。

只要字句一天握有权力，它就主宰着开始和结束；当它沉入和声的无底的深渊，当它还只不过是"灵魂的呻吟和叹息"的时候，——就像是在天主教教堂音乐最热烈的顶点一样——，字也就一意孤行地在那和声的柱子的、非节奏的旋律的尖端，好比被巨浪推向巨浪一样，而那无可估量的和声的可能性现在就必须为它最后的出现自行定出各种法则。人类没有其他艺术性的能力与这种和声的特质相适应，它不能够在躯体的感性上明确规定的运动中、在思维的严格的程序中反映它自己，——不像思想在感性的现在世界的被认识的必然性上，不像躯体运动在它自然而然的、感性上深受制约的体格的时间上可以感知的表演一样提示它的尺度；对人来说，它像是一种可以感知而不可理解的自然力。和声必须从它固有的无穷无尽的底层，从外在的——而不是内在的——必然性去完成确实的、最后的现象，创立而且遵循各种法则。和声层次的这样一些法则，像那些和声的柱子、和弦，从声音素材的亲和性中自己构造出来那样，是在亲和性的特点上建立起来，现在就结合为一种尺度，而这种尺度则为那随心所欲的可能性的广阔的活动空间定出有利的限制。这些法则容许从和声家族的范围提供最多样的选择，把这种亲和性同生疏的家庭的成员结合的可能性扩大到自由的从其所好；可是，首先还得要求切实遵守经过选定了的家族的亲属关系的家规，并为了得到一个幸福的结局而忠实地住下来。然而，要把这一结局，也就是乐曲的时间性的扩展的尺度提出来，或者对它加以制约，那和声的无数的规矩却是无能为力的；它，作为声音艺术可以科学地传授或学到手的部分，能够区分和声那些流动的坨坨块块，而且分解为各有界限的体段，可是不能决定这些各有界限的坨坨块块的时间尺度。

既然语言的规定限制的权力被吞掉了，那转化为和声的声音艺术就再也不可能从自己身上找到它时间性上的权威的法则，那么，它就必须向声音艺术给它剩下来的节奏的拍子的残余伸手；节奏的音型一定会使和声获得活力；它的变换、它的反复、它的分离和结合，一定会使和声的流动的广度像当初字对于音一样，加以收缩，而且使之走向时间上准确的结束。可是，这种节奏的诞生却并没有一种内在的、追求纯粹人的表现的必然性作为基础；它的推动力并不是那感觉的、思维的和愿望的人，如同他通过语言和躯体运动所宣示的那样；它是一种追求利己的结束的和声从外到内的**外在**的必然性。这一种节奏的变换和结构，它并不是根据内在的必然性进行运动的，因而只能依照任意的法则和虚构来产生；至于这样的法则和虚构则是属于**对位**的。

对位，从它那形形色色的胎儿和坏种来看，是艺术自己同自己争奇斗巧的游戏，是感觉的数学、利己主义的和声的机械的节奏。抽象的声音艺术在它的虚构中高兴到这个程度，以致于独一无二地认为它是绝对的、自我树立的艺术；——作为艺术，它的存在决不是倚仗人类的需要，而是纯粹得自它**自己**，得自它绝对的、神化的特质。一意孤行的人当然也会自以为是地绝对唯我独尊的人。可是，音乐之所以有那独立的仪态，也完全多亏它那固有的任性。因为说到适应一种**灵魂**的需要，那种声音机械的、对位的艺术玩意儿是断然不能胜任的。音乐一陷入骄傲，就转化为它的反面：从**心灵**的事件变为**理智**的事情，从无限的基督教心情的渴望的表现变为现代①交易所投机买卖的账本。

那永远美好的、感情高贵的人嗓的生气勃勃的呼吸，正如它从人民的胸中永不萎死、始终年轻而且活泼地迸发出来一样，也把这种对位的空中楼阁吹得稀巴烂。那在不被歪曲的情致上忠实地保持本色的**民间曲调**，那同诗赋密切交织的、统一的、界限分明的**歌曲**，展开它那伸缩自如的翅膀，宣告着欢乐的解脱，飞入那需要美的、科学上富有音乐性的艺术世界的领域。艺术世界要求它重新表现人，让人——不是吹管——歌唱；它还篡夺了民间曲调，用它来构造**歌剧咏叹调**。如同舞蹈艺术篡夺了民间舞蹈一样，根据对它的需要来恢复自己的元气，使民间舞蹈依照它规定的时髦爱好变为艺术集锦，——可是那高尚的歌剧声音艺术也同样对待民间曲调：它不是掌握住**整个**人，以便让他在其整体上艺术性地依照他自然的必然性自由发展，而是只让那**歌唱**的人去活动，而在他的唱法上，它不是掌握民间诗歌及其内心蕴藏的生殖力，而是仅仅限于那从诗歌抽象出来的旋律性的调子，然后随它喜欢给这种调子配上时髦成风的、故意弄到言之无物的陈腔滥调；使人领会不到夜莺的跳动的心而是只有它的喉头鸣啭，而且试图去模仿它。正如艺术舞蹈家训练腿功一样，采取最多样的然而终归是最单调的弯曲、扭转和盘旋，使得自然的民间舞蹈变化各种样式，这是他自己身上不可能继续发展的，——于是艺术歌唱家也就照样练习他的嗓子，那种从人民口里发出来的曲调，他是永远不可能从它的特质重新产生的，于是通过无穷无尽的装饰音来改写，通过形形色色的花哨来变换；这样一来，就不过是又一种机械的本领占据了位置，这个位置正是对位的伎俩收拾过的。对于民间曲调的讨厌的、形容不出多么令人作呕的丑化和歪曲，像它在现代歌剧咏叹调里面所显示的那样，——实际上那只是残缺的民间曲调，根本谈不上是什么特殊的创造——那是怎样对一切自然、一切人类感情的嘲弄，脱离了一切语言上诗意的基础，作为没有生命也没有灵魂的时髦玩意儿，把我们痴顽的歌剧世界的耳朵搔得痒痒

---

① 初版"现代"作"现代犹太人的"。

的，——我们用不着在这里继续加以刻画了；我们只要抱着悲惨的诚实承认，我们现代的公众实际上是仅仅从这种**咏叹调**里面了解音乐的全部特征的。——

可是，撇开这种公众以及为他们服务的时髦商品制造者和商贩，声音艺术固有的特征还是应该凭它无限的能力、一切尚未丧失的富藏，从它那无底的深渊在大众公有的、独一的未来的艺术的阳光中向解救飞跃，而这种飞跃是应该从那片土壤出发的，这片土壤就是一切纯粹人类艺术的土壤，**造型的躯体运动**在音乐**节奏**中表现出来的土壤。

如果说人的**嗓音**在基督教的老套中没完没了地重复到变成最彻底的毫无意义的单字的喃喃声，终于完全化为只能诉诸感性的流动的声音工具，因而那从诗歌艺术完全抽象出来的声音艺术就只能单独出场，——那么，在它的另一面，那些经过力学媒介的声音工具，作为舞蹈艺术的丰富的伴奏，就越来越养成一套不断提高的本领。作为舞蹈方式的代表，**节奏的旋律**就被指定划为它独占的财产；由于它同轻捷的联合活动，它们吸收了基督教的和声的因素，于是乎声音艺术一切更进一步的发展的使命就从**它本身**落到声音工具头上。和**声化的舞蹈**就是现代**交响乐**最丰富的艺术作品的基础。——这种和声化的舞蹈也作为解馋的猎物落入对位机械论的手里：这种机械论把它从它那顺从的忠诚转交给它的主人——躯体的舞蹈艺术，于是让它依照**它**的规矩做成各种跳跃和旋转的样式。可是，这样一种经过对位训练的舞蹈的坚韧的皮带编织品，只要容许吹进自然的民间曲调温暖的气息，它就立即扩展为人性美的艺术作品的伸缩自如的肌肉，而这一类艺术作品所达到的最高的成就就是**海顿、莫扎特和贝多芬的交响乐**。

在海顿的交响乐里面活动着节奏性舞蹈旋律的充满愉快的青春朝气：它的交错、分散和重新结合，如同通过最高的对位的绝技所巧妙处理的那样，使人觉得几乎再不是这样巧妙处理的结果，而更多的是特别符合一种依照幻想丰富的法则安排出来的舞蹈的性格的表现：它彻里彻外都是那么温暖地渗透了那真正的、人世欢乐的生命的气息。我们看到，交响乐那依照适应的节拍运行的中间乐章，是由海顿指派给那简单的民歌曲调逐步的扩大；在这种乐章里面，它依照歌曲对歌唱的本质所具有的特点的各种法则，通过激烈的高涨和带上多样的表情的重复而发展起来。这样制约着的旋律，就成为**莫扎特**那种富于歌唱又乐于歌唱的交响乐的因素。他给他的乐器送进人声的充满憧憬的气息，这种人声又是他的天才带着包罗万象的眷爱关注着的。他把丰富的和声的永不枯竭的河流引入旋律的心脏，同时又不倦地注意给它——这仅在乐器上奏出来的旋律——补充上感情的深刻和热烈，正如它作为内心深处表情的不竭的源泉给自然的人声打下基础一样。当莫扎特在他的交响乐里，把一切与这一种他最独特的渴望的满足隔离的东西或多或少地、根据习俗相沿的和在他本身逐步定型的法则，用非凡巧妙的对位手法、几乎可以说仅仅是把它打发掉的同时，他却把那器乐的歌唱表现力提高到那样的高度，以致它不仅能够具备像海顿手上那样开朗的、安静的、内在的愉快，而且包含无限的内心渴望的全部深刻。

使器乐的无可估量的能力足以表现暴烈的促迫和需求的开山人物是**贝多芬**。他有本事做到把基督教和声的独特的本质——这一个无限丰富和永不休止的运动的深不可测的大海解放出来，交付给不受束缚的自由。这种**和声的旋律**——我们不得不把这从语言诗句脱出来的东西作这样的标明，以便区别于那节奏的舞蹈旋律——是，仅仅由乐器演奏出来的、力能胜任的最无限制的表现，正如它打破一切处理的框框一样。在长的互相连结的行列中，或在比较大、比较小、甚至于最小的部分，经过大师的诗意的手就会变成语言的字音、音节、单字和词句，在这种语言里面，凡是闻所未闻的、最难以形容的、从来未经人道的都能够表达出来。这种语言的每一个字母都是灵魂无限丰富的产物，而所有这些因素的安排的尺度又是无限自由的裁断，正如只有那追求深不可测的思慕的无可估量的表现的音诗人①才能够锻炼出来一样。因这一种表现丰富到难以言传的语言财富而欣然自得，然而处于艺术性的灵魂要求的重压之下而受苦受难，只能在它那无极境界中自生自在，不能在它自身之外获得满足，——这个极乐的倒霉的、以浮海为乐而又倦于浮海的帆船老手，从凶野狂暴的赏心悦目的急风怒涛中找寻一个安全的碇泊港。如果说他的语言财富是无穷的，那么渴望也同样是无穷的。这种渴望用它那永恒的气息给语言赋予生命：这个结果，这番满足，究竟是怎样在同一语言中宣告这一种渴望的，或者也同样不过是这一种渴望的表现呢？如果说无可估量的内心渴望的表现是在这一种原始的不可抗拒的、绝对的声音语言中得到启发，那也只有这一种表现的**无穷性**，正如同渴望本身的无穷性一样是一种必然，而不是作为渴望的满足的最后的**结束**，这种结束只能是以意为之的。用这个借助于节奏的舞蹈旋律的一定的表现，器乐只能够呈现一种本身平静的、范围明确的情调而把它结束：正因为他的尺度是从一种本来是外在的物体——躯体运动那里取来的。如果一首乐曲一开头就只不过是投身于这样一种表现，并或多或少地始终是作为欢畅的表现来掌握，——那么，即使具备一切音响的语言

①　瓦格纳在此处用的是"作曲家"一词较为文雅的说法 Tondichter，而不是一般用的 Komponist。他是为了与"语言诗人" Sprachdichter 形成对照。有时也译为"声音诗人"。——译者

财富的最丰富、最充分的发挥，在它上面每一种满足都将同样被认为是必不可少的，当那范围明确的表现临末只管扑向无穷的渴望的冲击的时候，这样的满足就必然是纯粹一意孤行的，因而实际上是不得满足的。从一种受到无穷的激发的、渴慕的情调到一种欣然满足的情调的过渡的唯一必不可少的条件，是渴慕的感情向一种**实体**的转化。可是这样的一种实体与无穷的渴慕的性质相适应，只能是一种在结局上、感性上、品德上准确地表现自己。在这一类的物体上，绝对音乐终归会找到它完全规定的范围；它能够——不必求助于种种最任意的借重——单凭自己就能使那些具有特定感性和品德的人得到完全可以感知的、可以一清二楚地加以区别的表现；它，在它无穷无尽的高涨中，始终不过是**感觉**；它，在品德的行为的**陪同**下出现，却不是作为**行为本身**；它能够使各种感觉和情调齐头并进，可是不能根据需要从别种情调生发出一种情调；——它缺乏**道德的意志**。

有哪一种无从仿效的艺术是贝多芬在他的《c 小调交响乐》里为把他的船从无穷渴望的海洋驶向满足的港口而没有运用到的？他善于把他音乐的表现几乎提高到道德的决断的程度，可是终究没有自己说出来；而且每当意志发动之后，我们总是觉得，没有什么品德的依据，担心有什么事情可能要发生，也许会引向胜利，同样也说不定会回复原状；——是的，这一种回复原状几乎不得不使我们感到比那道德上没有任何根据的胜利更为不可避免，它——不是作为必然的胜利，而是作为随意的恩赐——不像我们在内心的渴望上所要求的那样，因而不能使我们品德上得到提高和满足。

可是有谁比贝多芬本人对这一种胜利更加感到不满足呢？他有瘾头再去写同一类的第二部吗？也许是模仿者的没有头脑的队伍吧，他们可以从大吹大擂的大调的欢呼到受苦受难的小调的申诉来安排无尽无休的凯旋的庆祝，——然而这却不是大师本人，他的天职是在他的作品里面写出一部**音乐世界史**。

他抱着敬畏的羞怯避免重新扎入那无法平静的漫无限制的渴望的大海。他向欢畅的人们迈开他的脚步，他是在新鲜的草原上、芬芳的树林边、阳光灿烂的天底下横躺着，感觉到他们在那里玩笑着、爱抚着、跳跃着。在大树的阴影底下，听着树叶的吹拂，听着溪涧的亲切的潺谖，他同大自然结成一条幸福的纽带；他感到自己是一个人，面对甜蜜地祝福的万能**景象**，他的渴望被深深地推回心胸里去了。他对这种景象是那么感激，以致他在他处于那么激动的情绪之中创作的音乐作品的各个部分忠实地而且抱着诚笃的谦卑加上了生活经历的标题，这些生活经历的观照是在他心目中唤起的：他给整个作品的名称是**乡村生活的回忆**。

但是正因为仅仅是"回忆",所以也就只是——一些图画,不是直接的感性的现实。然而却有什么使艺术上不得不然的渴望的无上权威催逼他走向这一种现实;给他的声音形象赋予那一种浓厚的、直接可以认识的、感性上安稳的坚定,像他在那自然界的种种景象上面体察这些形象时所获得的那么极乐的安慰一样,——这是一种喜悦的本能的深情的灵魂,正是这种本能为我们创造出这部超越一切壮丽的 A大调**交响乐**。一切的狂暴,内心的一切渴望和奔腾,现在都转为欢乐的尽情的奔放,它使出酒神的无上权威拉着我们穿越大自然的所有空间,穿越生命的一切江河和大海,凡是我们依照这一人类的天体舞蹈的节拍所到之处,无不自觉地欢呼着。这一部交响乐根本就是**舞蹈的超凡入圣**:它是面向最高的造物的舞蹈,在声音里面同时使理想具体化了的躯体运动的极乐的事业。旋律与和声在那节奏的强壮的骨骼上结合成为牢固的、人类的形体,它一会用灵活非常的肢体,一会用柔软到伸缩自如的弹性,既修长又丰满地**活灵活现地在我们眼前**结成轮舞,伴着轮舞时而妩媚、时而勇敢、时而严肃①、时而放纵、时而深沉、时而欢呼,这支不朽的曲调继续不断地响动着,直到兴会的淋漓尽致的心头来一个酣畅的亲吻结束最后的拥抱。

可是,这一种极乐的舞人,终归不过是在声音里面呈示出来、在声音里面仿造的人!普罗米修士用**泥土**造人,贝多芬就好比是第二个普罗米修斯,试图用**声音**来造人。不是用泥土或声音,而是应该同时使用两种材料创造出人来,创造出这个生命施主宙斯的肖像。如果说普罗米修斯的创造只是诉诸**眼睛**,那么,贝多芬的创造就只是诉诸**耳朵**。只有在眼睛和耳朵对他的现象双方互相给予保证的地方,整个艺术性的人才算是存在了。

可是贝多芬在什么地方找到了**这样**的人?他有可能越过他音乐的元素向他们伸出手来吗?这些人心胸是那么宽广,以致他能够给他们倾注他和声的音响的万能的大河吗?他们的形体是美得那么结实,以致他那旋律的节奏必得把他们**抬**起来,而不必把他们**践踏**下去?——唉,没有任何地方会走出一个兄弟般的普罗米修斯来帮忙,给他指出这样一种人!他必须亲自出马,**先去发现未来人类的国度**。

他再一次从舞蹈的岸上冲入那无边的大海,他原先正是从这个大海被救到这边

---

① 在第二乐章那庄严地迈步而来的节奏之外,有一个副题发出了哀诉般充满思慕的歌唱;这一个求索的旋律紧挨那贯穿整个乐曲不断地让人听到它那稳当的步伐的节奏,正如常春藤围绕槲树一样,没有高大的树干可缠绕,它就乱蓬蓬而又歪歪扭扭地消失在稠密的枝叶堆中,可是一缠上了呢,那就作为那粗糙的槲树皮的丰盛的装饰,自己也借助于大树的结实的躯干获得安稳的、不会消逝的形体。贝多芬的这一番深刻的意义重大的发明在我们这些永远玩弄"副题处理手法"的现代器乐作曲家手上遭到多么没有头脑的剽窃啊!(瓦格纳)

岸上来的，现在又冲入这永不餍足的内心渴望的大海。可是他这一次惊涛骇浪的航行却是在一只格局庞大、结构牢固非常的船上；他捏紧拳头把住那强有力的舵：他**认识**航行的目标，下定决心要达到目的。他不要制造什么妄想的胜利，不要经过勇敢地克服艰难险阻之后重新回到故乡的懒散的海港：他要的是测量大洋的边界，是找到大陆，它一定是在茫茫大海的彼岸。

这位大师就是这样通过那绝对的音响语言闻所未闻的可能性向前推进，——并不是当他沿着它们身边，一溜烟地滑过去的同时，而是完完全全地把它最后一个声音从内心蕴藏的最深处说出来的同时，——推进到水手开始用测深锤去测量海水深度的地方；他在新的大陆向宽广延伸的海滩上接触到越来越高的固定的地面的地方；他应该做出决定，是回到茫茫的大洋还是就新的海岸把锚抛下去的地方。并不是野性的浮海癖驱使这位大师开始那么辽远的航行；他必须而且愿意在新世界登陆，因为他之所以从事航行正是为了探求**它**。他精神奕奕地把锚抛出去，而这个锚就是**字句**。这个字可不是那种随心所欲的、毫无意义的、像在时髦歌手口腔里只是作为嗓音的软骨一样来回咀嚼的东西；它是必不可少的、全能的、结合一切的，有了它，最饱满的内心的感觉的整条长河就可以滔滔流注；它是不安定的漂泊者的安全港；它是照亮无穷渴望的黑夜的光明：这个字是那得救的人从世界心灵的富藏中呼喊出来的，是贝多芬作为王冠戴在他音乐创作的尖端上的。这个字就是：——"**欢乐**！"他用这些字句向人类呼唤："**拥抱吧，千百万人！这一吻给予全世界！**"——这个字将要**成为未来的艺术作品**的语言。

贝多芬的**最后一部交响乐**是音乐从它最独特的因素解脱出来而成为**共同的艺术**。它是未来艺术的**人道**的福音。照它的样子是不可能再向**前进**的了，因为紧接在它后面的是未来的完美的艺术作品，**共同汇总的戏剧**，贝多芬已经为我们铸造了开启它的钥匙。

就是这样，音乐自己完成了任何别一种分立的艺术没有能力完成的事业。这些艺术中的每一种，都只是守住它那荒凉的独立性，通过取用和功利的假借来解决自己的问题；因而谁也没有办法保存**自己的本来面目**，用自己的力量编织成结合一切的纽带。本来嘛，声音艺术，在它完全保存自己的本来面目的同时，从它原始固有的元素出发自行运动的同时，获得了最伟大、最多情的自我牺牲的力量，自己克制自己，自己克服自己，以便给姊妹们伸出拯救之手。它证实了它不愧为联结头脑和四肢的**心脏**；事实并不是没有意义的，正在时新的当代声音艺术，通过公众的一切部门赢得了这样不比寻常的发展。

　　为了对这种公众的**充满矛盾**的精神有所了解，我们首先有必要牢牢记住，**并不存在艺术界同公众的共同协力，是的，甚至于还谈不上声音艺术家本身的共同协力**去完成那伟大的过程，像我们刚才看到的一样。**这完全是一种过分丰富的艺术性的个体**，他孤独地把那不存在于公共生活中的共通性吸收进来，是的，这是从他特质的充实、结合音乐可能性的充实这样一种共通性，作为一种艺术上由他渴望得到的、甚至于在他身上才开始产生的共通性。我们看到了，这一种神奇的创造过程，正如它作为不断成形的生命纪录贯穿着贝多芬的交响乐一样，不仅是这位大师在完全与世隔绝的孤独状态中完成的，而且根本不被艺术伙伴所**理解**，并更多地是受到极不光彩的**误解**。那些形式，这位大师借以宣示他那艺术的、世界历史性的搏斗的形式，对那从事作曲的同辈和后代来说只不过是形式而已，而且通过文饰转化为时髦，但不管怎样，总之没有一个器乐作曲家还能够在这些形式上面显示出一丝一毫的创造性；同时又没有一个人丧失掉勇气，他们一部又一部地写交响乐和类似的乐曲，却一点也没有想到，原来最后一部交响乐已经**写过了**。① 这样一来，我们也就不得不亲自经历一下贝多芬那种伟大的发现新世界的航行，——这样绝对可一不可再的事实，像我们认识到在他欢乐交响乐里面作为他天才的最后的最勇敢的冒险所完成的那样，——居然有人事后抱着最痴呆的天真再来一次，而且什么麻烦也没有就顺利地熬过来了。一个新品种，一部"带合唱的交响乐"，——还有什么呢？啥也看不见！为什么这个人或那个人不可以也写一部带合唱的交响乐呢？为什么经过想方设法，那么尽可能巧妙地写完了三个先行的器乐乐章，不可以临末拉大嗓门赞美一番"上帝我主"呢？——哥伦布就是这样替我们时代油嘴滑舌的奸商发现了美洲！

　　可是，这种讨厌的**现象**的根源却深刻地存在于我们现代音乐本身的特质之中。那脱离开诗歌艺术和舞蹈艺术的声音艺术，再也不是人类自然而然地非要不可的艺术了。它必得自己构造自己的法则。这些法则以它固有的特点为蓝本，却在纯粹人性的现象中找不到与之血缘相关的、可供说明的尺度。其他艺术的每一种，都紧紧

---

　　① 有谁想要特意着手写一部贝多芬以后的器乐史，那就无疑应该报告这一时期的各种个别现象，这些现象一定能够引起一种对它特别的、有魅力的注意。谁从一种这么目光远大的立场出发去观察各种艺术的历史，像这里必不可少的那样，唯一应该抓住的就是历史上这些决定性的主要契机；他必须对那些远离这些契机或只是由这些契机派生出来的东西置之不理。可是，在这一类个别现象里面越是有什么强大的能力一目了然地显示出来，那就越发令人信服地证明，根本就是当它的全部艺术活动毫无结果的时候，正是**这些现象**证明了，在它那特殊的艺术品种里面，也许在有关技术处理方面还残留着什么可供发现的东西，但在生机活泼的精神方面却是再没有什么剩余的了。如果在那特殊的艺术品种里面有什么被说出来，**这样东西**就是贝多芬在音乐里面说过的东西。在未来伟大的一般的艺术作品里面将永远会有新发明，然而不会是在个别的艺术品种里面，只要这一种艺术品种——像音乐通过贝多芬那样——已经导向共通性的地步，却依然保持着它孤独的延续。（瓦格纳）

依附于外表的人类的形体、表面的人类的生活、或自然界的尺度，即使这种必须具备和赋予的尺度经过多么任意的歪曲也罢。至于声音艺术，它只从那畏怯的、对一切想象、一切错觉都胜任愉快的听觉上面找到它表面的人性的尺度，它不得不构造更为抽象的法则，而这些法则又是同一种完全科学的体系结合起来的。这种体系就是现代音乐的基础：在这个基础上兴工建造，垒宝塔一样一层又一层垒起来，建造工程越是大胆，坚固的基础就越是不可或缺，——这样的基础，本身就无论如何不是自然的。对雕刻家、画家、诗人，**大自然**是在他的艺术法则中被解释清楚的；没有对大自然的内在的了解，他是无从创造任何美的东西的。音乐家却只对和声、对位给予解释；他学到手的东西，没有这一手他便不可能建造音乐的大厦的东西，却是一个抽象的、科学的体系；通过学到手并且运用起来的本领，他成为行业伙伴，而从这一行业伙伴式的立场出发，他看着眼花缭乱的世界，这个世界在**他**心目中较之在非行会伙伴的俗世儿女——**外行**的心目中必然是另外一番景象。这个未受秘传的外行于是面对着艺术音乐的人工的作品发愣，而且非常正确地除了认为它是一般激动人心的作品之外再也没有别的什么可说的；然而这一从那神奇建筑中出来迎接他的东西不过是一味悦耳的旋律而已：其他一切都使他漠然无动于衷，或者使他莫名其妙地不能安心，因为他干脆不了解或者不能了解。我们现代的音乐会听众对待艺术交响乐所表示的温情和满意，其实是说谎和伪善；这一类说谎和伪善的验证，我们每时每刻都可以得到，只要——即使在最有名气的音乐会机关也同样发生——在一部这一类交响乐之后随便演它一首现代的旋律优美的歌剧曲子，我们立刻就可以从会场里听到毫不伪装的欢乐中实实在在的音乐脉搏的跳动。

一种存在于我们艺术音乐同公众之间并由后者来制约的联系，是应该彻底予以否定的：如果有什么联系宣告出来，那是做作而又不真实的。或者在一定的人民群众方面，他们不会装腔作势，对一部贝多芬式交响乐的威猛的东西，他们有时是能够感到激动的，至少是不甚了了的，他们对这一类音乐作品的印象一定是不完全的、有漏洞的。可是如果是不存在这种联系的地方，这种艺术团体的行会式的联系就只能是表面的；艺术出自内心的长大和成形不能由团体来加以制约——团体只不过是一种人为同情性的，——而只能借助特别气质的个性产生的个体，才会有一种自然的构造和发展的冲动，并依照内在的不能自己的法则来行事。只有依靠一种个性的艺术天赋的特点和富藏，才能使那艺术性的创作冲动得到哺养，在那外在的自然界，是没有任何地方能够提供养料的；因为只有这一种个性才能够在它的特殊性方面，在它亲身的观察方面，在它固有的要求、渴慕和意愿方面给这种艺术原素输送赋予

524

形体的材料，这里是从外在的自然界无法找到的：借助这专一的、特殊的人的个性，音乐才成为纯粹人性的艺术；它消化这种个性，以便从这种原素自身的溶解达到浓缩，达到个性。

这样，我们就看到，在音乐领域，如同在其他艺术领域一样——然而由于完全别样的原因——各种手法或者所谓流派，大多数都仅仅是从某一特殊的艺术家的个性产生的。这些流派就是行业团体，他们围绕着一个在他身上体现了音乐本质的个性化的大师，依样画葫芦地，是的，照本宣科地，聚拢在一起。音乐一天没有解决它艺术世界历史性的课题，这些流派远远伸张的枝条，在这个或者那个血缘关系的接种之下便会长出畸形的新躯干；但是，一旦这个课题由那一切音乐个性中最伟大的个性完全解决了，一旦声音艺术从它最深的富藏通过那个性的力量连最广大的形式也打破了，这里是指它有可能借助这种形式成为一种自私的独立的艺术的形式，——一旦，总之一句话，**贝多芬**写出了他最后一部交响乐，——一切音乐的行业团体就能够由他们去随意地缝补和填塞，以便造成一个绝对的音乐人；也就只限于是一个衲起来的、鼓鼓囊囊的花里胡哨的幻想人，再也不会有神经健全的自然人从他们的作坊里被制造出来。跟在海顿和莫扎特后面，能够而且一定会有一个贝多芬到来；音乐的守护神认为非要他不可，而且不劳等待，他到来了；究竟是谁想在贝多芬后面做**这样**一个人，像贝多芬在海顿和莫扎特后面在绝对音乐领域内做过的一样呢？即使是最伟大的天才现在也完全无能为力，因为绝对音乐的守护神再也不需要他了。

你们是在那里白费力，为了平息你们窝囊的自私自利的生产的渴望，却想要否定最后一部贝多芬交响乐毁灭性的音乐世界的历史性意义；你们的愚行救不了你们，通过这种愚行你们所做的，证明你们对这一部作品就是不懂！你们要干什么就干什么吧，从贝多芬身边完全转眼望开去吧，向莫扎特挪动你们的脚步吧，把你们同塞巴斯蒂安·巴赫拴在一起吧；写带歌唱或不带歌唱的交响乐吧，写弥撒乐、清唱剧吧，——这一些性别不分的歌剧胚胎！搞些无言歌、无词歌剧：只要是包含真正生命的，你们就什么也弄不成。因为呀，你们看一看，——你们缺乏**信仰**！对你们所做的事情的必要性的伟大的信仰！你们只有愚蠢的信仰，对你们利己主义的任性的必要性的可能的迷信！——

当着展望我们音乐的艺术世界那一片忙忙碌碌的荒野的时候，当着目击这种虽然尽在挤眉弄眼的艺术团块的绝对的无生殖力的时候，当着瞥见这种不成形的浆粥的时候，它的沉淀物就是顽固不化的、舞文弄墨的无耻。最后，从它那里弄出点东西来了，摆出经过一切深思熟虑的、与音乐无缘的大师架势，弄出点什么来呢，也终归不过是一些打情骂俏的意大利歌剧咏叹调，或者胡作非为的法兰西康康舞曲，[①]作为人工蒸馏过的烟雾升到现代公众的光天化日之下。简言之，当着衡量这一种完全是创造性的贫乏的时候，我们无畏地寻找伟大的毁灭性的命运的打击，这是给那全体大肆泛滥的音乐货色一个结束的打击，以便为未来的艺术作品腾出地方来。因为在那种作品里面，真正的音乐将要真的承担起非同小可的角色，然而在目前这块地面上却是空气和呼吸都不听使唤的。[②]

5. 诗歌艺术

如果时髦或者惯例容许我们恢复那道地的、真正的写法和念法：以 tichten 取代 dichten（作诗），那么我们就在这三个原始人类的艺术：Tanz –（舞蹈）、Ton –（声音）和 Tichtkunst（诗歌艺术）并排起来的名字上面获得一个关于这三合一的姊妹的特质的形容美妙的感性的表象，亦即所谓完全的头韵[③]，正如它在我们的语言里面特有的那样。可是这套头韵特别有意思的一点却是在排列上"诗歌艺术"所占的位置：原来它作为末一环节才真正是结束了押韵，有了这第三个双声字加入或者产生，那两个双声字才提到了完全押韵的地位，因而可以说，如果没有第三个环节，前两者就只不过是偶然存在的，有了它而且通过这同一个，它们才显得是必不可少的，——正如一男一女必须通过由他们生育出来的孩子才表现为必不可少的一样。

正如在这番押韵过程中是从后到前、从结束回到开始发挥作用一样，反过来，它的作用也同样显示出并不较少的必要性：开始两个环节也许要到结束环节才具备

---

① 康康，法文意为吵闹，特指鸭子和鹦鹉的鸣叫。这种舞蹈作为一种交际舞在 1830 年七月革命之后流行于巴黎。舞法比较放荡，所以被谴责为伤风败俗的。——译者

② 虽然我在论述音乐与其他艺术品种的关系时对音乐的特质有所发挥（事实上不论是在特殊的特点中，还是在由这些特点哺育的、特殊的和确实富有成效的音乐发展过程中都是有它的理由的），我终究意识到我的叙述的多方遗漏；然而这就不仅需要一本书，而是好多本，以便把我们现代音乐在与公共生活的联系的纽带中那些不道德的、虚弱的和卑劣的东西讲个透彻；以便阐明声音艺术那不幸的、感情过剩的特性——它被当作我们那些热心教育的"国民改造者"的投机买卖的对象，他们要把音乐的蜜糖滴入那被虐待的工厂工人醋一样酸的汗水中间，当作唯一可能减轻他们痛苦的良方（大致如此，像我们那些政治能手和交易所能手所努力的一样，把宗教的软和的破布片向警察机关、救济事业裂开的缺口中间塞进去）；以便最后解释那悲惨的心理现象：一个人不仅能够成为怯懦的和恶劣的，而且也能够成为愚蠢的，要不受这些品质的妨碍，就要做一个完全受尊敬的音乐家。（瓦格纳）

③ 头韵是古代日耳曼诗学上的一种用韵规则，即在一行诗句里面所有着重的单字都用同一个声母开头。——译者

它作为押韵的意义，然而如果没有开始的两个环节，光是那个结束环节，就其本身而论却根本是不可想象的。因此，如果没有那感性现象直接隶属于它的各种艺术，诗歌艺术根本不可能创造出真正的艺术作品，——因为这是一种感性上直接表现出来的作品；思想，现象的这一个赤裸的投影，本身是无形的，当它回头再走它产生的路的时候，它才能达到艺术的可感知性。在诗歌艺术里面，艺术的意图根本就来到意识对面：别的艺术品种却本身即包含着这种意图不自觉的必然性。诗歌艺术是**这种**创造过程，通过这种过程艺术作品才能进入生命：从一无所有做出一点什么来，那是只有上帝耶和华才能办到的。——诗人必须有这么一点什么，而这一点什么则是整个艺术性的人，他在舞蹈艺术和声音艺术里面宣布那成为灵魂要求的感性的要求，然后这种要求从它自己产生诗的意图，在这种意图里面找到这种要求的结束，在这种意图的成功里面找到这种要求的满足。

不论什么地方，凡是**人民**在那里作诗，——而且只有人民或者依照人民的意向才能真正作得成诗，——诗人的意图也只有在舞蹈艺术和声音艺术的肩膀上，作为完全现存的人的**头脑**，才能进入生命。奥菲欧的抒情诗如果只是由歌手照着印出来的诗歌念给那些野兽听的话，那肯定无法教它们转入沉默的、静静地躺下去的祈祷：它们的耳朵对那嘹亮的心灵的声音，它们那只会盯着食物的眼睛对那优美而又勇壮地运动的人身，必须先敬服到**这一种**程度，使得它们不由自主地在人类身上认识到的再也不仅是它们胃口的对象，不仅是一种解馋的，而且也是既值得听又值得看的物事，然后它们才能够对他那道德的警句给予注意。

即使是那真正的**民间史诗**，也无论如何不是什么仅供吟诵的诗篇：荷马的诗歌，像现在摆在我们面前的那样，是从某一个时代经过评判、区分和归并的编纂产生出来的，在那里面真正的史诗已经不再活着了。当梭伦①订立法律，庇西特拉图②推行一种政治的宫廷经济的时候，人们已经探索沉埋的民间史诗的废墟而且把搜集到的东西整理成供阅读之用了——大约与霍亨斯陶芬③时代那散失的尼伯龙根

---

① 梭伦（约公元前638—约公元前559），古雅典政治改革家和诗人，公元前594年任执政官，进行政治改革，主要有废除农民债务并禁止债务奴役，划分公民为四个等级，并创设"四百人会议"。现存梭伦的诗歌断片中有对贵族进行谴责的内容。——译者

② 庇西特拉图（约公元前600—公元前527），古雅典的所谓"僭主"。依靠平民发动政变，夺取政权。实行打击贵族、奖励农工商业的政策，没收贵族土地分给农民，发低息农贷，设农村巡回法庭，发展海外贸易，还定期举行雅典娜女神节和酒神节，雅典成为文艺的中心，荷马史诗也在这时编成定本。——译者

③ 霍亨斯陶芬，根据建于1070年、毁于1525年的霍亨斯陶芬古堡命名的贵族。1079年起任施瓦本的大公，1138年孔拉德三世创建神圣罗马帝国，至1254年终止。1268年因孔拉丁被杀而中绝。——译者

歌曲①的断片相似。在这些史诗的歌谣成为文学上留意的对象之前，它们却是在人民中间，通过声音和动作的支持，作为躯体上表演出来的艺术作品繁荣过的，同时作为经过浓缩和固定的抒情的歌舞，特别注重情节的描写和英雄性的对话的重复。这一种史诗—抒情性的表演构成那在固有的最古老的抒情诗和悲剧之间不容误认的中间环节，从那一种到这一种的正常的过渡点。因此悲剧就是进入公共政治生活的人民艺术作品，我们就它的出现又可以非常清楚地认识到在人民的艺术创作和那所谓有教养的艺术世界的单纯文学历史性的制作的方式上彼此偏离的处理。原来当那生机活泼的史诗变成了庇西特拉图宫廷的品评文学的娱乐的时候，它在人民生活中实际上已经凋谢了，——然而倒并不是由于人民停止了呼吸，而是因为人民已经能够打破旧的东西，运用那取之不竭的艺术的富藏把那比较不完善的艺术作品扩大为更完善的艺术作品。原来正当那些教授们和文学研究者在王侯宫殿里从事于一个**文学的荷马**的构造，对他们自己那没有出息的生产沾沾自喜，对他们的才智表示惊叹，而所谓才智者又唯独能够领会那已经丧失掉而在生活中不复存在的东西的时候，——泰斯庇斯②已经把他的小车拉到雅典去了，把它在王宫城堡的墙边摆开，把**舞台**装起来，从人民的歌队中迈步走出来，**登上舞台，再不是**像史诗里面那样，去**描写英雄的事业，而是自己作为这一位英雄去表演那些事业。**

在人民身边一切都是现实和事业；他在行动，而且为想到他的行动而高兴。这样一来，欢畅的雅典人民就趁宫廷和城市的一件激动的事端把那富有艺术趣味的庇斯特拉图的忧郁的儿子们赶了出来，接着就考虑，是怎样趁这个机会变成了属于自己的、自由的人民的；于是把舞台的木板搭起来，用神和英雄的服装和面具把自己化装为悲剧演员，以便自己装作神或英雄，**悲剧**从此创造出来了，他们以喜悦的自觉从他们的创造力享受到悲剧的繁荣，至于探索悲剧的形而上学的根由，那就毫无顾虑地单独交付给我们今天宫廷剧场演出顾问的伤脑筋的思辨吧。

悲剧的繁荣所经历的时间完全同它从人民的精神编写出来的时间一样长，而这种精神正是真正的人民精神，即一种**共同**的精神。当那民族的人民社团自行分裂，当他们的宗教和原始固有的道德的共同的纽带遭到那利己主义地自行解体的雅典精

---

① 尼伯龙根歌曲，德国民间史诗，原义为"雾国的儿女"，大约完成于13世纪初年。主要是根据神话和历史传说结合当时人民生活和思想感情编写出来的。上集叙述西格弗里德的英雄事迹和他的遇害，下集写西格弗里德的妻子为夫报仇的故事。——译者

② 泰斯庇斯，约公元前6世纪中叶的戏剧活动家。根据流传的说法，他是希腊演剧的创始人，说他曾把单独的演员配合歌队演出。荷拉斯关于他的巡回舞台的报导未必可靠。——译者

神的诡辩的针刺的刺伤和残害的时候，——人民的艺术作品也就从此完结：于是，那些可敬的文学行会的教授们和博士们占据了那倒塌成一片瓦砾的建筑。把那些横梁和石头搬到一边，以便在它们上面下一番研究、综合和冥想的功夫。人民发出阿里斯托芬式的嘲笑，把他饱餐之后排泄出来的东西留给那些博学的昆虫，把艺术扔在一边搁它个一两千年，听凭内心的需要去创造世界史，而同在这个时期，那一批人却遵奉亚历山大最高宫廷命令在那里编凑文学史。——

诗歌艺术的特质，经过悲剧的解体之后，在它从它与表演的舞蹈艺术和声音艺术的协同活动脱离开来之后，——不管它提出过多么高的非凡的要求，——总是十分容易呈现出一个充分的图景。孤独的诗歌艺术——不再**搞诗**了，它不再表演了，它只是描写；它只是中介，它不再直接提供；它名副其实地把虚构的东西拼凑在一起，然而缺乏结合的有生命的纽带；它引起刺激，然而不满足于这种刺激；它惹人走向生活，然而本身就不能到达生活；它提供一个画廊的目录，然而却不是图画本身。语言的，干脆就是声音的生机蓬勃的密叶的盛夏装饰的冬天的树枝，萎缩成为**文字**的干枯的无声的符号：不是诉诸耳朵而是默默地传达给**眼睛**；诗调变成了**写法**，——变成了诗人的精神气息的**书写风格**。

现在她，怨恨的姊妹，坐在阴暗的房间里浓烟弥漫的灯盏后面，——一个女性的浮士德，她从那思想不使人满足的编织和交叉，从那想象和幻想的永劫的苦刑，越过尘封和虫蛀废物，渴望进入实在的生活，以便用骨和肉，铆得牢又钉得紧，作为实在的人走到实在的人群中去，而且站在人们中间。哦！那个可怜的姊妹在思想过分丰富的无思想状态中让她的肉和骨从她身上丢掉了：她永远只能够**描写**她这个没有躯体的灵魂所欠缺的东西，好像她从那阴晦的房间望出去，通过思维的窗户，看到它在那可爱的广阔的感觉世界中生活和运动的样子。关于她青春的恋人，她永远只能够描写："他曾经是这个样子，他的肢体曾经是这样举动的，他的眼睛曾经是这样闪烁的，他的声音曾经是这样铿锵的！"可是，这一切刻画和描写，即使她是那么甘心乐意地想要把它提高到艺术的水平，她是努力做到那么富于创造，把它在语言形式上和文字形式上构造成为使人得到补偿的艺术的安慰，——归根结蒂始终不过是一种平息某一需要的徒然多余的努力，那只不过是从一种硬搬过来的有机的错误产生出来的努力；那根本不是别的，那只是哑巴的语言符号方面应急的丰富的储备，基本上却是一些可厌的符号。

真正的健康的人，像他以他那丰满的身躯的形象面对我们站着的那样，并不去描写他要什么和他爱谁，而是他**要**和**爱**，而且是通过他艺术性的器官把他在他的愿望和爱方面的欢乐传达给我们：他是在追求最高的丰富的表演出来的戏剧里面准确而又直接地做出来的。唯一多亏那对补偿的刻画，对那与现象脱离的诗歌艺术的用人工来使之具体化的描写的追求，和那使他们必须着手工作的说不出多么烦琐的处理方式，我们有了这一批以百万计的厚厚的书本，实际上只不过是想通过这些书本传达出他们不知所措的哀鸣而已。这整个堆积起来的文献的莫测高深的废料，实际上不过是——不管那以百万计的陈词滥调——永远说不到正题的，多少世纪以来——用韵文和散文——追求化入自然的直接性的词不达意的思想的自寻烦恼的唠叨而已。

这一种思想，艺术性的人的最高又最受制约的活动，从那温暖的、美好的人身——他的渴望产生而且哺养了它的人身——脱离出来，正如从一条阻止、束缚的纽带——在无限自由方面妨碍了它的纽带——脱离出来一样：基督教的渴望是这样认为的，必须从感官的人身上摆脱出来，以便在无边无际的天空伸展到最自由的随心所欲。可是，那种思想和这种渴望同人类本性的特点是如何的不可分解，恰好是到了脱离的时候才会对它们显示出来：不管它们想要飞得多高，多么通爽，终究只能够假设肉体的人的形象。就身体而论，它是依附于重量的法则的，它们当然不能够把它带走；然而也许有一种从人身上抽象出来的、蒸汽化了的液体，它不经意地重新取得肉体的人的形象和动作。这样一来，诗人的思想就作为构成人像的云在天空中翱翔，把它的黑影散布在实在的、肉体的尘世生活之上，它永远只能向下看，而在这种尘世生活里面它又不得不要求化解，正如它从那里面单独吸取它那蒸汽般的雾国生活的液汁一样。真正的云分解了，同时把它存在的条件重新还给大地；它作为施肥的雨水落到田野上，深深地渗入那干渴的土壤，滋润那植物的憔悴的幼芽，于是乎幼芽就带着饱满的生机对着阳光开放，——这个阳光啊，正是刚才把那散布黑影的阴云从大地上冲开的。诗人的思想应该这样使得生活恢复肥沃，不是作为虚浮的、空幻的云继续在生活和光明中间扎下去。

诗歌艺术在那边高处发觉的东西，原来正是生活：它升得越高，就能够探究得越全面；它越是能够在较大范围的联系方面去掌握生活，就会越发强烈地提高它的要求去掌握这种联系，去彻底进行探索。这样一来，诗歌艺术就变成了**科学**、**哲学**。多亏那根据它们的本质去认识自然界和人类的追求，我们才有了无穷丰富的文献，它的核心就是那种思想性的诗赋，正如它在人类学、博物学和哲学里向我们所宣告的那样。在这些科学里面，对表现那认识到的东西的要求越是被强烈地说出来，它就越发重新接近艺术性的诗赋。至于从这个文献范围出来的辉煌的著作，则是属于一般物体的感性化的最易企及的完善。然而最深刻又最一般的科学终于能够了解的，不是别的，正是生活本身。至于生活的内容，则不外乎是人类和自然界：因此科学得到的有关他们本身的最完全的保证又只有在艺术作品里面，在**这个作品**里面，它直接表现人和自然界——就自然界在人身上所到达的自觉的程度。这样一来，科学的贯彻就是它化入诗歌艺术的实现，然而是这样的诗歌艺术，即同其他艺术的姊妹般的协力之下所促成的完美的艺术作品，——这一种艺术作品不是别的，就是**戏剧**。——

戏剧只有作为一种共同的艺术的传达要求的最充分的表现才是可想象的；然而这种要求又回过头来表示它只愿意加入一场需要大家参与的合伙。只要缺少了这一个或那一个，戏剧就不成其为不得不然的形态，而是一种故意硬做的艺术产品。如果在生活里面不存在那些条件，诗人就只好单枪匹马，依照直接表现那由他认识到的生活的追求去试图创作戏剧；他的创作因此必然要在一意孤行的一切缺点之下垮下去。只有切实做到这一步，即他的追求是从一种共同的追求产生而又能够在共同参加工作上起自己的一份作用的时候，我们才找到自从戏剧复活以来它那必需条件的具备，而那适应各种条件的要求也取得成绩的报酬。

一种对戏剧艺术作品共同的追求，只有在那种场合才能存在，即共同地真正表演这种艺术作品的场合：这就是——依照我们的理解——**演员剧团**。这一类演员剧团，我们在中世纪的末期看到它直接从民间产生。后来有一批人控制了这些剧团，从绝对诗歌艺术出发，给它们订立法规，立下了把别人创造的**那种**东西根本搞糟的功劳，那别人呢，他是直接从这样一个剧团出来的，同剧团一道又为剧团写作，创造了引起历代惊叹的东西。从人民最内在的、最真实的本性出发，**莎士比亚**为他的演剧伙伴编写戏剧，当我们通过毫无掩饰的词句的威力而又不需借助任何血缘关系的艺术品种看到它的复活的时候，就越发使得我们惊叹不已了：它所得到的帮助只有**一种**，强烈地加入诗人的伙伴那种感奋的群众的**幻想**。一个闻所未闻的天才和一种幸福境遇的可一不可再的恩惠来了一次共同的补偿，补偿他们共同失去的东西。至于那个在他们心目中的共同的创造性的东西则是——**需要**。凡是需要用真实的、自然必要的力量表示自己欲望的地方，人也就能够为了满足它的欲望做出不可能的事情来：贫穷会变为富裕，缺乏会变为盈余，简单的民间戏班子的粗野的形象会用英雄的手势来说话，日常的语言的生硬的声音会变为嘹亮的灵魂音乐，粗糙的用毛毯张搭起来的板台架会变成具有一切丰富的布景的世界舞台。如果我们把这个艺术作品从那些幸福条件的富藏中拿走，把它放到生殖力的范围之外去，原来这种力量是从这一个适逢其会的时代的需要产生的，它一脱离这个范围，我们就会不胜悲哀地看到，贫穷终归是贫穷，缺乏终归是缺乏。说到莎士比亚，他也许是一切时代最伟大的诗人，然而他的艺术作品却还不是适用于一切时代的作品；原来不是他的守护神，然而也许是那未完成的，只是愿望的、还不是可能的他的时代的艺术精神，使他终究不过成为**未来悲剧的泰斯庇斯**。正如泰斯庇斯的巡回舞台在雅典的艺术繁荣的短促期间对埃斯库罗斯和索福克勒斯的舞台是怎样的关系，莎士比亚的舞台在那共同的人类艺术繁荣的无穷期中对未来的剧场也就是同一种关系。独一无二的莎士比亚的事业，使他成为一个公有人，成为天神的事业，终究不过是孤独的贝多芬的事业，它让他发现未来的艺术性的人类的语言：只有到了这两个普罗米修斯——莎士比亚和贝多芬——伸出手来；到了菲迪亚斯①的大理石的创作化为有血有肉的运动；到了那复制的自然界从那自私自利的屋壁的狭隘的范围转入广阔的、由温暖的生命吹透的未来舞台的环境，任情舒展的时候，——**诗人**也将会在他全体艺术伙伴协力之下得到他的拯救。——

在那条从莎士比亚的舞台到未来的艺术作品的漫长的路上，诗人还得充分去领会他那孤独的厄运。**戏剧诗人**是合乎本性地从表演者的剧团出来的；如今他却摆出狂妄的架势要超越他的伙伴，而且撇开他们的爱好，撇开他们的热望，只管自己待在学者的书桌后面给他们口授剧本，原来那是只能够从他们自由的表演本能产生的，对他们共同的愿望他也只能够给以约束性的、统一性的指点而已。既然诗人有意来**控制**那艺术的生活的热望，不再甘心以**宣讲**为限，于是戏剧艺术的受屈辱的机关里那些听候使唤的奴隶们就对诗人默不作声了。正如一个演奏能手一上一下地按那钢琴的键盘一样，诗人也企图像对待一件木制乐器一样来摆布那人工拼凑起来的演员班子，人们只应该从那上面听到他那特殊的艺术本领，只应该注意他这位演奏的能手名家。乐器的键盘依照**它**的方式回答那野心勃勃的利己主义者：他越是要卖弄技巧地放手捶打键盘，就越是抛锚和乱蹦。

歌德曾经算过，他那异常丰富的一生总共只有四个星期是纯粹幸福的：他生平最不幸的年头他不怎么特别提它；可是我们知道：那是这样的一些年头，他想要调整他那抛锚的、音律错乱的乐器来派用场的时候。他，这个巨人，被迫要从那文艺创作的无声的荒野解脱出来，进入生气勃勃的、声音嘹亮的艺术作品。有谁的眼睛

---

① 菲迪亚斯，活动时期约为公元前5世纪中叶，古希腊最有名的雕刻家。作品有雅典卫城上巨大的《雅典娜》铜像、奥林匹亚的（宙斯）和《巴台农的雅典娜》等。巴台农神庙的装饰雕刻据说也是由他领导设计和监造的。——译者

比他那一双在认识生活上看得更准确和更全面呢？他所看到的、刻画的、描写的东西，现在却要他在那个乐器上使人听出来。天啊！他那在诗意的音乐里面送来的观察听起来是多么走样，多么难认啊！他是怎样不得不用他的调音槌敲呀敲的，把那些琴弦这边绷，又那边拉的，最后是琴弦一声抽泣，断了！——他不得不体认到，世界上一切都是可能的，唯一不行的，是由抽象的精神来统治人：凡是精神不从整个的健康的人身上生根发芽以至开放花朵的地方，它就不会从上面注入进来。利己主义的诗人能够凭他的意图让那机械的玩偶自行转动，然而不能够使机器变为活生生的真人。歌德是想在舞台上制造人的，最后是一只**狮子狗**把他赶下了舞台；——为一切从上面进行不自然的统治提供了一个警告的例证！

连一位**歌德**都不免遭到失败的场合，那就必须成为正道，根本认为是要失败的了：诗人们还在写剧本，可是并不是为那粗糙的舞台，而是为那平滑的纸张。只有那达到二等或者三等质量的、在这里或者那里来回编写的、适合地方色彩的东西，才会同戏剧演员打交道。至于那文雅的、孤芳自赏的诗人可就不然了，在他看来，一切生活色彩之中只有那抽象的普鲁士的国色，白底上黑，才是正派的。于是乎就出现了闻所未闻的物事，**为无声的读物写成戏剧**！

如果说莎士比亚抱着追求直接生活的热望求助于人民舞台的粗糙的家伙，那么现代戏剧家的利己主义的隐退就满足于一张书商的柜台，他把自己活生生而实在是僵死地摆在台面上送到市场去陈列。如果说那感性地出现的戏剧是投向人民的心头的，那么"在出版社"刊行的剧本就是拜倒在艺术批评家的癖好的脚下。从一种奴隶性的依附陷入另一种奴隶性的依附，戏剧的诗歌艺术于是乎——依照它虚荣的妄想——向无限自由的天地冲过去；本来是只有在这样一些麻烦的条件之下戏剧才能够获得生命的，现在诗歌艺术却可以不管三七二十一把它通通甩在一边；只要是想要**生活**的，它就得服从必然性，——可是如果它想要的比生活还要多得多，亦即要死，那就随它的便吧，反正是它高兴：在他身上最任性的就是最必要的，而且越是独立于感性现象的种种条件之外，诗歌艺术就越发自由，把自己交付给随心所欲，交付给绝对的自我欣赏。

这样一来，戏剧之列入文学之内只不过是获得一种新的形式，诗歌艺术现在正好采取这个形式重新写它自己的诗作，只从生活中猎取那偶然的题材，它可以随心所欲地当作唯一必需的自我捧场加以利用的题材。一切题材，一切形式都只有一个用处，那就是把一种抽象的思想，诗人理想化了的自私自利的可爱的自我，急不可待地推荐给那阅读的眼睛。同时它又是多么背信弃义啊，它居然忘掉，这一切，连同它的形式中最复杂的那一种，都只是应该感谢这种傲慢的、受人轻蔑的感性的生活的！从抒情诗通过一切诗歌形式直到这种文学的戏剧，没有任何一种不是从人民生活的实体的直接性产生的，而且作为**纯洁**得多、**高贵**得多的形式含苞吐蕊。① 拿抽象的诗歌艺术表面上像是独立的构造——涉及语言、诗句和表现的一切成果，同现在经过**研究**才从废墟和瓦砾堆中发掘出来形成极度的财富的人民抒情诗相比较，同那永远新鲜的美、多样化和完善相比较，它算得上什么东西呢？然而这些民歌如果离开了曲调就是不可想象的：凡是不仅说出来，而且还要**唱出来**的东西都是属于直接宣示自己的生活的；他又说又唱，同时也要通过**手势**和**运动**来表达他的感情，——至少在他像**老百姓**那样自然而然地这样做的时候，——当然罗，这不是指那些声乐教授的科班的门徒。——凡是具有这种性质的艺术繁荣的地方，它就会自行不断发现表情的新转换，诗歌的新形式。是的，雅典人教导我们，在这一自我培育的过程中，最高的艺术作品——悲剧是怎样诞生的。——反之，那背离了生活的诗歌艺术必然是永远不能开花结果的；它的一切结构只能永远是时髦的结构，以意为之的拼凑的结构——而不是创造性的结构；既然在每一种材料的接触上都是不幸的，因此它就只有不断回到思想那边去。所谓思想就是愿望的，贪得无厌的、永远不得平息的愿望的推动轮，它——排斥着**感性上**唯一可能的满足——不得不永远在给**自己**提出愿望，永远在给自己带来折磨。

要想从这样一种不幸的处境中解救出来，这种写成的文学戏剧只有一条出路，那就是变为有生命的真正的戏剧。这一条解救的道路是被反复地走过了，而且直到近代也常常有人走过，——其中有些是出自真诚的渴望，多数呢，可没有什么别的理由，只不过是因为舞台已经不知不觉地变为较之书商柜台更为有利可图的市场而已。

公众，尽管他也表现为重大的社会的扭曲，却始终赞成直接的东西和感性上真实的东西；是的，感性的交互作用基本上是由我们称之为公众者发挥出来的。既然那傲慢到无能地步的诗歌艺术从这一个直接的交互作用中退出来了，那么，在牵涉到戏剧的问题时，就只有**演员**来单独把持一切了。剧场的公众实际上只是从属于那演出的剧团也就是非常正确的了。可是，在那一切都是利己主义地各自为政的地方，就像诗人对这个剧团一样，为了适应事业的需要他本来是直接隶属于剧团的，现在却是各自为政了，于是乎剧团也切断了那使它成为**艺术性**的剧团的纽带。如果诗人

---

① 初版这里还有如下的补充："比它由于非实体的诗歌艺术陷入歪曲的状况之下更能表达它自己。"

无论如何要在舞台上只看到他**自己**，——他这样干，一开头就是向剧团的艺术重要性提出挑战，——那么个别演员就有更为自然合理的权利从剧团独立出来，以便无论如何也要重新争取**自己**的地位。这时候观众说话了，他们本来就是不由自主地始终抓住绝对的现象的，现在当然得到他们最有鼓励性的支持。——这样一来，表演艺术就变成了演员的艺术，变成了个人的绝技，这就是说变成了那一种自私自利的艺术表现，它无论如何是只要给自己捞取名家的绝对光荣的。至于那唯一使得戏剧成为艺术作品的共同的目的，对那身怀绝技的名家来说是早给抛到九霄云外去了，至于表演艺术之为共同性的艺术，必须独一无二地建立在共同精神之上而全然靠自行产生——戏剧的艺术作品，——却是这一位名家或者名家的帮会完全**不要**的，他要的只是**自己**，只是那特别适应他个人的技艺的东西，唯一有利于他的虚荣心的东西。当数以百计的**最能干**的利己主义者通通凑在一起的时候，是连共同事业之所以成为共同的事业的那种事业都无法完成的，除非他们做到这一步，不再是利己主义者；只要他们一天是利己主义者，他们在外界的压力之下唯一可能的、共同的活动就只能是互相妒忌和憎恨的活动，——而且随之而来的是我们的舞台就好比一对狮子的战场，我们只能够看到两条尾巴，直到它们互相把它们自己吃掉。

事实上，即使在那**演员的绝技**对观众来说等于表演艺术的概念的地方，有如在大多数的法国剧场甚至于在意大利的歌剧界，存在着艺术性的表现本能比较自然的表示，也不比这种本能的抽象诗人企图独霸一方自吹自擂的地方的情况稍为好一点。从那演奏能手的世界，正如经验有时所证明过的那样，是能够因为具有适应**艺术性**的能耐的健康的**内心**本性而产生出一个戏剧演员来的，他能够通过唯一的一种造诣，较之成百部艺术剧本更清楚地向我们展示出戏剧艺术的最高的特质。反之，如果戏剧的艺术诗作也要单为活生生的表演进行实验，那就只能使能手和观众完全陷入迷惘的地步，或者抱着一切的自负陷入最不光彩的依赖性。它要么给世界上生下些死胎，——这还是它最好的事业，因为这样一点也不害人，——它要么把它**心愿**和**无能**的独特的疾病像吞噬人类的黑死病一样注射到还勉强算是健康的表演艺术的肢体里面去。无论如何，它必须按照最有依赖性的、无独立性的、强制性的法则办事：为了获得任何一种形式，它必须到处张望，看这一种形式究竟是从什么真正活生生的表演艺术中产生出来的。这样一种形式在我们最近的时代几乎只有从**莫里哀**的学生那里才可以得到。

在法国人那生气勃勃的、基本上始终仇视每一种抽象性的平民中间，——只要它能够做到不受宫廷势力的支配的地步——表演艺术多数是自行生活着的：如果说在我们一般的社会情况下，在一切占有压倒优势的仇视艺术的影响之下，有什么健康的东西能够从现代的表演艺术发展出来，那就可以说自从莎士比亚的戏剧消亡以后，我们唯一应该感谢的是法国人。可是就在他们那边——在那对一切共同的东西死样怪气地占据统治地位的世界精神的压力下，所谓世界精神的实质即是奢侈和时髦，——真正的、完美的、戏剧的艺术作品也不仅仅是能够接近于产生出来：现代世界上唯一共同性的东西，**投机精神**和**暴利精神**，也在他们身上把一切真正的戏剧的艺术的幼芽都推入利己主义的分裂状态。当然，法兰西的戏剧理论也采用了适应这种凄凉的特点的艺术形式：伴随着内容的一切寡廉鲜耻，形式上却表达得非常之巧妙，把这种内容尽可能地表现得那么风趣，而且始终具有不同凡响的特色。这也说明它是从道地**法国**的表演艺术的本质中，也就是实实在在从生活中产生的。

我们德国的戏剧家，从他们诗人的意图的生造的内容出发，渴望着从任何一种显得必要的形式中得到拯救。由于他们无力塑造任何形象，他们是硬把那必要的形式端出来，同时又抓住那法国的模式，却不考虑一下，这种模式是从完全另一种**实在**的需要产生的。谁不是根据需要办事，那他的选择就是随他喜欢的。因此我们的戏剧家在接受法国形式的时候也一定依然不是十分满意的：它还缺乏酿造用的这种和那种原料，——一点什么莎士比亚式的莽撞啦，什么西班牙式的热烈啦，还有作为附加作料什么席勒式的理想的残余或者伊夫兰式①的市民情味；这一切现在就依照法国的处方以闻所未闻的狡猾拌起来，再加上新闻记者式的对最新的丑闻的周密考虑，给最受欢迎的演员——因为诗人本身老早已经不可能把喜剧表演学到手，——分配一个可能又是诗人的角色，——同时还看情况的安排加上这一点和那一点什么，这样一来我们就有了最时兴的戏剧的艺术作品，有了实际上**吟咏**自己，**亦即吟咏他明摆着的无能的诗人**。

够了，关于我们**剧场**的诗歌艺术无可比拟的悲惨，我们说到诗歌艺术，基本上只接触到与我们有关的那一部分，至于那本原的文学诗歌，我们根本不想更进一步纳入我们考察的范围；因为我们之所以探索诗歌艺术，着眼点是放在未来的艺术作品上面，探索它要成为活生生的、直接的艺术这方面，这就是在**戏剧**方面，而不管它放弃成活的那方面，至于——凭一切思想的富藏——它真正创作的各种条件，那

---

① 伊夫兰（1759—1814），德国戏剧演员和剧场监督，在席勒剧本《强盗》的首次公演中扮演莫尔，也写过不少感伤剧本。——译者

终究不过是出自我们公共生活的绝望的艺术性的无能而已。文学诗歌正是现代那追求诗艺享受的、孤独的人唯一的——悲哀而又绝后的！——安慰。然而它所得到的安慰实际上只不过是更加强了的**对生活的要求**，对活生生的艺术作品的要求；因为这种要求的动力是它自己的灵魂，——凡是这种动力不说明它的意见，不公开地而且斩钉截铁地表示态度的地方，在那里，就连最后一点真理也会从这种诗歌里面消失掉：它越是实心眼和急躁地向诗歌里面讨生活，就越发真实地在诗歌里面说出了灵魂自己的毫无安慰的供词，至于它的要求的唯一可能的满足，则是它的**自我消灭**，由它承认**转化入生活，转化入活生生的未来的艺术作品**。

我们衡量一下，文学诗歌这种温暖的、美丽的要求有朝一日必将如何得到适应，我们就同时听任我们现代戏剧的诗歌艺术交付给它那愚昧的虚荣心的光荣的凯旋吧！

6. 迄今为止关于三个人间艺术品种重新结合的一些尝试

在全面观察这纯粹人类的三个艺术品种在它们拆散原先的结合之后每一个艺术品种的活动的时候，我们不得不清楚认识到，正是在这一个艺术品种接触到另一个的地方，或另一个的能力代替这一个的能力的地方，它们都发现了各自天然的界限：越过这个界限，它便能够从这一个艺术品种再伸展到第三个艺术品种，而且通过这第三个再回到自己这边来，回到它最特殊的特点上来，——然而只有依照**爱**的天然法则，通过爱**献身**于共同性的东西的天然法则。正如男子通过爱深入到妇人的本性，以便通过它转化为一个第三者——孩子；然而在这样一个三结合中重新得到的所爱的还是**自己**，是他的加以扩大、加以补充而且加以完善了的本质。因此，每一个个别的艺术品种都能够在完善的、完全解放出来的艺术作品里面重新发现它自己——是的，它自己，它最本色的特质，把这看作是向这一艺术作品的扩大，只要它一旦走上真正的爱的道路，通过向血缘关系的艺术品种的深入，再回到自己这边来，就能从那完善的艺术作品得到它爱的报酬，因为它懂得在艺术作品上面扩大它自己。然而只有希望获得这种共同的艺术作品的艺术品种才能因此达到它固有的特殊的本质的最高的丰富；反之，那种只想要自己，只想单独凭它自己得到它最高的丰富，那它无论怎样地运用其孤独的表面的一切奢侈，也始终不免是贫乏的、不自由的。可是，每一个艺术品种里面产生的倾向于共同的艺术作品的**意志**都是自然而然的，自己没有意识到的。一旦这个艺术品种到达它的界限，给相应的艺术品种**交出它自己**，却并不努力从对方捞取什么：它始终保留的**完全是它自己**，如果它**完全把自己**

交出去，如果它最后完全只想从其他品种收受什么，那它就不免向它的反面转化："吃谁的面包，唱谁的歌。"然而如果它向其他品种**完全**交出它自己，它也就可以在其他品种身上**完全**保有它自己，**完全**可以从它转化入第三者，以便这样在共同的艺术作品里面借助于最高的丰富重新成为**完全是它自己**。——

一切艺术品种之中，从它最内在的本质上说，没有像**声音艺术**那样迫切需要同别一个结合的了，因为就其最特殊的特点而言，它只不过是像流动的自然元素一样在其他两个艺术品种更确定更有个性地提供的实体中间倾泻出来的。它只能够通过舞蹈的节奏，或者作为语言的担当者，从它那模糊到没有边际的本质，达到可以分辨清楚的、性格鲜明的实体性。然而没有别一个艺术品种能够无条件地满怀热爱地深入到声音艺术的因素里面去：每一个艺术品种从它汲取养料，都只以服务于一定的利己的目的为限；每一个都只是从它那儿拿东西，却不把自己交给它。——因此，声音艺术，从生命需要出发到处伸手，最后不得不光是靠获取来试图保存自己。它首先吞掉字句，以便随它喜爱用它做它所要求的东西：如果说它现在在基督教**音乐**里面依照无条件的感情的独断去处理字句，那它也就在字句上面失掉了——姑且这么说——它的骨髓，这本来是在它渴望变为人的过程中促成它血液的流动性所需要的，借助于它，才有可能凝结成结实的肌肉。一种对于字句的必要的新的有力的掌握，以便在它上面构造形象，那是从**新教**的教堂音乐露出的苗头，而且一直突进到教堂戏剧即**受难乐**的地步，其中的字句不再仅仅是模糊不清的感觉的表现，而且强化到描绘情节的思想的程度。在这一类教堂戏剧里面，那依然始终占上风而且一切都是为它构造起来的音乐立刻拉住诗歌艺术，一本正经而且威风凛凛地同它搭上关系：可是怯懦的诗歌面对这样一种过分的要求却显出吃惊的样子；它这样想是适当的，正如为了抚慰一下，给那一个劲地膨胀的音乐怪物扔一些节余的食物去供它大嚼，然而只是为了回复到它利己主义地发号施令的地位，在它那特殊的领域之内，文学范围之内，可以完整而又不受干扰地继续保存它自己的本色。感谢诗歌艺术对声音艺术的这样一种怯懦得只图私利的情绪，我们因而才有了**清唱剧**这种违反自然的杂种，它是怎样终于从教堂移植到音乐会堂里来的啊。清唱剧要成为戏剧，有着一定的限度，只是在它容许**音乐**成为非要不可的主体、成为戏剧里面唯一发号施令的艺术品种的时候。凡是诗歌艺术企图唯我独尊的地方，正如在那念诵的话剧里面那样，它只教音乐去为次要目的的服务，随它的方便，例如作为幕间的穿插给观众提供娱乐，或者为了提高某些哑场的效果，例如陪衬一个小心的小偷扒墙穿洞之类。舞蹈艺术在这方面也并不差劲，当它威风凛凛地跨上骏马，让音乐毕恭毕敬地给它扶住鞍镫的时候。清唱剧里面的音乐正是这样同诗歌艺术打交道的：它让诗歌艺术做的只是把石头堆起来——随它高兴怎样用石头去垒它的房屋。然而音乐的不断高涨的傲慢的最无耻的表示却是它为**歌剧**所出的主意。在这里，它把诗歌艺术的贡赋的最后一分钱都刮光了：诗歌替它做的，再不仅仅限于一些诗句，再不仅仅限于像在清唱剧里面那样，只是暗示一下人的性格和戏剧的联接，以便给它提供发展的依据，——而是给它奉上一整套东西，一切，只要是它能够做到的，完整的性格以及复杂的戏剧情节，简言之是把一整本写好的戏剧送到它脚跟前，以便用这一份效忠的献礼听从它的脾气，要做什么就做什么。

　　歌剧，作为全部三个血亲关系的艺术品种的表面的结合，成了这些姊妹们的自私自利的努力的集合点。不容否认，声音艺术在它里面提出要求立法的至高无上的权利，不错，我们之所以有了歌剧，唯一应该感谢的是它那追求真正的艺术作品——戏剧——的热望，虽然那是在利己主义指导之下产生的。可是当舞蹈艺术和诗歌艺术处在只应**听从使唤**的地位的时候，它们还是从**这一个**利己主义所构造的地方挺起胸来，对那位称王称霸的姊妹产生了坚定的造反的欲望。诗歌艺术和舞蹈艺术依照**它们的方式**占有戏剧；话剧和哑剧式舞剧是两片特别的领地，歌剧就在两者之间倾泻，从这两者吸收它认为对音乐利己主义的自我歌颂必不可少的东西。可是话剧和舞剧对于它那横暴的特殊独立性是非常清楚的；它们只是违心地把自己借给它们的姊妹使用，而且无论如何打定了狡猾的主意，一碰到任何合适的机会就将放手使自己尽量单独占据主宰的地位。每当诗歌艺术离开那激昂的、单独对歌剧合适的情感地盘，而且撒开它那现代诡计的网的时候，音乐姊妹就给网住了，不管它愿意不愿意，虽然无法附着在它上面，却必须把那沉闷的蛛丝缠呀绕的织下去，事实上那是只有那狡猾的剧本匠人才能织得出名堂来的：也许它还是像在那法兰西俏皮歌剧里面那样啾啾唧唧地啭个不停，直到它扫兴地接不上气才罢休，于是乎只剩下散文姊妹独自称霸。反之，舞蹈艺术只能够窥伺发号施令的女歌手的任何换气的空隙和音乐的感情倾泻的溶岩河流的任何冷却的机会，——它立刻甩开腿大跳特跳，直到盖住整个舞台，把音乐姊妹从台上挤到独一无二的管弦乐队下面去，转呀，摆呀，扭呀，一直弄到观众只见树木，不见森林，这就是说，尽是大腿，简直再也不见歌剧了。

　　歌剧就是这样成为三门艺术利己主义的共同契约。声音艺术，为了挽救它那无上权威，与舞蹈艺术达成若干分钟的谅解，规定这些时间是**完全单独**属于它的：在这个时间内应该由粉笔把那些舞台法则写在鞋底上，音乐的演奏应该服从**大腿**振动的体系而不是服从**音波**振动的体系；对歌手，也应该明令禁止为任何优美的身段运动引起贪欲，——这是只属于舞人的，歌手则正好相反，光是为了保养他的嗓子，他就已经有义务去充分克制那演剧的动作兴趣了。对于诗歌艺术，它可是在使它极度满足的状态之下明确规定，在舞台上简直用不到它，是的，它的诗句和道白最好是根本不说出来，只是作为补偿而印出来成为必要时可以翻检阅读的台本，完全恢复为白纸黑字的文学作品。就是这样，高贵的同盟缔结起来了，每一个艺术品种都各得其所，而在舞腿和台本之间，音乐则可以随兴之所至纵横游泳，怎样游，游到哪里都没有关系。——**这就是现代的自由在艺术上的忠实的写照！**——

依照这样不光彩的契约，不管声音艺术在歌剧方面显得多么辉煌地支配一切，终究察觉到它那最卑屈的**依赖性**。它的生命气息是心灵之爱；如果这种爱所想的只是自己，只是它的满足，那么它对这一种满足不仅像感觉之爱和理智之爱的渴望一样需要一个对象，而且它较之那个更加热烈、更加迫切地感到这种需要。它那强烈的需要给予它一种自我牺牲的勇气。如果说贝多芬在他那最大胆的事业中把这种勇气说了出来，那么像**格鲁克**和**莫扎特**那样的音乐诗人通过辉煌的、充满热爱的事业所宣示的这种欢乐也并不逊色。凭着这种欢乐，这个热爱者沉浸到他的对象里面去，以便不再保有他自己，但作为补偿却是无穷的加多。在歌剧这种一开头就只是为各种个别艺术提供利己主义的表现的建筑物仅仅呈示出某一些使音乐有可能充分转化入诗歌艺术的条件的场合，这些大师却已经完成了使他们的艺术超度到共同的艺术作品方面去的工作。然而那些占支配地位的恶劣情况的不可避免的有害的影响，却给我们说明那些美好的事业的伟大的分立化，以至完成这种事业的音乐诗人本身的分立化；在一定的幸运的然而终究不过是偶然的情况之下对个别人可能的东西，对多数现象来说还远远不是法则：我们从多数里面所能认识到的，只是一意孤行的、支离破碎的、自私自利的支配，这分明是一切纯粹模仿的过程，因为它并不是发自内心的创作。**格鲁克**和**莫扎特**，以至少数与他们有血缘关系的音乐诗人，[①] 只是作为孤独的导航星在歌剧音乐荒凉的、夜色沉沉的海面上为我们服务，使我们认识到极丰富的音乐转化入更丰富的戏剧的诗歌艺术的纯粹艺术的可能性，即：**这种**诗歌艺术，由于音乐向它的自由的渗透，才成为孕育一切的戏剧艺术。然而在这种统治情况之下，这种完美的艺术作品是多么不可能，这恰好证明，在格鲁克和莫扎特揭示出音乐的最高本领之后，这番事业并没有为我们真正的现代艺术风貌留下丝毫的

---

① 然而这里值得想到的主要不过是本世纪开头法兰西学派的大师。（瓦格纳）

影响，——那从他们的天才发出来的闪光，只不过像变幻的焰火一样在我们艺术世界面前浮荡，然而断然不是可以点燃的火——如果的确是有燃料存在的话，一碰到它就一定会烧起来的。

格鲁克和莫扎特的事业可也不过是片面的事业。这就是说，他们只揭示出音乐的本领及其必然的意志，却还没有为它的姊妹们所了解，而且也并没有取得协同一致，或出自同样真正感到的追求互相转化的热望而对那些事业有所贡献，或者从它那方面有所报答。然而只有全部三个艺术品种出自相同的、共同一致的追求，才能够得到转入真正艺术作品的超度，因而本身也就成为这一种艺术作品。只有当全部三个艺术品种对它们的独立性爆发出反抗，以便心甘情愿向别人身上转化；只有当每一个品种善于在别人身上爱顾它自己；只有当它们自己作为个别的艺术宣告结束，它们全体才能够创造出完美的艺术作品；是的，它们在这种意义上的结束就已经完全自然而然地成为这一种艺术作品，它们的死直接成为艺术作品的生。

如果话剧、歌剧、哑剧无法继续活下去；如果那些促使它们产生和继续维持它们不自然的生命的条件被完全废除掉的话，那么未来的戏剧就一定会自行成立；但这些条件的废除又只有在那些孕育未来的艺术作品的条件出现之后；可是这些条件又不可能个别地产生，而是要同所有我们生活的种种关系的条件取得最充分的联系才有可能。只有把那利己主义的支配一切的宗教，亦即那把全部艺术分割为残缺不全的、自私自利的各种艺术流派和艺术品种的宗教，从人类生活的每一个动因中无情地排除出去而且连根拔掉的时候，**新的宗教**，同时也包含未来的艺术作品的各种条件，才能够，而且完全是出自本意地产生。

在我们睁开渴望的眼睛去审视这一种艺术作品的景象之前，在我们从对我们现在的艺术实体的完全否定出发考虑到如何去获得这种景象之前，有一点可是必要的，即：先对那所谓**造型艺术**的本质进行一番适应我们目的的观察。

三、人作为使用天然材料的艺术造像者

1. 建筑艺术

人类在最初和最高的关系上是使自己成为艺术处理的对象和材料的，往后则使他对艺术表现的要求也扩大到他周围的、与之交好的和为之役使的**自然界**的事物上去。正如人类在自然界的表现过程中懂得掌握它同**自己**的关系而且把那达到意识的觉醒的以及意识的觉醒者放在他的自然观的中心地位一样，他也善于完全在同等程度上艺术性地把自然界本身**表现**出来，出于——即使不是同样十分需要的——终究是多少类似的需求，把它作为正是以人为对象和材料的艺术作品，**传达**给那唯一的、可能正是被这种表现计算在内的人类。然而，只有人类，既然由他自己造成了直接意义上的人类的艺术作品，也就证明他是善于艺术性地掌握而且传达的，因而艺术性地表现**自然界**也是他所胜任的，他并不是不发达的、屈从于大自然的。**亚洲**的甚至**埃及**的各族人民，在他们面前，自然界还只不过是表现为随心所欲的原始的或兽性的势力，人类与它的关系，不是无条件地受制，就是流连忘返到自戕身体的地步。他们也把大自然当作应该崇拜的对象，而且当作为了崇拜而**优先**供奉起来的对象。正是因为这个缘故，他们不可能把它提高到自由的、艺术的意识的程度。在这样一种场合，人类自己也永远不能成为艺术表现的对象。由于人类归根结蒂只能够不由自主地依照人类的标准去领会一切个人的事物——如同那人化的自然力，因此他只能把他的形象——而且经过最讨厌的歪曲——移到那要表现的自然界的对象上面去。

到了**希腊人**手上才给他们留下发展那纯粹人性的艺术作品的权利，而且由此出发扩大到对于自然界的表现。但是，在他们把亚洲人心目中对自然界的认识克服掉，并把人类在相当程度上放在自然界的顶点之前，在他们把那些人化的自然力想象为依照人性美塑造出来的活动着的神明之前，他们是不能达到人性的艺术作品的成熟程度的。到了**宙斯**用他布施生命的气息从奥林匹斯山穿过世界，到了**阿佛洛狄忒**从大海泡沫中升起来，而**阿波罗**把他气质的内容与形式作为优美的人类生活的法则宣示出来之后，亚洲那些粗野的自然偶像才销声匿迹了，那艺术美地自觉的人类于是也把他那美的法则运用到他对自然界的领会和表现上去。

面对多朵那①的**神橛**，那恳求自然神谕的**原始希腊人**鞠躬礼拜；在那浓阴的密叶底下，环绕着**神圣森林**的青葱树干，**奥菲欧门徒**②发出他的歌声；那富于艺术兴趣的**抒情诗人**则在**神殿**结构巧妙的山形屋顶底下和精心布置的大理石柱之间依照清越的颂歌安排他的舞蹈。——至于**剧场**，则是从神龛——作为中心——延伸出来，成为提供理解的舞台，以至成为要求理解的观众的广阔的场地，由**悲剧家**演出最完美的艺术的最有生气的作品。

---

① 多朵那，古希腊城名，宙斯的著名神谕殿（神圣橛树）所在地，在今天杨尼那附近。——译者
② 奥菲欧门徒，古希腊以歌手奥菲欧命名的神秘会道门的门徒，相信灵魂不灭，人死后可以赎罪、轮回，转生乐土。——译者

艺术性的和**要求艺术性地自我表现**的人类，正是这样根据他的**艺术**需要使自然界处于从属地位，好让它依照他最高的意图为他服务。正是这样，抒情诗人和悲剧家与**建筑师**约定，由他建造那与他的艺术相称的、艺术上又是与之相适应的大厦。

最切近的、自然的需要迫使人类去修建适于居住和掩蔽的房屋；但是一国之内和所有我们的艺术赖以托生的人民中间，不仅是这一种纯粹物质上的需要，而且是那艺术性地表现自己的人类的需要促使那建筑手工业发展为真正的艺术。作为建筑艺术作品造成了我们的想象甚至观念，不是忒修斯①和阿伽门农②的王宫式的宅第，也不是彼拉斯吉③古堡的粗糙的岩墙，——而是神明的**庙宇**，人民的**悲剧剧院**。自从悲剧亦即完美的希腊艺术崩坏之后，一切从建筑艺术的**这样一些**实物偏离开来的东西就其本质而言都是导源于**亚洲**的。

正如那永远屈从于自然界的亚洲人最后只能够在这样**一个**绝对统治者——专制君主身上来表现人类的庄严一样，他也同样把周围的一切灿烂风光都环绕这一位"地上的上帝"堆砌起来：在这样的堆砌过程中一切都只不过是在满足那个利己主义的物欲的要求上打主意，这种要求只管索取，一直索取到不近人情的迷醉地步；只管爱**自己**，一直爱到疯狂的地步。而在这一种永不满足的物欲面前，只有一件又一件、一个又一个地重叠起来，以便给那扩张到怪物的地步的欲望获得最后的满足。于是乎**奢侈**就是亚洲建筑艺术的特色：它那奇形怪状、精神空虚、神经错乱的产物就是亚洲那些专制君主的城堡一样的宫殿。

反之，我们一眼瞥见那些希腊的神殿立即感到适意的宁静和高尚的喜悦，我们在那里面重新认识了大自然，只通过人类艺术的吹拂而达到神化的境界。然而扩大成为最高的人类艺术的人民公有的现场的神殿却是**剧场**。在那里面，艺术，而且是共同的、向共同体传达的艺术，它本身就是法则，就是标准性的、按需要办事的、最完善地适应需要的，不错，**从这种需要出发提供最大胆又最美妙的创作的**。与此相反，个人的住宅却正好仅仅适应产生这类住宅的需要：如果说它当初是用木桩拼成的而且——约略相当于阿喀琉斯的营幕——是依照符合目的的最简单的法则构造

---

① 忒修斯，希腊传说中的英雄，雅典国王，曾在阿里阿德涅帮助下杀了那个人身牛头的妖怪弥诺陶洛斯。——译者

② 阿伽门农，希腊传说中的迈锡尼王，在特洛伊战争中任希腊联军统帅。战罢归来，被他的妻子及其情夫合谋杀害。——译者

③ 彼拉斯吉，传说中的希腊的原始居民。——译者

出来的，那么他们在希腊教化的繁荣时期也许就用光滑的石墙而且经过精心的参照扩大成为好客的厅堂；然而从不扩大到越过私人的天然需要的限度，个人从不在那些住宅里面也不通过这些住宅去满足别的要求，他知道这样的要求是只能通过高尚的方式在共同的公众生活中得到满足的，而公众生活归根结蒂又是这种要求引发。

当那共同的公众生活归于消亡，个人的利己主义的适意为建筑艺术制定法律的时候，建筑艺术的效用就恰好反过来了。当私人不再供奉公有的神明**宙斯**和**阿波罗**，而仅仅供奉**普路托斯**——财神的时候，——当每一个人都想为自己做他从前在共同生活中做过的**那样**的人的时候，——他也把**建筑师**拉入了雇佣关系，对他下达命令，让他建筑利己主义的偶像庙宇。然而沉思的**雅典娜**那种细长的神殿，对于这位最阔气的利己主义者的私人享乐来说，是不过瘾的；他的私人女神是**狂欢**，永远吞噬的、永不餍足的狂欢。为了供她受用，必须有亚洲式的分量，至于为了迎合她的脾气，只能够用上那扭成一团的螺旋纹饰和衬托的装点。于是乎我们看到了——正好比是对亚历山大的征服的报复——亚洲的专制主义把它那毁灭一切美的胳臂伸入欧洲世界的心脏，而在罗马大帝统治之下，它的势力顺利地到处行使，以致所谓美者只是在回忆中才能学到的东西，因为在人类的活生生的意识中它已经完全消逝了。

现在我们体认到，在罗马世界统治最繁荣的那些世纪，一方面是凯撒和富豪们的宫殿铺张到惊人程度的**豪华**的讨厌模样，而在公共建筑方面——即使是摆出堂皇的架势——也显出赤裸裸的**实用性**。

公众，正如其共同显示的，已经堕落到普遍利己主义的地步，再也没有对美的要求，他们只懂得**实际的应用**。美已经向**绝对**的**实用**屈服了；因为**人身**上的快乐已经缩小到**胃口**上的唯一的兴趣了；然而，严格说来，一切公共的**福利机关**①都回到胃口的满足上面来了。而在**我们这个**为各种实用的发明那么大吹大擂的现代，它——够典型的！——越是在这种意义上增加发明，就越是没有办法去真正填满那些饥饿的肚皮。凡是在那样的地方，即人们已不再知道，真正美的东西其实在某种程度上也是被生活宣告为极端有用的东西，只要生活需要得到它天然必要的满足的保证，而不是通过无益的实用的例规加以干扰甚至阻止的话，——凡是这样的地方，即公共福利仅仅限于吃和喝的照顾，同时这种福利的尽可能的满足又成为富豪和凯

---

① 当然对于实用的注意是第一位的也是最必要的：然而如果一个时代，永远不能够越出这一关心的范围，永远不能够把它甩到背后，以便到达美的境界，而是把这一关心当作唯一标准的调节器塞进公共生活的甚至艺术的一切部门，那就是一个真正的**野蛮**时代；然而只有从那最不自然的**文明**才能产生这一类绝对的野蛮：它持续不断地为实用堆放障碍，以便持续不断地造成一门心思去考虑实用问题的假象。（瓦格纳）

撒的统治的生存条件，而且摆出那么庞大的架势，有如罗马的世界统治那样，——那就会产生那惊人的道路和水渠，同它们相匹敌的则是我们今天纵横交错的铁路；这样一来，自然界就成为**挤奶的母牛**而建筑艺术则成为**牛奶桶**：富豪的豪华和奢侈靠那从挤出的牛奶中巧妙地提取出来的奶油养活，剩余的发蓝而又稀溜溜的奶水则从那水渠送给那亲爱的群氓。

可是这一种实用的努力，这一套豪华架势，在罗马人手上却采取了庞大的形式：明朗的希腊世界距离他们还不是那么遥远，因而他们通过他们平淡的实用性，或者正如从他们那亚细亚式的穷奢极侈出发，还不至于对它丢什么调情的眼色；也正因为如此，越过一切罗马的建筑世界在我们眼中还始终谈得上是发出一种庄严的魅力，几乎显示为一种美。然而从这一世界越过中世纪的教堂尖顶送到**我们**面前来的，却缺乏一切美丽的以至庄严的魅力；因为我们所到之处——例如站到我们那高大的教堂面前——虽然还能够感到一种阴森的、不能使人喜悦的**庄严**，但遗憾的是几乎再也看不到什么**美**。虽然我们现代宗教的名副其实的庙宇——交易所大厦——又非常精巧地构筑在**希腊式的廊柱**上面；而希腊式的飞檐三角屋顶则被请进了火车旅行；在雅典的圣女神殿出发时则有换班的卫兵向我们迈步走来，——然而即使这些例外是那么高超，终究不过是例外而已，我们实用的建筑艺术的准则总是说不出的小气和丑恶。平心而论，现代建筑艺术是能够产生最优美而又最宏伟的东西的，这种最优美而又最宏伟的东西又必然会使它察觉到它那最屈辱的依赖性：因为我们那些公共的以至私人的需要总是那老一套，为了适应那样的需要，建筑艺术就永远不能别出心裁而只能模仿、拼凑。只有真正的**需要**才能使人发展出创造性；可是我们现代真正的需要却只是在最**愚蠢**的功利主义的意义上表现出来；与它相适应的就只有那些机械的装置而不是艺术的构造。至于越出真正需要的范围的事物却是**奢侈**的、不必要的需要，为了给它把差事办好，建筑艺术也就只有弄些多余的、不必要的东西，这就是说，它**重复**过去由于审美需要制造出来的各个时代的建筑物，把这些作品的个别部分依照奢侈的癖好搭配起来，结合起来，——从追求调剂的不安定的要求出发——把世界上一切民族的建筑风格凑成毫不相关的五花八门的结构，简单地说吧——它之所以照时髦的脾气办事，之所以让时髦的猥琐的法则成为它的法则，正因为它无时无地能够从内在的、审美的必然性出发去进行造型的设计。

既然建筑艺术只能通过那自行宣告为美或者根据这样的宣告提出要求的人们的需要投入真正创造性的构造，它就必然在某种程度上共同经受那些分立的、纯粹人类的艺术品种的一切屈辱的命运。紧连着希腊悲剧的衰落也开始了**它的**没落，也就是说开始了它那独特的生产力的减弱；而以后各个时代为了歌颂那强大的利己主义而建立起来的，——是的，连那基督教的信仰也包括在内的最神气的纪念碑，如果同希腊悲剧繁荣时代希腊建筑那种庄严的朴素和深刻的含义比较起来，那就正如把放浪的夜梦的肥肿的歪种与光华灿烂、普照一切的阳光的开朗的产儿作对比。

只有把那利己主义地分立的纯粹人类的艺术品种解脱出来转化为未来的共同的艺术作品，把那**实用的人们**解脱出来转化为未来的**艺术的人们**，建筑艺术才会从奴役的桎梏中、从绝育的诅咒中解脱出来，转到最自由的、无穷丰产的艺术活动方面去。

2. 雕刻艺术

亚洲人和埃及人在表现统治他们的自然现象的时候是从对于动物形象的仿制过渡到**人类**形象本身去的。在这一表现过程中，他们依照不合适的比例，用令人厌恶的对于自然象征的歪曲，企图给自己表现那些威猛的势力。他们并不想仿制**人类**，一切都是不由自主地，加之他们作为最高的造物——人类始终只能想到他们自己，想到他们自己的形象，因而他们就不由自主地把人的形象——从而也同样是经过歪曲的——移到自然界应该顶礼膜拜的对象上去。

在这种意义上，而且是从类似的意图引起的，我们看到即使是在最古老的希腊部族那里也是把那些神明——就是说天神一样地想象出来的自然力——以人类的形象用木头或石头作为顶礼膜拜的对象制造出来。与那种将人眼看不见的、恐怖的或者令人敬畏的天神威力实体化的宗教需要相适应，最古老的雕刻艺术就通过自然原料的塑造进行**人类形象**的仿制，正好比建筑艺术与一种直接的人类需要相适应，通过自然原料的使用和配合进行一种符合特定目的的、在某种程度上经过**压缩**的对于**自然界**的仿制——例如我们在**神殿**里面可以见到的那种经过压缩呈示出来的**神苑**。如果表达这个意图的人在建筑艺术上是一个只考虑到最切近、最直接的效用的人，那么艺术只能停留在手工业的地位上或者重新成为手工业；反之，如果他是一个**艺术性**的人，他就显示为这样的一个人：他本身已经成为艺术处理的原料和物体，置身于意图的出发点，因而也就把建筑手工业提高到艺术的地位。只要一个人自己感到对自然界是处在动物一般的依赖的地位，那么，即使他已经把那应该顶礼膜拜的大自然的神明表现为人类的形象，他也只可能依照衡量**自己**的标准把神明形象地表现出来，也就是给神明披上大自然的服装和象征身分的器物，至于他对大自然的态度则是依赖性的；如果到了某种程度，他把**自己**，把他固有的、不被歪曲的躯体，他固有的、纯粹人类的禀赋提高为艺术处理的原料和物体，他就能够以最自由的、毫不歪曲的人类形象惟妙惟肖地把神明表现出来，直到他终于直截了当地把这种美妙的人类形象本身作为引起他极度满足的人类形象而展示出来。

我们在这里接触到那非常重要的分歧点——那生气勃勃的人类的艺术作品就在这点上四分五裂了。这就是：为了在造型艺术上凭借巨大的不动性，像化石一样，人为地继续生存下去。关于这一点的探讨必须保留到讨论雕刻艺术的表现问题的时候再说。——

最初的也是最古老的人类的共同性是天性的行为。纯粹血缘的组合，这就是说所有从一个共同的祖先以及从这共同祖先产生的后裔总体，就是一切历史上在我们面前出现的种族和国民的原始的结合纽带。在传说的流传中，正如在越来越活跃的记忆中一样，这个血缘的种族保存着有关他的共同的来源的自然而然的知识：然而在他周围的独特形成的大自然的印象却把这些传说性的血缘种族的记忆提高到宗教的想象的地位。后来由于血统的混合，主要是种族的迁徙和这些大自然的印象的变换在那最活跃的历史国民身上的积累，这些记忆和想象不免遭到排除和重新构造，因而变得那么复杂和丰富。这些在传说和宗教中的人民从民族的狭隘范围内将对于他们的独特的来源的设想，扩充到对人类甚至关于他们的上帝，以及关于一般上帝的共同的来源和血统的假设到了这样的程度，——于是乎在各个时代，神话和宗教活在一个种族的活灵活现的信仰中的各个时代，都存在着正是这一个种族的特别结合的纽带，它所附属的，仅仅正是这一套神话，正是这一个宗教。这种庆祝他们共同的来源的记忆的共同的节日，希腊各部族是借他们的宗教节日举行的，这就是说借助于对上帝或英雄的歌颂与崇拜，使他们在这种节日里感到被包含在共同的整体之中。好像是从迫不及待地用高度的明确性抓住那对越来越遥远的过去的追溯的需要出发，最生动地体现他们民族的怀念的，最终却是在艺术中，而最直接地体现出这一点的最完善的艺术作品，则是悲剧。抒情性艺术作品也同戏剧性的作品一样是**一种宗教的场面**：这样的一个场面，本来是面对简单的宗教的祝典的，可是已经显示出一种同样人为的努力，那就是一心一意地努力重新唤起对于那些在共同生活中已经消逝的直接生动的印象的共同的记忆。因而悲剧就是转化为**艺术作品**的宗教的祝典，至于这种祝典之外流传下来的真正的宗教的寺院祝典在真挚性和真实性方面不得不遭受那么严重的损失，以致于只好成为毫无思想的流传的仪式，它的核心则在艺术作品里面活下去。

血缘的组合在宗教场面极度重要的**外观**上借助一定的富有古老意义的风习、形式和服装来表示它的共同性：宗教的**服装**，可以说，即是种族的**服式**。穿上这种服式他们就有了共同性，而且一眼就认得出来。这种经过太古流传神圣化了的服装，这种在一定程度上属于宗教—社会的风习，已经从宗教的祝典转移到艺术的祝典，即悲剧上面来了：穿上这种服装、遵循这种风习所表演的悲剧显示出人民组合的熟识的、可敬的形象。并非因为剧场大了，观众远了，需要规定用**高底半统靴**来提高人的身材，或者只有这样才允许使用固定的悲剧**面具**，——而是这些物事，高底半统靴和面具，是必不可少的、宗教上意义重大的道具，它们伴随着其他象征性的表记才给演员赋予重要的、说教的性格。宗教开始脱离一般的生活而且已经从一般生活的政治方向后退，而仅仅根据它表面的服装还算认得出它的本来面目，——然而就是这套服装，——正如在雅典人身上那样，也只不过是作为艺术的外衣才能够使人去设想真实生活的形象，那么这一种真实生活作为宗教的不加掩饰的核心也就必然直截了当地公开表白出来了。至于希腊宗教的核心，这种宗教的一切实质基本上唯一地涉及到的这一核心，在实际生活中已经自然而然地取得决定性的地位的，却是：**人**。在艺术上则是，这种表白被一清二楚地说了出来：艺术是这样做了，同时它把宗教最后的掩蔽的服装一手甩开，赤裸裸地把它的核心——**真正的**有血有肉的人——揭示出来。

可是凭借这一种揭示却又把那共同性的艺术作品勾销了：因为其中共同性的纽带正是那一套宗教的服装。正如共有的神话的和宗教的内容，作为表演艺术的戏剧的对象，由于诗人的解释，最后又由于利己的诗人的任性，已经变了样子，颠倒或甚至于歪曲了。至于宗教的信仰也已经完全从那只是政治上依然互相拴在一起的人民组合的生活中消失了。这一种信仰，即对神的崇拜，对古老的血缘种族传统的真理的可靠的设想，却还是构成共同的纽带：虽然它支离破碎而且作为迷信遭到讥笑，可是无论如何它是这一宗教的不容争辩的内容，并作为不受约束的、真正的、赤裸裸的人在那里亮相；然而这种人已经不再是共同性的、由那条纽带结合到血缘组合上去的，而是**利己主义的、绝对的、单个的人**，——赤裸而又美丽，然而却脱离了共同的美好的结合。

从现在起，从希腊宗教的破坏、希腊的自然国家的摧毁及其向政治国家的转化起，——从共同的悲剧的艺术作品的分裂起，——就为那世界历史性的人类确实而又坚决地开始了从没落的**血缘的—自然的民族共同体向纯人类的共同体**的新的、大到无从衡量的发展过程。在民族性的希腊人身上本来有一条纽带，现在那个在希腊人身上自觉演变的、完全的人已经凭他自觉的演变把那条纽带当作束缚的桎梏加以毁坏了，于是乎这条纽带就要作为共同的纽带把所有的人捆在一起了。因此从这一时刻直到我们今天的时代是**绝对的利己主义**的历史，这一时代的结束则是它向**共产主义**①的转化。至于那把这种孤独的、利己主义的、赤裸裸的人当作这个特定标识的世界历史的时代的出发点，当作美好的、告诫的纪念碑给我们树起来的艺术，则是**雕刻艺术**，它达到繁荣的时候，正是那悲剧的人类共同的艺术作品从它的繁荣下降的时候。——

人类躯体的美曾经是一切希腊艺术——是的，甚至是自然国家——的基础；我们知道，在希腊各个种族之中那些最高贵的种族那里，在斯巴达的多利亚人那里，新生孩子的健康和不受损坏的美构成必要的条件，符合这些条件的孩子才允许活命，而那丑陋的和畸形的则被剥夺生存的权利。这一美的裸体的人是一切斯巴达民风的核心：从这种附属于最完满的人类的，即**男性**的躯体的美的真正的喜悦产生了那贯穿以至构成全部斯巴达的国家制度的**男性爱**。这样一种爱，就它那原始的纯洁性而论，向我们提出一种人类美感最高贵和最无私的观念的表白。如果说男子对女子的爱，就最自然的表白而论，基本上是一种利己主义地追求享乐的爱，在这种爱上面，正如他通过一种特定的感官的享乐得到他的满足那样，男子根据他完满的特质是不能转化的，因而男性爱就显示出一种远为高级的倾向，正好因为它**不是**渴望一种特定的感官的享乐，而是男子通过这种爱能够用**他的全部气质**贯注到所爱的对象的气质中去而且彼此化为一体；而且仅仅是恰好在这一程度上，有如女子在那完全的女性上，在他对男子的爱上及其贯注到他的气质中去的时候，这种女性的男性因素也得以发挥而且与其本身存在的女性因素达到完全的结合，因而也就是到了这种程度，她与男子不仅仅是**恋人**，而且也是**朋友**的时候，男子已经可以从女性爱得到充分的满足。② 然而那种男性爱的更高级的因素却正是在于它排除了那感官上利己主义的享乐动因。然而事实决不是到此为止，它决**不仅仅**限于结成纯粹精神的友谊纽带。精神上的友谊之所以成为精华，乃在于它是感官上的友谊的完满的享受：这种感官

---

① 使用这个字眼是要担当警察干涉的风险的：可是没有别的更好又更准确的字眼足以揭示**利己主义**的纯粹的对立。谁到了今天还羞于做利己主义者——当然没有人愿意公然直截了当地这么说——，那么就不得不被称为共产主义者。（瓦格纳）

② 女子参与男子的天性的化解是基督教日耳曼式的发展的事业：对希腊人来说，女子高贵的、相应的男性化的心理过程是并不被理解的；在希腊人心目中一切都是像它直接地和不经中介地所呈现的那个样子，——对他来说女子就是女子，男子就是男子。因而在他那里就是这样：当对女子的爱合乎天性地得到满足的时候，就开始了那对男子的要求。（瓦格纳）

上的友谊直接产生于对美的喜悦，而且完全是那所爱的男子的肉体的、感官上的美。这一种喜悦却又不是利己主义的渴慕，而是一种彻头彻尾地从自己出发到对所爱者本身的喜悦的无条件的同感，就好比这一个幸运儿不由自主地通过那乐天的、引起美感的举止显示出来的喜悦一样。这样一种建立在最高贵的、感官上—精神上的享受的基础之上的爱，——不是我们那种以邮政、文字作为媒介的、精神交易的、枯燥无味的友谊，——在斯巴达人那里是青年的唯一的导师，青年和成年人的永不衰老的教师，共同节日和冒险事业的组织者。是的，它是作战中鼓舞士气的助手，它巩固作战部队和军队秩序的友爱的伙伴关系，它根据最坚牢的、天性上最必要的灵魂法则制定援救受到威胁的，或者为阵亡的所爱者报仇的决死的勇敢的战术。——斯巴达人，正是这样在生活上直接排演他那纯粹人性的、共同的艺术作品，自然而然地只是在**抒情诗**里面给自己把这种艺术作品表现出来。这是他自身和生活上喜悦的直接的表现。至于这种生活在它那不得不然的表白中是几乎说不上什么艺术的意识的。斯巴达的抒情诗，在自然的多利斯国家的繁荣期，也主要是倾向于一切艺术的原始基础：**生气勃勃的舞蹈**，因而——够有特征性的！——也就没有给我们遗留下任何文字的丰碑。原因在于它仅仅是纯粹的、感官上美丽的生命的表白，而且拒绝一切脱离声音艺术和舞蹈艺术的诗歌艺术的吸引。甚至于从抒情诗到戏剧的过渡，正如我们在史诗的歌唱中所认识到的那样，对斯巴达人来说也是陌生的；荷马的诗篇是——够有意思的——依照爱奥尼亚的方言而不是依照多利斯的方言收集起来的。当那些爱奥尼亚民族，最终主要是雅典人，在最活跃的互相接触之中发展成为政治城邦，而那从生活中消失的宗教只是在悲剧中还能够艺术地得到表现的时候，斯巴达人——作为闭关自守的内地人——却保持着他们原始希腊人的气质，拿他们未加混杂的自然城邦作为一个活生生的艺术纪念碑同那更新的政治生活的千变万化的结构分庭抗礼。一切在那不断破坏的新时代的急激的旋涡中寻求援救和依靠的人当时都睁大眼睛望着斯巴达；政治家设法研究这个原始城邦的形式，以便人为地把它搬到政治城邦上面去；**艺术家**呢，他眼见那悲剧的共同性的艺术作品在他面前支离破碎而且连皮都被剥掉了，于是也望着那边，他从那里能够看到这种艺术作品的核心，美好的原始希腊的人，而且能够为艺术把它保存下来。正如斯巴达作为活的纪念碑插入近代一样，雕刻艺术也就这样为将来时代活生生的野蛮人把那从这一活的纪念碑中认识到的原始希腊的人作为过去时代的美的石雕的没有生命的纪念碑抓住不放。

可是当人们从雅典把他的眼光注视着斯巴达的时候，共通的利己主义的蛀虫已经也在这美丽的城邦身上咬起来了。伯罗奔尼撒战争①使它不由自主地卷入了新时代的旋涡，斯巴达只有凭借**那些**武器才能打败雅典人，而这些武器本来是雅典人为了使**他们**变得那么可怕而又不受攻击制造出来的。现在在斯巴达人的箱笼里面堆积起来的不是青铜的钱币——这样一种蔑视金钱与抬高人类相对比的纪念物——而是铸造的亚洲的黄金；他从那世代相传的平淡的社团宴会退回他那四壁之间的丰盛的酒席，至于那优美的**男性爱**——像在其他希腊人那里一样——已经蜕化为催人呕吐的**感官的情欲**，从而使这种——正是所以较之女性爱更为高级的——爱的动机转化为它的不自然的反面。

这样一种人，本身是美的，然而在他自私的个别存在上却是不美的，只是经过雕刻艺术，用大理石和青铜做材料，他被送到了我们面前，——毫无动作而又冷冰冰的，像是一种化石的回忆，**像是希腊风格的木乃伊**。——这种艺术，因富翁的报酬而用作宫殿的装饰，就越发容易得到不比寻常的推广——如果拿来同那艺术性的创造很快就堕落为纯属机械的工作做比较的话。雕刻的对象当然是人——无穷地复杂、性格上各不相同、情绪上更是千变万化的人；可是这种艺术用以表现的材料只是取自那感性的外形，那么所取的也只能限于皮相，而不是人类气质的核心。也许内在的人处于最相适应的情况之下也会通过他表面的现象显示出来，然而如求其**完全**却是在**运动**中而且只有通过**运动**，并且雕刻家从这一运动中所能把握而且予以再现的只是它那错综复杂的变化的**一个**瞬间，因而那真正的运动只能够通过感性地呈现的艺术作品而依照某一种机械地进行比较的计算猜测出来。如果说为了从这种贫乏和无能为力出发达到真正生活的表现，居然找到了正确的而又相应地最准确的处理手法，——如果说那天然的材料居然自信可以树立人类表面现象的完善的标准，而且获得把它令人信服地向我们反映出来的本领，——那么这一种被**发现**的处理手法是一定可以**学到手**的，而雕刻艺术也就可以从仿作到仿作无穷无尽地生存下去，制造出优秀的、美好的和真正的东西来；然而终究不能从真实的、艺术的创造力汲取养料。我们也确实看到，在罗马世界统治的时代，一切艺术冲动都早已死灭了，但雕刻艺术却仍然大批大批地送来作品，表面上看起来似乎是包含着艺术的气息，实际上它之所以能够生存只是靠着它巧于模仿的机械性；当它作为艺术不再存在的时候，它可以成为一门手艺，只要在它身上还有可以发现、可以发明的东西，它就

---

① 伯罗奔尼撒战争是斯巴达为首的伯罗奔尼撒同盟与海上强国雅典之间的战争，是两个奴隶主城邦集团争夺霸权的战争。战争开始于公元前431年，10年之后停战讲和。但是到了公元前415年，他们又打起来了，打了11年，以斯巴达的胜利结束了这场战争。战争的结果是希腊的经济遭到严重的破坏。——译者

可以活那么长久；然而一种发现的重复终归不过是模仿而已。

越过了装上铁甲或者披上僧侣服装的中世纪，希腊人体美的闪闪发光的大理石肌肉才终于又一次领先地向渴望生命的人类迎面照过来：在这种美丽的**岩石**上面，不是在古老世界的真正的生命上面，更新的世界应当去重新认识人类。我们现代的雕刻艺术不是从渴望表现真正**现存**的人类，即那时髦的装裹里几乎无法辨认的人类，而是通过要求模仿那**模仿出来**的、感官上并不存在的人类来萌发它的根芽的。它是一种诚实的冲动，从一种毫不美好的生活出发，回过头来从过去把美重建起来。如果说那从现实中消失的美丽的人类是造就雕刻艺术的基础，它，正如抓住一件沉没的共有财宝一样，要使他作为纪念碑性的喜悦保存起来，——那么对要求重复那一类纪念碑的**现代**渴望来说，就只有把它的基础建立在这种人在生活中完全缺席的条件之上。由于这种渴望永远不能从生活和在生活中得以满足，而只能从纪念碑到纪念碑，从石头到石头，从形象到形象这样无休无止地运行，我们所谓真正的雕刻艺术因而只不过是模仿的、现代的雕刻艺术，实际上具有一种行会手艺工人的性质，它所遵循的无数清规戒律，归根结蒂只是暴露了它作为**艺术**的贫乏，表现出它对**发明创造**的无能而已。在它呈示自己及其作品以代替那在生活中并不存在的美丽的人类的同时，——在它作为艺术在一定程度上向这一种缺陷讨生活的同时，它终于陷入一种利己主义意义上的孤独的地位。处在这样一种地位，可以说，它只是充当那生活中还在流行的不美的气候预报的角色，而且由于感觉到在这种订货的气候状态中间它所具有的——**相对的**——必要性而洋洋得意。只有当美丽的人类不在现实生活中存在那段时间内，现代雕刻艺术才算是能够适应某一种需要：他在生活中的显现，他直接自行定出准则的造型，必然就是我们今天造型艺术的没落；因为它唯一能够适应的需要，——那是它自己人为地激发出来的，——只是从生活的不美中冥思苦想炮制出来的，而不是从一种真正美好的生活出发要求唯一凭借生气勃勃的艺术作品来表现这种生活。真正的、创造性的、艺术性的要求，毕竟只能在丰富中、而不是在贫乏中产生，然而现代雕刻艺术的所谓丰富却是希腊造型艺术给我们送来的纪念碑式的丰富；然而它并不是从这种丰富中进行**创作**，它只是由于生活中美的缺乏而被驱赶到**那边**去；它沉浸到这种丰富中间去，乃是为了逃脱那种贫乏。

既然没有可能去发明创造，它终于忍受下来了：为了但求有所发明创造，对于生活的现存结构，它像陷入绝望境地一样谴责时髦的服装；为了重新受到这种生活的赏识和酬劳，它仿制不美的东西；为了求**真**——根据**我们的**概念的所谓真，它已经完全放弃了求**美**。这样一来，雕刻艺术就在那使它依附于人为生活的各种条件之下陷入不祥的、绝育的或者是孕育不美的处境，因而它不得不渴望摆脱这种处境。然而它所盼望使它得救的各种条件，严格说来却又是那一种生活的条件，而对那样的生活，雕刻艺术也就干脆不成其为独立的艺术了。为了够得上创造性，它渴望着现实生活中美的统治，只有从这种生活中，它希望获得有助于发明创造的唯一生气勃勃的素材：然而这种渴望如果真的得到满足，那么在其中潜藏的利己主义的错觉就会显示出来，而那在**真正人体美的生活**中有助于雕刻艺术的**必不可少**的各种创作条件，无论如何都将不免于被废弃。

在当代生活中，雕刻艺术，作为独立的艺术，仅仅适应相对的需要：然而实际上正是幸亏这种需要才有它今天的存在，是的，它的繁荣；至于另一种与现代的情况对立的情况则是，对于雕刻艺术作品不可少的需要实际上是不可能考虑到了。如果人们在丰富的生活中信奉美的原则，如果他美好地调养他自己生气勃勃的躯体，而且从这种在他自己身上显示出来的美感到快乐，那么，这种美，因这种美而产生的快乐的表现的对象和艺术素材，毫无疑问就是那完全的、温暖的、生气勃勃的人本身；他的艺术品就是**戏剧**，至于造型艺术的解脱，的确就是**石头转化为人的血和肉的魔术，从无动作转化为动作，从纪念碑性转化为当代性**。只有当艺术雕刻家的渴望过渡到舞人的、模拟演员的、歌唱者和念白者的灵魂里面去，这种渴望才能够算是得到满足，得到考虑。只有当雕刻艺术不复存在，或者转移到有别于人体的方向的方向，作为雕刻艺术转化为建筑艺术，只有当这一个在石头上雕出来的人的僵硬的孤独性化解为活生生的真实的人的无穷流动的多样性，只有当我们对可爱的逝者的怀念借助于永远新生的、充满灵魂的血和肉，而不是回过头来借助于矿砂和大理石呈现在我们眼前，只有当我们把石头做的东西仅仅用于围护生气勃勃的艺术作品的建筑物上面，而不再需要借助它来给我们呈现活生生的人物，**那个时候才会有真正的造型艺术**。

3. 绘画艺术

当我们享受不到一个乐队的交响乐演奏的时候，我们就在钢琴上通过一份缩谱把这种享受唤回来；当我们从画廊中的一幅油画获得了印象，到了我们没有机会再去观赏这一幅油画的时候，我们就借助一幅铜版画使之再现在我们眼前，——因此，即使不能据此说明绘画艺术产生的原因，但在它艺术的造就上却是适应这种渴望的需要的，即：把那回忆中消失了的、人性上活灵活现的艺术作品重新展示出来。

当它好比雕刻一样托生于那还谈不上什么艺术性的宗教的表现欲望的时候，我们现在先要对它那粗糙的创始稍作察看。它在悲剧的生气勃勃的艺术作品衰落的同时，才开始赢得它艺术的意义，而且这样一来，绘画艺术那明朗的五光十色的构图就试图为眼睛留住那些神妙的、含义丰富的场面，因为这样的场面再也不能够作为直接的温暖的生活气息的印象而留存下来了。

就是这样，希腊艺术作品在绘画方面庆祝它残花的复开。这一场花已经不再是那从最丰富的生活中不同自主而又不得不然地开放的；它的必然性更多地是一种**文化**必然性；它是从一种自觉的、有意的欲望中产生出来的，亦即出自一种对艺术的美的知识和迫使这种美停留在生活中的**意志**。至于这种美对生活的关系，作为必不可少的表现早已不知不觉而且不由自主地不再从属于生活的最内在的灵魂了。艺术，没有指令而且完全自发地从人民生活的共同性开放出来的艺术，由于它那真正的存在以及对它的现象的考察，才使得关于它的**概念**也同时宣告成立；因为不是艺术的**观念**使艺术获得生活，而是它，真正现存的艺术，发展了它自己的观念。现在，那借助于自然必然性而发展的人民的艺术力已经死亡；它所创造的东西，现在只不过是活在记忆中或者是人为的重复中。当人民在他所作所为的各方面——尤其是在他的民族特色与隔绝状态消除的同时——经历一切时代只是翻来复去地依照内心的必然性而且结合人类最宏伟的发展过程来进行，那么他那孤独的艺术情绪——在它对美的追求过程中——由于它本身不美的表白必然无从了解人民的生活热望，因而只能够通过对过去时代的艺术作品的凝望来求得安慰，而且，由于认识到这种艺术作品不可能随心所欲地重新复活过来，因而就尽可能地做点好事，通过回忆中可以辨认的写生的更新使安慰长期保存下来，——正如我们通过一幅画像把心爱的逝者的面容留作纪念一样。这样一来，艺术本身就变成了一件古董；那种由它获得的概念就变成了它的规律，而那种**教化艺术**可以学到手的，本身永远可供指证的，则开始了它的生命历程。它，正如我们今天所看到的，能够在各个非艺术的时代和生活关系方面毫不停顿地继续下去，——然而归根结蒂只能是脱离生活的、孤立的、耽溺艺术的风雅情趣的利己主义的享受。——

最可庆幸的是，绘画艺术与那愚蠢的办法，即：企图通过纯粹模仿的重复回过头来构造悲剧的艺术作品——例如亚历山大宫廷诗人所从事的那样，——是大有区别的。它对那已经消逝的让它消逝，而对那再现的渴望则借助于人类一种特殊的、独具本色的、艺术家的本领去取得适应。如果说这一种本领的显示是一种多方面中介的，那么绘画很快就赢得了一种超过雕刻的重要优越性。雕刻家的作品借助它的材料依照它完好的形式把整个人表现出来，较之画家的作品，它在一定程度上是更加接近表现自己的人们的活生生的艺术品。因为画家的作品对于这活生生的艺术品只能够在某种程度上提供有色的阴影。正如在两者的仿制上生命都是无法达到的，它们表现中包含动作只能向观赏的思想者提供暗示，它们那想象得到的可能性，依照一定的自然法则，只能够听任观赏者的幻想去加以发挥，——因而绘画，正因为它对现实能够进行更为理想的体察，就能够比雕刻更多地单独着眼于艺术的幻化，而且能够比雕刻更完善地进行虚构。最后，绘画用不着像雕刻一样只能满足于表现这一个人或者这一个**特定的**、**限于**所能表现的组合或配置；艺术的幻化在绘画上还不如说是成了主要的必需，它不仅包括那向深度和广度多方面地扩展的人的组合，而且把他们人类以外的周围环境，把**自然场面**本身也摄入它表现的范围。这样一来就在人类艺术性的直观力和表现力的发展上开创了崭新的机运：那就是借助于**风景绘画**达到对**自然界**内在的领会和再现的机运。

这一机运对整个造型艺术来说是属于最有决定意义的重要性的：它使得造型艺术——在建筑方面从有利于人类出发对自然界进行观照和艺术性的运用，——在雕塑方面，例如对人的神化，则独一无二地只把**这一个**作为对象下功夫——达到完满的归结。其方法是，它从人出来，凭它不断完善的了解终于完全面向**自然**，同时使得造形艺术有可能从**本质上**内在地把握自然，同样也把建筑扩大为自然界完美的、充满生命的表现。人类的利己主义，在那赤裸裸的建筑方面始终不过把自然现象牵涉到它本身为止，在风景绘画方面却在一定程度上有所改变，因为风景绘画承认自然界有其固有的特质，它使艺术性的人类在它身上得到可喜的转化，以便在它身上重新发现人类自身的无限的扩大。

希腊人最初在抒情诗、抒情史诗和悲剧里面通过真实的描述把一些场面绘影绘声地活现出来。到了希腊画家试图通过刻画和颜色把那些场面凭记忆固定下来而且重新加以表现的时候，在他们心目中毫无疑问只有人是值得描写的、也是被他们视之为权威性的对象的。至于那所谓**历史性**的流派之所以值得我们感谢则是在于绘画达到了它的第一个艺术高峰的发展。如果它借此把**共同的**艺术作品在记忆中保存下来，那么即使到了这些唤起这种回忆的、热切的、被掌握的各种条件消失之后，也还有两条道路畅通着，那就是使绘画作为独立的艺术可以向前发展的道路：肖像和——风景。在描写荷马和那些悲剧家的**各种**场面的时候，风景已经作为不可缺少的背景得到理解和再现：然而希腊人在其绘画的繁荣时期对于风景的审察，当然是依据他独特的精神而根本不会用别的眼光来进行。**自然界**在希腊人心目中只不过被当作人的辽远的背景：人本身则大大地突出在前面。至于那些神明——希腊人是把运转的威力算在他名下的——也同样是人化了的神明。凡是他在自然界观察到的一切，他都试图赋之予人类的形象和人性的特质，而且既然是人性化了的，大自然对他来说正好具有无穷的魅力，对他的美感来说，在这种魅力的享受中决不可能像从犹太式的现代功利主义出发那样，只把它作为一种生硬的感性上可供享受的对象占为己有。虽然这样，他还是不免通过一种不由自主的错误去培养这种对自然界的本来关系：在使自然界人性化的过程中他也给自然界定下了人性的动机，而这一类动机在自然界发挥作用，就必然与自然界真正的本质处于对立状态，因而就会是勉强杜撰出来的。正如人们——根据他特殊的本质——在生活上和对自然界的关系上是从必然性出发处理问题的，当他依照人的必然性而不是依照**自然界**的必然性放胆发挥想象的时候，他就不由自主地在他的想象中歪曲了自然的本质。如果说在希腊人身上这种错误表现得还算好，不像其他民族，特别是亚洲人那样多数是丑不可言的，那也并不能因此可以认为它对希腊生活本身来说不是根本破坏性的错误。当希腊人从那血统上民族的原始公社分化出来之后，当他丧失掉那从原始公社自然而然地接受过来的美好生活的标准之后，这一必不可少的标准就没有任何办法可以给他从那对自然界的正确观照找到合适的补偿了。只有当那种互有联系的、包罗万象的必然性作为一种决定于共同生活的必然性被他本人意识到了的时候，他才能够不知不觉地从自然界中体认到这一种必然性：一旦这种意识融化入他那利己主义的原子，支配他的就只有他那与共同性再没有任何联系的成见的专断，或者终于是一种从这种一般的专断获得力量的，到头来依然是独断专行的外界的势力。——这样一来，由于他对自然界贫乏的认识，而且他对于自然界也好比他对自己和那支配他的世俗的势力一样是以意为之的臆想，因而他就缺乏准确的标准。——要是有了这个标准，他就有可能重新认识他的本质，而且这个标准会给**这类**人提供大自然的奥秘。真是万幸，这类人是能够在大自然身上领会它本质的必然性以及它那只有在一切个别的范围最广泛、包罗最完备的综合之中发挥力量的、永远孕育万物的力量的。不是别的，正是从这一番错误产生希腊精神的最严重的放荡，正如我们在拜占庭帝国时期所察觉到的那个程度，它使我们再也无法认识那希腊的性格，而这种性格本来不过是他气质的正常的病象而已。无论哲学试图怎样用尽诚实的努力去掌握大自然的联系，恰好就在这里显示出抽象的知识的威力是多么不中用。人民不惜对亚理斯多德门徒肆行嘲弄，为了想要摆脱千奇百怪的普遍的利己主义变成绝对的极乐，创造了一种宗教，从这种教义出发，自然界被捏造成人类精心策划的幸福欲的纯粹的皮球。只要那犹太的—东方的实用主义的想象同希腊人那种人情上以意为之的造型动机来一次交配，对于三位一体的本质加以讨论和作出决定以及因此引起无休无止的争执，是的，内战，就要以作为这一次交配的成果给惊人的历史提供不容争辩的事实。

虽然罗马教会在中世纪结束之后根据地球不动的假定还定下了一个信条，可终归无法阻止美洲被发现，地球的形状被研究，最后是自然界的认识范围得到那样的扩大，以致大自然中显示的一切现象的联系就其本质而言被证明是无可怀疑的。导向这样一些发现的渴望，同时也试图对那一类艺术品种发表它的意见，那就是它能够最适于获得它艺术的满足的品种。在各门艺术复活期间，**绘画**，出自提高质量的追求，也使它的艺术的复活同古希腊挂上钩；在富饶的教会庇护之下它向表现宗教历史的方向发展，然后又从宗教历史过渡到真实的历史和出自真实生活的各种场面，不论什么时候它都因为能够从这种真实的生活汲取形式和色彩的便利而感到满心欢喜。当情感的现代越来越多地屈从于时髦的畸形的影响，而且正当较新的历史绘画为了求美被迫从生活的不美进行取材以致力于思想的构造而且回过头来仍然是从艺术史上——不从生活本身——传下来的手法和风格中去开始进行勉强的拼凑的时候，——它撇开时髦人物的表现，却给绘画的方向开阔新路，多亏这条新路的开辟，我们才在**风景**中获得对大自然的亲切的理解。

人物，风景之于他本来就好比对他那利己主义的中心一样直到现在始终都仅仅是围绕着他编织起来的，因而他在那环境的繁杂中间就收缩得越来越小，同他在现实生活中越来越多地屈从于那畸形的时髦的卑贱的桎梏比较起来简直是有过之而无不及，以致他终于在风景中间分担到这样的一个角色，与从前风景在对他的关系上被指派的那个角色一样。**在现存的状况之下**，我们不妨把风景画的这一种进步当作**自然界**对那恶劣的、剥夺人类尊严的**文化**的一场胜利来庆祝；因为在这一场胜利中间不受乖曲的自然界采取了唯一可能的方式去反对它的敌人，同时它就一面寻求保护，一面由于需要而向**艺术性**的人类的内在的理解敞开门户。

现代的**自然科学**和风景绘画是当今的优良成就，它是单独能够给我们在科学方面和艺术方面提供防止疯狂和无能的安慰和拯救的。处在所有我们的艺术流派灰心丧气的分崩离析的情况之下，可能会有**特定的个别天才**，他为它们那一时的、几乎是硬拼起来的结合服务，即使艺术作品既不具备要求也不具备材料，他也能够创造越发使人惊叹的业绩：至于绘画艺术的共同的天才则几乎是单独地在风景绘画的方向上发挥出来；因为这里有取之不尽的物事，而通过物事又有用之不竭的富藏。至于其他的方向，作为大自然的表现者就只有借助专断的检验、分类和选择，才能够从我们确实非艺术性的生活中汲取一些够得上艺术价值的题目。只要那所谓的历史绘画越多地努力通过臆想和暗示把美好的真正的人和美好的真正的生活从那远离当代的回忆端到我们面前来，越多地带着有关中介的庞大的夸耀，宣告那强行栽在它身上的，必须多一些而且还要**别出心裁**显得有别于某一艺术品种的特点的任务，——它也就越发渴望得到解脱，这种解脱，正如雕刻的唯一必要的解脱一样，实际上只能够在它的转化的**某一情况之下**宣告完成，那就是它最初获得通向艺术性的生活的力量的所在。这种生活正是生气勃勃的人类的艺术作品本身，它之所以能从生活中获得苏生，在于它必然完全保有它作为独立的艺术品种的生存和发展必不可少的各种条件。**表现人物**的绘画艺术不可能在这种场合呈示出一种健康的、必然的生活，如果那里没有画笔和亚麻布，在最主动的艺术性的框框里面，美好的人物本身就完美地摆在那里。要想使它凭**踏实**的努力切望达到的东西达到最完善的地步，它就要把它的颜色和它的理解依照合适的布局转移到真实的戏剧性的演员的生龙活虎般的雕塑上去；它就要从亚麻布和石灰走到**悲剧舞台**上面来，以便让艺术家本人亲自完成这项工程。不然的话，光是把那最丰富的材料堆砌起来而没有真实的生活，一切努力就都会成为白费。

然而**风景绘画**却将要作为一切造型艺术最后的和完成的终结，变成建筑学实在的、有生命的灵魂；它将会这样教导我们为未来的戏剧艺术作品建造**舞台**，而在这样的艺术作品里面它本身就将是生气勃勃的，它将为那**生气勃勃**的、不再是仿制出来的**人物**提供温暖的**大自然的背景**。——

如果可以认为这样借助于造型艺术的最高力量为我们赢得了共同的未来的艺术作品的场景，因而也就可以认为赢得了那从内心中**被认识与理解的自然界**，那么我们现在也就不妨对这一种艺术作品做出更进一步的判断。

四、未来艺术作品的基本特征

考察一下现代艺术——只要它实际上算是**艺术**的话——对公众生活的态度，我们首先就认识到，在它那崇高的努力的意义上，对于公众生活所要求它发生的作用，它却是完全无能为力的。原因是，作为纯粹的文化产物，它并不是真正自己从生活中产生的，于是乎，作为温室植物，它不可能在当代的天然土壤和天然气候中扎下根子。艺术变成了某一艺术家阶级的特殊财产，它只给**懂得**它的那些人提供享受，而这种所谓"懂得"又要求一种特别的、脱离真实生活的研究——**艺术修养**的研究。这一种研究以及通过研究所获得的理解虽然今天每一个人都可以认为已经学到了手，也就是说他先把钱拿到手，然后用这笔钱去交学费：可是现今的这一大批艺术爱好者对艺术家那最善良的努力究竟能否了解？恐怕艺术家受到这种询问的时候只有用一声深沉的叹息作为回答。可是如果他考虑一下，由于我们社会关系在每一方面的不利，绝大多数的群众不仅是在对现代艺术的理解方面，就是在享受方面也被排斥在大门之外，因而今天的艺术家就必然得察觉到，他的全部艺术活动归根结蒂只是一种纯为个人打算的利己主义的、自我欣赏的活动，他的艺术对于公众生活来说什么也不是，只不过是某种奢侈品、多余的东西、自私自利的消磨时间的玩意。在那所谓教养与无教养之间每天可以感受到而又辛辣地受到控诉的差别是那么巨大，两者之间的中介环节是那么不可想象，彼此的和解是那么不可能，以致那建立在那种不自然的教养的基础之上的现代艺术，由于某种诚实，不得不带着最深沉的惭愧坦白供认，**它的**存在是怎样多亏某一种生活因素，而这种生活因素呢，它的存在却反过来只能够依靠人类真正的大众的最低下的教养。至于现代艺术在它那被指派的地位上应该做到而且真心实意地努力追求做到的唯一的一件事，即**普及教养**，它都无法做到，而且干脆是由于这个原因，因为艺术，只要它想在生活中发挥作用，它本身就必须是一种**自然的**，也就是说由下而上生长起来的教养的花朵，而决不可能从**上面**把教养硬灌下去。[①] 因此，即使在最良好的情况之下，我们的文化艺术也好比这样一个人，他要用一种外国语向不懂这种外国语的民族诉说他的心事：他说出来的一切，即使是才情横溢的妙语，也只能引起最可笑的混乱和误解。——

首先让我们弄清楚，现代艺术为了在**理论上**从它那不被了解的本质的孤立地位中解脱出来，而且向公共生活的最普遍的理解前进，它需要采取什么步骤；至于这一种解脱只有通过公共生活的**实践**的理解才有可能，那就很容易真相大白了。

* * *

我们已经看到了，**造型艺术**唯一能够达到创造性的发展的条件，就在于把

---

① 初版这里接着还有下面一段话："我们的艺术，包括我们的全部文化，对欧洲当代生活的关系，就像那从外面引进俄国去的文明变成俄国人的民族性格一样：不仅在那文明的最表面的粉饰下原来的俄国人是蛮子，始终是可怕地被奴役着的蛮子，而且从民众中产生出来的参与文明生活的人，有了文明之后更是成为寡廉鲜耻的、极端卑劣的恶棍，它在这种文明里面仅仅认识以至贯彻那伪善的、弄乖取巧的学问。"

它看作一种只有还在结合那**艺术性**的而不是只考虑**实用性**的人才能好好进行的工作。

艺术性的人只有进入使一切艺术品种成为**共同的**艺术作品的结合时才能得到完全的满足:如果他处于其艺术才能的任何一种**分隔状态**中,他就是**不自由的**,他就不能够完全成为一种什么;反之,如果他在**共同的艺术作品**中是**自由**的,他就能够完全成为**这种**什么。

因此,艺术的**真正的追求**是**包罗万象**的:每一个受到真正的艺术追求的精神鼓舞的人想要通过他特别才能的最高发展去达到的,并不是对于**这一种特别才能**的歌颂,而是对于**人类在艺术上**的**根本**的歌颂。

最高的共同的艺术作品是**戏剧**:只有在戏剧里面**每一个艺术品种都达到了发挥尽致的地步**,才能够指望**戏剧的尽可能的发挥尽致**。

只有从**一切艺术**追求面向**共同的公众**作最直接地传达的**共同努力**出发,**真正的戏剧**才是可以想象的:只有每一个别的艺术品种通过与包含在戏剧里面的其他艺术品种的共同表达,才能够启发共同的观众达到**充分的理解**。因为,每一个别艺术品种的意图,只有在一切艺术品种彼此互相沟通、互相了解从而共同发挥作用的过程中,才能得到实现。——

建筑艺术不能有更高的意图,除非能够给予艺术上为它及自己并通过它来表现自己的人们的一种伙伴关系提供就人类的艺术作品达到它表白的目的来说必不可少的空间的环境。所谓根据需要建造的那种建筑物,就是那最实用地适应人类的某一种目的的:人类的最高目的是艺术性的目的,最高的艺术性的目的则是戏剧。在普通的实用建筑物上,建筑艺术家只求适应人类最低的目的:所谓美,是属于奢侈的范围的。在奢侈的建筑物上他所要适应的则是一种不必要的、不自然的要求:因此他的创作是故意做作的、非生产性的、不美的。反之,在某一种建筑物的结构上,它所有的各个部分都只应该适应唯一的一个共同的艺术目的,——那就是在**剧场**的结构上,建筑师是唯一被要求作为**艺术家**而且依照**艺术作品**所要求的条件行事的。在一座完善的剧场建筑里面,只由艺术的需要(甚至对最细微的细节)定出标准和法则。这种需要是双重的:既有**给予**的需要也有**接受**的需要,它是各种各样关系的互相贯穿和彼此制约。**场景**首先就有一种任务:为在其中表现的共同的戏剧情节准备一切空间的条件;其次,它得在意图的意义上处理各种条件,使这个戏剧情节对观众的眼睛和耳朵达到可以理解和感知的程度。在**观众座区**的安排上,则由对艺术作品的理解的需要,从光学和声学的要求上订出必要的法则。为了适应这种法则，除了目的性之外，只有安排上的美点才能够做到；因为共同的观众的要求正是对**艺术作品**的要求，要想达到对艺术作品的理解，必须通过他眼睛所接触到的一切。① 这样一来，他就通过看和听完全置身到舞台上去；演员之所以被称为艺术家，就仅仅是由于他能完全融化到群众中去。凡是在舞台上呼吸和活动的一切，都是依循对表达、对使人看到和听到的表情丰富的要求去呼吸和活动的，而且是在那样的一个地区——它一般只是限于合乎比例的范围，从场景的立场出发，总是使演员感到它是包含着全人类的；然而群众本身，公共生活的代表却从观众席上消失了；他们只是在艺术作品和场景中继续生活着，艺术作品在他心目中就是生活本身，场景则是宇宙。

如果建筑师使得最高的人类的艺术作品的意图化为他的意图，如果这种意图获得生命的种种条件而从他固有的艺术本领出发转化为现实，那么，这样的奇迹即将在那建筑物上面放出异彩，他就将能够给这样的魅力赋予现实的根基。如果与此相反，不去遵循一种比奢侈的意图更高的意图，不遵循艺术的必然需要，在剧场各个方面使他进行最有意义的安排和创造，而是仅仅依照他那自我吹嘘的故意做作的冒险脾气行事，一坨一坨、一套一套地把花饰重叠起来，排列起来，以便用来象征一位今日高傲富翁的光荣，那么他的建筑物就将显得多么冰冷，多么呆板，多么僵死！——

然而，即使是最美的形式，最厚实的石砌围墙，仅仅如此仍不足以构成充分适应戏剧艺术作品的气象的空间条件。那给观众提供人类生活的画面的场景，为了达到充分了解生活的目的，还要善于表现自然界的活龙活现的面貌。只有在这样的场景中，艺术性的人才能够呈示出他作为这样的一个人的本相。这种场景的墙壁——本来是冷冰冰地、漠不关心地凝望着艺术家乃至群众的——必须用自然的颜色，用太空的温暖的光辉装饰起来，以便配得上作为参与人类生活的艺术作品的活动。主体性的建筑艺术在这里感觉到它的局限，它的不自由，于是求爱似地扑向绘画艺术的怀中。它是会在向大自然的最美好的转化中得到解救的。

现在，**风景绘画**出场了，受到一种共同需要的呼唤，去适应只有它才能够适

① 关于未来的剧场建筑的课题，无论如何不可以认为通过我们现代的剧场建筑就已经解决了：在这些剧场建筑上起决定作用的是因袭的设想和法则，它与纯粹艺术的要求毫无共同之处。凡在一方面是赢利的冒险，另一方面是与之俱来的奢侈的排场发号施令的地方，艺术的绝对兴趣就必然受到最严重的损害。这样一来，举个例吧，由于我们的群众划分为千差万别的等级和公民分类，从而造成观众席位的重叠和分裂，世界上就没有一个建筑师能够订出一条有关"美观"的法则。只要人们考虑一下未来的共同剧场的座区，他就会毫不费力地认识到，在这方面有一个发明创造所料想不到的多么丰富的园地在敞开着。（瓦格纳）

应的需要。凡是画家用他幸运的眼睛从大自然看得出来的东西，凡是他作为完整共同性的艺术性的人愿意为了艺术欣赏而加以表现的东西，都可以作为他丰富的份额加到一切艺术的统一的作品中去。有了他，场景就成为圆满的艺术的真实；他的描画、他的颜色、他那温暖地赋予阳光以生命的手法，迫使大自然为最高的艺术意图服务。到现在为止，画家在迫切要求传达他所看到和领会到的东西的时候，总是把它硬塞进画幅的狭窄的框框里，——他挂到利己主义者的孤寂的墙上的东西，或者交付到那画库里面的彼此毫无联系、毫无关涉以至歪曲形象、互相重叠、乱来一气的东西，——现在就可以**用来**充实那悲剧舞台的广阔的天地，形象地作为他自然的创造力的实证去充实那场景的整个空间了。本来只能通过他的画笔和极细致的颜色调合加以暗示、只能勉强接近幻象的东西，现在就将通过运用供他役使的光学的、艺术地使用光影的一切手段完美地造成栩栩如生的观照了。他那艺术工具的表面的粗糙，他那关于所谓装饰绘画的显得奇怪的处理方式，将不会使他受到侮辱。因为，他将会考虑到，即使是从属于完善的艺术作品的最精致的画笔，也始终不过处于卑屈的机件的地位；只有当艺术家是**自由**的，也就是说，当他的艺术作品已经完工，而且是生气勃勃的，并连同一切辅助性的工具都已经融化到艺术作品里面去的时候，他才有资格感到**自豪**。然而，这部从**舞台**上向他迎面而来并将从**这一**范围出发由广大的共同的公众给他更多的——多到无从计算的——满足的完美的艺术作品，同他过去的、用更精致的工具创作出来的作品比较起来，简直是天差地别；他的确不会对那为了这部艺术作品去使用布景的空间而放弃他过去与一幅平滑的亚麻布打交道的活动感到后悔：因为，即使在最恶劣的情况之下，他的作品依然会保持它原来的样子，不管在哪一个范围内被看见，只要它提供了使人得到充分理解的观照的实体，那就无论如何都会在这一范围内造成一个充满生命的印象，唤起更大的、更普遍的理解，远远超过他过去的风景的画幅。

使一切对于自然的理解彼此联系起来的，是人：风景画家不仅要把这种理解分给别人，而且只有借助他在自然彩绘中对人物的表现，才能得到这样透彻的理解。正是如此，由于他的艺术作品现在是在悲剧舞台的范围内展示出来的，他就会把他原先有意传达给别人的人物扩大为整个公众的共同的人，因而得到对这一个人加深理解的满足，使他也成为他的快乐的同感者；同时，他又只有这样才能够毫发无遗地导向公共的理解，使他的作品归属于一种共同的最高的而且人人能懂的艺术意图，这一种意图，由那真正有血有肉的人物连同他气质的一切温暖，准确地向共同的理解敞开大门。在一部戏剧中，如果一切艺术的辅助手段都被扔到后头去了，真正的生活又能够采取最忠实又最易领会的方式达到直接的观照，那么，戏剧的情节就会是最易理解的，因为它在艺术上是完善的。每一个艺术品种只有在某一程度上才能够明白地表达出它的感情，那就是当那关系到人物或者由人物派生出来的关系的诱导的核心——能够赋予艺术作品以生命而且为之辩护的核心——认定戏剧的目标走向成熟的时候。每一部艺术创作都要达到某一程度才能够做到人人能懂、能充分领会而且得到合法的承认，那就是当它融化到戏剧中去而且得到戏剧的光辉照耀的时候。① ——

现在，在建筑师和画家的舞台上走向那**艺术的人**，正与自然人走向自然的现场一样。当初**雕刻家**和**历史画家**在**石头**上和**亚麻布**上努力刻画的东西，现在却被他们在**自己身上**，在他们的形象上，在他们身体的四肢上，在他们面孔的特征上加以刻画，使之转化为自觉的艺术的生命。那指引雕刻家去领会和再现人类形象的同一种意识，现在正指引着**演员**去进行他真实的躯体的锤炼和操作，那曾经听任历史画家在描绘和色彩方面，在服装的调配和人群的安插方面找到美好的、优雅的以至性格鲜明的设计的同一双眼睛，现在则在安排**真实的人生的现象**的富藏。雕刻家和画家曾经从希腊悲剧家那里解除了**高底靴**和**面具**，不管它是脚下蹬的还是面上戴的，都始终不过是依照一定的宗教的例规行动的。这两种造型艺术完全有理由消灭掉这对于纯粹艺术性的人类的最后的歪曲，从而使得未来的悲剧演员预先在石头上和亚麻布上得到刻画。他们当时怎样根据他不被歪曲的真相对他进行观察，现在就依照真实的情状把他提示出来，他那在一定程度上由他们描画出来的形象也就可以有血有肉地达到富于动作的表现了。

这样一来，造型艺术的幻象就会成为戏剧中的真实：造型艺术家向**舞人**、**剧人**伸手，以便在自己身上来一番转化，使自己成为舞人和剧人。——只要力所能及，

———————————

① 对现代的风景画家来说，他认识到了他的作品今天实际上只为多么少的人所理解，他的自然绘画只不过由付钱给他的俗物世界带着怎样一种迟钝的、痴呆的兴致在那里瞪着眼睛看，对此，他该是不能无动于衷的。正好比同一类人的徒然懒散的、没有思想的眼馋的所谓"美景"一样，**提不出什么获得满足的要求**。他们的听觉，由于我们现代的内容空虚的吹拉弹唱也并不被认为差劲儿而达到了那一种荒唐的开心的程度，这就是为他的造诣给予**艺术家**的同样惹人恶心的报酬。这同那**工厂老板**的意图倒是完全吻合的。在我们时代的"**美景**"和"**娇声嗲气的音乐**"中间存在着一种可悲的、起着支配作用的亲戚关系，这种关系的结合环节决不是意义深远的思想，而是那种唠叨的、下流的**安逸**，它自私地避开周围人生痛苦的景象，以便在大自然的蔚蓝烟霭中租借一片私人小天地：这些安逸的人们什么都喜欢听，喜欢看，就是不要**真正的，不被歪曲的人**——他正警醒地站在他们梦乡的出口。**然而，正是这样的人，我们现在必须把他安排到前台去！**（瓦格纳）

他就得把这个内在的人，他的感觉和愿望，传到眼睛上去。场景的空间在最充分的广度和深度方面都从属于他，使之达到他形象上和动作上的立体的表白，作为个人，或者采取表演伙伴的组合的形式。可是如果他的本领到了尽头，他的愿望和感觉的富藏为了内在的人的表白被**语言**把他向那边挤过去，那么字句就将宣示他那明白的、自觉的意图：他就将成为诗人；为了成为诗人，他又将成为**声音艺术家**；而作为舞人、声音艺术家和诗人，他却同是一个人——不外乎**表演的、艺术的人，依据各种本领的最高的富藏诉诸最高的接受能力的人。**

在这个直接表演者的身上，三种姊妹艺术结合成为一种共同的活动，在这一活动中，每一种个别的最高的本领都达到它最高度的发挥。在它们共同发挥作用的同时，每一部分都从中获得它之所以能够成为它自己的以及能够做出它自己的贡献的**地位**，亦即根据其固有的特点要求成为它自己的以及要求做到的东西。由于在每一部分的本领到了尽头的地方，就有另一部分可以大显身手，它们也就可以融合在一起，因而可以保持其纯粹、自由和独立，保持其**本来面目**。表情的舞人一旦能唱又能说，他的无能马上就算是消除了；**声音艺术**的创作，通过剧人，也像是通过诗化的字句一样，可以得到人人了解的指点，而且简直达到了那样的程度，就像是它自己能够转化入剧人的动作和诗人的字句似的。至于**诗人**呢，那就只有当他化为**演员**的血肉的时候，他才真正算是一个人；如果他给每一个艺术现象指出那把其所包含的一切因素联结起来朝向一个共同的目标的意图的话，这一个意图想要从愿望达到可能，**那就要把这一诗人的愿望纳入表演的可能中去。**

在各种个别艺术中，没有**一种**充分发挥的本领在未来的综合艺术中会被搁置不用，正是在这种综合艺术里面，它们才会充分发挥功效。这样一来，那在器乐方面那么特别多样地发展起来的声音艺术也会根据它那最多样的本领在这一种艺术作品中大显身手。是的，它还将回过头来促使表情的舞蹈艺术发展出崭新的创造，同样也并不差劲地促使诗歌艺术的气息扩大到前所未有的饱满。然而音乐却在它的孤独状态中构造了一台道具，它能够胜任无可估量的表现，这就是**管弦乐队**。贝多芬的音乐语言，通过乐队引入戏剧中去，对那戏剧的艺术作品来说就是一件崭新的大事。如果说建筑特别是布景的风景绘画可以使表演的戏剧艺术家置身于物质的大自然环境之中，而且自然现象的永不枯竭的泉源使他获得一个始终丰富的和多方面联系的背景，——因而在管弦乐队这一个拥有无可估量地多样化的和声的生气勃勃的物体中，就有了一个取之不尽的源泉——同时也是艺术上的人性的自然元素——给表演的个性的人提供基础。不妨这样说，管弦乐队是无穷无尽的、普遍共通的感情的土壤，各个个别的演员的个人的感情都可以从这里结出最丰满的硕果：它把真实的场景那僵硬的、呆滞的地盘在一定程度上融化成为流动柔软地顺从的、感受印象的、精气般的平面，它那不可测量的底层就是感情的海洋本身。因此，管弦乐队正好比**大地**，只要**安泰**双脚接触地面，大地就会给他输送新的不死的生命力。就其本质而论，它完全处在演员的场景的自然环境的对面，因此，作为场地，就非常合适地也在场景范围之外被放到深化的前台去了，这同时却也造成了对于演员的这一个场景环境的完全的补充。正当它把那取之不尽的**物体**的自然元素扩大到同样取之不尽的、艺术上属于**人性**的感情元素的同时，这种感情元素好像是同自然元素和艺术元素的气氛的链环一起，把演员统一起来；而在这个链环之内，他好比天体一样，抖擞着最饱满的精神，稳定地运动着，从此出发，他可以同时向四面八方——如同天体散发它的光一样——发挥他的感情和见解，一直发挥到无穷无尽的去处。

就是这样，在轮流交替的轮舞中互为补充，这些统一起来的姊妹艺术时而共同地，时而成对地，时而单独地，一切以那唯一地规定标准和意图的戏剧情节的需要为指针，在那里展示自己，同时维护自己的地位。一会儿是立体的表情演技倾听思想的不带热情的衡量；一会儿是坚决的思想的意志倾泻到动作的直接的表现中去；一会儿是声音艺术变为感情的洪流，它单独负责说出的激动的寒颤；一会儿呢又是三者全体抱成一团，把戏剧的意志提高到直接的、胜任愉快的行动的程度。因为它们这些统一起来的艺术品种全都有一个它们必须愿意完成的任务，以便在能做的情况下得到自由，而这个就是**戏剧**：为了实现戏剧的意图，它们全都是举足轻重的。既然它们自觉认识到这一意图，集中它们的全部意志去贯彻这一意图，那么它们也就获得力量，从各方面将其特有的本质的自私的枝条从它们自己的躯干上剪除掉，以免大树不成形象地横七竖八地乱长一气，而是直向枝柯、桠杈和绿叶的堂皇的梢头长成一个树顶。

人类的本性，如同每一个艺术品种的本性一样，本身都是非常丰富而且多种多样的；然而唯一**同一**的却是每一个人的**灵魂**，他的必然的本能，他最强有力的欲望的冲动。如果他身上的这一个同一被看作他的基本特质，他就能够为了有利于这一个同一的非要不可的达成，去遏制每一种较弱的、次要的贪欲，每一种无力的渴望，如果满足这一种欲望就会妨碍他获得这一个同一的话。只有那窝囊废、弱者才不懂得，他本身蕴藏着最必要的、最强烈的灵魂的要求：在他身上每时每刻都有偶然的、由外界趁机引起的欲望在占着优势的地位——正因为它只是一种欲望，所以他永远无法满足——于是乎他只好勉强地一下这边一下那边地来回摇摆，他自己永远得不到真正的享受。可是万一这一个无欲者有了力量，死命去追求那偶然的欲望的满足，那么就在生活中和艺术中产生讨厌的、反自然的现象，这就是充塞我们周围的那些疯狂的、利己主义的活动的歪种，专制君王的嗜杀的行乐，或者淫荡的时髦的歌剧音乐，真是说不出有多么恶心。如果个别的人认识到人本身蕴藏着一种强烈的要求，一种冲动，把他身上其他一切渴望推到后面去的冲动，也就是那必然的、内在的本能，造成他的灵魂、他的气质的本能，于是用他的全部力量去求得满足，他就也会把他的力量，像他那特有的能耐一样，提高到他认为可以达到的任何强度和高度。

然而，个别的人凭他身体的、心的和理智的毫无缺陷的健康所感觉到的要求，也不会更高于其他所有与他同一种类的人的要求；因为，如果它是一种**真正**的要求，它就只能够在共同得到满足的同时才能够得到满足。然而完美的艺术性的人最必要又最强烈的需要，却是在他气质的高度饱满状态中向最充实的公众倾诉他的衷曲，而他只有在**戏剧**里面借助必要的理解才能达到这一步。在戏剧里面，他通过一个有个性的但又不是他本人的人物把他特殊的气质扩大成为共通的人类的气质。他必须完全摆脱他自己，以便那么完整地依照那陌生的人物的固有的气质去体会他，需要怎样就怎样去体会他，以便把他表演出来；要做到这一步，他只有在他同别的个性又通过别的个性的接触、渗透和补充过程中把这一个个性以及其他这些个性的特点钻研得那么详细，认识得那么生动，以致他能够使得这样的接触、渗透和补充在他固有的气质上达到情感交融的程度才有可能；因此，完美的、艺术性的演员，就是扩大成为**类型的气质**的、追求他固有气质的高度圆满的个别的人。至于这一神奇的过程得以实现的场地，却是**剧场的舞台**；促成它出世的艺术的综合作品，则是**戏剧**。然而为了在这**一部**最高级的艺术作品里面使他那特别的气质开出内容最茂盛的花朵，那就要求个别的艺术家，如同个别的艺术品种一样，把每一种倾向于不合时宜的、对整体不适用的扩张的任性的自私的癖好都打回去，以便为了达到最高的共同的目的能够通力合作，——如果没有对个别的适时的限制，要实现这一点就谈不到了。

这种意图，戏剧的意图，同时却也是唯一真正的艺术的意图，要想得以**实现**，那就根本上做到这点才有可能：凡是脱离意图的东西无论如何一定要消失到那不确定的、不明白的、不自由的大海中去。然而，这个意图所达成的，却不是**纯粹自己**

管自己的一个艺术品种，^① 而只能是**全体共有的**因而也是**最普及**的艺术及作品，同时又是唯一真正的、自由的，就是说大家可以了解的艺术作品。

五、未来的艺术家

我们已经从一般特征方面把艺术作品的本质勾画出来了。所有各门艺术都应该在那里面通过最普遍的理解转化到它的解脱上去。那么，现在的问题就是，究竟哪一些生存条件被认为对这种艺术作品和这种解脱来说是必不可少的而且能够被召唤出来的呢？那需要被了解而追求被了解的现代艺术，从自己的估计和预想，经过各种手段的任意选择，加之同那被认为必要的样式的深思熟虑的制定相结合，那些条件就可以自动形成吗？它能够钦定一份本体的宪章，以便达到与人民的所谓无知无识的谅解？而且即使它把这个颁发出去了，就真能使这种谅解通过这部宪法成为可能吗？文化艺术能够从它抽象的立场出发打入生活中去，或者不是更应该说是**生活打入艺术中去**吗，——难道不是生活从自己出发**孕育**那唯一适应生活的艺术并**转化**到艺术中去，——而是艺术（注意：**文化艺术**，产生于生活之外的）从本身**孕育生活**而且**转化**到生活中去吗？

让我们先在这个问题上达到谅解吧，看我们说到未来的艺术作品的创造者的时候想着的是什么人，以便从他出发联系到那能够产生他和他的艺术作品的生存条件上去。

那么，**谁**将是**未来的艺术家**？

---

① 现代**话剧诗人**觉得最想不通为什么必须去承认的一点，就是：甚至他的艺术品种——**诗歌艺术**——也不应该将戏剧置于从属于它的地位。主要一点是，不能容忍要同音诗人分享戏剧的成果。原来，他认为是让话剧消化到歌剧中去。非常正确，只要歌剧存在一天，话剧也一定存在，而且这也同样适用于哑剧。只要关于这个问题的争论是可以想象的，那么未来的戏剧本身便是不可想象的。如果诗人这方面的怀疑越是加深了，而且一直缠住不放，认为他总是想不通：为什么歌唱应该完全而且无论如何都要取代吟诵式对话的地位，那就应该答复他，原来他在这方面对未来的艺术作品的性质还不甚了了。首先，他没有估计到，在这一种艺术作品里面音乐必须接受另外一种地位，它与在现代歌剧里面的地位是大不相同的：它只有在它**最占势力**的地方才能够充分发挥它的专长，反之，不论何时何地——例如戏剧语言的最必要的场合——它都必须完全服从它的需要。然而，正是由于音乐具有不致完全沉默的能耐，可以同语言的富有思想的因素那么不知不觉地捏合起来，因而它可以让语言几乎独立自然发展，虽然它实际上是在支持着它。如果诗人承认这一点，那么其次，他现在就应该承认，有些思想和情况，连最轻微的和最克制的音乐的支持对它都必然显得麻烦和累赘，这些思想和情况只有从我们现代话剧精神中才会产生，而这种精神在未来的艺术作品中却是根本连呼吸的地方也将是再找不到了。那将在未来的戏剧里面进行表演的人，同那散文式的奸诈和国家时髦立法性的混乱是再也不会拉上一点关系的，而我们现代的诗人们却正是在一部剧本里面用尽拐弯抹角的手段去制造和清理混乱：它的自然法则的行事和言论是：是，是！和否，否！之外什么更进一步有关灾害亦即时髦的话头都是多余的。（瓦格纳）

无疑是诗人。①

然而，**谁**将是诗人呢？

当然是**演员**。

反过来，**谁**又将是演员呢？

必须是**一切艺术家的组合**。——

为了看到演员和诗人合乎自然标准的产生，我们首先突出地提出未来的艺术组合，而且决不是根据武断的设想，而是根据必然的一贯的结论；我们要以此使艺术作品本身同那一些艺术机关——就艺术作品的本质而论唯一可以使之获得生命的机关继续挂钩。——

未来的艺术作品将具有一种共同的性质，它们也只有根据共同的要求才能够产生。这种要求，我们迄今只是就个别艺术品种必然具备的实质从**理论**上加以阐述，然而**实践**上是只有采取**一切艺术家组合**的形式才是可以想象的，而构成这一组合的，则是**一切艺术家**根据同一时间和地点**奔向一个确定目标的联合**。这个确定的目标就是**戏剧**，大家在这里面联合起来，以便在共同参与之下把这特殊的艺术品种的特色发挥到高度丰富的程度，在发挥过程中大家同心协力地向各方面深入贯通，作为这番深入贯通的果实，就正是孕育那生气勃勃的、感性上活灵活现的戏剧。至于使它们各部分的参与成为可能，是的，使它们成为必不可少而且缺乏这一参与就根本不可能出现的东西究竟是什么，那正是戏剧的本来的核心：**戏剧性的情节**。

戏剧的情节，作为戏剧的最内在的条件，同时也是整个艺术作品的那一个契机，它保证艺术作品获得最普遍的**理解**。情节是直接从（过去的或当代的）**生活**中取材的，它正是依照这个标准构成并提供理解生活的纽带，使之最忠实地符合生活的真实，最恰当地满足它对它的理解的要求。这样一来，戏剧性的情节就是**生活的大树的枝条**，它不知不觉而又自然而然地从树上长出来，依照生活的法则开放与凋谢。可是现在呢，它离开了生活，**被移植到艺术的土壤里**来了，以便面向新的、更美的、不朽的生活，从而成长为茂盛的大树。就这棵树的内在的、必然的力量和实际而论，它是与真实生活的树完全相同的，对生活本身来说则是实体化了，然而却又引它去审察它固有的本质，从而把它身上的不自觉提高到自觉的地步。

这样一来，在戏剧性的情节里面就显示出艺术作品的必然性；没有**它**，或者没

---

① 我们不妨把音诗人也包括到**语言诗人**中去，——至于是个人的还是组合的，那是无关紧要的。（瓦格纳）

有牵涉到它的任何关系，一切艺术形象就将都是矫揉造作的、不必要的、偶然的、不可理解的。最切近而又最真实的艺术本能，只能是那从生活出发进入艺术作品中去的热望，因为那是这样一种热望，要把生活中那种不自觉的、不由自主的东西作为必需使人理解与承认的东西送出去。然而，要求理解的热望的前提是**共同性**：利己主义者是不要同任何人取得谅解的。因此，只有从共同生活出发，才能产生在艺术作品里面要求提供理解这种生活的实体化的热望；只有艺术家的共同一致，才能说明这种热望；只有他们同心协力，才能满足这种热望。然而，他又只有在对于从生活中取材的情节的忠实表现中才能得到满足：适合于艺术表现的只能是这样一种情节，那就是在生活中已经告一段落的，作为事实已经不存在任何疑问的，对于它任何可能的结论都不能再有什么故意造作的设想的。只有凭借先在生活中完成了的东西，我们才有可能去掌握它的现象的必然性，去领会那些个别动因的联系：比如情节，同样应是先完成了的；比如**人物**，造成这个情节的人物，站在这一事件的中心的人物，是作为感觉的、思维的、意愿的人物根据他必然的气质指导这一事件的，他同样不再屈从于那些支配他可能的行为的种种故意造作的设想：如果真是屈从于这些设想，那么就只有在他**活着**的时候；而只有他死亡了，他才会从这种屈从性之中解放出来，因为我们现在已经知道有关他做过什么事情以及他是什么人的一切。对戏剧性的艺术来说，这样一种情节必然显得是最适合而又最值得表演的实体，它与那决定情节的主要人物的生活同时结束。情节的结束实际上不是别的，正是这一个人物本身的生活的结束。只有**这个**情节才是完全真实的，才是它的必然性向我们揭示得一清二楚的。为了这个情节的完成，有一个人使出他气质的全部力量，这个情节在他心目中是那么不可或缺而且非此不可，以致他不得不使出他气质的全部力量与它化为一体。然而，他以此不容争辩地向我们证明的只有一点，那就是：他贯彻他气质的力量的时候，的确是**亲身投入**的，为了他气质的舍弃的必要，他个人的存在的确是被勾销掉的；他不仅是在他的行动上，——光从行动上看还可以使我们觉得那是勉强的——，而且以有利于这一种必要的行动而做出的他个性的牺牲向我们证明他气质的真理。他个人的利己主义的最完全的舍弃，他向共同性的最完全的转化的展示，是只有当一个人到了死亡的时候才能向我们表明的，而且不是用他**偶然**的，而用他**必然**的，由出自他气质的厚实的行动所制约的死亡向我们表明的。

这样一种死亡的祝典是人类能够举行的最庄严的祝典。通过这一死使我们认识到这一个人的气质，从而认识到人类气质的丰富内容。然而，使我们得到对所认识到的东西的最完全的保证的，却是那死亡本身的自觉的**表现**；通过那一种情节的表现，给我们做出说明，而它的必然的结局则是那死亡。不是遵照我们基督教的时兴的生活方式，通过漠不相关的歌唱和陈腐的墓地演说来举行的烦腻的葬礼，而是在戏剧性的艺术作品里面通过死者的艺术性的复活，通过他行事和死亡的乐生的重演和表现来举行我们的祝典，使我们生者在对逝者的爱慕中感到崇高的幸福，使他的气质成为我们的气质。

如果在整个艺术家团体中间存在着对这一种祝典的要求，而且，只有当主题是庄严的主题，对它的表现的热望又能言之成理并能在我们身上**共同**唤起这一种**热望**，那么，这种**爱慕**，唯一能够作为行动的而且可以实现的力量加以考虑的爱慕，就在每一个个别人的心坎里找到无穷深的位置，然后根据这一个个别人的个性的独有的特点回过头来取得特殊的推动的力量。爱慕的这种特殊推动的力量常常在个别人身上显示得最为突出，这个个别人，根据他的气质，根本上——或者恰好在他生平的这一个特定的时期内——对这一个特定的主角感到最为亲切，由于情意相通，他得以最合适地把这一个主角的气质化为己有；他艺术的造诣又最适于通过他的表演恰好使这一个主角将他自己、将他的团体——根本上就是将大众——活灵活现地重新引向使人信服的回忆。再没有什么比得上自由的艺术组合能使**个性的威力**发挥得那样淋漓尽致了，因为，那正是促进共同决定的出发点，在那里，个性显示得那么强有力，以致它有可能规定那共同的**自由**的决定的性质。这一种个性的威力，只有在**真实地**而不是故作姿态地贯彻它的主张的时候，它才能够恰好是在完全特殊的、确定的情况之下对群体发生影响。如果一个艺术伙伴公开说出他要求表演这一个主角的意图，加上那唯一可以使他的意图付诸实现的整个组合的共同合作，那么在他的要求得到满足之前，他必须先做到那一步：唤起对他的计划的爱好和感应，这种爱好和感应又可以使他得到鼓舞。至于他要想能够把这种爱好和感应分给别人，那就只有当那适应特殊主题的力量成为他个性的占有物的时候。

当艺术家借助于他感应的魄力把他的意图提高到**共同的**意图的地位之后，从那时起，他的艺术事业也**同样**成了一种**共同的**事业；然而，正如表演的戏剧的情节在这一情节的**主角**身上有它的中心一样，这部共同的艺术作品也在扮演这一个主角的**演员**身上保持它的中心：他的同台演员以及其他搭档在**艺术作品**中与他的关系，就好比共同行动的人物一样，——那就是那样一些人，对于他们，主角就像对于他气质的目的物和对立物一样宣示他的情节，——正如同一般人类的及自然的环境在**生活**中与主角的关系一样。其间的区别只在于：就表演的主角来说是**自觉地**构造和安排的，而真实的主角则是**自然而然地**表现出来的。演员在他迫切追求情节的艺术再生产的过程中一下子变成了**诗人**。他依照艺术的标准去安排他自己的情节以及牵涉到他的情节的一切活生生的事物的关系。然而，只有当他使自己的意图提高到一种共同的意图的程度，当每一个个别人物的要求转化入这一种共同的意图的时候，他才能达到他自己意图的目的，——说得清楚一点，那就是到了这个程度，首先是他能够在共同的意图上放弃他特别的个人的意图，因而在一定程度上那个被赞美的主角的情节在艺术作品里面不仅被**表现**出来，而且在**道德**上亲自加以**重演**。也就是说，在他放弃他个性的同时，却证明了，在**他那艺术性的情节**之中，他也能够造成一个必要的、消耗他气质的全部个性的情节。①

因此，**自由的艺术组合**就是艺术作品本身的基础和条件。**演员**从这一组合中产生，在他对这一特别适应他的个性的主角的感应过程中，他把自己提高到**诗人**，提高到这个组合的艺术性的**立法者**的地位，以便从这个高度出发重新完全转化到组合中去。因此，这个立法者的活动始终不过是**期限性**的，只有在一个特定的、受到他个性的启发又被提高到共同的艺术性的实体的情况之下，这种活动才有可能得到发展；因此它决不是在**任何**情况下都可以进行扩张的。诗人化的演员的独裁，是在达到他的意图的目的的同时合乎自然地宣告结束的，这正是他使自己提高到共同的地位的意图，也是那一旦作为共同的意图向共同体宣告，他就向其中转化的意图。每一个个别的伙伴都可以使自己提高到行使这一种独裁权力的地位，只要他提出一个特定的、与他的个性在某种程度上相适应的意图，说明他能够使之提高到共同意图的地位就行。因为，在那样一个艺术组合里面，**除了满足共同的艺术热望之外再没有其他使他们联合起来的目的**，所以，除了导向共同的满足的事物，也就是除了**艺术本身及其法则**，即在个性与群体的结合过程中使它最完美地

---

① 看我们在未来的艺术作品从生活出发并通过艺术性的组合的发展过程中怎样接触到它那**悲剧性**的因素，我们不妨通过那样一些条件的颠倒来推测未来的艺术作品的**喜剧性**的因素。那样一些条件是把悲剧性的东西作为必然性的东西揭示出来的。喜剧的主角变为悲剧的反过来的主角：看这一个，作为共产主义者，也即是说作为个别的人，通过他气质的力量，从内在的、自由的必然性转化入共同性，自然而然地只考虑到他的周围和对面的关系；那么，那另一个，作为利己主义者，作为共同性的敌人，他所努力追求的是摆脱这种共同性，或者专断地把这种共同性拉到仅仅从属于自己的关系上去，然而，在这一番努力追求的过程中，他遭到共同性所采取的最多样又最多变化的形式的反对、排斥而终于战败。利己主义者被迫转化入共同性，**这种共同性**因而成为真正行动的、多样性的人物。这个人物在那始终想要行动而又永远不能够行动的利己主义者心目中一直作为故意变化的偶然现象出现，直到这个人物最后以最紧缩的圈子把他包围住，而他呢，连供他继续自私自利地呼吸的一口气也没有了。只有在对这种共同性的必然趋势的无条件承认中，才终于看到了他最后的得救。这样一来，艺术性的组合，作为共同性的代表，在喜剧里面就较之在悲剧里面更直接地参与到诗作本身。（瓦格纳）

体现成为可能的法则之外，不可能还有任何别的东西能够取得权威性的、立法性的决定的地位。——

在未来人类的共同联合中，这些同样的**内在**必然性的法则将作为唯一决定性的法则取得它应有的地位，一个人数或大或小的自然的而**不是强制**的联合，只有通过这些人们共同的需要才能产生。这种需要的满足，是共同事业的唯一目的：每一个个别人的行动都朝着这一个目的，只要共同的需要同时也是他本人最强烈的需要；而这一个目的也就完全自然而然地颁发出共同行动的法则。至于这些法则本身，不外乎是达到目的最适当的手段。如果一个人对于这一个目的并不感到真正非此不可的需要的催促，那他就谈不到对于最适用于某一目的的手段的认识；反之，如果这种需要存在的话，那就会自然而然地从这种需要的力量产生对这一种手段的最正确的认识，而且主要是通过这一种需要的共同性。因此，只要作为联合的基础的需要是共同的需要，这种需要的满足又是依然可以争取的时候，自然的联合也就是一种自然的持续：如果目的达到了，这一种联合**连同**产生联合的需要也就趋于解体；只有到了新的需要产生的时候，才又有共同适应这些新的需要的那样一些人的新的联合应运而生。我们的现代国家则在某一程度上是人们的最不自然的联合，因为那是通过外在的专断——例如王朝的家族利益——产生的，它把一定数量的人为了一个目的**一股脑儿**硬拴在一起，而这个所谓目的，要么同他们的共同需要从来就没有适应过，要么就随着时间的演变对他们大伙来说已经再也谈不到什么共同之处了。——**一切**人只有**一个**共同的需要，就其最普遍的内容而论，这个人共同的需要不外乎是：要**活得下去**而且**活得幸福**。这中间存在着一切人的自然的纽带，一种大地的天然富藏能够与之充分适应的需要。至于那些特殊的需要，它是怎样根据时间、地点和个性提出来而且逐步提高的，那倒可以在未来人类的理智的安排之下单独提供特殊联合的基础。这各种联合结成一个总体的时候就造成**全体**人类的共同体。这些联合将会随着需要的变化和重复而照样变化、重新结构、解散，然后又回过头来再结合；只要它是属于物质性的，在共同基础上互相关联的，而且根本上是牵涉到人类的交往的，亦即从一定的、一贯的、一处的规定出发被认为是必要的交往的，它就会持续下去；然而它却要不断采取新的结构形式，不断显示出更多样的、更急促的变化，这就要看它是不是有更多的一般更高的精神的需要了。同我们时代那种僵死的、只是借助于外在的强制才能维持下来的国家的联合对比起来，未来的**自由**联合在它那流动变化过程中将会一下子是不寻常的扩大，一下子又是最细致的密切的编结，这样来表现那未来的人类生活，而最繁复的个性的无休无止的变化，又给这种生活的无穷丰富的魅力提供了保证；另一方面，当代生活①所具有的时髦——警察式的单调，呜呼哀哉！它正是现代**国家**连同它的**等级、官职、军法、裁判、常备军**——以及其他一切可能**包括**在内的东西——的逼真的写照。

然而，没有比**艺术性**的联合更丰富、更能永远振奋人心的联合了，因为，其中每一个人的个性，只要它一懂得怎样去适应共同的精神，就会通过它自己和它那当代阐明的意图并为了这一个意图的实现去促成**一个新的联合**，同时又使它特殊的需要扩大为刚从这一需要产生的联合的需要。每一部独立生存的戏剧艺术作品因此也就是一次新的、从前还不曾有过的因而也永远不会重复的艺术家的联合的作品：他们联合的时机，就在主角的诗人演员使他的意图提高到他所需要的组合的共同意图的程度的那一瞬间。到了这一意图实现的那一瞬间，他们的联合也将宣告解体。

依照这样方式，在这一艺术性的联合里面就决不可能有任何东西是僵化的和停滞不前的：这次联合之所以实现，只是为了庆祝这一个特定的主角今天达到的这一个目的，以便明天在崭新的条件之下，通过一个完全不同的别具一格的个人的鼓舞人心的企图，去达到一次新的联合。它与前一次也是迥然不同的，它**依照完全特殊**的法则去发掘它的作品。这些法则，作为实现新起的意图和最符合目的要求的手段也同样是新的、前所未有的在那里听从使唤。

就是这样，到了未来的艺术家除了**艺术作品**之外再不会因其他目的而联合起来的时候，他们就必然是这样，而不会以另一个样子被培养出来。然而经过这样一番变化之后，**未来的艺术家**将是些什么人呢？诗人？演员？音乐家？雕刻家？——让我们简单地说吧：**人民。我们自己今天之所以能有活在我们回忆中的、被我们加以歪曲或仅能模仿的、唯一真正的艺术作品，正是由于有了我们为了艺术唯一应该向他表示感谢的人民。**

当我们把过去的、完成了的东西整理起来，以便从一件特殊的事物——根据它在人类历史上的一般现象——获得它的真相的时候，我们就能够准确地刻画出它最细微的特征，——是的，对这样个别的特征的最认真的观察，常常使我们获得对于整体的最准确的理解。我们常常必须在它逐渐模糊的一般性方面单独掌握这一个别的、特殊的特征，以便从它出发去谋求一般的印象，正如在我们面前展示出的艺术

---

① 特别要指出来的还有我们现代的演剧机关。（瓦格纳）

的实体一样，它所明白无误地提供的细节是那么丰富，以致我们为了根据它的一般性来显示其实质时只可取其一个特定①的部分来加以考察，就我们的观察方式而论，这一部分正是我们认为最有意义的。这使我们得以避免陷入各个细节之中而迷失方向，从而可以把握住那更大的一般的目的。而如果我们想要表现一种未来的事情，那么做法就正好相反：我们对于这一类做法只有一个标准：按理说，事情的进行是在未来，这个标准也应该树立在未来的时空，然而实际上却不是这样，它树立在过去和现在，在那里，所有各种条件都还是活生生地现成的，这种种条件使那所盼望的未来的事情成为不可能的，而且恰好必然地显示为它十足的反面。需要的力量迫使我们面向一个限于完全一般的想象，我们要想掌握它，不是**单凭**内心的愿望，而是更多地根据一个必然的理智的推论，从今天的对立面上，把它作为认识得很差的事情去理解。一切个别的特征②都必须离开这一个想象，因为这些特征只能根据任意的设想作为我们幻想的表象呈现出来，就其实质上说仅仅是从今天的景况摄取过来的，始终只能像它从当前的现象产生出来的那样向我们提供线索。只有做好了的和已经完成的，才是我们所能够知道的；未来的生气勃勃的创造，无可争论，只能是生活本身的作品！凡是我们今天只能够凭任性和专断在当代关系的不可克服的印象之下变戏法一样摆弄的东西，一旦真的完成了，我们就可以一眼把它看得清清楚楚。

对人类的幸福来说，再没有比根据当代现存的法则来安排未来的生活这样一种疯狂的热心更为有害的了：这一种对未来的讨厌的操心，实际上只是从属于那绝对的利己主义的、其本质上始终不过是想方设法**得到保证**：凡是我们今天占有的，一辈子都稳拿在手里。——它把财产，千秋万代像铆牢、钉牢一样封禁起来的财产，作为人类活动的预见唯一值得尊敬的对象抱住不放，因此千方百计去限制未来的独立的生活活动，而把那自作主张的生活本能当作邪恶的、蛊惑人心的针刺尽量完全从它身上拔掉，以便把这一份财产当作用之不竭的、依照五厘利率的自然法则永远利上生利、填补缺欠的最舒服的咀嚼和吞咽的材料，防止任何粗心大意的触犯。看一个人，他担心着这样一种重大的现代的国家大事，在未来的千秋万代中，被当作

---

① "特定的"在初版作"极度细微的"。

② 谁要是不能从我们现代艺术状况那种凡俗的、不自然的制度中摆脱他的偏见，他就会为了这些细节的缘故抛出一些最荒唐的问题，疑神疑鬼，不能理解也不想理解。对这一类怀疑和问题的千百种可能性应否在这里预先答复，那恐怕根本只能限于面向**动脑筋的艺术家**；对于那些头脑迟钝的现代艺术企业家——不管他是在文学、批评还是出版方面干什么的，——那就谁也不能要求再多费唇舌。（瓦格纳）

一个根本软弱的或者始终不受信赖的生物来看待，他唯一赖以生存的是一份财产或者依靠法律的指引走上正确的轨道，那么对我们来说，一联系到艺术和艺术家的问题的时候也就只有**艺术机关**算是两者生长的唯一的保障；一旦没有学院、社会机构和法典，我们的艺术就任何时候——姑且这么说——都必然趋于瓦解；因为，关于艺术家的自由的、自主的活动，对我们来说是不可想象的。至于它的原因，则在于我们实在不是真正的艺术家，正如我们根本不是真正的人一样。因此，我们自己的——然而由于怯懦和软弱完全自作自受的——无能和可悲的感觉，把我们扔回到永恒的烦恼之中，去为未来制订法则，通过这些法则，我们基本上不过是为了达到这个目的，即使得我们**永远不做**真正的艺术家，**永远不做**真正的人。

事情就是这样。我们始终不过是用当代的目光去看未来。用这样的目光，它始终只能够依照一种标准去衡量未来的一切人。作为当代人的标准，它根本就把它当作一般的人类的标准。到了我们终于不可避免地认识到了**人民**才是未来的艺术家的时候，我们于是乎面对这一发现爆发出对当代有教养的艺术家利己主义的充满蔑视的惊诧。他完全忘记了，远在血缘—民族共同体的各个时代，即那将每一个个别人的绝对的利己主义树为宗教之前的时代，我们的历史学家称之为非历史性的神话和寓言的时代，人民实际上已经是唯一的诗人和艺术家了；他唯一能够从中汲取包含健康的生命的一切题材和一切形式的，就是这—吟诗作赋和创造艺术的人民，——反之，他所看到的人民却只是唯一的采取这样的形象的，而这一形象却是取自当代、透过他那文化眼镜呈现出来的。他相信，从他庄严的立场出发，必须在人民中间单独去理解他的对立面：粗鲁的群氓；他一看到人民，冲到他鼻子上来的只有啤酒和烧酒的浊气；他掏出他那洒满香水的手帕，带着文明的激怒的口气问："什么？这种**贱民**将来要接我们的班去搞艺术？这种贱民，当**我们**进行艺术创作的时候，不是压根儿谈不上什么了解吗？难道真会从烟雾弥漫的小酒馆，从臭气熏蒸的肥料田坑那里给我们放出美和艺术的产品吗？"——

非常正确！未来的艺术作品不应该从你们今天文化的肮脏的基础上、不应该从你们现代优雅教育的讨厌的渣滓里、不应该从那些给你们现代文明提供存在的唯一可以想象的地盘产生。你们不妨想一想，这一种贱民无论如何不是真正人类本性的正常的产品，他不过是你们不自然的文化的人为的作物；那一切算在贱民账上引起你们憎厌的恶德和丑行，仅仅是他们斗争的绝望的动作，而这样一场斗争又是真正人类本性用以反抗它残酷的压迫者——现代文明的。至于这样一些动作之所以可怕，无论如何不是自然的真面目，不如说是你们政治文化和犯罪文化的伪善的丑态的反映。你们还不妨再想一想，当国家社会的一部分尽在搞**多余**的艺术和文学的时候，另一部分却无可奈何地只好去清除你们无聊的生存的污垢；当附庸风雅和时髦填补你们完全无关紧要的生活的时候，另一部分你们少不了的人的生活的特征却不得不是粗野和蠢笨；当那不必要的奢侈想方设法硬要平息它那消耗一切的馋嘴的时候，另一方面却是天然的需要只能通过虐待和苦难，背着最被曲解的照顾，活像是使用奢侈品一样使自己得到满足。只要你们这些有教养的利己主义者和利己主义的风雅人士在人造香气里面欣欣向荣，就必然会有一种材料，用这种材料的血液给你们蒸馏出甜丝丝的香水。至于这一种材料，你们从它身上抽出天然香气的材料，却正是这一批满身秽气的贱民，接近他们身边你们感到恶心，归根结蒂你们和他们之间的唯一差别只不过是在香水那一点上，而那种香水却正是从他们那天然的风格中榨出来的。只要人民总体中有一大部分还在政府、法院和大学的各种职位上为那最没有出息的事务浪费掉宝贵的生命力，那就必然有同样大的——如果不是更大的——一部分人从事过度紧张的实益活动，用他们自己的力量去弥补那一部分浪费掉的生命力，而且，——那可是最最糟糕的！——如果在这一部分过度紧张的人民中间，那有用的一部分一只是带来实益的那一部分一因此成为一切活动的鼓动的灵魂，那就必然出现讨厌的现象，以致那绝对的利己主义到处去发挥它生活法则的力量，于是乎从城市贱民和农村贱民那边回过头来装出最丑恶的鬼脸向你们狞笑。①

我们提起人民，既不意味着你们也不意味着这一种**贱民**：只有他们不再存在你们也不再存在了，我们才能够想象人民的存在。现在已经到处有人民在生活着，凡是你们和贱民不在的地方，这就是说，他们是在你们两伙人中间生活着，只是你们什么也不知道而已：要是你们**了解**他们了，那你们也已经是人民了；因为，如果不是广大人民群众的一员，就不能了解人民群众的广大。受过尖端教育的同没有受过教育的一样，最有知识的同最无知识的一样，地位最高的同地位最低的一样，在奢侈的养尊处优的怀抱里长大的同从贫穷的不干净的窝里爬上来的一样，被有学问的冷酷无情培养出来的同从邪门的粗野中发展起来的一样，一旦他从我们社会的和政治的那种犯罪的关系上所得到的怯懦的快活中，或者从它们中间那迟钝的从属地位中，感到有被驱逐的一种压力，而且日见增长，——这种压力使他因我们非人的文

---

① 这好像有点事先使作者预感到最近巴黎的"公社"事件的德行一样。（瓦格纳的这条脚注仅见于初版书中。）

化的浅薄的娱乐而引起呕吐，或者引起对那只给并无急需的但是不给真正需要的人带来利益的功利制度的憎恨，——这种压力给他注入对自我满足的卑躬屈节的人（这一种最不体面的利己主义者！）的蔑视，或者对违反人类本性的放肆的恶棍的愤怒，——那么也就是那样一种人，他**不是**从傲慢和怯懦、无耻和卑屈的联系上，因而不是从保障这种联系的**国法的权利**上，而是从那真正的、赤裸裸的**人类本性**的丰富和深刻，从人类本性的绝对需要的不受时间限制的权利上，去汲取对这一种本性的压迫者进行抵抗、造反和攻击的力量，——一个为了这个目的必须进行抵抗、造反和攻击，而且公开而又毫不含糊地宣告这种必要性的人，他为此甘心承担每一个人的苦难，而且，临到紧急关头，甘心牺牲自己的生命，——**只有他现在才算是属于人民**，因为他和一切与他相同的人感到一种共同的苦难。这一种**苦难**将会给予人民以生命的主宰的地位，它将会把人民提高到生命的唯一的权力的地位。**这一种苦难**曾经因为**以色列人**变成了迟钝的、肮脏的驮运牲口，把他们赶过了红海；① 如果我们应该洗干净我们的耻辱，到达上帝许诺的国度，那么苦难也一定会把我们赶过红海。我们不会在海里淹死，这个世界上只有**法老们**②是惹上这种灾祸的，他们曾经是连人带耗子、连马带骑士地通通被大海吞没掉了，——这些放肆的、骄傲的法老们，当时竟然忘记了，曾经有一个贫穷的牧童用他的妙计使他们和他们的国家免遭一场饿死的灾难！可是**人民，精选的人民**，却毫无损伤地渡过大海直向那上帝许诺的国度，经过荒漠的沙砾把他们身上奴役的污垢的最后痕迹洗干净了之后，他们就抵达了。——

由于可怜的以色列人曾经把我引进一切诗歌最美的、万古常新的、永远真实的**民间诗歌**的领域，我还要当此临别之际把一篇美妙传说的内容当作示意提出来，那是古老的日耳曼粗鲁的、不文明的人民出自内心的不得已而不是什么别的理由编制出来的。

* * *

锻工维兰由于他工作上的兴趣和快乐制造出最精美的宝物，那些出色的武器真是又锋利又美丽。因为他是在海边洗澡的，他遇见了一个**天鹅仙女**，她是同她的姊妹们从天上飞到这里来的，她脱下她的天鹅衣裳，也照样投身到海浪中间去。维兰

---

① 这是指摩西奉耶和华之命带领以色列人逃离埃及，走过红海的故事。摩西把手杖一挥，海水就向两边分开，让出一片陆地让以色列人走过红海。见《旧约·出埃及记》。——译者
② 法老是埃及文"大宫殿"的音译。埃及人不便直言国王之名，所以称之为"法老"，有如中国古代称皇帝为"陛下"。——译者

燃起了炽热的爱情；他一个猛子跳进水里，制服了而且赢得了这个神奇的女人。爱情也打破了她的矜持；在幸福的互相照顾之下，他们满心欢喜地结合在一起生活着。她给了他一个戒指：他可不愿意再让她找回这个戒指；因为不管她怎样爱他，她终归怀念着她那旧日的自由，希望飞过天空回到她老家的幸福的小岛，而能够给予她这种神力的则是那个戒指。维兰于是锻制出一大批同天鹅仙女那一个相同的戒指，然后把它们挂在家里的一张韧皮上：相信她不可能在它们中间认出她自己那一个戒指。

经过一次旅行之后他回到家里。糟糕！他的房屋已经完全被砸烂了，他的妻子已经从家里飞到遥远的远方去了。

当时有一个奈丁国王，他听到过许多关于维兰的艺术的故事；他恨不得把这个锻工抓到手，好让他从此以后单独为**他**干各种手艺。他也为他的这种暴行找到了有效的借口：维兰用来制造他的宝物的金矿石是出自奈丁的领地的，因而维兰的工艺就是对国王财产的偷盗。——他于是冲进他的房屋，对他搞一次突然袭击，把他捆起来然后把他带走。

现在维兰只好在奈丁的宫廷里面给国王制造各种各样有用的、坚固的、耐用的东西：餐具、物品和武器，国王用这些武器去扩张他的王国。为了这种劳动奈丁不得不给锻工解开捆绑，而且听任他的身体自由活动，但是他总得想出办法，怎样才可以防止他逃跑：于是他又别出心裁地想出一个主意，把他的脚筋割断，据他英明的考虑，锻工用不着他的双脚，只要有一双手干他的活就行了。

就是这样他满心悲哀地坐在那里，这个巧手的维兰，快活的神奇锻工，跛着脚，坐在锻冶炉背后，被逼着在那里干活，为他的君王增加财富，要是他伸一伸身子站起来，那就显出摇摇晃晃的、残废的、丑八怪的样子！只要他回想起他的自由，他的艺术——他美丽的妻子，谁计量得出他凄惨的程度啊！谁又计量得出他对这个国王的怨恨有多大啊，他竟对他干出了这一手，使他受到这样重大的侮辱！

他越过锻冶炉眷恋地抬起眼睛望着蔚蓝的天空，当时那个天鹅姑娘就是穿过蓝天飞来的；这一片天空是她幸福的国度，她欢畅地在那里自由飞翔，然而在同一时间他却必须为了奈丁的利益吸进锻冶炉的烟雾和蒸气。屈辱的原来是自己把自己锁起来的男子啊，难道真的永远找不回他的妻子了吗！

唉！即使他真的永远应该受苦受难，再没有安慰，再没有快乐布施给他，——他起码应该得到**一件**：报仇，对那个奈丁报仇，他从卑劣的自私自利出发竟然把他投入那么无穷无尽的悲哀中去！要是他真的能够做到啊，把这一个坏蛋连同他的全家杂种一起消灭掉！——

他盘算着可怕的复仇计划，他的苦难一天比一天深重，切望复仇的不容拒绝的要求一天比一天强烈。——然而他究竟怎样想的呢，一个跛脚的废人想要起来战斗，把害他的人收拾掉？一个冒险的大胆的步骤，结果难免是受辱地一跤摔倒在地上引起敌人的嘲笑！

"哦，可爱的远方的妻子啊！要是我有你的翅膀啊！但愿我有你的翅膀，为了能够报我的仇，摆脱那个坏蛋！"——

于是**苦难使**受苦受难的维兰胸中振动它强大的翅膀，给他思索的头脑吹进了鼓舞的力量。这个被奴役的艺术家从苦难，从惊人的无比巨大的苦难中学习了发明创造，创造还没有人类精神能够理解到的东西。**维兰找到了如何替自己铸造翅膀**的方法！**翅膀**，为了飞起来向害他的人报仇，——**翅膀**，为了飞向远方找到他妻子的幸福的海岛！——

他做了。他完成了**最高的苦难劝说他做的东西**。他乘着他**艺术的成品**飞上了高空，他居高临下发出致命的一箭正中奈丁的心窝，——他一股劲儿飞个痛快，飞过天空，一直飞到他找回他青年时代的恋人的地方。——

唯一的、出色的人民啊！这篇诗歌是你编制出来的，你自己就是这一个维兰！铸造你的翅膀吧：飞起来吧！

艺术与气候

    题解——对于瓦格纳在《未来的艺术作品》中的论述，从各方面提出了一种意见，认为他忽略了气候对艺术才能与创作的影响。由于那个像瓦格纳一样作为政治流亡者住在苏黎世的阿道尔夫，柯拉切克在斯图加特出版了一种新办的杂志《德意志月刊》，瓦格纳早就答应给他写一篇文章，于是就趁这个机会履行自己的诺言。他写信告诉乌里希，"我答应为三月号写一篇文章《艺术与气候》：德国大众中的那位好朋友指定我来做这样一件事，把那气候的发馊、丧气而又没趣的答辩采取空洞无物的形式摊出来。"文章写作的时间是 1850 年 2 月的末一个星期。

    自从作者对艺术的未来发表了公开的见解，认为在与人类的进步取得一致即将达到真正的自由以来，已经听到了一些异议，其中之一就是，忽略了**气候对于人们从事艺术的才能的影响**，例如就现代北欧各民族而论，对于他们未来的艺术的观察能力和创作能力，不妨认为是肯定的，而他们所处方位的天然情况却断然是相反的。

＊   ＊   ＊

    通过对于包含艺术与气候之间的真正关系的一些最带一般性的基本特征的叙述，把作为这种异议的基础的事实的误解揭示出来，也许并不是无关紧要的吧。至于目前有关个别细节的一切更进一步的结论，那就留给参与其事的读者好了。

    我们知道有天体，它还没有可能，或者根本不可能为人类生存提供必要的条件，因此我们知道，地球也还没有把这种能力让出来。我们的行星的现状给我们指明，它自己根本就不容许在它表面的每一部分都让人类活下去；凡是它的气候作用发挥不断的独占性的地方，例如撒哈拉太阳的灼热或北方的冰原，人是毫无办法的。只有到了这种气候由于对立面的破坏以致它那无条件的、支配一切的单一的势力转化为有条件的、让步的势力的时候，我们才看得到有机生物无比多样的队伍，它的最高的级位则是具有意识能力的人。

可是，如果气候的大自然像母亲对待孩子一样，用它那最丰富的宝藏的保护一切的势力把人类抱在它的怀中，——那么，让我们看一看人类的诞生地吧，在那里，——例如在那些热带国度①——人们始终停留在孩童阶段，连同一切好的和不好的德性。只有到了它收回这种包办一切的、过分体贴的影响，像通情达理的母亲对待成年的儿子一样，让人们信赖他们自己和他们自由的自决的时候，——也就是说，面对直接照顾的气候的自然影响的温暖逐渐冷却，人们开始懂得自己料理自己的时候，我们才会看到人们走向他丰富的本性成熟的发展。只有当周围的大自然不是作为细心体贴的母亲那样，一打听到人的需要刚刚冒头的时候就给予满足，而是要他自己为了满足需要不得不亲自动手，他才会意识到这种需要的力量从而也意识到他的**力量**。他之所以获得这种意识，则是由于他认识到他**与大自然的区别**，——他所经由的途径是这样的，大自然对于人的需要的满足，再不是它**奉送**给他，而是他必须从它身上去**猎取**，它在为他以观察、研究和制服的对象。

人类由于提高了自身的活动，反过来又提高了从大自然猎取满足的要求，在培养这种为了满足需要成为固有的本领的过程中取得的进步就是**文化史**。在这一过程中人类发展成为大自然的**对立面**，也就是达到了对大自然的**独立**地位。只有通过自我活动成为**独立于大自然之外**的人，才是**历史**的人，而且**只有历史的人**而不是原始的、依赖于大自然的人，才创造了**艺术**。

艺术是人类最高的共同的生命的表白，是他争取到他天然需要的满足之后充满胜利的喜悦向大自然发出来的：他的艺术作品同时也填塞了大自然为人类的自由的自我活动留下的缺口；它们借此构成大自然总体现象的和谐的归结，其中也有那自觉的、独立的人作为它最高的富藏被包括进去。由此可见，凡是**大自然**以它的无比丰富统驭一切的地方，我们就既看不到自由的人，也看不到真正的**艺术**，只有到了——如上所述——它留下了缺口，从而给人类自由的自我发展以及他由于需要产生成长的活动留有余地的时候，艺术才会诞生出来。

不错，自然界对艺术的诞生发挥了作用，正如艺术凭它最高的表现成为富有理解的归结，成为同人所认识的自然界的自觉的和解一样：然而这只是由于它把艺术的创造者，人类，交付给那些驱使人类走向自觉的条件，——它是这样做了，同时

---

① "例如在那些热带国度"初版作"例如在印度及那些热带国度"。

它就从他那里后退，只对人施加一种有条件的影响，然而又不是在它最丰富的、最绝对的影响的怀抱中把他抓住。大自然对他来说已经从一个细心体贴的母亲变为一个害羞的新娘，要想获得他那——无限提高了的——爱情的愉悦，只有通过强健和温存才能够，只有被他的精神和他的胆量征服，她才会听任那爱情的拥抱。因此，不是在那丰饶的**热带国度**，不是在好逸乐的**花国**印度产生**真正的艺术**，而是在那不毛的、海水围绕冲刷的**希腊**的岩石海岸，**阿提卡**①的石头地和橄榄树稀稀拉拉的阴影底下安放着它的摇篮：因为赫拉克勒斯②就在这里，在穷困压迫之下受难和战斗，——这里才会产生**真正**的人。——

每当我们考察希腊文化的历史的时候，首先呈现在我们眼前的是**那样**一些情况，它有利于人向最高的活动的发展，由于这种行动造成了摆脱自然的独立，最后又摆脱了那拘束性的人类关系，亦即最直接地从自然界派生出来的关系。这些情况无疑是非常清楚地存在于希腊历史舞台的特质里面的；然而这种特质恰好是确凿地说明了，大自然对希腊人所发生的作用并不是**宠爱**，而是要他**免除**它的照顾，它是要**教育**他，而不是**纵容**他，像对那些软绵绵的亚洲人一样。一切其他对希腊人的发展发生决定性的作用的东西，则是指那影响那数目繁多的、稠密地挤在一起的、各种各色的种族个性的多样化的。当然，他们居住地区的特点会对他们的个性发生主要的影响，可是这始终限于促使他们进行自由活动的意义上，正如对全民族一般的影响一样。因此对这些个性的培养和发展的工作，更多得多的是应该算在历史的而不是算在自然界的账上。因此希腊历史的制约力量就是**行动**的人，它最美的结果，希腊人自觉的花朵，**纯粹人间的艺术**，也就是那种从真正的、认识到本身就是大自然的最高产物的人类身上找到它的素材和对象的艺术。后起的**形象艺术**则是奢侈品，希腊艺术的过剩产物：希腊的艺术神灵的花朵在这里面布施丰富的液汁，那在纯粹人间的艺术作品里面孕育出来而在好纯贞的花萼里面还是封闭着的，现在却向周围慷慨施舍了：它是无比丰富、精力弥满的希腊艺术种子的糟蹋。这种种子从人类身上掉下来，又落在周围气候的自然界，于是乎在大自然的土地上，在灌木和大树之间，在岩石、原野和草地上面，从这种种子开放出人类艺术的丰盛的图像，这些图像从人类财富的宝藏传给我们，一直到今天还让他们的顾客上门来。

---

① 阿提卡，古希腊的一个邦，大部分是不毛的石灰地，缺水，只有雅典一带才是适宜耕种的平地。——译者

② 赫拉克勒斯，希腊神话中的英雄，生平完成了 12 项英雄事业，如解救普罗米修斯，清扫奥吉亚斯马厩，斩死九头蛇等等。后因误穿染有毒血的衣服，自焚而死。——译者

当然，人类在形象艺术上重新直接接上周围气候的自然界，然而始终只限于他对自然的需要和他的力量的考虑，使得他那纯粹人性的衡量和爱好同它的活动的必然性趋于一致。**然而，只有自由的、本身进行自我完成的人**①，正如他在对自然界的严峻的斗争中发展壮大起来一样，才理解大自然，而且最后懂得运用他丰富的本领使之成为一种与他的享受力相适应的对大自然的和谐的补充。因此创造的能力总是存在于人类**独立于自然界之外**的气质之中，是的，在这种气质的富藏之中，而不是在**气候的自然界**的间接生产的影响之中。

然而那种财富的让与却也是这种富于艺术创造性的人致死的原因；他越过他希腊本国的边界向远处撒放的种子越多，向亚洲把这宗富藏撒得越远，然后又回过头来像汹涌的潮水一样进入实用——凡俗的、向绝对的享乐欲②挤过去的罗马世界，这种人的创造力的消亡就越发显著，最后就以他的残废让位给**抽象的上帝**的荣耀。所谓上帝则在那装饰人类的坟场的雕像和建筑物中间带着忧郁的永生的逍遥扬长而去。从此以后就是**上帝统治着世界**——所谓上帝就是使大自然服务于对他私人的荣誉的歌颂的。于是乎人类的各种物事就从**上帝的莫测高深的意志**出发加以调整了，再也不理会自然界的无所用心和非此不可，——因此每当人类物事的"气候"和"自然土壤"作为对于艺术不利或有利的条件提出申诉的时候，就会被我们现代基督教的艺术生产者当作非基督教的来加以处理。——我们不妨考察一下，在耶和华③的安排下赋有艺术才能的人变成了什么样子吧！

首先，只要我们看一看现代民族的发展，闪现在我们眼前的就是，这种发展仅仅受到大自然的影响的高度制约，然而完全无条件地处在一种外来的文明的混乱、歪曲的影响之下；也就是说，我们的文化和文明不是从下面，从大自然的土壤产生的，而是从上面，从僧侣的天国，从查士丁尼④的法典灌进来的。

现代民族的发展一进入历史，较新的欧洲各民族的天然部族就接上了罗马风和基督教的枝条，至于那些由此生发出来的横伸斜出、倒七竖八的奇形怪状的繁枝密叶的果实，就是我们从我们今天野蛮的文明所享受到的东西。由于一开头就受到了它那自身发展的干扰，使得我们根本无法估计，那些民族的本源和气候特点会发展

---

① "完成的人"初版作"完成的、艺术化的人"。
② "向绝对享乐欲"初版作"通过兽性向绝对的享乐欲"。
③ "耶和华"初版作"上帝。"
④ 查士丁尼（483—565），东罗马帝国的皇帝，527 至 565 年在位，到处发动侵略战争，曾下令编纂《国法大全》，以巩固他的专制统治。——译者

成为怎样的形状：我们不妨设想一下，假如他们容许在自身发展的道路上进行艺术的教育，他们会达到什么程度。然而即使是最低的假设（这无疑是非常不合理而又片面的！），我们也根本不能对这样一个问题加以考虑，而是只能够承认，这样一种不受干扰的自身发展根本是不可能有的。如果有谁要提出反对意见，说什么我们的特点无疑对外来文化因素发生过巨大的影响，例如他主张说，尼西亚①的基督教有别于柏林的基督教，那他完全是有道理的；然而如果他——事实是已经有这样想入非非的善男信女——真要从埃达诗歌②的内容来指证日耳曼相对于基督教的天然的特性，那就未免太可笑了。

也许在现代民族的发展过程中也同样注入了它气候的特点，而且发自人民的不竭的长河，发自他独特的观照方式和歌咏方式；可是真正的人民精神在那从上面和外界强加于他的影响之下所能够宣示出来的，终究只能是有缺漏而又不完全的，片断的而又非自主的。因此我们的教育总是十分矛盾而又混乱，它**不是**自然和气候的结果，或者一种处于这两者的必然联系之中所构成的文化史的结果，而是对大自然的强大的压力的业绩，从自然和气候的抽象的业绩，是精神与肉体之间、意愿和能耐之间疯狂的战斗和业绩。至于掀起这一场发疯的战役的战场则是中世纪的土地：正如这场战役的性质所规定的那样，一来一往，总打不出胜负的结果，直到土耳其人来给我们帮忙，把希腊艺术的最后一批教授赶到我们西方这边来了才算完。于是乎就出现**再**生，也就是说并不是艺术的诞生：希腊艺术美的最后的残余给我们**施教**。那久已死亡的希腊艺术的坟墓的碑石，那些经受风吹雨打、雷轰电击的，被剥蚀掉一切生气活色的装饰的石像和铜像——都由这些学者从他们所能了解到的给我们进行讲解。

如果说好些纪念碑，如上所述，只是那一度鲜活的希腊的艺术人的墓碑，——他一度感觉温暖、行为优美、生动活泼，最后成了游魂一样褪了色的死亡的抽象，——那么，我们从他们身上所学到的**艺术**也不过是又一次领会到一种**抽象的概念**，使我们——正如从前领会非感性的天神一样——相信必须从上而下地灌到现实的生活中去。我们时新的艺术就从这种抽象的概念中**构造**出来了。可是请注意，我

---

① 尼西亚，小亚细亚西北部古国俾斯尼亚的一个城市，基督教会第一次和第七次世界会议都在这里召开。——译者

② 埃达，古代冰岛两大文学名著的总称。一部通称《老埃达》，是13世纪北欧日耳曼民族的神话传说和英雄事迹的诗歌总集，1643年被发现。另一部通称《新埃达》，是散文的，包括"圣经"传说和神话故事以及有关诗歌格律的理论和范例。形式多为八行或六行，用头韵。1682年被发现。——译者

们的**造型**艺术，这就是说，希腊的造型艺术的造型艺术，那种艺术本来就不过是希腊艺术的奢侈品，现在又不过是由于**奢侈的**需要回过头来加以**模仿的**艺术，而且并不是依照它借以产生的生活的富藏，因而显得那样生动和鲜明，——而是依照寒伧的歪曲——经过时间的风雨以及它与自然界和环境互相配合的摧残，片断地而又任意地东倒西歪、支离破碎的歪曲——向我们呈现的形象。现在，我们把这些剥掉它那保护性的温暖的颜色装饰的、赤裸裸而霜冻僵化的纪念碑搬来，栽进勃兰登堡州的基督教日耳曼的沙中去，在无愁宫的风声簌簌的松树中间立起来，然后碰打着牙齿发出一阵对**恶劣的气候**的博学的叹息：即使是在这样不利条件之下，我们柏林的艺术学者还没有完全疯癫，那我们真有理由感激上帝的额外的恩典！

不错，当这些学者考察到他们奢侈的任性的作品，认为我们在这些作品里面是拙劣地、依傍地而且毫无必要地进行操作，认为在我们的气候笼罩之中这种希腊的模仿的造型艺术只是一种温室植物，不可能成为一种天然植物的时候，他们是有道理的。然而从这种体察出发终归只能够向一个明智的人阐明，我们的全部艺术正是毫无价值可言的，**因为**它不是在我们实在的生活扎根的，又不是在同我们周围气候的大自然的和谐而且互相补充的影响之下产生的；然而无论如何不能因此得到证明，在我们的气候里面不能使一种与我们真正的人性的需要相适应的艺术得到发展，因为我们实在还没有到达那一步，不受干扰地根据**我们**共同的需要从艺术上促进我们的发展！

因此，对我们艺术的察看教导我们，我们决**不是**处在气候的**大自然**的影响之下，而是处在完全离开大自然的**历史**影响之下。说到我们今天的历史是由那曾经产生过希腊艺术作品的同一类的人创造的，这一点我们完全清楚地得到证明了；现在需要研究的只是．这些人**为什么**会弄出根本相反的东西来，那边是艺术的作品，**我们**却只弄出一些奢侈工业的货色。然而接着我们也将会认识到，我们的气质从根本上说却还是共同的，虽然我们的出发点完全不同；终点呢，即使同样是改变了，归根结蒂却还是必然归于一致的。希腊人，从大自然的怀抱中出来，当他摆脱掉大自然的直接影响之后，他就到达了艺术的境界；我们呢，受着大自然的强制的指引，从一种天国的和法律的文明的训练走了出来，只有当我们完全背离这种文明而且自觉地重新投身到大自然怀抱中去的时候，我们才会到达艺术的境界。

我们不应该从事对于气候的大自然的考察，而是应该从事对**于人**——艺术的唯一创造者的考察，以便彻底认清，是什么东西把今天的欧洲人弄成这样艺术上的无能，从而满有把握地把我们这个对一切气候都完全漠不相干的**文明**看作是起祸害作用的势力。并不是我们气候的大自然把北方意气风发强有力的各族人民，曾经摧毁掉罗马世界的人民，降低为奴性的、迟钝的、蒙昧的、神经衰弱的、丑恶的、不干净的畸形人，——不是它用我们认不出来的、愉快的、乐于行动的、充满自信的英雄人种做出我们患臆疑病的、卑怯的、爬行的公民，——不是它把容光焕发的日耳曼人弄成我们腺病质的、皮包骨头的亚麻布织工，把那位西格弗里德弄成戈特立勃①，把投枪手弄成糊纸袋工人、宫廷顾问和主耶稣的臣仆，——而是这一部光荣的、其作品的名誉属于我们僧侣风的法典文明，连同它所有的一切辉煌成果，其中除了我们的工业之外，我们那不光彩的、伤害人心和精神的艺术也占有它体面的地位，还有就是从那对于我们天性完全陌生的文明之中，而不是从天性的必要性之中产生的种种物事。

不是从那一种文明，而是从未来的、在正确的关系上适应我们气候的大自然的、实在和真正的文化，才能够开出艺术作品的花朵。这种艺术作品，现在是连它所需要的空气和呼吸都被剥夺了。至于有关这种艺术作品的独特的性质，除非我们**人类**，这种艺术作品的创造者，能够在不与**这种自然界**取得合理的一致的情况之下考虑我们的发展，我们不可能做出结论。

由此可见，我们应该从我们的历史的核心为现在推断我们的未来；我们是应该进行探索，从人类的气质，看他们在历史上是怎样在大自然的最有决定性的影响之下向自由的自决闯出来的，看这些自由的、真正的未来的人们在艺术上是对自然界采取什么态度的。

现在要问：历史的核心是怎么样的？

如果这样简括地加以描画，我们是不会错的——

人类在希腊文化中使自己发展到自觉地区别于自然界的独立地位；那自觉的人类借以体现自己的艺术纪念碑是不带颜色的大理石雕像，——采取纯粹人性形式从石头上宣示出来的概念，哲学又从石头上把这种概念提取出来并把它融化入人类气质的纯粹抽象中去。这一种孤独的、最后只是在概念中存在的人，在他身上——在感性上并不存在的品种共同性上——纯粹个人的气质作为品种的气质表现出来之后，现在就由流行的基督教给他注入热烈的内心欲望的气息。哲学家的错误变成了大众的疯狂；他的狂暴的舞台就是中世纪：我们看见那从自然界脱离出来的人，出现在

_____

① 戈特立勃，德国作家埃希罗特（1827—1892）创造的一个乡村教师的形象。他眼光狭隘，然而心地善良，热心教育，是典型所谓迂夫子式的人物，因而被瓦格纳用作西格弗里德的对立面。——译者

这个舞台上，他那个人的自私——而且作为这样的货色达到昏迷地步的——气质被认为是人类品种的气质，它带着贪婪和急迫，通过生理上与道德上的自我戕害，向**上帝**追求他的解救，在他底下，他依照不由自主地错误地去领会实际上完全的人类品种及自然的气质。作为唯一可能的真正的——因而也是不自觉地，而最后是自觉地追求到的——摆脱这种不幸状况的解救，我们现在认识到个人的**自私**气质向人类品种的**共同**气质的转化，**单人**的抽象概念在**众人**的实在的、真正的又是极乐的共同气质中的具体化。如果说亚洲历史到希腊历史的结束的核心是**单人**从大自然中产生出来的气质，那么，比较近代的欧洲历史就是这种概念向**众人**的实在转化的历史。

对于这样的众人来说，既然他们懂得作为品种是团结一致而且无所不能的，那就不管这种或者那种特殊的气候的自然状态都不再能够作为制约的栅栏对他们发挥作用了：对于他们，作为团结一致的品种，只有大地的同样一致的、综合的大自然给他们树起一个栅栏。而对于整个大地自然界，由于它在与整个宇宙的联系中已为他们所认识，现在就是未来的人类去找它打交道了，然而这却不再是面向他们的栅栏——像分隔的利己主义者特殊的自然环境对他显示的那样，——而是面向他们生存、生活和创作的条件。

到了进入这样一种伟大的、造福的联系，我们才能获得真正的艺术的创造力；到了**艺术家**已经出来，然后才会有**艺术**。然而这样的艺术家都是人，而不是树木、水流或者地带。这一种共通的艺术的人们将会在与共通的大自然取得一致的、互相补充的以及和谐的结果的情况之下创造他们的艺术作品，而且是根据面对自然界独有的特点的特殊需要引伸出来而又受到制约的状况和特点、然而又是从这种特点的基础直到同共通的大自然的共通的结合——作为直到最高的富藏——向前迈进。

只要人们不是从需要出发，而是像现在那样从奢侈和任性出发去创造艺术作品，他们也就不会懂得使他们的作品与自然界取得必要的一致。但是如果他们从需要出发去创作——而艺术的真正需要却只能是共同的需要——，那么，不论是什么大地施加于人类的气候都不会妨碍他们的艺术创作，正相反，气候的自然界的冷酷只会促进他们纯粹人性的艺术激情。

反之，即使对产生**艺术需要**有利的气候的影响——例如爱奥尼亚的天空——是必要的，这种不同的意见在它今天提出来的意义上说，也是狭隘的或者伪善的，就其内容而言则**是非人性**的。

不论什么地方，只要气候不能阻止**强壮的**、**自由的**人们出现，它也就无法阻止这些人们成为美的而且能够感觉艺术的需要的人。气候只有在它的势力到了不可制服的程度，它根本不让人抬头，而只许人变成人形**畜生**且靠草根活命的时候，它才算是受到公认。可是，这样的畜生也将会随着真正文化的进步归于消灭，正如他们的许多同类现在已经被消灭，或者通过气候的变换或品种的混合成长为正常的人类。如果如上所述，人类达到了克服他对气候的大自然的依赖性，他们就将在与各方面不断扩大的**历史性**的接触过程中成为达到同样独立的人类，必要时也会向前走向克服那样一些压制的种种依赖性，这些所谓压制是由对大自然的解放斗争的各个时期在他们身上作为错误的想象的结果遗留下来的，又是作为遏制的权威势力统治着人们宗教的和政治的良心的。因此未来的那些人们共同的宗教的意识不可避免地必然要取得这样的说法：

没有比人们**协同的力量**更高的力量；**没有比协同的人们更可爱的物事**。

然而我们只有通过**最高的爱力**才达到**真正自由**的地位，因为除了**一切人共有的自由**之外没有真正的自由。

由此可见，在力量与自由之间的中间人，亦即救主，是**爱**，没有它，力量将始终是粗野的而自由则成了任性。然而它又决不是那种默示的，从天上向我们宣示、教导和委任的，——因而也永远不能成为真实的——有如那基督之爱，而是这样一**种爱**：即从不被歪曲的、真正的人类本性中产生的爱；它在它本源上就是这种本性的唯一最活跃的生命的表现，它是在感官生活的纯粹欢乐中流露出来的，而且从恋爱出发，通过子女之爱、兄弟之爱、朋友之爱一直**发展到普及一切的人类之爱**。

这样的爱也就是一切真正艺术的基础，因为只有通过它，美的自然的花朵才会从生活发出嫩芽。现在，美对我们来说也不过是一个抽象的概念，而且还谈不上是出自实在生活，而是从**学到手**的希腊艺术抽象出来的概念。凡是能够在欢乐中和凭一切感官的要求感觉到和触摸到的东西，都已经变成美学上推论的对象，于是乎面对形而上学家的定义，我们现代的艺术学者又重新望着爱奥尼亚的方向唉声叹气，因为（据他的忖度）在它的覆盖之下才是美唯一能够繁荣的地方。他又一次不由自主地只看到那给我们残留着的、同我们时代联系起来的希腊艺术苍白无力的纽带——**造型**艺术，而且主要的又是它借以制作的自然材料：从而他又一次忘记了，作为那些雕像的制作者，首先是艺术性的人，他在那些作品里面所要模仿的，只是那附着在他身上而且要用他自己温暖的、活生生的躯体加以**推演**的**真正**的艺术作品。至于制作者最后在大理石纪念碑上所赋与它的美，乃是他事先借助于感官的最高的欢乐实实在在**感觉**到而且**享受**到的；这样一种享受对他来说是一种不由自主的**需要**，而这样一种需要不是别的，它就是——**爱**。说到这样一种爱的需要在希腊那种特殊人民中间能够提高到什么程度，我们从它历史性的发展过程中是领教过了：它纠缠在——正因为它只是一族特殊人民的需要——利己主义之中，因此它的力量最后只能够在一定程度上被放肆地浪费掉，由于得不到爱的回报的更新，经过这样一番浪费之后，就逐步在哲学的抽象之中消亡掉。如果我们现在反过来估量一下，当今历史性的人类的不由自主的热望是怎么样的一种热望，——我们就认识到，只有在人类的感性真理之中通过上帝的实现才能得到他们的解救，——他们炽热的需要只有在共同的人类爱之中才能得到满足，而且他们必须使出决不失误的非此不可的劲头指向这一种满足才能达到目的。——因此我们也就要满有把握地推断一种未来的生活因素，在这种因素里面，爱，爱的需要，必须扩展到全人类的最辽阔的范围，以便创造出完全预料不到的作品。构成这类作品的是没有听说过那么极端多样化的，然而是**实在感觉到的**、**活生生**的美感。这些作品必然要把那留给我们的希腊艺术的残余当作不值一顾的玩意儿让懵里懵懂的孩子们去耍弄。

写到这里我们就结束一下吧——

凡是一个人爱的东西，他就**认为**是美的；凡是在集体中根据他的气质能够做的事情都完全做到了的那种壮健的、自由的人们大家都爱的东西，那就真正是美的：除此之外再没有其他衡量真正的——不是虚构的——美的天然标准。在从这一种美所得到的欢乐中人们将创造艺术作品，正如他们为了满足他们无限提高的需要**必然**要把它创造出来一样。不管在什么地方，也不管在任何一种气候条件之下，这样的作品都将会如此这般地创造出来，正如它面对气候的大自然总得适应纯粹人类的需要一样：因此它将是美的而且是完善的，因为人类的最高需要在它身上得到了**满足**。然而，在未来人类无拘无束的交往中，一切个性的特点——正如它根据人类的需要从气候的特性派生出来一样，——一旦提高到共同人性的、从而提高到共同了解的程度的时候——，就会进行互相启发、互相催生的交流，而且在这样的交流过程中就会促进共同的、全人类的艺术作品的繁荣。对于这种艺术作品的丰富和辉煌，我们今天还是那么狭隘的、永远只是黏附在老人和死人身上的艺术理解力简直是无法加以想象的。

为了给未来的这种作品提供可能性，大地是不是有必要把人类重新收到她的母胎中去，以便使他们——连同她自己——获得新生？

真的！说不定她还会拿它跟我们来一场恶作剧，——因为大地自然界一定会只把那一切条件——那些现存的、恰好给我们凭正确的理解指点出构成人类未来的必然趋势的条件——消灭掉，正如我们曾经暗示过的那样。因为，如果我们不能够确切证明，要满足我们的精神愿望决不能依赖过去错误的前提条件，人类用不着根据我们故意造作的、老是从过去抽象出来的概念决定**应该**怎样做，而是根据知识决定只是应该这样做，正如依照人类的本性决定**能够**怎样做，**因而**是实在**应当**而且——**将要**这样做，我们就不能对未来产生希望、勇气和坚定的信念：不是**天使**，而确实**是人**！

至于**气候**，作为对艺术起根本制约作用的条件，合乎理性的、因此唯一可能的说法只能是这样：

人类的真正的——不是虚构的——气质。

未来的艺术家行当

（思想札记）

题解——在《艺术与革命》原稿的封面上作为第二篇预告出来的文章《未来的艺术家行当》，后来并没有写成。作者不管这一篇而立刻着手去写第三篇——《未来的艺术作品》。可是，在瓦格纳的遗稿里面却有各色各样的札记，它使人认识到，瓦格纳已经详细地考虑过这个问题。

> **不尊重他的过去的人民是没有未来的。**
>
> ——斯巴达的吕库尔格[①]

> **如果一个人自己思考多了，**
> **就会发现语言中包含有许多智慧。**
>
> ——里希腾堡[②]

关于共产主义的原理

一切通过传说和历史、宗教和宪法所宣告的企图，都在为专横的占有、财产的神圣以及其他因袭的权利去寻找怎样一种最后的、积极的目的啊！我们有没有见过一个征服者，一个强暴的僭越者，民族或者个人，不是为他专横的霸占从宗教、神话或者任何独出心裁的契约权利中去找寻根据的？所有这些如此令人惊叹的发明、暗示等等，究竟是从何而来的呢？有关宗教和宪法**唯一**赖以形成的这些捞什子，究

---

① 吕库尔格是斯巴达的传说性的立法家，一说生于公元前 884 年，活动时期约当公元前 820 年前后。——译者

② 里希腾堡（1742—1799），德国物理学家及杂文作家，反对神秘主义，但也反对狂飚突进运动。——译者

竟是从何而来的呢？无可争辩是这样来的。因为深思熟虑的人不可能给这种或那种占有之类安上正当的理由、赋予真正天然的权利，因此，为了满足一种终归是深感到的、使人害怕的权利需要，不得不放任幻想的游荡，于是乎就在我们今天的国家制度里面，也为了对健康的理性的嘲弄留下了它的劣种，虽然那些制度本身也是够干瘪的。

*　*　*

你们相信，随着我们现有状况的消亡与新的共产主义世界秩序的开始，人类的历史，人类历史生活就将停止吗？正好相反，只有到了那迄今所谓历史的一贯性终止了，真正的、明朗的历史生活才会开始。因为那所谓一贯性也者，实际上，而且就它的核心而论，是建立在寓言、传统、神话和宗教的基础之上的，是建立在出身和安排、特权和假设的基础之上的。凡此种种，在它终极的论点上，根本不是凭借历史的自觉，而是凭借（大多数是故意造作的）神话的、幻想的虚构。举其大者则有君主政体与世袭财产。

*　*　*

对一种不合规定的占有的观念的申辩的追求，是在那直接的家族权利或个人权利仿佛从血液中消失掉的时候才会产生的。起初，人们从他自身的、他的需要和他的嗜好本能出发，把一切权利都单独地引导到享受或占有上去；他的力量就是他的权利，到了它在一定情况之下转到他的后代身上的时候，在他的家族那里也完全顺理成章地保留了权利；家族代替了个人的地位；然而按照家族约法的规定，人始终处在优先地位而且使事物从属于自己。完全的反面终于出现，那是在权利从对物行使转到对人行使的时候：从此以后，人们本身根本无权利可言，甚至于连生存的权利也没有，而要取得这种权利，唯一的可能是通过占有，通过物；为了给这种不合理的关系制造根据，于是乎就向观念的权利本原伸手，同时它也应该包含于**物**的本质之中。

*　*　*

只有最完善的标尺才能够显示出一件实物乃至一个概念的本质；到了比较级再也不能想象的时候，概念才是纯粹的、实在的：希腊人当时不认识**自由**的最高级，——通过反面的，即灭绝人性的，我们现在才到达充分认识最高级的阶段，因为到达了对自由的最迫切的需要。——大自然仅仅给予我们原级，历史才给予我们最高级。希腊人向我们指出人们能够做到的美妙的东西，然而他也向我们指出他能够做到的卑劣的东西：说到人们只应该完全做到他应该做的东西，那就必须把这个"应该"提到最高级的地位上去。

592

* * *

自觉是结果，是不自觉的消亡：不自觉的活动却是天然的活动，内在的必然性的活动；当这样一种活动的成果到达了感性的呈现的时候，自觉才会——而且恰好是借助这种感性的现象——取得它的地位。问题又来了，如果你们凭自觉去寻找革命的力量，——随即又想通过智力去发挥作用，那你们就错了：你们的知识是错误的又是故意造作的——只要它不是已经成熟到感性现象的感知的程度。不是你们，而是人民，——他们——不自觉地——然而因此正好是凭天然本能行事，——将会使新的东西成为事实；然而人民的力量却依然是那么长久地陷于瘫痪，因此他们听任一套过时的知识，听任一种妨碍的意识去束缚他们，引导他们：有朝一日这些东西全部从他们身上，从他们内心消灭干净了，——到了我们知道而且懂得，我们一定不要把自己交托给我们的知识而要交托给天然的必然趋势，也就是说到了我们变得那么大胆以至敢于否定我们的知识的时候，我们大家才会从天然的无意识中获得力量，从必要出发去创造新的东西，使天然的冲动通过它的满足把我们带到意识的境界。

* * *

利己主义最完全的满足在于实现共产主义。这就是说，这种满足的实现须通过最彻底的否定和利己主义的扬弃。因为一种需要，只有到了它不再存在的时候，才算是得到了满足，——饥饿之得到满足，是在它解除了饥饿的时候，也就是说它不再存在了。我的**物理**上的利己主义，亦即生活的需要，是由我面对自然通过吞食、收受使之满足的；我的**伦理上**的利己主义，亦即恋爱的需要，是由我面对人通过自我给予、自我深化使之满足的。现代的利己主义具有催人呕吐到毛骨悚然的东西，不论伦理上还是物理上的需要，它都妄图只是通过吞食、收受来得到满足，——它把人的同类归到人类以外的自然界的范畴中去。——

* * *

通过天然必然性达到感性上显示出确定性的东西，才能在我们心目中成为对象，在它上面才有意识产生：只有完成了的东西我才能知道，只有诉诸我的感官的东西我才能确信无疑：也只有在它上面才使我明了它的本质，我才能够掌握它，占有它，而且使之作为艺术品向我呈现出来。因此艺术品就是结束，就是目的，就是对于我所意识到的本质的最完全的确认。——错误的做法是使艺术品被安置到不断演变的、更新创造的生活中去，而且是作为——国家。国家的出现正好是在艺术品终了的地方：然而日常生活本身是不能成为具有约束性的、有长远打算的形式构造的对象的：总的生活正是大自然本身的无意识的安排，它有它必然的法则：然而要是想把这种必然性纳入政治的国家形式作为带约束性的东西予以表现，那可是倒霉的错误，正是因为意识不能摆在前头，使之同时依照一定的规则对无意识加以调节：无意识的东西正是自然而然的、必然的和创造性的，——到了共同的需要从这种自然而然的必然性出发得到满足之后，意识才加上来，而那得到满足的、过去的东西才能成为有意识的处理的对象得以表现；然而得到满足的、过去的东西才能成为有意识的处理的对象得以表现；然而要做到这一点却是借助于艺术而不是借助于国家：国家是必然的生活的堤坝，艺术则是通过生活完成了的、克服了的事物的有意识的表现：只要我在感觉到饥饿的时候，我就不注意饥饿的本性：它控制了我则不是我控制它；我受苦而且只有到了我摆脱掉它的时候我才能恢复自由，——而且只有到了我吃饱了，饥饿才能成为我思维的、意识的对象。可是国家却要展示生活，展示需要本身：它要把有关满足从前的需要的知识当作满足所有未来的需要的规格：这就是它反自然的本质。反之，艺术却满足于成为满足一种必要的意识的直接的表现，——然而这种必要却是生活本身，而国家之于生活却只能加以妨碍，但是永远不能支配。

* * *

艺术只同完成了的东西打交道，——国家也是如此——然而它却是凭借僭越，把它当作未来的规格抓起来，事实上未来却并不属于它，而属于生活，属于无意。因此艺术是真实的、诚实的；——国家则纠缠在诳骗和矛盾之中。——艺术所想要的不会超过所能够做到的，——真理的表现；——国家所想要的则超过它能够做到的。——因此艺术是永久的，因为它始终忠实而又真挚地表现那些有尽的东西；——国家则是有尽的，因为它要拿瞬间去取代永久，从而在它获得生命之前，它本身已经死亡了。

* * *

真正的发明家自古以来都是只有人民，——那些著名的个别的所谓发明家只是把那已经发现的发明的精髓转移到别的气类相通的物体上去而已，——他们不过是传导者。个别的人不能发明什么，而只能把发明攘为己有。

* * *

我们只能知道什么东西是我们不想要的，我们于是完全有把握地从自然而然的天然必然性出发达到我们想要的目的，当我们达到目的了，我们才会完全明白和领会：我们身处其中排除掉我们不想要的东西的那种情况，正是我们想要托身的情况。人民是这样处理问题的，因而它的处理唯一正确。——你们却认为这是无能，据说是因为他们不知道他们想要什么：然而你们究竟知道什么呢？除了真正存在的，亦即达到目的的东西之外，你们又能够考虑和了解别的什么呢？你们可以自以为怎样，——挖空心思去臆想，然而不是了解。只有人民完成了的，你们才能够了解，到了那个时候，你们才算是完全清楚地认识到，什么是你们不想要的，才知道否定应该否定的东西，知道消灭应该消灭的东西。

* * *

人民究竟是一些什么人呢？凡是那样的人，都是人民：他感觉到需要，而且认识到他自己的需要等于共同的需要，或者感觉到自己就在需要之中。

* * *

人民因此也就是这样的人：他们不假思索地行事，而且会根据必然性处理问题；他们的敌人则是那些同这种必然性割裂开来，而且一意孤行、自私自利地处理问题的人。

* * *

现代的利己主义者不能理解内心的需要，他只是把它理解为外在的、从外面硬塞进来的需要：例如艺术家是不会去搞艺术的，若不是那种需要，这就是说金钱的需要驱使着他。因此让艺术家日子过得坏些是有好处的，否则他们就什么也不干了。

* * *

只有那就其本质而言是**共同的**需要的需要，同时也才是真正的、在它要求满足的过程中显示为创造性的需要：谁因此感到共同的需要，他就是属于人民的。利己主义者的需要是一种孤立的、与共同的需要正相反对的需要，因而是没有出息的，因为它是一意孤行的。

* * *

只有感官的东西，也是有意义的；非感官的东西，也是无意义的；有意义的东西是感官的东西的圆满表现；——无意义的东西是非感官的东西的真正含义。

* * *

诗人的自觉活动是：在为艺术表现所提供的选定的材料上揭示他配置的必然性，从而给大自然进行补正工作；他不妨选择他愿意的那一种素材、那一种偶发事件，——只有到了这样一种程度，他才能在他的表现中提供一件艺术作品，那就是他在其中看出无意性，这就是说必然性，而且使之到达直观的境界。——因此人民、自然界通过自己制造出来的东西，才能成为诗人的素材，然而通过他，不自觉的东西才在人民创作中到达自觉的地步，而且他就是把这种自觉传给人民的人。因此在艺术上人民的不自觉生活达到了自觉的程度，而且比之在科学上还要更为清楚，更为准确。

* * *

因此说到创造，诗人是无能为力的，创造者只有人民，也许，诗人不过是把人民的创造揣摩出来，说出来，表现出来。

* * *

只有完全而又彻底地否定自己而且承认大自然的所有一切效用的科学，也就是说只有承认自然的必然性，由此居然完全消灭、否定自己之为调节者与指导者，——只有这一种科学才是真的；因而科学的真理，也就在它根据它的本质上来说宣告停止，而且只是作为自然的必然性的意识遗留下来的时候，才算开始。然而这一种必然性的表现者则是——艺术。

* * *

科学只有在它身上**迷失道路**的时候才有势力和兴趣，一旦在它身上找到了正确的东西，它就停止存在：因此它是工具，只有在关系到与它的造形打交道的素材依然同工具处于彼此对抗的状态的时候，它才具有重要性；而一旦素材的核心揭示出来了，对我来说工具就失掉一切价值：哲学就是这样。

* * *

科学是人类精神的最高力量；然而这种力量的享受却是艺术。

* * *

谬误（基督教）是必然的，然而却不是必然性本身：必然性是真理，它随时随地作为推动的——连谬误也一起推动的——力量出现，亦即出现于谬误达到它的目的，自己也消灭掉自己并宣告完结的时候。因此谬误是有限的，真理是永久的：因而科学是有限的，艺术则是永久的：因为到了科学找到它的结果，进入必然的、真实的认识的时候，艺术就作为真理的行动的效验而出现，因为它是真实的、生活的画像。

* * *

向往是随心所欲的——然而只有真实而又必然的才能够实现；因此那依存于共同性的实干家只愿意搞必然的事物，那偏离共同性的人——利己主义者——则搞臆断的东西。然而臆断却因此什么也搞不出来。

* * *

当初科学是从谬误起步走：然而希腊哲学家的谬误却没有强大到自我毁灭的程度；直到基督教的巨大的人民谬误才具有那无比惊人的威力，把自己消灭掉。就在这里显示出人民是决定的力量。

＊　＊　＊

一切都从生活产生。当多神教实际上通过生活把自己消灭掉，哲学家又从科学上帮了毁灭它的一把力的时候，新的创造却自行在基督教上面出现。基督教是人民的产儿；只要一天它是一个纯粹民间流行的术语，它身上的一切就都是强有力的、真实的而且诚实的——一种必然的谬误：这种民间流行的现象自然而然地强迫罗马—希腊世界的一切理智与教养都回过头来归依到它的门下；而到了它成为理智和科学的对象的时候，它身上的谬误才显示出是不诚实的、伪善的。作为神学——到了神学再也不能前进的时候，哲学出来了，而这一门学问最后又自己勾销了自己，同时消灭掉它身上的、在一种不自然的高度上的谬误，否定了自己——作为科学——而只是给大自然和必然性留下荣誉：——看呀，到了科学走得那么远了，它的成果的民间流行的术语已经自行在共产主义上面呈现出来了，这个术语又是从人民中间发源的。

＊　＊　＊

然而人民的谬误只不过是实在的证明，一般可能的程度的自白；因此它也是可以改变和消解的，因为人性今天再也不同于——例如100年前的样子。因此这是一种正直的错误，因为它是自然而然的。

＊　＊　＊

人对自然的关系是怎样的，艺术作品对人的关系就是怎样的：一切对人的生存所必需的条件产生了人；人是大自然无意识的不由自主的繁育的产物；然而在他身上，在他的生存和生命中——作为在一种又与自然界有区别的生命中——意识才根本显示出来。正是在这个时候，正如从人的不能自已的、必然地构成的生命的种种条件中，亦即艺术作品借此得以存在的种种条件中，艺术作品也就作为这一种生命的自觉的证据完全自然而然地出现：它产生了，一旦到了能够产生的时候，然而这也是带有必然性的。

＊　＊　＊

生命是无意识的必然性，艺术则是被认识的，又是有意识地表现出来的、实体化了的必然性：生命是直接的，艺术是间接的。

＊　＊　＊

只有生活的需要依照唯一可能的方式——亦即感官的——得到满足的地方，因而也是它的本质在感官上得到显现的地方，艺术才得以存在：因为充分的意识只存在于感官性之中；——反之，基督教则是非艺术性的——唯一可以称为基督教艺术家的，实在只有那些教父，他们纯粹地而且不加曲解地讲述那天真的、通俗的、坚实的民间信仰。

*　*　*

人，只要他是与自然界对立的，他就是专断的，因而是不自由的：从他那对立性，从他那与自然界的固执的分裂引导出他的一切谬误（宗教上及历史上）；只有到了他理解自然现象中的必然性以及他与它的不可分解的联系，并且了然领会、适应它的规律的时候，他才会是自由的。同样的关系是艺术家对生活的关系：只要他一天在左挑右选，一意孤行，他就是不自由的；如果他把握住生活的必然性，他也就可以把它表现出来：然而这样一来，也就无所谓选择了，他从而是自由的和真实的。

*　*　*

理解的本质是彻头彻尾专断的，因为他首先只把各种现象牵扯到自己身上；只有到了他转化到共同理解，转化到理性中去，也就是说认识到事物的共同必然性，他才是自由的。

现代诗歌艺术，文学。——自然的艺术作品从舞蹈和音乐成长起来，借助语言发展成为戏剧：一旦实现诗人意图的一切条件都事先具备了，诗人意图就豁然出现；① 经过各种艺术的分离和各自带有功利的改进之后，我们终于得到这样的结果，例如文学家写了一部剧本，对待演员只不过是像对待工具一样，正如雕刻家对于黏土和石头；——演员呢，由于他压根儿就给排除在平等的共同活动之外，屈居工具的地位，因而就用漠不关心对诗人的意图进行报复，同时想方设法去满足他孤立的个人虚荣心（非常重要！）。每一个人都想要独占一切。

一、人的艺术：舞蹈、音乐、诗歌艺术，它们的不可分性。其一出于其他的成长；然而仍都有共同时性——同样可想象性：最早是在抒情诗中的结合；最易理解是在戏剧上。（自然的家长制的组合——自觉的政治的国家组合。）：戏剧的辅助手段，——建筑（装饰），——雕刻，——绘画，——回忆，——想象，这就是说人类的艺术作品的模仿：艺术因素的分离，艺术因素的自私的发展。

二、舞蹈。

三、音乐。

四、诗歌艺术，亦即韵文。

---

① 诗歌艺术不是开始，而是结束，也就是最高的：它是面向大众的、普及的、充分传达的一切艺术的自觉的协调。（瓦格纳）

五、雕刻及塑造。(当这两者繁荣的时候，例如现在、文艺复兴及罗马－希腊时代，戏剧就不繁荣；如果戏剧繁荣呢，那两者就要衰落。)

六、再结合。(利己主义—共产主义)给予比收受幸福。

第六项附注：这一种再结合，在与我们现在社会结构的整个情况相适应的条件之下，只是在个别人身上，在与潜在他内心的一种非凡的才能相适应的条件之下才能得到实现：因此我们是生活在个别天才的时代，丰富的、补偿损失的个别个性的时代。到了将来，这一种结合将会真正共产主义地通过组合宣告成立；天才再也不会孑然孤立，而是大家在他身边参与活动，天才将会成为共同的天才。这难道是一种损失、一种不幸吗？只有利己主义者才会这样看问题。(非常重要。)

第五项附注：在**绘画**方面，特别是指它在现阶段，出现相反的投机的程序，即意念先实行而存在：在戏剧里面产生意念，作为既成的、自觉意识到的生活的宣告，就好比是出自物质、出自感性的人们；在雕刻和绘画方面流行着相反的程序，意念走在前头而且想方设法使之具体化。后者是一意孤行，前者则是必然性①。完工的艺术的人主宰他身外的材料，使之成为服务于他的人间艺术作品的目的：他把这些材料的处理和运用提高到艺术的程度的做法，促使人间艺术的需要在这一番处理和运用过程中成为必要，从而使得人间艺术作品的必要分给需要；在一定程度上，雕刻和绘画随即被划入人间艺术作品的领域，而且用来参与人间艺术作品的活动，既然这些艺术参与必要的活动，万一它们从人间艺术作品脱离开而且单独出现，它们就会陷入一意孤行而且陷入真正的依赖。

第三项附注：**音乐**处在舞蹈与语言、感觉与思想的分界线上。在古代抒情诗里它是两者的中介，那时歌曲——唱出来的字句同时鼓励着舞蹈而且掌握着节拍。舞蹈——与——歌曲；节奏——与旋律：它就是这样置身于人类的各种非常的才能之间，感性的感觉与精神的思维之间，起着联络的同时又是依存的作用。**大海**既在分隔又在联结，——这就是音乐。

* * *

希腊的悲剧作为宗教的一幕：美的、人性的宗教，然而还是不免拘谨；人们像是透过一层神话的薄纱看见他自己。在希腊神话里面，人与自然(在自然之中)的纽带还没有断裂。神话与神秘：因此产生抒情诗的附着物，——面具、传声筒等等。

---

① **必然性**：即人的艺术。**一意孤行**：即所谓造形艺术。**必然性**：即自由。——**一意孤行**：即不自由，**选择**及**不确定性**。(瓦格纳)

随着高涨的启蒙，亦即是说随着附着于自然的核心的炸裂，宗教剧也没落了，于是赤条条一丝不挂的人成为泥塑石刻的对象。这一种从一切宗教摆脱出来的人，无疑是从高底靴上下来了，脱下了那遮遮掩掩的面具，然而却也丧失掉他与宗教拴在一起的共同性的共产主义的联系——他赤裸裸地、毫无遮掩地继续发展——然而是作**为利己主义者**——正如在国家问题上一样，在个别人的利己主义中走向灭亡；——而且在这一种利己主义的、然而真实的、开通的人身上，雕刻艺术等等才发达起来：人成了艺术的题材，就未来的艺术作品而论众人将成为题材。（非常重要。）

*　*　*

在造型艺术里面，人们通过观察和模仿认识了自然界：他的经验的结束，则是在人类能力方面找到了现象与理解之间的正确关系的时候。因此在造型艺术里面需要走完一段对自然界从误解到了解的一定的行程，这是它生命力作为抽象的、完全自在的艺术品种的基础：它同每一种其他个别的艺术品种一样，需要经历一番与它特殊的本性相适应的必然的发展过程，然而当它到达它特殊才能的一定界限而且需要转化入一般艺术的时候，它就会自行结束。当它能够毫不走样地审视而且再现大自然的时候，造型艺术作为大自然的表现者就达到了它的顶点：然而它也就在这个高度上停住了；它再不能说这里有所发明，因为它应该发明的东西已经找到手了：只有新的事物还能够向它提供新的任务，而自然界的客体却始终是同样的客体——因为它只能胜任表现那既成的、完工的东西，而不是那将成的或自己制造的东西。它在一定程度上完全只限于纪念碑式的、毫无动作的：只有在那样一种艺术里面，具有万古常新的对象的艺术里面，才会不断有新发明；这就是纯粹人性的、戏剧的艺术，因为它在行动中表现了人类生活本身：戏剧的对象不是自成一体的、搬到眼前来的动作，而是不自觉的演化的表现，情节和性格的孕育的表现。对于这样一种永远充满动作的过程的表现，唯一给艺术提供新的发明和更新的可能性的表现，造型艺术只能够参加，作为完工的，亦即成为胜任地、毫不走样地表现自然界的工作的艺术，归并到那纯粹人性的需要上去。这种需要，从最简单的进展到最高级的，向它提出来，也让它从需要的不断更新的创造力得到它参与的一份，除此之外，它是一种只能够始终不断地自行模仿的艺术、工艺与装置。时至今日，任何一种个别艺术都再也不能有什么新的发明，而且这并不单独限于造型艺术，就连舞蹈艺术、器乐和诗歌艺术也不例外。如今它们都已经发挥了它们最高的本领，以便在综合艺术作品里面，在戏剧里面，能够不断有新的发明，也就是说，不是单独地各行其是，而是仅仅限于对生活的、永远更新的对象的表现上。

歌剧与戏剧

    题解——关于这部著作的产生,瓦格纳本人叙述道:"一想到动手去写《西格弗里德之死》的乐谱,我总拿不定主意:光是为了头脑清醒地把一份总谱写到纸面上,这种想法就屡屡使我丧失勇气;另一方面,我又不断受到督促,为这样一部作品的上演有待争取的可能性提供基础,虽然上演云云看起来还得走一段极长的弯路。为了做到这一步,我认为首先就要向少数关心我的艺术的朋友更加清楚地阐明一些亟待解决的问题,这样的问题在我心中是明确地浮现着的,然而对他们来说却依然难以想象。此外还有一个十分特别的因缘,那就是有一天祖尔策(瓦格纳的苏黎世朋友)给我看一篇关于'歌剧'的论文,那是准备收入勃洛克豪斯现代百科辞典的,他的意思是,这些已经说出来的见解能够事先为我提供一点理智上的准备。对这篇文章匆匆一瞥立刻使我看出其中大谬不然的东西,我设法引起祖尔策对这两种截然相反的意见的注意,这是存在于甚至颇为精明的人物的见解和我对这一问题的本质的体察之间的分歧。仓卒之间我当然不可能把我的想法说得清楚,即使最了不起的雄辩也无能为力,因此一回到家里我就立刻草拟一个有关这个问题的比较详细的处理计划。"可是在工作进行当中材料越来越多,稿纸越堆越高。瓦格纳干得那么"狂热地勤快",1851 年 2 月中旬,这部 1850 年秋天开始的巨著就最后完稿了。他相信,他需要向世界宣告的东西已经通通写下来了。"你手里现在拿着我的遗嘱,"他在寄出这份原稿的同时给乌里希写道,"现在我可以死了。现在我还能做的事情,在我看来都不过是无用的奢侈。"这部著作的第二部分以**《论现代戏剧的诗歌艺术》**为题在 1851 年 3 月和 5 月分别摘登在《德意志月报》上之后,此书在莱比锡 J. J. 威柏出版社作为专著出版,可是成绩却是非常之微小。一直要经过 17 年,才得以印行第二版。这一版他献给政论家**康士坦丁·弗兰茨**,瓦格纳于 1865 年在慕尼黑同他有比较密切的交往,而且欣赏他的文章里面(特别是《有关欧洲均势的探索》）那些与自己的精神相通的表白。

瓦格纳在新版中对初版所做的少数改动（特别是第二部分）一律在正文的下面予以说明。

第一版前言

有一位朋友告诉我，说我迄今提出来的对于艺术的见解引起了许多人的愤慨，其中指责我努力揭发我们当前艺术创作枯萎的原因的倒不算多，更多的是由于我一股劲儿去列举艺术创作未来繁荣的各种条件。没有比这种评论和审察更准确地刻画出我们的状况的了。我们大家都感觉到，我们的事情并没有做对，如果有人这样向我们明白说出来，我们也并不否认；然而，若有人给我们指出，说我们应该能够做出正确的事情，这种正确的事情决不是什么人事上无能为力的，而是恰好是完全可能的，至于将来更是必然的，我们便不免感到侮辱。因为我们要是真的不得不放弃那种可能性，那么，为容忍这种枯萎状态的持续而辩解的理由，就使我们麻木不仁；说实在的，我们总算受过那么多有关自尊心的教育，不愿意显得懒惰和怯懦；然而我们似乎缺乏对于活动和勇气的荣誉的天然刺激。——现在，通过摆在面前的这部著作，我又将不得不再度唤起这样的愤慨。更有甚者，我在书中不仅是一般地——像在我那部《未来的艺术作品》里面所做的那样——，而是在诗歌艺术和音乐范围内认真深入地论证繁荣艺术创作的可能性和必然性的特殊问题，因而不免要唤起更大的愤慨。

可是我几乎必须害怕，这次会是另一种愤慨占上风，因为我把我们现代歌剧不体面的状况摆了出来。不少人，即使是对我怀有好意的，将表示不能理解，为什么我胆敢对我们今天歌剧作曲家世界的一位名人[①]进行最无情的攻击，从而不能不在我自己也置身其中的歌剧作曲家的地位问题上引起这种愤慨，并且招致对我的最放肆的妒忌的谴责。

我不否认，在我对现已完成的工作（以及怎样去完成它们）做出决定之前，我曾经同自己进行过长期的斗争。凡是这一次攻击所包含的一切，我所要说的话中的每一个用字、每一个术语，定稿之后我都冷静地反复阅读，仔细衡量，看我应不应该这样公开发表，——直到我对自己关于所要讨论的重大问题毫发不爽的见解确信

---

① 指迈耶贝尔。

无疑，——如果我对现代歌剧界那些最辉煌的现象不是像我所做的那样原原本本地明白说出来，那我就不免是怯懦而又卑贱地只替自己打算的家伙而已。我关于那种现象的说法，在大多数诚实的艺术家中间早就是没有疑问的了，然而不是隐藏的怨恨，而是公开声明而且明白有据的敌意才是丰产的：它引起必要的震动，从而对各种成分加以净化，把纯洁的从不纯洁的那边区别开，把应该筛掉的东西筛掉。然而我的意图并不是为了敌意本身而抬高敌意的地位，而是我**必须**提高它的地位，在一般性地说出了我的见解之后，现在我还觉得有必要准确而又认真地就其特殊性方面加以阐明，因为我所关心的不仅是启发启发，而且要使我的意见得到充分的了解。为此，我必须伸出手指把我们艺术界那些最有特征的现象指出来；一旦某一种现象显示出——向我们最清楚地显示出——艺术上亟需解决的错误的时候，我可不能再把手指缩回来，捏成拳头塞进口袋里去。加之这种现象越是光芒四射，就越能眩惑拘板的眼睛，而眼睛是必须看得清清楚楚的，只要它没有失明。要是我真的为了单单照顾那一位大人物而畏缩不前，那么，根据我的确信认为是义不容辞地摆在眼前的工作，要么就根本不要去管，要么就必须故意削弱它的影响，因为我将不得不把那为了过细的审察必不可少的、原本洞若观火的东西有意识地掩藏起来。

不管人们将对我的工作作出怎样的判断，有**一点**却是每一个人都得承认的，即使怀有最深的敌意的也不例外，那就是我意图的**严肃**。只要我能够通过我的论述所包含的种种，把这种严肃传达给某一个人，他就会不仅原谅我那番攻击，而且还会理解我之所以发起攻击，既不是由于轻率，更不是由于妒忌；说到我在论述我们艺术现象那种丑态的时候偶然会用反语的嬉笑来代替严肃，他还将为我辩解：只有这样才使得看到的丑态还能忍受，另一方面总算可以使伤害减到最低限度。

即使是关于那位艺术界大人物，我也只攻击那一方面，即他朝向我们公共艺术状态的那一面：只有把这一方面摆在眼前，我才能够根据情况的需要使另一面完全避开我的目光，而那另一面却是同他有千丝万缕的联系的，偏偏在这种种联系中也有我同他打交道的时候，然而这种种联系却是完全避开艺术的公众的，以致于公众无从瞧它一眼，——即使逼得我差不多必须承认我是怎样做了错事的时候也是这样，——对此，一旦我意识到自己的错误的时候，我是愿意毫不迟疑地坦白供认的。

既然我的申辩无愧于我的良心，我对那种种聪明的异议就更加可以不必多管，因为我自己完全清楚，从我在我的艺术著作中认定了方向——即我作为作家所认定的、当前这本书所代表的方向——那一天起，我就面对我们公共的艺术状态陷入了被剥夺公权的判决，这也就是我今天政治上和艺术上同样的处境，我完全坚信，我是不会作为个别人从中解脱出来的。

然而还会有另外一些人向我提出完全不同的谴责，他们认为，我所攻击的东西，就其空洞无物而论本来是不言而喻的，不值得为那么翻来复去的攻击多花力气。这些人显然不正确。他们所知道的，只有少数人知道；然而这少数人所知道的，他们中间的大多数却又**愿意**知道。最危险的是姑息，它到处伸张，每一件艺术创作，每一种判断，都显得缩手缩脚。可是我也一定特别要对这一方面尖锐而又明确地说出我的意见，因为我所关心的，不管是在攻击方面，也不管是在艺术可能性的指证方面，都不必等到姑息已被排除干净，它们能够明明白白地呈现出来的时候才开始。谁要是认为那种今天统治着公共趣味的艺术现象是**偶然的、可以忽视的**，那他根本上就陷入了同一种错误，这种错误实际上正是产生那种现象的根源，——指出这一点，正是我当前工作的最迫切的意图，至于有关其他问题的**更进一步**的意图，在没有对那种错误的性质彻底澄清以前，它们是根本不可能说得准确的。

我的见解能够像我所想的那样被理解吗？我只把希望寄托在那些敢于破除任何成见的人们身上。但愿这种希望在许多人身上成为事实！

苏黎世，1851 年 1 月。

第二版的献辞

致康士坦丁·弗兰茨

去年的同一时间您给我的一封信，以不胜欣喜的心情告诉我有关您读我这本书所得到的印象，使我知悉这本书的初版已经脱销一些时候了。由于不久之前我还被告知有相当大量的存货，我不能不探问一下原因，为什么最近几年一部文字著作会明显引起较大的兴趣，因为就性质而论它是完全不适于群众阅读的。我到那时为止所积累的有关那方面的经验给我指明，那包括对歌剧之为艺术品种的批评在内的第一部分，经过了报刊音乐批评家的翻阅，而且其中一些诙谐的意见曾经得到多多少少的重视；这第一部分的内容是经过一些真正的音乐家的严肃衡量的；就是那建设性的第三部分，也是被阅读过的。至于那针对戏剧及戏剧素材的第二部分，却没有一种真正的评论给我送来。很明显，我的书只会落到懂行的音乐家手里；对我们的文字诗人，它同他们完全保持漠不相识的状态。从那第三部分的题目《未来戏剧中的诗歌艺术和声音艺术》中抽出了一种"未来音乐"，它被看作音乐的最新"方向"的标识。作为它的创立者，我一不小心竟被置于不折不扣的世界闻名的地位。——然而，本来无从解释的对我这本书越来越大的需求量，以及因此促成印行第二版，到头来也许要归功于那当初完全不受重视的第二部分。因为有这样一些人，在他们心目中我作为诗人和音乐家是完全无所谓的，可是由于听到过我文章里面各种各样稀奇古怪的东西，因而产生了一种兴趣，要从那里面寻找一些牵涉到政治和宗教的危险问题：毋论他们对自己的确信能够得到多大程度的成功，把那些危险倾向算在我的账上，我是并不在乎的；可是不管怎样，他们总该让我试图说明，我对我所要求的"国家的灭亡"是如何理解的。我承认，这的确要使我陷入窘境，为了能够摆脱出来，我愿意从实招供，事情并不是想得那么坏，而且经过深思熟虑，我对于国家的延续提不出一点严重的反对意见。

从所有有关我这本奇书得来的经验是那么多，不妨说它的出版是毫无用处的。对我来说这只是惹来了烦恼，而且它对谁也不能提供舒畅的教益。我倾向于把它付诸忘却。一想到新版的处理我就已经不胜恐惧，因为我不能不从头到尾通读一遍。说实在的，从它出版那一天起我就对它感到一种莫大的厌恶。如今您一封情意深长的来信却使我顿时改变了主意。说起来决非偶然，您被我的音乐戏剧吸引了，同时我却让您的政论弥补了我的缺陷。当您从我那本艰难的书那样遭到误解的中心向我发出"您的国家的灭亡就是我的国家的建立！"这样充满理解的呼唤的时候，谁能估量我那欣幸的惊讶的意义啊！政治家与艺术家之间，像这样在最宽阔与最广泛的基础之上全面的互相补充，大概是很罕见的。对这一种**德意志精神**，从熟悉的直观感觉的最外在对立出发，在对于那被深刻感念的我们人民的伟大使命的推崇中，把我们如此意外地聚合起来的德意志精神，我们是不妨以加倍的勇气表示信任的。

然而通过我们的遇合产生的信心却有待加强。那还存在于当前这本书中的我的意见的偏激，无疑是由对立面的绝望所引发的。要是我们仅从我们公众的声明中去找寻理由战胜怀疑，这仍然是乏力的：每一次同他们的接触，都能把那使我们充满信心的事物引向立刻应该后悔的联系，反之，同他们的努力完全隔离开来才是唯一提供拯救的办法。至于您在这一意义上承担的牺牲，是在于放弃对您那崇高的政治论著的比较一般的重视和赞许，而这些论著却是您以富有说服力的清晰给德国人指点出关系到他们切身利害的唯一良方。看起来，艺术家——戏剧诗人和音乐家献出的牺牲要小一些，他那由所有剧场从公开场合向您宣示的作品，是那么强烈地唤起您的希望，以致您已经看到，您的信心得到了一种最强有力的哺养。如果我试图向您传达我面对德国的戏剧观众所取得的成绩的微末的价值，要不误解我，甚至于在我对您那信赖的接受所表示的防范中不看出一种病态的紧张，对您来说曾经是困难的。然而说到彻底的传达，却是您本人通过认真的阅读，从这本现在是献给您的论述歌剧与戏剧的书中自行获得的。的确，它给您揭示出对全世界隐藏起来的创伤，也是我作为德国"歌剧作曲家"取得的成绩面对我那准确到蒙骗不了的敏感所受到的创伤。说到这些成绩，其中极为重要的一部分并不是建立在误解之上，而这种误解其实又正是妨碍那真正的、唯一预期的成绩的。实际上，一说到这一点，就是今天也没有什么东西能够使我平静下来。

对于这一番似乎是歪打正着的奇论的阐发，我在距今差不多十八年前采取彻底处理歌剧与戏剧问题的形式写了下来。我对那些充分重视这一著作的人首先不能不表示惊叹的是：为了适应彻底处理的需要，我的表现很艰涩，然而他们并不因此感到厌倦。我对事物追根究底、不从任何细节退缩的要求，就我的意图来说，是为了使那美学探索的难题易于为简单的感觉所理解，因而使我的文风走上那固执的斜道，对那从消遣出发，对这问题未能立刻发生兴趣的读者来说，这种固执就不能不显得是纠缠不清的烦冗。正当目下对文字着手进行修订的时候，我还是决定不作任何重大的改动，因为我正好从这本书标识出来的艰涩中认识到另一方面它那特殊的、适合于严肃的研究者的特点。甚至于为此请求原谅我都认为是多余的，引起迷乱的。那些迫使我进行处理的问题，迄今为止始终未曾在我所认识的联系中探索过。就艺术家而论，他们的感觉本来是最直接地显示出来的，可是他们不管，只是由那些高谈阔论的美学家去研究，他们即使有最善良的愿望，也不能避开那种陋习，对种种问题应用一种辩证的表现形式，偏偏这些问题就其本质而言再没有像音乐那样距离哲学的认识如此之远的了。浅薄和无知是容易的，它可以对自己不懂的东西搬出流传的辩证法的存货乱放一通，使得那莫测高深的外行以为有什么了不起。然而谁要是不想对没有哲学概念的群众玩弄这一类概念游戏，而是关心就困难的问题从迷惘的概念转移到事物的正确的感觉上去，那么他不妨从我当前这本书学习学习：为了使他的课题获得内心的满足，他应该如何努力从事。

在这一种意义上，我敢于重新使这本书引起严肃的重视：事情如果真是这样，像对**您**，我尊敬的朋友所发生的事情那样，它就将为填平那使人担心的鸿沟服务，那是在我音乐—戏剧作品取得成绩的充满误解的精神与它那唯一浮现在我眼前的正当的效果之间的鸿沟。

卢塞恩市特立勃申，1868 年 4 月 28 日

引　论

没有什么现象就它的本质上说是能充分领会的，除非它本身已经成为百分之百的事实；一种错误是不可能被提前解决的，除非它存在的一切可能性都已经消耗殆尽，除非在这种存在范围内所追求的为满足其必要的需要的一切方法都已被试验过与考察过之后。

歌剧本质的不自然与空洞无物，只有当其中的不自然和空洞无物达到了最明白又最可憎的显现的时候，才能够让我们弄个一清二楚；作为这一种音乐的艺术形式的基础的错误，只有当最高贵的天才豁出他全部的艺术生命力而探索过了这座迷宫的一切通道，又无论如何总找不到出路，所到之处都只不过是引向错误的起点的回头路，——直到这一座迷宫终于变成了庇护世界上一切疯狂的疯人院的时候，我们对它才能够透彻了解。

现代歌剧的功效，就它对公众的态度而言，对那些爱惜名誉的**艺术家**来说早就已经成为引起最深刻又最强烈的反感的事物；然而他们所控诉的，只限于那趣味的堕落和他们所利用的那类艺术家的轻佻，他们并没有想到，那种堕落是十分自然的，而随之而来的轻佻又是完全必然的现象。要是**批评**果真像它自以为要做的那样，那么，它一定早就已经解开这错误的哑谜，并且理直气壮地为忠诚的艺术家的反感进行辩护了。事实却不是这样，当艺术家自己在错误中间动身去找出路的时候，它只感觉到这种反感的本能，在猜破哑谜的问题上同样是畏首畏尾地拖着笨重的脚步。

此外对批评来说巨大的祸害还在于它的本质方面。批评家没有衷心地感到什么迫切的需要；艺术家则不然，需要驱使他达到感奋的顽强，以致他终于冲口而出：**就是这样而不是其他**！批评家呢，如果他要学艺术家的样子，那只能够陷入傲慢的、可憎的错误，这就是说，自以为他的任何一种见解都是准确的发言，因为他对于某一事物并不是凭艺术的本能去感觉，而是根据纯粹美学的专断来表示种种意见，如何贯彻这些意见，他是从抽象的科学的立场出发的。如果批评家认识到他在艺术的现实世界中的**正确**的地位，就会感到那种忌惮与慎重的约束，他就会始终只限于把种种现象收集起来，再把那收集起来的东西交付给新的探索，而决不敢斩钉截铁地

说出决定性的话。因此批评是靠"逐渐的"进步过活的，这就是说靠错误的永远**维持**过活的；它觉得，要是错误被彻底摧毁了，那么随之而来的就是地道的、毫无掩饰的真实，这样的真实，人们只能够为之高兴，却再也不可能提出批评，——正如一个正在爱着的人在情感激动中一定来不及去考察他爱情的性质和对象。只要批评存在一天而且**能够**延续，它就一定永远无法从艺术这个行当得到充分的满足；批评从来不能**完全**附着在它的对象上面，它必须用它足够的一半始终同这对象隔离开，而且用的是它本质的一半。批评靠"毕竟"和"但是"过活。要是它真的完全下到现象的底层，那它一定能够准确地说出来的只能是那认识到的底层，——先决条件是，批评家根本具有必要的能耐，这就是说对对象的热爱：然而这样一种能耐一般而论是属于这一类，既然是准确地说了出来，那么一切更进一步的批评都必然是不可能的了。因此它小心翼翼，为了活命，始终限于在现象的浮面衡量它的效果，瞻前顾后，好——你看！——那个怯懦的、毫无丈夫气的"毕竟"出来了，无穷的不确定性及批评的可能性于是又到手了！

不过话又说回来，我们现在都得从事批评工作；因为只有通过批评才能使我们意识到经由某一种艺术现象揭露出来的错误；然而只有依靠有关某一种错误的知识才能够摆脱这种错误。如果是艺术家不自觉地哺养了这一种错误，最后使它升级到更不甚的不可能性的顶点，那么为了彻底克服这种错误，他就必须用上他好汉的最后一把力，亲自出马去进行批评；这样一来他就消灭了错误，同时也扬弃了批评，以便从今以后重新成为，而且是实实在在地成为，艺术家，他可以放下心来听任他灵感的冲激，不必理会他的计划的一切美学的定义。然而严令督责这一种努力的时机现在可真的出现了：只要我们不甘心带着死脑筋走向灭亡，我们就**一定要**把我们不容推诿的事情做到底。——

那么我们大家都预感到，然而还不知道的**错误**究竟是怎样的错误呢？——

在我面前放着一位出色而又富有经验的艺术批评家的著作，收入勃洛克豪斯的《当代》一书中的一篇相当长的专论：《现代歌剧》。作者提纲挈领地把现代歌剧一切独特现象收集起来，并就这些现象相当明细地讲述了这种错误及其揭露的全部历史；他几乎是用手指指画着这一错误，几乎是把它明摆在我们眼前，但要满有把握地把它的根源说出来，又觉得那么无能为力。反之，当他到达非说不可的点子上的时候，他宁可自己消失在现象的最最迷乱的表现之中，以便这样在某种程度上再把镜子弄模糊——它本来已经给我们越来越清楚地照出来了。**他知道**，歌剧并没有历史性的（应读作：自然的）根源，它不是来自人民，而是从艺术的任性中产生的；

他完全正确地**猜中**了这种任性的破坏的德行，当他标示出多数现在被钟爱的德意志和法兰西歌剧作曲家的一番恶劣的失策的时候，他认为，"他们是在**音乐**的性格描写的道路上追求效果，至于这种效果的获得，却只有通过**戏剧诗篇的敏锐的字句。**"他无意中引起了颇有根据的考虑：歌剧本身究竟是不是一个完全充满矛盾的、不自然的艺术品种？他几乎是无意识地指出，**迈耶贝尔**的作品中的做作已猥亵到极点。现在正是应该简单明了地把那必然的、几乎无人不知的东西说出来的时候，他却忽然给批评保留住永久的生命，他为此不胜惋惜，说是**门德尔松**的早死妨碍了哑谜的**猜破**，也就是耽搁了云云！——批评家要想借这一番惋惜说明什么呢？恐怕只能是这样假定，凭门德尔松优秀的才智和非凡的音乐本领，要么他准会写得成一部歌剧，从中出色地批驳以至调解这一种艺术形式所暴露出来的矛盾，要么即使有他那样的才智和本领也终归无能为力，从而给予这种种矛盾以最终判决的证明，宣布这个品种是不自然而又空洞无物的。——就这样的论述而言，批评家所相信的，岂不是只决定于一个特别有才能的——音乐上的——人物的愿望吗？难道**莫扎特**是渺小的音乐家吗？难道还能够找到比他的《唐璜》的每一支曲子更完美的吗？门德尔松即使在最得意的情况之下，难道能够一首接一首地写出与莫扎特同样完美的曲子吗？或者批评家另有他的想法，他要求比莫扎特更高明一些？——千真万确，他要的是这个：**他要有整个戏剧的伟大的统一的结构，他要有**——准确地说——**极度饱满和精壮的戏剧。**可是他向谁提出这种要求呢？**向音乐家！**——他对音乐现象的深刻的考察的全部心得，他在他巧手上收拢起一切知识的线索打成的牢固的结——最后还是把它放开了，一切都给扔回古老的混沌中去！他要盖房子，却去找雕刻师或裱褙工打交道；**建筑师**呢，他无疑也把雕刻师和裱褙工以及其他所有有关房屋设备所必需的助手都包括在内，因为他给他们共同的活动规定目的和分工，他却没有想起来！——他把哑谜猜破了，可是他从猜破所得到的却不是太阳光，而不过是黑夜中一次闪电的效果，电光消逝之后他眼前的小径忽然变得比先前更难辨认。于是乎他终于在伸手不见五指的黑暗中东摸西撞，到了错误扮出最赤裸裸的丑相和作最淫荡的袒露，使人手摸心领、一清二楚的时候，正如迈耶贝尔的歌剧那样，那位头晕目眩的先生忽然认为找到了出路：他每时每刻都一颠一拐地踩在木桩和石头上面，每一次接触都使他感到恶心，在使人窒息的不自然的空气包围之中他感到呼吸困难，他不能不吸它进去，——然而他仍然相信是走在导向得救的正确的、健康的路上，也就是为什么他仍然使出浑身的气力，不顾一切地吹牛撒谎，把那在这条路上对他发生妨碍作用而且属于险恶信号的物事说得天花乱坠的缘故。——然而他毕竟是走在得救的路上，虽然只是不自觉的；这一条路归根结蒂是从错误产生的，是的，这已经是进了一步，它是这一条路的尽头，因为它在错误的尖端上明白宣布这一错误的灭亡，这一种灭亡就叫做：**歌剧的彰明较著的死亡，**——这番死亡，是当门德尔松的好心的天使在适当的时候给他的宠儿合上双眼的时候打下的印记！

说到哑谜的猜破，这是明白摆在我们面前的。其所以说是猜破，因为种种现象已被一清二楚地摊了开来。可是批评家以至艺术家却依然能够故意躲开他们的认识，这实在是我们艺术时代值得悲叹的事情。不管我们怎样一本正经地努力，专门同艺术的真实内容打交道，不管我们怎样真心实意地对谎言发动愤怒的战斗，可是如果我们越过这种最有效果的艺术形式，即音乐借以向公众进行传达的艺术形式的本质，一个心眼地纠缠在这一种艺术形式不由自主地从此产生，现在又把它显著的支离破碎亦即它的空洞无物的暴露唯一算在它的账上的错误里面，那么，我们就不免要为那种内容所迷惑，从而不免用这一种迷惑的无力再去反对那种谎言。据我看来，我忍不住要说的是，你们似乎还需要有巨大的胆量和特别勇敢的决断来承认那种错误，而且应该公开说出来；我觉得你们担心一旦把那实际上非此不可的论断提出来，你们当前的音乐艺术创作的一切必要性就要消失，因此你们宁可承担极度的自我牺牲。然而我又要这样想，一旦问题所在不外乎是抛开一切惊异和慌张的花招承认那明摆着的、早就感觉到的、时至今日已经抵赖不了的事情，似乎还缺乏力量和努力，尤其缺乏的是勇气和胆量。我几乎是怕用**加重**的语调说出这揭发错误的简短的公式，因为，把这样明白、简单、本身又是确定无疑的、据我看来一定早就是举世周知的事情当作具有一种重要意义的新闻来宣告，真不免觉得可耻。如果我现在仍然用更强的加重语气把这个公式说出来，如果我现在宣布，存在于歌剧这个艺术品种中的错误就是，表现的手段（音乐）被当成了目的，而表现的目的（戏剧）却被当成了手段，那可决不是出自虚夸的妄想，要卖弄一点新鲜玩艺，而是希望把揭露出来的这个错误的公式一清二楚地摆了出来，以便对这个倒霉的半拉子进行斗争，它在我们的艺术和批评方面已经流行得够广泛的了。如果我们用那通过揭发错误求得的真理的火光去照射我们歌剧艺术和批评的种种现象，我们就将惊异地看到，我们在创作和判断的时候是一直在怎样的妄想的迷宫里面来回走动的啊。现在我们可以得到解释了，为什么不仅在创作方面每一次热忱的努力都在不可能的岩石上碰得七零八落，而且在评论上即使最精明的头脑也不免陷入空谈和胡言乱语。

难道当务之急首先必须是从对于歌剧这个艺术品种的错误的公开揭露中把那正确的东西指点出来吗？难道能够表示怀疑，在歌剧里面音乐的确是作为目的，戏剧却仅仅是用为手段吗？当然不能。对于歌剧历史发展的最简短的考察已从这方面一点不假地告诉我们了。每一个人，只要是在这一种发展的叙述上花过点力气的，就会自然而然地——通过他单纯的历史工作——发现这个真理。歌剧不是起源于中世纪的人民演剧，因为在这里面我们可以找到声音艺术与戏剧原则自然协力的痕迹；而是在意大利的豪华的宫廷里面——值得惊奇的是欧洲唯一的伟大的文化国家，戏剧在那里从来不曾得到过任何有意义的发展——有一些高雅的人士，他们对帕莱斯特里那的教堂音乐再也没有兴趣了，于是让那些每逢节日就给他们提供娱乐的歌手唱些咏叹调，这就是说剥掉它的真实和纯朴的民间曲调，并且给它配上矫揉造作而又生拉硬扯到一个戏剧骨架的外貌上去的歌词。这一种**戏剧性的套曲**，它的内容真可以说是包罗万象，就是不以戏剧为目标，就是我们歌剧的母亲，是的，它就是歌剧本身。它越是从这出生点发展下去，越是确定地把那成为纯粹音乐的残存形式的咏叹调当作歌手的嗓门功夫的垫脚石培育下去，那么对于那位被拉来给这种音乐的娱乐套曲帮忙的**诗人**来说，他的任务也就越来越清楚，那就是摆弄出一个诗歌形式，除了给歌手的需要和音乐的咏叹调形式提供必要的押韵文字之外，别的什么都可以不管。**梅塔斯塔西奥**的伟大名声，就在于他根本不给音乐家制造最微小的麻烦，根本不从戏剧的立场出发向他提出一点不习惯的要求，于是乎就成为这一类音乐家最最听话的百依百顺的奴仆。诗人对音乐家的这样一种关系，直到今天难道有一丝一毫的改变吗？也许有吧，那就是关于纯粹音乐方面的主张，今天也承认戏剧的价值，当然也就是有别于意大利歌剧的地方，可是一牵涉到地位的特性本身的问题，那就什么也谈不到了。看样子，今天同150年前没有什么不同，诗人是从音乐家接受灵感的，他是看音乐的脾气行事，迎合音乐家的趣味，依照他的口味选择材料的，他的人物是依照纯粹音乐组合所要求的歌手的声音种类来塑造形象的。音乐家要是愿意借助某一类乐曲形式以便从中逗乐和炫耀，他就为之提供戏剧的铺垫，——总之，他处于音乐之下的从属地位，只能从作曲家的专门音乐的旨意出发去经营戏剧结构，——或者，要是他这一切都不愿意干，或者不能够照样干，那么他就得忍受作为一个不中用的歌剧台词诗人的待遇。——这是真的还是假的？我怀疑，谁能够对这一番陈述提得出一点最轻微的反对意见。

由此可见，歌剧的意图一开头就是，而且今天依然是立足于音乐。只是为了给音乐的效果提供**扩张**的根据，这才把戏剧的意图**拉过来**，——这当然不是为了把音乐的意图挤掉，而是更多地作为为它服务的**手段**。不用怀疑，这一点是从各方面一律得到承认的；谁也不会否认戏剧对音乐、诗人对声音艺术家这种规定的地位：只有在看到歌剧这种不寻常的推广和影响能力的时候，人们才恍惚觉得必须同一种动心骇目的现象打交道，是的，把那种可能性算在它名下，在它那不自然的效果里面搞出点新的、完全闻所未闻的、简直预想不到的名堂来，也就是说**在绝对音乐的基础上把真正的戏剧做出来**。

如果我现在作为本书的目的摆出了**为之作证的**证明，证明能够而且必须正是由**我们的**音乐连同戏剧的诗歌艺术的通力协作给戏剧赋予一种简直预想不到的意义，那么，为了达到这一目的，首先就得从对于那不能置信的错误的认真剖析开始，因为有那样一部分人，他们受到这种错误的束缚，以为戏剧的那种更高的形态可以通过我们**现代歌剧**的组织，也就是说可以从诗歌艺术对音乐的反自然的地位获得预期的结果。

因此，让我们使我们的考察首先面向这种歌剧的组织吧！

第一部分　歌剧及音乐的特点

一

每一种事物都通过它本体的内在的必然，通过它本性的欲望而生存和持续。声音艺术的本性在于发展出最多样又最确定的表现的能力。然而不管它的欲望如何迫切，如果它不能争得与诗歌艺术同样高的地位，为此它不得不面对需要它付出全部能力的要求，甚至是不可能的要求，否则它是永不能发展到那一步的。

本质只有通过它的形式才能够显露出来：声音艺术之所以获得种种形式，应归功于舞蹈和歌曲。对于纯粹语言诗人来说，他本来是想使戏剧提高听他号令的表现力而对音乐加以利用的，可是在他面前，**音乐**却只具有那备受限制的舞曲形式和歌曲形式，这种形式不可能显示表情的丰富，虽然实际上它是胜任愉快的。

如果声音艺术对语言诗人始终像语言诗人目前在歌剧上对声音艺术采取的态度那样保持它原先的地位，那它就只能依照它最受限制的能力由他加以利用，它将永远达不到那一步，亦即成为今天那么异常强大的表现工具。因此必须给音乐保留对本身可能性的自信，即使实际上对它来说也只应该是不可能性；它必须纵身投入错误中去，作为自为的纯粹的表现工具对于应被表现的事物也要提出明白的决定；它必须敢于投入骄傲的事业，在**那里**采取整顿的措施而且愿意发表意见，即使它实际上对那一种就它实质来说根本无从**掌握**的意见处于从属地位，然而即使是处于从属地位也会在这一意图的实现工作中占有唯一可能实现的一份。——

音乐的本性在歌剧这个由它出发规定下来的艺术品种中于是向两个方面发展：向**严肃**的一方面——所有音诗人①都这样做，他们感觉到自己肩上责任的负担，亦即分给音乐的责任，由音乐把戏剧的意图单独承担起来；向**轻佻**的一方面——所有音乐家都这样做，他们好像受到解决一个不自然的任务的不可能性的驱使，于是背离了这种任务，只是在歌剧面对大为扩展的公众所获得的优越性的享受上面打主意，于是一头栽到清一色音乐的实验里面去。在这里有必要先对第一方面亦即**严肃**的方面来一番更进一步的考察。

＊　　＊　　＊

歌剧的音乐基础——如所周知——不外乎**咏叹调**，而咏叹调又不过是上流社会的艺术歌手演唱的民歌，它的原词给抹掉了，却由专门雇用的艺术诗人的产品来代替。民间谣曲到歌剧咏叹调的培育首先是那艺术歌手的造作，他所关心的已经不再是那谣曲的表演，而是他那艺术本领的炫示：他决定他认为必要的停顿，决定比较激动或者比较平稳的歌唱表情的变化，决定那摆脱一切节奏及旋律的束缚，使他的技巧能够完全随他高兴供人听赏的段落。作曲家只是为歌唱家的绝招提供合适的材料，诗人又只是按作曲家的招数行事。

这个时候戏剧中各种艺术因素之间的自然关系基本上还没有被废除，只不过是被歪曲而已。表演者——对戏剧的可能性来说最必要的条件——不过是一种唯一的特殊本领（绝对的歌唱本领）的代表，而不是艺术人的一切共同才能的代表。表演者性格的这样一种歪曲，也不过是那各种因素自然关系本身引起的歪曲，也就是音乐家占居了诗人之前的绝对的优先地位。如果那个歌唱家是一个真正的、完全的、百分之百的戏剧演员，那么作曲家就不得不对诗人采取正确的态度，这时候诗人就会成为决定者，对其他一切权威性地说出戏剧的意图，而且采取措施促其实现。可是最贴近那位歌唱家的诗人却是作曲家，——这位作曲家，他帮歌唱家的忙只是限于帮他达到他的目的，而这个目的完全脱离了所有戏剧性的即纯诗意的关系，无非是要让他显示其特别的歌唱技巧而已。

歌剧中各种艺术因素互相之间这种原始的关系，我们一定要牢牢地铭记在心，必须在今后继续认清。如果经过一切努力去把这样一种歪曲了的关系端正过来，只

---

① 原文为 Tondichter，一般译作"作曲家"，但此处瓦格纳是将其与"语言诗人"（Sprachdichter）相对应，故采用此译法。——译者。

可能越来越陷入更深的混乱。——

由于高尚的先生们调剂娱乐的奢侈要求，戏剧性的大合唱给加上了**芭蕾舞**。这种舞蹈和舞曲完全是那么生硬地从民间舞蹈和民间舞曲搬过来而且加以模仿的，正如歌剧咏叹调对民歌所搞的那套一样，它带着一切不自然的、脆弱的、不容调和的性能加入歌手的活动。至于诗人，面对这一堆毫无内在联系的东西，自然要承担这一任务：把摆在他面前的种种艺术绝招弄成一个勉强凑合的集锦。于是，一种始终超出需要之外的戏剧的关系，就在诗人的帮助之下这样拼凑起来了，实际上它本身并没有结合的要求，因此，戏剧的意图——由于外在需要的强制——只是**指派**的，无论如何不是**采纳**的。歌唱的和舞蹈的曲调完完全全处于最冰冷的孤独状态之中，成为歌唱家和舞蹈家炫示他们绝技的表演；只有在形势所迫必须连接起来，亦即需要在音乐上进行宣叙的对话的时候，诗人才发挥他那从属的作用，使得戏剧勉强像个戏剧的样子。

就是**宣叙调**，在歌剧里面也无论如何不是出自面向戏剧的真正的要求，谈不上是什么新发明：早在这一种说白性的吟诵调被引进歌剧之前，基督教教会就已利用它进行圣经章节的礼拜性的朗诵了。这种在朗诵上依照教规的条文，很快就陷入停滞的、陈腐的、只不过是表面上而实际上再也不是讲说的、漠不关心的旋律性多于表情丰富的发言的音调——移植到歌剧那边去，又只是依照音乐的故意做作加以模拟和变化，于是，音乐戏剧的整套机构凭借咏叹调、舞曲和宣叙调——而且直到最新的歌剧实质上都毫无改变——从此确定下来了。戏剧的设计，由于已经从属于这一种机构，也同样一下子就陷入了刻板的格局；它们多半取材于完全被误解的希腊神话和英雄世界，搭成一个演戏的骨架，一切唤起温暖和感应的性能都给排除掉，反之却具备那套本领，听从任何一个作曲家随意使用。这也就是大多数这类台词为什么总有形形色色的音乐家给它反复谱曲的原因。——

格鲁克那次变得如此出名的革命，在许多不明真相的人看来，是完全扭转了有关歌剧的实质的流行见解的，实际上这不过是在音乐上作曲家对歌唱家的专横的反抗。作曲家，本来是除歌唱家之外特别吸引群众的注意的，由于他为歌唱家不断提供发挥其特长的新材料，现在却觉得受到这位歌唱家的活动的相当程度的妨碍，因为他原先所关切的是依照特有的独创的幻想来塑造那些材料，因而也是以**他的**作品，也许最后仅仅是以他的作品传达给听众的。为了实现他的雄心壮志，作曲家面前明摆着**两条**路：要么利用一切听候使唤的以及还待发明的音乐辅助手段把咏叹调那纯粹感官性的内容发挥到淋漓尽致，要么——这是一条比较严肃的路，也是我们目前所要探究的——就对这种咏叹调在演唱中的专横加以限制，那就是让作曲家努力给那演唱的曲调赋予一种与那作为根据的歌词相适应的表情。如果这些歌词实质上不得不被看作登场人物意味深长的言词，那么富有感情的歌唱家和作曲家根本就已经会自行靠拢，用必要的温暖的印记去装点他们的技巧。格鲁克肯定不是第一个谱写富有感情的咏叹调的人，他的歌手也不是第一批带表情来唱这一类咏叹调的人。可是他却是**有意识地而且原则性地宣示**了在咏叹调和宣叙调里恰当地与歌词基础相适应的表现的必要性，这就使得他成为把歌剧中互相结合的各种艺术因素迄今为止所处的地位来一番无疑是彻底改变的出发点。从现在起，歌剧整顿的主权就肯定地转到了作曲家手上：歌手成为作曲家**意图的器官**，而这种意图被有意识地说到了这个程度，使得以歌词为基础的戏剧性内容必须以真正的表情与之相适应。这样一来，炫技歌手那种不合式的、无感情的卖弄基本上是唯一碰了壁的，可是就歌剧整个不自然的结构而论，其他一切都还是原封不动地保持着老样子。咏叹调、宣叙调以及舞曲，依然各行其是，在格鲁克歌剧里面仍旧漠不相干地摆在一起，同它以前而且直到今天的状况相比，几乎始终没有什么改变。

在**诗人**对作曲家所处的地位上是丝毫改变也没有；还不如说作曲家对他的地位是更加独裁了，因为他明显意识到他——针对炫技歌手的——更高的使命，他以更周密的努力去筹划歌剧的设计。诗人根本没有想到过随便去参与这样的规划；既然音乐是歌剧借以产生的条件，他就只能够采用那狭窄的、完全特定的形式，这是摆在他面前的，——连音乐家也受到它完全约束的形式。在他心目中好像是想不起来的事情，通过戏剧的必然性对它的要求，在某种程度上对这种形式施加影响，要使它们根据它们的特点，不再做妨碍戏剧真理的自由发展的桎梏，因为他正是在这些——对音乐家本身来说是不可侵犯的——形式里面去领会音乐的特点的。因此每当他致力于一部歌剧脚本的编写的时候，他就会比音乐家更加烦恼地去考虑那些形式，而且无非是听任音乐家在其本行的领域进行扩张与发展，他自己只能发挥辅助作用，永远不能说了算。诗人自己本来就是带着某种神圣的敬畏去看待作曲家的，这样一来，与其说是争论，不如说是他亲自给作曲家奉送歌剧上的独裁的权力，因为他切实感觉到，音乐家是用怎样严肃的劲头去承担他的使命的。

可是到了格鲁克的继承人那里，才开始考虑从这种权力里面为他们对这些现成形式的真正扩大的地位获得好处。这些继承人，其中包括意大利和法兰西血统的作曲家，他们都是前世纪末叶和本世纪初期为巴黎剧场作曲的，在直接表现的越来越完美的温暖和真实之中，赋予他们的歌唱曲段一个越来越扩大的形式的基础。咏叹调的插入，迄今为止虽然基本上还是保持原样，可是主题变化更多样了，过门和衔接也都转入了表情的领域；宣叙调自然而然地而且内在地同咏叹调结合起来，而且作为必要的表现亲自加入到咏叹调里面去。然而咏叹调的特殊的扩大却在于当它演唱的时候——根据戏剧性的需要——有一人以上的参加，这样一来早期歌剧以独白为主的性质就有利地消失了。不错，像二重唱和三重唱这样的曲子老早就已经有了；说到一支曲子由两个或者三个人唱，基本上丝毫也没有改变咏叹调的性质：它在旋律的结构上和主导的主题音调的领先地位上都完全同原来一样——这个音调恰好不是从属于个性的表现而是从属于一般的、专门音乐的情调，——其中没有丝毫实际的改变，不管它作为独唱还是二重唱都是一样，顶多不过完全是物质上的，亦即音乐的词句由不同的声部交错地、或者共同地通过纯粹和声的中介以二部或者三部等等唱出来而已。指出这一种专门音乐性的东西恰好对那千变万化的个性表现胜任愉快，正是那一些作曲家们的任务和业绩，有如他们在那所谓**戏剧—音乐性的重唱**的处理上所显示的那样。这种重唱主要的音乐本质实际上仍然只限于咏叹调、宣叙调和舞曲：当咏叹调和宣叙调里面有一种适应剧词基础的歌唱表现作为适当的需要被看中的时候，它就必须使这种表现的实际也始终如一地一切依照在剧词基础上所出现的有关戏剧的联系加以展开。经过那规规矩矩的、适应这种必要的一贯性的努力，使歌剧里面那比较陈旧的形式得以扩大，就如我们在**凯鲁比尼、梅于尔**和**斯蓬蒂尼**的那些正歌剧里面所遇到的那样：我们不妨说，凡是格鲁克想到的或者能够想到的，在这些作品里面都做到了，是的，凡是在歌剧的原始基础上能够发展的自然的，亦即在**最好**的意义上说首尾一贯的东西，在这些作品里面一下子都做出来了。

那三位大师中间最年轻的一位**斯蓬蒂尼**也是那么完全确信，歌剧这一品种中最高的、能够做到的事情，都真正做到了；他有那么坚强的信念，认为他的成就不管怎样都是不可能被超过的，以致在他后期的、紧接在他伟大的巴黎时代的作品之后的艺术创作里面，不论是在形式上还是意义上都不敢越过他在那批作品里面所采取的立足点，哪怕是一点点的尝试也没有。他顽强地拒绝承认后期歌剧里面那种所谓的浪漫主义的发展，认为那除了作为歌剧的明显的衰落之外，不可能是任何别的什么。结果使得他从此以后每对别人发表他自己的意见，总不免给人留下这样的印象，好像他对自己和他的作品坚持他的偏见已经到了疯狂的地步。实际上他不过是说出了一种确信，说实在的，那却是以关于歌剧本质的健康扎实的见解为基础的。经过对现代歌剧的活动的一番全面观察之后，斯蓬蒂尼有充分的权利发问："你们有没有把你们在我这里所发现的音乐歌剧组成部分的主要形式比在我做了更进一步的发展？或者说你们有没有借助于对这种形式的真正加工搞出任何一点可以理解的或者健康的东西？难道你们作业里面一切不堪欣赏的东西不都是你们脱出这种形式的结果吗？至于你们一切可供欣赏的东西难道不是都能够在这种形式范围之内制造出来吗？对于这种形式的运用，难道还有比在我那三部伟大的巴黎歌剧里面显得更加宏伟、更加开阔、更加广泛的吗？可是谁愿意告诉我，说他比我用了更加热烈、更加富于感情、更加有气魄的内容去充实这种形式？"

看起来恐怕很难，有谁能够就这些问题对斯蓬蒂尼提出使他迷惑的答复；无论如何恐怕更难的是向他证明，说他是发狂了，如果他认为**我们**是发狂的话。从斯蓬蒂尼口里说出了绝对音乐家老实的、确信的话，他让人认识到："如果**自为**的音乐家，作为歌剧的组织者，要想搞出戏剧来，那他，不加上他全部的无能，一步也不能前进，不会比**我**走过的更前进一步。"然而其中却不由自主地说出了更进一步的要求："如果你们想**多**要一点，那你们就一定不要向音乐家，而要——向**诗人**求助。"

＊　　＊　　＊

这位诗人对斯蓬蒂尼及其伙伴们现在又应该采取什么态度呢？面对音乐的歌剧形式的一切成长，面对其中包含的表现力的一切发展，诗人的地位其实丝毫也没有改变。他始终是作曲家完全独立的实验的基础的建立者。如果作曲家，由于所获得的成绩，觉得他的才能是在他形式范围之内适合于更自由的运动的，那他就只是给诗人交代任务，让他在提供材料的时候可以少点拘束和恐惧来为他服务；他同时向他呼唤："看，我什么做不出来！打破顾虑吧；信任我的能耐吧，即使是你最大胆的戏剧结构，我也能够钜细无遗地把它融化到音乐里去！"——这样一来诗人只能被音乐家拖着走；他自己觉得不好意思，给他的主人带来木马，本来他是能够跨上真正的骏马的，因为他知道，骑师懂得怎样巧妙地运用缰绳，——这些音乐的缰绳理应合乎训练规程地指挥骏马在平坦的练马场上来回奔跑，没有它，不管音乐家还是诗人都不敢随便上马，因为他担心，它会一下子高高跨过栅栏，跑到它那荒野的、美妙的大自然老家去。

不错，诗人在作曲家身边取得了更高的意义，然而终归不过是到达这样的程度，即音乐家在他的前面攀登上去了，他只是在后面跟着；作曲家给他指点出来的严格的音乐的可能性，在诗人心目中就是他安排所有布局、造型甚至选材的唯一标准；不管他开始收获怎样的种种荣誉，他始终不过是这样的能人：他善于适应地而且合用地听从"戏剧的"作曲家的使唤。一旦作曲家除了根据歌剧的特性之外再也看不到诗人的地位还有什么其他的意义，他就会只把自己看作歌剧的实实在在的负责的首脑，于是乎理所当然地继续采取斯蓬蒂尼的立场作为最合适的立场，因为他认为：歌剧是否作为有效的艺术形式得到承认，这完全取决于作曲家。

可是戏剧本身却有许多可能性，这是在那种艺术形式里面——只要它不遭破坏——根本一点也不许接触的，事情**现在**总算是一清二楚地摆出来了：它必须完全避开那个时代的作曲家和诗人。所有戏剧的可能性中间，只有那完全特定的和就其实质而论的确是备受限制的歌剧音乐形式里面能够实现的可能性，才能同它们接上头。音乐家为了在他的形式里面能够清楚地表白自己所需要的宽广的展开，一个动机上面长久的停留，——完全是纯粹音乐上的，他准备工作中所需要的调料，有如要使他的钟敲动的时候，总得要它响起来而且主要是要响起来，富有表情地适应某一种特定的性格，——这些从来都是交付给诗人的任务，只是掌握住戏剧设计某一个完全特定的门类，戏剧设计本身是保有张大的、做作的从容的地盘的，而这种从容对音乐家的实验来说又是不可缺少的。在他表现上的那种纯粹修辞性的东西，空洞的格式，对诗人来说就是一种义务，因为只是在这一片地面上，音乐家能够占有他所需要的、然而实际上完全是非戏剧性的发挥的场地。为了让主角简明扼要地讲出有内容的话，只有替作曲家把对于诗歌不合实用的责难都推给诗人头上。如果诗人觉得他是那样被迫把这样一些乏味的、言之无物的陈词滥调给他的主角安到嘴巴里去，那他即使有了世界上最好的心愿也不可能给这样发言的人物赋予真正的性格，给它的情节的联系打上充满戏剧真实性的印记。他的戏剧越来越甚地成为戏剧的**冒充**；戏剧的**真正意图**的一切论据，他根本沾不上边。因此，严格说来，他实在不过是把戏剧翻译成歌剧的语言；结果多数甚至只是把那早就出名的而且在话剧舞台上已经演到腻烦的戏剧改编一番。巴黎法兰西剧场的悲剧所搞的那一套就是这样。戏剧的意图，如上所述骨子里是空洞无物的，因而越来越加明显地转入作曲家的旨趣中去；人们所期望于他的，就是诗人一开头就放弃了的。这样一来，他——作曲家——一旦认识到这部作品内在的空洞无物，就不得不单独承当对它加以补救的责任；他于是乎必须看到这种不自然的任务已经分派到他头上，从他的立场出发，即应该凭那落在他头上的使命的**表现**去帮助实现那完全宣示出来的戏剧意图的立场，亲自掌握这个意图而且使之成为事实。严格说来音乐家必须关心的是，正正经经地谱写戏剧，不仅着眼于表现，而且着眼于**内容**来写他的音乐，而这个内容，就事物的性质来说，不应该是别的什么，只能是戏剧本身。

从现在起，再清楚不过地通过"**戏剧性的**"这个称号开始了有关音乐特质的概念的奇怪的混乱。音乐，作为**表现**的艺术，在这一术语的极度充实的情况之下只可能是**真实**的，就其中的特性而论只能够联系它所应该表现的**事物**：在歌剧里面就断然是说话者和表演者的情感，音乐是以最有说服力的效果做到这一点的，从而无论如何是胜任愉快的。然而如果有一种音乐，它想超出这个范围，不是使自己结合一个表现的对象，而是要亲自担任对象，这就是说它同时又是对象，那么，它就基本上不再是音乐，而是一种由音乐和诗歌艺术异想天开地抽象化了的怪物，这实际上只能作为漫画加以实现。经过一切颠倒的努力，音乐，任何富有效果的音乐，的确什么也不是，只是一种表现：然而要求它成为内容——而且是成为戏剧的内容——的种种努力，却产生了我们认为的歌剧的势所必至的堕落，而且人们应当从中认识到这一个艺术品种的全部非自然的明显的表白。

如果**斯蓬蒂尼的歌剧**的基础和实在内容是空虚而又一无所有的，在它上面所显示的音乐形式是偏狭而又鄙陋的，那么在这一种局限性里面它还不失为老实的、本身明白的供认，说明在这一品种里面什么是能够做到的，而没有把它身上的非自然性弄到疯狂的地步。反之，**现代歌剧**却是这一种真正发生的疯狂的公开宣告。为了更进一步去探究它的特质，我们现在就转向歌剧发展的另一个方向，这就是我们前面称之为**轻浮**的那一个，它通过和刚才谈论过的**严肃**的那一种的混合，促成了那东拼西凑、乱做一团到了难以形容的地步的怪物，这就是我们听到的，甚至于有时不免从那好像一本正经的人们那里听到的所谓"现代戏剧性歌剧"。

二

远在格鲁克之前——我们已经提到过——具有高贵①才能的、感情丰富的作曲家和歌唱家中已经完全自发地产生了一种要求，用内心的表情去美化歌剧咏叹调的演唱，凭借歌唱的到家本领，不顾到处弥漫着的炫技风气，只要是剧词所允许的，即使在没有对这种表情作出任何规定的地方，也要通过实在的感觉和真正的热情的中介去影响他们的听众。这种现象完全决定于歌剧的音乐因素的个人兴趣，而且当这种艺术，就它本性而论，显示自己是内心的直接语言的时候，就在这上面显示出音乐的真正特质在一定程度上远胜于一切的形式主义。

在歌剧发展过程中有那样一个方向——由于格鲁克及其继承人把音乐的这一最

---

① "高贵"初版作"走运"。

高贵的素质**原则性地**提高到了戏剧的主宰的地位，如果我们把这个方向叫做**沉思**的，那么我们就要反过来把另一个方向称之为**天真**的，这一个方向，——特别指意大利歌剧院的——由于具有走运才能的音乐家无意地而且完全自发地把这种素质置于实力的地位。那一个方向的特色是在巴黎，作为移植的产品，面向一批群众被培育出来，这批群众，本身完全是非音乐性的，与其说是赞赏语言本身的富有感情的内容，不如说更倾向于精心安排的、光彩夺目的辞令；反之，这一天真的方向，永远从属于现代音乐的家乡，意大利的儿子。

如果说也有一个德国人凭借最高的光辉显示出这一个方向，那么他崇高的声誉恰好是由于这样的原因而获得的，那就是他艺术的资质具有光明的水平镜面不遭污染的、洁白无瑕的澄澈，意大利音乐特有的最美的花朵就对镜敧侧，以便——正如在映像中一样——来一番自我观照、自我认识和自我爱慕。可是这一面镜子只不过是渴慕和欲求的深而且大到无边的海洋的表面，它从它特质无可估量的富藏延伸到它的表面，就好比是延伸到它内容的表白，以便从那美好的现象的多情的问讯获得形象、形式和美，而这个现象又好比是抱着认识它自己的气质的渴望向它俯首凝视的。

谁要是想在**莫扎特**身上看出那个实验的音乐家，为了解决例如歌剧的问题，从事一次又一次尝试，他就不妨——为了使错误取得均衡——把另一个放在他身边，例如门德尔松，当他违反自己的能力，迟疑地、畏怯地而且犹豫地从极远的远处一步一步向歌剧走近的时候，把天真算在他名下。[①] 那个天真的、真正是精神振奋的艺术家凭着热烈的轻率冲向他的艺术作品，到了这一件艺术作品完成了，到了它向他呈现出它的真相的时候，他才从他的经验获得他沉思的真正的力量，一般而论这是防止他陷入错觉的力量，然而在特殊情况之下，也就是说当他由于兴奋又对艺术作品跃跃欲试的时候，它对他的威力又终于不免完全丧失干净。说到**莫扎特**有关他作为歌剧作曲家的经历，最特别的就是那不加思索的毫无选择。他总是那样投入他的工作：他难得想到那给歌剧打基础的美学的难题，以致他更多的是用最大的无拘无束对待任何摆到他面前的歌剧脚本的谱曲，甚至于根本不管这本剧词对他作为纯粹音乐家是不是值得花费心力。我们试把所有保存起来的他东一句西一句的美学意见和言论集中起来看一看，所有他的深思熟虑的程度，也不会高过他关于他的鼻子的著名的定义。他作为音乐家是那么完全和圆满，什么也不是，就只是音乐家，以

---

① 这两件事都是引论中提到的那篇关于"现代歌剧"的论文的作者干的。（瓦格纳）

致我们在他身上也能够最明显、最令人信服地认识到音乐家对诗人的唯一真实和正确的态度。对音乐来说最重要又最有决定性的东西，他恰好无可争辩地在歌剧里面做出来了，——在歌剧里面，在塑造形象上好像是用诗一样的绝对权力来发挥作用，他是远远谈不到的，他所做的恰好仅仅是他根据纯粹音乐能力所能做的，然而正是通过最忠实地、最纯净地吸收了诗人的意图，——不管它是存在何处又是怎样产生的——他的纯粹音乐能力却可以把它发展到那么丰富，以致我们在他的绝对音乐创作里面，主要也就是说在他的器乐作品里面，看不到像在他的歌剧里面那样，音乐艺术被发展到那么广大和丰富。他那纯粹音乐的本能，即他那艺术特质的自然而然地具有的伟大、高贵和深沉的简洁，使他在诗作软弱无力而又平淡无奇的地方不可能作为作曲家造出使人喜悦和陶醉的效果。这一位所有音乐家中间最有才华的音乐家是多么不懂得搬弄我们时髦的音乐魁首的玩艺，在浅薄而又凡庸的基础上盖起金光闪闪的音乐楼阁，在全部诗作空洞无物的地方，扮演倾倒的、感奋的角色，以便更加淋漓尽致地显示出，音乐家才是真正的头面人物而且无所不能，甚至于从无创造有——完全像万能的上帝一样！噢，看起来莫扎特是多么使人衷心爱慕而且值得崇拜，**他**竟然**不能**做到，给《狄托》配上《唐璜》一样的音乐，给《女人心》发明一套《费加罗》一样的音乐：要是真的这样做了，那该会多么可耻地丢尽音乐的体面啊！——莫扎特连续不断地谱写音乐，然而除非他受到精神的感应，他写不出**美妙**的音乐。如果说这种感应必须发自内心，必须从固有的才能出发，那么也只有当这种感应从外界点燃，当那值得爱好的对象向他内在的神圣的爱的心灵现身说法，而这种对象又使他热烈到忘我的境界，把它拥抱起来的时候，然后才能够在他身上发出光辉而且照耀一切。

这样一来，正是所有音乐家中间最绝对的音乐家，**莫扎特**，早就一清二楚地解决了歌剧问题，亦即最真的、最美的与最完善的问题——给戏剧的编写帮了忙，亦即每当**诗人**遇到了他的时候，便是他作为音乐家恰好可以有所帮忙的时候。然而诗人却没有同他相遇：只有迂腐到使人发闷的，或者是存心要卖弄风情的歌剧脚本制造家时而给他送去一些咏叹调、二重唱和重唱的词供他谱曲，然后他就根据这些东西能够唤起的那点温暖把它谱入音乐，使它根据它的内容力所能及地领受到那最适当的表现。

这样，莫扎特就只不过是证实了音乐的永不枯竭的能力，以其简直不可思议的丰富使它的表现能力去适应诗人的每一要求，而且在他完全未经深思熟虑的工作程序上，这位卓越的音乐家也在戏剧表现的真实性上，在它动机构成的无穷多样性上，都比格鲁克及其所有继承人在远远丰富得多的规模上发挥了音乐的这种能力。但有些原则性的东西，在他的影响和创作中很少表现出来，以致即使以他天才的强大的奔放，对歌剧的**形式**结构也实在完全没有触动：他只是把他音乐的烈火洪流注入歌剧的形式，形式本身却过于软弱无力。它不能控制这条洪流，而是由它从它那里奔腾而去，它就在越来越自由而不受限制的范围内依照它自然的要求四处扩张，直到我们在贝多芬的交响乐里面看到的那样成为汹涌澎湃的汪洋大海。正当音乐道地的能力在纯粹器乐里面发展成为无从估量的力量的同时，那些歌剧形式就像烧过的围墙一样，光秃秃的，冷冰冰的，保持着它的老样子，盼望着新的客人，让客人在它那里安排他临时的住家。一般而论莫扎特只是在音乐史上具有那么令人惊奇的重要的意义，可是这无论如何不是就特殊的一方面，即作为独立的艺术品种的歌剧的历史方面来说的。就它不自然的存在而论，歌剧并不是同它性命攸关的现实必然性的规律联系在一起的，因而很可能作为凑巧的猎获物落在每一个领先的最好的音乐冒险家手里。

对于那所谓的莫扎特继承人的艺术创作提供的不愉快的景象，我们可以理直气壮地一瞥而过。有相当一批作曲家自以为莫扎特的歌剧是可以从形式上去模仿的东西，同时当然是忽略了，不知道这种形式本身是一无所有的。莫扎特的音乐精神就是一切：要用陈腐的布局来模仿天才的创造，那可是谁也不曾取得成功的。

*　　*　　*

在这些形式里面还有剩下来的一点需要加以说明：如果说莫扎特曾经借助于那不受干扰的天真把它那纯粹音乐艺术的内容发展到极度的繁荣，那么整个歌剧制度的真正的根基，与其产生的渊源相适应，还需要在其同一形式上采用毫不掩饰的、赤裸裸的坦白态度加以宣示；这就是说还得一清二楚而又直截了当地向世界说明，歌剧的起源和存在，究竟应该归功于对艺术的什么样的企望和要求；说到这种企望的出发点，它根本不是面向真正的戏剧，而是面向一种——通过舞台的装置仅仅是加上香料的捞什子——根本不是激动人心而且内在地催促苏生的，而是仅仅在于陶醉与浅薄的逗乐的享受。在**意大利**，亦即由于这一种——当时还是不自觉的——要求产生了歌剧的地方，终于要凭充分的自觉与这种要求相适应。

在这里我们必须更切近地回到**咏叹调**的实质上去。

自从咏叹调谱写出来的整段时间里，这一种艺术形式的基本性质始终显示出一种绝对的音乐性。民歌是从一种诗歌艺术与声音艺术直接紧密地连合成长起来的、同时发挥共同效果的艺术中产生的，它是一种我们认为与唯一可以这样理解的、故意构造起来的，几乎不能称为艺术的文明艺术相对立的艺术，它也许不妨这样加以概括，即人民精神通过艺术的才能的不能自已的流露。在这里语言和声音合为一体。人民从来就没有想到过离开歌词来唱他的歌，对人民来说，没有韵语就没有声腔。如果说随着时间的推移和种族的分化，声腔有了变体，那么韵语也同样发生变化；任何的分离对他们来说都是不能理解的，在他们心目中这两者是互相从属的整体，就好比男性与女性一样。奢侈人只从远处倾听这种民歌；他从豪华的宫殿听那结队走过的收割人的歌唱，凡是从草地上传到他金碧辉煌的房屋里去的不过是曲调，韵语则是在下边消失了。如果说这种曲调是花朵的迷人的**芳香**，那么韵语可是这朵花的**本体**，连同它那温柔的生殖机关。奢侈人只是片面地用他的嗅觉，却不想用他的眼睛协同动作，他只能吸取花朵的芳香而且人工地蒸馏成香水，用小瓶子把它装起来，以便随心所欲地带在身边，给他自己和他那华贵的家具洒上去，他高兴怎样就怎样。为了**亲眼**赏花，他就不得不走近花丛，要走出他的宫殿，走到森林草地上去，穿过横枝密叶，你说这位高贵的、享惯了福的人会有这样的要求吗？他现在也用这一种好闻的酵素去喷洒他生活的沉闷无聊，他内心感觉的空洞和虚无，至于从这样一种不自然的胚胎产生的艺术的产品，不是别的，它就是**歌剧咏叹调**。不管它怎样形形色色、生拉硬拽地勉强凑合，它永远是毫无出息的而且始终只是它自己。它过去是怎样的，将来也不可能变出另一个样子：一种纯属音乐的酵素。咏叹调整个轻飘飘的躯体都迷失到旋律中去；它将被人唱出来，最后还被人在小提琴上面拉出来而且照这个调子吹口哨，根本不让人觉察到，它还有一篇韵语做基础，更不用说文字意义了。可是为了给它提供任何一种实体依附的材料，这种芳香越多地进行各种各样的实验——其中神气的则是戏剧的严肃的借口——就越发使人感到它是受到脆弱的、异样的混合的侵袭，是的，在放荡的强烈和娇媚方面它是被消除掉了。现在有人要给这种芳香，像它那样不自然的样子，重新赋予一个实体，这个实体，像它那样是仿造的，却要起码做到尽可能地模仿那天然的躯体到乱真的程度，这一天然的躯体让源于自然富藏的芳香作为本体的精华散发在空中；这种**人工花朵**的非凡巧妙的制造者，用天鹅绒和丝绸剪出花朵的模样，涂上令人迷惑的颜色，至于它那干瘪的花萼却被洒满那香料酵素，以致它一发出香气，就差不多像真花一样。——这样的一位大艺术家就是**乔亚基诺·罗西尼**。

在莫扎特那里，那种旋律的芳香在一种美妙的、健康的、完全与自己融为一体的、艺术的人性孕育之下，得到了那么肥沃的土壤，以致它从这种人性出发自己重新开出道地艺术的名花，使我们沉浸在最深的灵魂喜悦之中。也只有当那与他契合的、健康的、纯粹人性的东西以诗的资格同他那完全音乐的天性结成伴侣的时候，才能在莫扎特那里找到这样的一种滋养。而且如果这种现象反复同他会合，那就几乎只可以说是幸运的巧合。到莫扎特被这位给予人无数灵感的上帝遗弃时，那种芳香的人造品只能够勉强完成，而且只能是缺乏真正的、必要的生命的东西，终归又落得个仿制的下场；不管是怎样大花力气培育出来的旋律，终于病倒在那没有生命的、冷冰冰的形式主义上面，这就算是那早夭的逝者所能留下的遗产的唯一的继承部分，因为他一死，就连他的——生命一起带走了。

罗西尼在他盛年的繁荣的初期所体察到的东西，不过是死亡的收获。他一瞥见那严肃的、法国的所谓戏剧性歌剧，凭他青年的生活兴趣的慧眼，他认出那是一具排场的尸体，即使是那铺张扬厉、独往独来的斯蓬蒂尼也无法使之复活，因为他——像是为了庄严的自我赞美——已经活活地把自己涂上了防腐药膏。凭着对生活的大胆直觉，罗西尼也从这具尸体揭开了华丽的面具，像是要探究一下他往昔的生命的根由：透过那冠冕堂皇的衣饰的一切豪华，他发现了这一点——也是这一套磅礴的气派的真正的命根子——**旋律**。如果他看一看土生土长的意大利歌剧和莫扎特的继承人的作品，他所能觉察到的始终也不外乎是死亡——在毫无内容的形式中的死亡。作为形式的生命从死亡那里派生出来的则是**旋律**，——干脆就是旋律，没有任何性格的提示，要是它注视一下从它那里派生的那些未完工的、勉强摆弄的以至半生不熟的东西，它总不免觉得是虚伪的。

可是罗西尼是要**生活**的。为了能够活下去，他很懂得，要同那些有耳朵去听他的人们打交道。作为歌剧里面唯一有生命的东西，就是他笔下产生的绝对的旋律；于是他就一心一意去揣摩，他必须弄出什么样的旋律，才能得到人家的倾听。他撇开那迂腐的总谱货色，听一般人是怎样不要乐谱在唱歌的，而他所听到的却正是从整套歌剧机关那里最不经心地传到耳朵里去的东西，**那就是赤裸裸的、悦耳的、绝对旋律化的旋律**，这就是说纯粹是**旋律**，此外什么也不是的、传到耳朵里去的旋律——人们不知道为什么人们跟着唱——人们不知道为什么今天的和昨天的换着唱而且明天又忘掉——人们也不知道为什么当我们愉快的时候听起来却像是忧伤的，当我们烦恼的时候听起来却是愉快的，我们明明是哼着这个调子——我们就是不知道：为什么？

这样的旋律就是罗西尼打发出来的，而且，——你看！——歌剧的秘密也就公开出来了。凡是内省和美学思考所构想的东西，罗西尼的歌剧旋律都把它拉扯在一起，以致它活像空虚的妄想一样东飘西荡。"戏剧性"歌剧的遭遇也并不两样，正如科学之与那实际上由一种糊涂的观点做它的基础的种种问题，在彻底探索的过程中只是越来越糊涂，越来越难解决，到头来只好由亚历山大的宝剑给他的作品来作处理，对准皮革的结节中心砍下去，使得成千的皮条向各方面纷纷散落。这支亚历山大的宝剑就是赤裸裸的行动，而这样一种行动是由罗西尼做出来了，他使世界一切歌剧观众都成为那完全确凿无疑的真理的证人，证明人们只愿意听"美妙的旋律"，在此之前却有糊涂的艺术家出过好主意，要通过音乐的表现去传达一部戏剧的内容和意图。

全世界都为罗西尼的旋律向他欢呼，因为他非常出色地懂得运用这一种旋律去制造一种特殊的艺术。形式的一切结构他都完全抛在一边；反之他手头所有的最简单、最枯燥、最一目了然的东西他却加进完全始终一贯的内容，亦即它所唯一需要的内容：它者，麻醉性—迷醉性的旋律也。对形式完全置之不理，正因为他从来不沾手，只是把他的全部天才用到寻开心的戏法上面去，变来变去总是在这些形式范围之内。那些歌唱家，原先是不得不在沉闷的、言之无物的剧词的戏剧表情上下功夫的，现在他对他们说："对付那些词句，随你高兴怎么办就怎么办，可是首先可别忘掉，让群众为你们那逗乐的走句和旋律的穿插拼命喝彩。"谁会比歌唱家更愿意听他的话呢？——那些器乐家，原先是整齐步调，尽可能机敏地借助协调的合奏对那激越的唱段进行伴奏的，现在他对他们说："放松一点吧，首先可别忘掉，我给你们每一位提供机会，让群众为你们的个人技艺鼓掌叫好。"谁会比器乐家更热心地对他表示感谢呢？——歌剧词作家，原先是在戏剧作曲家任性固执的安排之下呕心沥血的，现在他说："朋友，你喜欢什么就干什么吧，因为我再也用不着你了。"谁会比歌剧词作家为免除这样吃力不讨好的差事对他更为铭感呢？

可是谁会比歌剧院所能容纳的整个文明世界更为广泛地为这一切功德去歌颂罗西尼呢？而且谁会比他们有更多理由去歌颂呢？还有谁，积聚了那么多的财产，会比罗西尼更愿意对他们表示衷心的好感呢？——如果他打听到，这一个城市的群众特别喜欢听女歌唱家的走句，另一个城市正好相反，更喜欢听缠绵婉转的唱段，那么他就为第一个城市的女歌唱家尽写走句，为第二个城市尽写缠绵婉转的唱段。如果他知道了，**这里**的人喜欢听乐队里打鼓，那么他立刻就让一部乡村歌剧的序曲用滚鼓开头；如果人家告诉他，说**那里**的人热爱重唱曲中的渐强，那么他的歌剧就采取不断反复渐强的形式。——只有**一次**他为他的讨好感到后悔。有人向他建议，为那不勒斯作曲得细致一点：他那功夫下得比较扎实的歌剧居然不合口味，因此罗西尼打定主意，一辈子再也不考虑细致的问题，即使有人向他这样建议也不听。——

如果说罗西尼无视他处理歌剧的巨大的成绩，当他笑着向人们当面叫嚷，他已经发现了他所有的前人只是迷乱地四处摸索的歌剧的真正秘密的时候，那丝毫也不意味着他有什么浮夸与傲慢的自负。当他声称，要把即使是最伟大的先行者的歌剧——甚至于连莫扎特的《唐璜》也不例外——一概打入冷宫，只是一件轻而易举的事，而且是用相同的主题依照**他的**方式再谱写一次，那也决不是什么骄傲自大，而是说出了完全有把握的本能，知道群众所要求于歌剧的，究竟是**什么**。事实上，我们那些音乐教徒对一部罗西尼式《唐璜》的出现，只能是看到出尽他们的洋相完事；因为事情一定可以这样预料：面对实在的、有决定意义的戏院观众，莫扎特的《唐璜》——即使不是永远，起码在相当长的时间内——说不定要对罗西尼的那一部表示退让。因为罗西尼在歌剧问题上放上去的才是决定的砝码：他把歌剧连皮带毛诉诸**群众**；他用他的愿望和倾向使得这伙群众成为歌剧的实实在在的原动力。

假如歌剧群众真的具备了**人民**的性质和意义，依照这一个字的正确的含义，那么罗西尼就必然会在我们心目中作为艺术领域的最彻底的**革命家**而出现。就我们社会的一部分相比而论，他们却不过是人民的一种不自然的赘疣，从他们社会的多余性，不错，有害性，来看，只能算是毛虫窝，它干的是咬烂自然的人民树上那些健康的、滋养的叶子，大不了是从它获得生命力，以便变出一群轻薄的、飞舞的蝴蝶，增加一点暂时的、奢侈的物事，——面对这样一种人民渣滓，他们落在成为污秽的粗野的沉积物上面，只能闹些伤风败俗的排场，然而永远不能提高到真正的、美好的人类教育的地位，——这样一来——为了定出一个恰切的术语——就我们的**歌剧观众**相比而论，罗西尼归根结蒂不过是**反动派**。对于格鲁克及其继承人，我们却应该把他们看作方法论的、原则性的，就其主要的成绩而论则是毫无权力的**革命派**。名义上是奢侈，行动上却是歌剧唯一真实的内容及其一贯的发展。**乔亚基诺·罗西尼**对格鲁克的信条的革命准则的反动，正如**梅特涅侯爵**——他的伟大的保护人——那样卓著成效。梅特涅对自由主义革命派的信条的准则的反动，名义上是不人道的，实际上却是欧洲国家制度的唯一内容及其彻头彻尾的贯彻。自由主义革命派是在这种国家制度的**范围之内**，并不全部废除它那不自然的内容，却要采取宣示这种内容的种种形式去树立人道的和理性的东西。正如梅特涅凭他充分的理由把国家理解为**绝对的君主政体**而不是其他，罗西尼也同样以并不差劲的彻底性把**歌剧**只理解为**绝对的旋律**。两者声言："你们想要国家和歌剧，这里就是你们想要的国家和歌剧——其他是没有的！"

实在的**歌剧史**是同**罗西尼**一起完结了。它之所以完结，在于它本体的不自觉的胎芽发展成为最无掩饰的、自觉的丰富，在于音乐家凭他漫无限制的全权成为这种艺术作品的绝对主宰，在于戏院观众的口味被公认为处理问题的唯一准则。它之所以完结，在于戏剧的每一个提示都从根本上被排除掉了，在于给歌唱的演员提供无条件的、悦耳的唱功的发挥被当作它唯一的任务，在于它建立在这上面的对作曲家的要求被认为是不可转让的权利。它之所以完结，在于广大的音乐公众把那完全缺乏性格的旋律唯一理解为音乐的内容，把歌剧乐曲的松散的拼凑理解为音乐形式的组合，根据他们还保留着的印象把歌剧晚会那种麻醉性的、使人陶醉的作用理解为音乐的唯一实质。它之所以完结——在于那一天，当那位被欧洲奉为神明的、在奢侈的、极度铺张的氛围中笑逐颜开的**罗西尼**认为适当的时候，对那避世的、隐藏起来的、情绪恶劣的、被认为是半疯的**贝多芬**进行一次——拜访，后者却——没有回拜。当那个意大利的浪子那贪婪地东张西望的眼睛不由自主地凝视着他难于领会的对手那受尽痛苦折磨的、相思成病的——然而到死保持勇气的眼光的时候，它会发觉到什么啊？美杜莎头上那堆乱得使人心惊肉跳的头发①谁也没有看个仔细的，要是真的对他一抖动，不死才**怪**呢！——总之这一点是确实的，歌剧是同罗西尼一起死掉了。——

* * *

从大城市巴黎出发，那里最有教养的艺术行家和批评家直到今天还是不能理解，在像贝多芬和罗西尼那样著名的两位作曲家之间究竟应有怎样的差别，有如**这样**一种，这一位把他天赋的才能用在歌剧的谱写上面，那一位则用在交响乐上面，——从现代音乐智慧的宝座出发实在也应该给歌剧一服神奇的续命汤啊。生存的执着是非常强烈地蕴藏在一切事物之中的。既然歌剧是存在的，好比拜占廷帝国一样，既然这个帝国存在了，它也会照样存在，只要那些不自然的条件一天在延续，因为它们——骨子里是死亡了——究竟还是留着一条命。直到最后，没有教化的土耳其人来了，他们从前已经结果过一次拜占廷帝国的性命，而且是那么粗暴，把他们的野马牵进辉煌的、神圣的索非亚教堂里面，把教堂当马槽使用。

当**斯蓬蒂尼**认为歌剧将与他同归于尽的时候，他弄错了，因为他把歌剧的"戏剧方向"当作它的本质，他忘记了罗西尼所具有的可能性，他能够完全提出反面的证据。当罗西尼摆出远为重大的道理认为歌剧在他手上已经完工的时候，他的错误

---

① 美杜莎，希腊传说中的三女怪之一，一根根头发是一条条毒蛇，谁要见到她，就会化为石头。据说贝多芬的头发是难得梳一次的，所以有人称之为美杜莎的头发。——译者

虽然小一些，因为他认识歌剧的本质，一清二楚地提出了证明而且得到了普遍的贯彻，从而能够假定，还可以做的只是模仿，不可能再有所超越。然而一到他认为从歌剧迄今为止的一切方向出发不可能凑合出一幅漫画，它不仅得到公众的承认，就连具有艺术批评眼光的人物也可以把这作为歌剧的一种新的和重要的形式而予以接受的时候，他也估计错了；因为当他们全盛时期他还不知道他迄今为止为之谱写音乐的银行家居然会异想天开，自己动手来作曲。

噢，他多么生气啊，本来是那么轻率的大师，变得多么愤懑，多么懊恼啊，即使不论天才，仅就利用公众的艺术鄙陋性的巧妙手腕而论，他也眼看被人压倒了！噢，他是怎样"放荡的、该受惩罚的"、被排挤的高级情妇，怎样的充满了受辱的怨恨的郁闷，当巴黎歌剧院院长趁着刹那间出现的静默，请他再给巴黎人吹点东西的时候，他回答他说，"不到犹太人连同他们的节日收场之后"，他不会先行回来！——他必须认识到，只要一天上帝的全知全能统治着世界，万物都得受到他的惩罚，就连他向众人说过的有关歌剧问题的老实话也不例外，——而且，为了承当那自作自受的赎罪，他将要做鱼贩和教堂作曲家。——

只有走完前面的弯路，我们才能够到达对于最现代的歌剧的特质的使人了解的陈述。

三

罗西尼以后的歌剧史基本上再也不是什么别的东西，它只不过是**歌剧旋律**史，旋律的解说从艺术投机的立场出发，旋律的演唱则从追求叫座的立场出发。

罗西尼博得巨大成绩的经历，自然而然地使得作曲家抛弃了对咏叹调戏剧性内容的探索，抛弃了给咏叹调赋予一贯的戏剧性意义的尝试。

既然咏叹调的整体骨架转化入旋律中去了，**旋律本身的特质**现在就束缚了作曲家的本能以至思考。人们不得不感觉到，群众从格鲁克及其继承人的咏叹调中也只是在这一程度上得到启发，即那通过剧词基础标示出来的一般感觉，是在这种咏叹调的纯粹旋律部分得到表现的，而这种表现一般说来又只限于作为绝对悦耳的曲调显示出来。如果说这一点在格鲁克身上已经完全清楚地向我们展现出来，那么在他的最后一位继承人斯蓬蒂尼身上就更加了如指掌了。他们全体，这些严肃的音乐戏剧家，如果他们把他们音乐的效果更多地算在由他们铺垫的戏剧意图的实现的名下，而不是算在他们咏叹调的纯粹旋律性的精髓的账上，他们就是或多或少地自己欺骗了自己。当时，主要是在巴黎，歌剧院是美学秀才和上流社会人物的集中地，这些上流人物自高矜持，摆出了风人雅士的样子。大师严肃的美学的志趣是由这一伙群众毕恭毕敬地加以接受的；艺术立法者的全部荣光都围着大师照耀，大师则借助**音响**来编写戏剧，他的群众呢，也许自以为是受到了戏剧的"朗诵"的感染吧，实际上究竟不过是被歌剧旋律的魅力弄得神魂颠倒罢了。到了群众经由罗西尼予以解脱之后，终于放胆公开而且直截了当地承认了这一点，从而证实了一宗完全不容否认的事实，而且论定了那始终一贯的、自然的现象，于是乎可以断言，不仅符合那表面的假定，而且符合那艺术作品的完全艺术上的布局，即音乐是主体、目的和归宿，那只限于辅助性的诗歌艺术，以及一切通过它予以暗示的戏剧意图，永远是不起作用而又一无所有的，反之音乐却通过它独特的力量完全单独发挥一切作用。一切希望在戏剧性上和性格上出点力量的意图，都只能由音乐借助它真正的本领加以歪曲，一旦音乐达到了一个更高的意图，不限于辅助与**协同**动作而是完全单独**发挥作用**，那么这种本领就只是在旋律上畅所欲言，而不是在**共同感觉**的表现上。

所有歌剧作曲家都不得不通过罗西尼的不容争辩的成绩把这一点看在眼里。如果与此相反，可以听任感情比较深刻的音乐家提出答复，那只能是**那样**一些人，他们认为罗西尼式旋律的**性格**不仅是肤浅而又乏味的，而且作为旋律的本质根本是**没有发挥尽致的**。对这样的音乐家必须给他们提出一个艺术的任务，给那无疑是最强有力的旋律赋予美好的人类感情的全部的、饱满的表现，这种表现又是旋律所固有的；在完成这一任务的努力过程中他们把罗西尼的反动——越过歌剧的特质与产生的界限——一直追到源头，亦即咏叹调汲取它的艺术生命的源头；追到**民歌的原始曲调的恢复**。

旋律的这种转变，首先而且以卓越的成绩经过一个**德意志**音乐家之手得以实现。正当一个历史性发展的时期，**卡尔·玛里亚·冯·韦伯**伴随他艺术的成熟得到了成功。当时那觉醒的自由本能，与其说是在人身上以人的资格显示出来，不如说是在人民身上，**以民族的群众**的资格显示出来更为合适。当这种独立的感觉在政治上还没有与纯粹人道的事物取得联系，因而作为纯粹人性的独立的感觉也没有被理解为具有绝对的、非此不可的性质的时候，正如它本身还是不知其所以然一样，它的觉醒也是偶然性多于必然性，因此它还在找寻合法权利的理由，而且相信可以从人民的民族根柢找到这些理由。由此产生的运动实际上更近于恢复而不是革命；它在它极度的迷惑方面表现为古老的和失掉的东西的恢复，到了最近一个时期我们才可以经历到，这样一种迷误是怎样只能够将我们真正人性自由的发展引向新的桎梏。事实是，我们必须认识到这一点，我们现在也已经带着清醒的头脑被推上正确的轨道，而且是使用了痛苦的，然而是有疗效的强制力量。

我无意在这里把对于歌剧的特质的陈述当作与我们政治的发展合拍之事；这里给幻想的任性的效果提供了过于随便的活动地盘，以致于一开始就不会不策划出那些最荒唐的冒险——涉及这一问题已经是发生过不胜枚举的事例的。我所关心的，更多是在于专门从它实质本身说明这一艺术品种中那些不自然的和充满矛盾的东西，以至它那明显的无能为力——为了真正实现它规定的意图。可是那在旋律处理上采取的**民族方向**，在它的意义和迷惑上，最后在它变得越来越清楚从而显示出它的迷误的支离破碎和毫无结果上，同我们最近 40 年间的政治发展相一致的地方实在是太多了，以致这种关系不可能被忽略过去。

在艺术上，正好比在政治上，这种方向有它显著的一点，那就是作为这种方向的基础的错误，在它原先自然流露的表现上是具有诱惑性的美丽的，可是在它自私鄙陋的有限的强项上却显示出可憎的丑恶。它之所以美，是在那受拘束的自由精神从它身上流露出来的一段时间内；现在呢，自由精神实际上已经把它压倒了，只有卑鄙的利己主义还在人为地把它支撑着。

在音乐上，民族方向之所以具有那么多真正的美，是由于音乐的性格根本更多的是在一般的而不是特殊的感觉上显示出来。在我们**吟诗作赋**的浪漫派那里，拿罗马—天主教神秘的挤眉弄眼的伪善和封建骑士的调情献媚来表现自己，在音乐方面就拿家乡内在的、深沉而又悠长的、高雅浓丽的曲调来抒发感情，——作为曲调，那是从临近消逝的天真的人民精神真正的、最后的灵魂气息听来的。

罗西尼那些使全世界入迷的放荡的旋律，对那位一切都觉得可亲的《魔弹射手》的音诗人，是令人憎恶地刺痛了他感情纯粹的艺术家心脏的；他不能承认，在**那些旋律**里面有真正旋律的源泉；他必须向世界证明，它们不过是这个源泉的浑浊的水流，泉源本身却要懂得的人去找出来，它还在那里一片清澈地流淌着。当初那些高雅的歌剧创始人对民间歌唱仅限于随便听听，现在韦伯却是聚精会神地倾听的。如果说美丽的民间花朵的芳香从森林草地上侵入奢侈的音乐世界的华屋，以便在那里蒸馏成便于携带的香精，那么观赏鲜花的渴望就驱使韦伯从穷奢极侈的厅堂走下来，走到森林草地上去：在那里他亲眼看到鲜花开在潺潺流淌的清溪的源头，开在卷曲得出神入化的苔藓上面的香气强烈的森林青草之间，开在坚挺老树沉沉作响的枝叶之下。当喜悦的艺术家眼见这种情景，呼吸到这浓郁的芳香的时候，他有怎样的感觉啊！他不能抗拒那爱的促迫，给元气凋丧的人类引向这疗救的观赏，引向这苏醒的芳香，让他从精神失调的病情中得救，把花朵本身从它那神明一般地孕育万物的荒野中抢过来，以便将它作为最神圣的东西奉送给那需要祝福的浮华世界：**他把它摘下来！**——那个倒霉蛋！——他在上面的豪华的厅堂把那娇滴滴、羞答答的花枝插到珍贵的花瓶里去；他每天用从山溪汲来的清水洒在它上面。可是看呀！——那如此纯洁地紧密偎倚的花瓣散开了，像是心在困惫的欢乐那样伸懒腰；它不知羞耻地裸露出它那珍贵的繁育器官，而且以肉麻的不在乎对每一个诡诈的色情狂偷香的鼻子都毫不吝惜。"你怎么啦，花儿？"大师发出灵魂战栗的呼喊："你竟然忘记了那美丽的森林草地，你那么纯洁地生长起来的地方吗？"好花从此一片又一片地让花瓣各行其是；它疲乏而又憔悴地散落在地毯上面；它甜美的芳香的最后一点气息飘送到大师那边去："我之所以死，只是，——因为你把我摘了下来！"——而同它一道死去的则有那位大师。它是他艺术的灵魂，而这种艺术又曾经是他生命的奥妙的依靠。——森林草地上再也没有鲜花开放了！——蒂罗尔歌手从他们的阿尔卑斯山过来：他们唱歌给梅特涅侯爵听；他写些好意的信把他们推荐给各个宫廷，于是所有爵士和银行家都在他们放荡的沙龙里面欣赏阿尔卑斯山子弟的约德尔歌曲逗乐的、变化无常的繁声促节，看他们怎样歌唱他们的"花裙姑娘"。现在那些小伙子唱着贝利尼的咏叹调向他们兄弟的凶杀迈开行进的步伐，还带着他们的花裙姑娘依照多尼采蒂歌剧旋律的节拍手舞足蹈，因为——**鲜花不再生长了！**

德意志民间旋律富有性格的一个特征，是它不大采用短促的、活泼而又特异地运动的节奏，而是更多地向我们显示出悠长的、轻快然而深情眷注的特色。一首德国歌曲，完全没有和声的演唱，对我们来说是不可想象的：不论什么地方我们都会听到至少两个声部的歌唱；艺术本身自然而然地感觉到有一种要求，加上低音和易于补充的第二声部，以便完全得到和声的旋律的结构。这种旋律是韦伯的人民歌剧的基础；它摆脱一切地区一民族的歧异性，富有宽广的、共通的感觉表现，除了最甜美与最自然的内心的微笑之外没有其他的装饰，说起话来通过毫不矫揉造作的优雅的威力诉诸人类的心灵，不管人家属于哪一个民族的轸域，正因为在它里面那种纯粹人性的东西是那样不加粉饰地发之于外。但愿我们在韦伯式旋律遍及世界的影响上更好地认识**德意志**精神的实质及其所臆想的使命，这比我们胡扯一通有关它特殊的质量的谎言会有出息一些！——

韦伯按照这样的旋律塑造一切形象：他完全装满了这种旋律，凡是他体认到的和想要予以再现的东西，他认为在歌剧的整个骨架上能够胜任的或者懂得怎样能够教它在这种旋律上表现出来的东西，即使只通过他用它的气息吹拂它一下，用花萼的一滴露水把它洒一下，他就必然能够造成真实而且准确到惊心动魄的效果。**这样的**旋律就是韦伯当作他歌剧的真正的因素来使用的：通过这种旋律，戏剧的提示在一定程度上得到实现，它使得全部戏剧一开头就像一厢情愿地灌注下去一样，被吸收到这种旋律里面，由它加以消化，在它身上予以解脱，通过它得到确认。只要我们这样对《魔弹射手》作为戏剧来考察一下，我们就不得不断定它的脚本对韦伯音乐所处的地位是与《坦克雷迪》对罗西尼音乐所处的地位完全一样的。罗西尼的旋律成为制约《坦克雷迪》脚本的人物的条件，与韦伯的旋律制约金德的《魔弹射手》脚本完全一样。韦伯在**这里**与罗西尼在**那里**也毫无不同，不过**他**是高尚而且深思的，而这一位呢则是浮薄而且是官能性的[①]。韦伯张开双臂去迎接戏剧，只是限于这种程度——使他的旋律成为心灵的真正的语言，真实而又不加篡改：凡是化入旋律中去的，都经过妥善安排而且保证不受到任何歪曲。至于在这种语言里面，即使它无不真实，可是由于它的局限性终于**不能**说清楚，虽有韦伯的努力也仍然词不达意；他的张口结舌对我们来说正好作为音乐无能为力的诚恳的自白。要想自己真正成为戏剧，也就是说，在它身上转化为真正的、不是徒然为它剪裁出来的戏剧是做不到的；合理的作法是：**它**要反其道而行之，使自己转化入真正的戏剧。·

*   *   *

我们还得继续讲旋律的历史。

如果说韦伯在探索旋律的过程中回到**人民**那边去，而且在**德国**人民身上遇到了天真的、深情蜜意的、幸福的品质，不夹杂着狭隘的民族的怪气，他就大体上指引歌剧作曲家走向一个源头，于是乎只要是眼望得到的地方他都要把它当作颇有价值的清泉进行探访。

首先就是**法国**作曲家，他们在配制他们家乡生长的花草上面想办法。在他们那里，老早已经有那戏谑的或者感伤的"叠句短歌"在吟诵剧的人民舞台上取得了确定的地位。就其性格而论，它更适合于轻松的，或者——也适合于多情善感的，然而决不适合于热烈的悲剧性的表现，它也简直自然而然地决定了它按照优先的意图加以利用的戏剧部门的性质。法国人生来就不是让他的感觉完全转化入音乐里去的；要是他的激动发展到要求音乐的表现了，他就必须同时开口说话，或者至少能够加上舞蹈。叠句短歌唱完了，于是开始对舞；没有这个，在他看来就没有音乐。在他

---

① 就"官能性"这个词而论，我这里是作为"色情"的对立面来理解的。我把它看作艺术作品成为现实的契机。它将从意大利观众的喝彩声中得到阐明，他们会在对一个阉人的歌唱神魂颠倒的时候拉大嗓门冲出这样一句话："祝福那把小刀子！"——（瓦格纳）

心目中，唱叠句短歌的时候**说话**是那么重要的大事，因此他宁可**单打一**，也永远不愿意同别人一起歌唱，否则要说的话就再也不能一清二楚地被人听懂了。即使在对舞的时候，舞人也大都是个别地面对面站着的；每一个人都是各管各的，做他应该做的动作，至于成对的拥抱，只有当舞蹈的性质根本不容许有别的搀入的时候才能发生。就是这样，到了法国的**沃德维尔小戏**，一切属于音乐机器的部件，都通过唠叨的散文的中介拼凑在一起，每当多人同时唱起叠句短歌的时候，便发生了世界上最使人难过的音乐的**齐声**。法国歌剧是扩大的小戏；它那比较大规模的音乐机器是为那所谓戏剧性的歌剧的形式服务的，为其内容的表现，却采纳了炫技的因素，通过罗西尼这种炫技的因素获得了它登峰造极的意义。

这种歌剧最本色的花朵，原来是而且始终是那说多于唱的叠句短歌，至于它**音乐**的精华，则是对舞的节奏性的旋律。法国歌剧作曲家经过有意的深思熟虑回到这一种民族的产物上去，然而这种产物始终不过是戏剧意图的同路人，永远达不到真正同化的程度来加以运用，他们一方面觉察到斯蓬蒂尼式歌剧的死亡，另一方面却又亲眼看到罗西尼颠倒世界的效果，以及那主要属于韦伯的旋律的震动人心的影响。可是那种法国民族产物的生气勃勃的内容已经消失了；小戏和喜歌剧已经从它那里吸取得够长久了，它的泉源已经枯竭到再也不能流淌了。每当渴慕大自然的艺术音乐家侧耳倾听他所想望的潺潺溪水的时候，由于水磨散文式地劈里啪啦响个不停，他什么也听不到了，水磨的轮子是他们自己用水推动的，水又是他们从天然的河床导入木板的水槽流向水磨去的。每当他们想要听人民歌唱的时候，送到他们耳边来的只有他们臭名远扬的小戏机制工业品。

于是乎开始了在外国主宰的国家里面对民间旋律的狩猎。原本韦伯在看到他家乡的鲜花凋谢了，就已经起劲地翻检福凯尔描写的阿拉伯音乐，并从那些音乐里面找出了一支后宫卫士的进行曲。我们的法国人两条腿则更轻捷些，他们仅仅翻阅一些旅行家使用的旅游手册，随即就动身起程，到处去走近听一听，看一看，看什么地方还有一种民间天真无邪的东西，它是什么样子的，它又是什么调子的。我们古老的文明于是复归于稚气，而稚气的老头子却活不长久！——

在美丽的、多受玷污的国家意大利那边，它的音乐肥油已经被罗西尼装出那么高尚的神气舒舒服服地为那瘦弱的艺术世界榨去了，这位无忧无虑、脑满肠肥的大师安坐着，而且带着惊讶的微笑，凝望那些优雅的巴黎的民间旋律的猎人。其中有一个是出色的骑师，当他经过急促的驰骋随即下马的时候，人们就知道他已经找到了一支美好的旋律，它会给他捞到许许多多的金钱。现在这位骑师像着了魔似的穿过那不勒斯市场的所有鱼店和菜摊，周围是一片杂乱，叫嚣和咒骂紧跟着他，威胁的拳头对他晃动着，——于是凭他的本能以闪电般的速度嗅到了一场辉煌的渔民革命和菜贩革命的气息。可是从这里还可以捞到更多的利益！这位巴黎骑师再跑到波尔蒂契去，看望那些天真的渔民的小帆船和渔网，他们在那里唱，在那里打鱼，在那里睡觉和愤怒，同妻子和儿女玩耍，还要扔刀子，互相打架打得死去活来，而且同时总是在歌唱。**奥柏**大师，老实说，那是一次良好的驰骋，比骑上飞马还要好，因为飞马不过是凌空来去，——天空中其实是什么也捞不到的，除了鼻塞和伤风！——骑师打马还乡，下马，对罗西尼来一番非常亲切的恭维（他也许知道为什么吧？），乘特别邮车去巴黎，至于他回到那里一反掌之间制造出来的东西，那也不外乎是《波尔蒂契的哑女》。

——这个**哑女**现在变成了戏剧的一言不发的缪斯，在歌唱和狂怒的群众中间孤单愁苦地，带着一颗碎了的心走过去，忍受着生活的烦恼，让她和她那无可解救的痛苦最后在剧场火山的人为的愤怒中窒息而死！——

罗西尼从远处望着那辉煌的骚乱，当他要去巴黎旅行的时候。他认为到瑞士积雪的阿尔卑斯山下休息一阵子倒不坏，而且不妨仔细听听，那些健康、勇敢的年轻小伙子是怎样经常在音乐中同他们的山岭和母牛谈心的。到他来到巴黎了，他对**奥柏**来一番他最亲切的恭维（他也许知道为什么吧？）而且充满父亲的喜悦向世界介绍他新出世的幼儿，这是他凭幸福的启示以《**威廉·退尔**》命名的。

《波尔蒂契的哑女》和《威廉·退尔》现在就成为两个轮轴，整个思辨的歌剧音乐世界都不停地绕着它们转动。一种利用电镀来保存歌剧半腐烂的躯体的新的秘诀给找到了，歌剧又能够继续活下去，只要你能够利用上什么民族的特色就行。大陆的所有国家都搜索过了，每一个征服地区都不免遭到掠夺，每一个人种都被吸尽了他音乐血液的最后一滴，那提炼出来的精华，则被当作广大的歌剧世界老爷和盗贼的娱乐，像闪眼的焰火一样肆行挥霍。德国的艺术批评家可以认识到歌剧朝着意义重大的目标接近；据说它已经走上"民族的"方向，不错——随你方便——甚至于走上了"历史的"方向。如果整个世界都发疯了，德国人正好可以兴高采烈；因为他们越发有可以暗示的、可以猜测的、可以思索的，最后——为了使他们过瘾过个够——还有可以分类分等的！——

我们不妨考察一下，**民族性**的东西是怎样对旋律起作用，通过它又是怎样对歌剧起作用的。

民俗性的东西从来就是一切艺术的生殖的源泉，只要它能够——摆脱一切的攘夺——自然提高成长到艺术作品的程度。在社会上，正如在艺术上一样，我们只能靠人民吃饭，虽然我们并未意识到这一点。我们从距离人民极远的远方领受我们靠它活命的果实，把它当作天降的恩赐，赐给我们这些天赋特权的和精选的人物：富翁和天才。它完全是凭上天的旨意从天下落到我们嘴巴里来的。可是当我们把这些恩赐受用一顿之后，我们只得饿着肚子去寻找地上的果树，像是蒙受天恩的强盗一样动手抢起来，凭借大胆的、横暴的自觉去抢夺树上的果实，根本不管我们是不是种植过或者培育过；是的，我们还亲自把果树砍倒——连根都挖出来了，为了看一看，看它经过人工的调制是不是美味可口或者至少能够咽下去。这样就把整个人民的美丽的自然森林弄得支离破碎、百孔千疮，以致我们**同它**站在那里就好比是赤身露体、忍饥挨饿的叫化子。

由于歌剧音乐意识到它生机的全部丧失和它一切液汁的枯竭，于是乎它也扑到民歌身上去，一直吸到了它的深根，然后把果实的纤维的残渣编入令人作呕的歌剧旋律，当作寒酸的、损害健康的粮食抛给遭劫的人民。然而连它自己，歌剧旋律也没有任何获得新养料的希望；凡是它能吞吃的东西，它都全部吃掉了；没有可能的新的孕育，它生机断绝地没落了：它带着垂死的饕餮的绝望的恐怖在自己身上乱咬一气，这样一种丑恶的乱咬在德国艺术批评家笔下就被称为"对更高的性格描写的追求"，在这之前那种遭劫的人民果树的翻腾则被称之为"群众的解放"！——

要理解道地民俗性的意义，歌剧作曲家是不能胜任的；要懂得这一套，他本身就得从人民的精神和观感出发工作，这就是说从根本上必须自己成为人民。他当时所能理解的只是那**奇特**的东西，而民俗性的东西的特色所显示给他的即寓于这种奇特之中，而且这个就算是**民族的**。民族性的色彩，在较高的地位上已经完全消褪了，只是仍然生存在人民的**某些**部分中，附着于田野、河岸或山谷的土壤上，由他们特色的种种有出息的交流保存下来。因此只有一种僵化而且定型化的东西才落到那些榨取者的手里，——而在他们手里，——为了听从奢侈的任性加以利用——它还得榨出它那生殖机关的最后一条纤维，结果只能成为**时髦的古董**。正如人们在时装方面搬用异国的、迄今未受注意的民族服装的每一合意的细节做成不自然的装束一样，在歌剧方面，也就有把个别的、脱离借来的民族的生活的线条织入旋律和节奏，装到过时的、毫无内容的种种形式的斑斑点点的骨架上去的情形。

话又说回来，这一套工作方式对这一种歌剧的经营毕竟发生了并非无关紧要的影响，这也就是我们现在应该更进一步加以考察的：歌剧中各种表演因素之间的关系的变化，如前所述，亦即被理解为"**群众的解放**"的那种变化。

四

每一个艺术流派都是在它赢得精密、明确和准确的造型能力之后，完全照它繁荣的程度哺养自己的。人民当初面对大自然影响深远的奇迹，以他抒情的激动的呼喊表示他的惊叹，为了驾驭那引起惊叹的对象，他把那千头万绪的自然现象归结为上帝，最后又把上帝归结为英雄。在这一位英雄身上，作为他自己的气质的浓缩的形象，他看到了他自己，而且在史诗里面歌颂他的事业，然而在戏剧里面他却亲自表演那些事业。希腊悲剧的英雄从合唱队中走出来，回头对大家说道："看吧，一个人就是这样工作和办事；凡是你们在意见和言论里面所歌颂的，我都给你们真实到不容争辩而且非此不可地表演出来了。"——希腊悲剧借助合唱队和英雄把群众和艺术作品捏合在一起；群众举着对自己的判断——作为入诗的见解——现身剧中同时诉诸人民，而且恰巧是在这一程度上戏剧成熟为艺术作品，这正是合唱队那示意的判断在英雄的情节里面不容争辩地表现自己的时候，合唱队从场景中出来全部回到人民中去，而且作为使人物获得苏生、使事情得以实现的情节的参加者——名副其实地——能够成为自主自助的人物。**莎士比亚**的悲剧在这一点上无论如何是超过了希腊悲剧的，它为艺术技巧着想完全克服了合唱队的必要的地位。在**莎士比亚**手中，合唱队溶解到形形色色亲自参与情节活动的个人里去了，他们完全依照他们的意见和地位的同是个人的必要性行事，像主要英雄角色一样，即使他在艺术范围内表面的从属地位只能从与主要英雄角色距离比较远的交接点来表现自己，然而无论如何不是从配角的什么原则性技术性的轻视出发的；因为不论何时何地，即使是最无足轻重的角色，一到他参与主要情节的活动的时候，他就完全依照个人性格的自由的判断行事了。

如果说莎士比亚那些准确而又谨严地刻画出来的人物，在现代戏剧艺术的继续演变过程中越来越多地失掉他们活灵活现的个性，而且缺乏任何个性地下降到单纯的固定的性格面具的地步，这是要算在等级上划一格式的国家的账上的，它用越来越致命的暴力去压制自由人物的权利。这一类内心空虚的、缺乏任何个性的性格面具的影戏，变成了歌剧的戏剧性的基础。藏在这些面具底下的人物越是缺乏内容，人们就越是认为更适合于歌剧咏叹调的歌唱。"王子与公主"，——这是全部歌剧的轴心，当初歌剧绕着它转，而且——照亮着来看个仔细——现在还在绕着它转。一切个性的东西都只能由表面的涂抹加到这些歌剧面具上去，最后，凡是内心上一去不复返地离弃它们的东西，都只好由表演现场的地方特殊性予以补偿。到了作曲家艺术的所有旋律生产力消耗净尽，不得不从民间借用地方旋律的时候，人们终于也向整个地方伸手：布景、服装，以及所有能够填塞进去的东西，能动的环境——**歌剧合唱**，终于成为歌剧本身主要的东西；为了维持可怜的不幸之人在花腔上的歌手生命，不得不从各方面给"王子和公主"照射灿烂的光辉。

这样一来，戏剧的循环就陷入了它致命的屈辱：个人的性格，本来曾经是人民的合唱凝聚到他上面去的，现在却搞成缺乏中心的五光十色、重叠堆砌的一团，这样的一个环境在我们心目中被公认为歌剧的全部庞大的布景的机关，它通过机器、彩绘的幕布和五光十色的服装作为合唱的声音向我们叫嚷："我就是我，我之外就没有歌剧！"

当然，过去高尚的艺术家也曾利用民族性的装饰；然而只有当它作为适时要求的装饰，加给一份通过性格的情节获得生命的戏剧的素材，而且没有插入任何浮夸的渲染的时候，它才能够发挥真正的魅力。**莫扎特**懂得如何恰到好处地给他的奥斯明和他的费加罗赋予一种民族的色彩，却并没有从土耳其和西班牙，或者甚至于从书本里去找寻颜色。那个奥斯明和那个费加罗可是真正由诗人巧妙地设计出来、由音乐家用真实的表情塑造出来、而且由健康的演员毫不失误地呈示出来的个人的性格。然而我们现代歌剧作曲家的那种民族性的配料却不是运用到这一类个性上，而是给那完全没有性格的东西提供一个随便什么性格的基础，实际上，在赋予它生命和维护其权利方面，却是根本无关重要而且苍白无力的存在。一切健康的民间事物都归结到那上面去的尖端，纯粹人性的特色，在我们的歌剧里面一开头就被当作苍白的、毫无意义的咏叹调歌唱家的面具糟蹋掉了，这种面具现在又得通过周围的色彩的回光徒然人为地加上活气，这也就是为什么环境的色彩总是一些最刺眼又最烦人的斑斑点点的原因。

为了使得环绕在咏叹调歌唱家周围的寒伧的幕有些生气，人们就把**人民**，从他们那里把他们的旋律拿过来的人民，也终于带到舞台上来；然而这当然不是**那**创造那些曲调的人民，而是一些训练得百依百顺的**人群**，他们依照歌剧咏叹调的拍子来回迈步。他们所需要的不是**人民**，而是**人群**，也就是说人民的物质的残余。人民的活力早已被榨光了。我们现代歌剧的一大群人的合唱不外乎是剧场的布景机关操纵的行走和歌唱，只是把侧景的无声的排场改变为熙熙攘攘的吵闹。"王子和公主"即使有最良好的愿望，除了他们听过了千百遍的螺旋咏叹调之外再也没有什么可说的。人们终于试图别开生面地去变奏那个主题，让整个剧场从侧景到成百倍加强了的合唱歌手同唱这首咏叹调，而且——唱得越高效果也越发升级——根本再不用什么四部，而是名副其实的狂暴的齐唱。时至今日变成那么著名的"同声"完全了如指掌地揭示出大伙应用的意图的本来的核心，而且当我们听到像那些最著名的现代歌剧最著名的唱段，听到百声部齐唱那古老的陈腔滥调的咏叹调的时候，我们就在歌剧的意义上完全准确无误地听到群众是"解放了"。就是这样，当我们今天的国家使大众穿上士兵制服整营整营地正步行进，向左转，向右转，举枪，敬礼的时候，我们今天的国家也同样是把大众解放了：当迈耶贝尔笔下的"清教徒"起来走向他们最高的顶点的时候，我们就在他们身上**听到了**我们在普鲁士近卫营身上所**看到**的东西。德国批评家——如上所述——就把这称之为大众的解放。——

＊　　＊　　＊

这样"解放了的"环境基本上也不过是一个面具。如果在歌剧的主要人物身上不具备真正有性格的生活，那么这种生活也的确更不可能给灌进那大批的机关里去。从这套机关催生地照射到主要人物身上的回光因此也只有在环境的面具从那边得到外加的一层涂抹的时候，才谈得上任何一种丰盛的效果，而这一层涂抹却又没有看准面具的内在的空虚。至于这一层涂抹，则是人们从**历史的服装**拿来的，它必然会使得民族的色彩更加准确。

也许人们应该认为，此时此地，历史的主题参与之后，不得不给诗人分配任务，使之决定性地加入歌剧的构造工作了吧。可是我们不妨轻易地认识到我们的错误，只要我们想一想，迄今为止歌剧的成长是怎样走过来的，它在它发展的各个阶段是怎样依靠音乐家的绝望的努力，使他的作品保持住人为的存在，甚至于在应用**历史的**主题的时候也不是出自一种非此不可的要求去向诗人表示归顺，而是由于纯粹音乐原因的强迫造成的，——怎样一种强迫呢，那又不过是从音乐家的全部不自然的任务，即在一部戏剧之内意图和表现应该同时提出的任务产生出来的。我们后面还将回到诗人对我们最现代的歌剧的地位上面来；就现在来说，我们不妨从歌剧的、音乐家的真正的动因的观点出发，看他那迷乱的追求必然把他领到什么地方去。

音乐家——不管他想要如何摆弄——如果只能够做出表情而且除了表情之外什么也没有，那么在此情况之下他就必然连对传达健康的、真正的表情的实在的本领也要丧失掉，当他使出他相反的劲头，去亲手描绘他表情的对象，亲自写出诗篇，那就从根本上把它降低到软弱无力的、毫无内容的图式。如果他不是向诗人要求写人而是向机械师要求制造**机器人**，随他喜欢用他的衣服去装裹，以便通过颜色的妖艳和衣服的配置单打一地去卖弄风情，那么，既然他不可能在机器人身上表现人身的温暖的脉搏，他的表现手段也就因此越来越贫乏，最后只能在他服装的颜色和绉褶上面以闻所未闻的多样变化来应付。歌剧的历史服装——是最丰富的，因为它能够随着气候和时代发生万花缭乱的变化，——说实在的只不过是装饰画家和戏院裁缝的劳作，然而这两种人实际上却成为现代歌剧作曲家最最重要的同盟军。音乐家偏偏又想方设法拿他的调色板去为历史服装尽力；奇怪的是他，歌剧的创造者，既然把诗人弄到仆役的地步，为什么不把画师和裁缝也同样置于自己的支配之下？既然他能够把全部戏剧，包括情节和性格，都融化入音乐之中，为什么就不能够把画师和裁缝的图样和颜色在音乐上化为泡影？他有本领做到，把分隔海水和陆地的一切堤坝都摧毁，把一切水门也打开，让戏剧在他音乐的大洪水中一切同归于尽，用画笔和剪刀把它淹死！

音乐家还要完成一项他命中注定的任务，给德国的批评，——如所周知亦即上帝的无微不至的关怀，为了它才把艺术创造出来的批评，——送来一种"**历史音乐**"的礼物的快乐。他那崇高的名誉鼓舞着他，使他很快就找到了适当的东西。

"历史的"音乐听起来究竟应该是什么样子的呢，如果说要造成这样一种效果的话？无论如何它总得不同于**非**历史的音乐。然而它的区别又何在呢？显而易见的是，"历史的"音乐同当今习惯的音乐是如此之不同，正如往昔时代的服装不同于当代的服装。最聪明的办法就是，看人们怎样从有关的时代忠实地仿制服装，我就毫不走样地也从这一个时代搬用音乐。遗憾的是事情不会那么'顺利'因为在服装上那么耐人寻味的时代却野蛮得很，还没有歌剧：从而无从给他们提供一种通用的歌剧语言。正相反，人们当时是在**教堂**里唱歌的，而这些教堂歌曲是和我们的音乐互相对立的，如果我们今天忽然唱起来，事实上会产生相当令人惊奇①的陌生的感觉。妙极了！把教堂歌曲拿过来！宗教必须转向戏院！——常言道：急中生智。现在是音乐的历史服装之急产生了基督的宗教的歌剧之智。人们为劫掠民间旋律的罪行提出了罗马—天主教的和福音主义—新教的教会赦免，而且是针对那种善行，即人们向教会所表示的善行，这就是，正如从前的大众一样，现在就连**宗教**——为了始终一贯地维持在德国批评的术语上面——也通过歌剧得到"**解放**"了。

这样一来，歌剧作曲家就完全成为世界的救主，无论如何，我们在那深受鼓舞的、不由自我地被自主戕贼的狂热随便摆布的**迈耶贝尔**身上认识了这个现代的救世主，承担世界罪孽的上帝的羔羊。

---

① "令人惊奇"初版作"爆炸性的"。

可是这一种赎罪的"教会的解放"毕竟只能够在一定的条件限制之下由音乐家予以完成。如果宗教想要通过歌剧得到祝福，那它就必须迁就一下，在其他被解放的种种事物中间占有一个特定的、从情理上说是它分内的位置。歌剧，作为世界的解放者，必须支配宗教，而不是宗教支配歌剧；如果说歌剧院应该变成教堂，那也决不是宗教被歌剧解放了，而是歌剧被宗教解放了。为了音乐—历史的服装的纯洁，歌剧无疑应该能够希望只限于同宗教打交道，因为唯一可供应用的历史音乐只是存在于教堂音乐之中。光是同僧侣和教士打交道，必然要损害歌剧的明朗性：因为凡是通过宗教的解放应该加以歌颂的东西，实在只不过是那些歌剧咏叹调，一切歌剧本体的发荣滋长的原始胎芽，它从来不是扎根于对虔诚的集会的要求，而是扎根于对及时行乐的消遣的要求。严格说来宗教只不过是当作作料来使用的，完全像是精心安排的政治生活一样：主要的香料一定始终是"王子和公主"，附带有关的配料有如恶棍、宫廷合唱团和民间合唱团，幕景和服装等等。

这样一套尊贵的歌剧人马究竟是怎样移植到历史音乐中去的呢？

这里向音乐家展开了纯粹的、绝对的发明的不容忽视的灰白的迷雾世界：要求从**一无所有创造万物**。看呀，他是多么迅速地同自己取得一致的意见！他只要注意做到一点，即把音乐不断**稍为变换一下**，与人们依照习惯必须接受的正常的音响有所不同，那无论如何他的音乐就会显得**异样**，于是乎戏院裁缝一番准确的剪裁就可以胜任愉快地把它做成完全"历史性的"。

音乐，作为表情的最丰富的力量，现在是接受了一种崭新的、非常严厉的任务，那就是：对它本来已经造成表现的对象的表现，回过头来通过它自己再来加以反驳；既然没有任何表现价值的对象的表现本身就是**空洞无物**的，在它努力要使自己成为这种对象的过程中重新加以**否定**，那就是要我们那创造世界的理论，即从两种否定产生出某种东西的理论的成果，必须完全由歌剧作曲家做出来。我们把这样产生出来的歌剧流派作为"**解放的形而上学**"推荐给德国批评界。

让我们更为仔细地考察一下这个处理过程吧。——

如果作曲家想要提供一种直接适应的赤裸裸的表现，他所能做的，即使凭他最良好的愿望，也只能是借助于音乐的修辞，这正是我们今天公认为可以了解的音乐的表现；如果他现在企图给它赋予一种历史的色彩，他基本上所能达到的只能是给它一种本来就是异样的、不习惯的陪衬音响，这样一来供他支使的首先当然是比较早些的音乐时代的表现方式，这是他能够随他喜欢加以模仿，而且也是可以依照他主观的衡量加以摄取的。作曲家依照这样一个办法也就从各个不同时代、各种别具风味的风格特点拼凑成一种万花缭乱的隐语，就其适应异样的、不同寻常的努力而论是不算差劲的。音乐语言，只要它脱离了值得表现的对象，而且毫无内容任凭歌剧咏叹调式的任性独霸发言，也就是说尽在又唱又吹哨子的唠叨，那可是实质上完全而又彻底地屈从于赤裸裸的**时髦**，要么就是隶属于这一种时髦，要么就是在幸运的情况之下支配着时髦，也就是说能够把**最新**的时髦引到它跟前来。作曲家原先发明的隐语，为了——讨好那历史的意图——说出来显得**异样**，如果碰上了好运气，又会暂时地回过头来成为时髦，它既然被接受了，忽然间**一点也不再显得异样**，而是成为我们大家都穿的衣服，我们大家都说的语言。作曲家原来是要通过他自己的发明不断努力显得标新立异的，现在却不能不灰心丧气地看到自己是受了妨碍，因此被迫想到采取一种手段，只要他想要完成"历史性的"音乐的使命，他就得横下一条心去标新立异。因此他就得横下一条心，千方百计把那最被歪曲的表现再**在本身**加以歪曲：他必须打定主意，严格说来，凡是他本来要说"是"的时候，一定要说"不"；凡是他应该表现痛苦的地方，一定要做出快乐的样子；他碰到发生乐趣的事情，却偏要哭哭啼啼。的确，这样而不是别样，他才有可能不论在任何情况之下都显得异样、希奇，天知道是从何而来的；他必须直截了当地装疯卖傻，以便显得有"历史性—特征性"。这样一来实际上是获得了一种崭新的因素：对"历史性"的渴望结果走向歇斯底里的颠狂，值得欣慰的倒是这种颠狂照亮起来看清楚了却原来不是别的，它是——我们管它叫什么来的？——**新浪漫主义**。

五

一切真理和本性的歪曲，正如我们从法国的所谓**新浪漫派**在音乐表现上的推行所看到的那样，是从声音艺术完全离开歌剧的某一领域产生出来的，这种歪曲又加上一种似是而非的辩护，而这首先又是一种滋养的材料。这些东西凑在一起，给它加上**贝多芬的误解**的标签，我们是易于理解的。

值得注意的、非常重要的是，直到最近，对歌剧的结构起着真正的、决定的作用的一切，都是**出自绝对音乐的领域**，与诗歌艺术毫无关系，或者说与两种艺术的健康的共同作用毫无关系。正如我们所发觉的那样，从罗西尼与歌剧的历史的关系上说，不妨肯定的只不过是他把歌剧的历史缩小成为歌剧**旋律**的历史，那么我们在最近一个时期也同样看到，所有对歌剧的越来越富于历史性—戏剧性的调度的影响，始终是从作曲家出发的，他迫切追求的就是使歌剧旋律变花样，一段又一段地推着走，从中使得他的旋律获致历史性的特征本身的口实，于是对诗人提出暗示，为了与音乐家的意图相适应，他必须向音乐家提供什么东西。既然迄今为止旋律是作为**歌唱**旋律人为地繁殖起来的——作为旋律，它从制约性的诗意的基础游离开来，却仍然在歌手的口头上或者喉头上取得继续培养发展的新条件，——经过更新的察听，它又从人民口中原始的天然旋律取得这一些条件，——它如饥似渴地把听觉转向**另一个方面**，这一次，旋律从歌手的口头离开了，却从乐器的机械性取得更多的生活条件。**乐器旋律**，现在移入了歌剧的歌唱旋律①，就这样成为出让权利的**戏剧**的原动力：——千真万确，歌剧的矫揉造作的品质是必然要弄到这个地步的！——

当歌剧旋律并未通过诗歌艺术得到真正的生命，只是从蛮干到蛮干一步一步走下去，勉强维持它苦撑硬顶却缺乏繁殖能力的生命的时候，器乐却赢得一套本领，通过窬割把那些和谐的舞曲曲调和歌曲曲调切成更小的和顶小的部分，通过这些部分的新的和复杂多样的拼凑，扩大和缩小，去构成一种特别的语言。对于传达特定的、富有个性的人类感情必须清楚而又易于理解的要求，这种语言表明，那些旋律的语言部分的构造不能作为唯一合乎标准的必需品，因此它在更高的艺术意义上是任性妄为的，对纯粹人性的事物来说又是毫无表现能力的。一种完全特定的、明白易懂的内容的表现，要借助于一种只能够适应泛泛的感情的语言，事实上是不可能的。要察觉到这一点，只有这样的器乐作曲家才能胜任，那就是这种要求变成了这一切艺术的构造的殚精竭虑地燃烧着的生命的冲动。

器乐的历史是从在它身上宣布那种要求的地方开始的，那是一种艺术的差错的历史，可是这种差错并不是像歌剧品种那样的显示音乐的一种无能的差错，而是以音乐的一种不受限制的内在的力量的宣告为结束的。这种**贝多芬**的差错就是哥伦布的差错，②哥伦布只是想找出一条新路通向那古老的、已经出名的印度，可是却因此发现了一个新世界；而且哥伦布把他的差错同他一道带进坟墓：他让他的伙伴发誓证明，他们认为新世界就是古印度。这样，即使始终受到百分之百的差错的束缚，他的行动仍然给世界打开了眼界，无可辩驳地教导全世界去认识地球的真实的形状

---

① 关于歌唱旋律并**没有**从字句获得它授予生命的条件，而是仅仅摆到字句上面去，因而已经不过是乐器旋律的问题，我们现在就已经应予注意；等到特别适当的时候我们还要就旋律对乐队的地位的问题回过头进行更进一步的探讨。（瓦格纳）
② 在我的《未来的艺术作品》里面，我已经拿贝多芬同哥伦布做过比较：现在我又一次提出这种比较，因为还有一个重要的、以前我没有接触到的相同点需要加上去。（瓦格纳）

和它的宝藏的料想不到的丰富。——现在是通过贝多芬的无比坚强的差错给我们展示出音乐的取之不尽、用之不竭的财富。通过他那无所畏惧的最大胆的努力，在艺术上不可能的情况之下去追求艺术上非此不可的东西，给我们在任何想象的课题的解决上展示出音乐的不受限制的能力，凡是全部而又单独地需要它去做的，它真的就是——**表现的艺术**。

然而对于贝多芬的差错以及他的艺术事业的胜利，只有到了我们能够在完整的互相联系上全面观察他的作品，到了他连同他的作品在我们面前变为一个自成系统的现象，而且到了他的后代在他们的艺术创作里面接受了这位大师的差错——作为并不属于他们固有的也没有他要求的那种差错的巨大力量的差错——从而取得各种艺术的成绩，差错本身不得不在我们面前了如指掌的时候，我们才能够使这种差错和胜利变为己有。至于贝多芬的同辈和直接继承人，却只能够根据他们感应性和理解能力的强弱程度领会他的个别作品，一会儿从整体的震撼人心的印象，一会儿从局部别出心裁的结构，认识到那显眼地可以认识的东西。只有当贝多芬同他的时代环境的精神协调一致的时候，也就是只有当这种精神的花朵安置到他的作品里去的时候，他的艺术创作对他周围环境的反应才能够是一种有利的反应。然而从这样的时候开始，即当艺术家紧密联系到痛苦地震动人心的生活印象，从而要求特别的、性格上独具个性的敏感的明确无误的表现——正如面对人类的参与要求易于理解的宣告一样——于是产生越来越迫切的力量的时候，——也就是说从这样的时候开始，即在他心目中越来越不再考虑到他是在搞音乐，打算在这音乐上面讨人喜欢地、扣人心弦地或者振奋精神地、普普通通地表现一番，而是听从他内在本性的驱使，他不得不借助他的艺术准确而又了如指掌地去表现充满感情和直观的特定的内容，——从这样的时候开始，铭心刻骨的人和必然是迷误的艺术家的伟大的、痛苦的受难时期才宣告开始，才不得不给好奇的听众留下天才的疯狂的印象。这是他陷入一种出神入化的感应的悲喜交集的呓语的巨大的痉挛状态的表现，是得不到听众的理解的，因为精神亢奋的他所能诉诸听众的恰好是不可理解。

在贝多芬艺术家生活后半期的作品里面，凡是他想要把一种特别具有个性的内容最易于了解地说出来的时候，恰巧就在**那里**多数被弄得不可理解——或者更多的是被误解。他越出了那依照自然而然的惯例认为是可以领悟的范围，绝对音乐的范围，也就是说在舞蹈曲调和歌唱曲调——就表现和形式而论——随便可以认识的类似的范围，以便采用一种语言来讲，那表面上看起来倒像是任性的脾气的发作，而且，同一种纯粹音乐的结合毫无关系，只是通过一种诗意的谋划的纽带彼此拉扯在一起，可是在音乐上它却是无法用诗人的明白说出来的。作为一些自然而然的尝试，要找到适应他要求的语言，贝多芬那一时期产生的大多数作品必须看成是这样的，即它们常常显得像是一幅绘画的草图，大师对它所能取得一致的，也许是对它的**题材**，而不是它那可理解的安排及绘画本身，在他根据表现的本领规定题材本身之前，亦即在他从比较一般的意义上掌握了它，而且在它身上把那个性的东西亲自移转到声音艺术的特有色彩里去，从而使得题材本身差不多音乐化了之前，他是不可能完成这幅绘画的。如果仅仅是这些实际上已经完工的、由贝多芬采用赏心悦目的明白易懂的手法发表出来的绘画送到了世人的面前，那么，这位大师散布的误解无论如何总得减少一些引起混乱和迷惑的影响。然而音乐的表现，由于它脱离了表现的种种条件，于是乎无可挽救地必然陷入了赤裸裸的时髦的爱好，从而陷入了时髦本身的一切条件；某些旋律的、和声的或者节奏的手法的悦耳是那么诱惑人，以致人们过分地使用它们，滥用的结果过不了多久就使人恶心到了那样的程度，以致它在艺术的趣味面前常常忽然显得不堪忍受或者可笑。谁要是关心为公众的娱乐搞点音乐，第一重要的就是在刚才刻画过的绝对旋律性的表现手法上尽可能显得惊人地新，至于这种新的养料只可能来自音乐艺术领域本身，绝不可能来自生活的变化无常的表面现象。因此那种**音乐家**有理由恰好在贝多芬的**那些**作品里面去选择一份最丰富的矿藏，即我们指为他伟大的绘画的草图的那些东西，其中包含他向四面八方寻求一种新的音乐的语言财产的努力，不时显示出一些痉挛性的神色。正是这些东西对于那缺乏充分了解的倾诉来说总会觉得奇怪、独特、矫揉造作，而且无论如何显得十分新鲜。那种急骤的跳跃，迅速而又强烈的交叉，然而主要的还有那痛苦与欢乐、喜悦与恐惧紧密地交织在一起的重音几乎是同时的响动，正如这位自然而然地探索的大师从最稀罕的和声的切割和节奏去配合成新的表现声调，以便借助这些声调达到特定的个性的感情契机的陈述，——这一切都被理解为完全形式的外表，使得那些作曲家走向纯粹技术上的深造，他们接受和运用这些贝多芬式的特点，只把它当作他们四面讨好的吹弹歌舞的奢侈的养料。**老一点**的音乐家大部分只能从贝多芬的作品里面领略和重视那些远离这位大师独特的本质而且只能作为早期不经意的音乐的艺术时期的硕果显示出来的东西，至于**比较年轻**的作曲家则主要地模仿晚期的贝多芬手法的表面的与奇特的东西。

说到只是模仿表面的问题，那是因为那些异常的手法的内容实际上应该认为是这位大师**没有说出来**的秘密，因此在他们心目中就有千方百计非找出来不可的某一种内容的对象，不管它如何适应事物的性质的一般性，它可提供了运用那些暗示特殊的、个性的手法的机会。这一种对象当然只有在音乐之外才能找到，而对那没有掺杂的器乐来说它又只能存在于幻想之中。这一种取材于自然界或者人类生活的对象的音乐描写的假设，作为纲领被送到听众的手上，而且听凭想象力适应那提供的暗示对音乐的奇特的现象加以解释，于是乎摆脱一切拘束，随心所欲地说得光怪陆离，天花乱坠。

德国音乐家同贝多芬的精神站得近，近到足以同那从对大师的误解产生的最冒险的倾向保持远距离。他们想方设法摆脱那种表现手法的结果，同时磨光它那极端的棱角，而且通过比较旧一些的表现方式的再接受和同这一些最新的方式的编织，构成一种在人工的混合上一般共同的不妨说是抽象的音乐风格，在·段长时间内完全大模大样而又毕恭毕敬地遵循这种风格继续演奏，不必担心受到强烈个性的重大的干扰。如果说贝多芬给我们留下的，大都是一个有什么话要说却又说不清楚的人的印象，那么他现代的继承人恰好相反，他们采取常常是引人入胜、千回百转的手法向我们表达什么东西，结果却是空洞无物。——

可是在那吞吐一切艺术流派的巴黎却又是另一个样子，一个具有非凡的音乐修养的法国人也会把这里所标志的倾向逼到无以复加的极端。**埃克托·柏辽兹**是贝多芬直接的和最坚决的分支，他倾向的**那个**方面正是贝多芬背离了的，——正如我前面所描画的那样，——一旦他从草图迈步走向真正的绘画的时候。那些倏然涂抹的、大胆而又刺眼的笔触，本来是贝多芬用以探索新的表现本领的时候迅速而又未经试验的选择的一些尝试，现在却作为这位伟大艺术家几乎唯一的遗产落到了如饥似渴的学生的手里。谁能料到，贝多芬最完美的绘画，他的末一部交响乐，也许根本就是这一类作品的最后一部。现在来了柏辽兹，他也要创作伟大的作品，却凭他偏颇的推断把它放在一边，向大师的另外一些绘画去探索真正的冲动——他哪里知道，这一种冲动，实际上完全是指向另一处，何尝是为了追求幻想的执拗和任性的满足呢？不错，柏辽兹的艺术的感奋来源于他对那些杂乱得出奇的笔触的迷恋的凝视：恐惧和喜悦在他一瞥见这些谜一样的神笔的时候就抓住了他，事实上这位大师同时也给神笔附上了喜悦和恐惧，以便通过这些去揭示他始终说不出来、却又以为只有借助于音乐才唯一有可能说得出来的秘密。在这一瞥间晕眩立刻抓住了这个凝视的人；眼前出现的是东窜西跳、五光十色的妖怪一般的乱舞，眼睛的天然视力屈服于使人糊涂的眼花缭乱的世界。一个头昏眼花的人以为在**那里**看到的是有色泽的、有肌肉的身躯，实际上却只有幽灵的骨骼、肋条和他的幻想在玩它的鬼把戏。可是这一种着了鬼迷的晕眩真的不过是柏辽兹的感兴：他从晕眩中苏醒过来，像是经过鸦片烟的麻醉消解之后，感到周围是一片霜冻的空虚，为了努力给空虚赋予生命，他人为地去唤回他梦幻的灼热。要想使事情获得成功，只好不怕难为情，卖力地调拨以至运用他那音乐的家当。

为了刻画他那发热到残酷地步的幻想的离奇的画面，给他巴黎周围那没有信仰的、松弛的社会看得清、摸得着地传达出来，柏辽兹使出了他那非凡的音乐的浑身解数，一直到了前所未有的技术的高度。既然他需要向人讲说的是那么神奇、那么不同凡响、那么十分不自然，以致他不可能用平易的、简单的话直截了当地说出来：他因此需要一套最复杂的各种机器的巨大的装置，以便借助于一套极端精密地连接起来而又统筹兼顾地装配起来的机器群体来明白宣示那简单的人类机关所不能胜任的东西：正因为这是一些完全非人类的东西。我们现在认识那种超自然的奇迹，凭借这种奇迹有一个时期那些祭司曾经这样作弄过那些幼稚的人类，使得他们不得不相信，某一个仁慈的上帝向他们宣告：除了这套机器之外根本没有任何别的东西起过这一种愚民的作用。同样，到了今天也有一种**超**自然的东西，正因为它是**非**自然的东西，只有通过机械学的奇迹送到吃惊的群众的面前，而这样的一种奇迹事实上就是**柏辽兹式管弦乐队**。这套机械学的每一种能力的高度和深度都被柏辽兹挖掘到一种真正使人惊叹的认识的发展的极致。如果我们承认今天工业机械学的发明家是现代国家人类的恩人，那么我们就必须把柏辽兹作为我们绝对音乐世界的真正的救主来歌颂；因为他通过纯粹机械的手段闻所未闻的复杂的运用，使得音乐家能够使奏乐的最无艺术趣味而又空洞无物的内容取得令人十分惊叹的效果。

当然，在他艺术经历的开头，激励柏辽兹的并不是一个纯粹机械发明家的荣誉：在他内心的确活跃着一种艺术的冲动，而且这种冲动具有炽热的、削伐的性质。为了满足这一种冲动，他通过不健康的、非人性的方法，沿着那前面较为深入地谈过的方向被推到这个地步，作为艺术家他不得不在机械学中沉沦，作为超自然的、幻想的狂徒他不得不陷入吞噬一切的唯物主义，这就使得他——除了属于警告的例子之外——更多地成为一个值得深受怜悯的现象，一方面直到今天他还受着真正艺术的憧憬的折磨，可是已经无可挽救地被埋葬在他机械的污池底下。

他是一种方向的悲剧的牺牲品，它的种种成绩却从另一方面被世人以毫不痛心的无耻和漠不关心的愉快加以利用。至于我们现在就要回过头来探讨的歌剧，也被柏辽兹的新浪漫主义当作肥美的、可口的牡蛎给吃掉了，这一美味的享受又重新给它赋予一种光鲜的、舒服的体面。

*　　　*　　　*

　　现代管弦乐队从绝对音乐的领域在最多样的表现手段上给歌剧带来一种巨大的补充，它——在歌剧作曲家的心目中——现在是要亲自配合来发挥"戏剧性"。在这以前，乐队从来不过是歌剧旋律的和声和节奏的衬托：不管它处在这一位置上是如何的丰富和饱满，它始终对旋律处于从属的地位，当它直接发挥参与旋律的作用，达到旋律的表演本身的时候，它的作用终究也只是在于通过与旋律的排场同样辉煌的装扮使得旋律作为不容争论的主宰显得越发光彩和神气而已。一切属于戏剧情节的必不可少的伴奏的东西，对乐队来说都是从舞剧和哑剧领域吸收过来的，在这一领域内，旋律的表现完全是依照民间舞曲曲调的相同的规律发展起来的，正如歌剧咏叹调之出自民间歌曲曲调一样。如果说这种曲调应该感谢歌唱家的最后还有标新立异的作曲家的——偏执的爱好，那么那种曲调就应该感谢舞蹈家和哑剧家，它们才会有它们今天的装饰和造就。然而在这两者里面都不可能接触到它本质的根柢，因为它处于歌剧艺术土地之外，对歌剧的种种因素是漠不相识和格格不入的。至于这种本质，又是从精雕细琢的装饰和节奏的形式上宣示出来的，作曲家也许能够在它的表面变出新花样，可是它的线条却是绝对不许抹掉的，除非是毫无根据地在一切都稀里糊涂似是而非的表现的杂乱中游来游去。这样一来哑剧本身就受到了舞曲旋律的支配；舞剧家借助表演动作什么也不能有所表现，除了那紧紧束缚在严格的节奏和装饰的成法之内的舞曲旋律为了适应某些情况来一下伴奏之外：他始终被紧紧地围了起来，他的运动和表演动作以及随之而来的种种表现，都只能依照音乐的能力进行调节，他本身和他固有的能力，一律依照音乐的能力进行造型，而且依照刻板的样式固定下来，——完全像在歌剧方面一样，歌唱的演员依照刻板的咏叹调表现的能力去调节他自己的戏剧能力，事实上根据事物的本性，能力这一决定性的因素却不得不摞在一边得不到发展。

　　在歌剧方面也像在哑剧方面一样，在艺术的彼此相关的因素的反自然的地位上，音乐的表现一直陷入僵死的形式主义，就连乐队作为舞蹈和哑剧的伴奏也不能获得这种表现的本领。要是乐队伴奏的**对象**——戏剧性的哑剧可以依据它固有的无比丰富的内在的能力向前发展，而且**这样自行其是地**给乐队为真正的创造提供素材，那么它是必然会达到这一步的。在哑剧演技的伴奏里面只有那不自由的、老一套的节奏—旋律的表现。哑剧是这样，歌剧也是这样，乐队唯一所能做的只是：人们只好通过纯粹表面音色上的浓郁和光彩变换表面的花样。

　　后来这种僵化的表现是在独立的器乐上**被打破**了，而且是由于它旋律的和节奏的形式的确被打成了碎片，这些碎片又依照纯粹音乐的推断熔铸成新的、变化无穷的种种形式。**莫扎特**在他的交响乐作品里面还是从完整的旋律开始，然后随兴之所至，把它依照对位的手法脔割为越来越小的部件；**贝多芬**的最独特的创作则从这些分切的碎片开始，然后用这些碎片在我们眼前建造起越来越丰富又越来越庄严的大厦；可是**柏辽兹**却喜欢东拉西扯的混乱，他把那些碎片越来越万花缭乱地给混乱添加上去，而且把那由他随心所欲地抛进五光十色的彩石去的万花筒，即复杂到无以复加的机器，在**乐队**里面递给现代的歌剧作曲家。

在这些剪断的、剁烂的而且分解到原子一样支离破碎的旋律中，他又能够把它那些碎片随心所欲地拼凑起来，越是矛盾百出与不协调，就越是惊心动魄与出奇制胜，现在呢，就由歌剧作曲家把它们从乐队搬到**歌唱本身**上来。尽管这种旋律手法单独应用于管弦乐曲时显得想入非非、一意孤行，在**这里**总还是可以原谅的；这种困难，不错，简直是不可能，如果仅只是在音乐里面一清二楚地说出来，那就连最严肃的大师也不免受到这种想入非非的偏执的引诱。可是在歌剧里面，本来应该由诗歌艺术的明快的语言给音乐家可靠的、不容失误的表现提供完全自然的依据，现在最时髦的歌剧曲调里面所显示的那些毫不相干而又千差万别的旋律因素的奇形怪状的生搬硬凑，却是任何表现的放肆的混乱，这种表现的任何还算健康的肌体的故弄玄虚的脔切，是只能算在作曲家百分之百的疯狂的账上的。他以装模作样的傲慢宣称，戏剧只是从绝对音乐的能力出发去独行其是，加上诗人的**限于仆从性质**的帮助进行创造，这就必然无可避免地达到这样的地步，引起我们时至今日所能看到的每一个有理性的人对他的哄笑。

凭借那庞大成长的音乐装备，作曲家——自从罗西尼以来只是在轻浮方面向前发展而且只是靠绝对的歌剧旋律过活的作曲家，现在认为天生下来就是从旋律的轻浮的立脚点出发，可以大胆地、不顾一切地向戏剧的"性格特写"迈步前进。作为这样的"性格特写家"，最著名的现代的歌剧作曲家，不仅受到那早就成为他对音乐的真理的陷入深渊的同谋犯的群众的喝彩，而且也受到艺术批评的吹捧。看一看早些时代的比较伟大的旋律的纯洁性，而且拿它做一番比较，迈耶贝尔的旋律虽然被批评界斥为**轻浮**和**空洞无物**，如果考虑到"性格特写"领域内从他的音乐脱胎出来的崭新的奇迹，这位作曲家可要得到赦免了，——因为同时附有那段供词，有人认为**音乐—戏剧的性格描写**归根结蒂只有凭借**轻浮的、空洞无物的旋律**才有可能，这种想法只能够又使美学家对歌剧品种充满严重的疑虑。——

让我们把歌剧的这种时髦的"性格描写"的真相明白摆出来吧。

六

歌剧里面**时髦的"性格描写"**与罗西尼**之前**格鲁克或莫扎特方向上我们所承认的性格描写的区别是非常显著的。

在朗诵的宣叙调里面，如同在歌唱的咏叹调里面一样，**格鲁克**有意识地努力在充分保留这些形式的同时，除了合乎本能的主要照顾之外，总是在它纯粹音乐内容上适应惯常的要求，即把歌词基础上标明的情感尽可能通过音乐的表现加以陈述；可是特别要注意的是，决不能为了音乐表现的方便颠倒诗句的纯粹朗诵式的重音。他花了不少力气，力求在音乐里面说得准确而且易于听懂。

莫扎特从他健康结实的天性出发一开口就是准确的。不管是修辞学的尖端还是真正戏剧性的重音他都说得同样明白：在他笔下灰色就是灰色，红色就是红色；只不过是这个灰色如同这个红色一样，都浸入了他音乐的新鲜露水里面，融解出那原色的深浅浓淡，从而呈现出这是多种多样的灰，这是多种多样的红。他的音乐自然而然地把一切依照戏剧的成规在他手下刻画出来的人物性格加以提高，正如把那粗糙的石头加以琢磨，让它从各个方面去对光，直到最后固定在一个方向，光则从这个方向在石头身上射出最辉煌的色彩。举例来说，他正是用这样的方法把《唐璜》的人物性格提高到表现的如此丰富的高度，使得他可以同一个霍夫曼平分秋色。对于他们之间这种最深刻又最神秘的关系，无论诗人还是作曲家实际上都没有清楚地意识到。可以确定的是，如果这些人物性格不是在诗人的作品里面已经存在的话，单是莫扎特是不可能通过他的音乐完成这样子的性格描写的。我们越是善于通过莫扎特音乐的炽热的颜色去审视它的根底，我们就越能够有更大的把握去认识诗人那犀利而又准确的刻画，它是通过它的线条和钩勒先行调剂音乐家的颜色的，没有这些，那种神妙的音乐也简直是不可能有的。

那在莫扎特的主要作品里面所遇到的、那么令人惊喜的诗人与作曲家之间的幸福的关系，在歌剧继续发展的行程中却又完全消失了。到了**罗西尼**，正如我们所看到的，就完全取消了这种关系，绝对以旋律作为歌剧唯一合法的要素，其他一切兴趣，特别是诗人的参与，都完全处于从属地位。此外我们还看到，韦伯对罗西尼的责难仅仅限于反对这种**旋律**的浅薄和无性格，根本不是反对诗人对戏剧本身的不自然的地位。正相反，韦伯还因为他那旋律的性格价值的提高更加提高了它对诗人的地位，而且这种提高恰巧是他的旋律在性格的高尚方面超过了罗西尼的旋律，从而更加剧了这种地位的不自然性。诗人是作为开心的食客同罗西尼结为伙伴的，作曲家作为高尚然而殷勤的人物用牡蛎和香槟酒满心欢喜地款待着他，以致这位柔顺的诗人觉得要同世界上的上流人物打交道，再没有比得上在这位优雅的大师身边那么愉快的了。韦伯正好相反，对他那唯一的、不可分割的旋律独特的纯净不屈不挠地充满信心，带着教条式的残酷性去役使诗人，强迫他亲手升起火葬的柴火，让这个倒霉的人物，作为韦伯旋律的烈火的养料，把自己**烧成**灰烬。《魔弹射手》的诗人还来不及知道自己面临这一场自杀：他从他自己的骨灰里面提出抗议，当时韦伯的烈火的热气还在空中弥漫，他坚持这股热气是从**他**那里发出来的：——他彻底地搞错了；他那些木片只有当它毁灭——烧掉的时候才会发出热气的：他能够在焚烧之后作为他的财产交付出来的仅仅只是它的灰烬，散文的对话。

韦伯写过《**魔弹射手**》之后要给自己找一个更顺从的诗人奴仆，于是为他的新歌剧雇用了一个女人，他甚至于要求她更无条件地服从，即在薪火焚烧之后连她散文的灰烬也不要留下：她应该连皮带毛都放在他旋律的烈火中统统烧掉。我们从韦伯在《优兰蒂》① 台词编制过程中与谢齐夫人的通信那里了解到，他是怎样挖空心思地回过头来把他的诗人助手折磨到死去活来；他是怎样地毁弃又重写，重写又抛弃；这里要删掉，那里要添补；这里要拖长，那里要缩短，——是的，他的安排一直发展到人物性格本身，它的主题和情节。莫非他是一个病态的执拗的人，或者是一个傲慢的暴发户，《魔弹射手》的成功使他变得飘飘然起来，现在要端起暴君的架子来发号施令，即使在他本来应该服从的时候？噢，不！从他那里带着热烈的激情说出来的，只是音乐家的诚实的艺术的关怀，他，由于某一种内心的渴望，把从绝对的旋律创造戏剧的任务承担起来。韦伯因此陷入一种深重的错误，然而是他必然非犯不可的错误。他把旋律提到了它最美的、最富于情感的高度，他要它作为**戏剧的缪司**加上王冠，还要通过它有力的手腕把占据舞台的吊儿郎当的坏种通通赶下去。如果说他在《魔弹射手》里面已经把歌剧诗篇的所有抒情的特色纳入旋律之中，那么他现在就要从他旋律的星光发射戏剧。人们不妨说，他《优兰蒂》的音乐是在诗篇之前完成的；为了提供诗篇，他只要找到一个人，他的旋律已经完全充满了他的耳朵和心头，他只要给它配上歌词就完事；由于实际上这是不可能的，他和他的女诗人只好陷入一场呕气的修辞学上的来回争吵，而这样吵来吵去，不论从这一方还是另一方都不可能取得明显的谅解，——正是在这一情况之下，我们经过平

① 又译《欧丽安特》。——译者

心静气的检验，可以看得清清楚楚，像韦伯那样智慧和热爱艺术真理地热爱人物，由于坚持一种艺术的根本失误，会被引导到多么尴尬的地步。

凡是不可能的东西即使到了韦伯手里也始终是不可能的。他不可能通过他对诗人发出提示和指令来打下戏剧的基础，他原先以为他的旋律完全可以解决的基础，而且正是因为他所要促成的是真正的戏剧，而不仅仅是充满了抒情的节目的话剧，在这样一个剧本里——正如在《魔弹射手》那里一样——除了为他的音乐得到这种可以加以运用的节目之外什么也没有。在《优兰蒂》里面——正如我所明白表达的那样，旋律是预先写好的——除了戏剧—抒情的因素之外还有那么多与绝对音乐陌生的附加物，是韦伯凭他固有的旋律所无法支配的。如果这部脚本是一个真正诗人的作品，像目前音乐家对诗人的关系一样，只是**如此这般**地把音乐家找到身边，那么这位音乐家出于对当前戏剧的爱好，是不会有一瞬间陷入为难的境地的：他不妨在对他比较宽广的音乐表现来说看不到滋养的和对路的材料的地方，只是根据他比较低微的家当参与一份从属的、然而对整体而论却仍然不失为富有辅助作用的伴奏，只有到了饱满的音乐表现非有不可而且适应材料的条件的时候，他才会黉出他全份家当发挥出他的作用。《优兰蒂》的脚本却正好是从音乐家与诗人之间处于相反的关系中产生的，那位本来是作诗的作曲家却在他就性质而论理应站开或者退后的地方到处伸手，他现在认定自己有一种加倍提高的任务，那就是即使音乐上完全不堪造就的材料也能够给盖上音乐性十足的印记。要韦伯做到这一点，那除非是朝音乐的浮华的方向走；除非是完全不计较一切真理，放开音乐的伊壁鸠鲁式的缰绳①，而且仿照罗西尼的把式把妖魔鬼怪统统纳入开心好玩的旋律。唯一不同的是，韦伯恰巧是在这里提出他最强有力的艺术家的异议：他的旋律不论何时何地都要具有**完满的性格**，这就是说必须真实而且与具体的情感相适应。也就是说他要采取别开生面的方式。

凡是他运用悠长的笔法予以宣示的，通常是事先制定的而又在那像是光辉灿烂的外衣一样的歌词上面展开的旋律要给予歌词一种显而易见的强迫的地方，他都要把这支旋律亲手打碎，然后把他那旋律结构的各个部分，依照歌词的单字的朗诵的要求拼凑成一幅人工的镶嵌画，然后他又涂上一层精致的旋律的油膜，以便这样使这整体结构表面上始终保持那绝对的、尽可能摆脱歌词字句的关系的旋律的形象。

---

① 伊壁鸠鲁（公元前341—公元前270），希腊哲学家，发展了德谟克利特的原子说，克服了德谟克利特排除偶然性的观点。在道德哲学上，认为人生的目的在于避免苦痛，使身心宁静，怡然自得，这才是真正的快乐。后人因从伊壁鸠鲁义引伸成为一种享乐主义的人生观。——译者

可是他没有在预定的假象上取得成功。

不仅是罗西尼，而且韦伯自己也把绝对的旋律那么坚决地提高到歌剧的主要内容的地位，以致它从戏剧的综合结构那里给拉了出来，甚至于脱掉歌词字句的外衣，凭它**一丝不挂的躯体**变成了公众的财产。一支旋律，只要它要成为真正的公众旋律，它就必须能够在小提琴上拉出来，在管子上吹出来，或者在钢琴上敲打出来，丝毫**不会**因此丧失它任何一点固有的精髓。即使是韦伯的歌剧，群众也只是为了尽可能多听到这一类旋律才上剧院去的。至于大师的估计却是大错特错的，他看见那种涂上薄膜的朗诵的镶嵌画被群众认作旋律，因此沾沾自喜，却不知道这又是从根本上关系到作曲家的切身利害的。如果这种镶嵌画在韦伯眼前只觉得是由文字造成的，那么一方面群众——而且完全是有道理的——对于歌词的字句是漠不关心的；另一方面却又不能不承认，就连这些字句也并没有完全适当地在音乐里面复制出来。正是这种早产的、半生不熟的旋律转移了听众对歌词的注意，使之集中精神于一支旋律的结构上面，事实上旋律却没有做出来，——结果是听众对诗意的体现的要求已经事先被扼杀了，可是他对旋律的欣赏却由于要求已经冒了头而又得不到满足，因而受到了越发不堪忍受的损害。只有当作曲家在《优兰蒂》里面经过艺术的衡量之后可以认为他那饱满的自然的旋律已经大功告成的时候，当他——出自对真理的喜爱——完全断绝了对绝对旋律的留恋，而且——正如在第一幕的头场——通过最名贵的又最诚实的音乐表现把那充满感情的戏剧的言词，作为代言，发表出来的时候；当他借助这样的手法不再是纳入音乐而是纳入诗歌来贯彻他固有的艺术创作的意图，而且音乐只是用来促成这种意图的贯彻，这种意图却又由于本身的丰富和令人信服的真实只有借助音乐才使得贯彻成为可能的时候，我们才在同一作品里面就地看到他更高的艺术的追求戴上了真正而又美丽的成绩的花冠。

《优兰蒂》并没有因为它那非常富有教益意义的内容而受到批评界应有的高度的重视。群众的表示是模棱两可的，一半是受到鼓舞，一半是觉得扫兴；批评界基本上是探听大众的舆论，以便——分别根据他们的成见——或者依照他们的舆论和表面的成功行事，或者盲目反对，从来没有办法去认清包含在这部作品里面充满矛盾的、根本各不相同的种种因素，并从作曲家的努力上着手把这些因素统一为一个和谐的整体，阐明他失败的原因。可是自从有了歌剧以来，从来不曾有过一部作品由一个同样有才能的、有深刻感印的、热爱真理的作曲家，付出追求尽善尽美的最高贵的努力，在作品里面把整个品种的内在的矛盾更能始终一贯地加以处理而且更能明白无误地呈示出来。这些矛盾就是：**绝对的、完全是但求自身满足的旋律，**

和——毫无例外是真正的戏剧的表现。这里不可避免地要有一方面做出牺牲，——旋律或者戏剧。罗西尼牺牲了戏剧；高贵的韦伯则想要通过他更为深思熟虑的旋律的力量把它重新予以恢复。他不能不承认，这是不可能的。经过《优兰蒂》的千辛万苦的折磨，他疲乏了，筋疲力尽地倒在一场东方的童话幻梦的柔软的垫褥里面；通过奥伯龙的神奇号角他呼出了他身上的最后的生命的气息。

*   *   *

这位高贵的、可爱的韦伯充满了对他那纯洁的、取材于人民精神的最美的旋律的火红的神圣的信念，徒劳无功地追求了一场的东西，现在却有一个韦伯的少年朋友，**雅各布·迈耶贝尔**，从罗西尼式旋律的立足点出发去把它做出来。

迈耶贝尔对这种旋律的发展的各个段落都下了一番功夫，而且不是从抽象的远处而是在完全现实的附近，总是在现场当地。作为犹太人他没有一种家乡话，——同他最内心的气质的神经难解难分的土生土长的家乡话：他一视同仁地讲任何一种随他喜欢的现代语言，而且一视同仁地谱入音乐，除了就它力所能及听从绝对的音乐随心所欲的安排之外，他对它的特点并没有任何其他的同情。迈耶贝尔的这种性格使他可以同**格鲁克**进行比较；这一位也是作为德国人去谱写意大利语和法兰西语的歌剧脚本。事实上格鲁克并没有从语言的本能出发（这种情况是只有家乡话才能做到的）去创作他的旋律；就他作为音乐家对语言所处的地位而论，问题是在于**言词**，它是作为语言有机体的表白飘浮在千百种器官的表面之上的；他那生产本领并不是从这些器官的生殖力出发，通过言词上升到音乐的表现，而是从松弛的音乐表现，仅仅是为了凭他不成理由的理由去随便完成这种表现，才回到言词上去。因此格鲁克对每一种语言都能够漠不关心，因为在他心目中关键只在于言词：如果音乐真的能够沿着这一先验性的方向通过言词一直贯穿到语言的有机体，那么它当然必须彻底改造它自己才行。——为了不要打断我当前描述的进行，我必须把这一极端重要的问题留到我的著作的适当的地方再来一番详尽的讨论；这里只要提请注意那种情况就够了，即**格鲁克**所关心的根本就是活的言词——哪一种语言是无所谓的——因为他在言词里面看到的只不过是为旋律的辩证；然而从罗尼西开始，言词已经完完全全被绝对的旋律吃掉了，只有它那物质的骨架作为音乐的音响的支撑的材料在元音和辅音上听候驱使。**迈耶贝尔**由于他对每一种语言的精神的漠不关心和由此派生的本领，他轻而易举地把语言的外表占为己有（一种由于我们现代的教育根本就是属于体面的本领），完全指明：要做的事情只是同那绝对的、摆脱一切语言的联系的音乐打交道。除此之外他还善于随时随地从歌剧音乐特定的发展过程中注视着各种现象：自始至终而且不管在什么地方他都追蹑着它的脚步。值得注意的首先是这一点，他对这一过程只限于**追蹑**，决不是**同行**，更不用说随便走到前头去了。他好比是燕八哥，跟在田上犁头后面，从刚挖开的田沟里面啄食那翻到外面来的蚯蚓。没有一个方向是他特有的，每一个方向都是从他的先行者那里窃听到的，而且以无比的夸张加以利用，而且敏捷到那么使人惊奇，他窃听着的那位前头人一个字刚一说完，他已经把跟这个字拼接成的整个句子喊出来了，也不管他对这个字的意义理解得是否正确和它通常是怎样产生的，因此他常常不免说到别处去，与前头人原先想要说的大不相同；迈耶贝尔的句子造成的吵闹又是那么震耳欲聋，弄到前头人根本来不及宣告他的话语的固有的意义：不管他愿意还是不愿意，他终于不得不自己加入那一场喧闹，以便自己也可以说上一份。

唯一遗憾的是，迈耶贝尔在德国找不到任何符合韦伯遗言的青春的辞令：凡是韦伯宣示旋律的精神饱满的东西，在迈耶贝尔那学来的、干枯的形式主义那里是不容照本宣科的。他，对徒劳无功的努力感到厌烦，最后只好亲热而又背叛地倾听罗西尼的女妖的音响，于是乎向可以捞到这种好处的地方跑。这样一来他就变成了欧洲歌剧音乐气候的风信旗，风向要变了，最先是有一段时间摇摆不定，直到风的方向定下来了之后，它也才定住了方位。正是这样，迈耶贝尔在意大利也就一味写他罗西尼风的歌剧，直到巴黎大风开始转向的时候，奥柏和罗西尼用《哑女》和《退尔》把新风刮成了一场风暴！迈耶贝尔是多么快地到了巴黎啊！可是他在那里却从**被法国式**捕捉过来的韦伯（大家不妨想一想《森林的判官》①）和**柏辽兹化**了的贝多芬身上发现了一些苗头，这是一些，也许是距离太远了，不管是奥柏还是罗西尼都没有加以注意的苗头，迈耶贝尔却凭借他那兼容并包的能量懂得怎样非常准确地估计它的价值。他把送到面前来的一切通通抓起来，拼成一堆天花乱坠的空话，面对这刺耳的叫嚷忽然间再也听不到奥柏和罗西尼的声音：狰狞的魔鬼"罗伯特"把它通通搅成一锅粥。

——世界上就是有这样令人伤心的事情，统观我们的歌剧史**只能说死人的好话**，活人却不得不带着无情的苦恼去追赶！——我们愿意是诚实的，因为我们**必须诚实**，

① 《森林的判官》是《魔弹射手》的法国改编本的名称。由勃拉兹和索华哲写词，柏辽兹写了一些宣叙调。曾先后在巴黎三家戏院上演。其中活动场地也有了部分的改变。这引起了有关歌剧改编根本问题的争议。当时巴黎已经开始实行上演税的办法，但只限于首次公演的作品。既然《魔弹射手》是一部叫座的歌剧，上演当然有利可图，但照原样演出就不算首演，所以要来一番改头换面的制作。这就改成了所谓《森林的判官》。——译者

那么我们就应该认识到，只有这种艺术的一些孤独的大师才配得到殉道者的光荣，因为他们拘守着一种痴想，这种痴想在他们身上显得那么高贵和美丽，他们本人对它的真理信仰的程度又是那么严肃和神圣，以致他们愿意抱着痛苦却又愉快的牺牲精神为它献出他们艺术的生命。现在活着的、进行创作活动的作曲家中，再没有谁出自内心的要求努力从事这一类殉道事业了；这种痴想的揭露已经达到那样的程度，再也没有人会抱着坚强的信念去听从它的拘管了。没有信念，是的没有快乐，歌剧艺术对它的现代大师来说已经堕落成为投机买卖中的一种赤裸裸的商品了。甚至于连罗西尼那种卖弄风情的微笑现在也不再出现了；到处都只不过是厌闷的欠伸和颠狂的狞笑！差不多可以说还是**颠狂**的注目最多地吸引我们；在它那里我们总算还看到那种**痴想**的最后的气息，这曾经做出过那么高贵的牺牲。因此我们愿意纪念的不是我们歌剧院现状的讨厌的赢利的诈骗那一面，这是我们必须把最后一个活着的而且还在进行创作的歌剧作曲英雄从他的活动中给我们加以描绘的地方：这样一种观看也许只能够凭一种愤懑满足我们的愿望，也许我们将要被牵扯进反对一个大人物的不近人情的严厉，如果我们真的要把这些情况的可憎的堕落通通算在他的账上的话，而且正当这个大人物像是头戴王冠，手握王笏，站在大人物的目眩神摇的尖端向我们亮相的时候，这笔账一定教他更加挣扎不脱。难道我们不知道，什么王侯之类，正是由于他们当初专制的淫威，现在成为最不自由的人吗？——不，我们在这位歌剧音乐大王身上只是考察那颠狂的面目，他借以向我们显示出来的，乃是值得怜悯和带有劝戒作用，却并不是引起轻蔑！然而为了不朽的艺术的缘故，我们必须一丝不苟地认识这种颠狂的性质，因为通过它的种种歪曲我们才有可能把这种**痴想**探索得一清二楚。这种痴想使得一个艺术品种得以生存。要是我们愿意鼓起健康的青春的勇气亲手促进艺术青春的恢复，我们就必须弄明白它那迷误的基础。

对于这一种探索我们现在也可以迈出短促的脚步向前进，因为就本质而论我们已经做过了一番论证，现在只要再对一些彰明较著的特点加以审察，以便完全有把握地抓住它的要害就可以了。

*　　*　　*

从前我们看到过那轻浮的——这就是说那与诗意的歌词任何真正的结合毫无关系的歌剧旋律，由于接受了民族歌谣变得膨胀，俨然有成为历史的性格特征的样子。此外我们还观察到，随着音乐戏剧的主要登场人物越来越丧失显示人格的个性，行为的角色陆续分配给了周围的——"解放了的"——群众，然后这种角色作为反射才从群众那里再回到登场的主角身上来。我们注意到，只是通过历史的服装才有一种互相区别的、算是可以分辨的性格落在那周围的群众身上，我们也看到，作曲家——为了保持他凌驾一切的地位——逼着采取最不寻常的纯粹是音乐的辅助手段回过头来排挤那舞台装置画家和剧场裁缝师，实际上他们才真正是再现历史人物的功臣。最后我们还看到，有一种镶嵌式旋律的奇怪的格局从器乐的绝望的方向传到了作曲家的手上，这是通过它矫揉造作的拼凑给他提供的手段，无时无刻——只要对它有所要求——都显得那么陌生和异样，——这是他自以为通过乐队的妙不可言的、纯粹在物质的标奇立异上打主意的运用能够打上最特殊的性格描写的印记的一种手法。

说到这里，我们不可以置之不理的就是，这一切归根结蒂没有诗人的协助是不可能的，因此我们现在就把我们的眼光转过来考察一下音乐家对诗人的最时新的关系吧。

新的歌剧方向，由于罗西尼的缘故，肯定是从意大利出发的：在那里诗人的地位已经降到完全等于零。随着罗西尼方向向巴黎的转移，诗人的地位也改变了。我们已经讲述过法国歌剧的特色而且认识到，谑歌的娱乐性的含义是法国歌剧的核心。在法国滑稽歌剧方面，诗人已经事先给作曲家指明他可以自家耕种的园地，诗人始终保有地产的主权。虽然就事业的性质而论，音乐地盘是逐渐扩大到那样的程度，以致随着时势的推移它占领了整块地面，可是诗人依然保有主人的称号，音乐家则作为采邑的领主，虽然他可以把整个采邑看作是世袭的领地，可是——正如往昔的罗马—德意志帝国一样——对皇帝的关系却依然是奉之为封建的君主。诗人授予，音乐家享受。处在这样一种情况之下还能够显示出最健康的东西，亦即从歌剧作为戏剧的品种所能产生的东西。诗人真的是在努力去创造各种场面和人物，提供一出使人娱乐而又扣人心弦的作品，它是诗人在为音乐家及其形式的实施过程中才炮制成功的。由此可见，这一类法国歌剧脚本的固有的弱点更多的是在于它内容上对音乐根本没有必不可少的制约，而不是在于它一开头就在音乐面前显得模糊不清。在法国喜歌剧的舞台上，这一种娱乐的、常常是亲切而又机智的品种是土生土长的，只要音乐能够凭它无拘无束的本色达到结合诗篇的程度，它就始终会得到最好的成绩。——斯克里布①和奥柏就是把这一品种转译成那所谓"大歌剧"的豪迈的语言

① 斯克里布（1791—1861），法国19世纪上半叶极受欢迎的戏剧家。生平写过约三百五十部舞台作品，其中最著名的《一杯水》适应了复辟时期的市民的趣味。他的脚本善于选择题材和塑造人物，对当时法国歌剧的发展起了相当重要的作用。他的词句大都是翻来复去的陈词滥调，却恰好满足了作曲家的要求，能够根据作曲家的意见修改他的脚本，因而是一个理想的合作者。与他合作的作曲家有奥柏、罗西尼、贝利尼、多尼采蒂、古诺、阿莱维、迈耶贝尔、奥芬巴赫及威尔第等人。——译者

的。在《波尔蒂契的哑女》里面我们还能够清楚地认识到一部精工制作的剧作，没有任何一个地方有使戏剧的利益从属于纯粹音乐的利益的莫名其妙的意图：只是在这一诗作里面，戏剧情节已经主要地放在周围群众的参与上，因此主要人物更多的是群众的发言的代表，真正的、从个人的需要出发的有所作为的人物倒显得少了。诗人面对大歌剧的惊心动魄的混乱，于是软弱无力地放松歌剧马车的马缰随它任意奔跑，直到他从他手上丢掉了马缰！如果说，因为不论是奥柏还是罗西尼在那豪华的歌剧马车里面所要求的不外乎是音乐上痛痛快快，旋律上舒舒服服——毫不理会那熟练的马车夫怎样驾车，也不管他把车领到什么地方去，——诗人在《哑女》和《威廉·退尔》里面始终还是把马缰拿在手上，可是到了迈耶贝尔那里，由于那丰盛的旋律的舒坦并不是他所固有的，他居然跑到马车夫前面去，亲自拉起了马缰，以便通过左弯右拐的**行驶**引起必要的注目，一旦他除了他那音乐的德性之外什么也没有，孤零零地坐在马车里面的时候，那所谓注目者也不会愿意集中到他身上了。——

只有在个别的轶事里面使我们听到了，迈耶贝尔在他歌剧主题的设计过程中是用怎么样难堪的折磨去对待斯克里布的。然而即使我们对这些轶事置之不理，即使我们对斯克里布和迈耶贝尔之间有关歌剧讨论的秘密毫无所知，我们从那炮制出来的诗作本身也必然会看得一清二楚，当他为迈耶贝尔拼凑那离奇怪诞的歌词的时候，有一种多么使人讨厌、使人迷乱的强制在对那本来是那么敏捷，那么容易、巧妙而又明白易懂地进行工作的斯克里布施加压力。当斯克里布接上来为别的歌剧作曲家编写平易流畅的、常常是引人入胜的、无论如何是运用许多自然的巧妙手法构成戏剧的诗篇的时候，那起码总有特定的情节作为基础，以及适应这一情节的易于了解的场面，——同是这个非凡老练的诗人，一为迈耶贝尔写作就搬弄出那最不健康的浮词浪语，支离破碎的胡说八道，没有情节的动作，颠三倒四的场面，最可笑的奇形怪状的人物。这是不可能与自然的事物相提并论的：一个冷静的头脑——像斯克里布所具有的那样——是不会如此轻易地拿去做疯癫的实验的。斯克里布在搬出《恶魔罗伯特》之前，他自己就必须先给弄得神魂颠倒；在他写作《胡格诺教徒》的过程中自己变成纯粹是装饰的差异和对比的编制者之前，他必须先被剥夺一切对于戏剧情节的健康的感应；在他受命充当骗子的《先知》之前，他必须被迫皈依历史的贼帮的神秘教义。——

在这里我们认识到一种作曲家对诗人所发生的类似的一定的影响，有如韦伯在他的《优兰蒂》里面对它的女诗人所发生的影响一样：可是出自一种多么根本不同的动机啊！韦伯想要的是一部戏剧，每一个场面的细微的差异，随时随地都能够化入他那高贵的、神完气足的旋律里面去；迈耶贝尔正好相反，他想要的却是万花缭乱的、历史—浪漫的、恶魔—宗教的、固执—放荡的、轻浮—神圣的、神秘—撒野的、感伤—欺诈的戏剧的大杂烩，有了它才能从它身上获得光怪陆离的音乐的材料，——他那固有的音乐天性的不可整治的皮革却又没有取得真正适当的成功。他觉得，用这一切音乐效果手段的堆积起来的储藏，该是会搬弄出一点前所未有的东西来的，只要他把所有角落里的东西都扫出来，乱七八糟地堆成一堆，装上戏剧的火药和松脂，然后是一声巨响，天崩地裂。因此他要求他的诗人的就是大约相当于柏辽兹式乐队的场面布景，不过——请注意！——是使诗人蒙受极大的屈辱，降低到罗西尼式歌唱的颤音和延长音的浅薄的底层——为了"戏剧性"的歌剧的缘故。一切储备的音乐效果的因素通过戏剧达到和谐的一致，在他看来是对他的意图的极端错误的做法；因为迈耶贝尔并不是一个理想主义的梦想家，而是用聪明的、实际的眼光在现代的歌剧观众身上看清楚了，通过和谐的一致他不能赢得任何一个人的捧场，反之，通过东拉西扯的大杂烩却能使种种人都得到满足，那就是各人有各人的口味。因此他认为最重要的是光怪陆离与万花缭乱，那个逗乐的斯克里布于是乎汗流浃背地想方设法给他拼凑戏剧的杂拌，然后是音乐家带着冷静的细心对着杂拌，左思右想：从他的音乐储藏室里面找到什么破片配到反自然的哪一本戏上面才会尽可能惊心动魄而且耸人听闻呢？目的是出奇地与众不同，从而显得——"具有性格的特色"。

在我们艺术批评的眼中，他就是这样把音乐的力量发展成为**历史的性格描写**，甚至于走得那样远，对他来说则是最高雅的谄媚。居然有人说，他的歌剧的脚本是很坏的，糟糕透了的，**可是他的音乐却拿着这寒伧的东西什么都变得出来！**——音乐的全盘胜利就是这样：作曲家把诗人彻底**糟蹋**了，**音乐家**却在歌剧诗艺的废墟上面戴上了本来的**真正的诗人**的王冠！——

*　　*　　*

迈耶贝尔的歌剧音乐的秘密是——**功效**。如果需要解释一下，我们对于"功效"一词应该如何理解，那么重要的一点就是要注意，不能随便使用"效果"这个相近的词。我们天然的感觉对于"效果"的概念始终是同先行的**原因**联系起来的：现在呢，就当前的情况而论，我们不由自主地会产生怀疑，究竟存在不存在这种联系，或者我们甚至于被告知，说是压根儿没有这样的一种联系，那么处在这种尴尬情况之下，我们不得不去寻找一个合适的字，它，例如从迈耶贝尔的音乐所得到的印象，多少可以表现它的意义的，我们因此使用了一个外国字，一个与我们天然的感觉并不直接相近的字，也就是这一个字——"功效"。要是我们要更说得准确些，那么我们不妨把"**功效**"译为"**没有原因的效果**"。

事实上迈耶贝尔的音乐是建筑在它借以造成自己地位的音乐的一种没有原因的效果之上的。这种奇迹只有对最外在的音乐才是可能的,这就是说对这样的一种表现能力,它(在歌剧里面)想方设法使之越来越独立于一切表现价值之外,而它那完全实现的独立性的宣告,则在于把那本来应该属于这种表现的存在、尺度和辩证的表现的对象贬低为德行以至艺术的空虚到了那样的程度,以致**表现**先要从音乐癖好的行为中获得存在、尺度和辩证,从而本身陷入与一切真正的表现无缘的地步。可是这一种行为本身却又能结合其他因素造成一种绝对的效果。在极端的器乐里面,幻想的辩证力量提出控诉,这幻想则是由一个纲领或者仅仅是一个标题提供作为音乐以外的凭借的材料的:可是在歌剧里面这种凭借的材料却是实实在在的,这就是说给幻想省下了形形色色的为难的烦恼。凡是那边从自然的或是人类的生活现象的种种因素提纲挈领地引伸出来的东西,**在这里**却是道地的现实真实地摆弄出来,以便这样造成没有幻想的任何参与的幻想的效果。这里是作曲家从场景的机关本身挪用来的物质的凭借材料,同时他所取得的能够产生效果的效果也完全是为效果而效果的,这就是说它是脱离实际对象的,它,处于机关的范围之外,表现生活的诗歌的土壤之上,本来是能够规定和明确效果的程度的。——让我们举一个例子,对迈耶贝尔的艺术刻画得淋漓尽致的例子,那就什么都一清二楚了。

我们设想,一个诗人受到一个英雄、一个光明和自由的战士的鼓舞,他胸中燃烧着对他那受屈辱的,他们神圣的权利遭到损害的同胞的热爱。他要在他生平行事的顶点,在他卓著功勋的荣光中表现这位英雄,并为此选定如下的决定性的历史瞬间。这位英雄带着那些响应他振奋人心的号召,离乡背井,抛妻别子,决心在对强大的压迫者的战斗中去争取胜利或者死亡的人民的队伍,走到一座坚固的城池。要使得解放事业得到光辉的前途,这座城池就必须由这些未经战阵的队伍经过浴血苦战加以占领。由于先前发生的事故,锐气挫伤了;愤懑的情绪、分裂和迷乱在军队里面泛滥起来;如果不能在来得及的今天全部克服,那就一切完蛋。这是英雄们成长为真正的伟大人物的局面。诗人让那在黑夜的孤独中刚同心中的上帝,同最纯粹的人类爱进行过一番交流而且通过他的声息做出了献身准备的英雄迎着熹微的晨光在队伍中间挺身而出。他们本来已经是四分五裂的了,现在他向他们提出个问题,问他们要做怯懦的畜生还是做神圣的英雄。在他强烈的声音的感召之下,人民集合起来了,而且这一阵声音一直深入到人们最内在的骨髓,他们也从内心感觉到神的力量:他们觉得被提高了而且净化了,他们的感奋又反过来把英雄提得更高,因为感奋使得他从此转为行动。他扯过大旗，高高举起，直冲这座城池可怕的城墙，敌人的坚固的壁垒。只要他们一天安全躲在壁垒的后面，他们就要使人类不可能得到较好的未来。"冲啊！要就是死，要就是胜利！这座城池一定要是我们的！"——诗人现在用尽了他的全部力量：他要在舞台上看见这表现出来的一瞬间，高昂的气氛忽然像是最能使人信服的现实呈现在我们眼前；戏剧的场面必须变成世界现场，自然界必须与我们崇高的感情结成联盟表明它的态度，它对我们再也不可以只是冰冷的偶然的环境。看吧！神圣的急迫催促着诗人：他拨开清晨的迷雾，他一声号令，太阳光芒四射地在城头升起，城池是注定要属于意气风发的勇士的胜利的了。

这里是威力无穷的艺术的花朵，这样的奇迹是只有戏剧艺术才能创造出来的。

对于这样一种只有从戏剧诗人的感奋中才能产生的奇迹，而且通过从生活本身深情体会得来的现象才使他有可能创造出来的奇迹，歌剧作曲家是并无要求的：他要的是**效果**，却不要**原因**，而这原因又正是他力量所不及的。在迈耶贝尔的《先知》的一个主要场面里，它表面上与刚才所描写的差不多，我们所得到的是一首从民间歌唱窃听来的，高昂到塞满耳朵的汹涌澎湃的颂歌式的旋律的纯粹肉感的效果，诉诸视觉的则是一轮红日的效果，我们所能体认到的除了机关的杰作之外什么都没有。那个只应该由那支旋律给他温暖，由这轮红日给他照耀的对象，**气概高昂的英雄**，这本来是必须从发自最内在的狂热注入那支旋律而且依照他当时情势的迫切需要的号令唤起太阳的照耀的人物，这整个丰盛的戏剧果实的决定权利和条件的核心——却根本就不存在；[①] 代他出场的是一个富有特色地化装起来的男高音歌唱家，迈耶贝尔通过他的私人秘书，斯克里布，委托他尽可能唱得动听，同时显示一点共产主义的姿态，以便引起大家也来一点刺激性的思想。那个英雄，我们先前说过的英雄，是一个穷鬼，因为软弱，承担了一个骗子的角色，最后是痛哭流涕的悔恨——可不是什么错误，什么幻想的迷惑，要是迷惑还可以在必要时有个太阳来照耀——而是悔恨他的软弱和虚伪。

是怎样的一些动机凑拢起来，使这样一个不体面的人物顶着一个《先知》的头衔送到世界上来，我们愿意在这里置之不理；我们只要考察一下它的结果就够了，

---

① 我可能得到这样的回答："你那光荣的人民英雄是我们所不想要的；他根本不过是你革命的私人幻想所追加的产物；反之，我们是要表现一个不幸的年轻人，他被倒霉的经验伤透了心，受到了狡诈的人民煽动家的引诱，让人拉着去犯罪，后来由于一番真诚的忏悔而得到赦免。"现在我要问一问太阳效果的意义，他又会回答我："这完全是依照自然的描绘；为什么清晨不可以出太阳？"这虽然是对自然而然的日出的非常实际的辩解，可是我仍然坚持认为，这个太阳也许并不是那么无缘无故想起来的，如果你们面临我先前所提示的那一种情况，可是实际上却不是这样：当然，这种情况本身是不合你们心意的，你们只是图谋你们的效果。（瓦格纳）

这真的是富有教育意义的。首先我们从这个例子看到了诗人道德上和艺术上的十足的屈辱。谁要是对作曲家怀有最大的善意，谁就不可以在诗人身上找到一点好处：那么——诗人的意图不应该再有任何一点什么取得我们的欢心，正相反，它应该引起我们的厌恶。演员只应该完全作为换了行头的歌手使我们发生兴趣，而且他只能在讲好的幕景里面通过那写定的旋律来制造效果，而且——作为旋律——也完全是为旋律而旋律的。因此太阳也同样只能够而且应该为效果而效果，也就是作为真正太阳在舞台上的可能的复制；它的效果的基础从而也不是归属于戏剧，而是纯粹的机关，这是在太阳照射的瞬间唯一使人思索的一点：因为要是人们真的要把这样的照射理解为英雄的、人道的斗士的有意拟定的净化，那么作曲家将会如何地大惊失色啊！正相反，他和他的群众必须全力以赴的是，摆脱这样的思想，而且把所有的注意力都引导到机关布景的杰作上面去。这样一来，在这唯一得到群众那么热烈的捧场的一幕里面，一切艺术都分解为机关布景的部件：艺术的皮相成为它的特点；我们认识到，它这一特点正是——**功效**，绝对的功效，这就是说一种人为地逗引出来的爱欲的蛊惑，没有真正的恋爱乐趣的活动。

*　　*　　*

我并不打算对迈耶贝尔歌剧提出批评，而只是在它上面指出，那最时髦的歌剧，根本就是它与整个品种的联系的特点。如果我被迫通过这个话题的实质常常给我的论述赋予一种历史性的论述的特点，那么我还是不能觉得我是投身到真正是历史的细节中去。如果我在特殊情况之下要去指出迈耶贝尔从事戏剧创作的本领和使命的性质，那我将为了庆祝我竭尽全力企图揭示的真理的胜利，在他的作品里面最强烈地突出一个值得注意的现象。——迈耶贝尔音乐里面宣示出来的是一种如此惊人的空虚、浅薄和艺术上的一无所有，以致我们要对他特别是音乐的才能——甚至于拿它与他同时的作曲同行的远为广大的多数放在一起——完全勉强地打一个零分。虽然他在欧罗巴的歌剧观众面前取得那么大的成绩，也不应该使我们觉得奇怪，因为只要你对这种群众瞥上一眼，就会很容易地得到解答。——有一种纯粹艺术的观察应该吸引我们，教育我们，依我们观察所得，这位著名作曲家的无能是无可掩饰的，从他自身的音乐资质提不出一点点极细微的艺术的生命征候，但这绝不影响他在他的歌剧音乐的若干章节中使自己提到无可辩驳的、最伟大的艺术才能的高峰。这些章节是真正感兴的产物，如果我们进一步加以考察，我们也会认识到，这种感兴是从什么地方得到启发的，——原来是来自真正诗意的境界。那是诗人忘掉了对音乐家的咄咄逼人的顾虑的时候，那是他在他戏剧的编制过程中与某一契机的自然而然的冥合，他吸收了自由的、新鲜的人生的空气而又可以倾吐出来的时候，——忽然间他也把这一口气作为感兴的气息吹送到音乐家那边去，那位作曲家呢，本来他是掏尽他音乐前辈的一切家当也弄不出一丁点真正创造的玩意来的，现在却一下找到了最丰富的、最高贵的、最能震撼灵魂的音乐的表现。我这里主要是想起《胡格诺教徒》第四幕那出名的痛苦的恋爱场面的个别描写，特别是那妙手偶得的降 G 大调的感人肺腑的旋律，它，作为从那以极乐的痛苦震撼人心的一切纤维的情景中开放的香花，是只有极少数，的确是只有音乐作品中最完美的作品才能够同它相提并论的。我之所以抱着最诚挚的喜悦和真实的激赏强调指出这一点，因为正是在这一事实面前，艺术的真正的本质是这么鲜明而又无可辩驳地显示出一条真理，以致我们不得不狂喜地认识到，即使是在最最糟糕的乐匠身上也可以激发出名副其实的音乐创作的才能，只要他踏上必然的领域，而这种必然又强于他利己的专擅，那他的背反的努力就会导向道地的艺术的轨道，使自己得到拯救。

至于这里只提到一些个别的刻画，而不是唯一的整个大场面，例如不是整个我所想象的恋爱场面，而是仅仅限于个别出现的时刻，它首先迫使我们考虑那疯狂的残酷的本性，正是这种疯狂窒息了音乐家最高尚的才能的发展，而且给他的缪司抹上一种恶心的卖弄风情的媚笑或者一种颠三倒四的霸道的狞笑。这一种疯狂就是音乐家的欲望，他要争辩，他要把本来不属于他也不是他才能所能产生的东西都说成是他自己的也是他才能所能产生的，实则只有在别一个人的特有的才能汇集到他身上的时候，他才能够在协作工程上**参加**进去。凭这一种不自然的欲望，亦即**音乐家**借以满足他的夸诞的欲望，要在万能的光芒照耀之下显示他的本领，结果却使得这份本来是极端富饶的本领一下子跌到了乞丐般赤贫的地步，这就是我们心目中的迈耶贝尔式歌剧音乐的现状。这一种歌剧音乐，受到偏私的努力的驱使，要把它那狭隘的种种形式作为独一无二的形式强加给戏剧，从而使得那些形式的贫乏而又累赘的僵硬和枯槁变得不堪忍受。为了追求丰富多彩，作为音乐的艺术，它堕落成为名副其实的精神的空虚，而且被实利主义的机械论推到了借贷为生的窘境。为了通过赤裸裸的音乐手段冒充穷形尽相的戏剧的性格描写的自私的目的，它已经丧失掉一切自然的表现，堕落成为挤眉弄眼的插科打浑的丑角。——

开头我已经说过，歌剧这个艺术品种之内的谬误，是在于"把表现的手段（音乐）当作目的，表现的目的（戏剧）却被当作手段"。——现在我们必须把这**错觉**的而且最后是**疯狂**的核心贴上标签，因为正是这个东西使歌剧这个艺术品种陷入无以复加的违反自然的状态，达到了令人齿冷的程度：

那一种表现的手段竟想由它去订立戏剧的意图的条件。

七

我们是到了终点了；——因为我们已经把歌剧的音乐能力追究到可以宣布它是完全的无能为力。

当我们今天就其本来意义谈论歌剧音乐的时候，我们再也不是谈论一种艺术，而是在谈论一种单纯的时髦现象。只有对迫切的艺术的需要毫无感觉的批评家还能够对歌剧的前途发表希望或者怀疑的意见；至于艺术家本人，只要不是堕落到在群众身上做投机买卖，他就会在歌剧之外去找出路，同时也会想到主要是别人不那么想的值得寻求的诗人的坚决的参与，借以证明，他认为歌剧是已经死亡了。

然而就在这里，在这一值得寻求的**诗人的参与**上，我们是打到点子上了。只要我们愿意理解而且确认音乐家与诗人之间的关系是处在真正的健康的自然状态，我们就必然会完完全全、明明白白、清清楚楚地懂得这一点。这种关系必须是与迄今为止所存在的关系完全相反的，是那样完全地改变过来，使得音乐家为了他自己的发展在那里取得合适的地位，当然，那种陈旧的不自然的结合还要用它最后的纽带把他拉回到陈旧的、毫无结果的疯狂那边去，问题是他来放弃对那陈旧的不自然的结合的一切回忆。

为了使我们完全明确这一种需要深入研究的健康的又是唯一生机勃勃的关系，我们还必须再一次简要然而明确地先把**我们今天音乐的实质**交代清楚。——

*　　*　　*

如果我们把音乐的本质简明而又扼要地归总到**旋律**的概念上，我们就会最迅速地得到一个清晰的概貌。

正如内因也许是外观的基础和条件，然而通过外观，内因才能清楚而又明确地显示出来，那么，**和声和节奏**也许是造型的机关，然而**旋律**才是音乐本身的真实的形象。和声和节奏是血液、肌肉、神经和骨头加上全部五脏六腑，这些也同那些一样在观看一个成形的活人的时候都是视线所不及的；反之，旋律却是成形的人本身，如同它对我们的眼睛所显示的那样。我们观看这一个人的时候只在审视那苗条的身躯，如同它通过表面皮囊的赋形的界线所呈示的那样；我们观看这一躯体的富于表情的外表的时候总爱注意面部的仪容，最后是专注到眼睛，这整个人的最有生气又最有表达能力的顾盼。这个器官的表达能力又只是从接受周围世界的示现这种无所不能的能力那里才能获得的，现在又通过这个器官同时准确无误地向我们宣示他最内在的世界。因此旋律就是音乐的内在本质的最完美的表现，每一个真正的、受到这种最内在的本质的制约的旋律也是通过那种眼睛向我们发言的，它最富于表现力地向我们传达最内在的东西，可是始终是在这样一种情况之下，即我们只能看见瞳孔的光芒，而不是那内在的、仍处于赤裸状态的不具形式的有机组织。

人民之创造旋律的经过，有如肉体的自然人通过性生活的无意中的行为孕育而且诞生人类一样，而且又是这样的人，当他初见天日的时候，他已经是形神具备，通过他的外表的躯体，而并不是通过他揭示出来的内在的有机组织以宣告他的诞生。**希腊艺术**对这个人的理解还完全是从他外表的形象着眼的，而且努力尽可能忠实而又生动地——最后是在石头和青铜上——加以模拟。**基督教**则反过来进行解剖式的处理：它要把人的**灵魂**发掘出来，把肉体拨开来、切开来，把一切不具形式的内在的有机组织揭示出来，这是使我们望而生畏的东西，因为它并不是诉诸视觉或者不应该是诉诸视觉的。可是在我们搜索灵魂的过程中却把肉体杀死了；当我们想要找到生命的源泉的时候，我们却毁灭了这生命的发表的条件，因此我们只能到达死亡的内界，这内界是只有在完全连续不断的发表可能性的条件之下才能成为生存的条件的。然而被搜索的**灵魂**事实上却不外乎是**生命**：因此留给基督教的解剖进行考察的只不过是——**死亡**。

基督教把人民的有机的艺术的生命运动——他们天赋的孕育力——绞杀了：它切割他的肌肉，又用二元论的解剖刀毁坏了他艺术的生命的有机组织。共同生活，人民的艺术孕育力唯一能够提高到完美的艺术创造的能力的共同生活，是属于天主教教义的：只有在孤独的时候，当人民的一小部分—从共同生活的兵马大街分隔开来——自行凑合并投身到大自然中去的地方，那与诗歌难解难分的**民歌**才凭借稚气的纯朴和贫乏的局促生存下来。

我们试把视线离开这一边，那就正好相反，我们发觉，在文明艺术领域内，音乐得到了前所未闻的新的发展的行程：原来那是从它解剖式分割开的、从内部加以扼杀的有机组织发出的，通过拆散了的机关的拼凑和重新混合，形成新的生命的扩展。——在基督教的教堂歌咏里面，和声独立地自成体系。它自然的生命需要迫使它不得不作为旋律来从事表现；然而为了表现不能没有依靠，因此不能不求助于节奏以提供形式和运动的机关，这个机关则是它作为一种主观的、差不多是妄想多于实际的尺度从舞曲那里搬过来的。这种新的结合只能是一种人为的结合。正如诗歌艺术依照亚里士多德从希腊悲剧作家那里抽象化了的规则构造出来一样，音乐也不得不依照科学的假设和规范来加以安排。那曾经是这样的时代，连人都被认为可以依照名家的单方和化学的煎剂制造出来，于是乎名家的音乐也想方设法去构造这一类的一个人：**机械学**应该制作出**生物**来，要不然就替代也行。然而这一切机械的发明欲的无休无止的冲动，实际上却始终只是对准真正的人，对准那个从**概念**中恢复原状的人，从而最后又会觉醒成为真正有机的生命。——我们这里接触到的是现代人类全部巨大的发展进程！——

这个音乐想要造就的人，实际上却只不过是**旋律**，这就是说，音乐的真正活生生的内在有机结构的最有特定意义的、最有说服力的生命表现的契机。音乐越是抱着迫切的人化要求更远地向前发展，我们也就看见这种对明确的旋律的宣示的追求带有越来越大的决定性上升为最痛苦的渴望，而且我们看到，没有一个音乐家的作品像**贝多芬**的伟大的器乐作品所具有的渴望一样生长成那样的威势和权力。在这些作品里面，我们不得不对那要求人化的有机组织的无比巨大的努力表示惊叹，它是走得那么远，使得它的所有组成部分融解成为一个真正活生生的有机组织的血液和神经，以便通过它作为旋律达到准确无误的表白的地步。

在贝多芬身上所显示出来的我们整个艺术发展的独特的、决定的进程，比在我们的那些歌剧作曲家身上所显示出来的是切实得多了。这一些人把旋律理解为一种游离于艺术创作之外的、现成的东西；他们根本不参与旋律的有机的孕育，把旋律从人民口头拆散了，从而使它脱离它的有机组织，而且只是使它**转向**有意的迎合，而所谓迎合又不外乎是一些奢侈的排场。如果说那种民间旋律曾经是人的表面的躯壳，那么，这些歌剧作曲家就差不多可以说是从人身上剥掉他的皮，再拿这张皮蒙到一个人体模型身上去，算是给予它人类的外观：这样一来，最多也只能够蒙骗一下我们半睁眼的歌剧观众，这些文明的野人而已。

在贝多芬那里正好相反，我们看到那自然的生命的冲动，从音乐的内在的有机组织产生出旋律。在他重要的作品里面，他决不是把旋律作为什么事先做好的东西摆在那里，而是让它差不多从它的有机体里面在我们眼前**产生**出来；他给我们传授诞生的诀窍，同时依照他有机的必然性向我们展示诞生的程序。然而这位大师在他的主要作品里面最后向我们宣示的最有决定意义的一点却是他作为**音乐家**所感觉到的必要性是扑到诗人的怀抱中去，以便完成那真正的、万无一失的、救苦救难的旋律的**孕育**工作。为了成为人，贝多芬必须成为**一个完全的**，这就是说共同的，从属于**男的和女的**种种性条件的人。——一种怎样严肃、深刻而又充满憧憬的沉思使那无穷丰富的音乐家终于揭示出那纯真的旋律，这就是他借诗人的话冲口而出的：

"欢乐，美丽的神光！"——凭借这一支旋律也给我们解开了音乐的秘密：现在我们**知道**、而且获得了成为**有意识地**有机地进行创作的艺术家的本领。——

现在我们就停留在我们研究的最重要的一点上，而且让我们随时听从贝多芬的"欢乐旋律"的指引吧。

民间旋律在它从文明音乐家那一面被重新发现的时候，给我们提供了双重的兴趣：其一是在它自然的美方面的喜悦的兴趣，使我们在人民本身之内接触到生香真色，其二是对它内在的有机组织的研究的兴趣。对它的喜悦必然是，严格说来，对我们的艺术创作谈不上有何结果：我们将不得不，就内容和形式而论，为了也能够模仿这种旋律取得一点成绩，只好严格在某一类似民歌本身的艺术品种里面打转转；是的，为了获得这一套模仿的本领，我们自己将不得不在最严格的意义上成为一个民间艺人；于是乎我们归根结蒂根本不必说什么模仿，而是不得不作为人民自己重新去进行创造。

与此相反，我们会困在完全另一种——与民间创作天差地别的艺术创作里面，只管在最粗暴的意义上运用这种旋律，而且是在某一种环境之内和必然使它受到歪曲的种种条件之下。歌剧音乐的历史基本上就是唯一回到这一种旋律的历史上去的，在这本历史中，依照类似潮水涨落的某些规律，形成民间旋律的接受与再接受的时代和它的出现及越来越扩大的歪曲与变种的时代的替换。——那一批音乐家，最令人痛心地具备那变为歌剧咏叹调的民间旋律的越轨的品质的音乐家，因此觉得受到或多或少清楚地感觉到的必要性的督促，去关心旋律本身的有机的孕育。歌剧作曲家对那必要的处理方法的发现是关系最密切的，然而恰好对他从来都不是顺利的，因为他在对待诗歌艺术这个唯一能够开花结果的因素的关系上是根本错误的，因为他处在不自然的篡夺的地位把差不多是孕育机关的这一因素抢走了。作曲家妄想从他对诗人的颠倒的地位开始，他想怎样就怎样，凡是感情向旋律灌注的高潮飞跃的地方他也都一定要带来他那现成的旋律，正当诗人需要从头适应整个**形式**的时候，那支旋律却要在这形式里面显示它自己：可是这一形式对歌剧旋律的结构却具有那么主宰性的影响，因此它实际上也决定了它主要的内容。

这一形式是取材于民歌曲调的；它那最外在的结构，运动在节奏的时速上的变换和回复，甚至于是转借自民间舞曲的，——当然在原始意义上它同歌调本来是一码事。形式上只是加以变化，它本身却直到最近的今天仍然是歌剧咏叹调的不可触犯的骨架。只有在它那里保留为一种旋律的构造是唯一可以想象的；——当然这也始终不过是一种根本决定于这种骨架的构造。音乐家，只要他一投入这一种形式，他就再也不可能有所创造，而只能限于改头换面，从而一开头就被剥夺掉任何一点旋律的有机孕育的能力；因为真正的旋律，正如我们历来所见到的那样，本身就是内在的有机组织的表现；只要它是应该有机地产生的，它因此就也必须**自行制作它的形式**，而且是一种适应它内在的本质进行最有特定意义的传达的形式。反之，如果旋律是从形式出发加以制造的，那它除了模仿那在原来那种形式上是表露自己心事的旋律之外，永远不可能有别的办法。① 要求打破这一种形式的努力，在我们眼前的许多歌剧作曲家身上也是显而易见的；然而只有当相应的新形式已经获得的时候，它才会艺术上成绩卓著地得到克服；然而只有当它作为一种特殊的音乐有机组织的最有特定意义的表现宣告成立的时候，这种新形式才能够算是真正的艺术形式：**然而就它的本性而论所有音乐的有机组织都是——女性的**，它只是**生育的**，而不是**生殖的**；生殖的力量是处在**它组织之外**，而没有这一种力量的传种它就断然不能生育。——这里蕴藏着现代音乐的断种的全部秘密！

我们曾经把贝多芬在他最重要的那些乐章中的艺术处理称为"旋律诞生动态的展览"。如果我们顺便注意一下它的特色，那么，当大师在乐曲**进行**中，才算是向我们作为成品展示出完整的旋律，然而在艺术家心目中，这一支旋律却是**一开头**就已经作为成品预先拟定的：他不过是从头开始就打破了狭窄的形式，——正是这个形式，歌剧作曲家费尽力气还是对付不了的形式，——他把它的各个组成部分炸开了，然后通过有机的创造结成一个新的整体，而且是通过这样的一道，亦即听任各不相同的旋律的组成部分进行交替的接触，以便这一类组成部分表面上好像是大相悬殊的组成部分有机的亲属关系，也就是那些各不相同的旋律的原始亲属关系独自发挥作用。贝多芬的这一着只不过是给我们揭示绝对音乐的内在的有机组织：他所关心的，在一定程度上是从力学出发把这一种有机体制造出来，为他本人提出他内在的生命的权利要求，也正是在行动中最生动地给我们宣示他自己。至于他孕育这一有机体的东西，却始终还是绝对的旋律；他所借以赋予这一有机体以生命的只是在于，他使之——可以这样说——在诞生过程中发生作用，而且就在他让它把那已经完工的旋律**再**生产的同时。然而正是通过这一番程序，使他迫切要求给那重新获

① 歌剧作曲家在咏叹调形式里面看到了注定要永远绝种的命运，于是向宣叙调寻找音乐表现的较为自由的运动。偏偏这个也是一种特定的形式；假如音乐家抛弃了宣叙调固有的那种纯粹修辞性的表现，好让激动的感情之花开放，他又觉得在旋律开始的时候他往往被挤入咏叹调形式。要是他因此根本避开咏叹调形式，他又只能被困在宣叙调的纯粹修辞学里面，根本无从走向旋律的飞跃。除非——请注意！——他实行美好的自我遗忘，吸收诗人的孕育的胚芽。（瓦格纳）

得诞生的力量的音乐的有机体输送孕育的种子，而这种种子则是他取自诗人的繁殖的力量。贝多芬，远离一切美学的实验，无意识地吸收了我们艺术发展行程的精神，究竟不外乎是在一定程度上冒着风险去进行工作的。他本人根本不是受到诗人的繁殖的思想的启发走向自然而然的创作，而是带着音乐的生产兴趣去找寻诗人。因此连他的欢乐旋律也显得不是依附或者通过诗人的诗句创造出来，而仅仅是一眼看中了席勒的诗篇，通过他一般的内容的启发谱写出来的。直到贝多芬被这一诗篇的内容逐步提高到戏剧性的直接境界的时候，① 我们才看到，他的旋律的组合也是越来越确定地扎根于诗篇的字句，结果是，他的音乐的闻所未闻的丰富多彩的表现恰巧是独一无二地与那诗篇和字句的无疑是最高的意义的天衣无缝的适应，使我们忽然觉得，音乐与诗篇的分离是不可想象的，也是不可理解的。这也是我们通过艺术的行为本身一清二楚地证实了关于民歌的有机组织的美学研究的结论的要点。正如活生生的民间旋律与活生生的民间诗歌是分不开的一样，一旦分开就是对有机组织的扼杀，因此音乐的有机体只有得到诗人的思想的孕育才能产生真正的、有生命的旋律。音乐是产妇，诗人是生父；如果音乐不仅要想生育，而且还要**授精**，那可是到了疯狂的高峰了。

音乐是妇女。

妇女的天性是**爱**：然而这种爱是**接受者**的而在接受过程中又是毫无保留地**以身相许**的。

妇女是在许身的瞬间才取得完满的个性的。她是波浪姑娘，她漫不经心地通过她自然元素的波涛向前流动，直至她通过男性的爱才接受到灵魂。女性的眼睛里面那种天真无邪的目光是明净到无以复加的镜子，在这面镜子里面直到男性看清楚他的本来面目之前，他只能认识对爱的一般的本领：一旦他认识了他本身，那么女性的全能也就凝聚成为一种迫切的必然的倾向，用最饱满的许身的热情去爱他。

真正的妇女爱起来是无条件的，因为她非爱不可。她没有选择，除非是她无可爱。可是到了非爱不可的时候，她就直觉到一种巨大的**强迫**，也是头一次发展她的**意志**的强迫。这一种抗拒强迫的意志，是被爱的对象的个性的最先而又最强大的激动，它通过接受打入妇女的身心，她本身又是赋有个性和意志的。这是妇女的**骄傲**，这种骄傲只能从个性的力量在她身上产生，它支配了她而且凭借爱的急切对她进行强迫命令。就是这样，她为了所爱的接受的缘故对恋爱的强迫进行斗争，直到她在

---

① 为了使我的意见完全说清楚，我主要指出"拥抱吧，千百万的人们"和这一主题同"欢乐，美丽的天神的灵光"的结合。（瓦格纳）

万能威力之下领会到这种强迫的真谛，以致这种强迫，如同她的骄傲一样，只是被接受的个性的发挥，以致于爱和所爱的对象成为一体，以致于没有了这个就既没有力量也没有意志，以致于从她感觉到骄傲的瞬间起，就已经归于毁灭。这一种毁灭的公开的宣告于是成为妇女的最后的许身的实际的牺牲：她的骄傲就是这样有意识地化为那唯一的一点，她所能感觉的唯一的一点，她所能琢磨和想象的唯一的一点，是的，就是她自己，——化为对**这一个**男子的爱。——

一个妇女，只要她不是凭这一种许身的骄傲去爱的，那实际上就完全不是爱。一个完全不去爱的妇女，那可是世界上最不体面的最讨厌的形象。让我们把这一类妇女的性格典型拿出来展览展览吧！

人们曾经非常恰当地把**意大利**的歌剧音乐叫做**荡妇**。一个卖淫妇能够夸口说，她永远是她自己；她从来不会失去控制，她从来不牺牲自己，除非她自己产生了欲望或者想要捞点好处，但是如果是为了这一点，那她只是给别人的享乐提供她本身的一部分，这是她可以轻而易举地拿出来的，因为他已经成为她的任性的对象。在卖淫妇的爱的拥抱的过程中女性是不在场的，在场的只是性感官能的一部分：她在爱悦中并不接受个性，她完全是普普通通地给普普通通回敬一下。卖淫妇正是这样一个没有开化、没有管教的妇女，——然而她起码还在发挥女性的感官的功能，我们依然能够——虽然不无遗憾——认得出她是妇女。

法兰西的歌剧音乐理应被称为**卖俏**。卖俏所追求的是受到赞叹，是的，受到爱慕：可是只有当她向那对象输送赞叹和爱慕，她自己却既不受到赞叹、更不受到爱慕的纠缠的时候，她才能从受人赞叹和爱慕那里享受到她认为别有风味的欢乐。她所追求的胜利，是自得其乐的欢乐，虚荣心的满足：她之所以要受人赞叹和爱慕，那是她生活的享受，可是一旦她自身真的感觉到赞叹和爱慕，这种享受就立即遭到干扰。如果她自己真的爱上了，她的自我享受就要被剥夺，因为在爱的时候她必然要忘却自己，而且要把自己奉献给别人痛苦的——往往是自杀的——享受。因此卖俏所最最需要提防的正是爱情，以便保持她唯一所爱的不受侵犯，这也就是她自己，一种不妨称之为具有诱惑力的、练出来的个性的气质，这种气质又是当着男子的求爱的亲近才取得的，她——卖俏——却借以保留它的财产。因此卖俏是靠偷盗性的利己主义生活的，它的生命力是严冬的冰冷。卖俏使得妇女的本性转到了它可憎的反面，她那冷漠的微笑只能给我们反映出我们歪扭的形象，绝望之余，也许我们会回身转向意大利的娼妓那边去。

可是还有一种变种妇女的类型简直使我们充满了厌恶的恐怖：那是**迂腐**，我们不能不承认这个词语适用于那所谓的"德意志"歌剧音乐。① ——娼妇可能会发生这样的事情，那就是在她身上突然对她怀抱中的青年燃烧起爱的牺牲的火焰，我们忘不了天神与舞女！② ——卖俏也许会发生这样的事，她始终是拿恋爱来玩把戏的，在这一种游戏过程中不免越缠越紧，不管你任何虚荣的防御，终于陷入了罗网，只好哭啼啼地哀叹自己意志的失败。然而这一种美好的人性却永远不会对那种妇女发生作用，她会用正统的信仰的狂热去守卫她无瑕的纯洁，——这种妇女的品德根本上就是寄托在无爱之中的。迂腐是依照礼仪的规矩教育出来的，她从小就只能带着羞怯的心情听人讲"爱情"这个字眼。她，心中充满了教条，走进这个世界，畏缩地看着周围，审察着卖淫的、卖俏的女人，虔诚的心在跳，叫着："感谢你，主啊，使我不致于像她们一样！"她的生命力是礼仪，她唯一的意志是爱情的否定，她对爱情的了解是只有娼妇和卖俏的德性。她的品德是罪恶的避免，她的活动是无效性，她的灵魂是肆无忌惮的傲慢。——正是这样一个妇女是多么接近于那最教人恶心的情况啊！在她那顽固的心脏里从来不会有爱情的活动，在她那细心隐蔽的肉体里可说不定会有感官的情欲。我们知道有善男信女的秘密集会以及备受尊敬的城市，在那里面盛开着伪善的花！我们眼见那类迂腐的人物陷入法兰西的与意大利的姊妹的每一种罪恶，唯一不同的是还加上伪善的污染，遗憾的是缺乏任何的独创性！——

让我们离开这种可憎的景象，再提出一个问题吧：**真正的音乐**应该是怎样的一个妇女？

一个妇女，**真正在爱的妇女**，爱她的德行和她的**尊严**，然而她的尊严又纳入她的**牺牲**，所谓牺牲又不是用她的生存的**一部分**而是**全部**，尽她力所能及彻头彻尾地奉献出来，当她**接受**的时候。然后高兴而又愉快地把那接受的东西**分娩**出来，这就是妇女的**事业**，——为了对**事业**起作用，妇女所需要的仅仅限于**本来是什么就做什么**，然而决不是什么**想要**：因为她想要的只是，——**做一个妇女**！因此妇女之于男

---

① 在"德意志"歌剧名下，我当然不是指韦伯的歌剧，而是指那种现代的现象，关于这种现象，越是缺乏事实根据，人们谈得越起劲。——例如那部《德意志帝国》。这种歌剧的特点在于它是某些现代德国作曲家想出来的做出来的东西。他们没有能耐写出法国式的或意大利式的歌剧脚本，唯一妨碍他们去写意大利式的或法国式的歌剧的这种无能，促使他们产生一种骄傲的幻想来做事后的安慰，好像他们能够制造出一些完全别出心裁的、出类拔萃的东西，因为他们比较意大利人和法国人**对音乐还更有多得多的了解**。（瓦格纳）

② 《天神与舞女》是歌德的一首叙事诗。诗中叙述天神为了考察人类的善恶，有一次来到一个印度的舞女家里。他从这个堕落的女人身上感受到了真实的爱情。可是一觉醒来，舞女发现客人死了。按照印度的习惯，客人的尸体送去火化。舞女也要求按照印度的习惯焚身殉夫。正当她向烈火里跳的时候，死者却欠伸而起，领着舞女升天而去。——译者

子是自然的确切无误的永远清楚而又可以认识的尺度，只要她永不脱出那美好的自然而然的范围，这个范围又是只有她的特性方能给予幸福的，她又是由于爱情的必然性而不得不陷到里面去的。

现在我再一次给你们指出那位卓越的音乐家，在他身上音乐完全是在人类身上所能做到的那样，它正是完全依它的实质的丰富表现为**音乐**，音乐之外什么也不是。看看**莫扎特！**——难道因为他仅仅是彻头彻尾的音乐家，因为他除了**音乐家**之外什么也不会做也不想做，他就是一个更渺小的音乐家吗？看一看他的《唐璜》吧！什么地方音乐赢得过那么无穷丰富的个性，能够发挥最丰富而又最饱满的才华去那么准确而又恰当地刻画人物的性格，像在这里一样，音乐家凭借他艺术的特性，毫发无遗憾地，就像是一个不顾一切地爱着的妇女？——

＊　　＊　　＊

——哦，我们还是打住吧，而且正好是在这里，以便我们询问个明白，究竟**谁**应该是那个那么不顾一切地去爱这个妇女的**男子**？在我们宣布这一个妇女的爱情之前，我们还得好好地衡量一下，看男子的爱情回报是一种需要乞求的，还是对他来说也是非此不可而又救苦救难的爱情？

让我们仔细地考察考察**这个诗人**吧！

第二部分　戏剧以及戏剧性的诗歌艺术的特点

当莱辛在他的《拉奥孔》里面努力去探索与划分诗歌艺术与绘画的界限的时候，他心目中的**这种**诗歌艺术，本身已经仅仅限于描写。他从比较的和分界的线出发，这线是他在雕刻的艺术作品和描写之间划出来的，前者呈示出拉奥孔的拼死挣扎的情景，后者是维吉尔在他的《伊尼特》这部为阅读而写的史诗里面对同一情景的构思。如果说莱辛自己在他的探索过程中接触到索福克勒斯，那么他心目中又只不过是想着文学的索福克勒斯，看他怎样**在我们前面**站着，或者可以这样说，当他亲自注视着诗人这部活灵活现地表演出来的悲剧的艺术作品的时候，他也是不自觉地把它置于与雕刻或绘画的一切比较之外的，因为并不是这活生生的悲剧的艺术作品与这些造型艺术对比之下显得局限，而是这些**造型**艺术就其寒伧的性质而论较之**那种**艺术自有其不可避免的限制。总之，凡是莱辛给诗歌艺术指出划界和限制的地方，他都不是指那直接诉诸视觉的感官地表现出来的**戏剧性的艺术作品**，亦即造型艺术倾向最高的，只有在它身上把一切可能达到的丰富的一切因素集中起来，然后才能将这种艺术引导到更高的艺术的生命性，而是这一艺术作品的贫乏的死亡的阴影，亦即叙述的、描写的，不是诉诸感官而是诉诸想象力的诗篇，诗中的这种想象力又被弄成固有的表现的因素，而诗与这种因素的关系又只不过是提示性的。

一种这一类**造作**的艺术，当然只有通过对界线和限制的最准确的观察才能达到随便一点点效果，因为它必须仔细考虑，通过最谨慎的程序不使不受局限的想象力陷入任何出轨的迷乱，须知想象力取代了**它**成为实在的表现者，使之引向压缩的一点，只有在这一点上它才能够尽可能清楚而又确切地显示出那企图表现的对象。可是所有利己主义的各自独立的艺术，都唯有求援于想象力，当然这也少不了造型艺术，作为这种艺术的最重要的契机，**动作**，却只有通过幻想的召唤才成为可能。所以这些艺术**都只是在暗示；真正的表现**对它们来说却只有通过对人们艺术接受的多面性的宣示，通过对他完全属于感性的官能的传达才成为可能，而不是诉诸他的想象力，因为真正的艺术作品之所以产生，只能是通过从想象进入现实的前进，这就是：感官性。

莱辛要把那些各自分离的、不再能够直接表现而只能描写的艺术品种标明界线的真诚的努力，时至今日已经遭到那些人最无意识的误解，他们始终不能理解**这些艺术**和那实实在在的**真正艺术**之间的巨大的差别。如果他们心目中始终只有各自独立的、对于直接表现本来就是无能为力的艺术品种，他们当然只能够把每一种艺术——因而也就是（正如他们不得不臆想的那样）一般艺术的任务作如下的规定，即**尽可能不受干扰**地克服种种困难，通过**描写**给想象力提供一个牢固支撑点；这一描写的**手段堆积**起来，描写非常正确地说只能够造成迷乱，而幻想，由于不相称的描写手段的引用而陷入恐怖和分散的境地，也只能偏离对对象的了解。

艺术品种的**纯粹**因此成为它获得了解的首位的要求，反之，艺术品种的**混合**只能够模糊它的了解。事实上使我们最为迷惑的，举例来说，莫过于画家想表现他的对象进入一种运动，而对运动的描写是只有诗人才能做到的；然而使我们特别厌恶的是这样的一幅画，在画中人的口上写着诗人的诗句。如果音乐家——这是说的绝对音乐家——试图绘画，那么他既写不成音乐也画不成一幅画；可是如果他要把一幅真实的绘画的观照用他的音乐来伴奏，那么他大可以放心，人们既不懂那幅画也不懂他的音乐。如果有谁只是这样设想，认为一切艺术之结合成为艺术作品，好像它们是彼此相通的，例如在一个画廊里、在陈列着的立像之间朗读一部歌德的小说还加演一部贝多芬的交响乐，[①] 他当然是有道理的，如果他主张各种艺术的**分离**，而且给每一种单独的艺术分配任务，让它协助对它的对象作尽可能明确的描写。可是如果**戏剧**也由我们现代的美学家把它列为一个艺术**品种**的范畴，而且在这种意义上把它作为特殊的财产分给诗人，而别一种艺术，例如音乐，与它的混合，却被认为需要予以**原谅**，然而无论如何不能认为是理所当然的，据说这是从莱辛的定义得出的结论，这是不是有道理呢？这可是一点影子都没有的。可是这些人在戏剧上所见到的不外乎是**文学的一支**，诗歌艺术的一种，好比是小说或者说教诗，区别只在于那不仅供人阅读，而且由各不相同的人物学到背得出来，朗诵出来，再加上动作和剧场灯光的照明。就一部在舞台上演出的文学剧本来说，音乐同它的关系当然差不多像是配合一幅挂着的绘画来演奏一样，因此那种所谓的插乐剧（Melodrama）被讥为一种最不舒服的混合物是有道理的。这一种我们文人心目中所理解的戏剧，其实不能称为真正的戏剧，正如一台钢琴[②]不能称为乐队，或者甚至于称为歌手一样。文学戏剧的成立完全得感谢我们一般的艺术发展的利己主义的精神，正如钢琴一样，在这方面我愿意扼要地尽可能明白地说明它的行程。

音乐的最古老、最道地又最美的器官，我们的音乐独一无二地赖以存在的器官，是**人类的嗓音**；最自然的是它被**吹管乐器**加以模仿；吹管乐器又被弦乐器加以模仿；一个由管乐器和弦乐器组成的乐队的交响式的合奏又被**管风琴**加以模仿；可是笨重的管风琴最后又为那易于操作的**钢琴**所取代。我们从这里首先察觉到的是音乐的原始的器官——人类的嗓音转到钢琴，是坠入越来越大的无表情性。乐队的各种乐器虽然已经失掉嗓音的语词，可是凭它那无穷多样与千变万化的表情能力，它还是能够尽量模仿人类的声调的；管风琴的管子要模仿这种声音，只能够依靠它的时值，可是再也不能够依照它变化的表情来掌握，最后到了钢琴，就连这种声音也只能够来一个示意，它真正的本体却只好听从听觉的幻想去捉摸了。于是乎我们在钢琴身上所能得到的是一种只能对音乐加以描写的乐器。然而为什么竟有这样的事，音乐家居然满足于一件毫无声息的乐器？除了能够**独自一个人**，完全自己管自己，不要同别人一道进行共同的合作来弄音乐之外，恐怕不会有别的原因。人类的声音，只

---

① 事实上真有幼稚而又聪明的文人（初版"文人"作"宫廷文人"。——编者）这样去设想我所表达的"结合起来的艺术作品"，他们相信将必然会看到一切艺术品种的"污七八槽乱作一团"的一出闹剧。一位萨克森王国的内阁大臣批评家却也认为不错，把我的感官性的召唤理解为粗俗的"肉感主义"，当然他愿意对此理解为肚皮欲望。——这种美学家的废话只可以说明他们诳骗的意图。（瓦格纳）

② 一把小提琴配合钢琴来演奏，也同样难于与这一乐器混合起来，正如音乐之于一部戏剧要它混合一样。（瓦格纳）

有结合语言才能够在旋律上有所表达的，是一种**个体**；只有较多的这一类的个体的合作才产生出交响式的和谐。管乐器和弦乐器当初同人类的嗓音算是比较接近的，这种个体的性格却始终保持独立，它们的每一种都占有特定的、即使是富于转调的音色，而且需要为了达到同样是共同的合作去造成和谐的效果。在基督教的管风琴那里，所有这些有生命的个体都被排入死板的音栓，它们依照单一的、不可分的琴师命令的踏键把它们机械地捅出来的声部上升为上帝的颂赞。最后是演奏能手能够在钢琴上不用任何别人的协助（管风琴师还需要有一个风箱鼓风人）为了他自己的荣誉把无数敲打的槌子动员起来，至于听众，既然再没有对响动的音乐欣赏的缘分，那么留给他的就只有教他注意①对键盘打手的本领表示惊叹了。——的确，我们全部现代的艺术与钢琴实有相似之处：在艺术上每一个个别的人都在完成一份共同的业务，然而可惜那只不过是抽象的而且是十足的毫无声息！槌子——然而并不是人！——

现在我们愿意从钢琴②的立足点出发回过来把文学戏剧追踪到钢琴的本源，我们的美学家却那样以清教徒的傲慢堵住那呼吸着美妙气息的音乐进入戏剧的大门。这样做有什么意义呢？我们终于碰上了那活生生的**人类的语音**，它与**唱音**是名异实同的，没有它我们将不能认识钢琴，也不能认识文学戏剧。——

一

现代戏剧的来源有二：其一是自然的，对我们历史的发展来说是独具特色的，**小说**，——另一个是外来的，对我们的发展来说是通过反射接枝产生的，依照亚里士多德的被误解的规则来理解的**希腊的戏剧**。

我们诗学的固有的核心是在小说里面；为促使这一核心尽可能的富有风味，我们的诗人反复陷入或远或近的对希腊戏剧的模仿。——

直接从小说产生出来的戏剧的最高的花朵，是我们在**莎士比亚**的剧本里面得到的；在距离这一种戏剧最远的地方，我们又在拉辛的"悲剧"里面遇到了它最完全的对立面。在这两者的终点之间，我们所有其他戏剧文学犹豫不决而又摇摆不定地

---

① 初版"注意"作"作为娱乐"。

② 我认为这样说并不是毫无意义的，因为我们今天有那样的钢琴能手，无论在哪一方面都宣示出了能手风的顶点的顶点，至于那位钢琴的奇人**李斯特**，如今正在用那么冲天的毅力给那众音缭绕的乐队，同时**通过乐**队给那活生生的人类的嗓音倾注他的关切。（瓦格纳）

翻来复去。为了清楚认识这一种犹豫不决的摇摆的性质，我们有必要更进一步对我们戏剧的自然的本源加以考察。

*　　*　　*

如果我们对于希腊艺术熄灭以来世界历史行程中的一个艺术时代予以回顾，而这个时代又是我们愿意引以自豪的，那么这就是所谓的"文艺复兴"的时代，我们称之为中世纪的终结和更新的时代的开始。内在的人正以真正的巨人的力量追求自我的表现。日耳曼个性的英雄气概和罗马加特力教化的基督教的神奇的融合的全部发酵材料从内心冲向外界，同时为了在他本性的表白中摆脱那解不开的内心的顾虑。这种冲动到处都只是表现为描写的兴趣，因为要无论如何都能够完完全全将自己呈现出来的，只有那在内心里自成一体的人才行；文艺复兴时代的艺术家却不是这样子；他之所以捕捉外界的东西，只是出自逃避内心分裂的欲望。如果说这一种冲动在**造型艺术**的方向上申述得最为明确无误，那么在**诗歌**上也决不逊色。需要注意的只是，绘画好像是倾向于人物的逼真的描写，诗歌艺术则是已经从描写转向**呈现**，而且它同时是在从小说迈向戏剧。

中世纪的韵文已经产生了叙事的诗篇而且发展为高度的繁荣。这种诗描写了人性的情节和过程，它们的富于动作的联系，采取的方式，有如画家所努力的一样，向我们呈示这一类情节的特色的契机。诗人的本领，通过真实的人看透了情节的直接的、生动的表现的本领，是那样地不受限制，简直超过了读者或听众的想象力，实际上他却是唯一的要诉诸他们的想象力的。这种本领的眼界越是越过外界发生的情节的不断高涨的海洋的范围，正如它们从那热中于冒险的时代的行为产生出来的一样，它就越发感到是注定要倾向于事件和地点的放诞的组合。一个内心不能保持一致的人，在艺术创作上想要逃避他内心的分裂的人，——正如原先曾经努力企图在艺术上克服这一种分裂一样，[①] ——并没有感到说出一点特定的**什么**的迫切要求，而是要求先从外界去找寻这一点什么：他约莫是通过真心实意的领会把所有从外界向他呈现的东西向他内心发散开来，他越是懂得多种多样而又万花缭乱地糅合这些现象，他就越发觉得有把握希望达到内心分散的自发的目的。这一种可爱的，然而缺乏灵魂的一切深奥性和一切黏合力的艺术的大师就是**阿里奥斯托**[②]。

然而这一种闪闪发光的幻想的绘画，经过非同小可的连番游荡之后，越是难于

① 我们试想一想那真正的基督教义的诗篇。（瓦格纳）
② 阿里奥斯托（1474—1533），意大利文艺复兴时期诗人。主要作品为《疯狂的奥兰多》，以基督教徒与伊斯兰教徒的战争为背景，穿插许多故事。此外还写有喜剧《金柜》《妖术》等。——译者

回过头来排解内在的人的烦恼的时候，这个人在政治的和宗教的强制的压力之下越是感到从他内在的本性倾向一种反压力的努力的迫切的要求的时候，我们也就越是清楚地认识到在当前的这种诗歌中所表现出的追求，出自内心地要做多样材料的积累的主人，给予他的形象以固定的中心点，而这一个中心点是作为艺术作品的轴心从自己的观点和某一点什么的坚定的意愿提取的，在这一点什么里面则说出了那内在的本性。这一点什么是新时代的分娩材料，个人气质走向一种特定的艺术意愿的浓缩。从表面现象的非同小可的积累，正如先前觉得对诗人表现得不够万花缭乱和多种多样一样，现在却是使那自己内部互相类似的组成部分加以区别，使那转为当事人的性格的特定的描绘的繁杂的契机加以浓缩。对于艺术的本质的一切探索来说那是多么说不尽的重要啊，正如我们眼前明明白白看到的那样，诗人的这种内心的探索终于能够由此取得满足，即他也通过直接的呈示走向最确定的表达而直抵感官，简单一句话，**那就是小说转到了戏剧！**外在的材料的克服使得这种材料的本质成为内在的观感的宣示之所以取得成功，只有当对象本身以最雄辩的实在性诉诸感官才是可能的，而这种事又只有在戏剧里面才能实现。

莎士比亚的戏剧是以最充分的必然性从生活和我们历史的发展中产生出来的：它的创造取决于我们诗歌艺术的性质的条件，正如未来的戏剧完全依照自然的规律从各种需要的满足中产生出来一样，这种需要是莎士比亚的戏剧激发起来的，可是还没有平息下去。

莎士比亚，我们这里总是把他连同他的先驱一起讲而且把他作为他们的首领来看待的，他把叙事的小说浓缩成为戏剧，差不多可以说是把它为舞台上的表现翻译了过来。他把原先只是由说话式叙述的诗篇予以描写的人物和情节改由真正说话的人来担任，他们在外观上和动作上表演的持续与小说所呈示的人物合为一体，同时诉诸眼睛和耳朵。他还找到了一个舞台和一帮演员，他们直到目前还是躲在地下的，但是暗地里却始终是真正人民艺术作品潺潺不息的水脉，避开了诗人的眼睛，然而很快就被他那如饥似渴地搜索的眼光发现了，是困乏驱使诗人发现了它的。这一种民间戏台的特色可是在**演员**，这一名称的优点也在于这样叫，在台上是**面向眼睛**的，而且是故意地演给眼睛看的。他们在露天广场上面对四散扩展的人群的表演，几乎可以说是只能够通过**动作**发挥作用，在动作上说得清楚的只有情节，可不是——只要语言一停摆——这一情节的内在的动机。因此这一表现的演出就其性质而论总是充斥着希奇古怪的、大量堆砌的情节，同小说比较起来，它那些分散的材料的富藏正是由诗人竭力加以压缩的。诗人，经过对民间演戏的一番审视，一定发现到，由于缺乏一种易懂的语言，它是被压缩成异乎寻常的容易上手，正如叙事的小说作家要通过他的无能，去表现那被描写的人物和事件。他必须向演员发出呼喊："把你们的舞台给我，我把我说的话给你们，这样我们彼此都得救了！"

现在我们看到，诗人为了戏剧的利益把民间戏台缩小为剧院。完全像是情节本身通过产生情节的动机的明白的陈述不得不凝结为特定的最重要的契机一样，另一种必要性也提了出来，那就是缩小剧场，而且这是为观众设想的，他们不仅要看，而且也要听得清楚。正如空间一样，这种限制也发展到戏剧演出的时间。中世纪的神迹剧，是在广阔的草地上或者城市的空场上和街道上开场的，向聚拢的人民大众奉献一场整天的，是的——像我们今天还能经历到的那样，——好几天长时间的演出：全部历史，整段的生活故事都被搬上舞台，拥来挤去的观众可以随他喜欢从中选出合他观赏口味的、他认为最值得看的东西。这样的一场演出，是完全与中世纪万花缭乱而又错综复杂到不可思议的程度的历史相适应的侧面：这样幼虫一般毫无性格、没有任何个性的生命的活动，死板而又粗糙地剪裁出来的就是这一类**供人阅读**的历史的多事的人物，正如那种人物的演员搬出来**展览**的一样。由于同样的——决定诗人的——要压缩情节和剧场的理由，他也随之要缩短演出的时间，因为他要提供给他的观众的再不是一些断片，而是自成首尾的整体，因此他把观众的能耐，对一场吸引人的戏剧演出能够给予不分心的注意的持续的力量当作他这一演出的时间的标尺。艺术作品，如果仅仅诉诸幻想，像那供阅读的小说一样，在它传达的时候是很容易中断的，因为幻想是属于那偏执的性质，它所听从的，除了偶然的脾气之外再没有其他法则；然而面向感官而且要用令人信服的、万无一失的确实性向它传达的东西，都不仅要适应这些感官的特性、能力和天然限定的力量，而且也要巨细不遗地从头到脚、从开始到结束地呈示出来，除非由于它的呈示突然中断或疏漏，为了必要的补充，它只好又向幻想呼吁，它又恰好是从幻想面向感官的。

只有一件事在这一缩小的舞台上仍然是完全可以交托给幻想的，——**场景**本身的**装置**，演员就是根据情节对地点的要求在此出场的。绒毯在舞台周围张挂；一个容易变换的板片的题词向观众宣告地点：是宫殿、街道、树林还是田野，这是作为**场景设想**出来的。通过这样一种对于当时舞台艺术来说还是不可欠缺的对想象力的召唤，使得戏剧对那万花缭乱的小说和得心应手的历史仍然敞开大大小小的门户。如果一个诗人直到现在为止仍然只从事于小说化身般的措词的表现，还不感到逼真的表现以至环境的场景的必要性，那么他也不可能体认到表现的情节在它最重要的契机越来越确定的限界上需要加以压缩的必要性。我们可以洞若观火地看到，为了造成艺术作品的最完善的造型，唯一具有决定意义的必要性是如何迫切要求——依据艺术的本质——艺术家脱出幻想转向感官，让幻想从它不确定的活动通过感官走向牢靠的、大彻大悟的实效。这一种造就一切艺术形象的、唯一满足艺术家的追求的必要性，只有通过包罗万象的感性的观照的确定性才能在我们身上成长：如果我们对所有它的要求完全相称，那么它也会把我们推向最完善的艺术创作。莎士比亚，他还没有体认到周围场景的逼真的表现的必要性，因此对那由他戏剧性地加以处理的小说的丰富性，只能够筛选和压缩到那样的程度，有如他所能感到的、由实在的人表现出来的情节所要求的一个缩小的现场和一段限定的时间必不可少的东西。——莎士比亚，他在这一限定的范围之内使历史和小说获得那么令人信服的性格鲜明的生命，第一次把人物表现为那么丰富多彩的和强烈的个性，在他之前还没有一个诗人能够做到。——话虽这样说，这一个莎士比亚还有另一方面，那就是在他那由于某一种表达的必然性还没有构成形象的剧本里面，他变成戏剧艺术上延续了两个世纪——直到我们今天——的史无前例的混乱的根源和起点。

在莎士比亚的戏剧里面，正如我表白过的那样，是对小说和历史的松散的结构敞开门户的，它们能够随意进进出出的：这个门户就是交付给幻想的场景的表现。我们将要看到，从这里产生的混乱，到了这个门户从另一方面不顾一切地砰然关上的时候，也完全以同样的程度向前迈步，而从这场景所感到的缺陷又转向执拗的强制，对活生生的戏剧本身进行冲击。

＊　　　＊　　　＊

在欧罗巴的所谓罗马语系各民族那里，他们中间那——把日耳曼语系和罗马语系的一切因素光怪陆离地搅在一起的——小说的放纵的冒险性，发挥到了疯狂的极限，也正是这一种小说最不适宜于编剧。那种从人类本质的集中的内在性脱出来，要使原先幻想式的脾气的纷乱的表露造成特定的、明晰的形象，那只有在日耳曼民族那里才显露出优越的苗头，它要使良心反抗折磨人的表面律令的内心战斗变为新教的事业。罗马语系各民族，表面上是停留在天主教的奴役之下，却持续地守定它的方向，面对内心无法解脱的分裂向外界逃避，以便从外界——像我先前所表达的那样——向内界找寻排遣。造型艺术，和一种诗歌艺术，它——作为描写的——虽然就其表面而论并不一样，就其本质而论却是与造型艺术相同的，它们都是这些民族所特有的，从外界出发起到消遣的、迷人的、逗人开心的艺术。

有教养的意大利人和法国人①转身离开他们乡土的民间演剧；在它那粗俗的简陋和畸形上面使人想起中世纪的全部活物，这正是他像对待沉重的、恐怖的恶梦一样要从他身上抖掉的东西。反之，他回到了他语言的历史的根源，而且首先从罗马诗人——希腊文学的模仿者——那里选择那为受过良好教育的上流社会的娱乐的戏剧，以代替那只能为下等人逗乐的民间演戏，同时也作为他创作戏剧的范本。绘画和建筑，罗马语系文艺复兴的主要艺术，把这一上流社会的眼睛培养成那么优雅和高标准，以致那些不列颠的舞台那粗糙的、用绒毯围起来的木棚再也不能使人满意了。在侯爷的宫殿里面，那豪华的厅堂被作为演出场地指定给演员使用，他们只经过轻微的改建就可以布置他们的场景。场景的稳定被作为全部戏剧标准的首要物事确定下来，而在这里，上流社会加上那从当前演出的戏剧承受过来的鉴赏趣味的方向就同亚里士多德的定律接上了头。王侯的观众的**眼睛**，通过造型艺术，已经成为他最高尚的主动的享受感官的机关，他不喜欢让人束缚这一感官，为了使它隶属于那失明的幻想，特别不能容忍的是他从原则上给那不确定的、中世纪式地形成的幻想让路。事实不得不为他提供那种可能性，看到场景是随着戏剧的每一变动而转换的，用绘画的和雕塑的精确对实体忠实地表现出来，使这一转换得以实现。至于经过戏剧的各方面的混合可能会产生什么，那是根本不必提出要求的，因为另一方面，亚里士多德定律既然被当作这一伪造的戏剧的制作的依据，它也就把场景的统一弄成了戏剧的一个重要的条件了。正是这样，英国人在他戏剧有机的创作过程中从内心作为外在的因素没有加以注意的东西，竟变成了从外界进行构造的法国戏剧的规范，它是那样地从机械组织出来试图进入生活并去进行制作。

现在重要的是，认真审察一下，场景的这一表面的统一是怎样决定了法国戏剧的全部姿式的，这就是情节的表现几乎全部从这一场景中给排除出来，作为替代的只许有语言的表演。这样一来就连塞满情节的小说，那中世纪的和新一些的生活的诗意的根本要素，也从这种场景的表现中被排除出去了，因为它那多关节的材料的铺排没有场景的频繁的变化简直是不可能的。于是乎不仅表面的形式，连情节的全部剪裁，最后是连情节本身的实体，也从这些范本拿走了，这些范本本来就是规定

① 由于我不是写戏剧的历史，而是着眼于发展，为了适应我的目的，我只需要指出那两个主要方向，在这里面那些发展道路的根本差别申述得最为清楚，**西班牙戏剧**我就放下不管了，因为它那里只不过是那些道路各具特色地交叉而过，虽然交叉本身具有无比重要的意义，可是对我们来说却不构成那么决定性的对立，像它们那样，对戏剧的所有更新的发展都是权威性的，在莎士比亚身上，在法兰西悲剧身上都是这样。（这条脚注初版无）

法国剧本诗人的活动的。他必须选择那些不必由他去弄成戏剧表现能力的压缩的坨坨，而是早已压缩成为这样的坨坨的情节。

　　希腊悲剧家曾经把他们家乡的传说压缩成为这样的材料，作为这种传说的最高的艺术的花朵：现代戏剧家从取自那些诗作的表面定律出发，不会将他时代的诗意的生命要素压缩成与表面上捏起来的坨坨相适应的密度，本来那种生命要素就只能是采用与莎士比亚正相反对的方式加以克服的，现在当然只有那些已经完结的戏剧的——当然是**走样**的——模仿与重复这一条路可走了。因此在**拉辛**的悲剧里面，我们得到的是场景上面的说话和场景背后的情节；动机连同游离出来的和转到外面的运动；没有可能的愿望。所有艺术因此都只好扑向**语言的表面**性，在意大利，它完全顺理成章地立即陷入那音乐的表演，对于这种表演，我们比对于歌剧的实在内容已经更为曲折地有所认识。法国悲剧也势所必然地过渡到歌剧去了：**格鲁克**宣告了这一种悲剧的真正的内容。歌剧因此就是不成熟的果子的不合时的花朵，在不合自然条件的、人造的土壤上长出来的。意大利的和法国的歌剧从何处**开始**？——从表面的形式开始；不过那较新的戏剧应该在莎士比亚式的戏剧道路上通过有机的发展才能达到这一步，然后音乐戏剧的自然的果实才能成熟。

＊　　＊　　＊

　　在这两种极度的对立之间，**莎士比亚**式和**拉辛**式戏剧之间，现在却首先使得**现代戏剧**具有它杂交品种的、不自然的形态，而**德国**则是哺育这一种果实的土壤。

　　罗马天主教精神在这里以同样的强力与日耳曼的新教精神继续角逐：只有这两者在那么强烈的冲突中互相纠缠，却又那样不分胜负，因而自然的艺术花朵也就无从开放。内心的渴望在英国人那里是扑向历史和小说的戏剧的表现的，在德国新教徒那里则付出顽强的努力，由衷地自己去调解内心的分裂。我们有一个**路德**，他在艺术上也许是提高到了宗教的抒情，然而不同于莎士比亚。罗马天主教的南方虽然总不能飞翔到内心分裂的天才般轻率的遗忘，罗马语系各民族却在其中投身到造型艺术中去了：他用阴暗的严肃守护他那宗教的妄念。在整个欧罗巴扑向艺术的同时，德国却仍然是一个冥想的野蛮人。只有外间过时的东西逃到德国来，以便在它的土地上还能够赶上晚夏的开花。英国的喜剧演员，凡是在他家里被莎士比亚戏剧的演员抢去饭碗的，就跑到德国来，为了给老百姓表演他们希奇古怪的哑剧的戏法：直到长久之后，它在英国也已凋谢的时候，莎士比亚的戏剧才跟了过来；德国的演员，当初逃避他们那些沉闷的戏剧师傅的培训的演员，现在都在努力要把它那套学到手，以便为他们的实践进行调整。

　　从南方是反过来，歌剧，罗马语系的戏剧的终结，挤进来了。它那从王侯宫殿里出来的高尚的本源又把它介绍给德国的王侯，于是这些王侯们把歌剧引进了德国，同时——请注意！——莎士比亚的戏剧却被人民接受了。——面对莎士比亚式的舞台布景的缺陷，歌剧里面那场景的最为富丽堂皇而又挖空心思的装饰正好成为最饱和的对比。音乐的戏剧变成了道地的**视**剧，而话剧却仍然是**听**剧。我们现在再也不需要去探索歌剧品种那布景装饰的穷奢极侈的理由：这一种松散的戏剧是从外面构造起来的，从外面来，通过富丽和豪华，它也只能保持住它的生命。只有一点是重要的，应该注意观察，这一种带着繁杂到闻所未闻的程度的、挖空心思弄到五光十色的幕景的变化的戏台的排场，是怎样向眼睛展示出来的，幕景是应该从**那**戏剧的方向出来的，而在戏剧的方向上，场景的统一本来是作为规范立起来的。不是诗人，在他把小说压缩成戏剧的时候，他多少还能够不受限制地处理他那丰富的材料，他还有能力为了布景的方便通过幻想的召唤频繁而又迅速地变换场景，——不是诗人，为了从这对幻想的召唤转向感官的落实，发明了那转向如实地表现的场景的巧妙的机械装置，而是追求肤浅的娱乐及其变化的要求，单纯的眼福的贪欲，把它弄出来的。假如说是**这个诗人**发明了这套道具，那么我们势将不得不认为，他自己也从戏剧的富于材料的必然趋势感觉到频繁的换景的必要性：由于诗人，像我们看到过的那样，是从内部出发去有机地进行结构的，因此在那一假定之下得到了证明，历史的和小说的材料丰富性可以算是戏剧的必不可少的条件；因为只有这一种条件的无可通融的必要性，才促使他通过布景的道具的发明去适应那材料丰富性的需要，通过这套道具，那材料丰富性也就必然作为五光十色的、逗人开心的多景性显示出来了。然而事实却正好相反。莎士比亚感受到历史的和小说的戏剧的表现的必要性的催促；带着新生的激情，去适应这一种催促，在他身上也要有的一种场景的逼真的表现的感觉却还没有抬头；——假如他还体认到戏剧情节完全令人信服的表现的必要性，那么，他也许就会想办法通过精细得多的审视和更细密的压缩去适应小说材料的丰富性，而且会正如他已经对表现的场地和时间，以及为了表现也对材料丰富性本身所采取的方式那样加以压缩。要把小说压缩得更加狭小，这一点他是确确实实碰过钉子的。这种不可能性一定已经向他阐明了小说的性质，这一种性质与戏剧的性质实实在在是不能协同的。这一点，到了历史的非戏剧的材料丰富性从场景的**实施**中被我们感受到的时候我们才能够发现，而莎士比亚则通过这种事实，对**它只需要做出暗示**，就使戏剧性的小说成为唯一的可能。——

　　对于一种场景的表现应该适应情节的地点的必要性，随着时间的演进，再也不能漠不关心了；中世纪的舞台必须消失而给现代舞台让位。在德国，它是决定于民间演剧艺术的性质的，它的戏剧基础，自从受难剧与神迹剧消亡以来，也同样取自历史和小说。在德国演剧艺术飞跃的时代——前一世纪中叶——那与当时的人民精神相适应的市民小说造成了这一基础。它在材料上远不如那历史性的或传说性的，却无比听从摆布，摆在莎士比亚面前的小说：一种与它相适应的地方场景的布置因而也可以用节省得多的经费就能办成，同为小说的莎士比亚式的戏剧化比较起来是少得很的。那由这些演员承担起来的莎士比亚剧本，为了能够演出，必须从各方面容忍备受限制的改编。我在这里放过一切为改编提出来的决定性的理由，只指出纯粹是场景需要的一点，因为这是对我目前研究的目的是最为重要的。那些演员，莎士比亚向德国剧场的第一批移民，是那么老实地体会他们艺术的精神，以致他们没有想到怎样便于演出他们的剧本——或者通过它那造作的剧场效果的布景变化去随伴剧中频繁的换景，为了向他讨好干脆放弃场景的实在的表现，回到没有布景的中世纪舞台那里去——而是保持他们原先偏爱的艺术的立场，莎士比亚式的多景性对它从属到那样的程度，他们认为不重要的场景，便直截了当地删掉，比较重要的则予以合并。直到从文学的观点加以考察，人们才认识到，经过这一种处理，莎士比亚的艺术作品蒙受了怎么样的损失，因而迫切要求恢复这些剧本及表演形式的原状。说到表演形式，却有了两个正相反对的建议：其一，是没有实行的，即蒂克式。**蒂克**①，他是十分熟悉莎士比亚戏剧的精髓的，他要求恢复莎士比亚的舞台，带着为场景向幻想发出的召唤。这种要求完全合乎逻辑而且着眼于莎士比亚戏剧的精神。然而历史上半半拉拉的复辟行动总是没有结果，因而激烈的行动从来注定是不可能的。蒂克是一个激烈的复辟派，作为这样的一个人，他是值得尊敬的，然而没有影响。——第二种建议主张通过那当初仅仅由他暗示过的、频繁变换的场景的忠实的制作，把那歌剧布景的庞大的装置修整成为莎士比亚戏剧的表现手段。在更新的英国舞台上，人们把莎士比亚的场景转变为惟妙惟肖的现实：力学创造了最难实现的舞台装饰迅速变换的奇迹，致使军队行进和战斗均能以最惊人的精确性表现出来。在德国一些大戏院里这套办法也被模仿过来了。

　　站在这一种演剧面前，诗人是在进行检验而又心烦意乱。莎士比亚戏剧作为文学作品给他留下最完美的诗意的统一的震撼人心的印象；只要它诉诸他的幻想的时

---

① 蒂克（1773—1853），德国早期浪漫派诗人，写过小说、诗歌、戏剧和童话，既揭露和诅咒资本主义的罪恶，又歌颂中世纪社会和天主教会。他的女儿朵罗苔亚（1799—1841）是翻译莎士比亚的专家，与许莱格尔的译作并称为莎士比亚德译的典范。——译者

候，幻想可以从它取得一个和谐的结构完整的形象，一到他要满足那重新不可避免地唤醒的要求，通过完整的表演实行诉诸感官对这一形象加以注视的时候，它又忽然在他眼前完全消失了。幻想的现实化了的形象只是给他展示出一堆现实和动作的不容忽视的团子，迷乱的眼睛是断然不可能从它身上重新构成原来那样一幅想象力的图画的。这一现象对他产生了两种主要的效果，这两者是在对莎士比亚悲剧的失望中显示出来的。从现在起，诗人要就放弃他亲见他的戏剧在舞台上演出的愿望，以便不受干扰地依照他精神的意图重新仿制那从莎士比亚戏剧摄取的幻想图像，这就是说，他为无声的读物写文学戏剧，——要么就转过身来，为了在舞台上实在地实现他的幻想图像，或多或少不由自主地转向戏剧的反射的形象，它现代的源头是我们需要从那依照亚里士多德的统一定律去构造，从仿古的戏剧里面去辨认的。

两种效果和方向，是新时代两位最重要的戏剧诗人——**歌德和席勒**——作品里面创造形象的动机，对于他们，根据我研究的目的所需要的程度，有必要更进一步地思考。

＊　　＊　　＊

歌德的作为诗人的生平经历，是以一部纯血种日耳曼骑士小说《葛茨·冯·柏里兴根》的戏剧化开始的。莎士比亚式的手法被忠实地遵循着，小说连同它所有详细的特征，大致上都移植到舞台上了，一切都在舞台的缩小和戏剧演出时间的压缩所允许的条件之下。可是歌德已经同舞台接上了头，在那上面情节的地点是根据需要给带了出来，虽然粗糙和贫乏，但总算是依照特定的意图满足了演出的需要。这一种情况促使诗人从文学多于从布景戏剧的立场出发，把他所作的诗篇再按舞台上真正的演出补做改编的工作：通过那因照顾场景的要求而给他提供的最后形象，这部诗作丧失了小说的清新，却并没有因此获得戏剧的饱满的力量。

现在歌德第一件事是为他的戏剧选择市民的小说题材，**市民小说**的特征，在于它那作为基础的情节已完全脱离了历史情节和关系的比较广泛的联系，而只是把这一历史事件的社会印记作为制约条件的环境加以掌握；而这一环境基本上只不过是那一历史事件蒸发到苍白了的反应，在这一环境之内得到发展的，多数是由这一环境专横地强加于人的各种气氛，而不是指向内心的、善于造型完善的表白的动机。这一情节同样是褊狭而又贫乏的，正如那产生这一情节的气氛，它既缺乏自由，也缺乏独立的真诚。它的戏剧化既迎合了群众的精神观点，也适应了场景表现的外在可能性，而且是在这种情况之下，即从这一寒碜的情节无论如何不会为实际的布景产生种种必要性，因为它根本就无力予以适应。像歌德这样的一个奇才，在这样的限制之下写得出什么东西，我们差不多只可以从那由他感觉到的、从属于特定的局限的律令的必要性转为戏剧一般的可能性上看出来，可是这显然不如出自在市民小说情节的受限制的精神之下一种自愿的从属，而且眼见那宠爱他的群众的气氛产生了出来。歌德却从这种限制中解脱出来，通过真正舞台戏剧的完全放弃达到了无拘无束的自由。他在《浮士德》的设计上只是抓住了为文学诗篇的一种戏剧的陈述的优点，故意完全撇开一场布景演出的可能性。在这一部诗作里，歌德第一次以充满清醒的意识定下了当代本元的诗意因素的基本音，**思想打入现实突进**，然而他还不能在艺术上把思想融入戏剧的现实中去。这里是中世纪的到市民的浮泛的**小说**的浅薄**和未来**的真正**戏剧性的题材**的分离点。我们必须坚持对这一分离点的特征进行深入的探究：就目前而论，我们认为重要的经验是，歌德到达了这一分离点，却既没有能力写出一部真正的小说，也写不出一部真正的戏剧，而是仅限于一部诗作，得到了抽象化的两个品种的艺术尺度上的好处。

我们从这一部像一溪潺潺的活水一样以它那造型的启发穿过诗人的全部艺术生活倾泻而下的诗作移开我们的视线，我们追踪歌德的艺术创作又往往落在这样的地方，他又在那里以更新的尝试转向布景的戏剧。

在那部戏剧化了的市民小说《爱格蒙特》里面，歌德通过环境的扩大直到分枝广远的历史契机的联系，由衷地企图攀登他最高的高峰，他是坚决地同《浮士德》的设计告别了：戏剧之所以还能吸引他，只是作为诗歌艺术最完善的品种，这主要是通过对戏剧在它最完善的艺术形式上的观察发生的。这一种**形式**，对意大利人和法国人来说，与他们对古希腊的知识程度相适应，只是作为表面的强制性的准则来理解的，对德国研究者净化的眼光来说，却作为希腊**生活**的表白的实质动因展示出来。那种形式的温暖可以使他们感奋，当他们从它那些纪念碑感觉到这一种生活的温暖之后。德国诗人理解，希腊悲剧的统一的形式并非从外面加给戏剧，而必须从内部通过统一的内容重新获得生命。现代生活的内容，如果始终只有在小说里才能使人看得懂，那就不可能压缩到造型上那么统一的程度，它在易懂的戏剧化的处理方面可能会就希腊戏剧的形式说出这样的意见，这一形式能够申辩它存在的权利，必要时或者还有生殖能力呢。诗人，这里是同绝对的艺术造型打交道的，现在也就只能够——至少是表面上——回到法国人的处理方法那里去；为了替他的作品的希腊戏剧的形式进行辩护，他也必须选用希腊神话的现成材料。当歌德向《伊菲姬尼在陶里德》的现成材料伸手的时候，他的做法却与贝多芬对待他那最重要的交响乐章有相似之处：正如贝多芬占用现成的绝对的旋律，在一定程度上把它分解、打碎，把它的肢体通过新的有机的复活接合起来，以便音乐的有机结构本身能够达成旋律的诞生——歌德也就抓住《伊菲姬尼》的现成材料，把它拆散成为各个组成部分，然后重新通过有机地赋予生机的诗意的造型把这各部分结合起来，以便促使戏剧的有机结构本身产生完善的戏剧的艺术形式。可是只有在对付这一种原先已经是现成的材料时，歌德的这种办法才能够取得成功：如果取材于现代生活或小说，诗人就不可以取得同样的成绩。① 我们暂且回到这一种现象的基础上来：就现在来说，只要对歌德的艺术创作加以全面观察，就足以证明，只要诗人不是同绝对的艺术创作打交道，而是为了表现生活本身，诗人就会从戏剧的这种尝试转身离去。对于那具有纵横交错的分支和或远或近受到不由自主的影响的表面形象的生活，即使歌德，也只有在小说里面才能够作易懂的铺排。对于他那现代世界观的原本的花朵，诗人只能够在描写上、在诉诸幻想的呼唤上，而不能够在直接的戏剧表现上传达给我们，——歌德的最有影响的艺术创作于是又陷入小说之中，他是在他诗人生涯开始的时候，凭着莎士比亚式的冲动走向戏剧的。——

席勒，像歌德一样，是在莎士比亚戏剧的影响之下以戏剧化的小说开始的。市民的政治的小说使他戏剧的造型本能忙了那么长久，直到他走到这一种小说的赤裸裸的**历史**的现代的泉源，而且从历史出发，努力直接去设计戏剧。这里显示出历史题材的脆弱性和他采取戏剧形式进行表现的无力。——莎士比亚把枯燥然而平实的历史纪年移入戏剧的生气勃勃的语言；这一种编年史以它准确的忠实——而且一步一步地——把历史事件的进程和在事件中有所作为的人物记载下来：它的处理不加入批评和个人的意见，从而提供了历史事实的达盖尔照像②。莎士比亚不过是把达盖尔照像复活为彩色的油画；他从事实中把那些存在必然联系而可以推理得到的因由取出来，然后把它注入行动的人物的血肉中去。此外，历史的框架完全没有受到他的触动：他的舞台允许他这样做，正如我们所看到的那样。——但是面对现代的布景，诗人很快就认识到，历史是不可能遵照莎士比亚的编年史的忠实而编成戏剧的：他懂得了，只有那——不管是长是短都无所谓——小说才有可能用性格的栩栩如生的描写来装点编年史，而且只有莎士比亚的舞台可以把这一部小说压缩成戏剧。既然他在历史身上寻找供戏剧用的题材，那就是同那种愿望和追求一道发生的，根

---

① 初版接下去还有一段："在《塔索》里面这种材料在他那统一造型的手下已经明显地冷却了——在《欧珍妮》（自然的女儿——编者）里面它终于凝结成冰块。"

② 达盖尔（1789—1851），法国画家，1838 年与尼厄茨共同发明用碘处理的银版摄影术，这种摄影术因而以达盖尔命名。——译者

本是通过直接的诗人的理解那样去驾驭历史的资料，使得它能够采取在尽可能统一的程度上明白易懂的戏剧形式表演出来。然而正是在这种愿望和追求中间打下我们历史剧的空虚的基础。历史因此只是**历史**，在它身上以最绝对的真实向我们呈现出人们的赤裸裸的情节；它不是给我们提供人们内在的志趣，而是让我们先从他们的行为去推断他们的志趣。如果说我们猜对了这种志趣，现在就认为是从这种志趣剖析中清楚地把历史表现出来，那么我们正好只能够在纯粹的历史编写中，或者——带着尽可能达到的艺术的温暖——在历史小说中，这就是说，采取一种我们不需要受到外来强迫的形式，通过故意的筛选或压缩，把赤裸裸的历史的实况弄得面目全非。除了这相同的行为的忠实的表现，我们没有其他相应的方式可以使我们了解到从历史人物的行为中所认识的志趣，——而我们正是从这种行为认识到那些志趣的。可是如果我们想要——为了给我们弄清楚内在的动机到行为的过程——把从动机产生的行为连同它表现的目的，改变或者歪曲成为随便一点什么，那么必要时也只能够通过对志趣的曲解；但随之而来的就是对历史本身的全盘的否定。一个诗人，如果他试图借助编年式的准确性为戏剧的场景对历史的材料进行加工，而且为此目的依照随心所欲的、艺术公式的考量去摆布历史的实况，那就既不能写出历史，也不能写出一部戏剧。

为了弄清楚前面说过的问题，我们试把莎士比亚的历史剧同席勒的《华伦斯坦》放在一起来加以考察，我们必然一眼就认识到，只着眼于表面的历史的忠实，那历史的内容也就立刻会遭到歪曲；而一旦做到了编年式的准确，那历史的具有特征性的内容就会最令人信服地得到真正的明朗化。可是席勒无疑是比莎士比亚更为伟大的历史学家，在他纯粹的历史著作里面，他完全可以作为戏剧诗人为他对历史的理解得到原谅。我们目前关系重大的问题，是某一种事实的认可，这应该是为了莎士比亚，在他那布景的舞台上是诉诸幻想的，然而却不是为了我们，我们本来也想让布景令人信服地诉诸感官，提供给戏剧的材料是从历史取来的。然而即使是席勒本人也做不到，把那由他那么用心提炼的历史题材压缩成那由他亲自审定的戏剧的统一体：凡是给予历史以它实在的生命的一切，那伸展到远处又取决于中心点而发挥作用的环境，由于他觉得它的描写是必不可少的，他必须，在戏剧的外部，把它移置在一个完全独立的自成系统的特殊节目里，而把戏剧本身分成两部戏剧，这在莎士比亚那些多部的历史剧那里却具有完全不同的意义，因为在那些剧本里面，人物的全部生活经历都服务于一个历史的中心，根据它最重要的各个时期划分段落，而在《华伦斯坦》里面，却只有一个这样的材料上比较不怎么丰富的时期，只是为了说明一个变得模糊的历史契机的复杂问题，才分为多部曲。如果是莎士比亚，就将会把全部三十年战争在三部之内在舞台上表现出来。

这首"剧诗"——正如席勒自己所称呼的——毕竟是最真诚的一种尝试，为戏剧从历史上汲取了这样的材料。

在戏剧的继续发展上，我们现在看到，席勒越来越放弃对历史的照顾，而让历史本身只是作为一种特殊的、适合诗人的一般教育过程的、思想的动机的化装来加以运用，——另一方面，为了把这个动机越来越明确地采取戏剧的形式来表达，而这种形式，就事情的性质来说，自从歌德的多方面的尝试以来，也已经变成了艺术的冥想的对象。在材料的这种目的性的从属和任意的决定方面，席勒越来越深地陷入了对象的徒供反省的和修辞上施展本领的表现的不可避免的错误，直到他终于只让材料完全听从形式去决定，他是把形式作为纯粹艺术上合乎目的地从希腊悲剧中取来应用的。在他的《墨西拿的新娘》里面，他对希腊形式的模仿是比歌德在《伊菲姬尼》里面更为坚决的：歌德恢复这种形式只是到那样的程度，即根据借这种形式来宣示情节的形象的统一的需要；席勒则从这一种形式本身去塑造戏剧的题材的形象。在这里他接近法国悲剧诗人的办法：他与他们的差别主要在于，他把希腊的形式修整得更为全面，远过于它传授给他们的；而他还试图复活这种形式的精神并且给题材打上自己的印记。此外他还从希腊悲剧接受了"命运"——当然只是依照在他可能范围之内的理解来说—而且从这种命运安排一个情节，这是借助它中世纪的装束来设置和了解古代与现代之间的中介点。从来没有像在《墨西拿的新娘》里那样故意从纯粹艺术史的立场出发来进行创作：歌德在浮士德同海伦的婚姻中所暗示的，却在这里通过艺术的冒险得到实现了。然而这一次实现却断然不是成功的：题材和形式都同样被搅乱了，因而既不是那中世纪的、生搬硬套的小说取得效果，也不是古典形式达到了明白的观照。谁不想从席勒这一次毫无成果的尝试中汲取深刻的教训呢？——席勒也灰心丧气地背离了这种形式。他只是企图在他最后的一部戏剧诗作《威廉·退尔》中，通过戏剧的小说形式的再采用，试图起码要挽救他那诗意的活力，——这是在他那美学的实验中明显地衰退了的。

就是这样，我们可以说**席勒**的戏剧艺术创作也陷入历史与小说间的摇摆之中。一方面是我们时代的固有的诗意的生命因素，另一方面是希腊戏剧的完善的形式：他用他诗意的生命力的所有筋肉依附着那一边，同时他那更高的艺术的造型冲劲却又驱使他倾向这一边。

特别显示席勒性格特征的，是在他身上倾向古代的、纯粹艺术形式的追求演变为追求理想的冲劲。他受到那样痛苦的折磨，不能够用我们生命要素的内容艺术地去充实这种形式，以致他面对这种要素的剥夺通过艺术的表现而感到恶心。**歌德**的务实思想通过完善的艺术形式的放弃及那唯一的、这一生命能够借以一清二楚地申述意见的形式的继续发展，同我们的生命要素言归于好。席勒永远没有回到那原本的小说那边去；他把他那更高的、有如在古典的艺术形式上使他豁然贯通的艺术观的理想变成真正艺术本身的精髓；然而他只是从我们生活的诗意的无能的立场出发来看这种理想；而我们的生活状况根本就是与人类的生活彼此混淆的。他终于只把艺术看作是与生活脱离的，那最高最丰盈的艺术是一种想出来的东西，只是想象为大概可以达到的东西而已。——

席勒就是这样处于天与地之间凌空飘荡的状态，而我们的全部诗歌艺术朝他挂在这一种飘荡之中。然而那片天实际上只不过是**古典的艺术形式**，那块地则是**我们时代的实际的小说**。最新的戏剧的诗歌艺术，作为**艺术**只不过是从那变成了文学纪念碑的歌德和席勒的尝试中讨生活，继承了那揭示出来的相反的方向之间的摇摆，简直到了晕头转向的地步。每当它从那单纯文学的戏剧性走向生命的表现的时候，为了布景上的效果和使人易懂，它总是回到戏剧化的市民小说的平浅状态，或者为了显示一种更高的生活内容，它觉得有必要逐渐完全脱掉那虚假的戏剧的羽毛衣，显现为徒供阅读的不加掩饰的六卷或九卷的小说。

为了把我们艺术文学的创作归纳为简捷的概览，我们把由此产生的种种现象依次叙述如下。

艺术地表现我们的生活要素而表现得最为明白易懂的只有**小说**。在对它的材料更有效果、更直接的表现的追求中，小说被**戏剧化**了。面对这一次开头使人认识到而且由每一诗人都新经验到的不可能性，那方便处理却又起干扰作用的材料却被打下来变成现代**舞台作品**，——这就是说话剧，首先是不真实的，然后是完全没有一点内容的基础的，这种话剧又只不过是为现代剧场名角提供服务的基础。只要诗人察觉到他陷入舞台边幕的熟套，他就背离了话剧而转向**小说**中的材料的表现；然而他却又徒劳地由他追求完成的戏剧形式通过真正的希腊戏剧的真实演出而作为完全陌生的一点什么展示出来。然而他终于在文学—**抒情**的领域中对我们生活状况的矛盾发起攻击，嘲弄，——悲叹和哭泣，这在他看来对艺术来说是题材与形式的矛盾，对生活来说是人与自然的矛盾。

值得注意的是，最新的时代竟一目了然地、艺术史地证明了这一深刻的、不可调和的矛盾，一说到这个矛盾，就连半明半暗的观察者也不得不认为，要继续保持这种错误是不可能的。正当小说在各个地方，特别是在法国人那里，追求历史的最后的幻想的粉饰，扑向现代生活最赤裸裸的表现，在它那最邪恶的社会基础上去掌握生活的时候，而且，正当完工的不美被当成艺术作品，把这种小说的文学性艺术作品本身当作反对这种社会基础的革命武器来进行创作，——同时小说，我说，又变成了向人民的革命力量发出应该摧毁这一种生活基础的力量的号召，——如果一个才华横溢的诗人，作为创造性艺术家从来没有能力为真正的戏剧使用任何一份材料，让一个专擅的侯王向他的剧场监督发出命令，为他把一部**真正的希腊悲剧**依照古物的忠实搬上舞台，与此相配合，一个著名的作曲家必须谱写出必要的音乐。这一部**索福克勒斯式的戏剧**面对我们的生活证明它是一种粗暴的艺术的应急的谎言：是的，一种谎言，我们时代真正的急难在形形色色的艺术的借口之下试图赖账的谎言。然而这一部悲剧却不得不向我们揭示一种特定的真理，那就是：**我们并没有戏剧而且不可能有戏剧**；至于我们的文学戏剧同真正戏剧的距离，正好比钢琴同人类嗓音的交响性歌唱的距离一样远；至于我们在现代戏剧上以为能够通过文学力学想出来的媒介去产生诗歌艺术，那就好比在钢琴上能够通过技术力学最复杂的媒介去产生音乐一样，——然而这就叫做——没有灵魂的诗歌艺术，没有纯音的音乐。——

靠这一种戏剧当然产生不出什么真正的音乐与美妙的女子。卖弄风情为的是能够接近这一个拘谨的男子，以便把他引入她风骚的罗网；羞涩可能合并入阳萎的队伍，以便彼此一起皈依天神的顶礼；卖淫妇不妨让他出钱再嘲笑他：这个实在渴望得到爱情的女人还是无动于衷地离开了他！——

*　　*　　*

如果现在我们想要更进一步加以研究，**是什么东西**把这种戏剧弄成毫无生殖能力的，那我们就要认真探究一下**材料**的根源，它就是靠它哺养的。这一种材料，正如我们所探悉的，就是**小说**，因此我们现在必须更严密深入地考察小说的实质。

<h1 style="text-align:center">二</h1>

人是在两种方式上表现为诗人的：在**观点**上和在**传达**上。

自然的诗才把从外界向感官显示的现象压缩成为感官的内在的形象；**艺术的**诗才则再向外界传达这一个内在的形象。

正如眼睛只可以依照越来越缩小的比例去接收比较远距离的物体一样，人脑，眼睛内向的出发点，首先也只能依照人类个性的缩小的比例去领会。就人脑来说，那是通过全部决定于内在生命机构的活动把那接收到的外界的现象传达出来的。然而在这种比例之内，人脑的活动却可以把给它输送过来的、现在又从它自然实际脱离开来的现象酿造成包罗万象的新形象，这些形象产生于使之得到明显的或者是互相联系的呈现的加倍的努力，而这种人脑的活动，我们管它叫**幻想**。

现在幻想的不自觉的追求，成了走向熟悉这些现象的尺度，这种尺度又促使它再向外界进行它的形象的传达；同时为了要与现实进行比较，它又试图在一定程度上与这种现实相适应。然而向外界的传达只能在艺术作为中介的道路上进行；这些感官，本来是不由自主地接收那些外界现象的，现在为了回过头来向它传达幻想的形象，就要具备调节与运用人的有机的表达能力的条件，——它是想要明白易懂地向感官传达的。要使幻想的形象在表现上让人完全明白易懂，只有让它依照那些现象当初向感官传达的同样的尺度再向它们传达才行，而在它传达的终于适应它的要求的效果上，人才会掌握现象的正确的尺度到那样的程度，即当它作为那些现象借以一般地向人传达的尺度予以认识的时候。没有人能够比向那些同他一道依照相同的尺度观看种种现象的人传达到更为明白易懂；然而这一尺度对于传达来说却是现象本身的压缩的形象，这些现象即是依照这一尺度向人进行易于识别的表现。因此这一尺度必须建立在一个共同的观点之上，因为只有对这一共同观点来说可以识别的，才能够再对它在艺术上进行传达：一个人，如果他的观点不同于共同的观点，也就不可能在艺术上做出表示。——只有采用一种对现象本质的内在观点的限定的尺度，艺术的传达本能——自从人类思维以来直到今天——才能够养成诉诸感官的最令人信服的表现能力：直到今天，还是只有从希腊世界观那里才能开出戏剧的真正艺术作品的花朵。然而这一种戏剧的题材却是**神话**，而且我们只有从它的精髓才能够领会那最高的希腊艺术作品，和它那逗我们入迷的形式。

在**神话**里面，人民共同的诗才对种种现象的理解还只是达到那样的程度，即肉眼所能看到的，而不是那些现象本身究竟是什么。种种现象的伟大的千姿百态的真实的联系，还不是人所能掌握的，于是它给人留下的印象首先就是不安；为了克服这种不安，他去寻找这些现象的联系，他认为他会有能力理解这个联系：然而能够找到这真正的联系的只有智力，向它的现实性去掌握这些现象的智力；至于这种联系，人之所以发觉到它，是只能够根据这些现象对他造成的最直接的印象来理解的，因此这种联系只能是纯然属于幻想的作品，至于隶属于这些现象之下的原因，则是诗人的想象力的产物。上帝和众神都是人的诗才的最早的创造：在那些创造里面，人把自然种种现象的本质作为由一种原因引伸出来的；然而对这一种原因，他却不由自主地理解为他固有的人类的本性，而在上述的本性之中，这一创作的原因又仅仅是作为理由定出来的。现在，人想要克服那由种种现象的千姿百态所引起的内在的不安的追求而走出了那一步，即把那现象的原因尽可能一清二楚地表现出来，——由于他只能够通过相同的感官赢得安宁，却又通过那相同的感官造成了不安的效果，——因此他不得不把上帝也造成那样一种形象，这不仅与他那纯粹人的观点的本质相适应，而且作为表面的形象对他来说也是最为明白易懂的。一切理解的到来都不过是通过爱，而最为不由自主的，则是人被推向他自己的种类的气质。正如人类的形象是他所最能了解的那样，那自然现象的本质，则是在其现实性方面还未被认识、只是通过压缩成人的形象才能领会到的。人民所有的造型本能在神话里面于是乎就走到那方面，将千姿百态都不算繁复的现象的最广阔的联系采取最紧缩的形象来加以感性化。这只是由幻想构成的形象所造成的结果是：它越是要表现得清楚，就越是完全依循人类的特性，虽然它的内容实际上是超人类的与超自然的，但就是那一种通力协作的多人的或全自然的力量和能力，它，如从人力和自然力的活动的联系上作一般的理解，当然既是人类的和自然的，又显得是超人类的与超自然的，以致它被记在**一种**表现为人的个性的虚构的形象的名下。通过这种能力，亦即通过他的想象力，一切只要想得到的真实和现实都可以在最大范围内采取紧缩的、明显的雕塑式的形象表现出来。因此就神话而言，人民就成为艺术的创造者；因为这些形象必然需要取得艺术的内容与形式，正如那又是它的特性一样，它只能从追求现象的**可把握的**表现的要求中，从而也是从热切的愿望中产生，而这所谓愿望就是在所表现的主体上重新认识，是的，这才根本算是开始认识自己和自己的最本色的气质——这一种造物式的气质。就其意义上说艺术只不过是一种要求的满足，即在一种表现出来值得惊叹或者热爱的主体上认识自己，在那通过它的表现被克服的外部世界的种种现象中重新找到自己。艺术家在那由他表现出来的主体上对自己说："你是这样的，你是这样感觉和思维的，而且你将是这样采取行动的，只要你摆脱了外界生活印象那种强制性的专断，是能够依照你所愿望的选择采取行动的。"人民就是这样在神话里面为自己表现**上帝**，也就是**英雄**，最后也就是**人**。——

希腊悲剧就是希腊神话的内容和精神的艺术的现实化。正如在这一种神话里面种种现象的分布最广泛的范围越来越被压缩为紧凑的形象一样，戏剧又把这一个形象纳入最紧缩的、最简洁的形式。种种现象的本质的共同的观点，在神话里面从自然观点浓缩为人性—伦理的观点，到了这里就采取最确定、最明显的形式诉诸人的最广博的接受力，成为艺术作品从幻想进入现实，正如在戏剧里面——原先在神话里面——还只不过是想出来的形象通过人演变为真正有血有肉的表现一样，那真正表现出来的情节，完全与神话的本质相适应，也同样被压缩为雕塑性的紧密。如果说一个人的思想只有在他的行动中才会给我们令人信服的表示，而一个人的性格正好建立在他的思想和他的行动的完全一致上，那么这一行动从而也成了它的基础的思想——也完全是在神话的意义上——这样才富有意义而且与那范围广泛的内容相适应，从而它的宣示也是极度紧缩的。一次行动，亦即情节由许多部分构成，如果这各部分具备内容丰富的、有决定意义的重要性，它就是夸张的、放诞的而又是不好懂的；如果这各部分只包含一些开头和段落，那它就是渺小的、任意的而又是内容空虚的。情节的内容是它作为基础的思想；如果说这一思想应该是伟大的、范围广泛的、尽量汲取人的精神指向或一个特定的方向的，那么它也作为一种决定性的、唯一的和不可分割的东西制约着情节，因为只有在这样一种情节之中伟大的思想才会给我们以明白的宣示。希腊神话，就其性质而论是具有这一种既内容丰富又紧密压缩的状况的，至于在悲剧里面，这一种内容也以最完整的明确性宣称这是一种必不可少而又具有决定意义的情节。听任这样一种情节在它极重要的意义上理直气壮地从采取行动的人物的思想中亮相，这是悲剧诗人的任务；使情节做到使人了解从思想所陈述的真理的必要性，这里面就存在他任务的解决。但是他的艺术作品的统一的形式，却是在神话的框架中已经给他定下了的，他只需实现那生动的建筑，根本不需要为了一个挖空心思想出来的艺术建筑的缘故把它拆散了再去重新拼凑。悲剧诗人只是把神话的内容和本质最令人信服、最使人易懂地予以传达，悲剧不外乎是神话本身的艺术的完成，然而神话却是一种共同人生观的诗篇。

*　　*　　*

现在我们想办法弄弄清楚，现代世界的人生观，亦即在**小说**里面得到艺术的表现的人生观，是一种什么东西。——

每当反射的理智从那想象的形象转移视线去探索那在形象中经过综合的种种实际现象的时候，它首先就在把诗人的观点看成一个整体的地方察觉到各个细节的不断增长的复数。解剖的科学开始了它的工作，而且遵循着与民间诗歌完全相反的道路：这一个自然而然地要联合起来的，那一个却要故意分开；这一个要表现内聚性，那一个却只在对局部的最精细的认识上下功夫；于是乎每一种民间观点都不得不一步一步地予以消灭，作为迷信被克服，作为幼稚受到嘲笑。人民的自然观融化为物理学和化学，他们的宗教融化为神学和哲学，他们的公社国家融化为政治和外交，他们的艺术融化为科学和美学，他们的神话却融化为希腊纪年史册。——

新世界也从神话取得它造型的力量；中世纪的小说是从两个神话区域的遭遇和混合中产生的，而这两个区域是从来无法互相渗透与达到造型的统一的。

在**基督教的神话**里面，希腊人在它上面蒙上一切表面现象而且因此也是他把它弄成一切自然观和世界观的满怀信心地构造起来的集合点的，是——人，这是根本不可理解的，对他本身来说也变成了陌生的。希腊人是从外面，通过外面种种现象同人的比较，达到了人的地步：在他的形象上，在他那自然而然地形成的伦理的见解上，他，从自然的广大中浪游归来之后，找到了尺度和宁静。然而这一种尺度却是虚构的，而且仅仅是艺术上予以实现的：借助那在一国之内故意实现这一尺度的尝试，那虚构的尺度同现实的人性的专擅的事实的矛盾被揭露到那样的程度，即国家与个人必须通过对那一种虚构的尺度的明目张胆的违反来维持稳定。到了自然的伦理变成了勉强予以容忍的法律，氏族社会变成了勉强构成的政治的国家的时候，人类那自然形成的生活本能，连同那自私的偏执的饱满的外貌，又起来反抗法律和国家。在人认为好的和正当的东西，即法律和国家，和他那幸福的本能逼着他去追求的东西，即个人自由之间的分裂状态中，人终于不得不感到自己是不可理解的，而这种迷惑本身却是基督教神话的出发点。在这种迷惑中，这个需要自我和解的**个性**的人，一直向渴望的——然而在信仰中他却在一种出世之物中向现实地想出来的——拯救迈步走去，在这一出世之物中，法律和国家是在某种程度上被消灭了的，即在他那难以探究的意志中，它们也是被一并加以考虑的。大自然，希腊人从此出发到达对人类的清楚的理解，基督教徒却对它完全忽视：如果作为它最高的尖端的他，认为有价值的是那本身就不统一的、需要拯救的人，那么它在他心目中就只能是更加不统一的，而且本身又是更加应该诅咒的。那把大自然切成碎片的科学，还没有找到这些碎片的真正的纽带，只能够支持基督教关于自然的见解。

但是基督教的神话却在一个专人身上找到了一个肉体的形象，他为了触及法律和国家的罪行遭受了酷刑而死亡，在惩罚之下的屈服中为法律和国家作为外部的必需进行辩护，可是通过他自愿的死亡，为了有利于一种内心的必需及个性的解放，他同时也把法律和国家通过拯救提高到上帝的地位了。这篇基督教神话的动人心魂的威力在于他那**通过死亡**所表现的**变形**。一个可爱的死者的残破的、醉死一般的眼光，它要认识现实已经无能为力了，却用它那光彩的余辉再一次抚摸我们，给我们造成了一种极端震撼人心的忧伤的印象；然而这一眼光却是由那苍白的脸庞和嘴唇的微笑伴着的，这种微笑本身只是从进入完全解脱的一瞬间终于挺住了死亡的痛苦的舒畅发出来的，给我们造成预先感觉到的超尘世的福乐的印象，而这种福乐又是只有通过肉体的死灭才能获得的。这样，正如我们在他永逝中看见过他一样，现在这位逝者就站在我们回忆的眼光前面：我们的记念从他除去他感性的生命的画像表示着一切任意做作和含糊不清；我们精神的眼睛，记念的爱慕的眼光，只是还在看到那想象出来的对象映着毫无痛楚、甜蜜宁静的福乐的柔和熹微的光辉。这样一来那死亡的瞬间在我们心目中就变作真正超凡入圣的解脱，因为通过他的死亡，这位被爱的人在我们对他的记念中离开了生命的敏感，它的喜悦在我们追求虚构的更大的喜悦的渴望之中是不在我们挂念之内的，可是它的痛苦，其实也是在倾向那超脱尘世的亡灵的要求之中，却是我们唯一执著认为生命的敏感的精髓。

这一种**死亡**和对它的渴望，是从基督教的神话中产生的艺术的唯一真正的内容：它表现为对现实生活的畏缩、厌恶和逃避以及对死的要求。死亡在希腊人心目中不仅是一种自然的，而且也是伦理的必然，但是这**仅仅是对生命而言**，而生命**本身**却是一切艺术观的真正的主体。生命由于它本身的现实性和不由自主的必然性，而成为悲剧的死亡的条件，死亡本身又不外乎是通过最充分的个性的发展完成了的、并为了这一个性的贯彻而全力以赴的生命的结束。可是对基督教徒来说**死亡本身**却是主体；——生命只是作为死亡的准备，作为对死的要求，为他保持了奉献和辩护。感官的肉体那有意识的、用尽意志的一切力量的消磨，现实的生存的故意的毁灭，都是基督教艺术的主体；它始终只是刻画和描写，可是从来没有、而且绝少在戏剧上予以**表现**。戏剧的决定性因素是一种严格地规定着的内容在艺术上得到实现的运动：然而运动之所以能够抓住我们的共鸣，只在于它继长增高；减损的运动则削弱而且分散我们的共鸣，——除非是在运动中暂时地表现一种必要的宁静。希腊的戏剧一开头就发展为越来越急速的进程，直到结局的高昂的激荡；而不带杂质的、真正的基督教戏剧必须从生命的激荡开始，以便运动逐步减弱到沉醉的死灭。中世纪的受难剧采取变换的、真人上台的场景的形式来表现耶稣的受难故事：这些场景最重要又最激动人心的一幕是表演出耶稣被钉在十字架上，并在这一表演的同时唱起了颂歌和圣诗。——这篇**传说**，这一部基督教的小说，唯一能够使这基督教的题材达到吸引人的表现的程度，因为它——像在这一题材上唯一可能做到的那样——单独诉诸幻想，可并不面向感性的观照。只有对于音乐它还留有余地，让这份题材也通过表面的、感官上可以觉察的运动去表现，然而那又只是限于把这题材融解为单纯的感觉的契机，融解为色彩的混合却没有图像，它在和声的五光十色的流散状态中那样归于消失，正如那垂死的人从生命的现实中消失掉一样。——

*　　*　　*

第二个，与基督教的神话正相反对的、对新时代的观点和艺术形成起决定性作用的神话世界，在近期欧洲，首先应该提出来的是**德意志各族人民的乡土传说**。

这些人民的神话，正如那希腊的一样，是从自然观发展到神和英雄的编造的。在一篇传说——西格弗里德传说——里面我们可以相当清楚地一直看到它原始的胚胎，这个胚胎教导我们不少神话一般的本质。我们在这里看到各种自然的现象，如白天和黑夜的、太阳的升起和沉落、通过幻想采取行动的以及那为了事业的缘故受到崇拜或畏惧的人物被浓缩了，那些人类想出来的神明终于被改造成真正人化了的英雄，照理说他们的确像是生活过来的一样，而且有些家族和种族还以同他们的血缘关系而自豪。这种神话是那样地具有立法性和定型性，其权益的辩护性以及对行为的鼓励性已深入到现实生活，因此它不仅作为宗教的信仰受到维护而且声称是公认的宗教。一宗崇拜的事件和行为的无可估计的富藏充塞着这一篇编造成英雄传说的宗教神话：可是不管这些经过咏叹和歌唱的情节是怎样的千变万化，这一切都不外乎是事件的一定的、非常确定的典型的变奏，我们可以经过彻底的探究一直追溯到一种简单的宗教的想象；而在这一宗教的、出自自然观的想象中，在那独特的神话的顺利发展过程中，这篇分枝到无穷无尽的传说的最丰富多彩的陈述得到了它永远哺养的出发的源头：不管传说的造型在形形色色的家族和种族的现实的生活经历中不断得到更新的丰富，那新经历的诗意的造型终归不由自主地仅仅采用那一种方式，即使那诗意的观点归为已有的方式，而这一观点深深地扎根在那同一宗教的自然观之中，而这种自然观曾经产生了那原始神话。

这些人民的诗意地造型的力量，原来正是一种宗教的、无意中取得一致的、在事物本质的原始观点中扎根的力量。然而现在基督教却向**这一种根**插手：就日耳曼民族枝叶的无比繁茂而论，基督徒虔诚的传道热忱是无法与它比拟的，可是他却想方设法要把根挖出来，他原来却是同它一道在生存的土壤里长大的。基督教把那宗教的信仰、关于自然本质的基本观点收起来，而且通过一种新的信仰，通过一种新的观照方式把它排挤掉，这是与那旧的信仰正相反对的。虽然它永远也不可能把那旧的信仰完全消灭掉，但它起码可以从它身上剥夺它那繁殖艺术的力量：可是直到现在，那从这种力量产生的东西，那编制得无比丰富的传说，现在却像是离开了树干和树根的枝桠，难以哺养它的胚胎，对人民也只能提供欠缺营养的果实。从前那统一联系的纽带为传说的一切极尽千姿百态的造型坚守住宗教的民众的观点的地方，现在，在这一纽带被摧毁之后，只能够剩下一堆松散的杂乱无章的形象，既无依靠也无联系地在那不过还是热衷于寻求消遣、却再也没有任何创造性的幻想中来回游荡。那变得再无生殖能力的神话被分拆成零碎的、各自的部件，它的统一变成了千头万绪的多元，它情节的胚胎变成了种种情节的大杂烩。这些情节，本身不过是从一个大原始情节分化出来的各个个体，等于**同一个**就人民的特质而论是对他的表现不可缺少的**情节**的个人的变奏，——现在却又被这样拆散而且歪曲，使得它可以随你高兴在它各个部件之间又来一次拼凑和翻造，以便哺养一种幻想的无休无止的冲动，这个——内心麻木了的而对外又被剥夺了造型能力的——只是外表的东西还能够吞咽，内心的东西却再也不能够给予了。德意志史诗的割裂和衰亡，有如《英雄之书》那些混乱的造型在我们眼前所展现的：那种种情节的过分的堆积同它那固有的内容的损失相比较，越发使人觉得它的膨胀是太大了。——

为了这一种神话，人民由于接受了基督教完全丧失掉对他本来的、生气勃勃的关系的真正的了解，好比它统一的肉体的生命由于死亡分解为无数童话般的蛆虫的多生命一样，**基督教的宗教观点**给这种神话打下了走向新的复活的基础。这种观点就它最内在的特点而论只能给神话的**这番死亡**照亮，还用神秘的变形加以粉饰：它为神话的死亡辩护到那样的程度，它凭它任性的专擅把所有那成批成摞而又光怪陆离的情节表现出来，这些情节本身却又并不能从还在活动中而又为人民固有的思想加以解释和辩护，而且，由于它无从掌握它那些辩护的动机而把这些情节引向基督教式的死亡，作为引向解脱的出发点。基督教的**骑士小说**，其中提出对中古生活的忠实的表现，以古老的骑士神话多生命的残骸开始，带着一大批的情节，那些情节的真正思想对我们来说都是不可理解而且是随意编造的，因为它的动机是以与基督教完全不同的人生观为依据的，而对诗人来说又是早已丧失了的：这些情节的百无聊赖和不合格，要通过情节本身表现出来，使人不由自主地感到那些行动者没落的必然性，——不管是基督教观点的诚实的接受，到鼓动的生活准则的沉思与无为，或者是通过基督教观点的最极端的实践，去辩护殉道者死亡本身，——这就是宗教的骑士诗篇的天然方向和任务。——

至于异教神话的原始题材，由于混合了所有各民族的、类似日耳曼的那样从根柢上分出来的传说材料而得到丰富，并已经达到了最放诞的千姿百态。通过基督教，所有信奉它的民族都从他自然的观察方式的土壤被分化开来，那些从此萌芽的诗篇都将那漫无检束的幻想改造成为迷惑人的图画。经过十字军远征，西方和东方在大量接触中交换了这些材料，它的多样性一直扩大到不可思议的程度。如果说人民从前只是在神话里了解到**乡土**的东西，那么他们现在由于丧失掉对乡土的了解，就通过总是时新的**异样的**东西去寻找补偿。他们贪馋地吞噬一切外国的和稀罕的东西：他们狂追营养的幻想，汲取人的想象力的一切可能，以便采取花样多到闻所未闻的程度的冒险去恣意挥霍。——这样的一种本能终于再也不是基督教观点所能管领的了，虽然根本说来这种本能还是它生产出来的呢，因为它本来不外乎是逃避它所不了解的现实的热望，以便在想象的世界中得到满足。这一个想象的世界，不管幻想是如何的出轨，却始终只能从现实世界的现象中取得它的原形：想象力又终于只能经历像神话中一样的经历：把所有它所能理解的现实世界的实况压缩成为密纹的图像，借助这些图像，它使得总体的实质个性化，并且因此赋予总体以无比的神异。实际上，幻想的这一种热望，也像在神话里一样，只不过是又走向现实的发现，而且是一个扩大的无边无际的外部世界的现实，至于这种热望在这一意义上的证实，也并没有置身事外。人们对实现那幻想形象的冒险的追求，终于凝聚为对事业的追求，虽然经历过冒险的千百次的毫无结果之后，这些事业所渴望达到的认识外部世界的目的，在享受现实经验的果实的时候，是带着严肃的、坚决要求达到的热忱去探求的。勇敢的、凭着清醒的意图去进行的探险旅行，以及深入的、建立在结论的基础上的科学的研究，终于给我们揭示出世界的真相。——通过这种认识，中世纪的小说被消灭了，跟随在**虚构**的现象的描写后面的，是它实际的描写。

可是这一种实际只是在那对我们的事业来说是不可接近的**自然**现象中保留其不受我们错误的接触和歪曲的特色。然而我们的错误却带着最曲解的强制依附着**人类生活**的实际。要克服这些错误，并且对人的生活根据他个人的和社会的本性认识一番，并且，最后——因为这在我们权力范围之内——**加以造型**，这是人类自从向外界获得从本质上去认识自然界种种现象的本领以来就有的动力；因为我们也从这种认识中获得了认识人的本质的尺度。

*　　*　　*

基督教观点本来是不由自主地孕育了人对外界的追求的，可是由于对它既不能哺养，也不能管领，结果面对这一种现象它只好自己收敛为僵死的教条，同时又想挽救自己，这就暴露出这种观点的真正弱点和矛盾的性质。真正的生活和它种种现象的基础，对它来说始终是某种不可理解的东西，并使它觉得越发不能克服法制国家与个性的人的专擅之间的分裂，因为它的本源和本质正是在那里面扎根的：如果说个性的人同社会取得完全的谅解，不错，——如果他从它那里得到他幸福本能的完全的满足，那么基督教观点的每一种必要性都将废除，基督教本身也将归于消灭。可是正如这种观点当初在人类心情中是从这种分裂产生出来的，基督教作为世界现象也完全靠这种持续的分裂来哺养，**故意维持**这种分裂因此不得不是教会的性命交关的任务，只要它一旦完全意识到它生命的源泉的话。——

基督教的教会也为统一而奋斗：生命的一切告白都应该归结到那作为生活的中心点的它那里去。可是它却并不是中心点，而是生活的终结点，因为最真实的基督教的本质的秘密是死亡。可是在另一个终结点上却是生活本身的天然源泉，只有通过消灭才能够使死亡成为它的主人：然而始终能把生命引向基督教的死亡的，却是除了**国家**本身之外就再没有别的了。国家是基督教的教会的实实在在的生命的源泉；教会对国家进行斗争的时候，教会正对自己大发雷霆。教会迷恋权势**然而凭着真心实意**的中世纪的信仰热忱进行争辩的东西，是古老异教思想的残余，它在世俗掌权者的个人自主权利上申述自己的意见：它这样去催促这些掌权者，即以教会为媒介通过上帝的认可向他们提出权利的吁请，可又强暴地倾向专制的、铆紧钉牢的国家的巩固，好像她感觉到这样的国家对它来说是自身生存所必需的。这样一来基督教的教会终于不得不为它自己的对立物——国家的巩固——帮一把，以便在二元的生存中使自己的生存成为可能：它自己已经变成一种政治的势力，因为它感觉到，只有在政治的世界之中它才能生存。基督教的观点，就其最内在的意识而论它实在是取消国家的，现在却收缩到教会那里去了，这不仅是为了国家权利的辩护，而且它也使得它那胁迫自由的个性的存在终于到了那样一种重压的可感觉性的程度，那就是从今以后那引向外面的人道的解放的追求同时指向教会和国家，正如事物的直透实质的本性的最后实现也适用于人类生活一样。

然而生命及其现象本身的实际是需要这样去发现的，正如自然现象的实际通过探险旅行和科学研究被发现一样。人类到现在为止向外界提出的要求，当他极力逃避世界到了天涯海角的尽头、却始终不能摆脱这种种社会状况的强迫而到处承受屈辱之后，现在又重新回到了社会生活的实际，而且是抱着越发加大的热忱。这个人们不由自主地要逃避它而实际上却又永远不能逃避的东西，最后不得不在我们自己的心中和我们自然而然的观点中作为人间万物的本质那样深厚的基础而被认识出来，在它面前要想来一次单纯的逃避是不可能的。从自然的无穷的空间回过头来，我们发现，我们幻想的想象遭到事物的本质的反驳，我们被迫在也是人间状况的一种明显而又清楚的检验中为这些状况的一种虚构的、不正确的见解找寻相同的反驳，从这种见解出发，我们本身又不得不那样哺养了它和给它造成这样的形象，正如我们从前从我们错误的见解出发给我们制造了自然的种种现象一样。因此走向认识的第一步也是最重要的一步就在于，根据它的实际去掌握生活的种种现象，而且首先不要有任何判断，而是努力做到尽可能明了而且合乎事实地向我们揭示它的真相和互相联系。航海者一旦依照先人的意见去想象那要去发现的对象，他们就必然会永远带着失望的情绪去看待那最后认识的现实；因此我们生活状况的研究者必须坚持毫无成见，以便在根本上更有把握地接近它真正的本质。不加掩饰、不被歪曲的现实的最不受污染的观察方式，从现在起将成为诗人的准绳：人类和他们的状况，是怎样就是怎样，不要像从前所想象的那样去理解他们、表现他们，这是从今以后历史学家也不亚于艺术家的任务，他愿意采取浓缩的图像去展示生活的现实，——而**莎士比亚**就是这一种艺术的不可逾越的大师，这种艺术让他创造他戏剧的形象。——

可是并不是在真正的戏剧里面，像我们看到过的那样，从艺术上去表现生活的这种现实，而是仅仅在渲染的、描写的小说里面，而且出自这一种现实唯一能够使我们得到启发的理由。

＊　　＊　　＊

人们只能够在同人们一般的与其环境的联系之中被理解；离开了这种联系，正是**现代的人们**不得不显示为**极端最难理解**的原因。这种人的永无休止的内心的分裂，在愿望和能够之间制造了一堆苦刑的想象的混乱，这些想象驱使他对自己进行斗争，进行自我折磨以至进入基督教式死亡的脱离躯壳的升天，——这种分裂，并不是像基督教曾经尝试过的那样，从个性的人自己的本性出发，从这种把这社会本质的并不完全可理解的观点带进来，以致造成迷误的本性的迷误出发，去进行解释的。那些折磨人的想象，污染这种观点的想象，必须回到作为它的基础的现象那边去，研究者有责任把人类社会的真实状况作为这种现实去认识。然而就是这一种状况，千倍的权利认可由百万倍的毫无权利来哺养，加上虚构的以及根据虚构得以实现的不可跨越的藩篱把人与人分隔开来的状况，也不能由自己本身得到理解；它必须从那变为权利的历史的传统，从实实在在的内容，而且最后是从历史事变的精神，从这些事实产生的思想中去解释。

作为这样的历史事实，在那研究者的探索人类的眼光面前积聚着那么一大堆叙述出来的事件和情节，以致那些中世纪小说的非常丰富的题材相形之下也显得有如赤贫了。话虽这样说，这一大批东西在更进一步的考察过程中却越来越扩展为多头的枝叶，由研究者向人类的实际状况进行最辽阔的直到远处的深入，以便从它那令人窒息的污池中根据人性的实际去发现那唯一值得花费那么大的力气的、真正的、不被歪曲的人。面对历史现实的不容忽视的丰富，个别的人必须为他研究的热忱划一条界线：他必须从更大的、可以预示的联系中抽出若干主因，以便在它们上面以更高的准确性指出一种更紧密的联系，没有这种联系，任何历史表现都是根本无从理解的。然而即使是在最狭小的界限之内，这一种唯一能使一个历史的情节得到理解的联系也只有通过一个环境的最周详的呈示才有可能，而且只有当最生动的描写在我们眼前活灵活现的时候，我们才能够感受到任何一种的参与。研究者必须再通过这一种描写的感觉到的必要性成为诗人：可是他的程序却只能是一种与戏剧诗人的程序正相反的程序。戏剧诗人把人物行动的环境集中起来为了易于一目了然地表现，以便这一人物的情节，就其内容和表白而论，又集中概括为一个主要情节，以个人的实质的思想突现出来，并让这种个性在它里面到达结束，而人的气质则通过个性完全朝着一个特定的方向发展。

反之，小说诗人则把历史主要人物的情节从环境的表面的必然性上去使人理解：他，为了使历史的真实性的印象对我们发挥作用，首先就这一环境的性质进行解说，因为一切要求都以环境为基础，它规定个人应该这样而恰恰不是另一个样子去采取行动。在历史小说里面，我们想方设法去理解人，仅从纯粹的人的立场出发是不可能了解他的。如果我们赤裸裸地、单一地作为纯粹的人的情节去想象一个历史的人的情节，那它必然在我们眼前显现为极度矫揉造作的、不合拍的，总之无论如何是不自然的，因为对于情节的思想，我们不可能从纯粹的人性上去进行剖白。一个历史人物的思想之所以是个人的思想，是只有在某一程度上，即当它从各种事物的本质的一种公认的见解转到他身上去的时候才能成立的；这一种公认的见解，不属于纯粹人的、任何时候和在每一处都是适用的见解，只有从一种纯粹历史的关系中重新找到它的解释，这种关系随着时间的流程而改变，而且任何时候都不能保持原状。对于这种关系及其变换，却又只有当我们追蹑历史事变的整个链条的时候才能作出解释，这些事变在它那多关节的联系上对一种比较简单的历史关系是这样发挥作用的，即它恰巧采取**这一个**形式，而且恰好是在它身上作为公认的见解予以宣告。因此现在应该借助他的行为发表这种思想的个人，为了使得他的思想和行为能够为我们所理解，他就必须将个人的自由压低到最低的程度：他的思想，只要它是应该予以解释的，就应该从他的环境的思想上去剖白，而这一种思想又只有采取情节的形式才能够交代清楚，这种情节也就更加需要充实艺术表现的全部空间，正如环境也只有采用多头的枝叶和扩展才能使我们理解一样。

这样一来小说诗人差不多只能够忙着同环境的描写打交道，为了被人了解，他必须不怕周折。戏剧家为环境的了解预作假定的东西，小说诗人就得将他的全部表现本领用上去；那公认的观点，戏剧家根本就立足于它的上面的，小说诗人却是在他表现的过程中才开始人为地去发展和确定。因此戏剧是从内心走向外界的，小说则是从外界走向内心的。戏剧家从一个简单的、众所周知的环境提高到越来越丰富的个性的发展；小说诗人则从一个复杂的、需要吃力地加以解说的环境筋疲力尽地沉落到个性的描写中去，这个，本来就是贫乏的，只是通过那种环境合乎个性地给予装备。在戏剧里面是一种完全从自身发展的结实的个性去丰富环境；而在小说里面则是环境哺养暴饿的空虚的个性的。戏剧就是这样给我们揭示人类的有机组织，同时把个性表现为种类的特质；可是小说却表现了历史的机械组织，依照这种组织，种类被造成个性的特质。而且这样一来，戏剧的艺术创造是一种**有机的**，在小说里面则是一种**机械的**；因为戏剧给我们提供了人，小说则给我们讲解**国民**；那一个向我们展示人类本性的丰富，这一个则从国家原谅它的贫乏：因此戏剧的造型是出自内心的必然，小说则出自外界的强迫。——

然而小说并不是故意做作的，它是我们现代发展进程的必然产物；它提供了生活状况的实实在在的艺术的表现，这些状况艺术上只有通过它，而不是通过戏剧表现出来的。小说在现实的表现上起步，而且它的努力是那么地道，以致它面对这一种现实终于作为艺术作品而毁灭了自己。

当小说从纯粹艺术的必然性的立场出发，在典型的塑造上去掌握神话的时候，小说作为艺术形式达到了它最高的繁荣期。正如中世纪的小说把外国的人民、地方和风土的多样的现象压缩成为凝聚的、神奇的形象一样，晚近的历史小说则试图把整个历史中各个时期的形形色色现象作为特殊的历史性的个人本质的宣告表现出来。在这里面历史观的通行的法式只能够支持小说诗人。为了在我们眼前可以一目了然地安排超额的历史事实，我们通常习惯于仅仅注意一些最突出的人物，而且把他们看作一个时代精神的具象。编年历史学大多数只是把那些统治者作为这一类的人物传授给我们，他们，历史的事业和国家的措施都出自他们的意志和安排。这些首领的模糊的思想和充满矛盾的行为方式，特别是他们往往定下实际上永远达不到的目标这种麻烦的事情，立即使我们误解了历史的精神，以为我们有必要对统治者行为上的专擅之出自更高的、莫测高深的、驾驭历史行程和目标以及预先规定的影响加以解释。历史的那一些因素在我们眼中好像是毫无意志的，或者就其意志来说只是一种非凡人的、天神的势力手中自相矛盾的工具。我们把历史的最后结论当作它运动的基础，或者当作目标，好像一开头就有一种更高的精神有意识地奔着它去的目标。凭着这种见解，历史的解释者和表现者也就以为有理由从反映一种指导性的世界精神的潜在意识的种种思想引伸出历史上统治的主要人物种种显得专横的行动：于是乎他们就毁坏了他们行为动机的无意识的必然性，到了他们自以为完全合理地推想他们的行动的时候，他们才指出他们的行动完全是专擅的。——通过这一道程序，其中历史的行动可以通过任意的组合予以改变和歪曲，小说取得了唯一创造典型的成功，而且作为艺术作品向一定的高峰飞跃，在这高峰之上它好像认为可以重新走向戏剧化。最近一个时期提供了许多这一类历史剧，而那有利于戏剧形式制造历史的乐趣目前还是那么大，以致我们那些本领高强的历史的剧场魔术师妄想着为了剧本编造的利益而把历史本身的秘密揭示出来。到了他们做到了把地点与时间最完美地统一并赋予历史的戏剧表现的时候，他们对他们的处理越发有理由充满信心：他们深入到了整个历史机构内在的最深处，而作为他的心脏发现了侯王的通报处，这是早朝与晚餐之间人与国家互相调整秩序的地方。至于无论这种艺术的统一还是这段历史，都只是一派谎言，可是某些弄虚作假的东西却也能取得欺骗的效果，这是在今天的历史剧方面暴露得一清二楚的。说到那真实的历史并不是适用于戏剧的材料，那我们也是知道的，因为这一种历史剧已经给我们弄清楚了，即使是小说，也只有通过对历史的真实的犯罪，才能够成为艺术形式飞到它可能达到的高度。

现在小说又从这一个高度落下来了，为了在放弃了它作为艺术作品所已达到的纯正性之后可以转向历史生活的忠实表现。

对于历史的主要人物的外表的专擅，为了人类的荣誉，只能这样解释，即作为他们必不得已而且不由自主地从那里生长的土壤已经找到了。如果说从前人们以为这必须**在高处**，在历史的主要人物的顶上飘荡着，而且依照先验的智慧把他们作为工具消耗着，现在人们终于由这种观点的艺术上、也是科学上的绝育性予以确证，于是思想家和诗人就试图从**低处**，从一切历史的基础，去发现这说明问题的必然性。历史的土壤是**人类的社会性**：从个人的需要出发，要求与他同种的各种特质结为一体，以便他的能力在社会上得到最高的效用，历史的全部运动就是这样产生的。历史的现象是内在的运动的表白，它的核心是人类的社会性。这一种本性的哺养的力量则是**个人**，只有在他那自然而然的爱的要求得到满足的时候，才能平息他那幸福的冲动。从这种本性的表白来对它的核心做出判断，——从完成了的事实的死亡再回到人类的社会本能的内在的生活，本来那种表白是作为完满的、成熟的、濒临死亡的果实从这种生活生长出来的，——现在新的时代的发展行程就在这里面正式宣布。——思想家根据它的特质要去掌握的东西，艺术家则试图在对它的现象上予以表现：社会的种种现象，他也认识到这是历史的土壤，诗人则努力在他能够从中加以解释的联系上展示出来。他，作为市民生活的惯常的环境去理解社会种种现象的最易认识的联系，以便在对它种种状况的描写上去解释人，这个人是离开社会上种种表现的参与的，可是在他心目中却像是要决定这些表现的条件。可是这一个**市民社会**——正如我前面已经说过的，——只不过是历史从上而下地给它打下的一个印记，至少在它外表的形式上是这样。自从现代国家得到巩固以来，世界的新的生活运动无疑是从市民社会出发的：到了市民社会要在国家之内使它的要求取得合法地位的时候，历史的种种现象的活力就完全在坟墓里丧失它的锐气了。正是通过它那对历史现象的内心的不闻不问，通过它那懒洋洋的、漠不关心的旁观，它可给我们明摆出那股重压，它一方面承受着它，一方面又带着隐忍的厌恶对它表示反对。我们的市民社会在某种程度上不能算是充满生命的机构，它是受到从上而下的影响的，甚至历史反作用的表现，在它的形象上都有影响。市民社会的面貌是呆钝的、歪曲的、被削弱到毫无表情的地步的历史的面貌：凡是这一个通过有生气的运动借着时间的气息表现出来的，那一个就通过懒洋洋的扩大在空间中表现出来。可是这一个面貌却是市民社会的假面具，在假面具底下，它正是那个人类的眼光尚在找寻的隐蔽的人：这一个社会的艺术描写者还是只能够描写这一个面具的线条，可不是真正的人的特征；这样的描写越是忠实，这部艺术作品在生气勃勃的表现力上的损失必然越大。

如果说现在连这个假面具也要除掉，以便对它底下人类社会的不加粉饰的面相进行研究，那么首先提供给眼睛的就是**不美和不成样子的一团混乱**。只有穿上这件受过这部历史的教育的历史的外衣，那真正的健康的本性受到败坏而且变成畸形的人才能保持一个艺术家所能忍受的面目。这件外衣一从他身上脱下来，他身上那个皱缩的、叫人恶心的形态就使我们毛骨悚然，本来我们从对人类本性的丰富的认识中曾经在**思想**上对他有过设想，现在却一点也看不到近似真正的人的影响，有的只是垂死的病人痛苦的受难的眼光，——基督教从它那里吮吸那狂热的感奋的眼光；而艺术热爱者则转身离开这个形态，以便——像席勒那样——在思想的国度去梦想美丽，或者——像歌德那样——用艺术美的外衣，尽可能按他的身材把他包裹起来。他的小说《威廉·迈斯特》就是这样的一件外衣，歌德正是企图通过它把现实的面相弄得可以忍受：它与赤裸裸的现代人的现实适应到那样的程度，就像他本身正是

703

依照艺术上美好的形式努力设想出来和表现出来的。

直到那个时候，对艺术的眼睛来说，不相上下的是对历史研究者的眼光来说，人的形象是穿着历史的服装或者是国家的制服的：这种服装是能够随人幻想、让人讨论的。诗人和思想家面前有一大批可供选择的称心的形象，在这些形象中间他们可以根据艺术的要求或随意的假定去想象某一个人，他们始终是在那件外加的服装包裹之内去理解这个人的。甚至于哲学，通过这件外衣，也对人的真正的本性产生迷乱；历史的小说诗人——在某一种特定的意义上说——实际上只是化装服饰绘图师。随着现代社会的现实形象的揭露，小说现在占有一个比较实际的地位：诗人再也不能够在他揭露当前那引起观众战栗、怜悯和愤怒的赤裸裸的现实的地方驰骋艺术的幻想。可是他只要把这一种现实表现出来，不要说谎骗人就行，——只要他感觉到怜悯，他愤怒的力量就会立刻获得生命。只要他努力去表现我们社会那可怕的道德败坏的行为，他就还能够创作：他身上那从他自己的表现产生的不快，可把他从一种静观的、诗意的、使他越来越可以免于迷惘的愉悦中推向现实，以便在现实中去为人类社会那被认识了的真正的需要而斗争。小说创作也在它走向实际的现实的道路上越来越多地脱掉它的艺术的外衣：那作为艺术形式对它尽可能保持的统一，必须——为了取得被人了解的效果——分解为日常种种现象的实际的多样性。凡是一切要求松懈的地方，凡是历史的国家强制的纽带应被扯碎的地方，艺术的纽带都曾经是不可能存在的。小说创作变成了**新闻写作**，它的内容爆裂成**政治的社论**；它的艺术变成了**讲坛的修辞学**，它言论的气息成为**面向人民的号召**。

＊　　　＊　　　＊

这样一来诗人的艺术就变成了**政治**：不谈政治谁也不能写诗。可是政治家永远不能成为诗人，除非他不再做政治家：在一个纯粹政治的世界之中要不做政治家，那等于说他根本不存在；谁现在还想从政治底下溜走，那他就只不过是在蒙骗自己的存在。不到我们再没有政治的时候，诗人是不可能再存在的。

可是政治却是我们的历史以及从历史引伸出来的状况的秘密。**拿破仑**有过这样的表示。他对**歌德**说：古代世界的**命运**的地位代替了罗马统治以来的**政治**。——我们要好好地理解这位圣赫勒拿岛的赎罪者①的名言！这句话简要地概括了它全部的真理。为了彻底明了戏剧的内容与形式的道理，我们也有必要去理解它。

---

　　① 即拿破仑。1815 年，拿破仑在滑铁卢战败后，被迫第二次退位。他被流放到南大西洋的圣赫勒拿岛，直到逝世。——译者

三

希腊人的命运具有**内在的自然必然性**，希腊人要从它那里逃出来——**因为他对它不了解**——逃到专擅的政治的国家那里去寻求解放。**我们的命运**是专擅的政治的国家，它对我们表现为维持社会的**外在必然性**，我们要从它那里逃出来，逃到自然必然性那里去寻求解放，因为我们学会了了解它而且认识到它是我们的存在和它的构成的条件。

自然必然性表现得最强烈又最不可克服的，是**个人**的官能的生命本能，——然而比较说不清楚且勉强的却是在**社会的伦理观点**上，而个人的自然本能却终于在国家内受到影响和批判。个人的生命本能常常是表现得又**新**又**直接**，而社会的本质却是**习惯，经过媒介散布它的观点**。社会的观点，只要它一天还没有完全理解个人的本质以及它那从这本质派生的东西的形成。那就是局限的和有阻碍力的，而且完全在这一程度上变得越来越专制，当个人的更新的气质由于不由自主的冲动向习惯进行反击的时候。希腊人误解了这一种冲动，他从伦理的习惯出发，认为这种冲动是带扰乱性的，结果就到了那一步：他把它从一种关系中引了出来，照他的想法，那行动的个人是在这种关系之中受到一种势力的影响，这种势力是剥夺了他那实现伦理上的习以为常的行动的自由的。由于个人通过他那触犯伦理的习惯的行为在社会面前糟蹋了自己，而抱着内疚的心情在一定程度上又回到了社会中来，那就是说他从清醒的认识中诅咒了自己，这样就显得那无意犯罪的行为免受灾殃是可以理解的了，因为这不算是落在他的头上的个人的过失。这一场灾殃，在神话里表现为对叛逆行为和对特殊家族直到他的没落的上帝的惩罚，实际上却不外乎是个人无意的、自然不可避免的行为上不由自主的**那么官**能化了的势力，作为对立的社会则作为有意的、专擅的，实际上显得是可以解释的、可以原谅的行为。可是，只有当它的观点同样是作为不由自主的观点，它的意识被认为是建立在个人特质的一种迷误的观点的基础之上的时候，它才能够得到解释和原谅。

我们试从那往常一直认为是富有特征性的**俄狄浦斯**[①]**的神话**去弄清这一种关系吧。

[①] 底比斯国王拉伊俄斯从神示中知道他命中注定要死于儿子之手，因此他的儿子俄狄浦斯一生下来就被他扔在山中，但是却被科任托斯王收为养子。后因有人说他是养子，他便去问阿波罗。阿波罗告诉他将来要杀父娶母，他于是不敢回家，却在去底比斯的路上同一个老人吵架，结果把那老人——亦即他的生父拉伊俄斯——打死。由于他破了斯芬克斯的哑谜，从而消除了底比斯人的灾难，底比斯人拥立他为底比斯国王并娶了拉伊俄斯的遗孀，亦即他的生母伊俄卡斯忒做妻子。当他终于知道了杀父娶母的真相的时候，他就刺瞎了自己的眼睛。——译者

* * *

俄狄浦斯，由于受到了侮辱的刺激，最后为了正当的自卫，被迫杀死了一个人。公众的意见认为从中找不到一点可以诅咒的理由，因为类似的事件是经常发生的，而且可以从对被进攻的防御的一切可以理解的必要性上得到解释。然而更不能构成俄狄浦斯犯罪的理由的是，作为对这个国家做了被证明是好事的报酬，他娶了孀居的王后做妻子。

然而事实的真相却是，被杀者不仅是这位王后的丈夫，而且也是（杀人者的）父亲——因而他遗下的妻子就是俄狄浦斯的母亲。

儿女对父亲的敬畏以及对他热忱的爱和对他晚年的照料和保护，这是属于人的自然而然的感情和建立在这种种感情之上的发自内心的最主要的根本观点；正是通过它与社会结合起来的人的根本观点，致使一种最敏感地伤害了这种种感情的行为必然成为他们不可理解的而且是最应该受到诅咒的。可是这种种感情是那么强烈和不可克服，即使考虑到那个父亲当初蓄意断送他儿子的性命的行为也压制不住这种种感情：在拉伊俄斯的死亡上也许会承认那是对他旧日的罪行的一种惩罚，因此我们事实上对他的消亡本身不会怎么敏感；然而这一种关系毕竟不能使我们对俄狄浦斯的行为随便保持平静，归根结蒂还是将它宣布为弑父。

然而更强烈的却是对那种情况公开反感的高涨，即俄狄浦斯娶了自己的母亲做妻子而且同她生男育女。——在家庭生活，社会的最自然——然而最有限的基础之上，完全自发地显示出这样的事实，即父母与子女之间，以至兄弟姐妹之间，发展出一种与性爱的强烈的、突发的激动完全不同的爱慕。在家庭里面，养育者与被养育者之间的天然的纽带从属于习惯的纽带，而且只有从习惯上再去发展兄弟姐妹之间的天然的爱慕。可是性爱的最初的刺激却从一种不平常的、在生命的成长中迎面走过来的现象输送青春；这一种刺激的压倒一切的力量是那么巨大，以致于家庭成员被这种刺激从无用武之地的家庭环境中拉了出来，而且拉去同不平常的事物打交道。性爱是冲破家庭的狭隘的栅栏的怂恿者，以便使它自己扩大为更大的人类的社会。因此家庭爱的本质以及与之对立的性爱的本质的见解，是一种自然而然的、出自事物本身的特性的见解：它建立在经验和习惯之上，因而是一种强烈的、以不可克服的种种感情支配我们的观点。

俄狄浦斯，娶了他的母亲做妻子而且同她生男育女，是一种使我们充满战栗与厌恶的现象，因为它无可调和地伤害了我们对我们母亲的**惯常**的关系和那因之形成的见解。

这些生长成为伦理概念的见解之所以具有那么巨大的势力，只是因为它自然而然地从人类本性的感觉中产生，那我们倒要问：当俄狄浦斯同他的母亲结为夫妻的时候，他是不是触犯了人类的天性？——完全不是。否则受到伤害的天性就会不得不公开表明，他们不让这场婚姻有孩子出生：**伊俄卡斯忒和俄狄浦斯**，作为两个不寻常的现象相遇了，互相热爱了，只是当他们受到外来的公布，知道他们是母子的时候，从这一瞬间起他们的爱情才受到干扰。俄狄浦斯和伊俄卡斯忒**并不知道**，他们彼此之间是处在什么样的社会关系上：他们是无意识地遵循纯粹人性的、个人的、天然的不由自主；两个强壮的儿子和两个高贵的女儿因他们结合诞生出来，是为人类社会增添财富，现在却在他们身上，像在父母身上一样，承担了这一社会的注定的诅咒。这一对遭灾的配偶头脑清醒地站在伦理社会之中，对自己进行宣判，当他们认识到他们对伦理的无意的背叛的时候：通过为了他们的赎罪毁灭自己的方式，证明了对他们的行为的社会厌恶的势力，这种厌恶是在这种行为之前——由于习惯——他们**已经**具有的；通过这件事，即他们不顾社会意识终究做出了这种行为，却证明了无意识的个人的人性的远为巨大而又不可抗拒的势力。

事情又是多么意义深长啊，偏偏是这一个俄狄浦斯破了**斯芬克斯的**哑谜！他自己预先说出了他的辩护，同时也说出了他的诅咒，因为他把人标明为这条哑谜的核心。从斯芬克斯那半兽躯体上首先向他那自然屈从性冲过来的，是人的个性：当那半兽怪从它那荒凉的危崖的寂寞中自我毁灭地跳入深渊的时候，这个聪明的解谜人转身走向居人的城市，以便让那完的、社会的人从他自己的没落中猜出来。当他把那双对专制的侮辱者射出愤怒的火焰、对那高贵的女人闪烁着爱的光芒的眼睛挖出来的时候，他用不着去认清那个是他的父亲，这个是他的母亲，因为他跟着那粉身碎骨的斯芬克斯跳了下去，她的哑谜也不得不认为还没有得到解答。——只有我们，才有责任来破这条哑谜，而且是通过我们，亲自来为那从作为最高的、不断更新和振兴的财富的社会产生出来的个人的无意性进行辩护。——

可是首先还是让我们追踪俄狄浦斯传说的继续的演变，看一看**社会**是怎样打算的，它那伦理的意识又将沿着迷途走到哪里去！——

俄狄浦斯儿子的争执①造成了克瑞翁——伊俄卡斯忒的兄弟——对底比斯的统

---

① 俄狄浦斯刺瞎了自己的眼睛之后，他的两个儿子厄忒俄克勒斯和波吕尼刻斯，接管了他的权力。他们兄弟俩商定轮流执政。可是哥哥统治了一年之后，却不肯履行约言把王位让出来，还把弟弟赶走了。弟弟在外面纠集了一支军队向底比斯进攻。最后是攻城不下，两兄弟直接决斗，分别死于对方的刀枪之下。这时候他们的舅舅克瑞翁接管了权力，下令为哥哥厄忒俄克勒斯举行盛大的葬礼，另一方面却不许埋葬波吕尼刻斯，违抗命令者死。可是妹妹安提戈涅却公然违令葬兄，致被囚禁，逼她自杀。偏偏克瑞翁的儿子海蒙热爱安提戈涅，赶到囚禁她的石窟，只见安提戈涅已经自缢，于是也一剑刺死了自己。——译者

治。他以君主的名义下命令，儿子之一，**波吕尼刻斯**，与另一个儿子**厄忒俄克勒斯**在兄弟决斗中同归于尽的，他的尸首应该不予埋葬，让他去喂野兽和飞鸟，而厄忒俄克勒斯的尸首举行隆重的葬礼：谁敢违抗这道命令就应活埋。安提戈涅，这兄弟俩的妹妹，——她，曾经陪伴她瞎眼的父亲度过凄凉的岁月，——不管如何意识到这道命令的意义，仍然掩埋了她那被剥夺权利的哥哥的尸首，而且受到了那预定的惩罚。——这里我们看到，**这个国家**，它不动声色地从社会里生长出来，从它那观念的习惯吸取养料，它在一定程度上成了这种习惯的代表，即它只代表那抽象的习惯，其核心则是对不习惯的东西的畏惧和厌恶。用这种习惯的力量武装起来，现在国家却回过头来毁灭性地反对社会本身，亦即它阻止社会存在的天然养料输入那最无成见又最神圣的社会的种种感情之中。当前的神话给我们指示得明明白白，它是怎样发生的：我们还是进一步加以考察吧。

克瑞翁究竟会从这道残酷命令的发布捞到什么好处呢？是什么东西使得他敢于相信这样的一道命令**不会**遭到公愤的驳斥？——厄忒俄克勒斯和波吕尼刻斯在父亲下台之后曾经商定在他们中间平分他的遗产——对底比斯的统治，由他们轮流执政。厄忒俄克勒斯居先享受了这份遗产，到了波吕尼刻斯按规定的时间从自愿的流放回来准备享受他限期之内的遗产的时候，却拒绝向弟弟移交权力。这样一来他就违背了誓约。誓约神圣的社会为此惩罚了他没有？没有；它在他那建立在背誓的基础之上的谋划上支持了他。是人们已经丧失了对誓约神圣性的畏惧吗？不是；正相反：人们向上帝诉说了背誓的祸害，因为人们害怕他会受到报复。可是不管良心上如何过不去，底比斯的市民还是容忍了尼忒俄克勒斯的做法，因为誓约——由他们兄弟俩发誓遵守的契约——的**对象**，对他们来说现在是远比背誓的后果更为麻烦的，背誓的后果经过对上帝的献祭和捐输也许就可以得到免除。他们不喜欢的是统治的更换，不断的更新，因为习惯已经变成了真正的立法者。市民之所以站到厄忒俄克勒斯这一边，还有一个原因，那就是关于财产本质的一种实际的本能。说到财产，这是每一个人都喜欢单独享受的，可不愿意分给别一个人：每一个在财产上认识到习惯的安定的保证的市民，都完全自发地成为最高业主厄忒俄克勒斯的不友爱的行为的共犯。自私的习惯势力就是这样支持了厄忒俄克勒斯，那个被叛卖的波吕尼刻斯现在就要凭青年的锐气对他们进行斗争。在他身上只是活动着一种应该报复的受辱的感情：他纠集了一支志同道合的英勇的队伍，直向那保护背誓的城邦进军，围困它，以便从那里面赶走那篡夺遗产的兄弟。这一种由完全合情合理的反感支配的行动方式，在底比斯的市民心目中却又成为惊人的反叛；因为波吕尼刻斯攻打他的本乡本土，他无论如何是一个极**坏的国士**。波吕尼刻斯的朋友是从各个种族集合起来的：他们倾心于波吕尼刻斯的事业，完全出自对纯粹人类的兴趣，因而所代表的也是纯粹人类的、最广泛又最自然的意义上的社会，作为对立面的，是一个狭隘的、小心眼的、自私的社会，在他们的进逼面前，它悄悄地缩小成为僵化的国家。——为了结束这漫长的战争，兄弟俩提出决斗：两者都战死沙场。——

聪明的**克瑞翁**现在看透了事件的联系，而且从这一联系认识到公众意见的实质，他抓住了习惯、对更新的忧虑和厌恶，作为它的核心。关于社会的实质的伦理观念，在那心胸博大的俄狄浦斯曾经是那么强有力，使得他为他那无意造成的对它的违犯感到厌恶，不惜毁灭掉自己，到了那作为它的制约条件的纯粹人类的东西进入同社会的亦即绝对的习惯的最重大的利益——这就是说同共同的自私——抗争的时候，它的力量却丧失到那样的程度。这一种伦理意识每当它的社会的实践陷入争执的时候，它就从它那里分离开，而且作为**宗教**固定下来，与此对应的是，那实践的社会发展成为**国家**。**品德**，从前在社会里面曾经是温暖的、生气勃勃的，现在却只是**想出来**的、希望得到的，然而再也不能成为事实的：在国家里面正好相反，人们是依照利益的实际估计处理问题的，这样一来道德的良心难免受到伤害，于是人们通过对国家无害的宗教的静修来安慰自己的良心。这样做的巨大的好处是，人们能够从宗教或者国家方面争取到可以向他转嫁罪过的人：国家的罪恶必须由王侯①来承担，违反宗教道德的行为却要众神来负责。——厄忒俄克勒斯曾经是新的国家的实际的替罪羊：他背誓的后果是要由好心的众神引到他头上的；可是国家的稳定却应该（至少他们是这样希望，虽然可惜从来不曾实现过！）由底比斯勇敢的市民来尝尝它的好滋味，谁愿意来当这样的替罪羊，上帝是欢迎的；这就是那聪明的克瑞翁，他同上帝打交道也许相当内行，要对付那个激烈的波吕尼刻斯可就不行了，他是为了一场简单的背誓那么猛烈地叩打这座名城的大门的。

可是克瑞翁也从拉伊家族悲剧命运的确实原因上认识到底比斯人对待真正的叛逆行为根本是宽容的，只要它不扰乱平静的市民的习惯。父亲拉伊俄斯从女巫那里

---

① 后来的民主政治公开接受了全体公民承担罪责的职务；他们开明到那样的程度，即承认他们是王侯专制的基础。这里宗教也公然成为艺术，国家则成为自私人物的游戏场；由于逃避个人的无意识，国家陷入了强烈冲动的人物的个人专断的统治：到了雅典向一个**亚西比得**（约公元前 450—404，雅典的政治家和统帅，曾引领雅典陷入不幸的西西里远征。——译者）欢呼，又把一个**第米特里奥斯**（公元前 337—283，希腊文化末期的统帅，有"城市征服者"之称，曾占领马其顿达七年之久。——译者）奉若神明之后，终于心安理得地去拍**尼禄**的马屁。（37—68，以残暴荒淫著名的罗马皇帝曾杀死母亲、兄弟、妻子和师傅。公元 64 年罗马大火，传系他唆使纵火以便引起他作诗的灵感。终因众叛亲离，出奔自杀。——译者）（瓦格纳）

听到了预言，他的一个将要出生的儿子有朝一日会杀死他。为了避免发生公开的麻烦，这位威严的父亲秘密下令，在某一个森林角落里把那新出生的男孩子杀掉，而从这件事证明他对底比斯市民的伦理感情是极端照顾的，他们——即使谋杀命令当着他们的面公开执行——也只限于对这一骇人听闻的怪事的恼火，而且多到不比寻常地向众神祈祷，却不一定引起必要的厌恶——说不定会使他们想到用实际行动去阻止这种做法以至对这种有意识的杀子凶手的惩罚的厌恶；因为由于某种考虑，厌恶的力量将会在他们身上立刻被扑灭掉，这就是通过这一次行动保持住地方的安定，这种安定必然要被一个——将来无论如何是不成器的——儿子破坏。克瑞翁觉察到了，在发现拉伊俄斯那反人性的行为的时候，这一行为本身实在并没有引起正当的愤怒，是的，假如那次谋杀真正实行了，大家一定觉得是更好一些，因为一切都的确很好，底比斯可以避免一场那么可怕的骚乱，使得市民长年累月地投入那么严重的担惊受怕。**安定和秩序**，即使付出违反人类天性甚至违反习惯的道德的最卑劣的犯罪的代价——自觉的、故意的、由极度违反父爱的自私支配的父亲对孩子的谋杀的代价，无论如何也是更为值得的，比那最自然的、人类的感情更加值得，即使它对做父亲的说，他应该为他的孩子做出牺牲，而不能让孩子去牺牲**自己**。——现在社会变成了什么东西了，它那天然的道德感情曾经是它的基础啊！这一个固有的基础的直接对立面是：不道德和伪善的代表。可是毁坏它的毒药却是——**习惯**。对习惯，对无条件的安定的依附，牵着它去堵塞那能够使它永远朝气蓬勃和健康的源泉；而这个源泉则是自由的、从他的特质出发自作决定的个人。在它极度堕落的状况之中，品德，这就是说真正人性的东西，也只是通过个人重新给社会带回来，个人是遵循自然必然性的不由自主的欲望作为社会的对立面行事的，而且在道德上否定它。这一种对于真正的人类本性的美丽的辩护，也还保留在我们当前所有的世界历史的神话的最明显的特征里面。

　　克瑞翁变为统治者了：人民在他身上看出他是拉伊俄斯和厄忒俄克勒斯的适当的继任人，他也在市民的眼前证实了这一点，那就是当他判决不爱国的波吕尼刻斯的尸首以不许埋葬这样可怕的凌辱，从而使他的灵魂陷入永恒的不安的时候。这是一道具有极高的政治智慧的命令：克瑞翁就这样巩固了他的权力，同时又为厄忒俄克勒斯通过他的背誓保持市民的安定的行为进行了辩护，从而一清二楚地让人家领会他的意思：他也愿意单独承担违反真正人类道德的任何罪责以维护国家的安定和秩序。通过他的命令，他立刻提出了他厚爱国家的思想的最明确又最有力的证明：他一巴掌朝人性的脸上打过去，一声喊——国家万岁！——

在这个国家之内，只有一颗孤独地哀悼的心，人性还能够逃到它里面去：这是一颗善良的少女的心，**爱之花**从它深处开出至高无上的美丽。**安提戈涅**根本不懂什么叫政治：**她爱**。——她要设法去替波吕尼刻斯辩护吗？她是在探寻能够解释、原谅或辩护他的做法的照顾、关系和法律见解吗？——不；——她爱他。——她爱他，**因为**他是她的哥哥吗？厄忒俄克勒斯不也是她的哥哥吗？——俄狄浦斯和伊俄卡斯忒不是她的父母吗？经过那可怕的生活经历之后，除了对她家庭里那群人感到恐惧之外，她还能更想到什么呢？难道她能够从他们，从那近亲的分崩离析到了毛骨悚然程度的一群人中获得爱的力量吗？——不，她爱波吕尼刻斯，因为他是不幸的，而且只有爱的无上的力量能够使他从他的诅咒中解救出来。这种爱算是什么爱啊，不是性爱，不是父母子女之爱，不是兄弟姐妹之爱？——它是一切爱的最高的花朵。从那遭到社会的否认和国家的否定的性爱、父母之爱以及兄弟姐妹之爱的废墟，开出了那受到那种种爱的永不枯萎的胎芽的哺养的**纯粹人类爱**的最茂盛的花朵。

安提戈涅的爱是**完全清醒**的。她知道，她做的是什么事，——可是她也知道，她必须这样做，她没有其他选择而且必须依照爱的必然性行事；她知道，她应当服从那从**同情**引向**自我毁灭**的不自觉的带有强制性的必然性；而处在这一不自觉的自觉的境界之中，她是一个完善的人，满怀极度丰富的和全能的爱。——安提戈涅对底比斯虔诚的市民说：你们诅咒我父亲和母亲，因为他们不知底细地彼此相爱；可是你们并不诅咒那有意识的杀子凶手拉伊俄斯，还保护了那以兄弟为仇敌的厄忒俄克勒斯：现在就来诅咒我，依纯粹人类爱行事的我，——就是这样，你们的罪行达到了登峰造极的地步！——

——看吧！——**安提戈涅的爱的诅咒毁灭了国家！**——当她被拖向死地的时候，谁也不伸出援救之手。国民哭泣，又向上帝祷告，说他们愿意从他们身上除掉对这不幸的女人同情的痛苦；他们伴送她，用这样的话安慰她，说除此之外实在没有别的办法：国家的安定和秩序实在是无可奈何地要求人性的牺牲！——然而，凡是产生爱的地方，也会产生爱的复仇者。一个青年燃起了对安提戈涅的爱的火焰；他向他父亲诉说他的心事而且要求从他的父爱得到对这该入地狱的女人的赦免：他遭到了冷酷无情的拒绝。这个青年于是冲击他恋人那座把她活生生地收容了的坟墓：他发现她已经死了，于是用剑刺透他自己爱着的心。这个人可是**克瑞翁**亦即人格化了的国家的儿子：面对那由于爱情不得不诅咒他的父亲的儿子的尸骸，这个统治者又变成了父亲。儿子的爱之剑惊人锋利地刺入了他的心：带着深刻的内心的创伤，**国家崩塌了，为了一死再做人。**——

神圣的安提戈涅！我现在向你呼吁！让你的旗帜飘扬吧，让我们在这面旗帜之下毁灭和解脱！——怎样发生的：我们还是进一步加以考察吧。

* * *

妙极了！当现代小说转变为政治，可是政治又变成浴血的战场的时候，诗人却正相反，在他渴望看到完善的形式的时候，竟能够使统治者下达演出一部希腊悲剧的命令，这一部悲剧恰好只能是我们的《安提戈涅》。人们探求一部**艺术形式表现得最为纯粹**的作品，而且——请看！——这完全是同一个样的，它的**内容是最纯粹的人性**，国家的代表！——那些博学的老小孩是怎样为波茨坦宫廷剧场的这一部《安提戈涅》感到高兴啊！他们让玫瑰花从高处撒下来，这是《浮士德》的一队解救的天使作为爱的火焰让它向那"长着短而直的和长而弯的角的胖鬼和瘦鬼"[①] 的身上飘落的：可惜的是在他们身上却只能唤起讨厌的贪欲，梅菲斯托在他们的灼热底下感到的贪欲，——不是爱！——那"永恒女性的"不把他们"领上去"，而那永恒婆娘气的只是把他们带到下面来！——

* * *

神话的无可比拟之处，在于它任何时候都是真实的，它的内容，经过最紧凑的精练，不论什么时候都是永不枯竭的。诗人的任务不外乎是加以诠释。希腊的悲剧家并不是随时随地都能毫无成见地处于胜过需要由他加以诠释的神话的地位：神话本身多数是比诠释的诗人更为公正地对待个人的本性。可是悲剧家却在一定程度上尽量把神话的精神吸收过来，亦即当他把个人的本性变为艺术作品不可动摇的中心点的时候，因为它是向各方面从个人的本性取得营养和振奋的。这一种个人的自然发生的本性是那样毫不失真地面对诗人的灵魂，使得索福克勒斯式的**埃阿斯**[②]和**菲罗克忒忒斯**[③]都能够从这种灵魂里产生出来，——这样的英雄，即使是最巧妙的世界意见的考虑，也不能把他们从他们本性的自我毁灭的真理和必然性中勾引到政治的浅水里去弄得眼花缭乱，在那浅水上面那善观风色的**俄底修斯**可懂得那么出色地

---

① 参看《浮士德》第五幕《埋葬》那一场。——译者

② 埃阿斯是特洛伊战争中的希腊英雄。一个是忒拉蒙国王的儿子，称大埃阿斯；一个是罗克里斯国王的儿子，称小埃阿斯。大埃阿斯在战场上夺回阿喀琉斯的尸首，但是在阿喀琉斯的盔甲和武器应该归谁的争论上他却输给了俄底修斯，因此愤而自杀。小埃阿斯则因在凯旋的中途亵渎了雅典娜的神庙，被安排在一次沉船中葬身大海。——译者

③ 菲罗克忒忒斯是希腊传说英雄，赫拉克勒斯的弓的继承人。在远征特洛伊的征途中被雅典娜祭坛的守护蛇咬伤，因此船上的同伴把他抛弃在一个荒岛上，直到希腊大军攻打特洛伊历时 10 年还攻不下，才把他接回来。——译者

来往航行呢。

我们今天只要根据它最内在的本质对**俄狄浦斯神话**忠实地加以诠释，我们就会从中获得人类从社会的开始到国家的必然灭亡的全部历史的清晰的画面。这一种灭亡的必然性是在神话中预感到了的；在现实的历史中则把它建立起来。

自从**政治的国家**建立以来，不管它自己怎样下大决心去促进它的巩固，历史上的每一步骤都是导向它的灭亡的。国家，作为抽象名词，无时无刻不是处在灭亡过程中，或者正确点说，它从来就不曾进入现实；只有"具体的"国家曾经在持续不断的变换中，好比是无从实现的主题的不断重新涌起的变奏找到了勉强的、然而始终是支离破碎而又争论不休的存在。国家，作为抽象名词，是善意的然而是迷惘的思想家的固定题旨——作为具体名词则是暴力的或者阴谋的家伙的专擅的成果，他们用他们事业的内容去填满我们历史的空间。对于这一种具体的国家——路易十四曾经理直气壮地标榜他**自己**当作它的内容，[①] ——我们不愿意在这里继续进行研究；就是它的核心也使我们从俄狄浦斯传说得到明白的启发：我们认识到拉伊俄斯的**统治**是一切罪行的胎芽，为了统治的不折不扣的占有，这个人变成了一个反常的父亲。神话的和历史的一切罪恶都来源于这一种变为**财产**的占有，这种占有又以神奇的方式被看作每一种良好的秩序的基础。——我们还是对那抽象的国家加以考察吧。关于这种国家的思想家愿意使得现实社会的不完善依照设想的规格达到平稳和协调：可是他们自己却又死抱住这一种不完善性，把它看作既成事实，是唯一适应人类本性的"脆弱性"的东西，而且从来不肯回到真正的人那边去，人正是从原先自然而然的、最后却是谬误的观点引出那差别来的，当他通过经验以及由此产生的对错误的纠正不得不完全自行建立完善的——这就是说适应人类的真正需要的——社会的时候，——这是产生政治的国家一直发展到反常的顶点的重大错误，他还要从这顶点来指导人类的本性，事实上他对人类的本性毫不了解，而且越想指导它，就越不可能了解它。

政治的国家是完全靠**社会的恶习**生活的，而社会的**美德**却完全是从**人的个性**获得的。他唯一能够看到的是社会的恶习，面对社会的恶习他无法认识它从个性所获得的美德。处在这一个地位上他对社会是到了那样的程度，让它也把它恶习的一面翻到个性上面去，从而最后不得不堵塞了每一个营养的源泉，假如个人的不由自主

---

① 路易十四（1643—1715），法国国王。1648 年巴黎法院曾经通过一些限制王权的决议。到了 1661 年路易十四亲政，流放了一些法官，并亲自到法院撕毁了那些限制王权的议事纪录，公然宣称"朕即国家"。——译者

的必然性同政治家的专断的想象比较起来不是更强有力的话。——希腊人命中注定要误解个性的性质，因为它扰乱了社会的道德习惯：为了克服这种命运，他们用政治的国家武装起来。现在我们的命运取决于那政治的国家，自由的个性在这个国家里面看到了它那被否定的命运。可是政治国家的本质却是**专擅**，而自由个性的本质则是**必然性**。① 这个个性是我们经过千百年对政治国家的斗争才得到合法的承认的，要从这个个性来**组织社会**，② 那是使我们意识到的未来的任务。在这样的意义上来组织社会，那可是建立在个人的自由自决的基础上，也就是建立在它永不枯竭的源泉上。把**社会**中人类本性的**无意识带到意识**的地步，而在这一意识中什么都不必过问，**除了对社会的全体成员来说必不可少的个人自由自决的共同必要性之外**，可是这就等于说一**消灭国家**；因为国家通过社会走向个人自由自决的否定，——它靠社会的死亡活过来。

四

对于那在我们这番探索中唯一需要弄清楚的**艺术**来说，在**国家消亡**上存在着如下的比一切都重要的因素。

关于个人要求摆脱政治的国家或宗教的教条的束缚的斗争的描写，到了政治的生活越来越完整地意识到这场斗争情况的变化，亦即它的真正的内容的时候，必然会成为诗人的刻不容缓的任务，远离了政治生活，诗人最终只能过着一种梦幻的生活。如果我们把宗教的国家诗人放在一边，这种诗人作为艺术家也是把人当作他残酷的娱乐的牺牲品的，那么我们眼前就只有这种诗人，他充满了对个人的苦难的真正痛心疾首的同情，作为个人自己进行对国家、对政治的斗争的描写。这种个性，诗人在对国家进行斗争发挥的个性，就事物的性质上说，却**不是纯粹人性的**，而是受到**国家本身的制约的**。它像国家一样出自同一类型，而且只是存在于国家之内的极端的尖端的对立面。自觉的个性，这就是说，在这一种**情况**之下决定我们这样而不是别样行动的个性，**只有**我们在那一种**社会**里才能获得，它先给我们产生这种需

---

① 初版这里有一条脚注："我们现代的国务政治家把它颠倒过来：他们把对国家法律的遵从称为必然性，对它的违背则引伸为个人的专断。因此在他们看来自由就是专断，强制却成了必然性。谁要对这极端重要的语句就其合乎本性的意义加以运用，那就要——像写评论文章一样——采取'局促的语言来表现'。"

② 初版这里有一条脚注："当然不是在奥地利政府的意义上，这个政府目前也在对它的各邦——照它的说法——进行组织，我们这里要在同样的'局促的'语义上去理解这个字，就这个意义来说，它不是从上而下的改编，而是意味着从根本上让它产生。"

要我们自己做出决定的情况。没有社会的个人在我们心目中作为个性是不可想象的；因为只有在同别的个人的交往中才能显示出同他们有所区别，显示出在我们身上具有特色的东西。如今社会变成了政治的国家，那么国家就同样从它的特质去决定个性的特点，而且作为国家——作为自由社会的对立面——当然较之社会是更加严厉和绝对的。要描写一种个性，离开它的环境是谁也描写不出来的，作为个性它依赖这一条件：如果环境是自然的，给个性的发展提供空气和空间的，在同这一个性的接触上自由听从内在的自发性灵活地重新构造的，那么这一环境就能够通过最简单的线条得到恰当的、真实的刻画；因为只有通过个性的表现，环境本身才要达到独特的本性。可是国家却不是这样一种灵活伸缩的环境，而是一种教条式僵化的、束缚性的、专断的权力，它给个人事先规定，——你应该这样思想和行动！国家自封为个性的教育者；它在社会独立性的手段上通过一种不平等的份额的预定从娘胎里控制了它；它将它的道德标准强加给个性从而剥夺了个性的观点的命脉，而且作为对自己的私有财产，给个性指定它认为适应它的环境的位置。公民之所以有他的个性，得感谢国家的赐予；可是这种个性不外乎是对国家的预先决定的位置，在这种位置上，他那纯人性的个性对他的**行动**来说是毁灭了的，最多也不过是限于完全默默地自己**想想**而已。

人类头脑的危险的角落，整个个性私逃到那里去的角落，国家是同样要借助宗教的教条想方设法地加以扫除的；然而到了这里，国家却是无能为力的，他只能培养出一批伪善者，这就是说，他们所做的不同于他们所想的。可是**从思想**产生出来的首先也就是对国家进行反抗的力量。最初的纯人性的自由的冲动表现为对宗教教条的抗拒，而**思想自由**却最后迫使国家予以容许。然而这一种单纯思想的个性在行动上究竟又有何表现呢？——只要国家存在一天，它就只能作为**公民**行事。这就是说，作为个性，它的行为方式就不可能与它的思维方式相一致。一个公民，不是依照预先规定的或为**义务**或为**违法**的条例行事，他是寸步难行的：他的义务和他的违法的性格是不属于他的个性所固有的；他尽可以怎么想，怎么做，以便随他那自由的思想行动，可是他越不出国家的范围，他的违法也是属于国家的。只有通过**死亡**，他才能够停止公民的义务，然而这样一来，他也停止做人了。

说到那理应表现个性对国家的斗争的诗人，他所能**表现**的国家，可只有让个性**向思想提示**一下。国家是确实的，牢固而又五光十色地存在着的，反之，个性只是想象的、无形而又无色地并不存在的。所有一切给予个性使之获得牢固的、确定的、可以辨认的艺术的形象的线条、轮廓和颜色，都是诗人从政治上划分出来的而且压缩成国家形式的社会提取过来的，可不是从个性本身，从它与其他个性的接触中自行造型和设色的个性本身提取的。因此这种只是**想出来**却不是**表现出来**的个性就只能诉诸思想，不能诉诸直接掌握的**感情**。因此我们的戏剧**也是一种向理智的呼吁**而不是面向感情。这样一来它就承担了教育的职责，它把从生活中提取出来的材料只是表现到与它的意图相适应的程度，把一种思想传达给理智。可是在把一种思想向理智传达的过程中诗人却弄得那么**烦琐**，正如他面向直接接受的感情的时候恰好是高度**简单**和直截了当地进行工作一样。感情只是领会那些实在的、感性上实现了的以及可以感知的东西：传达给感情的只是那些完成了的、首尾完备的，亦即完整的、现在能够实现的。只有那些自成一体的东西才是它可以了解的；那些不能自成一体的，还不能宣称为实在而又确定的东西使感情成为混乱而且需要加以考虑，这就成为一种推理的行动，它取消了感情。

既然诗人是诉诸感情的，为了向感情发出使人确信的申诉，就必须在思想上那么自成一体，能够放弃一切逻辑结构的帮助，凭着充分的自觉诉诸不知不觉的纯人性的感情的可靠的受孕。在这一传达过程中他是那样单纯和（面对感官的感知）无条件地去从事，好比是真实的现象——如空气、温暖、花、动物、人类——面对感情的宣告。为了传达那高度可传达的、同时又是令人信服地最易理解的东西——纯粹人性的个性——现代的戏剧诗人却通过他的表现，正如我所指出的那样，正好做出相反的处理。从它那真实的环境的巨大的分量，即在那提供眼看得见的标准、形式和颜色的国家里和僵化到国家那里去的历史上，他才终于使尽无穷的努力把这一种个性构造出来，以便最后，正如我们所看到过的，把它向思想呈现出来。①

我们的感情一开始就不由自主地领会到的东西唯有国家的形式和颜色。从我们最早的青年时代的印象算起，我们所看到的人只有国家赋予他们的形象和性格；通过国家把他教养出来的个性对我们不由自主的感情来说是作为他真正的气质加以认可的；我们只能就他与别人有所区别的一些品质来认识他，那实际上却并不是他固有的，而是通过国家传授给他的。人民今天要对一个人有所了解，只能够从身份制服上下功夫，这是他们从青年时代起在感情上和躯体上所看到的他，这位"人民戏剧诗人"也只有在他没有打破他们这一种国家公民的幻象的时候才向他们明白地说

---

① 在《爱格蒙特》里面，歌德试图把这种在全部作品那历史性—政治性地受到制约的、经过辛苦的迂回曲折的过程中才分离出来的、在牢狱的孤独处境中直到死亡之前才取得一致的纯人性的个性向**感情**呈现出来，而且必然要借助于奇迹和音乐。偏偏是那位理想化的席勒对歌德这种高度艺术性的、真实的、意义非常重大的特征缺乏了解，这是多么奇怪啊！然而贝多芬又是多么糊涂啊，他竟然不是配合这一神奇的现象方才接上音乐，而是一开始，插在政治—散文的引子中间——在不合适的时候——就动手作曲！（瓦格纳）

什么知心话，这种幻想是这样严重地束缚他们不由自主的感情，以致当人们想要在这一种感情的现象笼罩之下发掘真正的人的时候，他们必然会陷入极度迷乱的地步。[①] 为了表现那纯粹人性的个性，现代的诗人因此不是转向**感情**，而是转向**理智**，正如对他自己来说，它只不过是一种想出来的东西。除此之外，他的处理方式必须是非常曲折的：他必须把一切现代感情认为最可理解的东西，不妨说成在这种感情的**眼前**缓慢地而且极端小心地把它的外表、形式和颜色通通解除掉的东西，以便在解除过程中，依照有条不紊的计算，把感情逐步地带到思想方面去，原来他所想要的个性归根结蒂只能是一种想出来的东西而已。这样，诗人就不得不从感情转向理智：对他来说感情是起妨碍作用的东西；只有当他极度谨慎地把它克服了，才能够达到他自己实在的打算，一种思想诉诸理智的阐述。——

这样一来，**理智**根本就是现代诗人愿意向它推心置腹的人类的本领，而且也是他唯一能够通过推理的、分解的、划分的和隔离的器官说出那被感情抽象化了的、对感情的印象和感孕只是还能加以描写、传达而且受到制约的文字语言。如果我们的国家本身真的是一个感情的、值得尊敬的实体，那么，诗人也许将会，为了达到他预计的目的，在戏剧里面在某种程度上从音乐过渡到文字语言方面去；在希腊悲剧里面差不多可以说有过类似的情况，不过是由于相反的原因。它的基础是抒情，它从抒情这样迈步走向文字语言，正如社会从自然的、伦理上是宗教的感情纽带走向政治的国家一样。从理智向感情的回归在这方面来说大致上就是未来的戏剧的行程，正如我们将从**想出来**的个性迈步走向真正的个性一样。

可是现代诗人却也是一开头就得呈现出一个环境，国家，这可是缺乏任何纯粹人性的感情契机，而且在高度的感情表现上是直接的。因此他的全部计划只有通过推理的理智的传递器官，通过非感情的现代语言才能达到；因此当今天的戏剧作家认为，为了某一目的把音乐当作思想向理智讲话，而不是当作情绪诉诸感情，而且希望得到理解是不合适的，只会引起混乱和干扰的时候，那是有道理的。

*　　*　　*

然而由于国家的没落，健康的有机的社会将会在典型意义上唤起怎样的戏剧的形象塑造呢？

---

① 对人民来说就像两个小孩子面对一幅表现亚当和夏娃的绘画曾经发生过的那样，他们分辨不出谁是男、谁是女，因为画中人没有穿衣服。这件事对所有我们的观点来说又是多么具有决定意义啊，我们的眼睛一般是通过一个没有遮蔽的人体的观看陷入极端尴尬的境地的，而且我们通常甚至于觉得那是不堪入目的，至于我们自己的肉体则是通过考虑才是可以理解的！（瓦格纳）

　　国家的没落，说得合适一点，不妨认为是**社会从它的纯粹人性的本质得到实现的宗教的意识**。这一种意识就它的本性而论不可能是从外界打进来的教条，这就是说不是建立在历史传统的基础之上的，也不是通过国家培训出来的。任何一种生活行为只要一天作为外在的义务向我们提出要求，这种行为的实体就不是一种宗教意识的实体；因为从宗教意识出发，我们就是从自己出发来行事，而且是非此不可的。然而宗教意识就是**共同的意识**，而所谓共同，只有一种意识才是可能的，那就是它知道那些非意识的、不由自主的、纯人性的东西是唯一真实的东西，而且由他的知识证明是合理的。只要那纯人性的东西一天蒙上任何一层混浊的迷雾，正如我们社会的当前状况之下我们眼前根本不可能有任何其他的影象一样，我们就一天要受到千百万种各不相同的见解的束缚，一个人究竟应该怎样做：只要我们一天是在迷误中对它真正的本质、并从这种本质去进行想象它该怎样表白自己，那我们就一天也不得不采取勉强做作的方式去追求和探索这一种虚构的本质是采取哪一些方式去表白自己的。然而我们也将继续要有各种国家和宗教，直到我们只有**一种**宗教而再也**根本没有**国家。然而假如这一种宗教的确是被认为大家共同需要的话，那就只能是通过意识认为它是合乎人类真正本性的，而且每一个人都能够无意识地感觉到它而且不由自主地操纵着它。这一种共同的人类本性将会最强烈地被**个人**作为他固有的、独特的本性所感觉到，正如它在他身上作为**生命的和爱的本能**加以宣告那样：这种本能的满足就是把个别的人推向社会的事物，正是在这个社会里面**它能够使他在社会里面得以满足**，并完全从自身出发达到**意识**的境界，而这种意识又是宗教的，这就是说共同的意识，与他的本性相称的意识。**因此在个性的自由的自决里面存在着未来的社会宗教的基础**，不到这一种个性通过社会获得它最有促进意义的合理澄清之前，它是不会建立起来的。——

　　对于各种个性彼此之间生气勃勃的关系的无穷无尽的多样性，它不断更新的、在变换中不断严格适应这些充满生命力的关系的形式的无穷无尽的丰富性，我们即使试图隐隐约约地想象一下也是无能为力的，因为我们直到现在为止对于一切人的关系都只能是采取历史上流传下来的合法的形式以及通过国家等级的准则依照它的预先决定去察看的。[①] 然而对于那生气勃勃的个人的种种关系的不容忽视的丰富性，我们还是可以想象得到的，只要我们把它们当作纯人性的东西，始终丰满和完整地

---

　　① 初版这里有一条脚注："国家赐予我们的个性，今天是通过一张警察机关的旅行护照的相貌特征为我们提供证明的——如果我们是忠于国家的话；或者是一道通缉令的有关相貌特征的描写——如果我们是不忠于国家的话。这样一来，国家就通过警察局接替了诗人和性格作家的努力。"

放在眼前去理解，这就是说，只要我们将一切人性之外的东西或者非眼前的东西，亦即那些在国家之内被当作财产和历史的权利摆到那些关系之间去的东西，把它们之间的爱的纽带扯破了的东西，把它们非个性化、等级上划一起来，而且由国家加以固定的东西都离得远远地来进行考虑。

如果我们将那个人的人类生活——那必然也从本身受到共同生活——的制约的生活的千差万别的主要契机，作为社会本身的富有特征的差别去加以概括，那么我们又能极端简单地，而且是作为青年和老年、生长和成熟、兴奋和平静、活动和安逸、本能和意识方面去设想那种种关系。

习惯的契机，我们在坚持社会伦理道德的概念上去认识，然而在它转向国家政治的道德的僵化上却是被当作对个性发展完全怀抱敌意的东西，最后是被当作伤风败俗和否定纯人性的东西去认识的，可是它作为一种不由自主的人性的东西却还是满有理由的。如果更进一步地加以考察，我们在它身上只能够抓到人类本性的多面性的一种契机，那是在个人身上受到生命的年龄的支配的。一个人在他青年时代和老年时代是不一样的：青年时代我们渴望着事业，晚年则渴求安宁。干扰了我们晚年的安宁，是正同妨碍了我们青年时代的事业一样非常敏感的。年龄的要求说明事业动力的逐渐消耗的合理，它的收益则是**经验**。经验本身对有经验的人来说是富有乐趣和教育意义的；可是对那受教育的人来说，它却只谈得上特定的成绩，这些人的一种，是属于容易克服的、软弱的事业本能的，或者，在他眼中，这些经验的细节却是强加给他的行动的约束性的准绳：然而人类的天然的事业本能根本就是通过这种强制才被削弱的；经过匆遽的一瞥之后，这种削弱在我们眼中好像是一种绝对的、在人类本性本身上颇有理由的行为，而且这样一来我们还试图从它那里去找依附于我们的事业的法则的根据，因此它也只是一种受到一定的制约的削弱。——

正如人类社会是从家庭接受了它最初的伦理道德的概念一样，那对老年人的尊敬也传给了它：但是这种敬畏在家庭里面是通过爱唤起来的、中介性的、受到制约的、有它的道理的；父亲**爱**他的儿子胜过一切，从爱出发帮他出主意，也从爱出发不干涉他的某些行为。可是在社会里面这一种有道理的爱却简直消失到那样的程度，以致于那敬畏从人身开始牵涉到想象和人性以外的东西，这些东西——本身就是不实在的——对我们来说并不是处在活生生的交互影响之中，而在这影响之中爱却是能够回报敬畏的，这就是说从它那里除掉畏惧。那个变成了**上帝**一样的父亲再也不能爱我们了；那变成了**法律**一样的老人的劝告再也不能让我们自由行事了；那变成了**国家**一样的家庭再也不能够依照爱的不由自主的赞许而是依照冷冰冰的伦理契约的条文对我们做出鉴定了。国家——依照他那最明智的理解——强迫我们把历史的各种经验当作我们行动的准绳：然而说实在的，我们却只有从不由自主的行动本身达到经验的时候才进行活动；一种通过传达教训我们的经验是只有到了我们通过不由自主的行动自己取得了这种经验之后，这对我们来说方才成为一种富有成果的经验。老年对青年真正的明智的爱之所以得到证实，不在于他把他的经验定为青年行动的标准，而在于给他指明经验所在，从而使他自己的经验得到丰富；因为那富有特征和说服力的经验正是经验的个人性，**即特殊的、可识别的**，至于经验所获得的东西，则是这一个特殊的个人在这一种又是特殊的情况之下的不由自主的行动所取得的。

国家的没落因此可以说是到了那样的程度，那就是作为束缚的排除，这种束缚是通过经验的自私的虚夸作为成见来反对个人行动的不由自主而建立起来的。这一种束缚目前取得的地位，就其性质而论是应该属于**爱**的，而就它的本质而论却是**无爱**，也就是说：一味地吸收经验，最后干脆认为不用再去体验什么，自私狭隘成性，是可怕的惰性。——可是父亲却从爱知道了，他所获得的经验还远远不够，在他爱子的心情的支使之下所传授的、成为儿子的经验的经验之上，还能够无穷无尽地予以丰富。对别人的事业的欣赏能力，它的内容是通过对懂得造成一种值得欣赏和给予欣赏的物体的自为的爱，在这种能力上寄托着老年的安静的美。——这一种安静就其本性而论是在那通过爱而存在的地方，决不是对青年的活动本能的妨碍，而是对它的一种促进。它在爱的一种原素上为青年的活动提供空间，**这是在对这一种活动的观照上达到与它高度艺术的参照，根本就是达到艺术的性命交关的要素之一的要素**。

已经获得经验的老年人，对青年听从不由自主的冲动和不自觉所宣示的事业，是能够根据他们**富有特征的内容**去理解而且**在其互相联系**上进行概括的：他们因此能对这些事业较为全面地加以说明，比青年自己还要全面些，因为他们懂得如何加以说明以致有意识地加以表现。我们因此在老年人的安静中获得**最高的诗人的能力的契机**，而且只有那较为年轻的人，获得那种安静的人，才能够获得这种能力，这就是说那种反对生活的种种现象的特殊权力。——

有经验的人对没有经验的人、安静的人对热烈的人、观照的人对行动的人的爱的告诫，通过不由自主的活动的本质的忠实的展示，对这些人是最有说服力又最有成效的。对于陷入生命的兴奋中的人，是不能用一般的伦理道德的告诫使他达到他本质的善于判断的认识的，只有当他能够在展示出来的忠实的图象中认清自己的时候，才能够完全取得成功；因为正确的认识是再认识，正如正确的意识是从我们无意识中获得的知悉。告诫者是**理智**，有经验的人的自觉的直观本领；被告诫者是**感情**，要取得经验的人的不自觉的活动本能。理智所能够知道的不外乎是**感情的辩白**，因为它本身只是追随感情的刺激而生的**安静**：它本身只是在它知道它是受到不由自主的感情的制约的时候才证明是合理的，而那从感情上证明是合理的，不再受这一个别的感情的约束而反对**感情一般的公正的理智则是理性**。理智作为理性在某种程度上优于感情的地方，是当它对个人的感情活动在与它的同样是从个人感情活动的主体和对象的接触中能够无上公正地进行判断的时候：它是最高的社会的，通过社会唯一自行制约的力量，它懂得根据它的种类去认识感情的特点，在那里面重新获得而且又从那里面去证明它的合理性。这样一来当它在这方面有所活动，而且只有实行交心的时候，它能够通过感情很好地开始它的表白——而爱则向它提供相应的器官。他知道，通过爱的感情，迫使他要求表达的感情，使得那热烈的、在进入不由自主的行动中的人，是只有诉诸他的感情的东西才是可以理解的：如果他想要诉诸理智，那在他身上首先应该解决的问题是，他应该通过表达才能获得的东西必须始终保持可以理解的程度。可是感情所能理解的只是那与它类似的，正如那赤裸裸的理智——作为这样一种东西——也只能诉诸理智一样。感情在理智的反省上始终是冷的：只有与它有血缘关系的现象的真实才能够吸引它参与行事。这一种现象必须是对不由自主的行动的本质产生同情的效果的形象，而同情的效果之所以产生，是只有当它向他在一种行动中呈现出来的时候，而这种行动从一种感情中既被证明是合理的，又是他从这一种行动和辩白中作为他自己的感情而被共同感觉到的。同样，他从这一种共同感觉不由自主地达到了对他自己的个性的本质的理解；他原本是在熟悉自己的感觉和行动的底细中发展自己的，现在也在他感觉和行动的主体和对象上对这一些对象有了认识，而且是通过这样的，即是对他自己的形象的热烈的同情而把自己呈现出来，也在他对象的感觉和行动上不由自主地被卷进去参加，并注定了对它的认识和辩白，它再也不是在他实在的行动中与他的偏见相对立的了。

＊　　　＊　　　＊

只有在最完美的艺术作品中，在**戏剧**里面，有经验的人的见解才能够充分成功地表达出来，而且正是因为在那里面通过人的所有艺术的表现能力的运用，使得诗人的**意图**尽善尽美地从理智诉诸感情，亦即艺术性地被传达给那感情的最直接的接受器官——**感官**。戏剧作为最完善的艺术作品之所以有别于其他一切文学品种，正是由于作品的意图通过它**最完美的实现**升华到最充分的人不知鬼不觉的程度：凡是戏剧里面的意图，这就是说理智的意志还是可以觉察的地方，那它的印象也是冷人心的；因为凡是我们看见诗人**想要**什么的地方，我们就感觉到，他还是**不能够**。然而诗人所能够的却是意图进入艺术作品的升华和**理智的感情转化**。只有这样他才达到了他的意图，即把生活的现象按照它完全是自然而然的倾向显示在我们眼前，也就是说生活本身从它的必然性取得合理的地位；因为只有这一种必然性才能够了解他向它倾吐的感情。

面对那呈现出来的戏剧的艺术作品，再也没有一点什么可以留给推断的理智去寻找的了：每一种现象都在那里面临到了结束，这种结束使我们的感情对它放下了心；因为在这一种感情的平静里面，在它同情的高度激动之后，存在着安静本身，这也是不由自主地把我们引向理解的安静。在戏剧里面我们必须通过**感情**成为**知情的人**。理智告诉我们：**它是这样的**，首先是感情告诉过我们：**它必须是这样的**。可是这一种感情只有通过自己才是可理解的：它不懂其他语言，除了它自己的语言之外。那些只有通过转弯抹角的媒介的理智才能给我们解释明白的现象，对于感情来说永远是不可理解的而且是干扰性的。因此一种情节，只有当它对感情完全把道理说清楚之后，才是可以在戏剧里面给予解释的，因此戏剧诗人的任务不是去臆造情节，而是从感情的必然性出发这样去阐明情节，即我们完全可以不必借助理智的力量使情节得到合理的表白。因此诗人的主要着眼点应该放在**情节的选择**上，他必须这样去选择情节，既要依照它的性格，也要根据它的范围，使他能够从感情上给它充分的合理的表白；因为唯有在这一种表白里面能保证他意图的实现。

一种情节，如果只是从历史上取材的，那它基本上是说明非现代的关系的，是从国家立场出发或者考虑到宗教的，同时也是从外面打入人心的，而不是根据共同内在的教义能够领会的，那就是——正如我们所看到过的——只能诉诸理智而不能诉诸感情的：最了不起它也只能通过叙述和描写，通过向理智的想象力的呼吁，而不能通过对感情及其特定可以领会的器官、感官，达到预期的目的，因为这样的一种情节对那些感官来说实在是非概览式的，而要把这一大摞关系诉诸感性的观照是完全处于一切可能范围之外的，这一大摞关系就不得不托付给推理的思想器官去理解。因此在一部历史—政治的戏剧里面，诗人的问题就是这样，他的意图——作为这样的东西——最终只是赤裸裸地摆出来：整部戏剧始终是不可理解的，毫无印象的，要不是最后这一意图采取一种人性道德的形式，从一堆惊人的乱七八糟转向运用空洞的描写的、实用的主题，从而显示出清楚的样子的话。人们在这样一出戏的演出过程中不由得考虑一下："诗人究竟想要说些什么呀？"

　　事实是，面对感情而且应该通过感情说出一番道理来的情节，并不是在研究什么**道德**问题，而一切道德都只不过以这一从自然而然的人类感情取材的情节的表白为依据而已。它本身就是目的，在一定程度上它只是从它所产生的感情说明它的理由而已。因此情节只能是这样一种东西：它是从那最真实的，这就是说对感情来说最易理解的、最接近人类的感觉的、因而是各种最简单的关系中产生的，——它只能是从这样的各种关系之中，从一种本质上彼此一致的、不受非本质的想象和非眼前的声辩理由的影响的、只是从自己而不是从属于过去的人类社会中产生的。

　　但是没有任何生活的情节是孑然孤立的：它同别的一些人的情节有联系，它，正如同行动的个人的感情一样受到那些关系的制约。细微的、不重要的种种情节之间只有极微弱的联系，它们需要由脾气的任性来对必不可少的强烈感情的过度需要加以解释。然而一种情节越是重大和越有决定意义，它就越发能够从必不可少的感情的强烈加以解释，因而它也就与别的情节取得越发确定的和更进一步的联系。一种伟大的、从某一方向上表现人的本质最为明显又最能挖掘得深的情节，是只有从多样的和强烈的矛盾中才能产生的。为了能够正确判断这些矛盾，能够领会那在矛盾中间从行动的人的个人的感情出发宣示的情节，那伟大的情节必须在各种关系的一个更大的范围内加以表现，因为只有在这一个范围内才能是可以被了解的。从这一点看，诗人第一位的、最特殊的任务是一开始就看准这样的一个范围，充分估计到它的广度，再从它对主要情节的度量与关系及对种种关系里面存在的每一个细节进行彻底的研究，然后把对它们所了解的度量从艺术现象的度量角度变得易懂性，同时把它那广阔的范围向他的中心点收拢，把它压缩成为主角提供了解线索的周边线。这一种**压缩**是作诗的理智的真正的工作，而这一种理智又是整个人的中心点和顶点，正是从这点出发使他有别于那些接受的和传达的人们。

　　正如现象首先是被那外向的自然而然的感情所掌握并被想象力——首先是作为对头脑的第一活动——给引过来一样，理智，对那被它认识的、通过想象力又迈步走向自然而然的感情来说，它只不过是依照现象的实在的标准安排的想象力。在理智里面那些现象是作为它实在的样子反映出来的；然而这一种反映出来的现实却只是臆想出来的：为了传达这一种**臆想出来**的现实，它不得不把它对感情用一幅类似的画面呈现出来，就好比感情当初给它传过去的那样，而这一幅画面却是幻想的作品。只有通过**幻想**，理智才能够同感情打交道。理智之所以能够掌握现象的全部真实，只有当它把那由幻想向他显示的现实的画面撕破，而且把它分拆成极细微的局部的时候才行；当他要把这些局部重新拼凑起来的时候，他必得立刻把它再勾画出一幅画面来，但这幅画已再也不能实在准确地与现象的全部真实相适应，而只是仅仅在某一程度上，亦即人们能够认识的程度勾画出来。这样一来就是最简单的情节也给理智通过它的联系的巨大无比的多歧性造成惊讶和迷乱，因为理智是用解剖学的显微镜去观察那些情节的；如果理智真要领会这种情节，它只有拿开显微镜，把现象的画面放到面前来，这是他的肉眼唯一可以掌握的办法，这样它才能够达到一种理解，这是最后只有通过——由理智证明是合理的——自然而然的感情才可能做到的。这一幅现象的画面，感情是唯一能够借助于它而领会这些现象的，而理智为了使感情能够领会，不得不依照那原先通过幻想带到感情那边去的画面加以复制，对那也从它那不容忽视的多歧性把生活的现象压缩成紧凑的、易于概观的形象塑造的诗人的意图来说，这样的画面简直只好说是**奇迹**。

五

诗人作品里面的奇迹与宗教教条里面的奇迹①的区别在于后者**除掉了事物的本性**，前者则更多地使感情易于**领会**。

犹太—基督教的奇迹破坏了自然现象的联系，至使上帝的意志作为**高踞**于自然之上的现象而出现。在那里面将一种广泛的联系加以压缩，无论如何不是为了通过自然而然的感情达到它理解的目的，而是为了它可以完全自己加以运用；人们要它充当那冒充神明的超人的权力的证据，对这种神明，不到人类的肉眼证实了它是自然的主宰，也就是说作为事物的自然秩序的随心所欲的扭变者，人们是不会相信的。追问这一种奇迹，不是由那种人来要求，即他本身和从他那自然的情节上认为真实的东西，而是要使他听起来相信，除非他搬弄出什么难以置信的、**不可理解**的东西。**因此理智的原则性的否定**就是某种由要求奇迹以至产生奇迹效果的独断的前提条件，反之，**绝对的信仰**则是由奇迹制造者所要求和由奇迹接受者所同意的。

作诗的理智，对他传达的印象来说，根本不在于**信仰**，而只在于**感情的理解**。他要把自然现象中的一种巨大的联系在一幅迅速得到理解的画面上呈示出来，因此这一幅画面必须是在一定方式上与各种现象相适应的，使得自然而然的感情可以毫不勉强地被接受，并不事先要求什么暗示；反之教条奇迹的特征却在于，它对那不由自主地追求它的解释的、通过当前的不可能性去寻求解释的理智专横地加以压制，

---

① 初版中"奇迹"原作"声名狼藉的奇迹"。

而且就在这一种压制中寻求它的效果。因此教条的奇迹之不适宜于艺术,正如诗化的奇迹是艺术的观照的和表现的能力的最高的、最必然的产物。

我们不妨更清楚地想象一下诗人构造他的奇迹的过程,我们首先看到的是,为了能够表现种种互相制约的情节的重大联系,使之得到可以理解的概貌,他把这一些情节拼凑成一个整体,在这一整体里面,即使最易使人一目了然的概括,也一点不会失掉它内容的丰富。一些比较细微的情节契机的缩短或排除,只能够损害那保留下来的契机,因为对感情来说,唯一作为强化的动因,情节的比较有力的契机是能够由那比较细微的情节来说明它的理由的。因此那为了作诗的广阔的空间的缘故而删除掉的契机,必须转移到保留下来的主要契机那里去,这就是说它们必须在主要契机里面采取任何一种对感情来说是可识别的方式同时保存下来。然而感情之所以会觉得这些细微契机不能失落,那是因为这是它为了解它所从出的动机的共同感觉的主要契机所需要的,因为这些动机在那些细微契机里面是传出过它的消息的。一个情节的尖端本身是一闪而过的契机,只要它不是从思想上去说明它本身需要我们同情的理由,它作为纯粹事实就是毫无意义的:这样的一些契机的堆砌,必然会剥夺诗人向我们的感情说明理由的一切能力,因为这一类理由的说明,这些动机的阐述,正是占据了艺术作品的空间的东西,如果这个空间竟然充满了不足以说明主要情节的契机的理由的东西,那它就完全是被糟蹋掉了。

为了便于使人了解,诗人给情节的契机做出了如下的限制,即他为那保留契机的充分说明留下必要的余地:一切隐藏在排除出去的契机里面的动机,它都要采取一种方式把它们安插到主要情节的动机那里去,那就是不要让它们显得是孑然孤立的,因为它们也将个别地决定它那些特别的情节契机——正是那些排除出去了的;正好相反,它们在那主要动机里面必然这样保存下来,它不是拆散了而是作为整体**强化**了主要动机。然而动机的强化的必然结果又是情节契机本身的强化,它本身只不过是动机的相应的表白。一个强有力的动机不可能在一个软弱无力的情节契机中表达出来;情节和动机必然会因此变得不可理解。——为了使那由于接受了一切在普通生活中只有在许多情节契机里面表白的动机而强化了的主要动机能够表白得易于理解,那受其制约的情节也必须要有一个强化了的、强有力的、在统一体上范围更广的情节,比普通生活产生的情节范围更广,因为在那里面,完全相同的情节只是在联结许多次要的情节在一个展开的空间和一个扩张得更大一些的时间内产生出来。诗人,为了一目了然的理解的便利,不论是对这些情节还是对这空间和时间的扩展,都一律加以压缩,他不仅把这一切加以**剪裁**,而且把它整个重要的内容加以

浓缩：这实际生活的浓缩的形象是只有当它在他面前——对面守住——显得是扩大了、强化了、变得不寻常的时候，才是可以领会的。凭他那对空间和时间轻易丢三落四的精神状态，人们是无从了解他自己的生平活动的；可是这一幅为理解而压缩起来的活动的画面却由诗人创造的形象送到他面前来了，在这幅画面上这一种活动浓缩成最强化了的契机，这契机当然是显得不寻常而又奇妙的，但是它的不寻常性和奇妙性却是隐藏起来的，而且无论如何不会被观众作为**奇迹**，而是作为对现实的**最易理解**的表现来领会的。

然而凭借这一种奇迹诗人却能够把那些无可估量的种种联系表现为极端易懂的统一体。他所要令人理解的联系越是广大、越是全面，他就越是需要强烈地去提高他的形象的素质；为了使空间和时间显得与这一形象的运动相适应，他也将同样把它们从范围最广泛的扩大缩小为奇妙的造型，——把空间的和时间的毫无边际的分散的契机的素质同样变成一种提高了的素质的内容，正如他把那分散的动机集合成一个主要动机一样，而且同样把这一种素质的表白予以提高，像他从那一个动机把情节加以强化一样。即使是那些在诗人这一工作的过程中呈现出来的最不寻常的造型，实际上也决不是**不自然**的，因为在这些造型里面并没有歪曲自然的本质，而是不过把它们的表白合成一幅一目了然的、对艺术化的人们而言唯一可以理解的画面而已。那把自然的表白合成这样一幅画面的诗人的勇气恰好能够成效卓著地使之成为**我们**所有，因为我们正是**通过对自然本质的经验得到开导的**。

只要自然的各种现象对人类来说仅限于是幻想的对象，人类的想象力就必然也是屈从于这些现象：它们的虚假本质对人类的现象世界的观照也控制了而且决定了它到那样的程度，以致于它把它身上那不可解释的——亦即：未经解释的——东西从一种外在于自然和外在于人类的势力的独断专行的决定中引出来，从而最后在神剧里面把自然和人类等同起来。作为对奇迹信仰的反动，理性式散文的要求对诗人发生效力，应该放弃诗作的奇迹，而且就在这样的时候，即把到这时为止一直被以幻想的眼睛去观察的自然现象，当作科学的理智活动的对象。可是只要他相信只对它们内部的各个细节作解剖学式的揭示就能够使种种现象做出使人理解的表现，科学的理智对这种种自然现象的本质也就弄不清楚：只有当我们认识到了自然是作为一个活生生的有机结构而不是由主观意图构造起来的有机结构；只有当我们明白了它不是**创造出来**的而是**不断形成**的；它是生殖的和生育的，作为男性和女性合为一体的；空间和时间是包围着我们的，是它们的现实的抽象概念；我们更进一步在这一般的知识上面认为满足，因为我们从它的确证上不再需要给我们为那最远的远处通过数学的计算来保证，我们已经能够从自然的最近的近处和最细微的现象得到了证明，凡是从最远的远处能够为我们关于自然的知识作证的，我们都能够得到；只有到了这个时候，我们才算是掌握了关于它的知识。然而也是从此以后我们才算达到**自然的享受**，因为我们**能够**享受，这就是说有能力达到享受。然而自然的**最明智的享受**却是满足我们**包罗万象**的享受能力的要求的享受：在人类的接受器官的全面性及其对享受的最高的提高能量上唯一地存在着这个尺度，人们是遵照这个尺度来享受的，而艺术家呢，他是诉诸这一最高的享受能量的，因此他也唯一地从这一尺度去衡量他想要依照它们的联系给他传达的种种现象的标准，而这种尺度只需要在一定程度上依照自然在它那种种现象的显示中间加以调整，即依照它的内容的本质所要适应的程度，这是诗人通过提高和加强——正是在他的表白上——并没有加以歪曲，而是向这一标准加以压缩，这是适应高度激动的人对一种最重大的联系的了解的要求的标准的。正是这种对自然的最充分的理解，才使得诗人能够使它的种种现象以奇妙的造型向我们展示出来，因为只有采取这一种造型它们才使得我们对那作为**提高了的人类的情节的种种条件**易于理解。

在它实际的现实之中的本性是只有**理智**看得见的，**它把它分解为它最零碎的局部**；如果他想要把这些局部表现为它充满生命的**有机的联系**，那么理智的观察的安静就会不由自主地受到越来越高地激动起来的情调所排挤，终于只剩下**感觉的情调**。人们在这一种情调里面不由自主地又把那种本性同自己联系起来，因为他个人的人的感情正是给了他这种情绪的，他就在这种情绪之中根据一种特定的印象去感觉本性。人们在感情的高度激动状态之下在本性里面看到了一种关心的气质，就像本性实际上在它那现象的特征里面也不可避免地决定人类情绪的特征一样。只因理智的十足自私的冰冷，他才能够摆脱它直接的影响，——然而它又是怎样地不得不说，说它那间接的影响始终是支配着他的啊。——可是对人们来说，在巨大的激动之中与自然的种种现象的遭遇并不是**偶然事件**：自然的种种显示，那从种种现象之间的颇有道理的、有机的联系出发，似乎以任性来触动我们平常生活的种种显示，对我们来说是属于漠不关心或自私地受到约束的情绪的，在这种情况之下，我们是没有兴趣或时间从一种自然的联系中去考虑它的理由的，作为偶然事件，我们根据自己预定计划的意图，或认为其有利而加以应用，或认为其不利而加以防避。当他突然从他内在的情绪转向周围的自然界的时候，他感到深深的激动，他觉得，它的启示若非一种提高的动力，便是一种对他的情绪转变的启发。他感觉到是在这一方式上受到谁的控制或支撑，他就会完全像在巨大的情绪中的处境那样分配给他巨大的势力。他会不由自主地感觉到，他自己感觉到的同自然的联系，也在当前自然现象同自己、同他的情绪的一种巨大的联系之中表现出来；他那由它哺育或改变的情绪，他也在自然界重新认识到，这是他在它那强有力的显示中同自己联系起来的，就像他被它所规定的那样。在这一由他感觉到的巨大的交互影响之中，自然界的种种现象面对他的感情压缩成为一个特定的形象，他给这形象赋予一种个性的、与它给他留下的印象和他自己的情绪相适应的感觉，最后也赋予它——他易于了解的——各种器官来说出这一种感觉。然后他同自然界**谈话**，而自然界给予他**回答**。——在这样的一次谈话中，他对自然界的了解不是比自然界的观察者通过显微镜的了解好些吗？后者除了他需要从自然界了解的东西之外，对自然界还有什么了解呢？可是前者却从自然界听到了在他的气质极端激动的时候极为需要的东西，在这里，他是从无穷广大的范围中去了解自然界的，而且正是这样去了解，像是那最广泛的理智所不能具体想象的那样。这里是人在**爱着**自然；他使它变得高贵而且把它提高到成为对人的最高情绪的交感性的参与者，他生理上的生存是不自觉地由它决定了的。①

如果我们现在想要根据诗人的最高的、可以想象的才能对他的作品准确地予以标明，我们就必须称之为从**最明白的人类意识得到合理证明的、适应那不断更新的生活的观照发明出来而且在戏剧里面得到最易理解的表现的神话。**——

现在我们还需要考虑的问题是，这一种神话通过什么**表现手段**才能够在戏剧里面表现得最易于使人理解，而且必须回到全部艺术作品的契机上去，这是对本质上制约了它又**从它的动机里产生的情节的必不可少的阐明**，这是作诗的理智为此诉诸不由自主的**感情**的、为了在它那不受拘束的同感中奠定对它的了解的基础。我们看到了，那对实际的理解来说必不可少的、多样的、以及在实在的现实中广泛到无可估量的分支的情节契机，是受到诗人要求表现人类生活的种种现象的重大联系的制约的，只有从这种联系里面才可以领会这种种现象的必要性。为了适应它的主要目的的浓缩，只有让他把所有寄托于被排除的情节契机之上的动机都附带吸收到为真正表现特定情节的契机的动机里面去，才是可能的，而这一种吸收对感情申明它的

① 千百匹最漂亮的阿拉伯公马与那在英国马匹市场上考查它们的体格和品性的买主的关系，是怎么样也比不上**阿喀琉斯**与他的骏马**克珊托斯**的关系的，它曾经对他发出过死亡的警告。（在特洛伊战争中，阿喀琉斯曾经对他的神马说，它将要驮着他胜利回家。可是神马却悲愁地对他说，他将在一位神祇手下丧命。后来阿喀琉斯果然被阿波罗的神箭射中了他致命的脚后跟。——译者）的确，我不愿用这匹神行太保式的、预言祸福的神马去交换亚力山大大帝那匹受过高等训练的爱马**布凯法罗斯**（希腊文义为"牛头"。——译者），如所周知，它曾对阿佩列斯（希腊公元前四世纪的名画家，亚力山大大帝的宫廷画师。——译者）所画的马表示赞美，向他嘶鸣！（瓦格纳）

理由，声称他是为着主要动机的加强才这样去做，又从这里出发决定了与它们相适应的情节契机的加强的。我们最后终于看到了，这一种情节契机的加强只有通过这种契机对普通的人类生活标准的提高，通过——也许完全适应人类本性的，然而它的能力却又是在最激动的、对普通生活来说无法达到的潜能中提高的——奇迹的充填才能达到的，——这种奇迹的充填，并不是处于生活之外，而恰好应该从它那里突出来，使得它超出于普通生活之上来显示自己，——现在我们就是需要更加准确地在这方面取得一致：**这些动机——从自己出发去加强那些情节契机的动机——的加强应该落在什么地方。**

什么是在阐述意义上的"动机的加强"呢？

在这方面，——正如我们已经看到过的，——不可能是指动机的堆砌，因为这些动机缺乏作为情节的可能的表白，对感情来说是不可理解的，而且本身对于理智——如果可以解释的话，——又必然缺乏合理的说明。许多在压缩的情节上的动机，只可能是渺小的、任性的、又是丧失身份的，而且别无选择，它们只可能被收入一个大情节的漫画里面去。因此动机的强化不可能是小动机的简单的增添，而是**许多动机转为这一个动机**的融化。那种不同的人在不同时间和在不同情况之下特有的、而且根据这种种特殊性专门构成的兴趣，应该——只要这些人、时间和情况基本上具有典型的类似，而且本身要给观察的意识展示人性的本质——变为一个人在特定时间和特定情况之下的兴趣。一切表示的不同，均应适应于使这一个人的兴趣提高为一种特定的兴趣，在这种特定兴趣里面，这种兴趣却必须表明朝向它最大和最详尽的范围的发展。可是这一点不外乎从这一兴趣除去一切分离性的、偶然性的东西，而且在它那全部实情之中显示为必然的、纯人性的**感情的表现**。对一种这样的感情表现，**这个人是无能为力的**，他对他那必然的兴趣还未能和他自己取得一致；他的感觉还没有找到那个驱使它去寻求一种特定的、必不可少的表白的对象，而是面对无力的、偶然的、非共感的表面现象还在进行内心的分裂。如果这一充满力量的现象从外部世界向他走过来，或者是那么敌意陌生地接触他，使得他对它的撞击把他的全部个性捏成一团，或者是用这样的不可抗拒的力量去吸引他，使得他用他的全部个性渴望与它融化为一体，——那么他的兴趣也会一定完全成为一种那样包罗万象的兴趣，以致于他所有的支离破碎的、有气无力的兴趣都**被**接受过来而且被彻底消化。

这一种消化的契机就是幕，它是诗人为加强一个动机准备出来的，以使一个强有力的情节契机能够产生；这种准备又是他提高的活动的最后一项工作。到现在为止，他那诗歌理智的器官，**文字语言**，是够用的；因为到现在为止他的兴趣在那方面，在示意和造型上，一种必要的**感情**还没有参加进来，那已有的情况是从外面受到形形色色的影响的，并没有由此向内界采取某种形式发挥决定的作用，亦即通过这种形式使得内在的感情转向一种必要的、又是向外起决定作用的、毫无选择的活动。这里担任安排的还是那起组合作用的、分解成各个局部的、或者把这一局部和那一局部采用这一方式或那一方式拼凑起来的理智；在这里它用不着直接**去表现**，而是去描写，去做比较，把类似的东西用类似的东西去使人领会，——而在这里，不仅他的文字语言的器官足够对付，而且这是唯一的一种他能够用来使人理解的东西。——可是到了那由他**准备起来**的东西应该变为**实在**的时候，到了他不再去做拣选和比较工作，而是要宣告否定一切选择而且反过来自行决定以至无论如何都要这样决定的时候，——而且要把那决定性的直到成为决定力量的动机注入一种必然的、主宰一切的感情的表现的时候，那他就再也不可能靠那只能描写、暗示的文字语言发挥作用了，**除非他把它那样去提高，**像**他**提高**动机**那样去提高，他要这样做，就必须将它注入**声音语言**里面去。

六

声音语言是文字语言的开始和终结，正如**感情**是理智的开始和终结，**神话**是历史的开始和终结，**抒情诗**是诗歌艺术的开始和终结。开始和中心点之间的媒介，正如这一个和出发点之间的媒介一样，**是幻想**。

这种发展的行程并不是一种这样的行程，即不是一种回头，而是一种直到获得最高的人的能力的前进，而且不仅是来自一般的人性，就其本质而论它是从每一种社会的个人穿行过来的。

正如在不自觉的感情里面包含着一切理智发展的胚胎一样，在这里面是存在着不自觉的感情的辩白所需要的，而且只有从这种感情的理智得到合理的辩白的人才是**明智**的人；正如那通过历史——同样是采取同样的方式从它那里产生的历史——得到合理解释的神话才能获得生活的真正可以理解的画卷一样：抒情诗也包含实在的诗歌艺术的一切胚胎，它最终必然只能够说出抒情诗的合理的解释，这一种包含合理解释的作品，正是最高的人类的艺术作品，**完善的戏剧**。

作为从外间受到激动的内在感情的不由自主的表现，内在的人的最原始的表白器官正是**声音语言**。一种类似的表现方式，正如今天在动物身上还保存着的那样，无论如何是最初的人类所具有的；就其本质而论我们每一瞬间都可以想象得出来，只要我们从我们的文字语言里面把那些哑的辅音除掉，只留下那些鸣响的元音就是这样。如果我们从这些元音身上把那些辅音脱掉，只由那些元音单独宣示内在的感情的多种多样而又提高的变化，依照它各种各样的、痛苦的或是快乐的内容来表现，我们想象得到的就是人类最初的感情语言的图画，在那里面，那激动的和加强的感情一定只能发出一连串鸣响的表情声音，完全自以为是作为旋律来表现。这一种旋律是采取某一种方式由相应的躯体动作来伴奏的，它本身同时又显得像是一种与外部的宣告相呼应的内在的表现，而且因此也从这种动作的变换的运动来提取它的时值，——节奏上的，以致它又把这一种运动作为它自己的告白的旋律上合理存在的准则引用过来，——这一种**节奏的旋律**，当我们对人类的感觉功能的无穷扩大的多样性与动物的这种功能相比拟加以考察，而且也正是因为这种多样性在声音的内在表情与动作的外在表情之间的相互影响①——这在动物身上是无能为力的——是可以尽量提高的，——低估了它的效果和美是不公平的，——这一种旋律，就它的产生和性质而论，对诗句来说是那么富有决定性，使得它在某一程度上受到它的制约，直截了当地从属于它，——凡是今天对每一首道地的民歌的详细考察给我们明白启示的，都使我们从中意识到诗句是决定于旋律的，而且是这样，即：它对它那最独特的序列——甚至对意义来说亦然——往往完全遵照不误。

这一种现象非常清楚地给我们指点出语言的产生。② 在语言里面纯粹感情语言的元音同样要求有显著的区别，像是内在的感情有别于对感觉发生影响的外在的物事，说出对它的心事，而且最后想方设法使内心的要求借助这一传达成为不言而喻的。在纯粹的声音语言里面，感情在传达接受到的印象的时候只能够自行了解，做到这一点，凭借动作的支持，通过元音的千变万化的升高和降低，扩张与收缩，增添与削减：可是为了根据它的区别去标明这些物事，感情必须采用一种与物事的印象相适应的、使得这一现象活灵活现的方式给鸣响的元音披上一件差别的外衣，这外衣就是从这一印象——亦即附着于印象之内的物事本身取得的。这件外衣是用哑的辅音织成的，它是作为开头音或换音或者是两者合在一起加到鸣响的元音上去的，使得元音以这种方式被它们包起来，从而成为一种特定的、可以区别的宣示，正如各有区别的物事通过一件外衣——动物通过毛皮，树木通过树皮之类——作为一件

---

① 即使对旋律性最为敏感的动物如林鸟，也是缺乏任何能力而通过动作来做它歌唱的伴奏的。（瓦格纳）
② 关于语言产生于旋律的想法，我认为不是一种时间的顺序，而是一种建筑结构学上的秩序。（瓦格纳）

特别的事物分隔开来向外界宣告。这种这样穿戴起来而且通过这一种穿戴显示区别的元音，构成了**语根**，我们不尽的枝繁叶茂的文字语言的全部感性的建筑，就是以这种语根的拼凑与组合构造起来的。

可是我们观察一下，这一种语言是用怎样巨大的本能的谨慎只是非常缓慢地离开它哺育的母亲的胸怀——旋律，和它的奶汁——鸣响的元音的。与一种不做作的直观形象的本质及一种这样的直观形象的印象的表达的要求相适应，语言只把同系的和类似的东西拼凑起来，以便在这种拼凑里面不仅把同系的通过它的类似弄清楚，把类似的通过它的亲属关系加以解释，而且也为了通过一个安放在它本身契机的类似的和亲属的关系之上的表现，产生一个对感情越发确定、越发易于理解的印象。这里面显示出语言的感性上浓缩的力量：它是这样达到语根里面各有区别的表现契机的构造的，即：它给那在只是主观的感情表现之中——按照它的表现——运用到一件物事上面的鸣响的元音穿上一件哑的字音的包起来的外衣，这件外衣在对感情的关系上是被认为物事依照一种从它本身提出的品性的客观的表现的。如果语言现在把这样的根子依照它的类似的和亲属的关系拼凑起来，它就在同样的程度上对感情阐明这些物事的印象，如同阐明那通过这一种表现的加强的声势与它相适应的表现一样，通过这种加强的气势它又把物事本身标明为一种加强了的、亦即本身就是多样的、就它本质来说通过亲属关系和类似性成为一种统一的物事。语言的这一种浓缩的契机就是**同首音法**或者**头韵**①，在这里面我们认识到了一切诗的语言的最古老的品性。

头韵使同系的语根采取这样的方式凑合起来，即对感性的听觉发出的声音是类似的，也使类似的物事结合成一个全貌，感情就使这全貌成为这些物事的归结。它那感性上可以辨认的类似或者是从鸣响的字音的系属关系得来的，特别是当它没有谐和的开头音向前展开的时候；② 或者是从这一个开头音的相同得来，它正是作为一个与事物相适应的特殊的东西显示它的特征的；③ 或者是也从语根向后结束的换音（作为半谐音）的相同得来的，只要在这一换音里面存在着个性化的力量。④ 这些**押韵语根**的分配和安排是依照类似的规律发生的，即在每一艺术倾向上都是在为

---

① 头韵，即一句话的每一个重音字的起头音或字母的重读，亦即各个重音字的开头都是相同的字母，如英文的 safe and sound，或德文的 Nacht und Nebel 之类。——译者

② "Erb' und eigen."（遗产和自己的。）"Immer und ewig."（经常和永远。）（瓦格纳）

③ "Ross und Reiter."（骏马和骑马人。）"Froh und frei."（高兴和自由。）（瓦格纳）

④ "Hand und Mund."（手和口。）"Recht und Pflicht."（权利和义务。）（瓦格纳）

对那些动机的必要的重复的了解为我们决定的，我们的主要重点就放在这些动机上面，我们因此也就把它们这样放在比较无足轻重而又受到它们本身的制约的动机之间，使它们显得是作为约束性的和实质性的东西。

为了阐述头韵对我们音乐的可能的影响以便更进一步回到这一个主题．我必须有所保留，现在我只能满足于指出应该引起注意的地方，即头韵和那通过它自成一体的诗句同那**旋律**是处在怎样一种特定关系上，这是我们把它看作一种比较多样的、可是在它那多样性上又成为人类感情的统一体的最原始的宣告所必须了解的。我们不仅要依据它的扩展去解释诗句，而且要依据它的位置和它的性质去解释那决定它的扩展的头韵；只是如从那旋律去解释，它是在它的宣告上又依照人的呼吸的自然能力以及依照产生一次呼吸上的比较强的重音的可能性来决定的。呼吸通过歌唱器官一次呼气的时值决定旋律的一个段落的延续时间，在这里面必须有一个关键的部分引向结束。这一种时值的可能性也决定了旋律段落里面特别重音的数目，如果这些特别重音具有热烈的强度，由于它使得呼吸造成更快的消耗，那就会减少；或者——如果这些重音在较低的强度上不要求较快的呼吸消耗，那就会增加。这些与动作合为一体，通过动作又纳了节奏的标准的重音在语言上浓缩入那押头韵的根字之中，这些字数和位置是那样地受到制约，正如那受到呼吸制约的旋律段落决定诗句的长短和大小一样。只要我们花点明智的气力，回到一切人类的艺术能力的自然条件上来，一切格律的解释和理解该是多么简单啊，也只有从那里出发，我们才能够重新达到真正的艺术创造！——

可是现在我们还是限于循着**文字语言**的发展道路前进吧，至于那由它抛离的旋律，我们就留到以后才再回过头来看吧。

＊　　　＊　　　＊

完全在这一程度上，当诗歌从一种感情的活动变成了一种理智的事件的时候，那在抒情诗里面统一起来的原始的和创造性的动作语言、声音语言和文字语言的结合就解体了；文字语言就是离开了父亲和母亲的孩子，在广阔的世界里孤独地自己管自己。——正如种种物事和它们的关系在成长的人类眼前对他的感情逐步增加一样，语言的单词和词组也逐步积累起来，这是与增加的物事和关系相适应的。只要一天人类还在留心自然界，而且能够带着感情去领会它，他也就能够创造适应物事和它们的关系的特征的词根。可是到了他在生活的协迫之下终于背离了他语言能力的滋润的源头的时候，他的创造力也就随之枯竭了，现在已经成为留下来的遗产的那份储存，已经再也不是不断更新的财产，他只好这样来求得满足，即把那继承下来的词根按照自然以外的物事的需要加倍、三倍地拼凑起来，为了这一种拼凑又把它予以削减，弄到面目全非，也就是加以歪曲，把它那鸣响的元音的悦耳音调挥发成为急邃的语音，而且通过那为了漠不相关的词根的结合的需要的哑音的堆砌，把语言的有生命力的肌肉令人痛心地榨干了。到了语言这样丧失掉那只有通过感情才有可能的、自然而然地对它自己的词根的理解，它当然在这些**词根**里面再也不能够适应那滋补性的母旋律的重音了。它求得满足的方法是，或者——像古希腊时代那样——在舞蹈仍然是抒情诗的不可缺少的部分的时候，尽可能生机勃勃地紧靠着旋律的**节奏**，或者——像在现代各民族那里一样，在舞蹈越来越彻底地从抒情诗脱离的时候，为了同那旋律的呼吸间歇的接合而去找寻另一条纽带，为此，它居然给自己设法在**脚韵**中弄到了。

关于脚韵，为了它对**我们**的音乐所处的地位的缘故，我们同样还要回来讨论的，它排在旋律的段落的结尾，不再可能去适应旋律本身的着重点。它不再联结声音语言和文字语言的纽带，在这纽带里面，头韵是为了表面的和内在的意义易于理解而把同根的亲属关系带到旋律的重音那边去的，脚韵则在旋律的纽带的尾端松散地飘落着，诗句对于旋律陷入了越来越勉强、越来越格格不入的地步。为了表明那只是属于社会的惯例，而不是属于事物本身决定的本性的种种物事和关系，文字语言终于变得越来越纠缠不清、越来越需要排解的时候；当语言越来越需要大费力气为那些从自然现象中抽了出来，又重新同这些抽象性的组合搭上关系的概念去找寻合适的标识的时候；当它越来越多地把根子的原始意义加倍和三倍地、人为地把它们铺垫起来，给那只是还在**思想**却再也不能感觉的**意义**拧上去的时候，以及它越来越烦琐地要去制造转动和支撑这些螺丝钉和杠杆的机械的家伙的时候：它就对那原始旋律越发变得倔强和陌生，到了它不得不上气不接下气地、无声无息地跌入**散文**的灰暗的大杂烩里去的时候，它终于丧失了对原始旋律的最遥远的回忆。

那通过幻想由感情浓缩起来的理智，在散文的文字语言里获得了一种机关，通过这个机关，理智能够单独而且在某一程度上使人理解，在这机关里面，散文变得不被感情所理解。在现代散文里面，我们说的是一种我们用感觉不能理解的语言，至于种种事物，本来是通过它给我们留下印象，依照我们的能力来规定词根的构造的，可是那样一种语言与种种事物的联系却变得不能为我们所理解；我们所说的，像我们从青年时代起从教育中得到的，可不是像我们凭我们感觉的成年的独立性那样，由我们和种种物事去领会、哺育和构造的；只要我们想要在我们之间沟通信息，我们就必须无条件地服从它的习惯和建立在理智逻辑之上的要求。这一种语言是在我们感觉之前建立在一种**惯例**上面的，它有它特定的目的，那就是按照一种特定的规格，我们应该在它的范围之内去思维和**控制**我们的感情，采取这样的方式教我们了解，使得我们向理智陈述理智的意图。我们的感情，在原始的语言里面本来完全是自行表现自己的，在这一种语言里面我们却只能描述，而且，作为理智的实物，是采取更为迂回曲折的方式，因为我们必须按照这种复杂的方式从我们的理智语言把我们向它那固有的词根拧**下去**，就像我们把我们从这一种词干朝它拧**上去**一样。——我们的语言是照这个样子建立在一种宗教—国家—历史的惯例之上的，它在人格化的惯例的统治之下，在路易十四之下，在法国非常顺理成章地由一个学院按照命令——也作为应有的准则——确定下来了。事实却正相反，它不是建立在一种始终生机勃勃而又活灵活现的、真正感觉到的**信念**上面的，而是这一种信念的学来的反面。就我们最内在的感觉来说，我们在一定程度上是不能凭这种语言同样说话的，因为我们不可能依照它那里面的**感觉**去**找话**说；我们只能够凭这种语言把我们的感觉传达给理智，却不能传达给确实理解的感情，因此完全合乎逻辑的结果是，在我们现代的发展过程中，感情从绝对的理智语言逃避到绝对的声音语言——我们今天的音乐——那里去。

＊　　　＊　　　＊

在现代语言里面是不能写诗的，这就是说一种诗的意图在它那里面不能**实现**，而只能**作为这样一种东西**说出来。

诗的意图是不可能实现的，除非它由理智传达给了感情之后。只想传达一种意图的理智，在理智的语言里面是**完全**能够传达出来的；对一种诗意的，这就是说承**接性**的意图来说，它却是搭不上碴的，它的意图将是败坏性的，**瓦解性**的。只有理智把分散的东西拉到它的关系上来，再把这种关系传达给一个可靠的印象的时候，它才会做诗。所谓关系，只是一种从与物事和意图相适应的**比较遥远**的立场出发才能**一目了然地**看到的东西；那向眼睛提供的图象并不是事物的真正的现实，对眼睛来说，只有作为**关系**才是可以掌握的现实。真正的现实只有**分解**的理智根据它的细节才能认识，通过它的机关，现代的理智语言才是可以传达的；理想的、唯一可以理解的现实，只有当**作诗**的理智把它当作一种关系时才能明白，可是它只通过一种机关才能传达，这个机关对被浓缩的物事来说要求作为浓缩的机关与之相适应，即它把物事诉诸感情是传达得再清楚不过的。种种现象的巨大的联系——正如我们所看到过的——只有通过这种种现象的浓缩才能够表现出来，而这些现象又只有作为个别的现象才能够从这种联系中得到解释；这一种浓缩对人类生活的现象来说就是简单化，而为了这种简单化，就要求情节契机的**强化**，这种强化又只有通过强化的动机才能产生。然而一个动机只有使其中包含的各种各样的理智契机合并成为一个决定性的**感情**契机才能得到强化，文字诗人只有通过内在的灵魂感情的机关——**声音语言**，才有可能实现可靠的传达。

然而诗人必须看到他的意图是没有实现的，当他因此把它毫无隐蔽地揭露出来，使得他处在极端急迫的瞬间才向声音语言的救命的表现伸手的时候。如果他想要在旋律需要作为高涨的感情的最完美的表现出场的时候才把**赤裸裸**的文字语言向**丰满**的声音语言转调，那他就将会使理智和感情同时陷入高度的混乱，只有通过他的意图的直截了当的表露，才能够把它从混乱里面拔出来，——也就是这样，即他把艺术作品的预想重新公开收回来，这就是说，对理智，他的意图是这样的；可是对感情，却是传达一种意图不确定的、漫开的以及多余的感情表现，我们现代歌剧的表现。那**完工**了的旋律对那直到它出现之前还是唯一忙着的理智来说是不易理解的，就是对那成熟中的感情的解说也是这样；它只有在它自己过渡到感情中去的那一种关系上才能够参加到旋律上去，感情又是在它那增长的激动达到它那最透彻的表现的时候才行的。理智要参与表现的发展直到它高度的圆满，只有当它踏上感情的土地那一瞬间才有可能。可是诗人却在他从戏剧的意图开始走向实现的时候就已经稳当地踏上这一片土地了，因为向这一种实现的追求在他身上已经成为这同一感情的必不可少的与迫切的兴奋，他要向它传达一种**想出来**的、趋向稳当的、解决问题的、理解的东西。——要实现他的意图，诗人只有从那一瞬间起才能够抱有这样的希望，即他为他的意图**保持沉默**而且作为秘密保守起来，这就是说，它是唯一可以作为赤裸裸的理智的意图借语言来传达的，他却好像**在语言上**要说意图是再没有什么可说的。他那解决问题的、亦即即将实现的作品是到那个时候才开始的，即他能够在那解决问题的、可以实现的新的语言中予以宣告的时候，归根结蒂他是借助这种语言才能够唯一最有说服力地表明他那意图的最深刻的内容的，——也就是说，根本是从艺术作品开始的时候，这也就是从戏剧开始出场的时候。

因此**那一开头就要开腔的声音语言**是诗人必须使人了解的表现机关，他是从理智出发转向感情的，为此他需要投身到那唯一能够与感情打交道的土地上。那些由作诗的理智渴望的强化的情节契机，为了它必不可少的强化的动机的缘故，只能够在本身提高到超越平凡的生活和它那普通的印象的土地上到达易于了解的现象，而且这样超出于平凡的表现的土地之上，正如那强化了的形象和动机应该超出于平凡生活的形象和动机之上一样。然而这一种表现差不多同样不可能是不自然的，正如那些情节和动机不可以是非人性的和不自然的一样。在这方面，诗人的形象是需要完全与现实的生活相适应的，正如它只应该采取极紧凑的结合的方式和使出它极度激动的力量来表现这一种生活一样；因此它的表现也只应该是最激动的人类的感情的——按照它那表达的最高的能力的表现。然而如果这些形象要想在它情节的契机和动机高度提高的时候通过平凡生活的机关来表现它们的话，诗人的种种形象必然显得是不自然的；如果它们轮流使用这一个机关和那一个一般地提高了的机关的话，甚至于还会显得不易于被了解和显得可笑，正如它们在我们眼前用平凡生活的土地和诗意的艺术作品的那一片提高了的土地相交换一样。①

＊　　　＊　　　＊

如果我们更进一步观察诗人的活动，那么我们就看到，他的意图的实现仅仅在于，他那诗作形象的强化了的情节的表现需通过它的动机诉诸感情的陈述，而这一陈述又通过**一种表现**才有可能，这种表现在一定程度上摄取了他的活动，那是到了**那些动机和情节的应用的时候，事实上才使得这一种表现的发明和确立成为可能。**

这样一来，**这一种表现**就是他的意图的实现的条件，如果没有这种表现，他的意图就永远不能够从思想的领域走入现实的领域。然而这里唯一成为可能的表现，却是**一种大不相同的表现，**一种有别于诗人理智的语言机关的表现。因此理智受到必要性的驱使去和一种因素相结合，这种因素把它那诗作的意图作为孕育的种子吸收到自己身上来，而且这一种子被它那固有的、它认为必不可少的气质这样去哺养和塑造，结果是使它作为实现的和解决问题的感情表现产生出来。

这一种因素就是那相同的女性的母亲因素，单词和文学语言就是这样从它的母腹，从那原始旋律的表现能力中产生的，正如理智从感情产生一样，它就这样成为女性的转到男性的、善于传达的浓缩，至于那原始旋律的表现能力，则是由那存在于它身外的、自然的、真正的事物孕育出来的。正如理智又来孕育感情一样，——正如感情在孕育过程中迫使它受到感情的包围一样，在它那里得到合理的申辩，从它那里得到反映，而且就在这一反映里面使自己成为可以再认识的，这就是说，根本就发现到自己是可以认识的，它这样迫使理智的单词在声音里面重新去认识自己，文字语言在声音语言里面发现自己是完全合理的。② 那唤醒这一次冲动并且升高到极端激动的魅力是处在被迫使者之外，在它渴想的对象之中的，这个对象最先是通

---

① 在这一点上我们现代笑话的一个占重要地位的因素的确存在过。（瓦格纳）

② 如果我在这里——联系到我那有关神话的描述——想起那个由伊俄卡斯忒诞生，又与伊俄卡斯忒诞生了女拯救者安提戈涅的俄狄浦斯的时候，是不是应该能够给我来一番陈腐的解释呢？（瓦格纳）

过幻想——理智与感情之间最强有力的媒介——带着它的魅力作了自我介绍的，然而只有当它注入它的全部现实的时候，它才能在魅力上面得到满足。这一种魅力是那"永恒的女性"的影响，它把那自私的男性的理智逗引出来，而且只有通过女性的东西把那与它有血缘关系的东西刺激起来才有可能：那理智通过它才与感情结上血缘关系的东西，是**纯人性的东西**，这是人类之所以成为**人类**的本质的东西。不论男性或是女性，都是靠这种纯人性的东西来哺养的，它**由爱结合起来才成为人。**

因此在这一诗作过程中诗作的理智的必不可少的要求就是**爱**，而且是**男对女的爱**；然而不是那一种轻率的、淫荡的、男子但求从一场享受得到满足的爱，而是深刻的渴想，懂得从他的利己主义转入爱着的女性的共同感受的欢畅中得到解决；而**这一种渴想**就是理智的**诗作的契机**。这个急迫地要求从自己出发施予的东西，这个只是在极强烈的爱的兴奋状态中用它最高贵的力量浓缩起来的种子——对他来说这个种子只是从那由它自己把他交出来，也就是说为了孕育把他送出来的要求出发成长起来的，是的，这一个种子本身同时也是具体化了的要求本身，——**这一个生殖的种子就是诗人的意图，它给那高超地爱着的女性——音乐——带来生育的材料。**

*   *   *

现在我们就来窥探一下这一种材料的生育的节目吧。

第三部分　未来戏剧中的诗歌艺术与声音艺术

一

直到现在为止，诗人曾经试图从两方面把理智的器官——绝对的文字语言调到感情的表现那边去，以使它有助于诉诸感情的传达：通过**诗格**——从**节奏**方面，通过**脚韵**——从**旋律**方面。——

在诗格里面，中世纪的诗人还是确定地牵涉到**旋律**，不论是有关音节的数目，还是字音的重读。自从诗句从它那只是由纯粹表面的纽带联系着的刻板的旋律退化为奴隶性的学究气之后——正如在匠师歌手学派那里一样——，在近一些的时间内就有从散文那里弄出一种完全独立于任何真正的旋律之外的诗格——正如我们现在眼前文学里面所看到的那样——把拉丁和希腊的节奏的诗句结构奉为典范。这一种典范的模仿和占有的尝试，首先同那最有密切关系的接上头，它的升级只是那么逐渐的，直到我们一方面越来越对古典的节奏达到更真切的了解，另一方面通过对它模仿的尝试越来越看清楚这一种模仿的不可能性和徒劳的时候，我们才充分认识到那根本性的错误。现在我们知道，希腊格律学那无穷的多样性所产生的东西，是舞蹈动作同声音——文字语言的不可分割的生机勃勃的协同作用，而一切由此产生出来的诗句形式只决定于一种语言，这正是在这一种协同作用影响之下这样构成的，即我们从**我们的**完全由另外一种结构动机造成的语言出发简直是无从领会它那节奏的特色的。

希腊文化的特殊之处，是对人的肉体的现象给予那样一种优先的注意，使得我们把这一个特点看作一切希腊艺术的基础。抒情的和戏剧的艺术作品是这一种肉体现象的运动通过语言成为可能的心灵美，而纪念碑性的造型艺术终于成为它的直截了当的神化。就声音艺术的发展来说，希腊人只是在他们要为支持表演动作做点事的时候才觉得受到催促，至于动作的内容已经有语言旋律性地表现出来了。在舞蹈动作通过鸣响的文字语言的伴奏而获得了一种那么固定的诗律的标准，这就是说，一种那么准确地经过衡量的、音节的重和轻完全属于感性的重量，它的关系就是依照这种重量互相安排时值的，面对这一种纯感性的规定（它不是任意的，它也是为了语言在根音节上从鸣响的字音的自然本性或是这些字音向加强的辅音的位置引过来的），那自然而然的语言重音甚至于还需要退让，通过这种重音，有些音节也会被强调出来，感性的砝码，却没有把重量分给这些音节，——一种节奏的回复，可是它还是通过语言重音的突出使旋律得到平衡。然而希腊诗歌结构的格律却没有这种调解的旋律，而落到我们头上来了（正如建筑没有它那过去的彩色的装饰），至于这些格律的无穷多样化的变换本身，我们就更不能从舞蹈动作变化得到解释了，因为我们再也不能拿到眼前来观看，正如我们再也不能亲耳听到那种旋律一样。——因此在希腊格律这样的情况之下抽象化了的诗格，必然集中了所有一切可以想象得到的矛盾。在它的模仿上，它首先要求我们语言音节的长短的规定，这对它自然的本性来说无论如何是格格不入的。在一种已经彻底散文化了的语言里面，只有**重音**还在主宰着字音的升降，这是我们**为了达到使人了解的目的**而放在单字或者音节上面的。可是这一种重音决不是像那适用于任何情况的希腊诗律学的砝码一样，可以一劳永逸地有效使用的；它完全依照词组里面这一个单字或者这一个音节，为了达到使人了解的目的，就它的**意义**予以加强或减弱的标准来进行变换。要在我们的语言中仿造希腊的诗格，只有当我们一方面有意识地把重音换成诗律的砝码，或者另一方面使重音为**虚构的**诗律的砝码而牺牲。这两者在迄今为止的尝试中是更番发生的，这就使得这样一些节奏上应该如此的诗句对感情引起的混乱只有通过理智的故意的安排才能够加以描述，这是希腊的模式为了对诗句的了解而渗入它那里去的，通过这一种模式说话，约莫是像那位画家对他图画的观众在画幅下面写出"这是一只母牛"一样。

就诗句中每一点节奏上明确规定的宣示来说，我们的语言是多么无能，显示得再清楚不过的是，在那最简单的诗格上，我们的语言就是习惯于这样装扮的，以便——尽可能那么谦逊——它总算是穿上任何一种节奏的服装来亮相。我们指的是那所谓的**抑扬格**，它是作为五音步的怪物采取这一格式不停地被送到我们眼前和——遗憾的也是——我们耳边来的。这一种诗格的不美，只要它——像在我们的话剧里面一样——不断地表演下去，本身就是对感情的侮辱；可是现在，——事实上不可能有其他办法——为了它那单调的节奏的缘故，还给那生机勃勃的语言重音加上最敏感的强迫，于是倾听这一类的诗句就变成十足的苦刑；因为，通过那残破的语言重音，离开了对需要表现的东西的正确而又快速的理解，听者就是硬被拖住，把他的感情交托给那在一颠一拐的抑扬格上痛苦地折磨人的驰骋，它那格登格登的蹒跚终于不得不剥夺掉他的感觉和理智。——当这些抑扬格诗句被我们的诗人带到舞台上来的时候，一个有头脑的女演员竟然被这些抑扬格吓得那么厉害，以致她让别人把她这个角色的那些诗句用散文抄出来，以免她**看到了**它被引入歧途，面对一种对有害于理解的诗句的吟诵而放弃自然的重音。在这一种健康的处理方法上，女艺术家一定会立刻发现，这个主观臆想的抑扬格是诗人的幻象，只要将诗句改写成散文，用使人理解的表情朗读出来，这个幻象就会立刻消失；如果诗行被她依照自然而然的感情念出来，而且只是照顾到意义的令人确信的理解的宣示加以重读的话，她一定会发现，每一诗行都只有一个或者最多两个音节是需要用突出的重读优先落在它上面的，——其他那些在这一个或两个重读音节前后的音节只是依照均匀的、由于中间停顿而中断了的升和降、起和落来处理，——可是它们中间的诗律的长和短，只有在对根音节来说是一种对我们现代语言习惯完全陌生的，对一个词组的理解起干扰作用的——是的，起毁灭性作用的重音读出来的时候，才会显示出来，——那是这样的重音，它是为了诗句的利益不得不作为一阵节奏的停顿表示出来的。

我承认，好的诗作者与坏作者的区别只在于他们只把抑扬格的长音放在根音节上，反之短音则放在开头音节或结尾音节上；可是那如此确定的长音如果还是迎合了抑扬格的意图，用节奏的准确性朗读出来——约莫是全音符对半音符的时值——，那就恰好会暴露出对我们语言习惯的违反，它完全妨碍了一种适应我们的感情的、真正的而又可以使人听懂的表现。如果面对我们的感情出现根音节的诗律上提高了的音量，那对音乐家来说就完全不可能让那些抑扬格的诗句依照每一个合意的节奏说出来，可是它们首先也会失掉那有区别的音量到那样的程度，使得音乐家用长短的音符一起把那在诗句中作为长音和短音来考虑的音节表演出来。可是音乐家只是受到重音的约束，而且这一种音节的重音只是在音乐里面才有意义，在日常语言里面——作为节奏上完全相同的契机的链条——这些音节是作为升高的起拍保持着它对主要重音的地位的，因为重音在这里需要适应好的和坏的节拍的节奏的重量，而且需要通过声音的升降获得说明特点的区别。——大体上，诗人在抑扬格里面也觉得需要撇开根音节对诗律上的长音的规定，根据兴趣或者偶然的机缘，从一系列同样重读的音节中选上这一个或是那一个在诗律长音上他认为值得重视的音节，同时紧接着通过一个为理解所必要的词序，把一个根音节降到诗律短音的地位。——在我们的话剧院里面，这一种抑扬格的秘密已经是公开的了。有头脑的、关心向听众的理智做传达的演员把它作为赤裸裸的散文念出来；没有头脑的、面对诗句的节拍没有本领去领会它的内容的演员则把它当作毫无意义又毫无音响的、既不清楚又非旋律性的旋律来朗诵。

＊　　　＊　　　＊

凡是在语言诗句里面没有对建立在诗律的长短的基础上的韵律学做过尝试，因此诗行仅仅决定于音节的数目的地方，像罗马语系的民族那里一样，**脚韵**简直就被确定为诗句的非有不可的条件。在它身上刻画出基督教的旋律的特质，它被作为它语言的残余来看待。只要我们把教堂的圣咏拿过来看一看，我们立刻就能弄清楚它的意义。这一种圣咏的旋律在节奏上完全是无足轻重的；它一步一步地依照完全相同的节拍的长短进行着，只是为了在呼吸的末尾以及重新换气时才停顿下来。好好坏坏的节拍的安排是日后的垫铺；原始的教堂旋律对于这样的安排是一无所知的；对它来说什么根音节和连接音节都是无所谓的；对它来说语言不是什么合法权利。只不过是融解为一种感情表现的能力，它的内容是对天主的敬畏和对死亡的渴望。只有在呼吸结束的时候，在旋律段落结束的地方，文字语言才通过末音节的韵脚参加到旋律中去，而且这个韵脚又是那么确定地只对旋律的最后那个持续音才适用，即在那所谓的女性字尾上才需要那短的尾音节来押韵，而这样一种音节的韵脚是有效地与先行的或后继的男性的脚韵相适应的：这便是这一种旋律和这一种诗句之缺乏任何韵律学的明显证据。

这由世俗的诗人使之最后从这一种旋律脱离开来的文字诗句，万一没有了脚韵就完全不成其为诗句了。音节的数目,在那上面是没有任何差别地平均地停顿的,诗行又是仅仅依照这个数目来决定的,由于歌唱的呼吸段落对它不像在歌唱的旋律里面那么区别清楚,音节数目不能够把诗行彼此分隔开来,如果不是有脚韵把这一种分隔的可听的因素这样标明出来,使得它补偿了旋律所缺少的因素——歌唱呼吸的变换的话。由于在脚韵上面(同时作为在诗句分行的结尾)做停顿,对文字语言来说,脚韵因此获得了那样重要的意义,以致诗行的全部音节只像是对结尾音节的有准备的攻击,像是韵脚里面落拍的弱起。

这一种结尾音节的运动是完全与罗马语族的人民的语言特征相适应的,经过与异族的和衰老的语言组成部分的多方面的混合之后,它采取那样一种方式组织起来,以致在它里面对那原始的根的理解与感情完全保持抗拒状态。我们看得最清楚的是在法语里面,在那里面语言重音完全处在根音节的重读的反面,在任何一种还是现成的与语根的联系上,这个重读都必须使感情觉得自然。法国人毫无例外地重读一个字的结尾音节,不管在复合词或拉长的单词里面根音是怎样地落在前面,也不管结尾音节是怎样的一个不重要的附属音节。可是在一个词组里面,他却把所有单词集中成为向结尾单词——或者更好地说——结尾音节的音调——的相同的、不断加快的进攻,他就用一个加强了的重音落在那上面,即使这一个结尾单词——就像平时一样——绝对不是词组的最重要的单词,——因为完全违反这一种语言重音的原则,法国人一贯是这样构造词组的,即把它那作为条件的因素集中到前面去,而例如德国人则把这些因素移到词组的结尾。关于这一种词组的内容与它的表现之间通过语言重音产生的冲突,我们是很容易从那押脚韵的诗句对平常语言的影响得到解释的。只要这平常语言受到特别的激动开始有所表现的时候,它就会不由自主地依照那种诗句的特点,老一点的旋律的残余,像德国人处在相同情况之下从反面采用头韵那样来说话——例如"Zittern 和 Zagen"("颤抖和畏怯"), "Schimpf 和 Schande"("詈骂和耻辱")。——

可是脚韵最特别的一点,就在于,它同词组没有任何方面的联系,好像是作为制造诗句的急救办法,就它的使用而言,通常的语言表现是觉得受到压挤的,如果它想要在提高了的激动情况之下有所宣告的话。同平常的语言表现相比,押脚韵的诗句是以某种方式把一个提高了的对象加以传达的尝试,亦即它要给感情造成一种相应的印象,而且通过这种方式,即在语言表现中采取另外一种方式——与日常表现有所区别的方式——来表达。——然而这一种日常的表现却是理智诉诸理智的传达机关;传达者想要通过一种与此有所区别的、提高了的表现在一定程度上避开理智，这就是说正是诉诸那有别于理智的，即诉诸感情的。他试图达到这一点的办法，就是把那在完全漠不关心的无意识状态中接受理智传达的语言的接受感性器官唤醒过来，使之转为活动的、有意识的状态，同时他又试图在它身上引起对表现的纯感性的喜悦。现在那在脚韵上结束的诗句，也许能把感性的听觉器官引到那样程度的注意，即通过对押韵的文字段落的回归，它能够感到是被吸引住了；然而这样也只不过是导向注意的决定，这就是说，它陷入了紧张的期待，如果它要求那么积极地参与，最后又应该那么充分地得到满足，以致它能够给人的全部感觉本能以陶醉的享受，这种期待就必须让听觉器官的能力得到**足够**的充实。只有当人的全部感觉能力充分引起了对一种通过接受感官得到通知的事物的兴趣的时候，感觉能力才能获得力量，从内向的完全的集中再度采取某一种方式发挥出来，给理智带来一种无穷地丰富了的、味道浓郁的养料。由于每一种传达终归不过是针对**理智**的，因此诗作的意图最后也只是对理智的传达；可是为了达到完全有把握的了解，它不是把理智预先安置到它要传达的那个地方去，而是要就它的理解在一定程度上先让它产生出来，而这一种生殖的诞生器官，不妨这样说，就是人的感觉能力。然而这一种感觉能力对这一种生产来说，不到它通过接受转入极度的兴奋，并从兴奋中获得诞生的力量之后，它是不会愿意的。然而这一种力量之所以在他身上产生，首先是由于急切需要，而急切需要则是由于充裕，他身上那接受了的东西则是为充裕而生长起来的：首先是那极强大地充实了一个诞生的有机体的东西，才使得它不得不采取生育的行动，而那诗作的意图的生育的行动，则是这一种意图从接受的感情对内在的理智的传达，至于这种理智，我们必须把它看作是诞生感觉的急切需要的终结。

至于文字诗人，他既不能够把他们的意图充分传达给那最先接受的听觉机关，使得听觉机关通过传达转入那极度的兴奋状态，由于兴奋，它又迫切要求把所接受的东西传达给整个感觉能力，——如果他想要连续控制这一个听觉机关，他只能够把它贬低和使它变得迟钝，同时使它在一定程度上忘掉它那无穷无尽的接受能力，——或者他完全放弃它那无穷富裕的合作，放松它那感性的参与的束缚，而且又把它当作思想对思想、理智对理智的直接传达的奴隶般不能独立的中介，这就是说，那可就是那么多；诗人放弃了他的意图，他停止写诗，他在那接受性的理智上只是把那他已经认识的、从前已经通过感性的觉察带到他身边来的、陈旧的东西，推向新的组合，对他来说可没有一点新事物。——通过文字语言向押韵诗句的简单的提高，诗人所能得到的只不过是，把接受性的听觉推向一种漠不关心的、幼稚浅薄的注意力，这种注意力是不可能为它的对象——正是那毫无表情的文字韵脚——

向内心延伸的。诗人的意图既然不仅是一种那么冷淡的注意力的兴起，诗人就必须终于完全抛开感情的协作，而且设法完全再次打消他那徒劳的孕育，以便能够毫无妨碍地只是再次向理智诉说他的心事。如果我们先前还曾考察过，我们现代的音乐同今天诗歌艺术这一种节奏的或者押脚韵的诗句是处在哪一种关系上，这一种诗句对音乐又会产生怎样的影响，我们就会比较清楚地认识到，那一种最高的、富有生殖力的感情兴起是怎样唯一地成为可能的。

*   *   *

离开了那同它分了家的文学诗句，旋律走过一条特殊的发展道路。我们过去已经比较清楚地审察过这条道路而且认识到，旋律作为一种变化无穷的和声的表面，而且在一种最丰富多彩的、从躯体的舞蹈取材进而发展成为最丰富的节奏的翅膀上面，作为独立的艺术现象成长起来，直到取得由它决定诗歌艺术与安排戏剧的权利。那重新独立地自行结构的文字诗句，由于它的残缺和对感情表现的无能为力，凡是它与旋律发生接触的地方，它都无法对旋律发挥组织的力量；正相反，每当它与旋律发生接触的时候，就暴露出它的全部不真实和无意义。节奏的诗句被旋律融解为诗句的实际上全无节奏的组成部分，而且依照节奏的旋律的绝对的判断加以全新的编配；可是脚韵却在它那强大地诉诸听觉的鸣响的波涛里面毫无声息而又毫无踪影地沉没了。如果旋律**严格**依照文字诗句办事，而且想要把它那为感性的认识结构起来的框架通过它的装饰造成使人明了的东西，那么他正好从这种诗句里揭开了为内容的了解而下功夫的明智的朗诵家认为必须隐蔽起来的东西，那就是它那差劲的、歪曲正确的语言表情的、使它那有意义的内容陷入混乱的表面的措词，——这样的一种措词，只要它仅仅是虚构的、对感官显然是不深入的，它就只能最低限度地起干扰作用，可是万一它要以决定性的明确诉诸听觉感官，而且借此促使它在传达和内心的接受中间作为陡峭的栅栏树立起来，它就切断了内容的一切被了解的可能性。既然旋律是那样从属于文字诗句，那就只要给诗句的节奏和韵脚加上歌唱的音响的丰满，已经足够使它不仅在产生诗句的感性措词的谎言和不美的表现的同时加上它内容的难懂，旋律本身也被剥夺掉一切在感性美上表现自己的能力，而且不能把文字语言的内容提高到感人的感情因素的地位。

旋律是意识到它那在音乐的固有场地上为无穷的感情表现所获得的能力的，文字诗句对它从自己固有的本领出发的造型必然产生严重的妨害，因此它断然地毫不重视文字语言的感性的稿本，而是把它的任务完全当作自己的任务，作为独立的歌唱旋律，采取一种表达方式来宣告，那是把文字诗句的感情内容依照它最广泛的普遍性说出来，而且是采取一种特殊的、纯音乐的措词，文字诗句同它的关系就不过是像一幅绘画的解说性的题款一样。旋律与诗句之间联系的纽带，存在于旋律不是由它也把诗句的内容指点的地方，至于不把诗句的音节的元音和辅音用作歌手口中咀嚼的一种纯粹感性的材料的，则是**语言重音**。——格鲁克的努力，正如我过去已经提到过的那样，只是用在——到他为止涉及诗句的时候多数是任意的——旋律重音通过语言重音的辩白上。到了音乐家只关心自然的语言表现在旋律上加强了的然而本来却是忠实的描述的时候，他就抓住了**演讲的重音**，把它当作演讲和旋律之间能够结成自然的、使人得到了解的纽带，这样一来他就需要把**诗句完全取消**，因为他必须把重音作为唯一应该重读的突出出来，其他所有重读的，不管是虚拟的韵律砝码的重读还是脚韵的重读都必须抛弃。他之所以不理会诗句的理由，是与有头脑的演员的理由相同的，他把诗句作为自然地重读的散文说出来：然而就是这样，音乐家不仅把诗句而且也把旋律**融解到散文中去**了，因为从旋律那里剩下来的除了**音乐的散文**之外什么也没有，它只是通过音响的表情来加强一种融解为散文的诗句的讲究修辞的重音。——事实上整场争吵只是围绕着旋律的不同理解兜圈子，看旋律是否以及怎样通过文字诗句来决定。那预先完工的、从本质上说是从舞蹈得来的旋律，这是我们现代听觉根本只有从它那里才能理解旋律的本质的旋律，现在坚决不要顺从文字诗句的安排了。这个重音一会儿出现在文字诗句的这个环节，一会儿出现在文字诗句的那个环节，却永远不会回到诗行的同一个地方，因为我们的诗人要用韵律上抑扬顿挫的诗句或者通过脚韵使得旋律上音调和谐的诗句的花招向他们的幻想讨好，而且为了这个幻象竟然忘记了那真正的生气勃勃的——对诗句来说也是唯一在节奏上作为决定性因素的——语言重音。是的，这些诗人在非韵律的诗句上甚至没有想过，明确地把语言重音放在这一诗句的唯一可以认识的标记——脚韵上；而是每一个无关重要的次要单词，是的，——每一个完全不需重读的尾音节，都被他们更加经常地放在脚韵上，作为诗韵的特点在他们心目中是更为习惯的。——可是一支旋律只有保有特定的旋律因素在特定的节奏上的重复，才能够使听觉记得牢；如果这一类因素要么根本不重复，要么在节拍上与节奏不相适应地予以重复，以致面目全非，那么旋律就恰好缺乏联结的纽带，只有有了纽带才能够使得旋律成为旋律，——正如文字诗句同样需要通过一条类似的纽带才能成为真正的诗句一样。现在那支这样联结起来的旋律不愿意照管文字诗句，文字诗句对于这一条联结的纽带只是存在于想象之中而不是实际上占有：那个根据诗句的意义唯一需要突出的语言重音，与旋律在它的重复上必需的装饰花腔的与节奏的重音是不相适应的，至于音乐家，他是不愿意牺牲旋律，而首先愿意提供旋律的，——因为只有凭借旋律才能明白无误地向感情进行传达，——因此他认为只有在语言重音与旋律**巧合**的地方才有必要对语言重音予以注意。可是这就等于说，放弃旋律与诗句的一切联系；因为，既然音乐家认为没有必要对语言重音加以注意，他就更没有必要承担对诗句的虚构的韵律的节奏的义务，他对待诗句——作为原先起推动作用的语言因素——的办法，最后就完全听任绝对旋律的方便，这是他能够一直认为完全合理的，只要他继续关心这件事，在旋律上把诗句的普遍的感情内容尽可能有效地说出来。

如果诗人感到真正需要把那听他支使的语言表现提高到旋律的令人信服的充沛的程度，那么他第一步就必须做到，把语言重音当作对于诗句唯一具有决定作用的因素来运用，使得它在相应的重复上严格规定了一个健康的、对诗句本身也像对旋律一样非此不可的节奏。然而我们没有在任何地方看到这样的一点痕迹，或者说如果我们认识到这一点痕迹，如果诗句制造者根本就放弃了诗的意图，不去写诗，而是愿意作为绝对音乐家的仆从和走卒去拼凑点数的和搭韵脚的音节，对待这样的东西，音乐家就会表示最深的轻蔑，随他高兴怎样就怎样处理文字工作。

另一方面又是多么富于特殊意义啊，例如歌德的有些美丽的诗句，这就是说，诗人努力尽可能达到某一种旋律的活力的诗句，——它们通常被音乐家认为对于音乐谱曲来说是**太美**、太完善了！事情的真相是，这种诗句的完全与意旨相适应的音乐谱曲，也必须被融解为散文，然后从这种散文把它作为独立的旋律再产生出来，因为对我们音乐的感觉来说，它不由自主地表明，那一种**诗句**旋律同样不过是一种**设想出来的东西**，它的现象是幻想的谄媚的图像，因而是完全有别于音乐的旋律的，音乐旋律是在完全特定的感性的现实上表白自己的。因此我们认为把那些诗句拿来作曲是太美了，我们这样说，只是觉得，要把它当作诗句加以毁灭，我们实在是为它难过，如果面对我们的是诗人的稍欠钦敬的努力，我们的冒昧行事倒可稍为减轻一点内疚；——然而这样一来我们也就老实供认，我们根本不可能想象一种诗句和旋律之间的正确的关系。

最近一个时期的旋律学家全面考察过要求造成一个相当的、互相照应而又创造性地具有决定意义的文字诗句与音乐旋律的结合的毫无结果的所有尝试，而且也特别觉察到了语言重音的忠实的重复对旋律直到它歪曲成为音乐散文的恶劣的影响，——他认识到，只要他在另一方面通过草率的旋律又要拒绝对诗句的歪曲或者全部的违反，他就有责任去谱写那完全避开一切使人恼火的与诗句的接触的旋律，至于那些诗句本来是他所尊重的，然而对旋律来说却是使他觉得讨厌的。他管这个叫"**无言歌**",而且非常正确地必须使**无**言歌成为争吵的终结,要使这场争吵得到裁决只有通过一种方式,那就是原封不动地听其自然。——这一种现在那么讨人喜欢的"无言歌",是我们的整个音乐进入钢琴成为我们的艺术跑外伙计的方便的日用品的忠实的翻译;在这种作品里面音乐家对诗人说:"做吧,做你喜欢的东西,我也做我喜欢的东西!只要我们不打什么交道,我们是相处得好极了的。"——

我们现在看一看,看我们怎样通过高度的诗的意图的迫切的力量拿一种办法去对付"无言音乐家",我们是把他从柔软的钢琴安乐椅上抱下来,放到高度艺术财富的世界中去,让那个世界向他显示**文字**的生殖的威力,——那是属于这种文字,他可以那么女性地方便地了结它,——属于这种文字,贝多芬让它从音乐的巨大的母亲阵痛中产生出来!

二

如果我们想要保持对生活的明白的关系,我们就需要**从我们平常的语言的散文**去取得提高了的表现,就应该借助这种表现让诗的意图无所不能地向感情表白。一种语言表现如果扯断与平常语言的联系的纽带,使得它那感性的表白建立在取自外边的、与我们平常的语言的本质格格不入的——有如比较详细地标明的韵律一节奏的——因素上面,那就只能对感情产生混乱的效果。

在现代语言里面除了散文的**语言重音**之外没有其他的重读,这种重音从来没有在根音节的自然重量上的固定的地盘,而是根据词组的旨意为了达到对于一个特定意图的理解的目的而放到哪里去,它就为每一个词组重新**挪到那里**去。可是现代日常生活的语言与那诗的比较陈旧的语言的区别,主要在于为了易于了解它比那旧语言需要单词和词组的更为大量的采用。我们在日常生活中使我们对各种事物能够互相了解的语言,是需要为极多样的、极繁复的转折和变换服务的,各种事物——根本是那么远离于自然界之外——一点也再受不到我们独特的语根的意义的触动,要说清楚这样的事物,就需要有这样的服务,以便把那由于牵涉到我们的社会关系和观念而修改了的、变了调子的或者重新调整的——总之所有使我们的感情觉得异化了的、原始的、或者从外间接收过来的——语根的意义加以改定,而且使得习惯的了解成为可能。我们的为了这一种中介的机器的接收无穷地扩充而且融解的词组,如果它们中间的语言重音通过根音节的突出的重读堆积起来的话,将会完全变得不可理解。这些词组只有让它们中间的语言重音用非常经济的手段放在它最有决定意义的关键上，才能够易于理解，另一方面所有其他的、就其根本意义而论不管多么重要的因素，也当然要为了堆积的缘故在重读上予以放弃。

现在我们好好地考虑一下，我们应该如何理解为了实现诗的意图而对情节契机及其动机进行必不可少的浓缩和精简的意义，而且认识到，这一切又只有通过一种同样浓缩和精简的表现才有可能，那我们就正如我们同我们的语言所经历过的那样，完全自行督促我们这样做。看我们需要怎样从这一些情节契机以及为了它的缘故从那制约它们的动机里面把一切偶然的、渺小的和不确定的东西剔除出来；看我们必须怎样从它的内容里面把一切从外面来歪曲了的、实用主义历史的、国家的和教条主义宗教的东西拿掉，以便把这种内容表现为纯人性的、感情上必不可少的内容，那么我们也就需要采取某种方式，从语言表现里面把一切来源于对纯人性的东西、感情上必不可少的东西的歪曲，以及唯一与之相适应的东西剔除出来，亦即在它那里只留下这一个核心。——然而歪曲了语言表达的这种纯人性的内容的东西却正是词组那么扩大了的东西，它使得语言重音在它那里分配得那么经济，反之不予重读的单字的不适当的数目的舍弃，却变成必不可少。那个想给这些不需要重读的单字赋予韵律的重量的诗人因此陷入了一种完全的假象，到了他通过他的诗句的依照严格的抑扬顿挫的朗诵看到词组的意义被歪曲了而且被弄得不清不楚的时候，这一番朗诵才不得不给他弄明白这种假象。反之一行诗句的美也许一直在于诗人尽可能多地把一切作为中介的单词的、使人窒息的、帮助大量地包围主要重音的东西从词组里面排除出来：他寻找最简单的、最不需要中介的表现，以便把那些重音推到更接近的地位，同时也尽他力所能及把那需要入诗的事物从历史—社会的和国家—宗教的关系和条件的使人窒息的环境中解脱出来。然而自古以来诗人始终没有达到使他的对象无条件地只能够诉诸感情的地步，——正如他从来没有使他的表现达到这种提高一样；因为这种向最高的感情表白的提高是只有在诗句化入旋律中去才能达到的——这一种化入，正如我们看过的那样——因为我们必须这样看，是没有成为可能的。然而只要诗人没有将他的诗句真正化入旋律中去，而又自以为已经把文字诗句浓缩成为纯粹的感情因素的时候，他就将会——像那被表现的对象一样——既不为理智所理解，也不会为感情所理解。我们认识这一类作为我们最伟大的诗人们的尝试的诗句，它们没有音乐却把字句纳入了音响中去。

关于诗的意图的本领，我们在前面已经弄清楚了，**这种**诗的意图能够在它迫切要求实现的时候使现代语言的散文词组从所有机械地居中调解的字句机器解放出来，使那落在它身上的重音压缩成为一种可以迅速察觉到的表达。我们在日常生活中临

748

到提高的感情激动的时候所应用的表现的忠实的观察，将会给诗人为一个词组里面重音的数字带来可靠的标准。在我们放弃了一切习惯的、对扩充了的现代词组进行制约的顾虑的真诚的情绪里面，我们总是想方设法一口气简单扼要地表现得尽可能准确：在这一种压缩的表现里面，我们也——通过情绪的力量——远比平时加强了我们的重读，而且使那些重音靠得更近，为了使它们显得重要并对感情发挥同样深入的作用，就像我们想要知道我们的感情在它们那里所得到的表现一样，我们总是用生气勃勃地提高了的声调停留在那些重音上面。这一些自然而然地在一次呼气的时候结合到一个词组或者词组的一个停顿的重音的数目，往往是处在对激动的性质的密切关系上的，因此举例来说，一种发怒的、行动着的情绪，在一次呼吸中就会呼出比较大的数量的重音，反之一种深沉的、**忍受**痛苦的情绪，则必须在比较少、比较长地发声的重音上消耗全部的呼吸力量。

诗人是懂得交感性地进入需要表达的情绪的，因此他就将会依照情绪的性质确定一行词句的重音的数目，这一行字句是由呼吸所决定的，它通过表现的内容结构成为完整的词组或者成为主要的词组段落，在这行字句里面，那些对复杂的文学词组来说富有特色的、中介性的以至表明意义的次要单字的过量的数目降低到了那样的程度，使得这些单字虽然排除了重读，——由于它数目的堆积，仍然没有徒劳地消耗掉那重音所必需的呼吸。——在复杂的现代词组里面对感情表现来说那么有害的东西，在于那不要重读的次要单字的过大的数量采取这样的方式占用了说话人的呼吸，使得他，已经有气无力或者出自省力的小心，即使在主要重音上也只能停留得很短，因此急促重读的主要单字的理解就只可以传达给理智，而不能传达给感情，感情只有面对感性表现的**丰富**才能开始参与。——那些由诗人在紧缩的措词上保留下来的次要词语，保留着少量的、恰好限于必要的数目，对那由语言重音加以强调的单字采取这样一种态度——就像暗哑的辅音对它包围着的鸣响的元音的态度一样——以便把它有所区别地加以个性化，而且从一个一般的感觉的表现浓缩成为一个特殊对象的解释清楚的表现：一种面对感情毫无根据的辅音环绕元音的大量的堆积，从元音夺去了它感觉的悦耳的音调，正如一种由中介性的理智造成的次要单字环绕主要单字的堆积，使得这个单字成为感情认不出来的东西一样。就感情而论，辅音通过两倍或三倍的加强只有到了那个时候才是必要的，那就是元音因此获得一种那么强烈的色彩，这种色彩又转过来适应语根所表现的对象的强烈的特性；而且只有这样的一种来往频繁的次要单字的加强的数字，才能对感情站得住脚，如果通过它使得重读的主要单字在它表情上特别高涨，可不是——像在现代词组里面那样——变得瘫痪。——这样我们就来到文字诗句中的节奏的自然基础，看它怎样在重音的**升高**和**降低中**表现出来，看它怎样能够在高度准确性和无穷多样性上通过向音乐节奏的提高来表白自己。

*　　*　　*

不管我们为一次呼吸，因而也就是为一个词组或一个词组段落，与需要表现的情调相适应，需要规定音调升高怎样的数字，这些升高本身永远不会有相同的强度。一次讲话的意义首先就不允许各个重音**有完全相同的强度**，讲话本身总是包含**制约**的和**被制约**的因素，而且总是根据它的性质，制约的对被制约的显得突出，或者反过来，被制约的对制约的显得突出。可是感情也不允许各个重音有相同的强度，因为感情正好只有通过表现契机容易觉察的、感性上明确规定的**区别**才能够激起参与的欲望。如果我们需要认识到，感情的这种参与最后最有把握的是通过音乐音响的转调来决定的，那么我们目前还不要想着这种提高，而是只回想一下各个重音不同的强度首先对词组的节奏所必然发生的影响吧。——只要我们想要把那紧缩起来的，以及从一种次要单词窒息的包围中解放出来的各个重音根据它们的区别作为较强的和较弱的宣告出来，我们就只能够采取一种方式，**完全与音乐小节的好的一半和坏的一半**，或者——基本上是一样的——音乐插段的好的小节和坏的小节相适应。可是这些好的和坏的小节或半小节，只有它们彼此之间处在一种又由小节的更小的枝节部分作为中介并加以说明的关系上，才能作为这样的东西使感情被认识出来。好的和坏的半小节一旦完全赤裸裸地排在一起——像在教堂的圣咏那里一样——那就只有对感情表现为重音的升降才能使感情被认识出来，这样一来插段里面的坏的半小节就必然使重音完全丧失掉，而重音再也不成其为重音了：除非是那在好的和坏的半小节之间放进去的小节的枝节部分节奏上获得生命，而且在半小节的重音上面起作用，同时坏的半小节的较弱的重音也受到了注意的时候。——现在是重读的文字词组从自己制约着的那些小节的枝节部分对半小节的特殊的关系，而且是从重音的**降落**和这些降落对升高的关系上去制约。我们放到降落那里去的本身并不重读的单词或音节，在平常的语言表情上通过增强的重读向主要重音升高，又从这一个主要重音通过减弱的重读降下来。然而重读从哪里落下来，又重新从哪里向主要重音升上去的那一点，却是较弱的次要重音，它——正如讲话的**意义**，也就与它的**表现**相一致——受到主要重音的制约，正好比行星受到恒星的制约一样。先行准备的或随后放下的音节的数目完全决定于诗的词语的意义，关于这个我们认为它是以高度的简练性来表现的；可是如果诗人越是觉得先行准备的或是随后放下的音节的增加是必不可少的，他就会越有特色地使节奏获得生命，而且给重音本身赋予特殊的意义，——正如他另一方面因此又特别能够决定重音的性质，使他**不用**任何的准备和放落就能使这个重音紧接下一个重音。

在这一点上他的本领是无限多样的：然而只有当他把重读的语言节奏提高到音乐的、由舞蹈运动赋予无穷丰富的生命的节奏的时候，他才能充分意识到这一点。纯粹音乐的节拍向诗人提供了语言表现的种种可能性，这是诗人对只能口说的文字诗句来说根本就必须放弃的可能性。在那只能口说的文字诗句里面诗人必须受到的限制是，音节在降落中的数目不能发展到**两个**以上，因为到了**三个**音节，诗人就不可避免地弄到这三个音节的**一个**已经需要作为升高予以重读，这就会使他的诗句立刻化为乌有。可是他也用不着害怕这种错误的重读，只要真正的韵律的长短听从他的使唤就行；可是由于他只能够把重读落在语言重音上面，而这个重音为使诗句必须在每一个根音节都有可能被采纳，他所能支配的，就没有能够万无一失地指出真正的语言重音的标明的尺度，就连诗人对它**要不要**重读毫无兴趣的根音节，也没有配上语言重音，我们这里所谈的当然是写出来的、通过文字传达出来而且依照文字念出来的诗句：然而对那与文学毫无隶属关系的诗句，如果没有节奏—音乐的旋律，我们便一点也无从了解，而且当我们考虑到要对我们接触到的希腊抒情诗的纪念碑有所动作的时候，我们恰好在这上面出问题，那就是，如果我们依照自然而然的语言重读法说出只是由我们念出来的希腊诗句，它就会使我们陷入窘境，把一些音节用重音突出出来，这些音节在实在的节奏的旋律里面，作为**一起包括进去的弱拍小节**，本来是不重读的。在纯粹念出来的诗句里面，我们不能够在降落中运用两个以上的音节，因为两个以上的音节将会立刻使得正确的重音脱离我们，而我们面临由此产生的诗句的解体，必然会立刻不可避免地只能够把它当作仓促的散文说出来。我们缺乏对说的或者要说的诗句而论在某一方式上严格规定升高的持续时间的因素，使得我们能够依照它的标准重新准确计算降落。我们不能够依照我们单纯的语言能力把一个重读的音节的持续时间延伸到不重读的音节的加倍的持续时间以上而能够免于面对语言陷入拉长声音或者——我们也管它叫——歌唱的错误。这"歌唱"是指那不属于真正动听的声乐的东西，因而完全取消了平常的语言，在平常的语言中作为错误是合理的；因为它作为元音，或者甚至作为还是辅音的单纯毫无音调的延长，是绝对不美的。话虽这样说，就发音上的延长的倾向的关系而论它并不是一种单纯的方言的习惯，而是在上升的激动的时候显示出，基本上还有一些值得我们的诗学家和格律学家好好地予以重视的东西，如果他们想要弄清楚希腊格律的话。当他们发明了总是两个短音接一个长音的标准的时候，他们耳边只有我们那从感情旋律脱离开来的、急促的语言重音；希腊格律里面有时是有六个甚至更多的短音接两个或者只有一个长音的，如果他们耳边有过**音乐的小节**里面落在所谓长音**上面的延长的乐音**，就像那些抒情诗人在熟悉的民间旋律变换文字诗句的时候耳边起码还有那延长的乐音一样，他们就不难对希腊格律做出解释。可是这种延长的、节奏适度的乐音，现在却不再保留在文字诗人的耳边了，反之他所认识的只是还有那短暂停留的语言重音。可是如果我们现在抓紧这一个音，不仅在音乐小节上严格规定它的持续时间，而且也能够根据它那节奏的枝节部分极为多样地加以分解，我们就会从这些枝节部分上面为降落的音节取得节奏上合理的、依照它的意义划分段落的旋律的表现因素，这些音节的数目只是依照词组的意义和表现的预计的效果来决定的，因为我们在音乐的小节里面找到了可靠的标准，依照这个标准它必然会达到万无一失的了解。

可是诗人有必要依照他预计的表现单独决定这种节拍；他必须亲自把它造成一个可以认识的标准，而不是作为这样的一种标准让别人强加于我。可是他之所以为它规定一个可以认识的标准，却是由于他是根据它的性质来决定应该较强或较弱，这样来分配那提高的重音，使得它们构成一个呼吸段落或词组段落，这是后继的段落能够相适应的段落，而且这个后继的段落又显得是受到必不可少的制约的；因为只有一番必不可少的、加强或是镇静的重复，才是使感情可以被了解的重要的表现因素。因此较强或较弱的重音的安排，对插段的节拍种类的节奏结构来说是决定性的。——作为从诗人意图的引伸，我们不妨将一个这样的决定性的安排做如下设想。

我们试拿一个词语来说，它是属于那种性质的，即它允许一次呼吸有三个重音的重读，其中第一个是最强的，第二个（正如大多数是可以设想为属于这种情况的）是较弱的，第三个又是一个升高的，于是，诗人就会不由自主地安排一个由两个双数小节组成的短句，其中第一小节在它前半包含那个最强的重音，在它后半包含那个较弱的，第二小节却在它落拍的时候包含第三个又是升高的重音。第二小节的后半则用来换气，并用来做第二个节奏短句的第一小节的起拍，这个短句是必须包含第一短句的相应的重复的。在这个短句里面轻音节会作这样的处理，即它作为对第一小节的落拍的弱拍向上升高，作为这一个小节的后半的后拍向下降落，然后又从这后半作为对第二小节的前半的起拍再度升高。那通过词语的意义所要求的第二重音的加强（除了通过音调的旋律性升高之外）也容易在节奏上因此成为可能，那就是或者是它与第一重音之间的弱拍的完全消失，或者是向第三小节的起拍的完全消失，这正是对这个中间重音必须予以加深注意的。——

为了点明听候文字诗句的**意义丰富**的节奏表达的使唤的无穷多样性，但愿这一番勾画已经够用了，当然再要增添无数类似的勾画也是容易的，如果诗句里面的语言表现完全与它的内容相适应，采取这样的方式非此不可地化为音乐的旋律，使得它自己成为实现他的意图的条件的话。通过各个重音的数目、位置和意义，以至通过升高之间的降落的较大或较小的灵活性及这一些升降的无穷丰富的种种关系，使得从那纯粹语言财富引出这样一种极度丰富多彩的、节奏的表白的宝藏，以致它的富饶和那从它们那里涌出来的人类纯粹音乐财富的滋润通过每一种新的、从内在的诗人的迫切要求产生的艺术创作，只能认为是无可估量的。

*　　*　　*

我们通过那节奏上重读的文字诗句已经是那么紧密地指向那保持克制的唱音上了，这使得我们现在非要朝着把这里作为基础的对象走近一步不可了。

如果我们继续记住这一件事，即诗人的意图只是通过它圆满的传达让它从理智诉诸感情去实现，那我们就需要在我们考虑这一实现通过那番传达的行为的想象的地方严格依照它直接诉诸感官的表达的能力去探究表现的一切契机，因为感情是唯一通过感官直接接受的。我们需要为了这个目的，从文字短句里把一切对感情毫无印象的而且造成单纯的理智机关的东西清除出去；我们就是这样把它的内容压缩成为纯人性的、感情易懂的内容，而且给这一内容赋予同样紧凑的语言的表现，与此同时我们通过它们彼此之间的紧密接近，把激动的讲话的必不可少的重音提高为一种把听觉（主要也是通过重音行列的重复）不由自主地吸引住的节奏。

那样确定的短语的重音，现在只有落得成为语言组成部分的结果，在这里面那纯人性的、感情易于领会的内容得到了淋漓尽致的表现；因此它们总是落在那一些意味深长的语根音节上面，在这里面，原来不仅是一种特定的、感情可以理解的对象，而且是与这一对象对我们产生的印象相适应的感受，由我们予以表现。

在我们不能使我们国家—政治上或宗教—教条上改变到自己完全不能理解的程度的感受仿佛回到它原来的真实的感受之前，我们也不可能领会我们语根的感性的内容。科学研究关于它给我们揭示的东西，只能够教育理智，却不能决定感情对它的理解，而且科学的讲授即使普及到我们的国民学校，也不会唤起这一种语言的理解，这是只有通过与自然界的纯真的挚爱的交往，从一种追求纯粹人性的理解的非此不可的需要出发，简言之从一种**急需**出发才会到来的，正如诗人带着有说服力的确信迫切要求向感情申诉的时候感觉到它的力量一样。——科学给我们揭示出语言的有机结构；可是它指给我们看的却是一副**麻木**的结构，这是只有高度的诗人急需才能使之复活的，而且是通过这样的办法，即把解剖刀割开的创口在语言的躯体上重新缝合起来，而且给它输气进去，使它获得进行自我运动的生命。**然而这一种气息却是——音乐。——**

渴望拯救的诗人现在是站在语言的严冬之中，急切地向那实际上是散文的雪地望过去，这里曾经是覆盖着挚爱的母亲大地的慈祥颜面的光辉灿烂的原野。可是面对他那四处灌注的痛苦灼热的气息，那僵硬的积雪融化了，你看呀！——从大地的母腹向他萌发出新鲜的青绿的幼芽，这是从那原先以为是枯死了的老根上重新茂盛地长出来的，——直到那永不衰老的新的人类的春天温暖的太阳升起来，所有的雪都消融了，欢畅的花朵从嫩芽开放出来，愉快地张着微笑的眼睛向太阳打招呼。——

在那原始的老根那里，正如各种植物和树的根一样——只要它还能够在那真正的土壤里面扎牢，它就必然具有新的生育的力量，即使它还没有从人民的土壤中被挖出来也是这样。可是人民却在他文明的寒冷的积雪底下，在他自然的语言表现的不由自主状态之中保护着根子，他自己是通过它保持着与自然的土壤的联系的，而且每一个人都朝向它那不自觉的关系，他是从我们政治事务的语言交际的追逐中转向一种自然的亲切的直观的，而且就是这样通过它**亲属关系的特性**的不自觉的使用，对感情**展示**这些根子。现在诗人可是这**不自觉的东西的知情人**，自然而然的东西的有意的表现者；他希望诉诸同情的感情教给他以他所必须应用的表达方式：可是他的理智却给他指出这种表达方式的必要性。如果那这样从有意识对无意识讲话的诗人想要做出关于自然的强迫的说明，为什么他必须使用**这一种**表达方式而不是另一种，他就认识了这一种表达方式的性质，而且就在他要求传达的过程中，从这一种性质获得掌握这一种表达方式——作为一种必不可少的表达方式——本身的能力。——如果诗人现在要探索一下那由感觉促使他认为是唯一的说明某对象的特点的，或者通过它唤起某一种感受的单词的性质，他就认识了蕴藏在这一个单词的**根**里面的令人信服的力量，这是从人的最原始的感觉的压力的必然性中被发现或者被找到的。如果他更进一步深入到这个根的有机结构中去，以便领会那必须成为它的所有的感情的逼人的力量，因为它是那么决定地从它那里出发对感情表示态度，——他就终于在这个根的纯感性的躯体上看到这种力量的源泉，它的最原始的素材则是**自鸣的音素**。

这种自鸣的音素是具体化了的内在的感情，它在它向外表达的瞬间获得它体现的材料，而且正是**这样**获得的，就像它——根据激动的特点——在这个根的自鸣的音素中所表达的那样。在内在的感情的这种表示里面，也蕴藏着通过那种表示所达到的别一个人相应的内在的感情的触动所取得的效果的令人信服的理由；这种感情的压力——诗人要像他自己所感受到的那样去施加到别人身上去的——是只有在自鸣的音素的表现中通过最充分的发挥才能收效的，特殊的内在的感情，在这种音素里面才是唯一能够表达得最为透彻、最有说服力的。

这种自鸣的音素，在它本身的丰富的充分的表达过程中完全自行转为乐音的音素，就它在语根中表达的独有的特点来说可是决定于**辅音**的，它决定了它从这个对象或这种感受的一般表现到特殊表现的契机。辅音因此有了两种主要效用，这是我们为了它那决定的重要性应该予以密切注意的。

*　　*　　*

辅音的第一个效用在于通过它把它那无比流动的要素加以准确的限制，把语根的自鸣的音素提高到特定的性格的地位，而且通过这个限制的线条给它的颜色加以刻画，这就为它造成具有明显区别的、可以认识的形象。辅音的这种效用因此是从元音开始转向外面的。这样一来它就把那决定有别于元音的东西从元音划分出来，以此在它和与它有所区别的东西之间立下界桩。在**元音之前**，辅音作为**开头音**占有这一个重要的地位；作为**结尾音**，在元音**之后**，对元音对外划定界线来说，在一定程度上就比较缺少重要性了，当这个元音在结尾音同时响起之前已经必须显示出它特征的性质的时候，这一个响起因而更多的是从元音本身出发作为它必不可少的间歇的条件；另一方面如果结尾音由于辅音的加强在某一程度上决定了先行的元音，以致结尾音本身被提高到语根的特征性的主要因素的地位，它当然也**随之**具有决定的重要性了。

我们以后还要回到元音决定于辅音的问题上来；现在我们却有必要把辅音对外的效用提到我们面前来，而它最具有决定意义地显示这种效用的地方却是在语根的元音的**前面**，作为开头音。在这个位置上它约莫可以说是给我们指出语根的面貌，它的躯体则是元音作为暖流的血予以充满的，而它那离开观察的眼睛的背面则是结尾音。如果我们把语根的面貌理解为人在与我们相遇的时候向我们展示的全部容貌的外表，那我们就为协和的开头音的决定的重要性获得一个完全相应的标志。在它身上首先给我们指出来的是那相遇的根的个性，正如人首先通过他容貌的外表作为个性向我们显示出来一样，而且我们一直守住这个外表，直到那内在的东西通过更宽广的发展能够向我们宣示出来。语根的容貌的外表是向语言理智的眼睛传递——

不妨这样说——消息的，而诗人又是需要最有成效地把它托付给这种眼睛的，他，为了得到感情充分的领会，有必要把他的形象同时摆到眼睛和耳朵前面去。可是如果听觉对于许多现象中的一种现象只有通过一种办法才能使之成为可以认识而且可以引起注意的东西，即它给听觉来一番重复，而这种重复对其他现象来说正是没有份的，而且通过这种重复对听觉来说是显得特别出色的，它应该作为重要的东西引起听觉的优先的关注，那么对听觉的那一个"眼睛"来说这个现象的重复展示也是必不可少的，它是应该作为与众不同的而且肯定是可以认识的现象向它展示出来的。那依照呼吸的需要在节奏上结合起来的文字词组，只有通过这种办法才能够传达它内容的意义，即通过至少两个互相适应的重音，取得包含制约的和受制约的东西的联系才能够表达出来。在词组的理解作为一种**感情**表现对感情的表白的迫切要求之下，而且意识到这种要求只有通过直接被接受的感性器官的最激动的关切才能够得到满足，诗人现在就需要为了把那些节奏的诗句的必不可少的重音最有效果地送到耳边去，给这些重音披上一件外衣，它不仅把它们同词组的不重读的根词完全区别开来，而且使这种区别对听觉的"眼睛"也因此成为可以觉察到的，即它显示为**两种重音**的一种相同的、类似的外衣。那通过语义的重读的根词的面貌的相似，使得这些重音对那眼睛来说很快就是易于认识的，而且给它指出它们属于同一血缘关系，这种关系不仅对感性器官来说很快就可以领会，而且实际上也包含在根的意义之内。

根的意义是那在它那里具体化了的对一件事物的感受；然而**具体化了**的感受才是**可以理解**的感受，而这个**实体**不妨说本身就是一个**感性**的，也是一个只因相应的听觉才决定性地可以感知的实体。诗人的表现因此将很快可被理解，如果他把那需要表现的感受紧缩成为它最内在的内容的话，而这种最内在的内容将在它那制约的以至被制约的契机中必然地成为一种血缘性**统一**的内容。统一的感受也会不由自主地采取一种统一的**表现方式**，而这种统一的表现方式从语根的统一获得它最充分的可能，语根的统一则是在词组的制约的和被制约的亲属关系中显示出来的。一种通过自然而然地加以重读的**头韵**的表现得到合理解释的感受，只要那些根的亲属关系通过讲话的意义不是故意地被歪曲而且变得不可认识，那对我们来说：——正如在现代语言里面那样——，就毫无疑问是可以领会的；到了这种感受在这样一种表现方式上作为一种统一的感受不由自主地决定了我们的感情的时候，即使是这一种感受同别一种感受的混合，对我们的感情来说也是可以解释清楚的。要使一种混合的感受对那已经确定的感情来说成为可以迅速理解的，诗的语言又在**头韵**里面具有一种无穷丰富的手段，我们再一次地可以管它叫做一种意义上的**感性**的手段，亦即以语根里面的一种广泛却又明确的**意义**作为它的基础的。这种考虑周详的——感性的头韵，能够通过它纯感性的素质这样子把一种感受的表现同另一种感受的表现结合起来，使得这种结合对于听觉是那么活灵活现的显著，而且作为自然的结合向它讨好。押头韵的、在那里面已经有新收入的别的感受宣告它的存在的根词的意义，通过同声对感性的听觉不由自主地发挥的威力，**本身**就作为一个**同源**的根词表白出来，作为一种包含在主要感受的类型之内的对比，作为根据它一般的亲属关系同那先前表现出来的感受的这样一种对比，通过受感动的听觉传达给感情，而且最后是亲自通过这个传达给理智。①

直接接受的听觉的能力在这一点上是那么无边无限，即使是距离最远的种种感受，只要是带着类似的面貌送到它面前来，它也会把它们结合起来，而且把它们作为亲属关系的、纯人性的感受指派感情进行全盘的接受。同这种包罗万象与结合一切的神力相比，感性的器官，赤裸裸的理智算是什么东西，它做了神奇助力的牺牲，而且使听觉做了它语言工厂的包装商品的奴隶般的脚夫！这种感性的器官对那向它推心置腹的对手在感情上是那么无私和过分热烈，以致那被挖空心思的理智所撕裂和拆散成千片万段的东西恢复为纯人性的、原样而永远是统一的东西，而且能够使感情达到出神入化的极乐境界。——靠拢这一种美妙的感官吧，你们诗人！可是要作为完全的男子汉而且带着充分的信心去靠拢它！凡是你们能够掌握的最广泛的东西都给予它吧，凡是你们的理智不能结合的东西，这种感官都会帮你们结合起来而且作为无穷的整体还给你们。因此就衷心地去迎接它吧，面对面地；把你们的颜面，文字的颜面给它送去吧，——可是不要你们有气无力而又疲乏地在你们那散文的讲话的脚韵里面拖着的，然后给听觉端过去打发了事的屁股，——正好比为了促使撒野和闹腾的孩子归于平静不断摇动幼稚可笑的铃铛的报酬，就应该让你们的话语不受干扰地通过它的门户送进新遭破坏的脑子里面去。听觉不是孩子；它是一个坚强的、多情的女人，**谁凭自己的力量**给她送上导向幸福的丰富的材料，她就会从她的爱情给他最高的福乐。直到现在为止我们给听觉提供的东西是多么少啊，我们刚一给它送来协和的头韵，单单是通过这一点已经给我们开发出一切语言的理解了！我们试作进一步的探索，以便看一看，这种语言理解力通过听觉的最高的刺激能够怎样提高到最高的人的理解力。——

① "Die Liebe bringt Lust und—Leid."（"恋爱带来喜悦和——苦恼。"这三个名词的原文都以 L 开头。——译者）（瓦格纳）

我们有必要再一次回到辅音上面去，以便让它在它的第二效用上向我们展示出来。——

促进的力量，即使表面上像是千差万别的物事和感觉，通过开头音的韵也能使听觉感到是有亲属关系的，在这一点上向外显示它的效用的辅音，又只是从它对根子的鸣响的元音的位置那里取得这种促进的力量，在词根里面，它的效用是通过元音本身性格的规定向内显示的。——正如辅音向外划定元音的界线一样，它也向内划定它的界线，这就是说，通过尖锐或者柔和来规定它的表白的与众不同的特点，有了尖锐或柔和，它就向内接触到元音了。[①] 辅音向内的这一种重要的效果，可把我们带到那么直接的与元音的接触，以致我们又只能够从元音本身去领会那效果的大部分，这个元音是我们以不可抗拒的必要性把它作为根的固有的合理存在的内容受到指示的。

我们曾经把那周围的辅音作为元音的服装标明出来，或者，更确切点，作为它面貌的外表。现在，特别是为了它公认的向内的效果的缘故，我们更准确地把它标明为与人身的内部有机地一起生长的肉皮，这样我们就得到了一个关于辅音和元音的本质的、以至关于它们彼此之间有机的关系的忠实适应的印象。——我们如果把元音理解为活人躯体的全部内在的有机结构，人体从本身出发这样制约着他外表的形象，正如它把这个形象诉诸观察者的眼睛的那样，那么，我们应该判给那把这种现象呈现到眼睛前面的辅音的，除了这种向外的效用之用，还有那种重要的活动，那就在于它通过感受器官的分支的共同效果给内在的有机结构传送那些外观的印象，这些印象转过来又规定了这一有机结构的表现能力的特点。正如人体的肉皮有一层向着眼睛形成向外的界限的皮一样，它也有一层向内面向内在的生命种种器官的皮：可是无论如何不是从这些器官同这一层裹皮完全分隔开的，而是在它上面更多地用这些器官采取某种方式联系起来，使得它能够从它们获得它的养料和它向外的创造能力。——血，这种只有在不断的流程中才能赋予生命的肉体的汁液，从心脏出发，由于肉皮同内在的各种器官的联系，一直流贯到肌肉的表皮；可是从这里出发，留下必要的养料，它又向心脏流回去，心脏呢，就像是占有大量的财富，通过那从外

---

① 一个需要从元音引出丰富的声音的歌唱家非常生动地感觉到那决定性的差别，坚强的辅音——如 K、R、P、T——，或者更为强化的——如 Schr、Sp、St、Pr——，以及比较软弱的、柔和的——如 G、L、B、D、W，——对鸣响的字音所展现的差别。一个强化的结尾音——nd、rt、st、ft——是在它语根性的地方——例如在"Hand""hart""Hast""Kraft"里面——，用这样一种确定性给元音点出它表白的特点和时值，使得它径直制约着这后者。作为一种简短的、明显地紧缩的表白而因此成为语根对韵——作为准押韵——的特性的标记（像在"Hand"和"Mund"里面那样）。（瓦格纳）

界气流给血液输送振奋精神和恢复精神的养料的肺部的呼吸，把这一道由它那激荡的内容所充满的气流作为它那生气勃勃的温暖的最独特的表白，自己直接向外灌注。——这颗心就是在它最丰富的、最独立的活动中**鸣响的音素**。那向外浓缩成为辅音的振奋精神的血液，由于它是那样的充裕，决不会因为这一番浓缩就消耗殆尽，现在又从这里回到它原有的位置上去，以便通过那使血液又一次直接振奋精神的气流以极度的饱满**亲自**转向外界。

内在的人作为**鸣响的人**向外转向听觉，正如他表面的形象曾经是转向视觉。我们是把辅音作为根元音的**表面**形象来认识的，而且因为元音像辅音一样都是诉诸听觉的，我们必须把这一听觉设想为一种听的和看的性质，以便为辅音，有如为表面的语言人一样，使用这后者。如果这个我们想起了它在头韵里面那最大而又最重要的、感性的和深思熟虑的效用的辅音现在是呈现在听觉的"眼睛"前面，那么另一方面，我们根据它最独特地赋予生命的性质所认识的元音现在却是对听觉的"耳朵"说话。然而它只有——当它根据它最完整的本性——完全显出独立的丰富多彩，像我们让辅音在头韵里面发挥这类本性一样，不仅作为鸣响的**音素**，而且能够作为讲读的音响来表现自己的时候，才能够使那我们曾经依照最高的能力为辅音使用过它的"视力"的听觉的"耳朵"依照它听的能力的无穷的丰富做到那样的程度，即陷入必然的极度的陶醉，再从这种陶醉把那接受到的东西传达给人的要提高到最高的激动的总体感情。——那个内在的人怎样用最充分的、最令人满意的明确性向我们表现出来，向我们的眼睛和耳朵同时宣示，内在的人的传达器官也就同样以最充分的明确性使我们的听觉信服，如果它对这一副听觉的"眼睛和耳朵"同样使人满意地传达的话。可是这只有通过**文字—声音语言**才会产生，诗人却像音乐家一样到现在为止只能传达半个人：诗人只是面向这一副听觉的眼睛，音乐家只是面向这一副听觉的耳朵。只有那个完全的，看的和听的，这是——那个完全**了解的**听觉，用可靠的明确性听到了那内在的人。——

那一股包含在语根里面的令人信服的力量，它非此不可地决定着那探索最准确的感情表现的诗人使用这个唯一适应他的意图的根词，现在这个诗人就在他把那鸣响的元音作为真正的具有生命气息的**音响**显示出极度的丰富的时候，在它那里千真万确地认识到这一股力量。元音的**感情内容**在这个音里面说出来，最不会引起误会，它从最内在的必然性出发，只能用这一个元音而不是别一个元音来表达，正如这一个元音，面对外面的对象，只是从自己向外去压缩这一个辅音而不是别一个辅音一样。把这个元音分解为它最高的感情表现，让它在内心的歌唱中向最高的丰富扩展而且消耗掉，对诗人来说就等于是，把那直到现在都是矫揉造作的，因而显得使人不安的东西在它那诗意的表现过程中变为自然而然的东西，把感情变为那么明确无误地再现的东西以致决定性地打动人心的东西。因此只有在它表现的最充分的激动状态中，它才能获得充分的安慰；通过他表现的能力向最高的、蕴藏在他身上的能力的运用，他把它单单变成了感情的器官，它又直接对感情说出了心里话；而且这个器官就从他固有的语言能力中在他身上产生了，只要他根据他的**全部**能力对它进行衡量和运用。——

　　一个诗人，在一种感受尽可能明确的表达方面，试图通过协和的头韵，已经把那依照音乐的节拍表白自己的单词依照语言重音安排的序列造成一种对感情比较容易传达的感性的理解，他就使得感情的理解越来越全面成为可能，如果他把那些重读的根词的各个元音，像先前对待它们的辅音那样，又联结到一个韵上面，这个韵是再明确不过地对感情展示它们的理解的。然而元音的理解并不是建立在它与一个押韵的其他根元音的肤浅的亲戚关系的基础之上，而是，由于**所有元音之间是属于同一语源的**，借助乐音通过它**感情内容**的充分起作用而建立在**这一种同源关系的揭示**上。元音本身只不过是**浓缩音**：它那特殊的表达受它向感情机构的外表的变化的支配，这个感情机构——正如我们已经说过的——是把那外在的、对感情机构起作用的事物所反映的图象对听觉的眼睛展示出来的；元音通过感情与它最近的道路上直接的表白宣示事物对感情机构本身的影响，同时它把它那从外面接受的个性扩大为纯感情能力的广博性，而这种事情是在音乐的音响中产生的。原先产生元音的而且决定了它向外达到辅音的最特殊的浓缩的东西，现在元音从外间加以丰富，作为一个特殊的元音又回到产生它的那边去，以便融化到那现在同样丰富了的东西身上去：这个丰富了的、个性上加强了的、向感情的广博性扩大了的音响，是诗的思想的解脱的因素，这种思想就在这一番解脱中转为直接的**感情的倾诉**。

　　由于诗人把那重读的以及押头韵的根词的元音融入它的母亲元素——乐音中去，他现在就坚定地进入声音语言：从这一瞬间起，他不再需要依照一种对那听觉的眼睛可以认识的标准来决定各个重音的亲属关系，而是那变成乐音的元音的对感情的迅速接受必不可少的急需的亲属关系受到一种标准的支配，这是只有那一种听觉的耳朵才可以认识的，是确实地而且果断地以它那具有接受能力的特点为基础的。——各个元音的亲属关系对文字语言来说已经那么明确地显示为一种它们之间根本相同的关系，以致我们只是从元音朝前的敞开上已经认识出，那些缺乏开头音的根音节是可以押头韵的，而且这里决不是决定于元音的完全表面的相似；例如我们用"Aug'und Ohr"（眼睛和耳朵）互押。① 文字语言作为一种不自觉的感情因素保存下来的这种原始亲属关系，使那充实的声音语言把感情带向可靠的自觉；同时它把元音扩大为乐音，把乐音的特点作为保存在一种原始亲属关系之中、而且从这原始亲属关系产生出来的东西，传达给我们的感情，而且让我们将其作为这丰富的元音家庭的母亲去认识这种直接转向外界的纯人性的感情本身，这是只转向外面的，以便回过头来向我们纯人性的感情说出自己的心事。

那种变成了乐音的元音的亲属关系面向我们感情的表现，因此再也不可能由文字诗人，而要**由声音诗人**来完成。

三

文字诗人与**声音诗人**之间的特征性的区别，在于文字诗人把那些无穷地分散的，只有理智才能觉察到的情节的、感觉的和表现的因素压缩到对感情尽可能认识到的一点上；反之，声音诗人则需要使这集中浓缩的一点面向它充实的感情内容扩大成为最高的丰富。作诗的理智的程序在急迫的情况之下走向感情的传达那里去，从最远的远处通过感性的接受能力使精神集中到最切实的可感知性上面去；从这里，从与感性的接受能力的直接接触的一点出发，诗歌有必要完全这样去铺开，像那接受的感性的器官，为了诗的确切的了解，同样集中精神到紧密的、转向外面的一点上，直接通过接收，向更远的、越来越远的范围扩充开去，直到激发起所有内在的感受能力。

孤独的诗人和孤独的音乐家的没有办法的办法的颠三倒四的情形就在于，为了易于领会地对感情进行传达，他向那含糊不清的宽度展开，在这宽度里面他变成了千姿百态的细节的描写者，这些细节是应该尽可能清楚地展现出一个特定的幻想的形象来的；那受到五光十色的细节的困扰的幻想，最后只能够这样去把握眼前的事物，那就是想方设法去认真掌握这些使人眼花缭乱的细节，而且因此消失在纯粹理智的效用之中，诗人唯一能够回过头来向它求教的只有理智，如果他被他的描写的巨大的广度弄得晕头转向，终于要去寻找一个他所熟悉的依据的话。与此相反，绝

---

① 在这一个韵里面语言是多么巧妙地通过向外同样开放的元音去标明那两个向外开放的接受器官；这就好比是那些器官用它那广博的接受力量的全部的丰富从内部直接而又赤裸裸地转向外面来进行表达。（瓦格纳）

对的音乐家在他的造型方面却急于要把无限广大的感情因素向特定的、尽可能使理智可以感知的点上压缩；为此他不得不越来越多地放弃他要素的丰富，尽力把感情浓缩为一种——然而本身却是不可能的——思想，而最后这一种浓缩，只有通过完全解除一切感情的表现，交托给矫揉造作的、幻想出来的、模仿随便一种表面事物的现象。——这样一来音乐就好比我们传说中的上帝，他从天上降落到地面，然而为了在那里看个清楚，却必须具备普通凡人的形象和服装：再也没有人在那常常是衣衫褴褛的乞丐身上察觉出亲爱的上帝。可是真正的诗人现在是应该来了，他用他那极度需要解救的诗人急难的、明察秋毫的眼睛在那肮脏的乞丐身上认出了救苦救难的上帝，从他身上拿走了拐杖和破烂衣服，而且乘着他热切的要求的嘘气同他一道飞上无限的宇宙空间，解放了的上帝是懂得用呼吸向宇宙空间抒发幸福感情的不可想象的极乐的。由此想到在我们的日常生活中我们还不是**我们**能够做到的那样的人，因此也就没有表达出我们**能够**表达的东西，于是我们就要把日常生活的贫乏的语言扔到我们背后，以便在艺术上说一种唯一能够表明我们**必须**表达的东西的语言，如果我们完全**是**我们能够做到的那样的人的话。

＊　　＊　　＊

音诗人现在有必要依据诗句的亲属关系的表现能力这样去决定诗句的音，即这些音不仅宣示这一个或那一个元音，作为**特殊的**元音感情的内容，而是同时把这内容向感情表现为与诗句的**所有的**音都有亲属关系的内容，而且把这内容作为**一切音的同源关系的一个特殊的环节**来表现。

对文字诗人来说，要揭示一种由他突出出来的重音的使得感情——并通过感情也使理智——终于一目了然的关系，只有通过语根的协和的头韵才是可能的；然而决定这种关系的却正是只有那相同的辅音的特性；没有别的辅音能够与这个辅音押韵，因此关系就只限于一个特殊的家族，这是恰好通过它才能使感情认识的，即它宣告自己是属于一个彻底分离的家族的。与此相反，诗人却需要支配一种亲戚的关系，这种关系是达到了无边无际的地步的；如果说文字诗人必须以此为满足，通过开头辅音的完全相同，把他那词组中特别需要突出的根词向感情作为感性的以至意味深长的血缘亲近的东西送过去，那么音乐家却正好相反，他把他的声音首先在扩展的关系中呈现出来，即他从重音出发把它们灌到词组**所有**的，也包括那些比较不重读的元音上去，以致不仅各个重音的元音，而且所有的元音都同属一源地向感情表现出来。

正如词组里面的各个重音不仅首先通过感官，而且在它感性的表白中通过那处在抑音节上的、比较不重读的单字和音节得到它特殊的光一样，主要的音也从次要的音获得它特殊的光，这些次要的音对那些主要的音完全是处在这样的关系上，好比弱拍和落拍对扬音节的关系那样。那些次要单字和次要音节的选择和意义，如同它们与重读的单字的关系一样，首先取决于词组的理智内容；只有到了那个程度，当这种理智内容通过范围广泛的种种因素的浓缩提高到一种压缩的、听起来特别易于感知的表现的程度的时候，它才会转化为一种感情内容。次要音的选择和意义，如同它们与主要音的关系一样，现在与词组的理智内容的关系在一定程度上再也不是依赖性的，那就是这种理智内容在节奏的诗句里面和头韵里面已经浓缩成为一种感情内容，至于这种感情内容通过它对感官的最直接的传达的完全实现，从现在起就是唯一依然应该办到的，那就是元音融解为歌声之后，感情的纯粹的语言被承认为唯一依然胜任的语言的时候。从文字语言的元音响起乐声开始，感情就被提升为一切诉诸感官的更进一步的表达的特定的安排者，而音乐的感觉则唯一还在决定次要音以至主要音的选择和意义，而且是依照音的亲属关系的性质，它的特别环节则是通过词组的必然的感情表现来决定选择的。

然而音响的亲属关系却是音乐的**和声**，这是我们首先需要根据它平面的开展进行理解的，在这平面之内，分支广远的亲属关系的环节家族作为**调性**呈示出来，如果我们现在留意到这里所认为的和声的**水平**的开展，那么我们就要坚决地保留和声在它**垂直的**开展中决定一切的性质成为我们表现的决定性因素的原始基础。那种水平的开展，作为和声的表面，恰是和声的外貌，这对诗人的眼睛来说还是可以辨认的：它是水平面，它还给诗人反映他自己的肖像，正如它同时也把这幅肖像呈送给诗人想要向他倾诉心事的那个人的观察的眼睛。然而实际上这幅肖像却是诗人实现了的意图，——这种实现在音乐家方面之所以成为可能，又只有当他从和声的海底深处浮到海水上面来的时候，正是在这水面上，将要举行孕育的诗意的思想与音乐的无限的生育能力的令人陶醉的婚礼。

那幅荡漾的影像就是**旋律**。在它里面诗人的思想将要变成不由自主的激动人心的感情因素，正如音乐的感情能力在它里面获得了那种本领，明确而又令人信服地，作为轮廓鲜明的、具有逼真的个性造型的人性的现象当众宣告。旋律是受到无限制约的诗的思想到最高的感情自由的深刻感受的无意识状态的解放：它是有意而又讲清楚的自然而然的产物，自觉而又明白宣布的不自觉的产物，一种从最广远的分支浓缩为最明确的感情表白的包罗万象的内容的合理的必需品。

*　　*　　*

如果我们将这种在和声的水平面上作为诗的思想的影像显现出来的、由于加入这种亲戚关系的一个家族——调性——而被编入声音的原始亲戚关系的旋律，同那种母系的、曾经产生过文字语言的**原始旋律**加以对比，就将我们显示出下面非常重要的、而在这里则是确定地应该加以考虑的区别。

人性的感受首先是从无限交错的感情能力集中成为逐渐明确的内容，以便这样子借助那种原始旋律来表白自己，即那存在其中的本性必然的前进最后上升为纯粹文字语言的形成。最古老的抒情诗最能说明问题的一点是，在它里面，言语和诗句从声音和旋律产生出来，正如身体姿势从一般暗示的和只有借助最频繁的重复才能使人了解的舞蹈动作缩小成为更适度的、更明确的表情手势一样。在人类的发展过程中，自然而然的感情能力越是凝聚为任意专断的理智能力，抒情的内容随之越是从感情内容转为理智内容，——文字诗同它与那原始旋律的原始的联系的距离就越发看得清楚，它本来还只是在一定程度上利用它为表演服务的，为了给老一套的感情尽可能吸引人地送来比较寒冷的说教性的内容。至于旋律本身，像它曾经作为非此不可的感情表现方式对人的原始感受能力开放，而且借助它与文字与手势的相应的结合得到了淋漓尽致的发展，正如我们今天还能在那道地的民间曲调里面所觉察到的那样，是那些有所图谋的理智诗人不可能模制以及适应它那表现方式的内容加以变奏的；然而他们更无能为力的却是从这种表现方式出发自己去开始结构新的旋律，因为在这个伟大的构成时期，正是一般发展的进步从感情向理智的迈进，而那继续发展的理智在它不管怎样被迫去追求新的感情表现的发明的时候，他只有够在它的实验中觉得是受到妨碍的。

只要抒情诗的形式仍然是得到公众的承认和需求的形式，那些就他们的诗作的内容而论已经无力去创造旋律的诗人就更多地去变诗的花样，并不改变旋律，而是原封不动地让它保留原状，为了它，他们只是给他们诗的思想的表现赋予一个表面的形式，这是作为歌词变奏给那没有变动的旋律配上去的。那落到我们头上的希腊的文字抒情诗的极其丰富的形式，特别是悲剧作家的合唱歌曲，我们根本无法解释成从这些诗作的**内容**而论是必要具备的条件。这些歌曲的说教的与哲理的内容在诗句的富于变化的节奏上存在着与感性表现的那么尖锐的矛盾，使得我们不能把这种那么多样的感性的表白理解为是从诗的意图的内容本身派生出来的，而是理解为取决于旋律，而且对它不可改变的要求百依百顺。——我们今天还认识的最道地的民间曲调只是配上后来的歌词的，这些歌词是根据这种或那种外在的因由给这些一度存在而又受欢迎的曲调配上去的，而且——尽管是在远为低下的等级——今天还是这样干，特别是法国的，流行小调诗人，他们依照著名的曲调写他们的诗句，而且干脆把这些曲调给演员标明出来，这与那希腊的抒情诗人和悲剧诗人并无不同，他们不管怎样总是给那现成的、最古老的抒情诗所特有的、在老百姓口头上——特别是在神圣的风习上——继续生存的曲调配上诗句，它们那丰富到出神入化的节奏使我们这些不再认识那些曲调的人直到现在还不胜惊奇呢。

然而希腊悲剧诗人意图的真正的阐述，按照内容和形式，却是由他们的戏剧的整个进程揭示出来的，这个进程无可争辩地是从抒情诗的母腹向理智的内省进行活动的，正如合唱的歌唱通向出场人物那只是还在说的抑扬格的念白一样。至于这些戏剧即使在效果上是教我们那么激动人心的东西，那也正是保留在它们里面的、在主要契机上更强烈地反复的抒情的因素，在这种因素的运用上诗人是完全有意识地去做的，正如那教育学家把他的格言诗采取感情定向的抒情的歌唱形式传授给在校的青年一样。只是一道更深刻的眼光给我们指出，当悲剧的诗人到了直截了当地只是还用念白来表现，因而给它的意图穿上抒情的外衣的时候，他按照他的意图是比较不加掩饰而且正直的，至于这种教育上的正直却又是艺术上的诡诈，则是由希腊悲剧的迅速衰落引起的，人民很快就察觉到，它不是自然而然地想要决定他们的感情，而是任意地想要决定他们的理智。欧里庇得斯有必要在阿里斯托芬嘲弄的鞭笞之下血淋淋地为这种蠢笨地被他揭发出来的谎言去受罪。至于这种越来越是存心说教的诗歌艺术不得不变成国家实用的修辞学，最后甚至于成为文学散文，则是理智离开感情的发展，以及——对艺术的表现来说——文字语言离开旋律的发展的极端的、然而完全自然的结果。——

这种旋律，我们现在倾听着它的诞生的旋律，对那种母系原始旋律采取的可是作为一个完全的对立面的态度，对待这个对立面，经过前面比较烦琐的考察之后，我们有必要把它作为从理智转向感情、从文字语言转向旋律的迈进，与那从感情转向理智、从旋律转向文字语言的迈进相对立，简短地加以说明。在从文字语言到声音语言迈进的路上，我们来到了和声水平面上，诗人的文字语言是在这平面上作为音乐的旋律反映出来的。像我们现在这样从这一水平面出发，掌握了和声这一切声音的同源亲属关系的母腹的深不可测的全部内容向诗的意图的越来越扩展的实现，诗的意图也想要作为生育的因素采取某种方式沉入那种原始母性因素的深处，即我们规定这种巨大的感情的混乱的每一次呼吸都不是在永不狭隘化而是在不断扩大的范围内形成自觉的、个性的宣告；这种艺术的进步，在一种特定的、自觉的意图的发挥上证明是转化为一种无限的，不管如何无可测量终归是详尽而又准确地表白自己的感情能力的艺术的进步，——现在就应该成为我们更进一步的最后阐述的对象。——

＊　　＊　　＊

可是我们首先还要确定一个问题，以便面对我们今天的经验使我们得到了解。

如果我们对旋律，像我们迄今所描述的那样，理解为极端的、由诗人必不可少地予以提高的文字语言的感情表现的顶点，而且在这一顶点上看到文字诗句已经在音乐和声的表面上反映出来，我们就在更进一步的考察中惊奇地认识到，就现象而论这一种旋律与那从**贝多芬**音乐的深不可测的深处涌到表面上来，以便在《第九交响乐》里面迎接白天灿烂阳光的旋律完全是一回事。这种旋律在和声海洋的表面上的出现，有可能——像我们所看到了的那样——只是从音乐家的追求出发，与诗人面对面地看着；只有诗人的文字语言才有办法在那个表面上抓住它，在那上面它平时是仅仅作为飘忽的现象出现的，为了不使这种依据重新迅速地沉到海洋的深处。这种旋律曾经是女人对男人的爱的致意；这个博大的"永恒女性"，在这里被证明是比自私的男性更为多情的，因为这是爱情本身，一旦在男人或女人身上有所表白的时候，只有作为最高的爱的要求女性才是可以理解的。被爱的男人在那种奇妙的会合的时候还是输给女人的：那对这女人来说是一生中最高的散发着牺牲的芳香的享受，对男人来说却只是一阵短暂的爱的陶醉。只有我们这里显示他的意图的诗人，才对与这"永恒女性"的最衷心的结合感到那么不可抗拒的强烈的驱使，以致他在这种结合的同时欢庆他的得救。

通过那种旋律的拯救性的爱吻，现在诗人是领受到女人本性的深刻的、无限的秘密了：他用另一种眼光去看，用另一种器官去感觉。和声的无底的海洋，那种赐福的现象曾经是从那里向他迎面浮涌过来的，对他来说已经不再像在他从前的想象中作为一种不可知的、陌生的怪物出现的那样，是畏怯、害怕和惊恐的对象了；他不仅能够在这个大海的浪头上游泳，而且——具有新的器官——现在可以一直潜入最深的海底。它从它那寂寞的、远得可怕的本家把那女人赶出去，以便等候情人的临近；现在是这个情人同新婚女人一道沉下去，亲自去熟悉深处的一切奇迹。他那明敏的感官把一切都清楚而又审慎地渗透到根源那里去，又从这里出发去调整那些把一切都清楚而又审慎地渗透到根源那里去，又从这里出发去调整那些要涌上去迎接太阳光的浪柱，以便在它的照耀之下翻滚出愉快的波涛，温柔地随着西风的吹拂潺潺作响，或者刚强地随着北风的激荡挺立起来；因为现在连风的呼吸也归诗人掌管了，——因为这种呼吸也不外乎是无穷的爱的嘘气，那是属于这一种爱，诗人从它的福乐中得到解救，他凭借它的威力变为大自然的管领者。

＊　　＊　　＊

现在我们就用冷静的眼光去考察一下与声音结亲的诗人的管领吧。——

＊　　＊　　＊

声音节奏上活跃的，分为升降的序列造成了诗句的曲调，声音的亲属的纽带首先在**调性**上向感情做出说明，调性由它去规定特别的音阶，那些曲调序列的声音即作为特别的层级被包含在音阶之内。——我们一直看着诗人在那里进行必不可少的追求，使他的诗对感情的传达成为可能，那就是从他说话器官的表现手段的那些从广泛范围上收集到和压缩起来的种种细部里面把其中异样的东西排除掉，同时，主要是通过押韵，把这些细部借助尽可能可以描述的亲属关系向感情展示出来。作为这种要求的基础的，是感情关于自然界的不自觉的知识。这种知识所理解的只是那统一的、在它的统一性上同时包含被制约的和制约的东西，也就是那被告知的感情，而且是根据它种类的本质，采取某种方式来理解的，即它不是由其中包含的矛盾依照这种矛盾来决定，而是依照种类的本质来决定，而在这种类的本质里面这些矛盾却是调解了的。理智解开，感情结上；这就是说，理智把种类分解为附在其中的各个对立面，感情则把各个对立面重新结合为统一的种类。这种统一的表现，是诗人在努力追求统一的文字诗句化入歌唱旋律的过程中终于获得的，歌唱旋律则从声音那不自觉地向感官显示出来的亲属关系获得统一的、万无一失地规定感情的表现。

调性是整个**音类**（Tongattung）的最受约束的、嫡亲的**家族**；然而它作为与整个音类的真正的亲属关系给我们显示出来，却是它从它个别的声音家族成员的倾向出发迈出与别的调性的不自觉的结合的脚步的时候。我们这里可以非常恰当地把调性拿来与人类古老的宗法制的主干家族作比较：在这些家族里面，那些属于家族的成员依照不自觉的错误认为他们是特殊的，而不是作为整个人类的成员；可是个人的性爱，不是在惯见的，而是只有在不惯见的人物身上才激发起来的性爱，却超越了宗法制家族的范围而同别的家族搭上了关系。基督教曾经在充满预感的陶醉状态中宣告了人类的统一：凭仗基督教才得到发展的艺术，音乐，接受了那新教福音书，而且作为现代的声音语言诉诸感性的感情把它塑造成尽情陶醉的宣告。我们试拿那种原始宗法制的民族曲调，特殊种族的真正的家族传统，同那通过基督教的发展才使我们今天有可能从音乐的进步中产生的曲调做比较，我们就发现，那里作为特性的标记的是，曲调几乎从来不是从一个特定的调性运动中产生的，而且一直到静止不动都显得同它纠结在一起：反之那对**我们**可能办到的曲调却得到了闻所未闻的多种多样的本领，凭借和声的转调把那在它那里开始的主调性同那最遥远的音族结合起来，以致在一个比较大型的乐章里面所有调性的同根亲属都在一个特殊的主要调性的光照之下同时给我们展示出来。

这种无可估量的扩展能力和联结能力曾经使现代音乐家如此陶醉，以致他，又从这一场陶醉中冷静下来，甚至于故意去寻找那种比较受限制的家族旋律，以便通过一种模仿它的简易而使自己易于理解。这种追求那种宗法性的限制的寻找，给我们指出了我们全部音乐的真正薄弱的一面，我们正是至今都在这里面——姑且这么说——扑了空的。从和声的基调出发，音乐迅速发展成为无限多样的广大，使得那在其中毫无目的而又心神不定地瞎游泳的绝对音乐家终于害怕起来了：他眼前看到的只是各种可能性的无边的波浪，然而在自己身上却意识不到决定这些可能性的目的，——正如基督教的一般人性也不过是一种没有根据的模糊不清的感情一样，这种根据是唯一可以说明明确的感情的，而这种根据就是**真正**的人。这样一来音乐家几乎要后悔他那非凡的游泳本领；他回过头来向往那老家的平静的港湾，在那里狭窄的岸间，水是静静地朝一个特定的水道流淌的。促使他这一番返回的东西，不外乎是他在大海上游荡时所感到的毫无意义，严格地说那就是一种自白，具有一种能力，却不懂得如何去使用，——对诗人的渴望。贝多芬，最勇敢的游泳家，清楚地说出了这种渴望；可是他不仅重新唱起了那种宗法式的曲调，而且也对它说出了诗人的诗作。在另一处地方我已经就后一个问题提请大家对一种非常重要的情况予以注意，现在我又必须回到这上面来，因为它有利于我们从经验的领域走向新的论据。那种——正如我为了它历史地位的特征继续这样称呼它的——宗法式的曲调，这是贝多芬在《第九交响乐》里面作为为了感情的规定终于找到了的规定唱起来的，而且我过去曾经有过关于它的诊断，即它不是从席勒的诗篇里面产生出来的，它更多地是在文字诗篇之外发明出来，只是给诗篇覆盖起来的，那种曲调给我们表明它是完全限于声音的家族关系之内的，其中活动着的是古老民族的民歌。它差不多等于根本没有转调，而且显示出这样一种音阶固有的简单，以致其中音乐家的意图，作为一种倒退到音乐的历史源头去的意图，清楚到不加掩饰地显示出来。这种意图对那不是建立在诗歌艺术的基础之上的绝对音乐来说是必不可少的：音乐家想要用声音明白易懂地向感情诉说他的心事，只能够通过使他无限的能力降低到非常有限的程度才可以做到。当贝多芬记下那种曲调的时候，他说：——这样我们绝对音乐家才能使我们的表白得到理解。然而一切人类的发展的行程并不是向旧的回归，而是前进：一切回归，到处给我们显示出来的都不是自然的而是人为的。贝多芬向那宗法式的曲调的回归，正如这种曲调本身一样，也是人为的。然而这种曲调的单纯的结构也不是贝多芬的艺术的目的；更多的是我们看到，他是怎样故意仅仅在一瞬间把他那旋律的创造能力降低到那样的程度，以便在音乐的自然基础上有所作为，他就在这基础上能够向诗人伸手，而且也能够抓住诗人的手。当他用这种简单的、有限的曲调在他的手上触摸到诗人的手的时候，他于是在诗的本身上面，而且从这首诗出发，依据它的精神和它的形式进行造型，向越来越大胆和丰富多彩的音响结构迈进，以便让诗的声音语言的富藏终于给我们产生出我们至今还从来不曾预想过的奇迹，像"拥抱吧，千百万人们！""你预感到造物主了吗，世界？"以及最后那一定听得懂的"拥抱吧"同"欢乐，美丽的天神的火花"的齐鸣那样的奇迹。如果我们拿《拥抱吧》全诗的音乐处理上的广大的曲调结构同大师从绝对音乐的能力出发似乎只是在《欢乐，美丽的天神的火花》诗篇中展开的曲调做一比较，我们就会获得对于那——我曾经是那么称呼它的——宗法式的曲调和那从诗人的意图转到文字诗篇上成长起来的曲调之间的差异的领悟。正如那一种只是在有限的声音家族关系之内明显地表白自己，这一种却能够——而且不仅要做到**没有**听不懂的地方，还要恰好成为对感情来说是**很易懂**的——使得调性比较狭隘的亲戚关系，通过与又有亲戚关系的各种调性的结合，扩展到种种声音一般的同根关系上去，同时它就这样把被稳当地引导着的感情扩大的为无限的、纯粹人性的感情。——

　　一个曲调的调性，就是首先用一条亲戚关系的带子把其中包含的各不相同的声音送到感情那边去的东西。促使这一条比较狭窄的带子扩大为更加延伸、更加丰富的带子的因由，还是从诗的意图导引出来的，它在一定程度上已经在文字诗篇之内凝结成为一种感情因素，而且是依循各个个别的主音的特殊表现的性质产生的，那也正是决定于诗篇的。这一些主音在一定程度上都是家庭的少壮长成的成员，它们都从熟悉的家庭环境中出来，渴望得到不受支配的独立：然而它们并不是作为利己主义者去获得这种独立，而是通过别一个——那恰是置身于家庭之外的成员。少女只有通过小伙子的爱才能离开家庭走到独立的地位，小伙子则以别一家庭的后代的身份把少女拉过去。这样一来，那从调性的圈子退出来的音就是被别一个调性吸引过去的而且是由它决定的音，因此它必须依照爱的必然的法则注入这一个调性。这个要求从一个调性转入别一调性的导音，光是通过这一要求已经揭示出同这一调性的亲戚关系的导音，只能认为是由爱的动机所决定的。爱的动机是从主题推出来的，而这一个主题又需要与别一个结合起来。对个别的音来说这个主题只能从一种联系中产生，联系又把它规定为特殊的音；然而旋律的决定性的联系却是在文字词组的感情表现之中，这一表现又首先决定于这一词组的含义。只要我们稍微仔细观察一下，就会看到，这里具有权威性的是同一种规定，那就是把经验存在于头韵里面距离比较远的感受彼此结合起来的规定。

头韵，像我们看到过的那样，曾经给感性的听觉把相反的感觉用语的语根（如“Lust und Leid”［乐趣与悲伤］、“Wohl und Weh”［福乐与痛苦］）联结起来，而且把它们作为种类近似的东西向感情展示出来。现在音乐的转调就能够在表现的大大提高的程度上把这样一种结合向感情活灵活现地展示出来。例如我们试拿一句押头韵的感觉内容完全相同的诗句“爱给予生活的乐趣”来说，在这里，音乐家就像在重音的押头韵的词根里面感性地宣明一种相同的感受一样，也不会受到自然的推动从那一度选上的调性脱离开，而是完全满足感情的要求，用同一个调性去规定乐音的升降。反之，如果我们配的是一句混合感觉的诗句，如“爱带来乐趣和悲伤”，那就像头韵联结着相反的感受那样，音乐家也将会感到有必要从那起头的、与第一种感受相适应的调性转入另一个与第二种感受相适应的、由它与那第一个调性的关系所规定的调性。“乐趣”这个字显得是第一种感受向第二种感受拥过去的极度的加强，那么在这一个词组里面就需要有较之在那一句“爱给予生活的乐趣”里面完全是另一样的重读；那个在这个字上面唱出来的音将会自然而然地变成决定性的导音，它必然地向另一个说出“悲伤”这个词的调性拥过去。在这一个彼此交接的位置上，“乐趣和悲伤”就将成为一种特殊感觉的表白，它的特点正好是在那一点上，在这一点上两种相反的感觉互为制约，从而显示出是非此不可地互相从属的、真正是亲属关系的；而且这种表白只是在音乐上根据它和声转调的能力才成为可能的，因为它凭借这种能力对感性的感情发挥出一种联结的压力，没有其他艺术具备对这一点的力量。——可是我们首先还要看一看，音乐的转调是怎样又能够同诗篇内容一道重新回到第一种感受上去的。——我们试给这句诗“爱情带来乐趣和悲伤”接上第二句“可是在它的痛苦之中它也在编织欢乐”，那么“编织”这个字又转入第一个调性成为导音，正如第二种感受又从这里回转到第一种——现在是更加丰富了的——感受上去，——所谓回转，是诗人借助头韵回到感性的感情的确认的回转，那只是作为“悲伤”的感受转入“欢乐”的感受的一种进展，却并不能作为“爱”这一感受的类型的结束来表现，同时音乐家正是通过这一点完全明白，他是完全显眼地回到第一个调性上来的，因此是明确地把类型的感受作为一种统一的感受标明出来的，这在不得不变换头韵的词根起头音的诗人方面是不可能的。——诗人只是通过两句诗的**含义**来暗示类型的感受;因而他要求它的实现在感情之前,而且规定实现的音乐家照他的做法行事,这种为他的做法的辩解,作为一种非此不可的做法,在我们看来是独断专行的又是不可理解的,因此音乐家是从诗人的意图接受过来的,——那是从这样一种意图,诗人正是只能够暗示或者最多只能够约略实现他表白的小部分(正是在头韵上),至于完全的实现,那只有在音乐家手上才有可能,而且是通过为极端统一的感受对感情的完全统一的表白来运用声音的本源关系的本领。

这一套本领是大到多么无可估量,我们只要就那两句前面引用的诗句和含义在方式上更明确地推想一下,就会极容易地得到理解,那就是在从第一种感受的进展和那在第二句诗句里面已经对它实行的回转之间,有一列较长的诗行在表现出中间插入的、部分加强、部分和解的感觉的极为丰富多彩的升级和混合,一直到向主要感受的最后的回归。音乐的转调,为了实现诗的意图,将有必要来来往往转入种种大不相同的调性;然而所有接触到的调性都将显得是处在一种与原始调性的严格的亲戚关系之内,从这一调性出发那由各个调性照在表现上面的光被好好地制约着,而这种发光的能力在一定程度上才会给予它。主要调性,作为兴起的感觉的基本音,本身就显示出与所有调性的同根关系,从而,借助表现方式,在它的发表过程中用一种高度和广度来宣示特定的感受,以致只有那与它同源的,才能在它发表的持续时间之内规定我们的感情,我们一般的感觉能力,借助它那更进一步的扩大,才会独一无二地被这种感受充实起来,从而使这种感受提高到包罗万象的、全人类的、万无一失地明察秋毫的程度。

如果诗的—音乐的**乐段**就这样像它依照一个主要调性所规定的那样标明出来,我们也许就能够把这部**艺术**作品作为就表现而论最完善的作品标明出来,在这部作品里面许多这一类的乐段极充分地这样表现出来,以致它,为了实现一种最高的诗的意图,从一个引出别一个,以至发展成为一种丰富的综合宣示,在这番宣示之中人的本性指向一个决定性的方向,这就是说,指向一个能够充分包含人性的方向(正如一个主要调性能够包含所有其他调性一样),在最准确和最易于领会的程度上向感情表现出来。这种艺术作品就是最完善的戏剧,在这种戏剧里,人性的那种广博的方向借助一系列合乎逻辑的、善于互相制约的感情因素,用这样的特殊本领和说服力对感情来一番表白,使得那作为必不可少的、最确定地提高到广泛的总合动机的因素的感情内容的表达的、从种种丰富的条件中产生的**情节**,表现为最后的、不由自主地推出来的、从而是充分可以理解的因素。——

在我们从诗—音乐上旋律的乐段的性质出发对戏剧——就像它需要从许多这类

乐段的互相制约的发展继续生长一样——继续进行推论之前，我们还必须明确规定**这个**因素，这个因素也是取决于它那以纯粹音乐的能力所产生的感情表现的个别的旋律乐段为依据的，而且还要给我们提供具有无限约束力的器官，通过它那特殊的帮助，我们才能够造出完善的戏剧。这一器官将会给我们从——像我们已经这样称呼过它的——和声的垂直的扩展中，亦即在它从它的底层向上涌起的地方，成长起来，如果我们把整个艺术作品身上最关切的合作的可能性转向和声方面去的话。

四

直到现在为止，我们已经指出，旋律从一个调性转入另一个调性的进展的条件，是存在于诗的意图之中的，只要它已经自己揭示了它的感情内容，而且在指出的时候**证明**了，促成旋律的运动的**原因**，作为一种对感情来说也是完全合理的原因，是只能从这种意图产生的。然而唯一使这种就诗人方面而论必不可少的进展成为**可能**的东西，当然不是存在于文字语言的领域，而是确定无疑地仅仅存在于音乐的领域之内。音乐的这种最独特的因素，**和声**，只在一定程度上受到诗的意图的制约，即当它是别样的、女性的因素的时候，这种意图是为了它的实现、它的得救而灌注到女性的因素中去的。因为它是一种**分娩**的因素，它是把诗的意图作为生育的精子来接受的，以便依照它那女性的有机结构的最独特的条件把它造成完善的形象。这个有机结构是特殊的、个人的、而且**并非生育的**，而是分娩的：它从诗人接受了受孕的精子，可是那果实却依据它固有的个人的能力使之成熟和成形。

旋律，看起来是出现在和声的表面上的，但就它那决定性的纯粹音乐的表现来说，却独一无二地决定于从下面起来发挥作用的和声的基础：它本身作为水平的序列显示出来，又通过垂直的链条同这一基础联结在一起。这链条就是和谐的和弦，它作为嫡亲的音响的垂直的序列，从根音升到表面上来。和弦的同时鸣响才给予旋律的音响以特殊的意义，按照这种特殊的意义，它被当作唯一可以说明问题的、表现各有区别的因素加以运用。正如那由根音决定的和弦才给予旋律的个别音响以它特殊的表现一样（同一个音同时在别一个与它有亲属关系的根音上面取得完全不同的表现意义），旋律从一个调性转入另一个调性，每一进展都只由变化的根音来决定，根音是对和声的导音，作为这样的事物，从本身加以制约。这一根音以及那由它决定的和谐的和弦的在场，对感情，对那应该按照它独特的表现去领会旋律的感情来说是必不可少的。可是基本和声的在场却是它的**共同鸣响**。和声对旋律的共同鸣响才使感情完全相信旋律的感情内容，没有这种共同鸣响，旋律对于感情就有点显得捉摸不定；然而在表现的一切因素确定无疑的时候，感情也就迅速而又直接地倾向自然而然的接受，而表现的充分的确定性却又不过是：**他所有的必不可少的因素对感官的最完整的传达。**

听觉因此也迫切要求和声对旋律的共同鸣响，因为通过这种共同鸣响，它那感性的接受能力才得到完全的充实，因而也得到满足，从而能够带着必然的安定转向旋律的条件良好的感情表现。因此对听觉的理解来说，和声对旋律的共同鸣响并不是造成困难，而是唯一最有可能地使之变得容易。只有当和声不能作旋律表白自己的时候，也就是说——旋律既不是从舞蹈节奏也不是从文字诗篇获得它行事的正当理由，而是缺乏这唯一使它能对感情具备可理解的条件的理由，它只能作为任意变化的根音的和弦表面上的偶然现象显示出来——只有在这时，感情才会——没有特定的依据——受到和声的赤裸裸的表白的干扰，因为它只能给感情以刺激，却不能给被刺激者以满足。

我们现代的音乐在一定程度上是从那赤裸裸的和声发展起来的。它受到无限度的可能性的任意支配，这些可能性是从根音以及来源于根音的和弦的变化显示出来的。只要它对这一根源保持完全的忠实，它对感情也就只能发挥麻醉和迷惑的作用，而它那天花乱坠的表白只好给我们的艺术家的某种音乐炫学的癖好提供享受，可不是提供给不懂音乐的外行。外行呢，只要他不装作懂音乐的样子，他就只能够抓住旋律的最肤浅的浮面，就像它用歌唱器官的纯粹感性[①]的魅力给他送过来的那样；另一方面他向绝对音乐家叫嚷："**我不懂你的音乐，它对我来说是太高深了。**"——与此相反，在和声方面，正如它作为诗的旋律的纯粹音乐上制约性的基础应该共同鸣响一样，问题决不在于某种意义上的理解，根据这种意义，它现在将会得到有学问的特殊音乐家的理解而不被外行所理解：当那种旋律表演的时候，感情的注意力根本没有必要转向它**作为**和声的功效，而是像它自己一样**默默地**去制约着旋律的独特表现，然而通过它的沉默，必然越发加深对这种表现的理解的困难，是的，对那需要发挥联想的音乐学者，它必然是独开门户的，——这样，那和声的发声的共同鸣响正是应该使得艺术的音乐理解的抽象的和转移视听的活动成为不必要的，而把旋律的音乐的感情内容作为一种自然而然地可以认识的，不要任何劳神的努力就可

————————

① 我只提一提那"阉人小老爷"。（瓦格纳）（"阉人小老爷"（Kastraten – Messerchen）指旧日歌剧里面去势后的高音部演员。"老爷"是意大利喜歌剧里面对上流人物的称呼的转译。——译者）

以掌握的、对感情容易而又迅速地可以领会的东西送过去。

如果音乐家——不妨这样说——到现在为止是从和声构造出他的音乐，那么音诗人现在给那受到语言诗篇制约的旋律加添其他必不可少的，可是已经包含在其中的、纯粹音乐的条件，作为共同鸣响的和声，只不过是好比为了教它使人认识而一起补充上去的。在诗人的旋律里面——和声已经一起包含在那里——只是好像没有说出来：它毫不在乎地规定那些诗人为旋律决定的音响的富于表现力的意义。那诗人不知不觉地留在耳边的富于表现力的意义已经是得到了满足的条件：和声的最容易认识的表白；然而这种表白对他来说不过是想出来的，还不是感性上可以察觉的。可是不管怎样，为了他的解救，他还是向感官——感情的直接接受的器官——倾诉他的真情的，因此他必须把和声的旋律的表白连同这种表白的种种条件都送到感官那边去，因为一件有机的艺术作品不外乎是把那制约性的和受制约的东西同时包含起来，而且传达给最容易认识的觉察。如果诗人不把那从语言诗篇表明是正确的旋律的和声的种种条件充分地诉诸听觉，他就将只会把他旋律里面限于一定条件的东西传达出来，从而成为始终同样不被了解的那样一个人。

* * *

然而能够发明**和声**的，只有**音乐家**而不是诗人。我们看见诗人从文字诗句发明出的旋律，因此，作为和声上受到制约的，与其说是由他**发明**的，还不如说是**被找到**的。在诗人能够把它作为妥为规定的旋律找到之前，这种音乐旋律的种种条件必定是先已存在的，音乐家已经从他特有的本领把它搬出来了：他把它作为一种和声上有根有据的东西送到诗人面前，**而且只有那从现代音乐的本质才有可能造成的旋律，才是解救诗人的、既是挑起又是满足他的迫切要求的旋律。**

在这里，诗人和音乐家好比是两个漫游人，他们从**一个**分歧点出发，各自朝相反的方向无休无止地径直向前迈步。在大地的相反的一点上他们又相遇了；每一个人都环游了行星的一半。现在他们互相询问，这一个人告诉另一个人，说他看见了什么，找到了什么。诗人讲述他走过大陆的远游途中所遇到的平地、高山、峡谷、草原、人和动物。音乐家飘洋过海，做了关于海洋的神奇的汇报，他不止一次地差一点要沉没了，它的深和它那大得无边无际的形状使他充满了狂喜的恐惧。他们俩，受到了他们彼此的报告的启发与不可抗拒的支使，也要同样去认识一番他们自己看过的事物以外的其他事物，使那仅仅在想象和虚拟上接受的印象成为实际的经验，于是他们再一次分手，以便各自去完成环绕大地的旅游。他们终于又在最初的出发点上相会了；诗人现在也游过了汪洋大海，音乐家走过了大地。他们现在再也不分离了，因为两人都**认识**了地球：他们从前曾经在充满预感的梦幻中这样那样去设想的东西，现在是依照它实际的情况了然于胸中了。他们是合二为一的了；因为每一个人都知道而且感觉到另一个人所知道和感觉到的东西。诗人变成了音乐家，音乐家则成为诗人：现在他们两者都是完完全全的艺术化的人。

在他们第一次周游半球之后重新会合的点上，诗人与音乐家之间的对话是**那一种旋律**，即我们现在心目中的旋律，——这种旋律，是诗人从最内在的要求构造出来的表白，它的宣告则决定于音乐家从他的经验制定出来的条件。当他们俩重新握手话别的时候，他们每一个人都带着他本人还没有经历到的想象，而且正是为了这一种具有说服力的经验的缘故，他们又重新分手了。——让我们首先对诗人观察一下，看他是怎样占有音乐家的经验的，这些经验他现在是亲自得到了，可这是由音乐家的主意导引着的，他已经乘那勇敢的船驶过了大海，找到了驶向安稳的陆地的道路，而且仔细地向他讲清楚了安全的航道。我们将在这一次新的旅程中看到，诗人将变成与音乐家在那由诗人给他指点的走过另一个半球的旅程中完全同样的一个人，因此两者的旅程可以看作是一而二、二而一的。

当诗人现在动身走向和声的广大的疆域，以便在那里获得音乐家仿佛向他"讲述"的旋律的真相的证据的时候，他再也找不到音乐家首先在他最初的旅途上所遇到的难行的声音荒野了；使他狂喜的却是看到了那惊人大胆的、新得出奇的、无比巧妙而又装配得坚不可摧的海船的框架，这是那位航海家创造的，现在却是诗人上船，以便安全地坐在上面开始破浪的航行。音乐家已经把掌舵和运行的方法教了给他，还有帆的性能，以及碰到狂风暴雨保证安全航行的一切稀奇古怪而又深思熟虑地创造出来的必要措施。在这一艘威风凛凛地扬帆破浪的船上，那个原先艰难地一步一步测量过高山和深谷的诗人，抱着舒畅的心情意识到自己万有的威力；从那高高的甲板望出去，他觉得那尽在强烈地颠簸的波浪就是他高贵的命运——诗的意图的这种命运——的自愿而又忠实的担当者。这艘船是他最远大而又最强大的意志的具有巨大的可能性的工具；他抱着强烈地感恩戴德的爱心纪念着音乐家，他从艰难的海祸中把它发明出来，再把它交到他手里，因为这艘船就是和声的无边洪流的安全荷载的克服者——**管弦乐队**。

* * *

和声本来只是一种**想出来的东西**：真正成为感官可以感知的东西，那是在它成为**复调**之后，或者更确切地说是成为**复调交响乐**之后。

第一首自然的交响乐，是由一种同类复调音群的和谐的协调提供的。最自然的音群是人的嗓音，它根据具有嗓音天赋的人的性别、年龄和个人的特点，在各不相同的音域和多种多样的音色上来表现自己，而且通过这些个性的和谐的共同动作，成为复调音乐的最自然的宣告者。基督教—宗教的抒情诗发明了这种交响乐：在那里面多元人性显示统一为一种感情的表现，它的主体不是作为一个人物的个人的要求，而是作为被完全相同的要求通过一种完全同样的需要的共同性无限强化了的那个人物的个人要求而存在的；至于这一要求则是对与上帝同化的渴望，这是那提出要求的个别人物的人格化了的最高潜能的想象中的上帝，他之所以提出一个本身可以说是微不足道的人物的潜能的提高，则是受到一种共同性的相同的要求，以及与这一共同性的最内在的协调一致的融合的鼓励，就像是从一套意味相投的共同的本领去吸取力量，而这种力量却是出自微不足道的个别人物身上的。这一种要求的秘密在基督教人类的发展过程中暴露出来了，而且是作为它纯粹个别的私人的内容暴露出来的。可是作为纯粹个别的人物，人却不再把他的要求作为一个仅仅是想象出来的东西同上帝联系起来，而是把要求的对象实现为一种现实的、感性上现存的对象，它的赢得和享受对他来说是应该成为可能的。随着基督教的纯粹宗教的精神的熄灭，复调的教堂歌咏的必要的意义也消失了，同它一起消失的是它表白的特有的形式。对位法，作为越来越清楚地要求发言的纯粹的个人主义的最初行动，开始用它那锋利的、尖刻的牙齿去咬破那简单交响的声乐织体，而且越来越明显地要制造一种常常是只能勉强继续的、内心上并不协调一致的、个人的表白的虚假的和鸣。——在歌剧里面个人终于完全脱离了声乐团体，以便作为纯粹的人物完全不受妨碍、单独而又独立地表现自己。倘若那些戏剧性人物发起多声部歌唱，这是为了——在本来的歌剧风格上——个人表现的感性上有效的加强，或者——在真正戏剧的风格上——作为连续贯彻自己主张的、显示自己性格特征的、个性的、以最高的艺术为媒介的、同时的宣告。

现在我们试来考虑一下未来的戏剧，正如我们把它作为由我们规定的诗的意图的实现所设想的那样，我们就会觉察到，在它那里根本就没有安置那对戏剧处于这样的从属关系的个性的地方，以致它为了和声的复调的可以感知的目的，只能够通过主角的旋律音乐上交响性的参与来加以运用。在动机的，有如情节的紧凑和加强方面，只有有关情节的参加者才能够被考虑到，他们是从他们必不可少的个人的表白发挥一种任何时候都对它起着决定作用的影响的，——那就是说只有为了他们个性的音乐的表白又再需要一种多声部的交响性的支持，亦即：他们的旋律所**阐明**的人物，然而决不能够——除非是在偶然出现的、完全合理的又是为理解所必需的情况之下——为了旋律的单纯和声的理由去伺候别一个人。——即使是迄今为止在歌剧里面应用的**合唱**，也将会依据它在仍然最为有利的情况之下赋予合唱的意义，在**我们的**戏剧里面消失掉；如果单纯大伙的表白使他完全神魂颠倒，它也不过是属于戏剧里面令人活生生地信服的效果。一群一伙永远不能使我们发生兴趣，而只是引起惊愕：只有可以仔细区分的个性才能够吸引住我们的兴趣。对于人比较多的环境，即凡是在戏剧的动机和情节上需要附上个人参与的性质的地方，诗人的操心也是必不可少的，他到处都在努力做到他那安排的明白易懂：他一点都不想掩盖，而是要揭露一切。他要向他对它推心置腹的感情展示人的情节的整个活生生的有机结构，而且只有当他用他各个部分的最温暖、最主动的表白向它端出这一有机结构的时候，他才能够达到这一步。一种戏剧的情节的人的环境必须向我们这样显示出来，好像这一特殊的情节以及置身其中的人物之所以越过环境突出地向我们表现出来，只是因为他在与这一环境的联系上正是从面向观众这一面，而且正是在现在这样落下来的灯光的照明之下向我们亮相。可是我们的感情在这一环境里面必须是那么坚决，即我们能够不因为接受而受到损害，当我们从另一面，而且受到另一种灯光的照明去注视舞台的时候，那显示给我们的情节和置身其中的人物完全具有同样的功力和激发同情的本领。原来环境必须向我们这样呈现出来，使得我们对它每一个环节在其他环节中间，作为正是这样明确的情形，都能够赋予它处理那同样会吸引我们的注意力的动机与情节的关系的能力，当它们首先引起我们的注意的时候。诗人安排在背景中的东西，只有面对观众的必要的观察角度的时候才会退让，那是当他对一种曲折的情节不能一目了然的时候，而且诗人因此只是给他揭示所要表现的对象一个容易领会的面貌。——使环境单独成为抒情的因素，就无论如何必须降低它在戏剧中的地位，同时这一处理方法也必然给感情本身在戏剧中分派一个完全错误的位置。在未来的戏剧中，在诗人从理智向感情进行传达的作品中，抒情的倾诉应该被妥为规定地从那些在我们眼前集中起来的动机产生出来，可不是一开头就无缘无故地摊开来。这种戏剧的诗人不愿意从感情向它合理的申辩迈步，而是把从理智说明理由的感情本身提供出来：这一申辩发生在我们的感情本身的前面，而且决定自己从行动的意愿走向不由自主地非此不可的必要，这就是能够；这种意愿通过不由自主的必要成为能够的契机，就是抒情的倾诉以它最高的强度作为进入行动的人口。因此抒情的因素有必要作为显得是非此不可的条件从戏剧产生出来。戏剧的环境因此能够不一定绝对需要装上抒情的外表，像过去我们的歌剧那样，而是也得先向抒情性发展，并且是通过对情节的参与，为此它需要令我们信服的不是作为抒情的主体，而是作为独立的个性的明显区分的段落。

由此可见，所谓的**合唱**以及行动的主要人物，都不是作为音乐上交响的实体，而是为了旋律的和声条件的使人知晓，由诗人加以运用的。在抒情的倾诉的繁荣期，在所有行动人物及其环境在共同的感情表现上的具备充分条件参与的情况之下，唯一呈现在诗人面前的，是复调的声乐群体，这是诗人能够把和声的使人知晓的可能性传送给它的：可是音诗人的不可推诿的任务仍然是，不仅把戏剧的有特征的人物对感情倾诉的参与作为旋律的单纯和声的支柱宣示出来，而是——也正是在和声的共同鸣响中——让参与者的个性在特定的、又是旋律的表白上使人认识出来；而且正是在这里面，他那最高的、通过我们音乐艺术的见解而授予他的能力就需要接受考验。然而我们独立发展的音乐艺术的见解也给他送来使人认识和声的无比能干的器官，它，除了这种纯粹的要求的满足之外，同时也具有旋律的刻画性格的本领，就像它绝对排拒那交响的声乐群体一样，而这一器官正是管弦乐队。

＊　　　＊　　　＊

管弦乐队，我们现在不仅把它——像我原先所标明的那样——看作和声的洪流的克服者，而且看作和声本身被克服的洪流，在它身上，和声的为旋律创造条件的因素，从这种条件的单纯使人认识的一种因素造成了一种性格上为实现诗的意图非常协力的器官。赤裸裸的和声，将会从诗人的有利于和声的、只是想出来的东西，以及通过在其中出现旋律的相同的歌唱声音群体在戏剧中不能实现的东西，在乐队中则成为一种完全真实的而且是特别富裕的东西，通过它的帮助才有可能在实际上对他谈论完善的戏剧。

管弦乐队是和声在最高的、最有生命的灵活性中实现了的思想。它是垂直的和弦的环节向它对一种水平方向和亲属关系的爱好的独立宣告的浓缩，那些爱好就是沿着这个方向使出最自由的运动能力扩大范围的，——这是管弦乐队从它的创造者，舞蹈节奏，获得的一种运动能力。——

我们这里首先需要注意的重要的一点是，乐器的队伍不仅在它的表现能力上，而且完全肯定也在它的**音色**上，都是与声乐群体大有区别的、另外一个样子的。乐器在一定程度上是人声的关于素质的回声，我们在它那里所听到的只是那融化为乐音的元音，可再也不是那规定字义的辅音。就这种字的分解而论，乐器的音相当于人类语言的那一种原始音，它到了辅音上面才浓缩为真正的元音，而且在它的结合上——与今天的文字语言相对应——成为一种特殊的语言，它同真正的人类语言只是保持一种感情的亲属关系，可没有理智的亲属关系。这种完全脱离文字的，或者是远离我们语言的辅音的发展的纯粹声音语言，现在又在乐器的个性上，它唯一通过它来发言的个性上，获得特殊的独有的特点，这种特点同样决定于乐器在一定程度上**协和**的性质，正如文字语言通过协和的辅音一样。人们可以把一种乐器在它对需要借它发出的音响特性的特定作用上称为协和的**语根的开头音**，它是为一切在它上面成为可能的音响表现为**有约束力的头韵**的。因此各种乐器之间的亲属关系很容易让人根据这种开头音的类似做出决定，就以它与它们原来共同的相似的辅音是比较软些的还是硬些的发音为根据。实际上我们有许多个乐器家族，它们原来都具有相同的开头音，它们只是根据家族成员各不相同的性格按照类似的方式分为各个层次，例如文字语言里面的辅音 P、B 和 W；而且正如我们在 W 上面又会碰到类似的 F 一样，那各个乐器家族的亲属关系也就容易使人发现分支众多的规模，它精确的划分，正如各个部分在按照类似或差异的性质进行编排时的适应特性的运用一样，必然给我们送来**更加具有特殊性质的语言能力**的管弦乐队，超过了它目前的情况，亦即管弦乐队就它意义丰富的特点而论还远远没有得到足够的认识。然而只有当我们改变过去那种只把管弦乐队当作奢侈的装饰品的情况，指派管弦乐队参加到戏剧方面更密切的工作中去，我们才会达到这样一种认识的程度。

关于管弦乐队从它那感性的特点产生出来的语言能力的异乎寻常之处，我们保留对管弦乐队的功效做出最后的考察；为了为这一考察做必要的准备，目前首先有必要弄清楚：**管弦乐队在它那纯粹感性的表白方面与声乐声音群体那同样是纯粹感性的表白的彻底的差异。**管弦乐队与这一声乐声音群体的差异，正好比刚才标明过的乐器辅音与语言辅音的差异，因而它就是受到两者的制约而且为两者所决定的鸣响的音素。乐器的辅音永远规定了**每一个**需要在乐器上发出的声音，而语言的元音光是从那变换的开头音就已经得到经常变样的、无限多样的色调，通过这种色调，语音的发声器官就正是最丰富的、最完善的，也就是有机组织上最受条件制约的，同它相比，管弦乐队音色的想象上尽多样之能事的混合不得不显得贫乏了，——一种经验，那些人无论如何不能照办的经验，这是从现代歌唱家那里听到的，他们抛开一切辅音，只保留随便什么元音，用人的嗓音去模仿管弦乐队的乐器，因而这种嗓音又被当作乐器来处理，例如他们给人听赏女高音与单簧管、男高音与圆号的二重唱。

如果我们想要完全不予理会，**我们**所想的歌唱家是一个艺术上表演人的人，而且按照思想的人化的最高必然性去安排他感情的艺术的倾诉，那么他那语言歌唱声音的纯粹感性的表白，在它那无比独特的多样性上——像它从辅音和元音的富有特性的变换中所产生出来的——已经不仅表现为比管弦乐队乐器**远为丰富**的发声器官，而且也与它大有**区别**；而且这种感性的发声器官的差别也永远决定了管弦乐队对表演艺术家所应该占有的地位。管弦乐队有必要把声音，然后是旋律和歌唱家的有性格的演唱，首先作为一种在音乐的和声的内在方面被妥为规定和有根有据的声音，使人听到。这一种本领，是管弦乐作为一种从歌唱家的歌声和旋律脱离开来的实体，自愿而且为了它固有的、作为独立进行的表白的缘故，关切地从属于它的和声的声音组织而获得的，可决不是通过与歌声的真正的混合的尝试。如果我们由人的语音来唱一支旋律，让乐器这样来伴奏，以致把和声的主要组成部分——它被放到了旋律的间隙之中——从乐器伴奏的和声主体拿掉，而且好像是应该由唱音的旋律加以补充，那我们立即就会看到，和声正好是不完全的，旋律因此也恰好是并不完全在和声上得到合理的处理的，由于人声同乐器的感性音色的巨大差别，我们的听觉不由自主地听出了它同这些乐器的**分离**，从而只是接收到两种不同的因素，一种和声上未完全得到合理处理的旋律和一种有漏洞的和声的伴奏。这一种非常重要的而且从来没有受到一贯注意的觉察，使我们有可能澄清我们迄今的歌剧旋律学的无效可言的大部分的问题，以及接受有关多种错误的教训，也是我们关于歌唱旋律面对管弦乐队的结构所犯的错误；然而这里正是我们需要努力获得这种教训的地方。

＊　　　＊　　　＊

　　严格观察一下，绝对的旋律，正如我们迄今为止在歌剧里面所运用的，以及在歌剧缺欠条件的情况之下，从一首必然要求旋律造型的文字诗篇，从我们老早熟悉的民间歌曲及民间舞蹈旋律的纯粹音乐的衡量通过变奏所复制的，始终是一种从乐器转入唱音的旋律。在这种情况之下我们常常陷入不由自主的错误，把人的嗓音当作一种特别需要照顾的乐队乐器来考虑，也作为这样的对象把它同管弦乐队伴奏交织在一起。这种交织很快就变成这个样子，正如我已经引述过的，即把人的嗓音作为乐器和声的一个主要组成部分来加以运用，——然而也是按这种方式，即乐器伴奏同时一起奏出那和声上起补充作用的旋律，这样一来管弦乐队无疑会归结为一个可以理解的整体，而在这一片结束声中，同时也揭开了旋律的性质即是器乐所特有的一种性质的事实。通过认为有必要接受旋律全部加入乐队的事实，音乐家承认，这种旋律是这样一类物事，它只是由**完全相同**的声音群体统统在和声上得到合理的处理，也由这一群体单独明白易懂地表演出来。在这种和声上和旋律上完全自成一体的音响团体的旋律的表演中，唱音根本显得是绝对多余的，而且是作为第二颗走样的脑袋不自然地给安上去的。听众完全自然而然地感受到这种别扭的关系：不到他摆脱那些——对**这一种**旋律的有妨碍的——对他在绝对旋律的领会上造成不安的——变化无常的语言元音与辅音的干扰——，只是仍然听到乐器的演奏的时候，他不能理解歌唱家的旋律。至于我们那些最受欢迎的歌剧曲调，当它——像在音乐会上或者卫兵仪仗中，或者像在一件和声的乐器上一样，由乐队表演给群众听的时候，它也会真正得到这些群众的理解，而且他也才能够把它不带歌词流利地跟着唱出来，——这一种明摆的情况，早就应该给我们把歌剧里面那种对歌唱曲调的完全错误的理解讲清楚的了。这种曲调只是在某一程度上是歌唱曲调，那就是当它被按照它单纯的乐器特点分派给人的嗓音去表演的时候，——这样一种特点，在它的发展过程中是受到文字语言的辅音和元音的严重损害的，而且为了它的缘故，歌唱艺术也就合乎逻辑地走上了一条发展的路子，像我们今天在那些时髦的歌剧歌唱家身上看到他们达到他们那肆无忌惮的没有字句的高峰那样。

然而这种管弦乐队与人的嗓音的音色之间的别扭关系表现得最突出的地方，则是在严肃的音乐大师奋力追求戏剧性曲调的性格表达的时候。当他们耳边不由自主地始终只有那些刚刚标明过的乐器旋律——作为他们动机的纯粹音乐的理解的唯一纽带——的时候，他们正在想方设法为它在非常人工的而且是从音符到音符、从单词到单词延伸过来的、和声和节奏上准确清晰的乐器伴奏里面严格规定一种特殊的、意味深长的表现方式，而且这样达到了乐段的制作，在这些乐段里面，每当乐器伴奏同人的嗓音的动机更加细致地交织在一起，人们嗓音对不自觉地游离开来的听觉自行宣示一种不可理解的旋律，而它那使人易懂的条件却是现存的，那伴奏就又会不由自主地脱离人声，对听觉来说则继续是一团莫名其妙的混乱。这里根本性的缺陷是双重的。第一，对诗的歌唱旋律的决定性本质的错误认识：它是作为绝对的旋律由器乐拉过来的；还有第二，对人的嗓音的音色[①]与管弦乐队的音色的彻底差异的错误认识：人们是为了纯音乐的要求才把人的嗓音同这些音色搀和起来的。

*　　*　　*

现在这里的问题是严格说明歌唱旋律的特殊性质，它就是这样发生的，我们不仅在意义上，也在感性上再一次清楚地把它看成是从文字诗篇产生出来，而且受到它的制约的。它的根源，就意义而论，存在于通过感觉努力追求诗的意图的理解的本性，——就感性的现象而论存在于理解的机关，文字语言。从这一制约性的根源

---

① 抽象的音乐家也没有注意到，例如钢琴与小提琴的音色的完全无能为力的搀和。他艺术生活的乐趣的主要组成部分是在于钢琴奏鸣曲同小提琴等等的合奏，却没有注意到，这是把一种不过是想出来的、并不是送给真正的听觉的音乐端出来。这样处于视觉之上的听觉对他来说就已经消失了；因为他所听到的，只不过是和声的抽象化，这也是他的听觉唯一还能够接受的东西，至于音乐表现的富有生命的肌肉则必然是他完全感受不到的了。（瓦格纳）

出发，它在诗篇的纯粹感情内容的构造直到宣告的过程中，凭借元音转为乐音的融化向那个方向迈步，它在这里用它纯粹音乐的一面转向音乐的独有的因素，这一面是从这种因素唯独收取到它的现象的具有可能性的条件的，同时它又让它的另一面坚定不移地转向文字语言的富有意义的因素，它本来就是从这里受到制约的。处在这种位置上，作为诗歌艺术与音乐联姻的产儿，作为两门艺术的具体化的爱的特征，诗章旋律就成为文字语言与声音语言之间的约束性的理解的纽带。可是这样一来它却又比诗歌艺术的诗章和音乐的绝对的旋律内容更丰富，站得更高，至于它那从两方面看过去都是拯救性的——如同从两方面算起来都受到制约的现象，就只有通过双方都对它们形象化的、由制约性的因素**承担起来的**、然而明显区别、各自独立的宣示，作为这样的东西，限于支持而且始终进行合理的处理，却决不通过与它搞多余的搀和去抹掉它形象化的个性，才能成为两门艺术的疗救。

如果现在想要具体了解这一旋律与管弦乐队的正确的关系，我们可以得到如下的印象。

我们先前曾经把管弦乐队——作为和声的洪水的**制服者**——与海船做过比较：这一点是在某一意义上发生的，即我们把"航海"与"行船"看作意义相同的东西。管弦乐队作为被制服的和声，像我们又不得不这样称呼它一样，我们现在不妨为了一种新的、独立的比喻①的缘故，与海洋相对应，把它看作深的，但仍然是被太阳光一直照到湖底的、清澈的山地湖，不论从湖的哪一点出发湖滨周围都是一目了然的。——高地上那多石的、自古以来冲积而成的土壤长出了树木，现在就用这些树干来造船，用铁马蹄钉把它钉牢，安上舵和桨，在意图之内照造型和性能仔细装配起来，以便能够由湖水载起来，穿湖水划过去。这一只船被放在湖面上，依照舵的方向的指引，打桨前行，它就是戏剧诗人的**诗篇旋律**，由管弦乐队的动听的波浪载荷着。小船之于湖面完全是另一样东西，可是它是完全顾及水的特性来制造的，而且仔细衡量过水的性能；小船在岸上是完全派不上用场的，最多是拆卸之后被分为普通的板条，作为市民炉灶的养料它倒是有用的。只有到了湖面上它才变成喜气洋洋地充满生命力的，稳重却又是在行走的，移动却又始终是安定的，每当我们的眼睛向湖上游眺，就不断被吸引到它那边去，好比是那波浪翻涌的、原先对我们显得毫无意义的湖水所存在的人性的表现自己的意图一样。——然而小船并不是飘浮

---

① 互作比照的物体，从来不可能彼此完全相同，它们只在某一方面，而不是在所有方面相类似；完全相同的，从来不是有机结构的物体而只是机械结构的物体。（瓦格纳）

在湖水的表面：只有当小船把船身完全贴水的那部分浸到水里去，湖水方能够载荷着它驶向准确的方向。一块只是接触湖水的表面的薄木板，只能随它的波浪照它的流向毫无目的地飘来飘去；如果是一块笨重的石头，那就又必然完全沉到湖底下。然而不仅仅是船身完全贴到湖水的一面浸到湖里去，而且还有那规定方向的舵和给予方向以推动的桨，它们也只有通过同水的接触才能取得这种决定性和推动性的力量，有了这样的接触才使得引导的手的效果显著的重力成为可能。桨的每一次向前推进的运动都深深地切入潺潺的水面；它从运动中举起来，又使附着在桨上的水分为旋律式的水滴流回去。

我没有必要更进一步去说明这一比喻，以便别人理解我对人的嗓音的文字声音旋律与管弦乐队的接触的关系的意思，因为这种关系是完全表现为与它相适应的，——事实还将会向我们指点得更为清楚，如果我们把我们熟悉的真正的歌剧曲调称为音乐家的毫无结果的尝试，即把湖水的波浪浓缩成为可以搬动的小船的话。

我们现在还有必要把管弦乐队看作独立的、本身就与那种诗篇旋律有区别的因素，而且明确相信，它那承担旋律的能力，不仅是通过——从纯粹音乐的立脚点出发——制约它的和声使人觉察到的，而且是通过它那独特的、表现力无限丰富的语言本领来承担的，就像湖水载荷小船一样。

<h1 style="text-align:center">五</h1>

管弦乐队不容否认地具有一套**语言本领**，现代器乐的杰作给我们揭示出这一点。我们在贝多芬的交响乐里面看到了这种语言本领发展到一个高峰，从这一高峰出发它迫切地感受到要把话说出来，可是按照它的本性却正是不可能说出来的。现在，我们恰好在文字诗篇旋律上给它带来了它不能说出来的东西，而且给它作为这种与它有亲属关系的旋律的承担者分配任务，按照这种任务，它——完全心安理得地——应该就它的本性把它唯一能够说出来的东西说出来，——如果要我们把管弦乐队的这一套语言本领说个明白，那就是宣告**非言语所能形容的东西**的本领。

这个名称并不是表现什么想出来的东西，它完全是实实在在、明明白白的。

我们看到了，管弦乐队并不是什么完全类似的变得模糊的发音能力的复合体，而是由乐器的——非常丰富地要求扩大的——团体组成的，作为完全特定的个性，这些乐器同样规定那在它们身上发出来的音响转为个性的宣告。没有这些成员个体规定性的音响群体（Tonmasse）是绝对不存在的，最多是能够这样想，然而这决不能成为事实。然而规定这一种个性的东西则是——像我们看到过的——个别乐器的特殊的本性，它好像是通过它那协和的起头音——作为一个特殊的、有区别的起头音——制约着发出来的音响的元音。正如这种协和的起头音永远提不到那富有意义的、就感情的理解而论受到制约的文字语言辅音的意义的地位，也不能进行变换，从而也不能对元音起到变换的作用一样，如同这一个的样子，那么一种乐器的声音语言也就不可能浓缩成为只有理智的器官——文字语言——才能达到的表现；作为感情的纯粹的器官，它恰好只能说出文学语言本身无法说出来的东西，从我们理智人的立场出发来看，那就不折不扣是**非言语所能形容的东西**。至于这种非言语所能形容的东西，并不是本身非言语所能形容，只是对我们的理智的器官来说是非言语所能形容的，因而也就不是一种仅仅想出来的，而是一种实实在在的东西，的的确确显而易见地是管弦乐队的各种乐器宣示出来的东西，它们每一种都是各管各的，然而在同其他乐器的多变的统一动作中，却是无限地更为丰富多彩、明白易懂地把它说出来。①

现在我们先来看一看那非言语所能形容的东西，这是管弦乐队绝对有把握把它表现出来的，而且是与另一种非言语所能形容的东西——**动作**——相结合。

身体动作，像它在最善于表现的四肢以及面部表情的意义丰富的活动中作为由内在感受所决定的宣告，在一定程度上完全是非言语所能形容的东西；当语言只能够把它描写、把它说明的时候，恰好只有那四肢或者那表情能够最真实地把它表达出来。如果是文字语言完全能够传达的，那就是说需要从理智诉诸理智的传达的对象，根本不需要通过动作的陪伴或者加强，不错，——不必要的动作只能够干扰传达。在这样一种传达中，如是我们遇上从未看到过的，那听觉的感性器官并没有受到激动，它就只是充当无动于衷的媒介。然而在一种事物的传达中，如果文字语言不能具有充分的说服力来宣告必不可少的激动的感情，也就是说缺少一种向情绪倾泻的表达方式，那么就绝对需要有通过陪伴的动作的加强。由此可见，凡是听觉应该被引向比较重要的感性的参与的地方，传达者也会不由自主地转向眼睛：耳朵和眼睛必须对一种提高一级的传达互相保证，以便给感情做好有说服力的传达。可是动作在它变得非此不可的传达中对眼睛表示出来的，却正是文字语言再也不能表现的东西，——假如文字语言能够这样做，那么动作就是多余的而且是起干扰作用的

---

① "非言语所能形容的东西"的这一种容易的解释，人们也许不无道理地把它发展到所有宗教哲学的东西上面去，这些东西，从说话人的立场出发，被认为是**绝对**非言语所能形容的，其实是非常明显地说得清楚的，只要有相应的器官得到应用的话。（瓦格纳）

了。由此可见，眼睛是通过动作采取一种还缺乏传达诉诸听觉的相应的平衡的方式受到激发的；然而这种平衡却是为了完成使印象得到对感觉的充分了解所必需的。那在激发中变为旋律的文字诗篇，终于顺利地使原始的语言传达的理智内容融化为一种感情内容；然而传达诉诸听觉的与动作完全相适应的因素，却还没有被包含在这旋律里面；正是在它里面，作为**受到最强烈的激发的**语言表现，蕴藏着促使动作作为一种强化的因素的提高的**根由**，这是旋律依然**需要**的因素，正因为这种与它——动作的强化的因素——完全相适应的东西还未能被包含在里面。诗篇旋律因此只包含宣示动作的条件；可是动作面对感情应该这样合理处理的东西，如同文字诗篇通过旋律，或者旋律通过和声需要合理处理——更好一点：**解释清楚**——那样，却还是处在**那种**旋律的能力范围之外，它从文字**诗篇**中产生，而且继续用它躯体的主要的、受到必要的条件制约的一面，向着文字语言，而文字语言是无从说出动作的特点的，因此它求助于动作，偏偏这种与它完全相适应的东西又不能够传达给那要求传达的听觉。——然而动作在文字声音语言中那种非言语所能形容的东西，却又有那与这种文字语言完全脱离开来的管弦乐队的语言能够这样地传达给听觉，如同动作自己向眼睛宣示一样。

管弦乐队在这方面的能力，是从为感性动作——**舞蹈动作**的伴奏获得的，这种动作，是伴奏为了它易于了解地宣示一种决定于它的本质所必不可少的东西，这个时候，舞蹈动作，根本就说动作吧，对管弦乐队旋律的关系大概是这个样子，有如文字诗篇对于受到它的条件制约的歌唱旋律，亦即动作与管弦乐队旋律，才这样构成一个整体，本身可以理解的整体，正如文字声音语言是另一回事一样。——它们最感性的接触点，这就是说两者——一个在空间上，一个在时间上，一个诉诸眼睛，一个诉诸耳朵——显示为完全相同而又互为条件的一点，由舞蹈动作和管弦乐队保存在**节奏**之中，而且两者又必须按照同它的每一距离重新回到这一点上去，以便在那揭示它们最原始的亲属关系的东西身上继续使人了解或者变得使人了解。然而从这一点出发，动作又像管弦乐队一样采取相同的比例向两者各具特色的语言本领扩展。正如动作凭这一套本领把一种只有**它**说得出来的东西诉诸眼睛一样，管弦乐队则完全照这样子把那又与这一类宣示完全相适应的东西传达给耳朵，就像音乐的节奏在亲属关系的出发点上把那感性上最易体认到的舞蹈动作的各种因素所造成的诉诸**眼睛**的东西向**耳朵**说个清楚一样。那举起之后重新落下的踏脚对眼睛的关系，是同那重音的下拍对耳朵的关系完全一样的；因此由乐器演奏出来的富于动作、旋律上联结各个下拍的音型对耳朵的关系，同脚或者其他具有表现能力的肢体在它们那与下拍相适应的变换之间的动作对眼睛的关系也完全一样。现在动作距离它那舞蹈的最明确同时却又最受限制的基础越远，它分配它那最鲜明的重音就越有节制，以便在表现手法最丰富多彩而又最细致的过程中成为一套无所不能的语言本领，——乐器语言的音型也就构造得越发丰富多彩和细致，这种乐器语言为了令人信服地传达动作的非言语所能形容的东西，获得了一种最有特性的旋律的表现手法，它那无限丰富的能力不论就内容还是就形式而论都不能用文字语言加以表示，正因为这种内容和这种形式都已经通过乐队旋律**全部**给耳朵送过去了，而且只能够再由眼睛去感受，而且是作为与那种旋律相适应的动作的内容与形式。

关于歌剧里管弦乐队这种独特的语言本领至今还远未充分发挥到它所能发挥的程度的问题，究其原因正是在于——有如我在它那里已经提到的那样——正当歌剧处于缺乏一切真正戏剧性基础的情况之下，从舞蹈哑剧那边，还有手势表演被完全突然地为它搬了过来。这种芭蕾舞蹈哑剧只能够用完全受到限制、为了尽可能使人了解终于成为刻板地接受过来的固定的动作和手势来表现，因为它完全缺乏决定以及说明它的更大的多样性所必须具备的种种条件。这各种条件包含有文字语言，更确切地说它不是**被拉来**帮忙的，而是动作**拉来**帮忙的文字语言。这一套提高了的语言本领，管弦乐队在哑剧和歌剧里面因此不能获得的本领，是由它，像是本能地知悉自己的能耐一样，试图在那从哑剧那里解脱出来的、绝对的器乐里面去争取的。我们看到了，这种追求必须用它高度的力量如诚实，通过字句以及由字句制约着的动作，引向对自己行动的剖白的要求，现在要做的只是认清楚，怎样才能从另一方面，又通过管弦乐队那完善的语言本领，在它那文字诗篇旋律最高的、最能解释清楚的剖白与动作的结合上，使诗的意图得到完全的实现。

诗的意图，看它怎样想要在戏剧中得到实现，决定了动作的最高的和最丰富多彩的表现。是的，它要求它的多样性、力量、精致和灵活性到了那样一种程度，这是任何地方所没有而唯独在戏剧里面才有可能出现的，因此也有必要为这种完全别具特色的戏剧去创造这些条件；因为戏剧情节连同它所有的动机，是一种提高而且加强到超越生活直到神妙的地步的。对感情来说，情节的种种因素及其种种动机的压缩，只有采取还是压缩的表现手法才能得到了解，这种手法是从文字诗篇提高到直接决定感情的旋律的地步的。既然这种表现提高到了旋律的地步，它也必不可少地需要那决定于它的动作超过一般语言动作的标准的提高。可是这种动作，按戏剧的性格来说，不仅仅是一种单独的个人的独自式的动作，而是一种从许多个人性格上关系复杂的遇合提高到极度丰富多彩的程度的动作——不妨这样说："多声部的"

动作。戏剧的意图不仅把内在的感受拉到——自己身边——进入它的范围之内，而且——为了它的实现的缘故，完全——特别在那表演人物的外表的肉体的现象上宣示这种感受。哑剧满足于给演员的形象、姿态与服装戴上典型的面具；无所不能的戏剧则撕掉演员的典型的面具，——因为它具有为它证明是正确的语言本领——，而且指出他们恰好是这样而不是别样地表现自己的个性。戏剧的意图因此直到极个别的细节上决定演员的形象、面部表情、姿态、动作与服装，以便让他每一瞬间都显示出这是一个迅速而又明确地可以认识的、与所有同他相遇的人物都是大有区别的个性。然而这一个个性的明摆着的可区别性，只有当所有与他相遇而且牵涉到他自己的个性都完全具有同样的、明确规定的、一目了然的可区别性的时候，才是可能完成的。现在我们试着来具体设想一下这一类界限分明的个性彼此之间变化无穷的关系的现象，——情节的多种多样的契机和动机就是从这种关系中发展出来的；我们又试着根据那使人激动不已的印象去揣摩它们的情景，——这种印象是它的外貌对我们牢牢被吸引住的眼睛必然要造成的。我们因此也就理解，听觉对一种完全适应于眼睛的印象，回过头来又是它所能理解的印象的需要，在这一印象里面，显示出头一个印象得到补充，得到辩解或者得到阐明；因为："经过两个证人口，（全部）真相（才）明了。"

然而凡是听觉要求得到的东西，却正是眼睛所接受的印象的非言语所能形容的东西，凡是诗的意图仅仅通过它最切近的器官——文字语言——去安排它本身及其运动中的东西，它就不能够令人信服地传达给听觉。如果这种诉诸眼睛的外貌根本不存在，那么诗的语言就会觉得有权利把想象的叙述和描写传达给幻想；然而如果它——像最高的诗的意图所要求的那样——自己直接提供给眼睛，诗的语言的描述就不仅是完全多余的，而且对听觉来说也完全是毫无印象的。然而这种在它看来非言语所能形容的东西现在恰好由管弦乐队的语言传达给听觉，而且这种语言正是从那受到姐妹性的眼睛的刺激的听觉的要求获得一种新的、无可估量的、如果没有这种刺激那可是潜藏着的或者是——如果只是从自身的欲望唤醒起来的话——无法表达清楚的本领。

* * *

管弦乐队的语言本领，为了这里规定的提高的任务，首先也还是依靠它与手势的语言本领的亲戚关系的，正如我们从舞蹈那里所认识到的那样。至于各个音型，就那特别适应的乐器的个别的性格而论是独具一格的，通过管弦乐队的特殊个性的相应的混合，又构成独具一格的乐队旋律，现在那在它感性的现象上和通过手势诉诸视觉的东西，凭借这些音型达到了**那样的程度**，这些手势和现象的诠释，对直接领会的听觉做到同一现象的相应理解的诠释，不需要第三者，即中介的文字语言，也像对眼睛的理解一样是必不可少的。

让我们对此做出明确的规定吧。——我们通常总是说"我在你的眼睛里察觉到"；这就是说："我的眼睛，按照一种只有它能够理解的方式，从你的眼睛的神色中察觉到一种蕴藏在你身上的不由自主的感觉，这种感觉又是我不由自主地同样感觉到的。"——我们试把眼睛的这种感受能力越过要去认知的人的全部表面形象，延伸到他的现象、姿态和手势上面去，那我们就要去证实，眼睛是可靠地掌握和理解这个人的表现的，只要他**依照完全不由自主的性质**表白他自己，自己内心是完全统一的，而且以极度的诚实表明他内在的情绪。然而凡是人那么真实地表白自己的瞬间，都只是最充分地安静的，或者是极度地激动的：至于在这两个极端之间的，则是在它走向极度的激动或者从这一番激动又转向一种和谐地得到调解的安静的时候，完全在一定程度上决定于那诚实的热情的过渡。这些过渡是由有意的、深思熟虑的意志活动和不自觉的、必然的感觉的混合造成的：这一类依照不由自主的感觉的必然的方向的过渡的规定，而且是以不能遏止的进步注入真正的、不再受深思熟虑的理智的制约和妨碍的感觉，就是戏剧里面诗的意图的内容，诗人又正是为这一内容在文字诗篇旋律里面找到了唯一得以完成的表现，就像它作为文字声音语言的花朵所显示的那样，作为机构，它一方面转向深思熟虑的理智，另一方面却又是转向不由自主的感觉。手势——我们在这一意义之下所理解的是人的现象诉诸视觉的全部表面的宣示——在这一发展过程中只占到受制约的一部分，因为它只有**一**方面，而且是感觉方面，它是凭这方面诉诸视觉的：然而对眼睛隐藏起来的，却正是文字声音语言转向理智的一面——而且对感觉来说它将始终是完全不可认识的，如果文字声音语言用它的**双**方面——即使有一方面比较软弱也比较缺乏刺激性——转向听觉，而又不能从听觉产生提高的本领，也把这背向眼睛的一面明明白白地引到感觉那边去的话。

管弦乐队的语言能够通过听觉做到这一点，那是它通过对诗篇旋律的同样内在的依据，正如以前依据手势一样，提高到思想诉诸感觉的传达，而且是当前的诗篇旋律——作为一种混合的，还没有完全统一起来的感觉——不能够也不愿意说出来的思想的传达，然而要由手势把这种思想传达给眼睛却是更不好办的，因为手势是最当面的东西，因此由那在诗篇旋律里面宣示出来的不确定的感觉，注定是一种同样不确定的，或者是由这种不确定性单独表现出来的，对眼睛来说真正的感觉因此注定是不能明白易懂的。

在诗篇旋律里面，不仅文字语言同声音语言结合起来，而且也由这两种器官表现出来的东西，也就是当面的东西同当面的东西——思想同感觉——结合起来。其中当面的东西就是不由自主的感觉，正如它必然地注入音乐旋律的表现一样；不当面的东西就是抽象的思想，正如它在文字熟语里面作为反映的、专断的因素保存起来一样。——现在我们就更进一步来审定一下，我们所理解的**思想**究竟是什么意思。

＊　　＊　　＊

如果我们从艺术的观点出发去掌握对象，而且从根本上走向它的源头，我们也会很快达到一种清楚的概念。

凡是我们通过任何一种传达的器官或者通过所有我们的传达器官的总体的运用都**根本不可能**说清楚的东西，即使我们**愿意**也无济于事，这样的东西都不是东西，——是虚无。反之，凡是我们能够为它找到一个定名的东西，也就是某种实在的东西，而这种实在的东西是我们可以认识的，只要我们把这个定名自然而然地用在事物的上面，给这个定名本身加以解释的话。这个名词：**思想**，是非常容易解释的，只要我们回到它感性的语根上去。"思想"是真实的但不是当面的东西，在我们"想念"中"认为"的概念。① 这种不是当面的东西，就其起源而论是一种真实的、感性上认知的物品，曾经在别一处地方或者别一个时间给我们留下了特定的印象：这个印象曾经支配过我们的感受，为了传达这种感受我们不得不创造一个说法，以求按照一般人类的类属感觉的能力去适应物品的印象。因此我们只能够按照物品对我们的感觉所发生的影响去接受那种物品，而这种又决定于我们的感觉能力的印象，则是物品在我们的**想念**中所认为的概念，因此想念和回忆是同样的东西，实际上思想就是在回忆中返回来的概念，它——一种物品对我们的感觉产生的印象——由这种感觉本身构造出来，又从那想念的回忆、感觉的持续的能力和对它产生的印象的力量的见证，从感觉本身引向强烈的激动，引向印象的同感。我们这里没有必要在思想向一切自行获得的或流传下来的概念的联系性的推想的能力上多花时间，这些概念属于回忆中保留着的已经变成过去的东西，——思维，就像我们在哲学性的科学上所遇到的那样；因为诗人的道路是从哲学出发走向艺术作品，走向**思想**在感性上的**实现**的。只有一点还需要我们加以明确的审定，凡是没有首先给我们的感觉留下

---

① 这里的原注是关于德语音词"Ceist"的演化的类似的阐述。因用汉语做不出与此相适应的阐述，所以略去不译。——译者

印象的东西，我们也不能够想起它，而先行的感觉现象则是构成那需要宣示的思想的条件。因此思想也是由感觉激发出来的，而且必然非此不可地重新注入感觉中去，因为它是**一种不是当面的感觉和一种当面地迫切要求宣示的感觉之间的纽带**。

诗人的诗篇旋律现在——在一定程度上，在我们的眼前——实现了那种思想，这就是说，把从想念中呈现出来的非当面的感觉转为一种当面的、真正可以认知的感觉。在纯粹的文字诗篇里面，它保持着那从回忆中叙述的、想出来的、描写的非当面的然而是**制约性**的感觉，反之在纯粹音乐的旋律里面却是**受制约**的新的、当面的感觉，那想出来的、激发的、非当面的感觉是作为与它有亲戚关系的、新实现的东西演化到它那里去的。那在这种旋律里面宣示出来的、在我们眼前从一种过去的感觉的想念中良好地发展而且有根有据的、感性上直接打动人心的而且准确无误地对关切的感情加以规定的感觉，现在就是这样一种现象，它曾经是被传达给我们的，现在是那么合适地属于我们，就像属于那把它传达给我们的思想一样；我们又能够像它返回传达者之为思想——这就是回忆——那边去一样，把它完全同样作为思想保留起来。——当传达者在这种感觉现象的想念中又迫切地感到要表达一种新的、再一次地当面的感觉的时候，他现在只是作为被描述的、向回忆的理智简单揭示的、非当面的因素，把它这样加以接受，像他在同一诗篇旋律里面作为孕育感觉的思想去表达一种从前的、把我们推移到它那活灵活现的境界中去的感觉，至于在诗篇旋律里面，想念则显示为那种——现在是交托给了回忆的——旋律的现象了。可是那接受了新的传达的我们，现在却只能够通过听觉保留住那种现在只是想起来的感觉，**在它本身纯粹旋律性的宣示上：**它变成了纯粹音乐的所有物，而且由管弦乐队用相应的表现方式引向感性的认知，在我们心目中，它好像是传达者刚才想起来的东西变成了现实的东西，变成了当面的东西。一支这样的旋律，像它作为一种感觉的倾诉由表演者向我们传达出来，使我们这一表演者的思想化为现实，即使表演者只是还在回忆中藏着那一种感觉，只要它由管弦乐队淋漓尽致地在那里演奏，它就能够教它实现；是的，甚至于当眼下的传达者根本没有意识到那种感觉的时候，它那管弦乐队的独特的鸣响也能够在我们心中激发起敏锐的感觉，为了一种联系的完成，为了一种情况通过动机的暗示达到高度的理解，这些动机是包含在这一情况之中的，然而在它表现的瞬间可不能够一清二楚地显露出来，至于这种感觉，它在我们身上将会变为**思想**，可是本身却不再是那种思想，而是思想的**变为当面的感情内容**。

音乐家的本领，当它由诗的意图应用到高度的实现上去的时候，它就通过管弦乐队成为无可估量的了。——没有受到诗的意图的制约，绝对音乐家迄今一直自认为他有必要同思想和思想的组合打交道。每当音乐的主题被称为"思想"的时候，这或者是这个字的漫不经心的应用，或者是音乐家的错觉的宣示，他把一个主题叫作思想，他当然是想过点什么东西，可是这点东西谁也不了解，顶多是这样的人，音乐家把他想过的东西用枯燥的语言给那人描述了一番，而且又借此向他提出请求，求他也依据这想过的东西在主题方面进行思考。音乐是不能思考的；但是它能够把思想付诸实现，这就是说，不再把它的感受内容当作一种回忆起来的东西，而是使之历历如在目前地表达出来：然而只有当它自己的表达受到诗的意图的制约的时候，它才能做到这一点，而这一意图又不是作为一种仅仅想出来的东西，而是首先通过理智的器官——文字语言，一清二楚地作为明摆着的意图揭示出来的。一个音乐的动机，只有当那在动机里面说出来的感觉在我们眼前由一个特定的个人面对一个特定的对象作为同样特定的——这就是说妥善地受到条件的制约的——感觉宣示出来的时候，才能够对感情造成一个特定的、塑造成思想性的活动的印象。这一些条件的舍弃，就把一个音乐的动机作为一点不确定的什么放到感觉那边去，而这一点不确定的什么又能够采取同一的现象那么翻来覆去，对我们来说始终是一点正是只在翻来覆去的不确定的东西，这是我们从它的现象的一种被我们感受到的必然性所不能辩解的，因而它也不能与任何别的东西结合起来。——然而注入了——不妨说是在我们眼前——一个戏剧演员的思想性的文字诗篇的音乐的动机，却是势必由某种条件所决定的；在它重复的时候，有一种**特定的**感受真切地传给我们，而且又是作为那一种刚刚迫切要求表达一种新的感觉的感觉，这种感觉是从那一种——现在由他那一面是并不明显的，可是通过管弦乐队却使我们感性上认知的——感觉引伸出来的。那一动机的同时鸣响，因此给我们把一个非当面的制约性的感觉同那受到它的制约的、刚刚促成它的宣示的感觉结合起来；而且就在我们这样促使我们的感觉成为一种特定感觉与别的感觉的有机成长的明朗化的认知体的同时，我们给我们的感觉授予思维的本领，然而这里所说的却是，提高到思维之上的、在感受中实现的思想的不由自主的知识。

*　　*　　*

在我们转向那一直提示过的乐队语言对于戏剧造型能力的答案之提出之前，为了全面衡量这种能力的范围，我们还必须对它的最大限度的本领做出明确的测定。——这是所指的它的语言能力的胜任程度，是乐队从它各种本领的综合获得的，这些本领，一方面是通过它对手势的依靠带来的，另一方面是通过它对诗篇旋律的想念的接受带来的。正如手势从它的初始——极感性的舞蹈动作——发展成为最富于神智的表情表演；正如诗篇旋律从感觉的单纯的想念一直前进到感觉的历历如在目前的宣示，——那从两种因素获得它造型的力量的管弦乐队的语言能力也就这样成长起来，而且从两者的成长得到哺育和提高到它们极限的能力，从这种双重的资料源泉出发走向一种特殊的最高的能力，在这种能力上面，我们看到，乐队长河的两条分开的支流，由于流入的小溪和小川而大大涨满了之后，仿佛又重新汇合起来，然后继续流下去。每当手势完全静止的时候，表演者的旋律性的词令完全沉默的时候，——也就是说，当戏剧从那还未表达出来的内在的情绪出发进行准备的时候，这些迄今还未表达出来的情绪能够由管弦乐队采取这样的方式表达出来，使得它的宣示带有由诗的意图造成必不可少的制约的**预感**的性质。——

这种预感是一种没有说出来的东西，因为——在我们文字语言的意义上——它还是一种非言语所能形容的感受的宣示。非言语所能形容，这是一种感受，还未确定的感受，而它的不确定，是在它还没有通过与它相适应的**对象**做出规定的时候。这种感受的运动，预感，因此就是感受对对象做出规定的不由自主的要求，这种对象又是被它需要的力量预先规定了的，而且是作为这样的一种必须与之相适应的对象，因而是它所期待的。在它作为预感的表达里面，我愿意拿调音完善的竖琴的感受能力来做比较，它的琴弦从随意飘荡的气流发出音响，而且期待着给它们拨出清晰的和弦的乐手。

这样一种充满预感的情绪是需要诗人为我们唤醒的，**以便从它的要求出发促使我们本身成为艺术作品的必不可少的合作者。**他在我们身上唤醒这一要求的同时，也在我们激动的易感性里面给自己取得制约条件的力量，这种力量是唯一使得他塑造他正是企图塑造的现象的形象成为可能的，而这种形象的塑造必须与他的意图相适应。像诗人必须把它唤醒成为我们这边非此不可的助力的情绪那样，那绝对的乐器语言直到现在为止早就已经在种种情绪的产生上被证明是无所不能的了；因为正是不确定的、充满预感的感受的刺激才是它最独特的效果，凡是它也想要明确地规定那刺激起来的感受的地方，它就必然无处不成为它的弱点。现在让我们把乐器语言这一套非凡的、唯一有办法的本领用到诗人按照特定的意图把它付诸实施的戏剧的因素上面去，那么我们就有必要弄明白，这种语言借以适应诗的意图进行表达的种种感性的表现手法的因素，是从什么地方取得的。

我们已经看到过，我们绝对的器乐必须为它的表现手法从一种对我们耳朵熟悉的舞蹈节奏和由此产生的曲调，或者从民歌的旋律线条提取种种感性的因素，就像它对我们听觉同样养成的那样。对这些因素里面多少是不确定的东西，那绝对的器乐作曲家总在想方设法把它提高到明确表现的程度，他按照亲属关系和差别性，通过增长的和减少的强度，犹如通过表演的加快和延缓的运动，最后是凭借乐器丰富多彩的个性所造成的表现手法的特殊的性质，把这些因素拼凑成一幅对幻想演出的图画，就是这幅图画，也是他迫切地感到只有再通过被描写的对象的仔细的——音乐以外的——指示才弄得清楚的。那所谓的"音画"，曾经是我们的绝对器乐发展的明显的出发点：在它里面，这种艺术把它那不再面向感觉，却转向幻想的表现手法严重地冷却了，而且每一个人都会清楚地留下这样一种印象，在一部贝多芬的乐曲上听到了一首门德尔松的，甚至于柏辽兹的管弦乐作品。话虽这样说，事实却不能否认，这样一种发展的过程是必不可少的，而那特定的向音画的转变是从比较真诚的动机产生的，例如回到巴赫的赋格体就未可称道。然而也特别必须承认的是，乐器语言的感性的能力通过音画得到了不比寻常的提高和丰富。——我们现在认识到，这一套本领不仅被提高到了无可估量的程度，而且同时完全从它的表现手法上解除了那冷却的东西，只要音画家对那给他送上来的东西敢于不顾幻想而转向感觉，那就只是把由他向感觉传达的描写的对象当作一种当前的、真正的东西向感官宣告的——而且刚好不是作为了解他的音画的单纯的辅助手段，而是作为取决于一种最高的诗的意图，为了实现这一意图，音画就应该是帮助的力量。音画的题材只可能是自然现实或人类生活中的因素。然而正是这一类使音乐家迄今仍感到被它的描写所吸引的自然现实和人类生活的因素，是诗人为重要的戏剧的发展准备所必需的，而到目前为止，它的这种大力的协助却被绝对的戏剧作家视为对他所向往的艺术作品极端不利，根本就必须抛弃，因为那些因素越是应该从场景出发向眼睛表现自己，不要音乐的补充及影响感情的参与，他就必然认为是缺乏论证的、干扰的、麻痹的，却不是协助的和促进的。

那些不得不由诗人激发的我们内心的不明确的、充满预感的感觉，始终需要同一种重新需要诉诸眼睛的现象联结在一起；这种现象将要成为自然环境的，或者是这一环境的人类中心的因素，——无论如何是这样一种因素，它的运动还没有受到一种特定地表达出来的感觉的制约，因为这种感觉只能让文字语言借助手势和音乐的已经更进一步标明的结合说出来，——那就是说，这样的文字语言，它明确的表达正是被我们当作一种通过强烈的要求才能引发的东西。除了乐器语言之外，没有一种语言能够**如此富于运动性**地来表现一种准备的安静：使这种安静提高到富于运动性的要求的程度是它最独特的本领。凡是为我们从一个自然场景或从一种静默的、没有手势动作的人类现象向眼睛提供的东西，又从眼睛出发规定我们的感觉转向平静的观察，这一点是音乐采取某一方式能够把它带到感觉那边去的，也就是说，它从安静的契机出发，推动这种感觉趋向紧张和期待，从而恰好是引出了要求，这种要求就是诗人为了他意图的表达作为我们方面促成的助力所需要的。诗人甚至需要感觉对于一个特定的对象的这种刺激，以便为我们自己准备一种对眼睛具有决定性的现象，因为——除非我们被激发起来的对它的期望，采取像它所表达的方式，因为与期望相适应而对它起制约作用，那就连自然场景或人们性格的现象也不会给我们呈现出来的。——

音乐的表现，在它运用这一套极端的本领的时候，只要它不吸收刚才标明的诗的意图，它就始终是完全模糊的和不明确的；然而这一套涉及一种特定的需要实现的现象的本领，却能够预先从这种现象这样取出那准备着的乐曲的感性的种种因素，即它从多方面完全这样去适应它，好比那最后呈示的现象适应种种期待那样，这种种期待是那预告的乐曲在我们心中激发出来的。真正的现象随即作为得到满足的要求，作为有根有据的预感，来到我们的面前；于是我们回想起，诗人必须把戏剧的现象作为超越普通生活的、奇妙的现象给感觉活灵活现地展示出来，这样一来我们也有必要懂得这个道理，如果它那最后赤裸裸的宣示不能从我们准备好的、而且为了充满预感的期待进入紧张状态的感觉以必要的方式受到制约，使得我们作为要求的满足对它直截了当地提出要求的话，这种种现象将不可能作为这样的现象向我们宣示，或者对我们来说它将必然显得是不可理解的而且是陌生的。然而只有那由诗人这样充实的管弦乐队的声音语言，才能在我们身上激发出这种必不可少的期待，若没有它的艺术的助力，那神奇的戏剧也就既无从设计也谈不到执行。

六

现在我们已经掌握了联系戏剧的统一表现的一切纽带了，只是还需要弄清楚，它们之间**怎样**串连起来，以便作为统一的**形式**去适应统一的内容，这个内容是只有通过这种统一的形式的可能性才能够作为同样统一的内容来塑造形象的。——

戏剧表现的赋予生命的中心是演员的**诗篇旋律**：预备性的绝对的乐队旋律是作为**预感**同它搭上关系的；乐器动机的"思想"是作为**回忆**从它那里引伸出来的。预感是扩散的光，在落到物体上的同时，它使得那物体特有的、由它自己的条件所决定的颜色成为一种明显的真实；回忆是关于所获得的颜色本身，画家怎样从物体上取得它，以便把它转用到与之相关的物体上面。诗篇旋律的宣告者——演员的对眼睛显而易见的、始终历历如在目前的现象和运动，就是戏剧的手势；它通过管弦乐队对听觉说个清楚，它使它那最本原的和最必需的功效成为诗篇旋律的载体。——在演员诉诸听觉如同诉诸眼睛的一切传达的总表现上，**管弦乐队**承受了连续不断的、从各方面说都是独当一面的、被阐明的一项任务：那是音乐的富于运动的母腹，表现的统一的纽带就是从这里生长的——**希腊悲剧的合唱**在**现代管弦乐队**里面为戏剧留下了它那感情上必不可少的意义，以便在它身上，摆脱掉一切的拘束，发展到无可估量地丰富多彩的表达的程度；然而它那现实的、特别属于人性的现象却为此从合唱席被提高到舞台上面去，以便把它那蕴藏在希腊合唱之中的人的个性的萌芽，作为戏剧本身直接地行动的与受难的参加者，发展成为最高的独立的花朵。

我们现在试着来考察一下，看诗人怎样从他在其中完全变成了音乐家的乐队出发，回到他那迄今一直指引着他的意图那边去，而且是为了通过那现已为他发展得无比丰富的表现手段把他的意图加以实现。

*　　*　　*

诗的意图首先是在诗篇旋律里面得到实现的；我们在和声的管弦乐队里面认识到了纯粹旋律的担当者和阐释者。现在还需要仔细加以衡量的是，那种诗篇旋律对戏剧本身采取什么样的态度，而在这种关系上管弦乐队又能够发挥怎样的可能的功效。

我们已经在管弦乐队里面找出了唤起预感和回忆的能力；我们了解预感作为现象的准备，它最后用手势和诗篇旋律表示出来，——反之回忆却是从它派生的引线，而且我们现在必须仔细确定，与戏剧的必然趋势相适应，什么东西同时用预感和回忆这样去填补戏剧的空间，即为了它的理解的最充分的增补，预感和回忆都曾经是必不可少的。

可以由管弦乐队借用以便其进行独立表现的，必须是那些还未使语言思想从戏剧人物完全化为音乐感受的因素。正如曾经注视过音乐旋律从语言诗篇的生长，而且认识到这一种生长是决定于语言诗篇的本性的条件的；正如对于旋律出于条件制约性的语言诗篇的论证，亦即理解，我们不仅必须把它理解为一种艺术上需要考虑和实行的，而且是面对我们的感觉必须有机地促成其实现的，而且是在其诞生过程中将它加以展示的：那么，也就有必要把那戏剧的情势从种种条件成长起来的过程提供给我们，这是一些在我们眼前逐步提高的条件，诗篇旋律正是在这个高度上作为某一特定表达的感觉因素的难以相应的表现使我们觉得是非此不可的。

一支完成了的、制造出来的旋律——我们过去这样看过——对我们来说是不易理解的，因为它是勉强说出来的；一种完成了的、制造出来的东西对我们来说也一定是始终不易理解的，正如自然界在我们心目中曾经是不可理解的一样——只要我们一天把它看作是制造出来的什么；反之，一旦我们认识到它是一种存在的东西，也就是说永远成长的东西，它就是我们所能理解的了，——作为一种存在的东西，它的成长不论是在最近的还是最大的范围内对我们来说都是历历如在目前的。如果诗人在经常的有机的成长过程中向我们呈示他的艺术作品，而且使我们自己成为这一成长的有机地参与活动的见证，他就因此为他的杰作清除掉一切制造的痕迹，不经过它那些痕迹的消除，凭他这份创作只能够教我们陷入冷到毫无感觉的惊讶，这种惊讶是由对一件机械的杰作的观看充满我们的内心的。——造型艺术只能够展示完成了的东西，也就是说没有动作的东西，因而永远不能使观览者成为一种现象的成长的深信不疑的见证者。绝对的音乐家在他极端迷惘的情况之下陷入了模仿造型艺术的错误，不提供成长过程中的东西而是提供完成了的东西。只有戏剧是空间上和时间上这样诉诸我们的眼睛和我们的听觉的艺术作品，使得我们在它的成长过程中进行自觉的参与，因而也就把那成长了的东西作为一种必然产生的、一清二楚的东西通过我们的感觉去领会。

　　诗人，想要我们做他艺术作品的成长参与活动的、唯一使之成为可能的见证的诗人，也许有必要小心提防，哪怕是最小的一步也会扯断那有机的成长的纽带，从而由于这种专横的强求伤害我们那不由自主地受到吸引的感觉：他那最重要的盟友说不定会暂时变得不忠实于他。然而有机的成长不过是从下到上的生长，从较低的机构向较高的机构的显现，急需的因素与一种得到满足的因素的联系。正如诗的意图从那一类只是就它的关系而论是无限扩大而又无穷辽远地分支的日常生活中真正存在的东西去收集情节及其动机的种种因素；正如它为了易于了解的表现的缘故把这一些因素和动机加以压缩而且在这一番压缩中予以加强：诗的意图也就为了它的**实现**的缘故完全同样地进行工作，就像它在**构想**的诗篇中对那些因素所做的处理那样；因为只有使得我们的感觉成为它那构想的诗篇的同伙的时候，它的意图才能得到实现。——对感觉来说，最易领会的是我们日常生活的观照，在这种生活里面，我们是习以为常地依据爱好和需要处理问题的。因此如果说诗人是从这种生活和他所习惯的观点来收集他的主题，他也就首先是按照一种表现给我们展示他所编造的形象，这种表现对这种生活来说是并不那么**陌生**的，以致它根本得不到那些受到生活的拘束的人的理解。因此他首先需要把它安放在生活处境中向我们展示出来，这种生活处境是与我们自己经历过来的或者终究能够经历到的处境具有明显的相似之处的；只有在这样的基础之上他才能够逐步攀登到构成情势的程度，这种情势的力量和妙术正好把我们从平凡生活中超度出来，并把人物按照他能力的极端的丰富展现给我们看，看这些情况怎样通过一切偶然显现的东西的远隔在那些强烈地表达出来的人物的遇合中发展到高潮，它就在那高潮上向我们显出它超越平凡的人的标准的提高，——那么那些行动的和受难的人们的**表现**，也就必然需要从一种对平凡的生活尚可认识的、只是凭借条件优越才得到的提高，上升到一种这样的生活，就像我们在音乐的诗篇旋律上作为一种超越平常的表现来标明的这种表现一样。

但是现在要做的事是规定我们对情况和表现来说需要确定为最起码的起点之点，而且我们应该从这一点向那一种生长前进。如果我们进一步加以观察，那么这一点正是我们必须置身其上的一点，以便使得诗的意图的实现通过同一的传达在根本上成为可能，而这一点所在的地方却是诗的意图从它所自出的平凡的生活分离的地方，以便把它编造的图像摆到它前面来。在这一点上，诗人用他意图的响亮的自白和那受到平凡生活拘束的人们面对面地站着，而且呼唤他们注意：除非这一种注意心甘情愿地转向着他，他是不可能被倾听的，——直到我们那被平凡的生活拆散了的种种感觉完全像诗人在他的意图之内早就已经从这一种同样的生活去收集戏剧情节的因素和动机一样，集中成为一种紧缩的、充满期望的感觉。听众的心甘情愿的期望，或者是充满期望的意志，现在就是艺术作品的第一个具有可能性的因素，它决定了表现手法，在这种手法上诗人是必须与他相适应的——不仅是为了得到了解，而且是为了同时像紧张的心情要求着什么不比寻常的东西那样被了解。

这一种期望是诗人一开始就为了他意图的表达加以利用的，而且是用这样的办法，即把它——作为一种不确定的感觉——引向他意图的方向那边去，而且没有一种语言，正如我们所看到过的，比管弦乐队的纯粹音乐的不确定地具有确定性的语言更富于这种能力的了。管弦乐队表现了充满期望的感觉本身，这种感觉是面对艺术作品的现象控制着我们的；凡是与诗的意图相适应的地方，它就引导而且激发我们的紧张的感觉朝着那个方向到达一种预感，这是最终需要满足一种迫切要求的、明确的现象的预感。[①] 如果诗人现在把那所期望的现象在舞台上作为戏剧人物扮演出来，如果这个人物要用一种语言表述方式来表达，忽然把我们唤回生活的最平凡

---

① 我在这个问题上指的不是今天的歌剧序曲，我只需要在这里直截了当地提一下：每一个明白人都知道，这一些乐曲——只要其中真有什么需要了解的话——不应在戏剧**之前**而应在戏剧**之后**演奏出来，以便得到别人的了解。虚荣心已经引诱音乐家在序曲里面——还是在最幸运的情况之下——企图用绝对音乐的确切性去满足对于戏剧的时程的预感。（瓦格纳）

的情景中去，而我们是刚刚从那里移置过来的，① 那就将使得激发起来的感觉受到伤害和引起失望。在那激发我们的感觉的语言里面，也应该有那一种人物的宣示，而且恰好是我们的感觉受到吸引的那一类人的。在这一种声音语言里面必须由戏剧人物来主讲，我们应该带着激动的感情去了解他：可是他必须用这种语言这样讲话，使得他能够**决定**那在我们内心激发起来的感觉，而我们那通常被激发起来的感觉只是决定于它接受到固定的某一点，他就是能够环绕着这一点作为人类的同情心集中他的精力，而且在这一点上对这一个置身于特定的生活环境之中的、受这一种环境影响的、由这一意志鼓励的、而且是在这一计划中着手准备的人加强特殊的关切。表示个性的对感觉必不可少的种种条件，只能够令人信服地在文字语言中讲清楚，在同一语言，立即对日常生活自然而然地可以了解的语言里面，我们用这种语言是可以互相传达一种状况和一种意志的，同这种种条件相比，戏剧人物现在给我们阐述的种种条件必然是类似的，只要它们是要被我们所了解的话。可是正如激动的情绪已经要求的那样，即这种文字语言同那刚好激发了我们的感觉的声音语言相比，并不是截然划分的，它们必然已经是会融合起来的——正如那个理解的人同时也是被激发的感觉的同伙——，那么那由戏剧人物加以阐述的内容也就完全自然而然地成为一种超过平常生活的境况的内容那样的提高了的内容，成为超过平常生活的表现的表现；而诗人只需要掌握这一种被要求和被获得的表现手法的特征，——他所应该关心的，只是如何用那使他得到合理解释的内容去充实这一种表现手法，以便清醒地意识到这提高了的立足点，他在这一点上凭借表现的纯粹的手段得到他的意图的贯彻。

这一个立足点，是一个已被提到这样高度的立足点，以致于诗人**能够**让他的发展直接从这里出发去选取为他的意图的实现所必需的不比寻常的和奇妙的物事，因为他甚至于已经**必须**了。戏剧人物和情景的奇妙的物事，他是完全在这种程度上去发展的，看表现手法如何在听他支使，那就是——当演员的语言，经过情景的基础的严格校正之后，而所谓基础，则是那一种从人类生活中提取出来的又是可以了解的，能够从那已经发声的文字语言提高成为真正的声音语言，作为它的花朵的是旋律，看它怎样由特定的、得到保证的感觉要求它成为特定的、得到保证的人物和情景的纯人性的内容的表达。——

---

① 那一直还在话剧里面保留着的幕间音乐，是我们戏剧作家和经理的糊涂艺术思想的雄辩的证据。（瓦格纳）

＊　　＊　　＊

一种从这一基础出发直到这样高度形成起来的情景本身，就构成戏剧的一个明显区别的环节，它是按照内容和形式由这一类有机的环节的一条链条造成的，这些环节必须那样地互相制约、互相补充而且互相承受，有如人体的有机的四肢，当他由那通过互为条件与互相补充的所有肢体造成一个完全的、活生生的身躯的时候，他什么也不缺少，然而也没有一点是多余的。

然而戏剧却是一具永新的而且重新造型的躯体，它与人体共同的只有一点，那就是它是有生命的，它的生命决定于内在的生命需要的条件。戏剧的这一种生活需要可是各不相同的，因为它的造型不是从永远停留在同一状态中的材料选取素材，而是从各不相同的人在各不相同的情况之下无可估量地多样结合的生活的无穷丰富的种种现象吸取这类材料的，它们又只有**一个**共同点，那就是——正因为都是人和人的情事。那些人和情事的永不相同的个性，通过相互的接触取得一种常新的外貌，它不断给诗的意图送来它意图的实现的新的必需品。戏剧很有必要与那变换的个性相适应，不断塑造别样的和新的形象；因此没有任何东西为过去的和当今的艺术时代在真正戏剧的造型上产生过更多的无能，有的，只是诗人和音乐家一开头就去寻求种种形式和固定种种形式，当他们认为有必要为了戏剧化把随便一份材料注入这些形式的时候，这些形式就应该在一定程度上使他们有可能做成一出戏。然而对真正戏剧的成为可能来说，没有一种形式比那用完全与戏剧毫无瓜葛的歌唱曲目彻头彻尾穿插起来的歌剧形式更使人感到吃惊和无能的了：不管我们的歌剧作曲家怎样努力和折磨自己，把它加以扩大和多样化，这个没有出息的、驴唇不对马嘴的零碎作品只能够——像被我们当场所看到过的那样——被切割成乱七八糟的破玩意儿。

另一方面，让我们把我们设想的戏剧的形式扼要地摆出来看一看，以便在一切妥为制定的、必不可少的、不断更新造型的变换中作为就本质而论是完善的、实在是唯一统一的形式去认识它。可是我们也要注意，是**什么东西**使得这种统一成为可能。

统一的艺术的形式只有作为统一的内容的表达才是可以想象的：然而我们之所以能够认识这统一的内容，则在于它采取一种艺术的**表现手法**来传达，通过这种表现手法它才能够**充分地**对感觉进行表达。一种内容，如果它将要决定一套双重的表现手法，这就是说一种由传达者更番地诉诸理智和诉诸感觉的表现手法，那么这种内容也同样只能是一种分裂的、不一致的内容。——每一种艺术的意图一开始都在追求统一的造型，因为只有当它到了接近这一造型的程度上，一种表达一般才能够成为艺术的表达：然而它那不可避免的分裂正好是在这个时候开始出现的，即那提供使用的表现手法不再可能充分表达意图的时候。由于每一种艺术意图的不由自主的愿望是诉诸感觉的传达，那么分裂的表现手法只可能是一种不能够尽量激发感情的表现手法：然而想要尽量传达它这一种内容的表现手法，却必须尽量激发感情才行。就单纯的文字语言诗人而论，通过他那表现机关来完成对感情的充分的激发是不可能的，因此通过他的表现机关不能诉诸感觉的东西，他就必须为了充分说清楚地意图的内容，把它传达给理智：凡是他不能让感觉去感受的东西，他就必须让理智去思考，最后他只能在决定点上把他的意向作为格言，这就是说作为空洞的、没有实现的意图说出来，这样一来，他只好无可奈何地把他意图的内容本身降低到一种非艺术的内容的地步。既然单纯文字语言诗人的作品显得是没有实现的诗的意图，那么绝对音乐家的作品就正好相反，它只好标明是完全缺乏诗的意图的作品，因为通过纯粹音乐的表现手法，感情也许是充分激发起来了，却不能够确定下来。诗人不得不为了不够用的表现手法的缘故把内容分裂成为一个感情的内容和一个理智的内容，从而把那受到激发的感情投入那不得安宁的不满足状态，正如他把理智调动到对感情的不安状态的无从满足的思考那边去。音乐家也并不逊色地强迫理智去探索表现的内容，表现手法原先是把感情那么充分地激发起来的，恰好没有在这一饱和的亢奋状态中给他带来安抚。诗人把这一个内容当作格言，音乐家——为了陈述随便一个实际上并不存在的意图——把它当作乐曲的标题。归根结蒂两者都需要从感情转向理智：诗人——为了确定一种完整的激动起来的感情，音乐家——为了面对一种毫无目的地激动起来的感情而请求原谅。

如果我们因此愿意给那作为统一的表现手法也可使统一的内容成为可能的表现手法准确地点出它的特点，那么我们就不妨为它做出这样的规定，即它最善于给感觉传达诗的理智的包罗万象的意图。一种这样的表现手法就是那样的一种，它在它种种因素的每一种之内都包含有诗的意图，然而也在每**一种因素之内都对感情把诗的意图隐藏起来，也就是——把它预见以实现。**——即使对文字声音语言来说，诗的意图的这一种完完全全的隐藏，也是做不到的，如果不能给它加上第一个共同发声的声音语言机关的话，这个机关必须随时随地——凡是文字声音语言作为诗的意图的最直接的隐藏者在它的表现手法上降落到那么低——使得它——为了这一种意图同平常生活的气氛的不可破裂的联系的缘故，只能够用一层几乎透明的声凌晨薄纱把它掩盖起来——有办法完全保持统一的感情表现的平衡。

管弦乐队就是——正如我们看到过的——这一种随时充实表现的统一性的语言机关，它在戏剧人物的文字声音语言的表现中，为了戏剧情景的更明白的规定，同平常生活的表现手法作为理智降落到它最可认识的亲戚关系的阐述的程度，通过它那回忆的或者预感的音乐表达的能力，使得那戏剧人物的下降的表现平衡到那样的程度，以致那激发起来的感情一直停留在它升高的气氛之中，永远不需要通过相同的降落转变为一种纯粹的理智活动。感情的相同的高度，它永远不会从这个高度降下来，而只有更向上升的需要，它通过表现手法的同样的高度来支配自己，又通过表现手法去支配一致，这就是：内容的统一。

可是我们得好生注意，管弦乐队的起平衡作用的因素**从来不是出自音乐家的专断，被当作什么单纯人为的音响配料，而是完全决定于诗的意图的**。如果这些因素说出了什么与戏剧人物的情况漠不相关的，对他们来说是多余的东西，那么表现手法的统一也就因偏离了内容而受到干扰。降落的或者预备的情景中那种单纯的、绝对音乐的渲染，像在歌剧里面为了音乐的自我张扬而采用那所谓的"Ritornell"，幕间演奏，而且甚至于弄到歌曲伴唱也备受欢迎那样，那就完全取消了表现的统一，而且把听觉的参与推给音乐的表达——这就再也不是表现，而是在一定程度上榨出来的东西。就是那种种因素，也必须唯一决定于诗的意图，而且是依照那样子，即它必须作为预感或回忆始终唯一地教感觉指向戏剧人物以及那与他相关的或者从他那里引起的事物。我们不可以对这些充满预感或充满回忆的旋律的因素有其他的听法，即它在我们心目中只能显示为一种由我们感受到的人物的补充和表达，现在它在我们眼前是不愿意或者不能够展示它的全部感受的。

这一些旋律的因素，本身是适合于把感情始终维持在同一高度上的，在一定程度上，通过管弦乐队，它对我们穿过戏剧的整个迂回曲折的结构起一种感觉的路标的作用。在它们那里，我们成了诗的意图的最深的秘密的固定知情人，成为它的实现的直接的参与者。在它们之间，作为预感和回忆，作为受制的和担当的个性的诗篇旋律，正如它以一种感觉的环境为条件一样，它产生于固有的或者起作用的外来的、已经感受到的或者还需要去感受的表达的种种因素。只要那内在完全统一的行动的个人向诗篇旋律本身的表现迈步，感情表现的多方面的补充的种种因素就要让路：然后管弦乐队只是按照它阐明的本领把它们承担起来，以便当诗篇旋律那有声有色的表现又降落到只能发声的陈词滥调的时候，重新通过充满预感的回忆去充实那普遍的感情表现，去造成感受的有如从我们自己的、始终活跃地保持着参与的必要的过渡。

*　　*　　*

这一些令我们回忆起预感的因素，在它使我们的回忆转为预感的同时，将必然地只对戏剧的**最重要的动机**展开，而**它们**之中那些最重要的，又在数字上与那一些动机相适应，这是诗人把它作为同样那么加强和紧凑的情节的紧缩、加强的基本动机规定为戏剧建筑的支柱的，他原则上不把它们用在目迷五色的繁多上，而是用在形象化地安排起来的、为综览全局成为必不可少的条件的细小的数目上面。在这一些正好不是格言而是形象化的感情因素的基本动机之内，诗人的意图，作为通过感情的受孕得到实现的意图，将是最易于了解的；至于音乐家，作为诗人的意图的实现者，**处于与诗的意图最圆满的一致之下**，因此容易把那些紧缩成旋律因素的动机这样安排起来，以致在它们那善为制约的交替进行的重复过程中也完全自行为他产生出高度统一的音乐的形式，——一种被音乐家迄今随心所欲地编排起来的形式，然而却是从诗的意图出发才能够塑造成功的一种必不可少的、真正统一的，即**可以理解**的形式。

直到现在为止，音乐家也不曾在歌剧方面稍作努力以追求整个艺术作品的统一的形式：每一个个别的歌唱曲目都是自成首尾填满了的，它只是在表面结构上同歌剧的其他乐曲有点类似之处，就决定形式的内容而论，却无论如何是没有真正的互相联系的。互不相关，正是那么道地的歌剧音乐的特色。只有单个的乐曲具有一个自身互有关联的形式，它是从绝对音乐的考虑引申出来，由习惯保存下来的，是作为桎梏套在诗人身上的。这些形式里面互相关联的东西，在于一个一开头就是现成的主题与一个位居第二的中间主题交替进行，而且依照任意发挥的音乐动机翻来复去。主题的交替、重复、缩短和延长，造成了那比较大型的器乐曲的、交响乐乐章的唯一由它们决定的运动，这种乐章是努力企图从那对感情尽可能进行辩解的主题的联系及其重复获得圆满统一的形式的。然而这一种重复的合理的处理，却始终是建立在一种想出来的、从未实现的假设之上的，而且只有诗的意图能够使得这种合理的处理成为可能，因为它直截了当地需要这种处理来充当它的易懂性的必不可少的条件。

那些变成了可以明显区别的、完全实现了它的内容的旋律因素的戏剧情节的主要动机，在它们那多方面联系的、一直很好地制约着的——类似韵脚一样的——重复过程中形成了一种统一的形式，它不仅越过戏剧的那些比较狭小的局部，而且越过整部戏剧本身，[①] 作为一种有约束性的内在的联系展开来，在这种联系中，不仅

---

① 主题的统一的联系，本来是音乐家迄今为止努力在**序曲**中造成的，现在它却将要在**戏剧内部自行**产生了。（瓦格纳）

这些旋律的因素作为互相得到了解的东西因而显得统一，而且那些在它们那里具体化了的感情动机或现象动机，作为情节的最强的和比较弱的都被包含在里面，作为彼此之间互为制约的、就其种类的特质而论是统一的东西——对**感觉**进行表达。——在这一种联系中，完善的统一的形式的实现是达到目的了，而且通过这一形式也才使得一种统一的内容、因而也是这一内容本身的表达在实际上成为可能。

我们倘若再一次把所有有关的问题总结为一句详尽的话，就不妨把这个最完善的统一的艺术形式称为这样的一种形式，那就是，人的生活——作为内容——的种种现象的最广泛的联系，能够采用一种那么完善的易于理解的表现手法传达给感觉，以致这一内容采用所有它的种种因素作为一种对感情起充分激发和充分满足的作用的内容显示出来。**因此内容就有必要成为一种在表现过程中始终活灵活现的东西，因而这一种表现手法也有必要成为一种依照内容的广度把内容活灵活现地展示出来的表现手法；因为不是历历如在目前的东西只有思想才能掌握，而感觉却只能掌握那活灵活现的东西。**

＊　　＊　　＊

在不断使人产生联想与根据内在联系去总括内容这两种表达方式的统一中，**空间与时间的统一**这一迄今存在的问题得到了根本性的解决。

空间和时间，仅仅因为作为情节的现实的有血有肉的特性才吸引了我们的构造戏剧的诗人的注意，因为有意的诗的内容的唯一的、完全成为现实的表现手法没有去听候他们的支使。空间和时间是真实的感性的现象想出来的特性，它一旦被想到了，它们实际上就已经丧失了表达的力量：这些抽象化的物体是情节的实在的、显眼的东西，这种情节是在一个特定的空间的环境中，以及在一种从它出发的运动的制约性的持续中显示自己的。把戏剧的统一纳入空间和时间的统一，这叫做把它纳入**虚无**之中，因为空间和时间本身是一无所有的，只有在受到什么**现实的**东西，受到一种人的情节及其自然环境的**否定**的时候，它才能成为一点东西。这一种人的情节，其本身必须是统一的东西，这就是：互相联系的东西；依照使它的互相联系成为一目了然的联系的可能性，它需要以它所占用的持续时间为条件，至于场景的完全相适应的布置的可能性则决定于空间的延伸；因为它的要求只有一个：使它得到感觉的理解。——在最统一的空间和最紧凑的时间之内也会随便展开完全不统一的和彼此各不相关的情节，——这一点我们在我们统一的节目里面是看得够多的。情节的统一，另一方面决定于它那可以理解的联系本身；然而通过一种办法他能够把这点表达清楚，这又不是空间和时间，而是**表现手法**。如果说我们已经将其作为统一的——这就是说互相联系的而且始终把互相联系表现得历历如在目前的——表现手法与先前的阐述进行了清楚的调查并认同它，那我们也就在这一种表现手法中获得了那时间上和空间上有必要分离却又彼此重新结合起来，而且——只要是为了了解的必要——又始终是历历如在目前的东西；因为它的当前必要的存在不在于空间和时间，而在于那空间上和时间上向我们显示自己的**表现手法**。那些趁这一种表现手法的缺乏的机会而产生的种种条件，像它们依赖于空间和时间那样，随着这一种表现手法的获得而被排除了，时间和空间本身也因戏剧的现实而归于乌有了。

这样一来真正的戏剧就再也受不到任何来自外界的影响，而是**一种有机的存在之物和成长之物**，从它内在的条件出发，它转向那唯一的、回过头来又对它起同外界接触的作用的东西，转向它的表达的——而且是**作为它现在的和未来的那样子**的表达的——理解的必然性上去，以求得发展和造型，然而它那可以理解的造型的获得，则是由于它从最内在的需要出发产生了它那内容的无所不能的表现手法。

七

在就这一问题的阐述上我已经讲出了表现的各种可能性，这些都是诗的意图**能够**加以应用的，而且是最高的诗的意图为了它的实现**必须**加以应用的。表现手法的这种种可能性的落实唯一取决于最高的诗的意图：然而只有当诗人意识到那些可能性的时候，它才能够被领会。——

如果有谁这样理解，好像我是要打什么主意，建立一个独断专行地虚构出来的体系，要求音乐家和诗人一律照办不误，那他就是不愿意了解我。——可是如果有谁愿意进一步相信，我说过的什么新东西是以绝对的假设为基础，同那发展的对象的经验和本质是并不一致的，那他就不可能了解我，即使他愿意也不行。——我所说过的什么新东西，只不过是事物本性中存在的未知的东西变成了我所意识到的东西而已，那我作为思索的艺术家所意识到的东西，是因为我从它的互相联系去理解，而过去的艺术家却只是从它的互相分离去理解的。因此我什么新的东西也没有**发明**，只是**找到**了那种互相间的联系。

＊　　＊　　＊

现在给我留下来的还只有一件事，像前面的阐述所引出来的那样，说清楚**诗人与音乐家之间的关系**。为了说得简短一点，我们首先回答这个问题："诗人面对音乐家，还有音乐家面对诗人，是否有必要**约束**自己呢？"

直到现在为止，个人的自由只有在一种——明智的——对外的限制上才显得是可能的：他对于欲望——因而是对于财富——的节制，曾经是政治公共社团对各个人的第一位的要求。一个个人的充分的权利要求，必须与别人的个人的损害具有同等的意义，另一方面个人的自我约束则是最高的德行和智慧。——严格地讲，这种由智者来劝诫的、由说教诗人来歌颂的，最后由国家定为臣民的义务、由宗教定为谦恭的义务来要求的德行，却是从来不曾有过的，想得到——然而没有执行的，设想过——然而没有实现的；而且只要德行是要求人来做的，它就一天也不会得到执行。这种德行的执行要么是暴虐地强制性的——从而谈不上什么德行的功勋，像它所设想的那样；要么是不可避免地自愿的、无反应的，这样一来，使之成为可能的力量就不是自我约束的意志，而是——**爱**。——这些相同的智者和立法者，要求通过反省去执行自我约束的智者和立法者，从来不会有顷刻的时间考虑过，他们下面有不少仆役和奴隶，他们是封闭了他们执行这种德行的可能性的，然而恰好是这些人实际上是唯一的、真正是为了别人的缘故去约束自己的，因为他们的自我约束是被迫的：在那些统治的和图谋的贵族圈子里，彼此之间只在利己主义的机巧之内才谈得上自我约束，这种机巧向他们提出隔离的、不管别人的劝告，至于这种对别人听其自然的办法，采取表面的、从敬意和友谊借来的形式，懂得怎样做出一个十分优雅的样子，他们之所以能够这样做，那就因为别的人，正好是仆役和奴隶，听他们支使，独一无二地使得他们主子那种隔离的、界限分明的独立性成为可能。在我们今天社会状况之下那种能使每一个真正的人感到愤慨的、可怕的堕落行为中，我们看到那对一种不可能的德行的要求的不可避免的结果，为使这种德行得到有效的维持，最终只好动用了野蛮的警察。只有提出这一种要求和借口的种种理由的彻底的消失——只有人们的生活地位上的非人的不平等的废除，才能够带来自我约束的要求的**构想**的成绩，而且通过**自由的爱**使之成为可能。可是爱还在无可估量地提高了的标准上带来那种构想的成绩，因为它恰好不是**自我约束**，而是更多到无穷无尽，那就是——**我们个人禀赋最高的力量的发挥——同时怀抱着为了一个可爱的对象的利益而作自我牺牲的最迫切的热望。**——

如果我们现在把这种见识应用到当前的事件上去，我们就会看到，诗人的如同音乐家的自我**约束**，在它最高的后果上将会带来戏剧的灭亡，或者更确切地说根本谈不上它的复苏。只要诗人和音乐家彼此互相约束，他们就只能够有一种打算，即每人都让他特殊的本领炫耀出来，而且由于他们在身上炫耀这套本领的对象正是戏剧，那么它所遭受到的待遇就好比一个病人处在两个医生之间的遭遇一样，他们之中的每一位都要在科学的相反的方向上显示自己；病人先天再好也必然是死路一条。——如果诗人和音乐家现在彼此之间并不是约束自己，而是在爱的方面把他们的能力向最高的威力推动，他们就会在爱的方面完全做到他们能够的一切，如果他们在以他们最高的潜力做出牺牲的行动中**互相消失在彼此之间**，——那么戏剧就经过高度的充实产生出来。——

如果**诗的意图**——作为这样的意图——依然存在而且使人觉察到它的存在，那它就还没有消失——这就是说实现——在音乐家的表现之中；可是如果**音乐家的表现**——作为这样的表现——还是可以认识的，那么它也还没有为诗的意图所充实；只有到了这种意图作为一种特殊的、可以觉察的东西消失在它的实现之中的时候，既没有意图也没有表现的存在，而那**实在的**、双方都**想要**的东西，**是做到了**，而这种实在的东西即是戏剧，在它演出的时候我们应该既不再记得意图也不再记得表现，只是它的内容作为一种面向我们的感觉，作为一段非此不可地有根有据的人性的情节，自然而然地充满了我们的内心。

因此我们不妨向**音乐家**说明，每一种因素，即使是表现手法的微不足道的因素，**只要其中不包含诗的意图**，只要它不为诗意的实现构成必不可少的条件，那就是多余的、干扰性的、恶劣的；只要它是不清不楚的，它的任何一种表达都是毫无印象的，而且只有它是包含诗的意图的，它才是可以了解的；然而当他作为诗的意图的实现者，同他那执意进行的创作过程中缺乏这种意图的情况相比较，他可是一个高得无可比拟的人，——因为作为一种受到条件制约的、使人满意的表达，他的表达本身是比那制约性的、有求于人的意图本身的表达更高的，这种意图却又毕竟是最高的人性的；最后，在他的表达上所受到的这一意图的制约，促使他去进行比他从前在他那孤独的地位上远为丰富的才能的表达，当时他是——为了尽可能地使人易于了解——**自行约束自己**，也就是说必须从事一种活动，作为音乐家这不能算是他特有的活动，然而现在他却别无选择地被要求实行他的才能的不受任何限制的发挥，因为他可以而且应该百分之百地**只做音乐家**。

然而向**诗人**，我们却要说明，如果他的意图在他所制约的**音乐家的表现中**——只要它是需要诉诸听觉的意图——**不能得到充分的实现**，那就根本不是最高的诗的意图；凡是他的意图还可以被认识的地方，那就是他还没有把它完全密封好；因此他只能够作为**一种最高的诗的意图**去衡量他的意图，即需要**在音乐的表现上去完全**实现这一意图。

归根结蒂我们是这样去定出诗的价值的标准的：如果伏尔泰对歌剧说过"凡是说出来显得荒唐的东西，就让人唱出来"，那我们也不妨对我们眼前的戏剧这样说：**凡是不值得唱出来的东西，也不值得写成诗。**

*　　*　　*

在前面说过的那番话之后再来提这个问题，即我们有没有必要把诗人和音乐家当作**两个人**或是**一个人**来看待，也许差不多可以说是多余的了吧？

诗人和音乐家，就我们所想的来说，作为两个人来看是很不错的。音乐家在他那诗的意图和它通过实实在在的场景的描绘最后成为有血有肉的实现之间的实际的中介之中，甚至于不可避免地被诗人看作特殊的人物而受到制约，而且是作为一个——即使不是必然地按照年龄，却也是按照性格——比诗人**年轻的**人物。这一个比较年轻的人物，比较接近不由自主的生活表白——在抒情的因素中也是这样——的人物，对那更有经验的、有所图谋的诗人来说，也许比他本人更适合于实现他的意图，而且这个比较年轻的人物，抱着心甘情愿的热忱，把那比他年长的人物给他传达的诗的意图接受过来，就将从他对这比较年轻的、更易激动的人物的天然的倾慕开放出美好的最高贵的爱，这是我们从它作为艺术作品的成事力量中曾经认识到的。说起来，在诗人懂得他那——没有其他可能的——仅仅暗示出来的意图会得到那个年轻人物的完全了解，而这一个年轻人又有本领去了解他的意图之时，那爱的纽带已经结上了，在这一纽带之中音乐家就将成为受孕者的产婆；因为他在这次受孕中所付出的，是那用温暖的全心全意把那被接受过来的东西继续传达的欲望。在这一种在别人内心激动起来的欲望中，诗人自己将要为他的产品获得越来越升高的温暖，这是必然决定他也在诞生方面最活跃地参与工作的温暖。正是爱的双重活动，必然显示出一股不论在哪一方面都是无限激动的、促进的又使得事情成为可能的艺术力量。

可是我们试观察一下目前诗人和音乐家各自占据的地位，我们就认识到，这一种地位是依照自我约束的原则作为利己的隔离这样安排的，正如我们需要在我们今天的政治的社会的所有因素之间去认知它一样，那我们无疑感觉到，在面对不体面的公众的地方每一个人都要为自己炫耀一番的时候，只有单个的人能够吸收群体的精神并且就其——往往是无所作为的——力所能及加以维护和发挥。目前，思想不可能把**双方**都弄到完善的戏剧的共同从事方面来，因为双方在思想的交换之中当着众人的面不得不采取必须采取的老实态度承认实现不可能性，而这一番供认又因此把他们的事业扼杀于萌芽状态。只有孤独的人有本事在他的追求上使这种供认的苦水转变为一种醉人的享受，由这一种享受驱使他凭着那陶醉的勇气干一番使不可能的成为可能的事业；因为他是**一个人**受到**两股**艺术的威力的催逼，对这种威力他无法抗拒，而且心甘情愿地听任它们的驱使实行自我牺牲。① ——

我们试向我们的音乐—戏剧的公众看一眼，以便就他的情势给我们弄个明白，那由我们设想的戏剧现在为什么不能出现，那不管怎样仍然敢于冒险的东西怎样不能得到理解而只是不得不引起极度的混乱。

*   *   *

我们曾经必须作为一种完善的艺术的表现手法的不能或缺的基础去认识**语言**本身。说到我们曾经丧失掉语言的感知这件事，我们必须承认，对诉诸感情的诗的表达来说，这是一项不论怎样都无法补偿的损失。如果说我们曾经为艺术的表现阐明过语言复活的可能性，而且从这一种重新回到理解上去的语言引出完善的音乐的表现，那我们无疑是立足于一种前提之上的，这种前提的实现只有通过生活本身方才可能，光凭艺术的意志是不行的。然而假如我们认为，艺术家对生活依照必然趋势的发展是明白的，对这种发展是带着造型的意识去迎接的，那么他那要把他先知的预感提高为艺术的事业的追求，就一定必须承认它是完全合理的，而且无论如何要对它加以称赞，就在现在，就要朝着一个最合情合理的艺术的方向进行运动。

现在让我们来考察一下欧洲诸民族的语言，他们迄今都是主动参与了音乐戏剧——歌剧的发展的，——而且只限于意大利人、法兰西人和德意志人——，我们发现，这三个民族之中只有**德意志人**具有一种在日常应用上还是直接地而且明显地同它的语根互相联系的语言。意大利人和法兰西人说的一种语言，它那根源的意义是只有循着那比较古老的、所谓的死语言的研究的道路才能了解的：可以这样说，他们的语言——作为一个历史的民族混合时期的反映，它对这些民族的制约性的影响已经完全消失了——为他们说话，可不是他们自己用他们的语言在说话。假如我们愿意设想，为这些语言也能够有全新的、我们还没有料想过的条件从一种生活中为感情理解的改造产生出来，这种生活是摆脱掉一切历史的压迫，与大自然建立起

---

　　① 我必须在这里态度鲜明地提到我自己，而且仅仅是因为要从我身上打退那在我的读者心中大概已经引起的怀疑：好像我是凭这里所作的关于完善的戏剧的描述来阐明我自己的艺术劳作在这一意义上进行了一次尝试，好像在我的歌剧里我已经满足了我提出来的要求，也就是说这一种设想的戏剧本身已经是大功告成了。谁也不会比我自己更明白，这种由我设想的戏剧的实现决定于种种条件，这些条件不存在于个别人的意志上，甚至也不存在于个别人的能力上，即使这种能力比我的能力大过无数倍，它们存在于一种共同的形势以及借助这一形势成为可能的通力合作之中，而现今所存在的，却正好是这种种条件的完全的反面。话虽这样说，我还得承认，我的艺术劳作对我来说起码是具有巨大重要性的，因为它——可惜得很，就我观察所及——不得不被认为是一番努力的唯一的证据，从它的成绩，不管是多么微不足道，我可学到了那唯一需要学到的东西——从无意识达到意识，而且——希望是为了艺术的利益——现在能够充满确信地说出来。至于我之所以能够把这一点充满确信地说出来，我是感到自豪的——不是为我的成就，而是为从它那里借以达到了的意识境界。（瓦格纳）

一种密切的、关系广泛的交往的，——而且我们无论如何可以得到保证，正是艺术，当它在这种新生活里面显示出它应该显示的真面目的时候，它将会对那场改造发挥一种非常重要的影响，——那我们就必须认识到，那一种艺术的这样一种影响所产生的结果必然是最丰硕的，这种艺术在它的表现手法上是以一种语言为基础的，它与自然界的联系对感觉来说现在已经比之意大利语和法兰西语在同一情况之下来得更为明显。艺术表现对生活表现的影响的那些预感的发展，一时间还不能从那以意大利语或法兰西语为语言基础的艺术作品出发，在所有现代歌剧语言之中这只有德语才能胜任，是这样，正如我们为了艺术表现的复活认为是需要加以运用的那样，因为它是唯一的在日常生活中也把重音保留在根音节的语言，而在那些语言里面重音却依照无意识的违反自然法则的惯例被放到了——本身是无意义的——变格音节上去。

这个比什么都重要的语言的基本因素于是乎就是这样子，为了在戏剧上一种完全合情合理的高度艺术性的表现的尝试给我们指向德意志民族，而且假如光就艺术的意志而论有可能促成这种完善的戏剧的艺术作品的话，现在它只可能在德语中产生。决定一种艺术意志成为一种可以实现的意志的条件首先都在于**艺术表演家**的组合：我们考察一下这种组合在德国舞台上的作用吧。——

＊　　　＊　　　＊

意大利和法兰西的歌人习惯于只演唱那用他们本国语言创作的音乐作品；虽然这语言与音乐旋律之间的完全合乎自然规律的联系是那么微弱，但在意大利或法兰西歌人的表演中，作为这一类的一点——**对言辞的认真的重视和表达**——却是不会错认的。这一点在法国人身上较之在意大利人身上更为明显，每一个人都会对那明晰性和活力感到惊奇，**这些人**也就是用这股活力把话说出来的，而且这主要是在宣叙调的明快的词组的地方。然而有一点却是必须在他们双方身上首先得到承认的，那就是有一种天然的本能防止他们通过错误的表现手法去歪曲言辞的意义。

德意志歌人却与此相反，他们中的绝大多数人只习惯于在歌剧里面唱那从意大利语或法兰西语译成德语的歌词。在这些译作中既没有诗的，也没有音乐的理智的活动，它是由一些既不懂诗歌艺术也不懂音乐的人，约莫依照商务委托去翻译，好比是转译报纸文章或商务纪录。首先这些译者大都是音乐门外汉；他们只管，作为文字诗篇，翻译一部意大利语的或是法语的脚本，依照一种诗的格律，作为所谓的抑扬格，对他们来说，它显得与原作的完全无节奏的格律莫名其妙地相适应，然后，他们让那些做音乐生意的誉写手把这些诗句这样配到音乐那里去，使得那些音节在数目上与乐谱相称。译诗的辛劳，在于用蹩脚的脚韵去装配那平庸的散文，更由于这些脚韵本身常常造成尴尬的困难，为了讨好他们——对音乐全然听而不闻的人们，那些单词的天然位置于是被颠倒到了简直令人无从索解的地步。这种本来就是丑怪、平庸而又稀里糊涂的诗句现在配到了音乐上面去，它是完全不能配合那加强的重音的：在延长的音符上来一个短音节，在延长的音节上却来一个短音符；在音乐上应该强调的升高却配上了诗句的下降，就是这样颠三倒四。[①] 这种翻译从这种最粗暴的意义背向地一直迈到意义的完全歪曲的地步，而这种歪曲又采取一种方式通过繁多的字句重复相当殷勤地灌输给听觉，以致于听觉不由自主地脱离了歌词而只是注意纯旋律的宣示。——格鲁克的歌剧就是采取这一类的翻译送到德国的艺术批评界面前来的，这些歌剧的主要特色就在于言辞的忠实的朗诵。一个人如果看到过一部格鲁克歌剧的柏林版总谱，而且经过审核之后证实了德语台词材料的情况，这些作品就是用这样的材料向观众演出的，他就能够得到有关柏林艺术美学的性质的一点理解，这种美学从格鲁克的歌剧为戏剧性的朗诵建立了一个准则。人们本来在文学的道路上从巴黎出发听到了那么多，现在却莫名其妙地从各场演出重新认出了，面前走过的竟是那样一些——推翻一切正确的朗诵的——译本。——[②]

比对普鲁士美学更为重要的，是这一类翻译对我们德国**歌剧歌手**的影响。他们曾经想办法使歌词材料同旋律的音符取得一致，事实证明这是徒劳的努力，他们很快就无可奈何地放弃了；他们习惯于使歌词——作为一种提示**意义**的材料——变得越来越不受重视，而且通过这种不重视，更加重新鼓励那些翻译家在工作上不断走向登峰造极的草率，最终只剩得一条定义，作为印刷的台本在某一意义上送给观众，用来当作说明一出哑剧的内容纲要塞到人家手里去。在这种情况之下，戏剧的歌手最后就在元音和辅音的清楚的咬字上也不花那徒劳的力气了，因为歌唱已经被纯粹当作音乐的器械来使用，什么元音和辅音，在他看来已经只能起妨碍作用而且造成麻烦的了。这样一来整部戏剧给他和观众剩下来的除了绝对的旋律之外再没有一点什么了，在这同样的情况之下它也把这些传给了**宣叙调**。由于在翻译过来的德语的歌手的口头它的基础已经不再是**言辞**，宣叙调在他心目中也显得不知道如何下手，因此对他来说，它很快也取得了一种特殊的价值：那就是宣叙调不再受旋律的速度

---

① 我特别突出这些最粗暴的违反常理的行为，并不是因为这种行为在翻译中曾经不断出现，而是因为这种行为——对歌人和听众都无所干扰——可能会时常出现；因此我使用了形容词的最高级形式，以便根据它那最显著的外貌把对象加以说明。（瓦格纳）

② 初版中此处还有一句喊叫："没有任何东西是柏林学者的幻想够不到的！"

的束缚，而且不受乐队指挥的过分仔细的节拍的支配，歌手于是找到了在他嗓音的表演上随意发挥的机会。这种没有言辞的宣叙调对他来说已经是一堆互不相关的音符的大杂烩，他每一次都可以从它那里掏出那对他的声区特别有利的音符：这样一个一下子可以包含全部四个到五个音符的乐音，为了得到满足的卖弄唱工的兴头可以一直延长唱下去，唱到那口气转不过来。因此每一个歌唱家都非常喜欢唱一支宣叙调上场，因为这给他最好的机会，证明他——可不是作为戏剧的说话人，而是——作为一个良好的嗓门和得力的肺的占有者。不管怎样观众总是继续认为，这位或者那位作为戏剧歌手是出色的：人们对这一点的理解完全一致，如同人们对一个小提琴技巧能手的赞叹，只要他懂得通过层次变化和过门把音乐演出弄得又宜于消遣又有趣。

当人们忽然想要把我们十分熟悉的那种文字诗篇旋律交给那些歌手去演唱的时候，由此产生的艺术的结果是可想而知的。他们比他们已经养成习惯的那样更没有办法演出来，他们用相同的办法去对付根据德文作曲的歌剧，如同对付翻译过来的歌剧一样；而且在这一点上他们还得到我们现代德国歌剧作曲家的支持。——自古以来德语就由德国作曲家依照一种任意的准则随便处理，这种准则是像他们在民族的歌剧里面遇到的那样从语言处理上引用过来的，而歌剧又是作为外来的产物从那个民族向我们这边迁移过来的。绝对的歌剧旋律，连同它那完全特定的花腔的和节奏的特色，像它在意大利那样同一种可以随意重读的语言取得一致的办法，对德国歌剧作曲家来说一开头就是权威性的；这一种旋律由他们加以模仿和变化，而我们的语言及其重音的特点则必须服从它的要求。德语从来都被我们的作曲家当作旋律的翻译的铺垫，谁愿意就我所说的意思去找到明白的证据，那就请他仔细对比一下例如温特尔的《中断的牺牲祝典》①，除了完全任意使用的意义重音之外，就连根音节的感性重音——为了花腔至上的缘故——也往往完全被颠倒了；某些带有复合的、双重的根重音的单词干脆被判为不堪谱曲的，或者——如果是必须使用的话——采用一种对我们的语言完全陌生的、歪曲的重音在音乐上表现出来。即使是那位平时那么认真仔细的韦伯，为了旋律的缘故也还是常常对语言变得毫无顾忌。——在最近时期里，这种从翻译传过来的侮辱语言的重音腔调直截了当地被德国歌剧作曲家模仿了起来，而且作为歌剧语言财富的扩大被保留起来了，——以致那些歌唱家，

---

① 彼得·温特尔（1754—1825），慕尼黑的宫廷乐队指挥，作品相当多，歌剧《中断的牺牲祝典》是他的成名作。他歌剧的特点是借鉴意大利的美声唱法建立起来的声乐流派及以格鲁克为榜样的合唱。——译者。

像我们所认为的那样，接到一支文字诗篇旋律的时候，就**我们的感觉而**论对这种演唱是完全不能胜任的。——这一种旋律的特殊之处，就在于它的音乐表现手法处于从文字诗篇到它那感性的和深思熟虑的素质的特定条件之中：只有运用这些条件，它才塑造成它在音乐上所表达的那样的形象，而这种条件的总是历历在目的、由我们感受到的东西，对它的理解来说又是必不可少的。现在这一种旋律，如果脱离了它的条件，正如我们的歌唱家从文字诗篇那里完全脱离了它一样，便始终成为一种不可理解的又是毫无表情的东西；如果说它还能够根据它纯音乐的内容起作用，那么它至少永不可能像它根据诗的意图所应该做的那样起作用，而这一点却正好可以算是——即使那旋律本身是对听觉唤起好感的——戏剧意图的毁灭，如果那旋律在乐队里面多方面地重复的话，戏剧意图是把一种提醒性的回忆的意义纳入旋律之内的，——这一种意义，只有在它不是作为绝对的旋律，而作为与一种要表达的特定的感觉相适应而为我们所掌握的时候，才能属于它所有，而且继续保留下去。一部戏剧，若用我们对它所描述的那样的文字声音语言来表达，就将会——由我们那无言的歌手来表演——只能够使听众产生纯音乐的印象，而听众就将在废除那些为**理解**所标明的种种条件的时候得到如下的证明。无言的歌虽使我们到处感到冷漠和厌烦，我们看到，它不是向旋律提高，它是作为绝对的、在表达上和通过我们的接受从文字诗篇脱离开来的、吸引我们的听觉而且决定我们去参与的。这一种作为回忆的意味深长的戏剧的动机由管弦乐队重新唤起的旋律，将只能唤起我们对它作为赤裸裸的旋律的回忆——可不是回忆起那在它身上所要表达的动机；它在戏剧的另一处地方的重复于是乎把我们从当前的关键时刻拉开——可不是给我们把事情弄清楚。脱离了它的意义的旋律并没有使我们**内在**的感觉在听过它之后活跃起来，而是引起了对浮面的——这就是说对动机不加解释地变化多端的——享受的渴望，因此在它重复的时候，它就几乎只能使我们的听觉感到疲倦，而且使那实际上最有意义又最显著地适应丰富的思想内容的东西在表达上呈现出恼人的贫乏。听觉，在只是音乐性的激动的时候倒也是要求在它习惯的、范围比较狭小的音乐结合的意义上得到满足的，现在却通过这一结构的巨大的扩展超越了**整部戏剧**因而被弄得完全莫名其妙了；因为也是音乐形式的这一种巨大的扩展，只能由那为真正的戏剧所决定的感觉根据它形式的统一和易懂性来领会：可是对那**不是**由这一种戏剧所决定而是唯一在感性的听觉上依附着的感觉来说，这种由短小的、狭隘的、彼此毫无联系的种种形式扩充而成的巨大的统一的形式，终归是完完全全不可认识的；因此整个音乐结构不得不造成一个互不相干的、支离破碎的、茫无头绪的、混乱的印象，我们只能够从一个幻想的、本来就是头脑不清楚的、无能的音乐家的任性中去解释它的存在。

可是在这一种印象之中不得不使我们更加强了信心的，却是管弦乐队那表面上支离破碎的、漫无节制而且乱七八糟的表白，它对绝对的听觉的影响，只有当它在段落紧密的、强调音律优美的舞蹈节奏上一贯坚持的时候，才能是使人满意的。

管弦乐队根据它特殊的本领首先需要表现的，是——正如我们曾经看到过的——情节的**戏剧的动作**。现在我们不妨注意一下，如果歌手没有在语言的情形下唱出来，这必然会对迫切要求的动作产生怎么样的影响。如果歌手不知道，他是一个首先在语言上被表现出来的又是特定的戏剧的人物的表演者，从而也不认识他那戏剧的表白同那与他接触的人物的表白的内在联系，——于是乎甚至不知道他表现的是**什么**，从而也一定做不到向眼睛宣示那为情节的理解所要求的动作。一旦他的表演成为一种没有语言的音乐的器械的表演，他就将要么通过动作什么也无所表现，要么就这样来使用动作，约莫像是乐器的演奏能手所必做的那样，为了发出感性的表现在各种不同把位和各种不同时刻的音响，把这种动作当作一种体格上能够做到的动作来使用。动作的这些体格上必不可少的因素，曾经使明智的诗人和音乐家不由自主地想到：他预先认识到了它的现象，可是他同时，就使它与戏剧表现的意义取得一致，而且就此从它那里拿去那纯粹体格上能够做到的帮助的素质，与此同时，他把一种通过体格的有机结构受到产生这一种音响和这一种特殊的音乐表现的制约的动作与**这种**同时应该与在戏剧人物的表达上所表现的意义协调起来，而且要这样去做，即：那也当然必须有体格上受到制约的动作为基础的戏剧动作，应该说明这一种体格的动作追求一种更高的、为戏剧的理解所需要的意义是正确的，从而使它作为纯粹体格的动作得到弥补和抵偿。现在，就那依照绝对的歌唱艺术的准则培养出来的剧场歌唱家而言，是得到了某种惯例的教导，按照这种惯例他在舞台上要由动作做他表演的伴奏。这一种惯例的产生不外乎一种从舞蹈哑剧摄取过来的、体格上受到歌唱表演制约的动作的符合目的的转化，到了没有受过较好的训练的歌唱家身上就蜕变为离奇怪诞的夸张和粗野。这一类习惯的动作本来要起的作用，就在于把旋律的逐渐减少的语言意义更加完全地掩盖起来，可是它涉及戏剧的地方也只是在演员真正歌唱的时候：一旦他停止歌唱了，他也认为对动作来说不再继续承担表达的义务。我们的歌剧作曲家现在利用了歌唱的间歇时间来搞管弦乐队的插曲，在这些插曲中间，要么是个别的乐器演奏家来显示他们特殊的技巧，要么是作曲家本人为把群众的注意力吸引到他乐器编织的艺术上而预留地步。这些插曲，在歌唱家不是忙着为所接受的喝彩鞠躬答谢的时候，又会由他们按照某些体面的戏场规矩来做补充：人们直向舞台前沿的另一面奔过去，或者迈步走向后台——，好像是，为了看一看，是不是有人来，然后又向前走过来而且睁眼望到天上去。比较不那么合适，但是仍然认为可以允许而且可以由难堪的处境加以解释的是，人们倾向于趁这一类休息的机会向为他们扮演搭档的角色致意，殷勤地同他们聊上一会，抹平服装的皱褶，或者最后是什么也不做，耐心忍受管弦乐队的命运。①

在那些翻译过来的歌剧里面，歌唱家差不多是习惯于只管歌唱的，现在，通过这一类歌剧的精神和形式，他们干脆被迫接受一套动作的表演，于是人们又把歌剧歌手的动作表演当作我们所设想的戏剧的必不可少的要求，而且从这一类要求的彻头彻尾的不得满足去推测管弦乐队给听众所造成的眼花缭乱的印象。管弦乐队，就我们授予它的效用而论，它那表现非言语所能形容的事物的本领，主要被规定为采取某种方式去承担、暗示，是的，这在一定程度上才使之成为可能的戏剧的动作，那就是动作的难以言传的内容通过它的语言使我们达到充分的了解。因此它每一瞬间都对情节，对它的动机和表现进行无休无歇的参与；至于它的表达**本身**，原则上应该是没有预定的形式的，它是通过它的意义，通过它对戏剧的参与的态度，通过它与戏剧的一体化，才获得它最统一的形式的。现在让人们设想一下，例如演员的一个果断的手势——它的表达是突然而又迅速消逝的——正是由管弦乐队这样伴奏着而又表现着，像是这一套动作所需要的那样：在完全一致的情况之下，这种通力合作是一定会取得震撼人心的、肯定是决定性的效果的。可是那作为条件的动作却在舞台上停止了，我们看到的是演员处在某一种漠不关心的地位上：这样一来，那突然爆发而又猛地消失在管弦乐队的狂飙，在我们心目中不会显得像是作曲家的颠狂的发作吗？——我们可以随便举出数以千计的类似的事例：现在就从一切可以想象得到的事例中举出如下的一些。

一个爱着的女性刚送走了那个恋人。她走上一个地点，从那里出发她能够目送着他直到远处；她的动作不由自主地泄露出，那个离人再一次向她转过身来；她给他送去一个沉默的最后的爱的问讯。管弦乐队为我们采取某种方式伴奏而且暗示这一吸引人的瞬间，那就是通过旋律的想念的表现给我们展示出那一种沉默的爱的问讯的饱满的感情内容，这是女主角先前在那真正说出来的问讯之中向我们宣告的，

---

① 难道我还须要提到那些例外吗？正是由于这些例外对他们毫无影响，才给我们指出了规矩的威力。（瓦格纳）

她也在送走他之前用这种问讯迎接过恋人。这一支旋律，先前由一个无言的女歌唱家唱出来，它重复的本身是不能造成它现在所要产生的善于表现的、唤起回想的印象的；它在我们心目中不过是一个也许是可爱的主题，作曲家之所以把它再度引用，是因为他喜欢它，而且认为他有权利这样去卖弄。如果歌唱家把这一段尾声仅仅理解为一段"乐队的反复"，根本不搞那一套动作表演，从而漠不关心地在前台站定——只是为了等候一段反复的结束，那么，对听众来说就再没有比那种插曲更使人难堪的了，它毫无思想和意义，唯一的特点就是长，完全有理由把它一笔勾销。

　　然而最后却有另外一种情况，那通过管弦乐队交代清楚的动作，直截了当地具有决定的重要性。——一种场面宣告完成了；障碍排除了，情绪得到满足了。对那想要从这一场把如下一个作为必不可少的场面引出来的诗人来说，他对这一种需要实现的意图的关心，在于不让人感到那一种情绪在实际上并**不是**完全满足的，那些迄今为止的场面的种种障碍并**不是**被完全排除了的；他认为，重要的是让我们把戏剧人物的表面上平静当作他们的自我欺骗来认识，而且因此**这样**来决定我们的感觉，那就是从我们的合作的同感出发，把场面的更进一步的、改变了的发展当作必不可少的条件，而且，为了这个目的，他把一个神秘人物的意味深长的动作展现到我们面前来，我们原来担心那现已揭开了的动机会成为最后满足的解决，现在是在用那动作**威胁**到那决定性的人物了。这一种威胁的内容应该作为**预感**充满我们的内心，而管弦乐队则应该把这一种预感的性质向我们交代清楚，而且只有将它同**回忆**连接上才能够完全做到；因此诗人当此重要的时刻决定了一段旋律的乐句的尖锐而又坚决地加以强调的重复，作为一种与威胁多方面联系着的文字诗篇的音乐表现，这是我们从前已经听到过的，而且它具有独特的性质，明明白白地唤起我们对从前的某一场面的回想，现在又连同那威胁性的动作一起，把我们引向动人的、自然而然地支配感情的预感。——**可是现在**威胁性的动作的**结果出来了**；它给我们留下了一个完全使人满足的局面的印象；只有管弦乐队正对一切期望忽然大模大样地来一个音乐的插段，它的意义是我们从先前那无言的歌手那里无法得到的，因此它这一番现场表演只能被视为作曲家的异想天开的、应该受到谴责的专擅的行为。

　　为了取得对戏剧的理解的侮辱性的更进一步的教训，这一点已经够了！——

　　我在这里无疑提到了那些最粗暴的悖理的行为；可是如果说到它们即使在拥有最优秀人才的舞台上每逢上演歌剧的时候也**可能**出现的话，那就没有一个从戏剧要求的立场出来观察这一场演出的风格的人会否认这一点，它只能够给我们提供一个关于艺术的堕落的概念，这种堕落特别是通过突出的情况在我们的舞台歌唱家中间蔓延开来的，他们大多数只是唱翻译的歌剧。因为，如前所述，在意大利人和法兰西人那里是找不到我所谴责的那种东西的，或者可以说远远没有达到那样的程度，——而且在意大利人那里，因为他们要唱的歌剧根本没有其他的要求向他们提出来，除了他们凭借自己那一套完全可以满足的要求之外，所以不存在这样的问题。

＊　　＊　　＊

正是在德国舞台上，也就是说在德语中，在那就目前而论最完善地可以成事的语言中，那由我们所拟议的戏剧只会引起极度的混乱和最彻底的误解。如果戏剧的意图在其最贴近的基本器官——语言——方面对演员来说不是活灵活现而且可以感到的话，他们也就不可能领会这一种意图，而且是从纯音乐的立场出发——像大多数人正是这样做的一样——试图对这一种意图加以掌握，那他们必须只会误解这种意图，而且凭着迷误的成见什么都做得出来，只是不能够使这一种意图得到实现。

对群众①来说因此只剩下那脱离了戏剧意图的音乐，而这一种音乐只能给听众造成一种印象，那就是在它显得是用这样一种方式离开戏剧的意图的时候，它只管自己提供一种悦耳的刺激。歌手在表面上好像是从非旋律性的歌唱开始——所谓"非旋律性"亦即习惯上引伸到歌唱上面去的乐器旋律——群众必须从乐队演奏去寻求享受，而且他们在这里也许会受到一种东西的吸引，那就是受到一套非常多变而又丰富多彩的**配器法**的不由自主的魅力的吸引。

为了使管弦乐队那副具有非凡可能性的语言器官向高峰提高，使之能够每时每刻把那蕴藏在戏剧场面之内的难以言传的内容明明白白地传达给感觉，那位充满了诗的意图的音乐家——像我们已经阐述过的那样——并不是要约束自己，而是要完全依照他所感受到的最中肯的、最明确的表现的必然性，为了管弦乐队的最丰富多彩的语言能力的获得，去加强他的创造才能；只要这一副语言器官还不能胜任那么独特的表达，有如戏剧动机那无限的丰富性对它所要求的那样，这个凭它那比较单

---

① 对群众这个名词，我从来不将它理解为那个别的、从抽象的理解出发去和那在舞台上不能实现的现象打交道的人，我只把群众理解为看客的总体，对他们来说，经过特殊教育的艺术理解力是不必要的，应该送到他们面前去的是适应完全**毫不费力的感觉**的了解的演出的戏剧，因此他们所关心的从来不在于艺术手段的运用，而只在于引向那通过艺术手段予以实现的艺术的对象，戏剧——作为**扮演出来的、一清二楚的情节**。既然群众应该不经任何艺术理解的努力得到他们的**享受**，那么，一旦表演——由于上述的理由——不能实现戏剧的意图，他们的要求就会受到损害，他们对这样一种表演扭过背脊不予理睬是完全合情合理的。反之，对那努力从脚本上和音乐的评论性说明上——正如它平时由我们的**管弦乐队**出色地给他送到耳朵边去的那样——不管表演不表演，将其作为实现了的东西加以设想的艺术知音来说，那是一种精神劳动的过分的要求，它必然会剥夺他艺术的一切**享受**而且使他应该自然而然地得到快乐和提高的事情变成劳神的工作。（瓦格纳）

色的表达不能适应这些动机的个性的管弦乐队，在它齐鸣竞响的时候就只能起干扰作用——因不能使人完全得到满足，——因此在完善的戏剧里面必须——像一切不是**全部**适应的东西一样——把分散的注意力吸引到自己这边来。然而正是这样的一种注意力——与我们的意图相适应——却**不**可以转到它这边来；而是通过这样的办法，亦即到处都是由它紧靠戏剧动机的最细致的个性的**最适应的地方**，管弦乐队应该使得一切注意力**离开**那作为**表现手段**的它自己，转而凭借不由自主的强迫把注意力引向**表现的对象**，——所以正应该是**绝顶丰富**的乐队语言带着艺术的目的进行表白，在一定程度上它根本不受注意，**根本不被倾听**，也就是说它不是凭借那**机械**的，而是仅仅凭借那**有机**的功效，在这种功效之中它与戏剧融为一体。

　　假如诗的音乐家在他的戏剧面前看到群众以单一的和特殊的注意力面对他管弦乐队的机械装置，这该是如何地屈辱了他啊，而且他所领受到的只是一个"非常巧妙的管弦乐家"的赞美！如果艺术作家报道他的戏剧，说他们读到了一部脚本，同时还听到长笛、小提琴和小号奇妙地轮番吹奏，那么这位单独地从戏剧意图塑造形象的他又将作何感想？——

　　然而处在这些情况下这部戏剧难道能够产生别的效果吗？——

＊　　＊　　＊

　　还是行！难道我们应该就此罢手，不做艺术家了？或者我们应该放弃对事物的本性的必要的审察，只因为我们从中得不到好处？——可是难道这不是好处吗？不仅是做艺术家，而且又做人，难道人为的无知，我们婆娘气的对知识的拒绝，会比坚强的意识给我们带来更多的好处吗？这种意识，在我们把一切自私自利的打算抛到一边去的时候，会给予我们喜悦、希望、而且特别是行动的勇气，这些都必然会使我们高兴，即使表面的成绩是那么微不足道。

　　一定！单是拥有知识，现在就已经能够使我们感到幸福，而无知则使我们陷入一种多疑的、毫无乐趣的、分裂的、几乎没有什么愿望而又什么敢无能为力的冒牌艺术创作的处境，我们从中得不到内心的满足，对外又永远谈不上满意的效果。

　　你们回顾一下，看一看，你们在哪里生活，你们为谁进行艺术创作！——只要我们具有通过艺术的意志擦亮了的眼睛，我们就必须认识到，当前是不存在可供戏剧性艺术作品表演的艺术伙伴的。如果想把这种现象仅仅解释为由歌唱家自己的过失所造成的堕落，我们就将谬以千里；如果认为这只是一种偶然的现象，却看不到它必然决定于一种广泛的、普遍的联系，我们就将大错特错！——我们假定，有一种能力，不管怎样在为我们从艺术才智的立场出发对演员和一场表演这样去发挥作用，以致在这一场表演中完全符合高度的戏剧的意图，我们这才不得不越发强烈地认识到，那艺术作品的真正的促成者，对艺术作品有所需求而且根据他的需要至高无上地对它进行造型的大众，是在离开我们。我们的戏院的群众并无对于艺术作品的**需求**；他们要在舞台前面**散心**（消遣），可不是**集中**（思想）；消遣成癖的人所需要的是人工的**细部**，可不是艺术的**统一**。当我们提供一个整体的时候，群众却听凭不由自主的威力把这个整体分解为毫无联系的零件，或者可以说，他是在绝顶有利的情况之下不得不去弄清楚一些他**不愿意**弄清楚的东西，为什么他充分认识到这样一种艺术的意图却扭转背脊不予理睬？我们从这一种结果得到了证明，今天就连这样一种**表演**也根本没有可能，为什么我们的歌剧歌手现在必须成为他们现在的这个样子而根本不可能是另外一个样子？

为了说明群众对表演的态度，我们势必要从群众本身的判断入手。我们在考察早期戏院历史的时候，可以有理由认为，这一种群众正处于不断下降的状态。那些优秀的和特别**高雅的**，在艺术上已经取得成就的东西，我们不可以认为它是从天上掉下来的；我们必须看到，它也非常明白地同时受到向他们演出的那一群人的**艺术趣味**的启迪。我觉得，这一批文艺复兴时期的最活跃又最有决定性地参与艺术创作活动的、感觉细腻、富有鉴赏力的群众，正向我们迎面走过来。我们在这里看见，那些王侯和贵族不仅是保护艺术，而且为它最精美而又最大胆的造型受到这样的鼓舞，以致简直可以把它看作是从他们热情的需求中招引出来的。这一种贵族，他处在作为贵族的地位上从来没有受到过驳难，对那促成他那种地位的奴仆生活的痛苦毫无所知，对市民生活的工业的营利思想保持远远的距离，在他们的宫殿里欢天喜地，在战场上好勇斗狠地过日子，把眼睛和耳朵训练成可以懂得优雅的、美好的、甚至具有性格特征的、坚毅的东西；而且依照他们的指令产生了那些艺术的作品，在我们心目中，那个时代是以希腊艺术没落以来最出色的时期来标记的。莫扎特音乐结构中那无限优美和高雅，对那习惯于怪诞的今天的听众来说是显得虚弱和沉闷的，却得到这种贵族的后代的欣赏，而莫扎特面对他的《费加罗》的歌手那套走钢丝式的放肆却逃避到约瑟夫皇帝那里去；对于那些年轻的法兰西骑士们，由于格鲁克的《伊菲姬尼在奥利德》的阿喀琉斯咏叹调得到热情的喝彩，他们就把这部作品一直摇摆不定的反应判定为有利的反应，我们不要生他们的气，——至于我们更不愿意稍加遗忘的，那就是，正当欧罗巴的许多强大的宫廷变成了阴谋外交家的政治军营的时候，在魏玛却有一个侯爵家庭细心而且入迷地倾听着德意志民族最勇敢和最优美的诗人。

然而现在公众的艺术趣味的统治者却换成那一种人，他们现在给艺术家付钱，像贵族从前酬劳他们一样；他用他的钱预订艺术作品，他把他想要的、他所喜欢的主题的变奏仅仅当作新的玩艺，而不是新的主题本身，——至于这一种统治者和订货者，则是——**市侩**。正如这一种市侩是我们文明的最冷酷又最卑怯的产物一样，他又是最固执的、最残忍而且最肮脏的艺术施主。也许他对一切都无所谓，他要禁止的只是那教他记住要做一个人的一切，——不管是从美的方面，还是从勇敢的方面来说：他**要**卑怯和平庸，而艺术则要顺从这一种意志，——此外，如前所述，他对一切都无所谓。——我们还是赶快避开他的嘴脸吧！——

*　　*　　*

我们愿意同这个世界订立契约吗？——不！因为即使最屈辱性的契约也会使我们认为混然不可能的。——

要使我们能够汲取希望、信心和勇气，除非我们也认识到，现代的国家市侩不仅被看作对我们的文明起条件作用的、而且也受条件制约的因素，在探究这些条件的时候我们也把这种现象联系起来进行探究，就像我们涉及艺术问题的时候已经做过的那样。然而不到我们在倾听历史的脉搏的过程中听到那永远生机勃勃的泉脉在流淌，我们不可能获得信心和勇气，这支泉脉是在历史文化的废墟下面，充满最原始的朝气永不枯竭地流下去的。现在谁感觉不到空中那预告地震的突发的苍白得可怕的压抑的气氛？听到那支泉脉流淌的我们，难道还应该害怕地震？当然不！因为我们知道，它只会震散那片废墟，而且给水源提供河床，我们也将在河床上面**看到**它那充满生机的波浪的流涌。

当今国务活动家悲观绝望，政治家束手无策，社会主义者拿着没有结果的学说辛苦操劳，甚至哲学家也只能做做暗示，却不能预告的时候，——因为陈列在我们眼前的一切都只能借不由自主的现象显示出来，它的感性的宣告是没有人能够做得出来的，——却有能够用他明亮的眼睛洞察种种形象的**艺术家**，看他们怎样对待要求唯一真实的——即人的——渴望。艺术家有这样一套本领，对一个还未塑造成形的世界，能够预先看到它的被塑造，对一个还未建成的世界，能够预先凭他成长要求的力量去享受。然而他的享受却是通知，而且——他转身离开那在寸草不留的废墟上牧放的浑浑噩噩的众生之群，而且越发真挚地把那有福的孤独者抱在怀里，他们是同他一道倾听泉脉的——他也就这样找到了可以向他沟通的心和思想。我们**是比较年长的和比较年轻的**：年长的不是为自己打算，而是为了遗愿的缘故爱那年轻的，这种遗愿是他为了新的营养在他心中种下的，——这一天是要来的，到时候这份遗嘱将会为了全世界人类兄弟的福祉公开宣布！

*   *   *

我们曾经看见诗人带着渴望的急迫心情去追求完善的感情表现，到达了他看见他的诗篇在和声大海的镜面上作为音乐的旋律反映出来的地方：他一定要拼到这个大海那边去，只有这个大海的镜面能够指示给他看那他所渴想的形象，而他是不能够凭他的意志把这个大海创造出来的，它是他本体的另一部分，他必须同它结合，但是他不能有作决定并且对它进行催生。——他不能这样由他的意志去决定他所必需的、拯救他的未来的生命并且对他进行催生；它是另一部分，同他对立的，是他渴望得到的，逼他向那边挤过去的，到了它从一个相反的地极转到他这边来的时候，它才是为他存在的，它接收了他的形象然后再以他们认识的形象再传出来。可是未来的大海的生命又不能由它自己把这个映象产生出来；世界上只有母体才能受胎生育。这个唯一能够在她身上起孕育作用的种子，现在是由诗人，即现代的艺术家送给她：这一颗种子是一切最纯粹的生命元气的化身，是过去在她身上汇集起来的，为了作为必不可少的胚胎把它送给未来，**因为这个未来是取决于过去的，除此之外是不可想象的**。——现在说那旋律，它最后是在未来的和声大海的水平面上反映出来，它是洞观远近的眼睛，这生命就用它从海底的深处仰望那明朗的阳光：**诗篇**——旋律不过是它的影像——现代艺术家的最本色的诗篇，它只有从他那最特殊的本领，从他饱满的渴望中，才能够产生出来；**而且这样子，正如这种诗篇，现代这位充满渴望的艺术家的充满预感地起决定条件作用的艺术作品，就将与未来的生活的大海缔结婚姻。**——在今天看来，在未来的这种生活中，这部艺术作品将只是热切盼望的，而不可能是实实在在的：然而未来的那种生活又只有在接受这部艺术作品使之成为己有之后，才会完全成为它能够成为的那个样子。

未来的艺术作品的作者不可能是别的任何人，除了现代的艺术家，他预感到未来的生活，而且渴望置身于那种生活之中。谁要是用他最拿手的本领去哺养这种渴望，他现在就已经过着一种更好的生活，——然而只有一种人能够做到这一点：

艺术家。

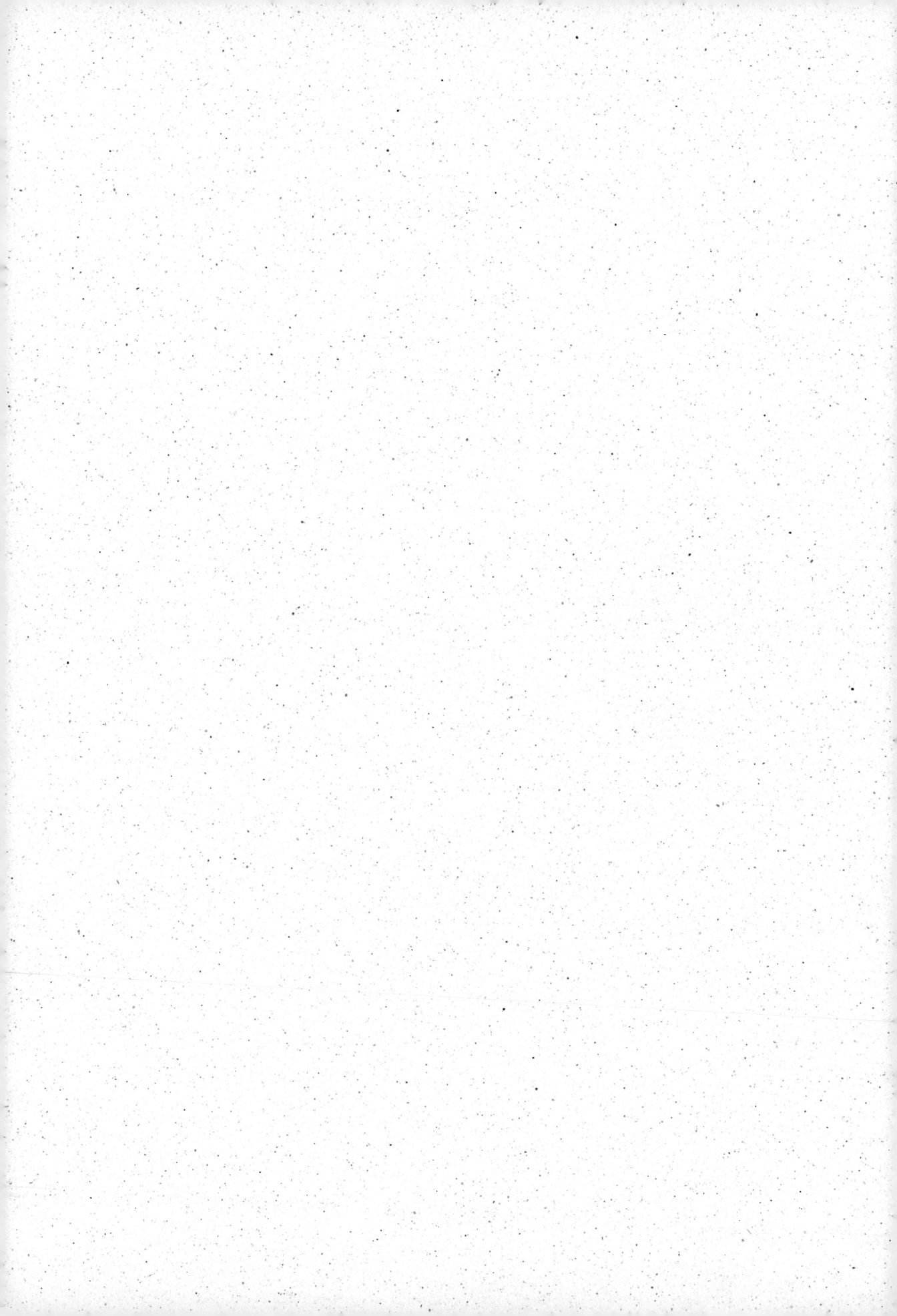